# CYMRU A'R MÔR

## 10,000 O FLYNYDDOEDD O HANES Y MÔR

Golygwyd gan Mark Redknap, Sian Rees ac Alan Aberg

COMISIWN BRENHINOL HENEBION CYMRU

ROYAL COMMISSION ON THE ANCIENT AND HISTORICAL MONUMENTS OF WALES

Dymuna'r cyhoeddwyr gydnabod cymorth gwerthfawr y sefydliadau a'r unigolion canlynol wrth ariannu'r prosiect hwn: Amgueddfa Cymru, Cadw – Llywodraeth Cymru, Comisiwn Brenhinol Henebion Cymru, Cyngor Llyfrau Cymru, Cronfa Marc Fitch, Cymdeithas Gorfforedig Perchnogion Llongau Caerdydd a Môr Hafren, David Jenkins, Llyfrgell Genedlaethol Cymru, Llywodraeth Cymru, Mark a Jill Redknap, a Sian Rees.

Data Catalogio-mewn-cyhoeddiad y Llyfrgell Brydeinig. Mae cofnod catalogio'r llyfr hwn ar gael gan y Llyfrgell Brydeinig.
Argraffiad cyntaf: 2019

Cynllun y clawr: Richard Ceri Jones
Delwedd y clawr: © Stephen Carrington
ISBN: 978-1-78461-563-5
Cyhoeddwyd ac argraffwyd yng Nghymru, ar bapur o goedwigoedd a gynhelir yn dda, gan Y Lolfa Cyf, Tal-y-bont, Ceredigion, Ceredigion SY24 5HE
*e-bost* ylolfa@ylolfa.com
*gwefan* www.ylolfa.com
*ffôn* 01970 832 304
*ffacs* 832 782

Comisiwn Brenhinol Henebion Cymru
Ffordd Penglais
Aberystwyth SY23 3BU
Ffôn: 01970 621200
E-bost: chc.cymru@cbhc.gov.uk
Gwefan: cbhc.gov.uk

# CYMRU A'R MÔR

## 10,000 O FLYNYDDOEDD O HANES Y MÔR

**Cyflwyniadau**

Cyflwynir y llyfr hwn er cof am:

Brian a Mies Redknap

Elizabeth Eleanor (Nora) Jenkins, 'Anneddwen', Aber-porth (1934–2016)

Richard Avent, y gŵr y bu i archaeoleg y môr yng Nghymru ddatblygu'n ddisgyblaeth gelfydd a ffyniannus o dan ei oruchwyliaeth ofalus fel Prif Arolygydd Cadw

ac i'r cyfranwyr canlynol a fu, yn drist iawn, farw cyn i'r llyfr hwn gael ei gwblhau:

Colin Green, Martyn Heighton, Robert Prescott a Mike Stammers.

*Clawr blaen:* Mae'r ffotograff dramatig hwn gan Steven Garrington o fur harbwr Porth-cawl mewn storm yn cyfleu grym y môr a'i effaith arnom ni a'n hamgylchedd.

*Clawr cefn:* Fel llawer tref ar hyd glannau Cymru, adeiladu llongau a physgota fu man cychwyn datblygu Pwllheli yng Ngwynedd. Erbyn heddiw, cychod pleser yw prif gysylltiad y dref â'r môr.

*Y tudalen blaenorol:* Cafodd y braslun dyfrlliw hyfryd hwn o ddwy Gymraes mewn gwisg draddodiadol ei beintio gan arlunydd anhysbys rhwng 4 Rhagfyr 1837 ac 16 Ionawr 1838. Dyna'r dyddiadau y bu'r rhodlong Amazon, a ddarlunnir yma, ar angor yng Nghaergybi. Hi oedd y llong ager gyntaf i Adran Hydrograffeg y Morlys ei defnyddio ac ar y cychwyn fe'i defnyddiwyd i wneud gwaith arolygu oddi ar arfordir gorllewin Affrica ac yna yng nghyffiniau Lisbon a Porto. Ar ddiwedd ei hoes, fe'i defnyddiwyd yn Sianel San Siôr, ym Môr Iwerddon ac yng nghyffiniau Caergybi.

*Gyferbyn:* Barnai'r arlunydd Cyn-Raffaëlaidd John Brett (1831–1902) mai Sir Benfro oedd yr 'only one really satisfactory seaside place on the whole British coast', casgliad a amlygir gan ei beintiad olew heulog Forest Cove, Cardigan Bay (1883).

# Cynnwys

Mae'r engrafiad hwn o luniad gan David Cox yn dyddio o 1844. Dyna pryd y dechreuodd y golygfeydd gwych yng nghyffiniau'r Bermo ac aber Afon Mawddach ddenu sylw pobl gefnog a nodedig a oedd yn chwilio am olygfeydd trawiadol i'w braslunio, eu disgrifio mewn dyddiaduron a dyddlyfrau, a rhannu'r rheiny ymhlith eu teuluoedd a'u cyfeillion.

# Rhagair

gan Dafydd Elis-Thomas, y Gweinidog Diwylliant, Twristiaeth a Chwaraeon

I bawb sydd wedi cyfrannu i *Cymru a'r Môr*, llongyfarchiadau am i chi'n hatgoffa ni fod i Gymru hanes morwrol balch. Ganrif yn ôl, fyddai dim angen atgoffa neb o hynny. Bu i'r llongau a gludai rawn, glo a haearn Cymru chwarae rhan hollbwysig wrth ddod â bwyd i bobl Cymru a chyflenwi ei ffatrïoedd arfau â defnyddiau yn ystod y Rhyfel Byd Cyntaf. Collodd llu o gymunedau glannau Cymru eu hanwyliaid i'r llongau-U a geisiai atal nwyddau a phobl rhag cyrraedd Prydain. Wrth i ni orffen coffáu canmlwyddiant y Rhyfel Byd Cyntaf, fe gofiwn am y morwyr arwrol o Gymru ac am y ffaith nad yn ffosydd Fflandrys yn unig y'i hymladdwyd.

Bu Cymru'n rhan o gymuned forwrol ryngwladol mor gynnar â'r Oes Efydd. Ym Mhrifysgol Aberystwyth yn 2008 ymgynullodd grŵp o ysgolheigion astudiaethau ieithyddol, archaeoleg a geneteg a chynnig, am y tro cyntaf, y syniad dadleuol i'r Gymraeg darddu o fasnachu ar y môr. Am 150 o flynyddoedd mae academyddion wedi cael trafferth derbyn y syniad mai o ganolbarth Ewrop y daeth siaradwyr yr ieithoedd Celtaidd ac iddynt ymledu i ffurfio poblogaethau brodorol gogledd a gorllewin Ewrop, ac yna iddynt gael eu gwthio i ymylon gorllewinol Ewrop wrth i Rufain ehangu. Bellach, awgryma'r dystiolaeth mai Proto-Celteg, yr iaith y mae'r amrywiol ieithoedd Celtaidd wedi ymganghennu ohoni, oedd iaith gyffredin morwyr a'r masnachwyr a deithiai o borthladd i borthladd i fyny ac i lawr glannau Môr Iwerydd.

Tua diwedd yr Oes Efydd, bu'r glannau hynny'n briffordd newydd i'r rhai a chwiliai am dun ac aur, ac ar hyd-ddi teithiai pobl, nwyddau a syniadau o lannau dwyreiniol Môr y Canoldir hyd at Fôn a thu hwnt. Bryd hynny, doedd glannau Cymru ddim ar gyrion Ewrop o gwbl ond, yn hytrach, yn flaenllaw iawn ynddi. Gwelwyd yr un peth eto tua diwedd cyfnod y Rhufeiniaid pryd y daliodd Cymru a gorllewin Lloegr i ffynnu drwy fasnachu â thiroedd agos y Cyfandir.

Oherwydd y môr y sefydlodd Cymru gysylltiadau ag Iwerddon, yr Alban a Llydaw yn yr Oesoedd Canol cynnar gan gadw fflam dysg ynghynn a hyrwyddo sefydlu cynifer o'r aneddiadau sydd bellach yn dwyn enwau seintiau a meudwyaid neu sydd â meini ac arnynt arysgrifau Lladin neu groesau. Yn eu plith yr oedd Llanilltud Fawr, lle sefydlwyd coleg i offeiriaid yn y chweched ganrif, Tyddewi a Llanbadarn a'u cymunedau o fynachod a'u *scriptoria* a gynhyrchai lawysgrifau goliwiedig, ac ynys sanctaidd Enlli, safle crefyddol pwysig a gysylltir â Chadfan o Lydaw yn nechrau'r chweched ganrif, a chyrchfan pererinion hyd heddiw.

Seiliwyd hynny i gyd ar sgiliau adeiladu cychod a gwybodaeth ddofn o'r môr, yr awyr a'r tywydd. Gan mai'n anaml y cofnodai pobl y rheiny ar y pryd, rhaid i ni ddibynnu ar archaeoleg i adlunio'r gorffennol morwrol, fel y dengys cynifer o benodau'r llyfr hwn. A chan fod yr archaeoleg honno'n werthfawr a bregus, mae llawer o'r cyfranwyr i'r gyfrol hon yn perthyn i sefydliadau gwirfoddol – a rhai a gaiff arian cyhoeddus – sy'n gweithio'n galed i ddiogelu'r etifeddiaeth honno i'r genedl drwy gofnodi, diogelu safleoedd a churadu amgueddfeydd. Mae'r llyfr hwn, felly, yn mawrygu eu gwaith ac yn gyfraniad teilwng iawn i Flwyddyn y Môr (2018) a'r Flwyddyn Darganfod (2019) yng Nghymru.

Mae moroedd Cymru'n gaffaeliad mawr a phwysig. Cofier bod ein harwynebedd morol yn 32,000 km², ac felly'n fwy nag arwynebedd ein tir, 20,375 km², a bod ein glannau braf, 2,120 km ohonynt, yn cynnwys rhai o'r goreuon yn Ewrop o ran traethau, mannau syrffio, trefi glan-môr a hafanau byd natur, heb sôn am y moroedd eu hunain a'r ffaith fod gwely'r môr yn gyforiog o olion cynhanesyddol, pysgod, bwyd môr, adar a mamaliaid pwysig. Ceir cysylltiadau clir ar draws fy mhortffolio fel Gweinidog. Mae Llwybr Arfordir Cymru, er enghraifft, yn rhedeg ar hyd ein glannau o ben i ben ac yn cynnig cyfoeth o gyfleoedd i dwristiaeth treftadaeth a gweithgareddau iach yn yr awyr agored. Mae Blwyddyn y Môr (2018) yn mawrygu'n treftadaeth forol a'n glannau nodedig, a'r Flwyddyn Darganfod (2019) yn gwahodd ymwelwyr i ddarganfod profiadau newydd a chyffrous ar hyd ein glannau.

Gobeithio y gwnaiff y llyfr hwn eich ysbrydoli chi i fentro ar eich taith eich hun i fwynhau'r dreftadaeth wych sydd gennym ni yma yng Nghymru.

# POBL A'R MÔR: ETIFEDDIAETH I BAWB

## Sian Rees a Mark Redknap

Where are your monuments, your battles, martyrs?
Where is your tribal memory? Sirs
In that gray vault. The sea. The sea
Has locked them up. The sea is History.

(Derek Walcott, 1930–2017)[1]

Gan mai'r tir yw canolbwynt sylw'r rhan fwyaf o'r ysgrifennu am Gymru ddoe a heddiw, anaml y caiff y môr le canolog yn ein diwylliant poblogaidd[2]. Ac eto, mae Cymru bob amser wedi dibynnu ar y môr ac ar ei morwyr, ac mae ei hanes yn gysylltiedig â dŵr. Mae hynny'n llai amlwg bellach am fod cyfundrefn ffyrdd a rheilffyrdd a ffyrdd o fyw a gweithio pobl yng Nghymru wedi troi oddi wrth y môr i raddau helaeth iawn. Gynt, deuai'r morwyr adref a sôn am diroedd tramor a diwylliannau estron. Erbyn heddiw, gall pawb hedfan mewn awyren i weld y byd drosto neu drosti'i hun neu gyrchu'r rhyngrwyd i deithio a mwynhau anturiaethau rhithwir.

*Ffigur 0.1 Heddiw mae dwy groesfan Hafren (a agorwyd ym 1966 a 1996) yn fodd i bobl a nwyddau deithio'n ddiogel rhwng Cymru a Lloegr dros ddyfroedd twyllodrus aber Afon Hafren. Yma, gynt, bu cychod fferi'n rhan o gyfundrefn gludo hanfodol bwysig ond tipyn arafach (gweler tudalen 147).*

Prin, bellach, yw'r bobl sy'n gweithio ym myd pysgota. Daeth oes adeiladu llongau i ben i bob pwrpas ac, er bod porthladdoedd a dociau yn allweddol bwysig i economi Cymru, tueddant i fod o'r golwg mewn mannau diwydiannol. Caiff y bobl sy'n byw yng Nghymru, neu'n ymweld â hi, eu profiad o'r môr yn bennaf drwy groesi ar y fferi i Iwerddon neu drwy ymweld â'i chadwyn o farinas a'u lluoedd o gychod hamdden, ac â'i thraethau braf. Wrth deithio i'r rheiny ar hyd ffyrdd cyflym, bron heb sylwi ar y golygfeydd o'r arfordir wrth fynd heibio iddynt, collant ran o gymeriad unigryw'n harfordir a'i chymunedau (ffigur 0.1). Ac am fod yr arfordir hwnnw'n rhan o'n daearyddiaeth a'n hetifeddiaeth na thrysorir digon arni, mae'n fwy agored i gael ei ddatblygu mewn ffyrdd llai addas.

Dydy hi'n ddim syndod nad oes mwy na mwy o le i forweddau Cymru yn ymwybyddiaeth y cyhoedd. Os meddyliwch chi am Gymru a'i thraddodiadau heddiw, fe syniwch am wlad o fynyddoedd moel, bryniau garw, grugog, dyffrynnoedd bras, ffermwyr y tiroedd uchel, a chwarelwyr a gweithwyr dur y gogledd a'r de diwydiannol. Ond o fwrw cip ar atlas, fe welwch nid yn unig fod dwy ran o dair o ffin Cymru'n rhedeg ar hyd ei glannau ond mai cadw at yr arfordir wna'r mwyafrif mawr o'i phoblogaeth a'i threfi, ei dinasoedd a'i rhwydwaith ffyrdd. I ffwrdd o'r môr, mae'r tir yn eithaf mynyddig gan mwyaf ac yn anodd ei ffermio'n ddigon dwys i gynnal poblogaeth fawr, a than y gwelwyd

sefydlu ffyrdd tyrpeg yn y ddeunawfed ganrif yr oedd hi'n wlad anodd ei thramwyo.

Er nad oedd gwerin Cymru'n gyfoethog, llwyddent yn ddigon da fel masnachwyr, ffermwyr, gwerthwyr marchnad, gweithwyr diwydiannol, crefftwyr a gwŷr busnes yn eu bywydau bob-dydd. Bron yn ddieithriad, heblaw am ffermwyr cefn gwlad, dewisent deithio ar y môr a'r afonydd i gyflenwi a chludo'u nwyddau. Yr oedd angen i uchelwyr, yn ogystal â'r gweithwyr cyffredin, ddefnyddio'r môr i deithio'n ôl ac ymlaen i'w mannau gweinyddu, i reoli masnach, i gyflenwi eu cestyll (ffigur 0.2) a'u maenorau â gweithwyr a nwyddau hanfodol i gynnal adeiladau a safonau byw ac, yn ddiweddarach, at ddibenion hamdden.

Canlyniad hynny yw bod i bob cilfach ar y glannau ei phorthladd, ei chei a'i glanfa. Ar y môr y dibynnai'r masnachu, y cyflenwi a'r cyfathrebu, ac o'r môr hefyd yr enillai pysgotwyr a chasglwyr pysgod cregyn, morwyr masnachol, gweithwyr dociau ac adeiladwyr cychod a llongau eu bywoliaeth. Gan fod ar wahanol rannau o'r wlad angen gwahanol ffurfiau ar adeiladau dociau, harbwrs ac, yn bennaf oll, fathau penodol o long neu gwch, cynhyrchai ierdydd llongau lleol amrywiadau ar gychod a fyddai'n addas ar gyfer y llanw a'r trai, yr angorfeydd a'r ceryntau y byddai'n rhaid iddynt eu hwynebu ac ar gyfer y llwythi neu'r teithwyr y byddent yn eu cludo.

Ymdrech yw'r llyfr hwn i'n helpu i ailymgysylltu â llu haenau'n gorffennol mordwyol. Mae'n dadlennu

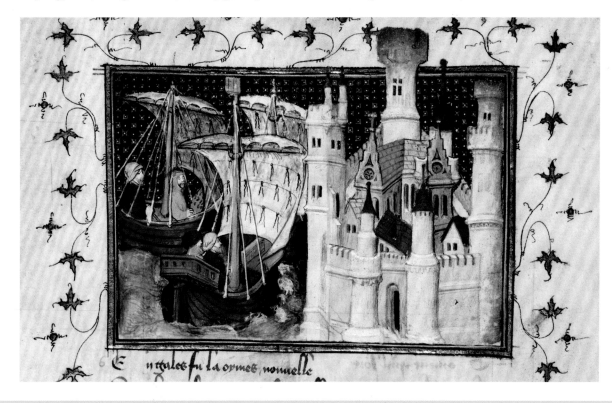

*Ffigur 0.2 Adlewyrchir swyddogaeth y môr fel llwybr teithio yn y darlun canoloesol hwn yn yr* Histoire du Roy d'Angleterre Richard *(tua 1401–tua 1405) gan Jean Creton o fflyd o longau, tebyg i gogau, wrthi'n cludo Dug Caersallog a John de Montague i Gonwy. Anfonodd Richard II y Dug a de Montague o Iwerddon i godi llu i ymladd ei wrthwynebydd Henry Bolingbroke. Gan i hynny fethu, ildiodd Richard ei goron yn y Fflint ym 1399 ac fe'i holynwyd gan Bolingbroke a goronwyd yn Henry IV ym mis Hydref 1399.*

tystiolaeth newydd o'n cysylltiad hanesyddol â'r môr ac yn disgrifio sut mae darganfyddiadau'n esgor ar ddeallawriaeth ddyfnach o'n treftadaeth arforol. Trafodir y maes drwy gyfrwng pedair prif thema cyn manylu arnynt. Ym mhob pennod ceir arolwg cyffredinol, ac yna astudiaethau achos byr yn canolbwyntio ar agweddau arwyddocaol. Nid cyflwyno cyfanwaith cynhwysfawr yw'r bwriad – byddai hynny'n gryn gamp mewn un gyfrol – ond darlunio pynciau pwysig a ffrwyth datblygiadau mewn gwybodaeth yn y gwahanol feysydd (y cyhoeddir peth ohoni am y tro cyntaf).

Fe gychwynnwn drwy ystyried 'Moroedd i Ysbrydoli – ac i'w Hofni'. Mae grym a chyfrinachau'r môr, a'r arswyd y gall ei greu, wedi effeithio llawer ar y celfyddydau creadigol, ar beintwyr, beirdd a cherddorion, ar ddychymyg pobl ac ar greu chwedlau. Esgorodd ofni'r môr a'i beryglon, ochr yn ochr â cholli bywydau drwy foddi, ar ymdrechion i'w harbed, i leihau peryglon hwylio'r glannau ac i reoli dicter y cefnfor.

Mae'r adran 'Hanes a'r Môr' yn ystyried tirweddau a gweithgareddau arforol o amgylch Cymru dros amser. Mae'r ymchwil wedi canolbwyntio ar yr agweddau technolegol ar longau, eu cynllun, eu hadeiladwaith a'u defnydd, ac fe ystyriwyd mai hwy oedd peiriannau mwyaf cymhleth y cymdeithasau cyn-ddiwydiannol. Mae rhan o'n hymchwil ni'n ymwneud â chychod a llongau – o'r llu o wahanol fathau a ddefnyddiwyd ar hyd ein glannau i'r ffordd y mae eu defnyddio wedi ysgogi dyfeisio sgiliau, cyflawni gweithredoedd dewr ac

amddiffyn ein tir. Yna, fe awn ymlaen i weld sut y câi'r llongau a'r môr eu hystyried gan y cymdeithasau a'u cynhyrchodd a sut, fel ffyrdd o gysylltu pobl a diwylliannau, y maent wedi cyfrannu at ein hymwybyddiaeth o'n hunaniaeth. Disgrifiwn sut mae pobl wedi defnyddio'r môr i fasnachu, i smyglo ac i gipio llongau; a sut mae'r môr wedi ysgogi ymatebion eraill ymhlith pobl – o ofni goresgyniad i edmygu'r môr am ei harddwch ac fel lle i hamddena ynddo (ffigur 0.3).

Yn 'Cipolwg ar y Gorffennol' cyflwynir tystiolaeth nad yw'n goroesi'n aml ar dir ond y gellir ei dadlennu drwy ymchwilio i longddrylliadau. Er i lawer o'r nodweddion ar ein cysylltiad â'r môr ddiflannu, gall astudio llongddrylliadau a'u llwythi, hen borthladdoedd, tirweddau tanddwr, llyfrau porthladdoedd, dogfennau hanesyddol, peintiadau a storïau morwyr ein helpu i adlunio hen ffyrdd morwrol coll o fyw.

Yn olaf, mae 'Disgyblaeth Berthnasol' yn cyflwyno rhai o'r problemau a'r heriau sy'n dal i effeithio ar ein treftadaeth ni ar y môr ac yn ein hysgogi i fagu mwy o ymwybyddiaeth o'n morweddau, o'n glannau a'r newidiadau ynddynt, ac o bwysigrwydd y môr a'r nodweddion o'i amgylch ac o'i fewn. Gan i'r môr gyfrannu cymaint at ffurfiant Cymru a'i phobl, collir hanner y stori wrth fethu â llwyr amgyffred ei arwyddocâd. Gobeithio bod y llyfr hwn yn dadlennu peth o'r etifeddiaeth gudd ond cyfoethog honno ac yn dangos pam y dylid ei thrysori a'i diogelu i'r cenedlaethau a ddaw gael ei deall a'i mwynhau.

*Ffigur 0.3* The Port of Newton, Glamorgan *(1768) gan Anthony Devis (1729–1816). Mae'r ymateb rhamantus hwn i dirwedd y glannau'n cynnig golwg wahanol iawn ar y môr – un sy'n rhan o brofiad llawer o bobl ar y tir.*

ADRAN 1

# MOROEDD I YSBRYDOLI - AC I'W HOFNI

*Ffigur 1.1 Mae Kyffin Williams (1918–2006) yn enwog am ddefnyddio'i gyllell balet i osod haenau trwchus a beiddgar o baent i gyfleu tirweddau garw a morweddau stormus Cymru. Yma, mae ei foroedd llwydion a'i gymylau bygythiol yn cyfleu cymeriad melancolaidd arfordir glawog Cymru.*

Pennod 1

# Llongau, y môr a'r dychymyg

Sian Rees

Gan fod y môr ar dair ochr i dir Cymru, mae'n ddylanwad mawr iawn ar ffyrdd o fyw'r Cymry, eu meddyliau, eu breuddwydion a'u dychymyg. Oherwydd y môr y cafwyd chwedlau lu am ddyfodiad estroniaid goludog o bellafoedd byd i fasnachu eu nwyddau egsotig ac am ŵyr arfog brawychus yn anrheithio, yn goresgyn ac yn darostwng. Ond bu hefyd yn ysgogiad i freuddwydion braf am deithio, am ramant neu am ddianc i fywyd newydd draw dros y don.

*Ffigur 1.2 Arddangosodd yr arlunydd Cyn-Raffaëlaidd John Brett (1831–1902) y darlun hwn o Gaernarfon yn yr heulwen yn arddangosfa haf yr Academi Brydeinig ym 1879. Rhoes iddo'r teitl rhamantaidd* 'The Stronghold of the Seison and the Camp of the Kittywake', *sef cyfeiriad at yr heidiau o wylanod coesddu a oedd wrthi'n bwydo ar Seisonau, math o bryfed môr, ar y barrau tywod.*

Efallai mai effaith y môr ar y celfyddydau gweledol sydd hawsaf ei disgrifio. Enghraifft gynnar a phrin o arlunydd a gyfareddwyd gan y môr yw Francis Place, y drafftsmon o swydd Efrog a ymwelodd â Chymru ym 1678 (gweler ffigurau 1.4 ac 1.5). Gan amlaf, y mynyddoedd a'r dyffrynnoedd neu hynafiaethau Cymru, yn hytrach na'r glannau, a ddenai sylw arlunwyr fel y Cymro Richard Wilson (1714–82), y dyfrlliwiwr John Sell Cotman (1782–1842) sydd â'i beintiadau o olygfeydd yng Nghymru yn cynnwys rhai o Harlech a Chaernarfon, a Paul Sandby (1731–1809) a ymwelodd â'r gogledd ym 1770 a 1771 a pheintio'r llun *Conway Castle* (tua 1776 a 1789). Tuedd pob un ohonynt yw pwysleisio'r castell, a chefndir yn unig yw'r môr.[1] Yn yr un modd, er i'r awdur Thomas Pennant (1726–98) a'i ddarluniwr Moses Griffith (1749–1819) fynd ati'n bennaf i ddarlunio trefi, pentrefi ac adeiladau hynafol wrth iddynt deithio o amgylch Cymru rhwng 1769 a 1790, mae llun Griffith, *Caernarvon Castle*, yn anarferol am ei fod yn dangos y llongau hwylio yn y tu blaen a'r castell y tu ôl iddynt.[2]

Oherwydd i'r Chwyldro Ffrengig a Rhyfeloedd Napoleon rwystro pobl rhag teithio ar y Cyfandir o tua 1780 tan 1815, cymerodd tirwedd odidog Cymru le'r golygfeydd yn yr Alpau. Llwyddodd gweithiau William Gilpin (1724–1804) i feithrin ymwybyddiaeth ymhlith arlunwyr amatur a phroffesiynol o natur 'bictwrésg' adfeilion a thirffurfiau tonnog neu doredig Cymru, yn enwedig ar hyd Afon Gwy, ond magodd golygfeydd y glannau a'r môr fwy o boblogrwydd maes o law. Er bod y dyfrlliwiau trawiadol o olygfeydd yng Nghymru a beintiwyd rhwng 1784 a 1806 gan John 'Warwick' Smith (1749–1831) yn dangos cestyll Penfro a Chaernarfon ar y glannau, morlun a dim arall yw ei *General distant view of Aberystwith & of the bay of Cardigan* (tua 1790) (ffigur 1.3).[3] Tua diwedd y ddeunawfed ganrif, treuliodd y peintiwr Julius Caesar Ibbetson (1759–1817)

ddegawddau'n ymweld â Chymru. Mae ei *Aberystwyth Harbour* (1792), *The Stack Rock* (1793–94) a *Conway Castle: Moonlight Effect* (1794) yn ddarluniau byw o dirweddau'r glannau, a'i luniau *Briton Ferry* (1795) ac *A Beached Collier Unloading into Carts* (tua 1790) yn dangos i ni rai agweddau ar fywyd bob-dydd ar hyd y glannau hynny (gweler ffigur 8.2).[4]

Daeth J M W Turner (1775–1851) ar ei daith gyntaf o amgylch y de a'r canolbarth ym 1792, o amgylch y gogledd ym 1794 ac ar daith gylch, a barodd saith wythnos, ym 1798. Mae ei lun o Gaernarfon yn hoelio'i sylw ar y castell, a chefndir dynamig iddo yw'r môr. Ond amlygir mwy ar y dŵr yn ei luniau *Flint Castle* (1835) (gweler ffigur 1.17) a *Harlech Castle from Tygwyn Ferry Summer's Evening Twilight* (1799).[5] Rywfaint yn ddiweddarach, peintiodd John Carmichael (1799–1868) amryw o luniau o olygfeydd yng Nghymru: iddo ef y priodolir y llun dramatig *South Stack Rock, Holyhead* (gweler ffigur 2.1),[6] ac mae ei luniau mwy cyffredinol o wahanol fathau o gychod a llongau'n ddefnyddiol i fyfyrwyr archaeoleg y môr ac archaeolegwyr llongau. Felly hefyd *Sailing Barges and Shrimpers off a Pier* gan David Cox (1783–1859),[7] gŵr y mae ei beintiadau *Rhyl Sands* (1853–55), *Cardigan Bay* (1846)[8] a *River Scene, Caernarvon Castle* (1857) yn enghreifftiau da o'i luniau o'r glannau.[9]

Sir Benfro, meddai'r arlunydd Cyn-Raffaëlaidd John Brett (1831–1902), oedd yr 'only one really satisfactory seaside place on the whole British coast' ac fe amlygwyd hynny yn ei beintiadau *Forest Cove, Cardigan Bay* (1883) (gweler y ddalen deitl), *The Stronghold of the Seison and the Camp of the Kittywake* (1879) (gweler ffigur 1.2), *Skag Rock, Pembrokeshire* (1879) a *The Isles of Skomer and Skokholm* (1891).[10] Y peintiwr Alfred Sisley (1839–99), a aned i rieni o Saeson yn Ffrainc, oedd yr unig un o'r Argraffiadwyr i ymweld â Chymru. Peintiodd fwy nag 20 llun o'r glannau, yn bennaf o Fae Langland ar Benrhyn Gŵyr.[11]

Mae hyd yn oed weithiau celfyddydol llai pwysig sy'n darlunio llongau yn ddefnyddiol i archaeolegwyr y môr. Enghraifft gynnar yw llun John Attwood (*fl.* 1770–80) o longau'r Llynges Frenhinol yn Aberdaugleddau (tua 1776; gweler ffigur 1.19),[12] ac fe beintiodd John Roberts o Lŷn (*fl.* 1810) longau ym Mhwllheli a Phorthmadog yn ogystal â phynciau morwrol mewn murluniau eglwysig ac arwyddion tafarn. Enghraifft drawiadol o'r ffasiwn ymhlith perchnogion llongau yn y bedwaredd ganrif ar bymtheg o gomisiynu lluniau o'u llongau yw llun arlunydd anhysbys o'r *Edith Fleanor, Aberystwyth* (tua 1881).[13] Yn *Fishing Fleet, Tenby* (1896) gan John Nash Peake (1837–1905)[14] ac yn llun Walter W

*Ffigur 1.3 Trodd John 'Warwick' Smith (a enwyd felly ar ôl ei noddwr cyfoethog, George Greville, ail Iarll Warwick) ei olygon at dirweddau Cymru am fod y rhyfela yn Ewrop yn ei rwystro rhag teithio'r Cyfandir. Cynhyrchodd ddyfrlliwiau trawiadol fel 'General distant view of Aberystwith & of the bay of Cardigan' (tua 1790) sy'n darlunio'r dref fel petai hi'n sefyll ar lan Bae Naples.*

## Celfyddyd Francis Place

*Mark Redknap*

Er bod glannau dynamig Cymru wedi dal i newid, hyd yn oed mewn cyfnodau cymharol ddiweddar, gallwn gael rhyw syniad o'r hyn oedd yno cynt drwy astudio gwaith y drafftsmon, yr argraffydd a'r engrafwr Francis Place (1647–1728). Dan ddylanwad trwm ei gyfaill, yr arlunydd a'r ysgythrwr tirweddau nodedig o Fohemia, Wenceslaus Hollar (1607–77), fe gynhyrchodd Place rai o'r panoramâu cynharaf o drefi arfordir Cymru. Darluniodd hwy fel yr oeddent gan gofnodi llongau a nodweddion arforol sydd wedi hen ddiflannu (ffigur 1.4).

Lluniwyd y 10 braslun sydd bellach yng nghasgliadau Amgueddfa Cymru yn ystod taith Place yng Nghymru ym 1678 i luniadu a genweirio. Yn ôl yr hynafiaethydd a'r engrafwr George Vertue (1684–1756), cafodd Place a'i gyfaill agos a'i gyd-arlunydd William Lodge (1649–89) eu harestio yn ystod eu taith am i bobl amau mai ysbiwyr ar ran yr Iesuwyr oeddent.[16] Cyniweiriai teimlad gwrth-Gatholig yn arbennig o gryf ar y pryd am mai'r flwyddyn honno y darganfuwyd cynllun honedig (ond, mewn gwirionedd, twyll gan Titus Oates (1649–1705)) i ladd Charles II (1630–85; teyrnasodd 1660–85). Ar adegau mor ansicr, yr amheuaeth oedd bod ysbiwyr ymhobman. I arlunwyr ag acenion estron ac â'u bryd ar ddarlunio amddiffynfeydd, cestyll a cheiau trefi'r arfordir, yr oedd cael eu harestio'n un o beryglon gwneud eu gwaith.

Cywirdeb yw hynodrwydd lluniau Place, a'i lun o Gaerdydd o lan Afon Taf (ffigur 1.5) yw'r darlun cywir cynharaf o'r hyn a arferai fod yn gei canoloesol y dref ym mhen Stryd y Cei heddiw. Ynddo gwelir un o longau bach y glannau, un ag un hwyl ac sy'n rhyw 15–20 metr o hyd, ar lanw uchel ar yr afon. Dyna'r math o long a fyddai wedi teithio'n gyson rhwng glannau'r de a glannau gogledd Gwlad yr haf a Dyfnaint. Daeth rhannau o wal gynnar y cei hwnnw, sydd ynghladd o dan Stryd y Porth erbyn heddiw, i'r golwg ym 1973 wrth i gontractwyr weithio yno. Gwelwyd bod y wal yn goroesi hyd at uchder o 3.57 metr. Gan i gwrs trofaus Afon Taf symud yn raddol tua'r môr, doedd dim modd defnyddio'r cei erbyn 1828 ac yr oedd cei Caerdydd wedi symud i fan arall.

*Ffigur 1.4 Mae darlun Francis Place o Ddinbych-y-pysgod o Draeth y Gogledd ym 1678 yn dangos clwstwr o fastiau llongau yn yr harbwr ac, yn y cefndir ac ar y chwith, y castell a gawsai ei ddifrodi'n ddifrifol yn ystod y Rhyfel Cartref ddeugain mlynedd ynghynt.*

*Ffigur 1.5 Mae llyfr braslunio Francis Place yn cynnwys y panorama hwn o Gaerdydd ym 1678 ac yn dangos y castell ynghyd â'r cei a oedd, bryd hynny, i'r gorllewin o Heol Fair.*

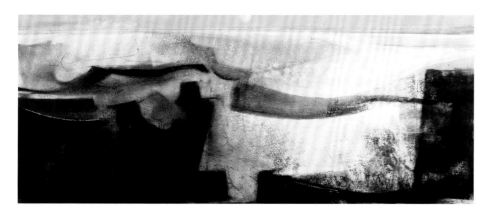

Ffigur 1.6 Gower under a full moon (1995) gan Dick Chappell (1954- ). Mae'n chwarae ar y rhyngweithio gweledol rhwng glannau Cymru a'r wybren.

Goddard (1858–1933), *A View of Mumbles Lighthouse* (tua 1895),[15] darlunnir cychod pysgota â hwyliau a dangosir mathau penodol o longau yn *Pilot Cutter off Mumbles Head* (1865)[17] a *Milford Haven Patrol Trawler* 'Xylopia' (tua 1916), ill dau gan arlunwyr anhysbys.[18] Yn *Aberystwyth Harbour* (tua 1880) gan Alfred Worthington (1834–1927) gwelir bywyd y gweithwyr, y cychod pysgota a'r ierdydd atgyweirio llongau yn y porthladd,[19] ac yn *The Entrance to Cardiff Docks, evening* (1893–97), gan Lionel Walden (1861–1933; gweler ffigur 10.1), gwelir manylu ar rodlong (*paddle steamer*) a llongau â mastiau hwyliau.[20]

Gwelodd yr ugeinfed ganrif ehangu ar beintio morluniau yng Nghymru. Yn Ninbych-y-pysgod y ganed Augustus John (1878–1961), gŵr a beintiodd amryw o forluniau, gan gynnwys ei *Harbour*,[21] sy'n ategu'r llun *Landscape at Tenby with Figures* (1896–97) gan ei chwaer Gwen (1876–1939).[22] Peintiodd Kyffin Williams (1918–2006) amryw byd o forluniau o'r gogledd yn ystod ei yrfa faith ac yr oedd yr arlliwiau tywyll a nodweddai ei waith yn darlunio moroedd tymhestlog yn gelfydd, fel y gwna'i *Stormy Sea* a *Storm from the Beach* (1990–2006) (gweler ffigur 1.1).[23] Peintiodd Will Roberts (1907–2000) luniau fel *Tenby* (1968)[24] o olygfeydd ar hyd arfordir y de, ond ymhlith ei weithiau mwyaf grymus eu mynegiant mae ei luniau o bobl wrthi'n casglu cocos, *Beach Cockles* (1975), *Cockle Carts, Penclawdd* (1968) a *The Cockle Strand* (1968).[25] Deil y glannau i ddenu arlunwyr o Gymru ac ymhlith yr enghreifftiau mwyaf arbennig mae lluniau Ray Howard-Jones (1903–96) o'r glannau, cyfansoddiadau rhythmig Arthur Giardelli (1911–2009) o gregyn môr, a lluniau lled-haniaethol Dick Chappell (1954–) o glogwyni ac aberoedd (ffigur 1.6).

Amharodd yr Ail Ryfel Byd ar beintio lluniau o'r glannau. Ym 1944 penodwyd John Piper (1903–92) yn arlunydd swyddogol yn y Weinyddiaeth Cludiant Rhyfel. Mae ei lun *Transport Ships Coaling in Cardiff Docks* (1944) yn cyfleu agwedd newydd a dramatig ar fywyd

morwrol Cymru,[26] a chofnododd Ray (Rosemary) Howard-Jones (1903–96) yr amddiffynfeydd ar ynysoedd bach Ronech ac Echni wedi iddi gael comisiwn gan y Swyddfa Ryfel ym 1942 a 1943.[27] Mae gweithiau a beintiwyd wedi'r Rhyfel, fel *Thunderstorm over Skomer* (1958) gan Howard-Jones a *Coast of Pembroke* (1938–40) gan Piper, yn dangos i'r cariad at forweddau Cymru barhau.[28] Stemars yw prif ganolbwynt *Tide Time, Swansea* (1939) gan Neville Sotheby Pitcher (1889–1959),[29] a gwelir mathau eraill o longau yn *Fishguard–Rosslare with Ferry TSS* 'St David' (1954) gan Leslie Arthur Wilcox (1904–82),[30] *Fishguard Harbour, Wales* (1960) gan John S Smith (1921–2010),[31] *Cardiff Dock* (1963) gan James Kessell (1915–78)[32] ac '*Esso*', *Pembrokeshire* (1996) gan Robert Rickard.[33]

Bu i'r môr a'i chwedlau ysbrydoli Ceri Richards (1903–71) i ddefnyddio chwedl Geltaidd am eglwys gadeiriol a ddiflannodd o dan y don i lunio amrywiol luniau haniaethol o *La Cathédrale Engloutie*.[34] Yn llun David Jones (1895–1974), *Trystan ac Essyllt* (1962), darlunnir y cariadon ar long ganoloesol sy'n rhannol-gywir ac yn rhannol-swreal (gweler hefyd ffigur 1.18).[35] Defnyddiodd Clive Hicks-Jenkins (1951–) fersiwn coch ei wedd o borthladd Amlwch yn gefndir dwys i olygfa (ffigur 1.7) lle caiff dyn ei lethu gan fwystfil sy'n hanner-llew ac yn hanner bwystfil-y-môr (2003).[36]

Ceir sôn am eglwys sydd o dan y don yn y gân Gymraeg boblogaidd '*Clychau Aberdyfi*'. Yn eironig

Ffigur 1.7 Ysbrydolwyd Clive Hicks-Jenkins (1951– ) i greu The Barbarian Brought Down by a Lioness (2003) gan yr allorlun o gyfnod y Dadeni yn Oriel Luniau Christ Church yn Rhydychen o Fywydau Tadau'r Diffeithwch. Yma, cynrychiolir y diffeithwch gan y dirwedd yng nghyffiniau Porthladd Amlwch, a honno wedi'i staenio'n goch ag ocr a haearn o'r mwyngloddiau lleol.

ddigon, lluniwyd honno gan y Sais Charles Dibdin (1745–1814) ar gyfer ei opera *Liberty Hall* (1786). John Ceiriog Hughes (1832–87) a luniodd y geiriau Cymraeg am chwedl am hen deyrnas Cantre'r Gwaelod. Dywedir iddi fod yn diriogaeth ffrwythlon o dan yr hyn sydd bellach yn Fae Ceredigion ac o'r traeth yn Aberdyfi, meddir, gellir dal i glywed clychau'r eglwys yn canu. Ymhlith y caneuon gwerin cadarnach eu Cymreictod mae *Galarnad Cwch Enlli* gan Ieuan Lleyn (Evan Pritchard, 1769–1832) am chwech o bobl a foddodd ym 1822 pan suddodd y cwch lleol, y *Supply*, ger Ynys Enlli.

Ymhlith y baledi Cymraeg eraill o'r bedwaredd ganrif ar bymtheg a gasglwyd ac a dapiwyd gan D Roy Saer o Amgueddfa Werin Cymru yn Sain Ffagan mae *Ffarwel fo i Langyfelach lon*, lle mae merch yn addo bod yn ffyddlon i'w chariad wedi i hwnnw gael ei gipio i ymuno â byddin Lloegr ymhell dros y môr, a *Cob Malltraeth*, chwedl drasi-comig sy'n dychmygu dinistrio'r cob amddiffynnol. Cân serch i gariad sydd wedi mynd i ffwrdd yw *Ar Lan y Môr* a chyfeiria *Llongau Caernarfon* at awydd bachgen ifanc i gael y profiad o fyw ar un o'r llongau a hwyliai â llechi draw i farchnadoedd glannau Ffrainc ac Iwerddon (gweler tudalen 33).[37]

Serch mai brodor o Sir Gaerwrangon oedd Edward Elgar, y cyfansoddwr y dywedir bod ei waith yn gyforiog o ramantiaeth y bedwaredd ganrif ar bymtheg, mae'n debyg iddo gael ei ysbrydoli i lunio'i *Introduction and Allegro* (Op. 47, 1905) wrth ymweld â Llangrannog yn gynnar yn y 1900au. Yno, clywodd 'as if carried on the wind from a distant hill, the singing of an old country song'.[38] Cymraes a ysbrydolwyd gan y môr oedd Grace Williams (1906–77), a aned yng Nghaerdydd, ac fe'i gwelid yn aml ar draeth Cold Knap ger y Barri yn cyfansoddi caneuon a dawnsiau sy'n amlygu dylanwad grymus y môr. Cyflwynodd hi ei *Sea Sketches* (1944), gwaith nodedig i gerddorfa linynnol, i'w rhieni 'who had the good sense to set up home on the coast of Glamorgan'.[39]

Er nad enwodd Daniel Jones (1912–93) ffynhonnell benodol o ysbrydoliaeth i'w dair symffoni ar ddeg a'i wyth pedwarawd i linynnau, fe gyfansoddodd ddarnau sy'n creu delweddau cryf o arfordir y gorllewin. Mae'n amlwg bod *Four Welsh Dances* (Op. 15; 1958) y cyfansoddwr Alun Hoddinott (1929–2008) yn portreadu adar y môr a chychod wrth angor, a'i gylch o ganeuon *Promontory of Dreams* (Op. 183, 2004) yn defnyddio cerddi Trevor Fishlock a'u disgrifiad o'r 'opal sea' a'i 'dunes and flowery cliffs / The petticoats of Gower' yn ogystal â darlunio'r môr fel rhan o brofiad dynion y badau achub wrth iddynt frwydro i gadw rheolaeth ar eu 'Rearing boat in the blinding sea'.

Mae cerddoriaeth Cymru hefyd yn enwog am ganeuon mor boblogaidd ag *Arafa Don* gan R S Hughes (1855–93), cân sy'n marwnadu cyfaill a gollwyd ar y môr, *Mae Hiraeth yn y Môr* gan Dilys Elwyn Edwards (1918–2012), a *Llanw Môn* a'r *Royal Charter* (ill dau yn 2006) gan Gareth Glyn. Mae'r olaf yn dangos bod y môr a'i drasiedïau dynol yn dal i ysbrydoli cyfansoddwyr cyfoes Cymru.

Yn llyfrau teithwyr cynnar drwy Gymru, a'u dyddlyfrau anghyhoeddedig, ceir amryw byd o gipolygon - a rhai pendant iawn eu barn yn aml – ar Gymru a'r môr. Un o'r cynharaf ohonynt yw Gerallt Gymro (1145–1223) a'i ddisgrifiad hiraethus o'r môr a'r glannau ger ei Faenorbŷr hoff.[40] Yn ei *Holyhead Journal* ryw 500 mlynedd yn ddiweddarach, sonia Jonathan Swift (1667–1745) am beryglon croesi'r môr[41] ac yn ei ddyddlyfr taith o 1806 mae Millicent Bant yn disgrifio'r cythrwfl yng Nghaergybi wrth i bobl ymgiprys am le ar y llong baced (llong y post) i Ddulyn.[42]

Yn llyfr Samuel Taylor Coleridge (1772–1834) *A Pedestrian Tour of North Wales* disgrifir arfer trigolion Abergele o nofio'n noethlymun.[43] Felly hefyd Sarah Wilmot yn ei dyddlyfr o 1795 sy'n barnu mai 'a disgrace of common decency' yw'r nofio yn Ninbych-y-pysgod.[44] Gan Thomas Roscoe (1791–1871), yn ei *Wanderings and Excursions in North Wales*, ceir disgrifiad manwl o benrhyn creigiog Penmaen-mawr.[45] Er bod Hilaire Belloc (1870–1953) yn disgrifio moroedd garw Swnt Dewi yn *The Cruise of the Nona*,[46] efallai mai'r disgrifiad enwocaf yw un Charles Dickens (1812–70), yn *The Uncommercial Traveller*, o longddrylliad y *Royal Charter*.[47] Mae dyddiaduron Francis Kilvert (1840–1879) yn crybwyll gwyliau yn y Mwmbwls ac yn cyfeirio at 'a great fleet of oyster boats under the cliff [that] was heaving in the greenest sea I ever saw'.[48] O dipyn i beth, felly, mae gwaith yr awduron hynny'n dangos y cynnydd a welwyd mewn defnyddio'r môr i fwynhau, ymlacio a threulio gwyliau.

Mae cerddi'r Oesoedd Canol yn gyforiog o hanesion am deithio a masnachu ar y môr ac o gymariaethau sydd wedi'u seilio ar y môr. Yn ei gywydd 'Yr Wylan', cymharodd Dafydd ap Gwilym (*fl.* 1340–70) y ferch a garai â gwylan: 'lleian ym mrig llanw môr wyd'.[49] Cyfeiria un o storïau enwocaf Cymru'r Oesoedd Canol at Fadog ab Owain Gwynedd, y tywysog chwedlonol o Gymru a hwyliodd i America ym 1170 i ffoi rhag yr ymrafael dinistriol gartref. Sonia Maredudd ap Rhys (*fl.* 1450–83) o Bowys, a berffeithiodd ffurf y *cywydd*, am 'Madog wych... / Iawngenau [= mab] Owain Gwynedd', gŵr 'Ni fynnai dir... / Na da [= cyfoeth] mawr ond y moroedd'.[50]

## Pensaernïaeth y môr

*Sian Rees a Peter Wakelin*

Er y gall adeiladau beidio â bod yn rhan benodol o amgylchedd y môr, bydd llawer adeiladwaith ar hyd y glannau'n cyfleu ei berthynas ag ef – o'r goleudy cadarnaf neu swyddfeydd crandiaf y Llynges Frenhinol yn Noc Penfro i sied ddistadlaf y pysgotwr. Gellir hyd yn oed ddehongli Castell Caernarfon yn gyfrwng i reoli llwybrau'r llongau a dychryn unrhyw gwch neu long sy'n agosáu.

Mae ceiau a morgloddiau'n gofnod o ymdrechion adeiladwyr a pheirianwyr i benderfynu ar y ffordd orau o gael cychod a llongau i gyrraedd glan. Mynegi ei bwrpas drwy fod â muriau plaen, ffenestri bach rheolaidd i'w awyru, a drysau mawr ar wahanol lefelau, wna warws, ac yn warysau a siediau mwyaf y porthladdoedd mawr ceid rheilffyrdd er mwyn gallu didoli a llwytho'r nwyddau dan do. Yn drist iawn, does dim enghraifft wedi goroesi o'r 'hoist', y fframwaith eiconig a fu wrthi am ganrif gyfan ym mhorthladdoedd y de yn arllwys glo o filiynau o wagenni i howldiau'r llongau.

Esgorodd y ffasiwn am wyliau glan-môr yn oes Victoria ar lond gwlad o fynegiant pensaernïol. Y pierau pleser oedd y rhai mwyaf ysgafnfryd ac ysmala'u haddurniadau. Estynnent allan i roi golygfeydd o'r tir a'r môr ac arnynt câi ymwelwyr ystafelloedd te, cysgodfannau, ystafelloedd dawnsio neu fan cychwyn i daith ar rodlong (gweler ffigur 11.2). Drwy grid tref glan-môr Llandudno o strydoedd llydan a thai dymunol, cyflëir apêl hamddena. Mae'r gwestai i dwristiaid lle mae'r ffenestri'n codi o lawr i lawr gan wynebu'r môr yn wahanol iawn i'r rhai a geir i ffwrdd o'r môr, neu i'r gwestai cadarn a godwyd yn y porthladdoedd i gynnig lletya i fasnachwyr.

Ceir cyfeiriadau hefyd at hanes y môr mewn addurniadau pensaernïol. Er nad darlun manwl-gywir, efallai, yw'r un o du blaen y llongau Llychlynnaidd sydd i'w gweld ar frig neuadd dinas Abertawe (y *Guildhall*) o gyfnod y 1930au, mae'n cyfleu pa mor falch yw'r ddinas o'i chysylltiad â'r môr. Ac a ellid gwell mynegiant o oes fawr allforio glo na'r *cartouche* o long fasnach yn hwylio'n braf uwchlaw'r geiriau *Wrth Ddŵr a Thân* ar swyddfeydd y Pierhead yng Nghaerdydd (ffigur 1.8)?

*Ffigur 1.8 Cerflun o injan stêm a llong fasnach ager ar adeilad y Pierhead, adeilad a godwyd yng Nghaerdydd ym 1896 ar gyfer Cwmni Dociau Bute. Arno mae'r arwyddair 'Wrth Ddŵr a Thân'.*

Ceir delweddau o'r môr yr un mor gyffredin mewn cerddi a luniwyd yn nes at ein hamser ni. Yn ei gerdd *Lladron Crigyll* mae Lewis Morris (1701–65) yn disgrifio gwaith y llongddryllwyr ysgeler, ac yn *Welsh Incident* ceir Robert Graves (1895–1985) yn amlygu gallu'r môr i ysbrydoli pobl leol i gyflawni campau rhyfeddol wrth adrodd storïau. Yn un o sonedau Gerard Manley Hopkins (1844–89), *The Sea and the Skylark*, mae'r bardd yn disgrifio sefyll ar neu ar fin y traeth yn y Rhyl a chymharu sŵn dwyfol yr ehedydd a'r môr â gwedd lom y Rhyl. Mae'n amlwg nad yw'n teimlo bod y dref lawn mor atyniadol:

> ... right, the tide that ramps against the shore;
> With a flood or a fall, low lull-off or all roar ...,
> Left hand, off land, I hear the lark ascend,
> His rash-fresh re-winded new-skeinèd score
> In crisps of curl off wild winch whirl, and pour
> And pelt music, till none's to spill nor spend.
>
> How these two shame this shallow and frail town.[51]

Mae'n sicr i'w fagwraeth ar lan y môr yn Abertawe ddylanwadu'n fawr at Dylan Thomas ac mai ei gyfnodau o fyw yng Ngheinewydd a Thalacharn a'i hysbrydolodd i greu Llareggub yn *Under Milk Wood*, ('Dan y Wenallt') a'i 'sloeblack, slow, black, crowblack, fishing boat-bobbing sea'. Cyfeiria R S Thomas (1913–2000) yn fynych at y môr yn ei waith gan ein hatgoffa ni '[that it] smiles and is never to be trusted'. Ei ddisgrifiad o fywydau garw'r rhai sy'n byw ac yn gweithio ar y môr ac yn ennill eu bywoliaeth ohono yw eu bod 'From long years/In a salt school, caned by brine'. [52]

Lluniodd Dewi Emrys (David Emrys James, 1881–1952) gerddi yn nhafodiaith Sir Benfro am 'hen grochon dwfwn, / A hwnnw'n berwi' ym Mhwllderi, a thyngodd Cynan (Albert Evans-Jones, 1895–1970) y byddai ef yn ei henaint yn aildanio angerdd ei lencyndod drwy fyw mewn '*bwthyn sydd â'i ddôr / At greigiau Aberdaron/ A thonnau gwyllt y môr*.[53]

Yn olaf, mae'r penillion isod o gerdd *Cofio* gan Waldo Williams (1904–71), y bardd o Sir Benfro, yn crisialu'r ysbrydoliaeth y mae'r môr wedi'i rhoi i gof diwylliannol ein cenedl ac, yn wir, wedi ysbrydoli pwnc y llyfr hwn.

> Un funud fach cyn elo'r haul o'r wybren,
> Un funud fwyn cyn delo'r hwyr i'w hynt,
> I gofio am y pethau anghofiedig
> Ar goll yn awr yn llwch yr amser gynt.
>
> Fel ewyn ton a dyr ar draethell unig,
> Fel cân y gwynt lle nid oes glust a glyw,
> Mi wn eu bod yn galw'n ofer arnom –
> Hen bethau anghofiedig dynol ryw.[54]

# 1.1 Mordwyo yn chwedlau'r Oesoedd Canol

Mark Redknap

Yn y *Mabinogion*, yr un ar ddeg o chwedlau canoloesol sydd i'w cael yn bennaf yn 'Llyfr Gwyn Rhydderch' (tua 1350)[55] a 'Llyfr Coch Hergest' (tua 1382–1410), ceir cyfeiriadau lu at y môr.[56] Gall rhai o'r rheiny adlewyrchu canfyddiadau ac atgofion o'r drydedd ganrif ar ddeg a dechrau'r ganrif ddilynol sef, yn fras, cyfnod eu cofnodi ar femrwn. Gall eraill adlewyrchu, yn anymwybodol, fytholegau, ideolegau a safbwyntiau cynharach.[57]

Gwynedd a Dyfed yw lleoliad llawer o'r chwedlau. Daw Macsen, y gŵr a uniaethir fel rheol â Magnus Maximus, y cadlywydd Rhufeinig o Galisia a gipiodd rym oddi ar yr Ymerawdwr Gratian yn 383, i Brydain i gyfarfod ag Elen ar ôl syrthio mewn cariad â hi mewn breuddwyd lle 'gwelai ddinas fawr wrth aber yr afon a chaer fawr yn y ddinas, a gwelai ar y gaer lawer o dyrau mawr amryliw, a gwelai lynges yn yr aber ar yr afon a'r llynges fwyaf a welsai neb erioed oedd honno. A gwelai long yng nghanol y llynges, ac yr oedd honno'n fwy o lawer a thecach na'r rhai eraill; a chymaint ag a welai ef o'r llong uwchlaw'r môr, fe welai fod y naill ystyllen yn euraid a'r llall yn ariannaid'. Daw i Aber Saint (*Segontium* y Rhufeiniaid) ger Caernarfon.

Cyfuno traddodiadau ffug-hanesyddol â motiff o chwedl werin wna'r disgrifiad uchod o'r llynges. Gellid peintio'r estyll ar y llongau hir â lliwiau am yn ail.[58] A byddai'r termau a ddefnyddiwyd am gychod a llongau yn y *Mabinogion* – *corwg* (cwrwgl), *llong* (o'r Lladin *navis longa*) ac *ysgraff* – wedi bod yn gyfarwydd i'r rhai a luniodd y fersiynau ysgrifenedig, ac i'r darllenwyr. Tua diwedd y drydedd ganrif ar ddeg y dechreuwyd codi castell a muriau tref Caernarfon a'i phorthdai a llu o dyrau, ac awgryma'r chwedl fod yna atgof o *Segontium*. Cyplysa hynny honiad tywysogion Cymru eu bod yn ddisgynyddion i'r Rhufeiniaid, a blaenoriaeth teyrnas Gwynedd yn y drydedd ganrif ar ddeg, â dilysu Caernarfon yn borthladd newydd ac ysblennydd ac yn ganolfan grym.

Ar ddechrau Ail Gainc y Mabinogi mae Bendigeidfran fab Llŷr, brenin Prydain a brawd i Franwen, yn eistedd uwchlaw'r môr yn ei lys yn Harlech (enw sy'n tarddu o *hardd* a *llech*), ac wrth weld 13 o longau Matholwch, brenin Iwerddon, yn agosáu, mae'n gorchymyn 'i wŷr y llys wisgo amdanynt a mynd i edrych pa beth yw eu bwriad'.[59] Mae maint y llynges honno'n gyson â'r hyn sy'n hysbys am longau ysbeilio rhwng y nawfed ganrif a'r unfed ganrif ar ddeg. Dod i ofyn am law Branwen ferch Llŷr mewn priodas yr oedd Matholwch. Dyrchafodd ei wŷr darian yn uwch na bwrdd y llong, a swch y darian i fyny yn arwydd o dangnefedd. Nesaodd gwŷr Bendigeidfran atynt 'fel y gallent glywed ei gilydd yn siarad'. Er mai'r arfer oedd cludo tariannau ar ochrau llongau hir o'r fath, efallai mai cael eu storio a wneid ar y cogiau diweddarach am fod eu hochrau'n uwch. Yn ddiweddarach, croesodd Bendigeidfran a'i wŷr Fôr Iwerddon i achub Branwen, 'ac nid oedd y weilgi yn fawr'. Rhyw ddiwrnod o hwylio yw'r pellter o Ddulyn i Fôn.

Yn y Bedwaredd Gainc y ceir un o'r chwedlau cynharaf am blentyn sy'n cyrchu'r môr. Caiff Math fab Mathonwy faban o'r enw Dylan, a aned drwy hud. 'Ac ar unwaith, cyn gynted ag y daeth i'r môr, fe gafodd natur y môr ac fe nofiai cystal â'r pysgod gorau yn y môr.'[60] Yn ddiweddarach, mae Gwydion yn creu llong

*Ffigur 1.9 Enwyd Llawysgrif Peniarth 1 yn Llyfr Du Caerfyrddin oherwydd lliw'r rhwymiad arni, a hi yw'r llawysgrif gynharaf sydd wedi goroesi o blith y rhai a luniwyd yn y Gymraeg yn unig. Credir iddi fod yn waith copïwr a fu'n gweithio tua'r flwyddyn 1250, ac ar ffolio 96 ynddi y ceir y cyfeiriadau cynharaf at foddi Cantre'r Gwaelod.*

hud o wymon ac yn hwylio gyda'r bachgen i ddrws porth 'Caer Aranrot' (sef Caer Arianrhod, ffurfiant o greigiau ger bryngaer arfordirol Dinas Dinlle yn Sir Gaernarfon).[61]

Lleoedd yng Nghymru yw pob un ond wyth o'r 79 o leoedd a enwir yn y Pedair Cainc, a lleoedd ar hyd y glannau yw llawer ohonynt – aber Afon Alaw, ynysoedd fel Gwales,[62] Porth Cerddin (Pwll Crochan ger Abergwaun, efallai),[63] y Traeth Mawr wrth aberoedd afonydd Glaslyn a Dwyryd, ym Mhorthmadog[64].

Yn *Culhwch ac Olwen*, yr hwyaf ac efallai'r hynaf o destunau'r *Mabinogion*, crybwyllir y môr wrth adrodd hanes hela'r Twrch Trwyth (gweler ffigur 1.25) i ddwyn crib a gwellau oddi arno.[65] Ceir hyd i'r twrch yn Iwerddon a'i hela ar draws Môr Iwerddon i Ddyfed gan Arthur ac yna dros dir hyd at Afon Hafren. Ar ôl gyrru'r twrch i'r afon rhwng Llyn Lliwan ac aber afon Gwy mae Arthur a gwŷr Cernyw a Dyfnaint yn ymosod arno ac yn cipio'r gwellau a'r grib cyn iddo ddianc yn ôl i'r Gorllewin Celtaidd (Cernyw y tro hwn). Cafwyd awgrym mai cyfeiriad at eger Hafren yw gorlifiad y dyfroedd dros y Twrch Trwyth.[66] Mae'n debyg i fanylion y chwedl, a grybwyllir gyntaf yn yr *Historia Brittonum* (Hanes y Brythoniaid), gael eu casglu ynghyd

tua 1100 a'u bod yn cynrychioli derbyn bod Cymru'n endid a grëwyd mewn cyfnod pan bwysai'r Eingl-Sacsoniaid yn drwm ar y deyrnas.

Chwedl arall, a grybwyllir gyntaf yn 'Llyfr Du Caerfyrddin' (llawysgrif a luniwyd cyn tua 1250), yw'r un am foddi Cantre'r Gwaelod (ffigur 1.9).[67] Tan oddeutu'r ail ganrif ar bymtheg, gelwid y tir hwnnw'n Faes Gwyddno ond erbyn heddiw yr enw mwyaf adnabyddus arno yw Cantre'r Gwaelod, cantref a fu, yn y chweched ganrif, yn rhan o deyrnas y tywysog chwedlonol Gwyddno Garanhir ('coesau hir'). Yn ôl un fersiwn, bu i storm yrru llanw'r gwanwyn yn erbyn y morglawdd a amddiffynnai'r tir ffrwythlon ac i geidwad y llifddorau fethu â sylwi. Gadawodd ef y llifddorau'n agored ac fe ruthrodd y môr i mewn a boddi dros 16 o bentrefi (ffigur 1.10). Gan fod elfennau tebyg i'w cael mewn chwedl a leolwyd yn nheyrnas Helig ap Glanawg ym morfa Conwy, efallai fod i'r ddwy chwedl yr un tarddiad ac iddynt gael eu cyplysu, yn ddiweddarach, â dau arweinydd traddodiadol o'r chweched ganrif.[68]

*Ffigur 1.10 Ysbrydolodd chwedl Cantre'r Gwaelod gerddi a chaneuon Cymraeg ar hyd y canrifoedd. Fe'i cadarnheir gan weddillion coedwigoedd cynhanesyddol tanddwr sy'n dal i'w gweld hwnt ac yma ar lanw isel ar hyd Bae Ceredigion. Dyddiwyd y goedwig danddwr hon yn y Borth i 4184–3981 CC.*

## 1.2 Beirdd canoloesol ar y môr

Mark Redknap

Cyffroai llongau a'r môr amrywiaeth o emosiynau, cymatebion a chyfeiriadau symbolaidd yn y meddwl canoloesol. Wrth i bobl drin geiriau bryd hynny, ac yn arbennig wrth i'r beirdd llys lunio'u cerddi, byddent yn cyfleu gwir obeithion, ofnau a dyheadau eu cynulleidfaoedd. Lluniodd Gruffudd ap Maredudd

(*fl*. 1346–82) gerdd deimladwy i ymbil ar i Dduw gadw'r Pla Du rhag ymosod ar Wynedd. Wedi i'r pla ladd llaweroedd, meddai, mae'r deyrnas fel llong fasnach wag: 'Na wna Wynedd fonheddig yn waeth na newidlong wag'.[69]

Ffigur 1.11 Yn Eglwys Gadeiriol Tyddewi mae'r misericord canoloesol hwn yn darlunio teithwyr â salwch môr ynghyd ag unigolyn mewn cwfl sy'n erfyn ar Dduw am gymorth. Mae'n cyfleu'r amodau cyfyng a diflas ar longau'r Oesoedd Canol, tebyg i'r profiad a ddisgrifir yng nghywydd Y Llong gan Iolo Goch (tua 1325–tua 1398).

Mae cywydd *Y Llong* gan Iolo Goch (tua 1325–tua 1398) yn cyfleu'n fyw iawn anghysur llawer o'r teithwyr a deithiai ar longau masnach o'r fath (ffigur 1.11):

Casty im oedd, cawsty mŷr,
Castell ing, cist y llongwyr,
Casaf dâm, amlaf ei chamlyw.
Alch Noe, olychwin yw.
Hudduglyd derw, chwerw ei chwŷs,
Henfon [?] hoyw walgron welwgrys,
Certwain glo, nid cwrt glân iawn,
Carthennwyl, ceuroth anian,
Ffriwuchel wrach, fingrach fort,
Ffroengau, ystrodur ffrwyngort,
Lled noe, lleuad newydd,
Lletpai fel hen fuddai fydd,
Esgud dŵr ysgod toreth,
Y sgrîn saith gyfelin seth,
Esgudlam wilff ysgydlaid,
Ysgâl anwadal ei naid,
Geol wyddgrach goludgrainc,
Gwilff soth, pawb a'i gwŷl o Ffrainc.[70]

Awgrymodd Tony Carr fod y gerdd yn cyfeirio at daith go-iawn Rhys ap Roppert, gŵr o'r Cilmael (Cinmel), ger Abergele, a fu farw ym 1377. Fe hwyliodd i Ffrainc fel negesydd at Owain Lawgoch (tua 1330–78), y milwr cyflog o Gymro a fu'n ymladd dros y Ffrancwyr yn ystod Rhyfel y Can Mlynedd ac a arweiniodd ymgyrch yn ddiweddarach i gipio Cymru o feddiant y Saeson.[71]

Cyfeiria'r cywydd at ddrewdod y llong, gwendid ei llyw ochr a'r ffaith fod ei chêl wedi'i dduo gan byg neu hindreuliad. Y 'ffroen gau' yw bôn hwylbren y llong a'r 'ystrodur ffrwyngort' yw rhan isaf y llong, ynghyd â'i rigin, sy'n ffurfio'r siâp cilgant sydd i'w gweld ar ddarnau arian a seliau'r oes. Y 'tŵr' oedd yr adeiladwaith wrth y starn – er y delid i ddefnyddio ffocslau (tyrau yn y tu blaen) – ac mae'r 'saith gyfelin' (= cufydd) yn dangos ei fod yn debyg o ran ei faint i'r un ar longddrylliad cog Bremen sy'n dyddio o 1380 ac a welir bellach yn Amgueddfa Glannau'r Almaen yn Bremerhaven. Mae hwnnw'n 6.44 metr o led wrth 4.65 metr o ddyfnder.[72]

Mae'n debyg mai cludo llwyth o âl (*ale*) wnâi'r 'carchardy... cwrw chwerwdost', chwedl Iolo Goch.[73] Yn y bymthegfed ganrif soniai llawer o feirdd yr uchelwyr am win a ddaethai o Bayonne, Normandi, Bordeaux, La Rochelle, Speyer-am-Rhein a Sbaen.[74] Yn ei 'Farwnad i Faredudd ap Cynwrig' (bu Maredudd farw ym 1428), disgrifiodd Rhys Goch Eryri (*fl.* 1385–1448) long yn llwythog o win Sbaen ar ei ffordd i ail-lenwi seler Maredudd ym Môn – arwydd o chwaeth dda Maredudd a'i safle uchel yn y gymdeithas.[75]

Mae cywydd Deio ab Ieuan Du (*fl.* 1450–80) i Faredudd ap Llywelyn yn ei ganmol am ddianc o long ('y fileinllong felenllwyd') a oedd wrthi'n cludo gwin o Ffrainc pan suddodd hi wrth aber afon Dyfi ('wythwyr a dau aeth i'r dŵr').[76] Cyfeiria cywydd Deio, *Y Llong*, at gipio Siancyn ap Maredudd gan 'ladron môr', ac ynddo y ceir un o'r cyfeiriadau cynharaf at Fadog ab Owain Gwynedd, y tywysog y dywedir iddo hwylio i America ym 1170.[77] Lluniwyd y cywydd tua'r un adeg â theithiau John Cabot o Fryste i Newfoundland yn y 1490au, ac mae'n perthyn i'r traddodiad canoloesol o ddisgrifio taith arwrol dros y môr. Cyfeiriodd Humphrey Llwyd ato'n ddiweddarach yn *Cronica Walliae* (1559), gwaith a luniwyd i ategu ymgyrch propaganda Elizabeth i wrthod hawl Sbaen i feddiannu'r Byd Newydd. Profiad mwyfwy cyffredin erbyn hynny oedd teithio ymhell mewn llongau mawr. Disgrifia Rhys Nanmor (*fl.* 1480–1513) long 'tri tho' (h.y. trillawr) a fyrddiwyd yn Aberdaugleddau ar ei ffordd hi i Rufain,[78] ac mae Lewis Glyn Cothi (*fl.* 1447–80) yn un o sawl bardd a ddisgrifiodd y fordaith i'r gyrchfan boblogaidd i bererinion, y gysegrfa yn Santiago de Compostela.[79]

*Ffigur 1.12 Yma, dangosir còg Bremen, a adeiladwyd tua 1380 ac a gloddiwyd ym 1962, cyn gwneud gwaith cadwraeth arno. Mae ei gorff yn cyfleu'n gryf y 'fingrach fort' (bwrdd crach ei fin), yr 'esgud dŵr ysgod toreth' (tŵr cyflym, chwyddedig ei gwedd) a'r 'hudduglyd derw' (derw huddyglyd) a ddisgrifir yng nghywydd Iolo Goch tua'r adeg honno.*

# 1.3 Cerfio a chrafu llongau

Mark Redknap

Ceir lluniau a cherfluniau o longau mewn eglwysi ac eglwysi cadeiriol ledled Prydain, rhai ohonynt wedi'u comisiynu'n ffurfiol ac yn waith cerflunwyr, ac eraill wedi'u cerfio ar gynteddau a misericordiau, neu wedi'u crafu'n ddienw fel graffiti ar bren neu gerrig yr adeilad.[80] Yn Ewrop Gatholig, peth cyffredin iawn oedd yr arfer o wneud offrymiadau adduned mewn cysylltiad â llongau, a chyn mentro ar daith beryglus neu i ddiolch am achubiaeth o'r môr neu rhag boddi y gwnaed llawer ohonynt.[81] Yng Nghapel y Santes Anne yn Eglwys Gadeiriol Bryste yn y bymthegfed ganrif ceid 27 o fodelau o longau o bren a phump o rai arian yn

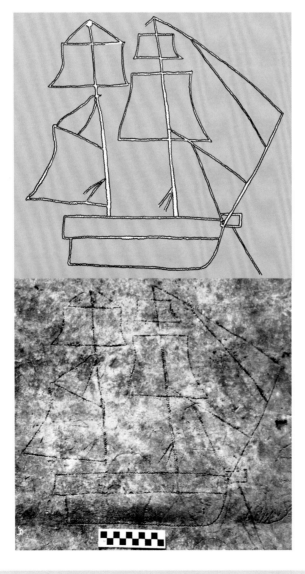

*Ffigur 1.13 Llun o frig o'r ddeunawfed ganrif wedi'i grafu i'r gwaith plwm ar do eglwys Porth Sgiwed yn Sir Fynwy. Bydd llawer delwedd o'r fath yn amlygu gwybodaeth dda o longau ar sail cynefindra maith â hwy neu brofiad helaeth o hwylio arnynt.*

rhoddion gan deithwyr diolchgar.[82] Yn y cofnod o'r eitemau a symudwyd o Eglwys Gadeiriol Llandaf adeg y Diwygiad Protestannaidd yn y 1540au rhestrir '(a) shippe to carry Frankingsence' a honno wedi'i gorchuddio'n rhannol ag arian. Yn yr Eglwys Norwyaidd sydd bellach wedi'i symud i Fae Caerdydd ceir model addunedol mwy diweddar o long. Daeth ef o'r eglwys wreiddiol a godwyd ym 1868 i wasanaethu anghenion crefyddol morwyr o Norwy a'r gymuned o Norwyiaid a drigai yng Nghaerdydd ar y pryd.

Efallai i rai o'r graffiti a geir ar eglwysi, neu o'u mewn, gael eu crafu ar awr segur, ond efallai i eraill gael eu gwneud oherwydd awydd y rhai a fentrai eu bywydau ar y môr i erfyn am daith ddiogel. Gwaith morwyr neu eu perthnasau a'u cyfeillion oedd llawer o'r brasluniau ac mae astudiaeth a wnaed yn Lloegr yn ddiweddar o graffiti ar longau canoloesol wedi amlygu patrwm cymhleth eu cynhyrchu. Nid yw'r enghreifftiau ohonynt wedi'u cyfyngu i'r glannau, ac amrywio cryn dipyn wna'u hansawdd a'u cywirdeb.[83]

Ni ddaeth creu graffiti ar longau i ben ar ddiwedd yr Oesoedd Canol. Er bod enghreifftiau ôl-ganoloesol ohonynt yn llai cyffredin, maent wedi'u crynhoi ar hyd y glannau, a rhai ohonynt yn dangos llongau wrth angor neu ar y môr. Mae enghreifftiau wedi'u cofnodi ar gerrig yn Eglwys Gadeiriol Tyddewi yn Sir Benfro ac yn 2002 cafwyd hyd i luniau o long o'r ddeunawfed ganrif ar blwm o do tŵr Eglwys Fair ym Mhorthsgiwed yn Sir Fynwy (ffigur 1.13).[84] Yn ddiddorol ddigon, cafwyd bod ochrau uchaf ac isaf y sitenni o blwm yn frith o graffiti, gan gynnwys blaenlythrennau, amlinelliadau o esgidiau a dwylo, a dyddiadau – a'r cyfan yn ddogfen gymdeithasol bwysig ynglŷn â'r pentref hwnnw ger y môr. Mae'r graffito o'r llong wedi'i lunio'n llawrydd ac yn ddarlun o long fasnach â dau hwylbren. Awgryma nifer y polion a chynllun yr hwyliau mai brig o'r math a geid yn y ddeunawfed ganrif sydd yma – awgrym sy'n cyd-fynd â'r dyddiadau a engrafwyd ar y plwm (o 1711 hyd at y 1780au).

Nid ffenomen sy'n perthyn i'n gorffennol pell yn unig mo graffiti llongau; datgelir llawn cymaint gan y rhai modern. Cafwyd hyd i enghraifft yn 2002 mewn tŷ bach allanol yn Nhre-fin yn Sir Benfro (ffigur 1.14) lle cawsai brasluniau garw o'r llongau hwyliau a'r llongau ager a arferai ymweld â phorthladd Porth-gain gerllaw i lwytho sglodion gwenithfaen tua diwedd y 1920au a dechrau'r 1930au eu pensilio ar fur ac arno haen o galch. Wrth bob braslun fe nodwyd pwysau'r llong mewn tunelli, natur a phwysau'r cargo a lwythwyd, a'r gyrchfan. Ymhlith y graffiti mwy diweddar mae'r un ar gorff y fferi *Duke of Lancaster* a lansiwyd ym 1956 gan

Harland and Wolff (ffigur 1.15). A hithau bellach yn y doc sych yn Llannerch-y-Môr ar aber Afon Dyfrdwy rhwng Mostyn a Phrestatyn, mae hi'n awr yn gynfas gwag i gelfyddyd y stryd.

*Ffigur 1.14 Mewn tŷ bach allanol yn Nhre-fin yn Sir Benfro ym mis Hydref 2002 y cafwyd hyd i'r brasluniau hyn o longau. Dangosir eu pwysau crynswth mewn tunelli, natur a phwysau eu llwythi, a'u cyrchfannau.*

*Ffigur 1.15 Graffiti diweddar ar gorff y fferi* Duke of Lancaster *a lansiwyd ym 1956 gan Harland and Wolff ac sydd bellach mewn doc sych yn Llannerch-y-môr ger Prestatyn. Fe'i defnyddiwyd (cyn 2007) yn gynfas gwag gan gylch o arlunwyr stryd o'r enw DuDug, ffurf chwareus ar 'Dug Du'.*

## 1.4

# Delweddaeth weledol

Peter Wakelin

Rhaid bod cannoedd o filoedd o ddelweddau o bynciau morwrol wedi'u cynhyrchu yng Nghymru – yn lluniau a pheintiadau, yn bosteri, yn ffotograffau ac yn brintiau, yn wrthrychau ac yn adeiladau. Mae llawer ohonynt yn cynnig tystiolaeth am y gorffennol morwrol. Ond beth oedd eu diben? Pwy a'u creodd? Pa ragfarnau oedd ganddynt a beth a orliwiwyd neu a hepgorwyd? A wnâi'r darlun o heulwen grasboeth a thywod euraid yn Aberystwyth ar y posteri rheilffordd, er enghraifft, ddweud y gwir i gyd wrth geisio denu pobl yno?

Creu cofnod oedd bwriad rhai arlunwyr. Gan i Paul Sandby (1731–1809) gychwyn ei yrfa fel syrfëwr milwrol, ei fwriad wrth beintio ar ei deithiau yng Nghymru yn y 1770au oedd dangos yn union yr hyn a welai, a dyna a wna'i lun dyfrlliw o gastell a cheiau Caernarfon (ffigur 1.16).[85] Cyhoeddodd William Daniell (1769–1837) luniau acwatint o'i *Voyage Around Great Britain*, rhai sy'n cyfuno llygad craff, mae'n debyg, am fanylion â harddwch tôn a chyfansoddiad (ffigur 1.16). Yn Llansawel ym Morgannwg, darluniodd amrywiaeth o longau, ac mae'r lluniau'n argyhoeddi. Ymhlith 25 o

olygfeydd ar hyd y glannau, tynnodd Daniell lun hyd yn oed o ddrylliad diweddar llong o Frasil.

Peintiai arlunwyr luniau o wrthrychau i'w gwerthu, neu gymryd comisiynau gan bobl a ymddiddorai mewn pwnc penodol. Gwnaed llawer mwy o luniau o borthladdoedd 'pictwrésg' fel Aberteifi a Dinbych-y-pysgod nag o rai diwydiannol Abertawe a Chasnewydd. Darluniwyd sawl golygfa droeon – Llandudno oddi uchod, Castell Cricieth, yr Wyddfa o Fôn. Mae teitl llun Samuel Hieronymous Grimm (1733–94) yn lled-awgrymu sut y gallai arlunwyr seboni uchelwyr drwy greu lluniau delfrydol o'u hystadau: *Briton Ferry in Glamorganshire - The Seat and Park of J Venables Vernon Esq.*[86] Eto, disgwylid i beintiadau a modelau o longau a wnaed ar gyfer eu perchnogion neu eu meistri fod yn fanwl-gywir er iddynt ddarlunio'r rheiny ar eu gorau – a gwella, efallai, ar y gwirionedd. Gallai lluniau o borthladdoedd roi gwedd fwy mawreddog ar yr adeiladweithiau peirianyddol, y nwyddau, y cychod a'r llongau.

O dan ddylanwad yr ymagwedd ramantaidd at y dirwedd o ddiwedd y ddeunawfed ganrif, ceisiodd

*Ffigur 1.16 Bu William Daniell (1769–1837) ar daith ar hyd glannau Cymru ym 1807 i gofnodi golygfeydd a'u cyhoeddi mewn acwatintau. Ar sail ei arsylwadau, cynhyrchodd hefyd rai peintiadau lliwgar mewn olew. Un ohonynt oedd* View of Conway Castle *(1812), sy'n dangos ei allu i ddarlunio pynciau arforol yn fanwl-gywir, i bob golwg. Yn y tu blaen, mae dwy long fasnach ar yr aber a gwelir eraill yn tynnu at gei'r dref yr ochr arall i'r castell.*

*Ffigur 1.17 Flint Castle (1835) yw un o ddau lun dyfrlliw o'r haul yn machlud dros aber Afon Dyfrdwy gan J M W Turner (1775–1851). Mae'n gyforiog o oleuni euraid cyfriniol bron. Ymwelodd Turner â Chymru gyntaf ym 1792 ac ymweld â hi chwe gwaith yn ystod ei oes.*

*Ffigur 1.18 Yr oedd David Jones (1895–1974) yn enwog fel bardd ac fel arlunydd. Yn y llun dyfrlliw hwn, Tenby from Caldey Island (1925), gwelir ei ddiddordeb ysol yn natur fythol-gyfnewidiol y môr fel trosiad o greadigrwydd, ac mae'n cyfosod heddwch mynachaidd yr ynys â bwrlwm y llongau a'r bobl ar y tir mawr.*

arlunwyr gyfleu 'naws y lle', ei gysylltiadau llenyddol a'r ymatebion emosiynol iddo, yn enwedig i rym aruchel byd natur. Daeth y môr yn bwnc mynych. Gallai tirweddau rhamantus fod yn fwy o ddramâu nag o ddogfennau. Dangosodd P J de Loutherbourg (1740–1812) forwyr yn brwydro yn erbyn yr elfennau o dan ffurf afluniedig ar Gastell Conwy. Ac anwybyddu cywirdeb dogfennol am y tro, esgorodd Rhamantiaeth ar rai campweithiau byw iawn. Mae paentiadau mawreddog

J M W Turner (1775–1851) tua diwedd ei oes, fel *Flint Castle* (ffigur 1.18),[87] yn cyfleu amser, natur a chysylltiadau'r môr ag antur a masnach. Rhywsut, meddai'r beirniad John Ruskin (1819–1900), a fu'n berchen ar y paentiad, yr oedd stormydd fel petaent ar fin tarfu ar luniau Turner o olygfeydd digon digynnwrf. Ymwelsai Turner â'r Fflint sawl tro yn y 1790au ond ni pheintiodd yr argraff hon am chwarter canrif arall. Er bod ei luniau o longau sy'n graddol ddod i'r golwg drwy niwl y môr yn amlygu ei athrylith wrth gyfleu effeithiau goleuni, digon gwan oedd ei afael ar beintio pobl. Yno i gyffroi diddordeb mewn pobl y mae ei bysgotwyr a'u teuluoedd, heb ddweud fawr am arferion lleol, er bod golwg realistig ar y ceirt wrth y llongau ar y tywod. Mae *Shipping off Tenby* Charles Bentley[88] (1805/6–54) yn cyfleu ymdeimlad go-iawn o ymchwydd y môr ac o'r gweithgarwch y tu hwnt i gysgod yr harbwr.

Gall yr ystyron a briodolir i'r môr fynd y tu hwnt i'r gweladwy. I David Jones (1895–1974) roedd yn drosiad o gyflwr meddwl. Er na phaentiodd lun o'r môr cyn mynd i Ynys Bŷr ym 1925, fe ddychwelodd i aros yno sawl tro a daeth yr ynys yn bwnc mynych i'w luniau (ffigur 1.18). Mae uniongyrchedd syml *Tenby from Caldey Island*[89] yn cyfleu natur yr ynys ac yn pwysleisio'r culfor a'r mur o dwyni sy'n ynysu'r fynachlog a'r cwm rhag prysurdeb y glannau yn Ninbych-y-pysgod. Ar ôl ei brofiadau yn ffosydd y Rhyfel Mawr, bu'n 'lle i enaid gael llonydd'. Fe werthfawrogai ei chysylltiad â'r hen seintiau Celtaidd.

# 1.5

# Cofroddion llongwyr

## Mark Redknap

Yn y ddeunawfed ganrif fe weithiai llawer o arlunwyr proffesiynol yn galed i gynhyrchu gweithiau a oedd mor realistig â phosibl. Gwyddent y byddai eu noddwyr, gan gynnwys swyddogion o'r llynges, swyddogion llongau masnach neu forwyr, yn craffu'n wybodus ar y paentiadau. Wyddom ni ddim ai ar gyfer noddwr o'r llynges y peintiodd John Attwood (*fl.* 1770–80) ei lun o sgwadron o'r Llynges Frenhinol wrth angor yn Aberdaugleddau (tua 1776) (ffigur 1.19), ond mae'n debyg bod ei lun yn dangos y sgwadron wrthi'n paratoi i gludo rhagor o filwyr a chyflenwadau ar draws Môr Iwerydd toc wedi i Ryfel Annibyniaeth America (1775–83) gychwyn.[90]

Yr oedd porthladdoedd Prydain yn gartref i 29 o longau – pump ohonynt â 90 o ynnau – a'r rheiny wrthi'n cyflogi rhagor o ddynion. Yr oedd rhan o'r fflyd ar waith yn y dyfroedd cartref ac yn ceisio atal llongau a gludai arfau'n llechwraidd a rhwystro Ffrainc rhag chwarae mwy o ran yn y rhyfel.[91] Deuai herwlongau o America o'u cuddfannau ym mhorthladdoedd Ffrainc i aflonyddu ar y cyfresi o longau a gludai fwyd a diod ar draws Môr Iwerydd i gynorthwyo'r fyddin, ac eid ati'n gyson i ategu'r llongau a oedd ar batrôl â llongau rhyfel o'r Drydedd Radd a hwyliai ar hyd y Sianel. Gan mai chwe llong yn unig a gawsai eu hawdurdodi i gael eu cadw yn y dyfroedd cartref erbyn Medi 1777, mae'n debyg bod peintiad Attwood yn darlunio sgwadron o'r Llynges Frenhinol ar ddyletswydd draws-Iwerydd.

Golwg o bell yw'r peintiad ac er yr arddull naïf braidd mae Attwood, wrth ddangos porthladd prysur, wedi gwahaniaethu rhwng llongau o wahanol faintioli. O blith pum llong ryfel â thri hwylbren (sydd heb, efallai, eu darlunio'n fanwl-gywir), mae gan ddwy ddau lawr ac mae gan dair lawr gynnau yr un. Mae gan naw o'r llongau rhyfel lawr gynnau'r un (pob un â dau hwylbren) ac mae yno o leiaf dair llong ysgafn â dau hwylbren a 10 llong ysgafn neu hir dan hwyliau, ac amryw o gychod rhwyfo (llongau hir, pinasau neu longau ysgafn) neu gychod hir wedi'u clymu wrth starnraffau llongau. Efallai mai'r ddwy long ddeulawr fwyaf yw llongau'r Drydedd Radd sydd â 64 neu 74 o ynnau, ac mai ffrigadau neu slwpiau yw'r rhai unllawr. Bryd hynny, yr oedd gan

*Ffigur 1.19* The ships of a Royal Navy squadron at anchor in Milford Haven *(tua 1776)* yw unig waith hysbys John Attwood *(fl. 1770–80), gŵr a oedd, efallai, yn amatur dawnus.*

Ffigur 1.20 Cynnyrch Crochenwaith Cambrian yn Abertawe, mae'n debyg, yw'r jwg hwn ac mae'n coffáu buddugoliaeth y Llyngesydd Nelson yn Trafalgar ar 21 Hydref 1805.

Ffigur 1.21 Cook a'r Cwmni, Abertawe, a gynhyrchodd y jwg hufenwaith argraffedig hwn. Fe'i gwnaed ar gyfer Joseph Vaughan, y gŵr a oedd â gofal gweithfeydd haearn a thunplat Melingriffith. Credir i'r jwg gael ei gomisiynu i goffáu gweithred perthynas i Joseph, y Cadfridog Syr John Vaughan, a aethai ati, gyda'r Llyngesydd Rodney, i gipio St Eustatious yn India'r Gorllewin oddi ar y Ffrancod ym 1781. Y flwyddyn ganlynol, arweiniodd Rodney'r fflyd i fuddugoliaeth ym Mrwydr y Saintes, y frwydr olaf ar y môr yn Rhyfel Annibyniaeth America.

Ffigur 1.22 Gwelir patrwm poblogaidd a hirhoedlog y 'brig arfog' ar amrywiaeth o grochenwaith, gan gynnwys y jwg cyflwyno hwn ac arno 'Wm Saunders 1804' o Grochenwaith Cambrian yn Abertawe. Dywed y pennill arno: 'When this you see remember me / And bear me in your mind / Tho' many leagues we distant be / Speak of me as you find'.

longau rhyfel y 'Radd Gyntaf' 100 o ynnau (ond yr oedd y rheiny'n ddrud ac yn brin), yr oedd gan longau'r 'Ail Radd' 98 o ynnau a hyd at 80 gan longau'r 'Drydedd Radd (gan fod 57 ar waith, hwy oedd y rhai mwyaf niferus, erbyn 1775 hwy oedd y llongau rhyfel 'safonol').

Yn sgil twf diwydiant crochenwaith Prydain yn y ddeunawfed ganrif, manteisiodd masnachwyr ar y gred bod cyflwyno rhoddion bach yn meithrin cyfeillgarwch maith. Ganol y ddeunawfed ganrif, cynhyrchodd diwydiannau crochenwaith Prydain wrthrychau gwladgarol a fawrygai lwyddiannau byddin a diwydiannau Prydain (ffigur 1.20) a chlodfori, yr un pryd, bersonoliaeth neu broffesiwn y sawl a'u câi'n rhodd.[92] Daeth bowlenni pwnsh addurnol a phlatiau ac arnynt luniau o longau yn boblogaidd iawn. Fe'i gwnaed yn gyntaf mewn ffaiens ac yn ddiweddarach mewn crochenwaith caled. Ar rai anrhegion ceid monograffau meistri'r llongau, enwau'r llongau, neu arwyddeiriau a ddymunai lwyddiant i'r llongau masnach (ffigur 1.21). Daeth crochenwaith caled ac arno luniau priodol yn rhan boblogaidd o setiau llestri gwragedd capteiniaid ac amlygu natur fwy soffistigedig llestri bwyta ac yfed perchnogion llongau a diplomyddion tramor.

Yn ail hanner y ddeunawfed ganrif daeth y dull lled-fecanyddol o argraffu dyluniadau drwy eu trosglwyddo o engrafiadau i arwynebau crochenwaith caled gwydrog – a ddatblygwyd yn Lerpwl (lle gwnaed llawer o blatiau llongau) – yn un cyffredin. Manteisiodd William Coles ar y dechnoleg, ac fe sefydlodd grochendy'r Cambrian ar lannau Afon Tawe Abertawe ym 1764 (ffigur 1.22). O ochr arall Môr Hafren y deuai llongau â'r peli gwyn o glai a'r callestr a ddefnyddid i gynhyrchu crochenwaith, a châi'r rheiny eu dadlwytho wrth dŷ'r potiau lle câi'r ceramigau eu tanio. Roedd Abertawe yn borthladd o bwys a byd y llongau hwylio, y brigiau a'r llongau ysgafn yn bwnc naturiol, ac ar y cynharaf ohonynt ceir SWANSEA wedi'i argraffu mewn porffor manganîs.[93]

# 1.6    Arloeswyr ffotograffiaeth a ffilm

### Mark Redknap

*Ffigur 1.23 Oherwydd manwl-gywirdeb ffotograffiaeth y symudodd Calvert Richard Jones (1802–77) o ddyfrlliw i'r cyfrwng newydd. Gwelir y nodwedd honno hefyd yn ei arlunwaith cynharach, yn enwedig ym manylion cain y rigin yn y braslun hwn o long Io (1827).*

*Ffigur 1.24 Hulks in the Harbour (tua 1851–55), caloteip gan Calvert Richard Jones (1804–77), gŵr a dynnodd rai o'r ffotograffau cynharaf o longau Prydain, a llawer ohonynt yng nghyffiniau Abertawe.*

Mab i dirfeddiannwr yn Abertawe oedd y Parchedig Calvert Richard Jones (1802–77), rheithor Casllwchwr. Yn ei flynyddoedd cynnar datblygodd yn beintiwr golygfeydd morwrol a chynhyrchu amryw byd o luniadau manwl-gywir o longau a nodweddion y glannau yng nghyffiniau Abertawe, Castell-nedd a Llansawel, Aberdaugleddau a Doc Penfro (ffigur 1.23). Yn ddiweddarach, datblygodd yn ddaguerroteipydd cyn mabwysiadu proses yr oedd Fox Talbot newydd ei dyfeisio, y caloteip, a dilynodd y datblygiadau arloesol a wnaed mewn ffotograffiaeth ar y pryd gan William Henry Fox Talbot (1800–77) a John Dillwyn Llewelyn (1810–82), perthynas o bell iddo.

Er ei fod yn llai o arloeswr gwyddonol na Talbot a Llewelyn ym maes ffotograffiaeth, datblygodd Jones yn un o arweinwyr celfyddyd newydd y ffotograff. Yn y 1840au a'r 50au tynnodd lawer o luniau o ardal Abertawe a datblygu ei ffordd ei hun o dynnu ffotograffau panoramig a phensaernïol drwy alinio dau ffotograff o olygfa eang. Yn ogystal â thynnu ffotograffau o ddociau a baeau Abertawe (ffigur 1.24), aeth Jones ar deithiau ffotograffig helaeth i Ffrainc a'r Eidal lle tynnodd luniau, gan gynnwys ei lun enwocaf, yr un o'r Colosewm yn Rhufain, ym 1846. Wrth deithio yn Ffrainc cyfarfu â Hippolyte Bayard (1801–87), dyfeisydd proses y papur ffotograffig positif, a gweithio gydag ef. Drwy Calvert Jones y daeth William Henry Fox Talbot i adnabod Bayard a thrwy hynny fe hwyluswyd datblygu proses Fox Talbot ei hun yn ddiweddarach o argraffu ffotograffau ar bapur.

Gŵr llawn mor arloesol, ond fel gwneuthurwr ffilmiau, oedd y dyn ffeiriau William Haggar (1851–1925) a wnaeth dros 30 o ffilmiau mud. Portreadai un ohonynt hanes yr archdroseddwr Charlie Peace (*The Life of Charles Peace*, 1905), a ffilmiwyd yn Noc Penfro yn bennaf, a *The Landing of the French* (1905) ynghylch trechu byddin Ffrainc yn Abergwaun ym 1797.[94]

Haggar hefyd a ffilmiodd *Mumbles Funeral*, ffilm ddogfen ynghylch talu'r gymwynas olaf i'r chwech o ddynion y bad achub a gollodd eu bywydau ym 1903. Ym 1913 fe gynhyrchodd *The Women of Mumbles Head*, a'i golygu gan fanteisio ar ffilm a oedd eisoes wedi'i defnyddio i gyflwyno hanes trychineb y *Titanic* ym 1912, a chynnwys ynddi olygfeydd newydd lle defnyddiwyd

*Ffigur 1.25 Helwyr yn croesi Môr Iwerddon mewn cwch (a seiliwyd ar bowlen Caergwrle) o fersiwn animeiddiedig Sean Harris o* Hela'r Twrch Trwyth *(2005).*

*Ffigur 1.26 Mae'r ffilm* The Lighthouse *(2016) yn adrodd hanes trist Thomas Howell a Thomas Griffith ar oleudy'r Smalls yng nghanol stormydd Môr Iwerddon 25 milltir o'r tir mawr.*

actorion mewn cychod oddi ar Abergwaun. Mae'r ffilm yn darlunio digwyddiad go-iawn ym 1883 pan achubodd Jessie Ace a Margaret Wright, merched ceidwad y goleudy lleol, ddau aelod o griw'r bad achub a aethai i drafferthion ar ôl llwyddo i achub criw'r barc o'r Almaen, yr *Admiral Prinz Adalbert* o Danzig.

Ffilmiwyd rhannau o ffilm o lyfr Hermann Melville, *Moby Dick*, yn ardal Abergwaun ym 1956.[95] Gregory Peck oedd y seren a Ray Bradbury luniodd y sgript. Ynddi gwelwyd model o forfil gwyn enfawr. Torrodd y model yn rhydd ar ôl y ffilmio a diflannu o'r golwg am byth. Yn *Prince Valiant* (1997), ffilm a gyfarwyddwyd gan Anthony Hickox ac a seiliwyd yn fras ar chwedlau'r Brenin Arthur, ceir golygfeydd a ffilmiwyd ar hyd glannau Cymru, a defnyddiwyd Afon Menai'n lleoliad yn y ffilm o 1959, *The Vikings*, gyda Kirk Douglas a Tony Curtis.[96]

Defnyddiwyd Traeth Penbryn yng Ngheredigion i gynrychioli Gogledd Korea yn yr ugeinfed o ffilmiau Bond, *Die Another Day* (2002), gyda Pierce Brosnan. Cafodd y 'Shell Cottage' sy'n ymddangos yn *Harry Potter and the Deathly Hallows* ei godi ym mhen gogleddol traeth Freshwater West yn Sir Benfro ym mis Ebrill 2009 ac yn ddiweddarach y flwyddyn honno gallech chi fod wedi gweld criw ffilmio arall wrthi'n gweithio yn Freshwater West ar frwydr fawr ar gyfer *Robin Hood* gan Ridley Scott (2010). Heb fod ymhell, ac yn 2010 hefyd, cafodd y ffilm, *Third Star*, gyda Benedict Cumberbatch, ei ffilmio'n bennaf ar leoliad ym Mae Barafundle yn Sir Benfro a defnyddiwyd traeth Marloes, yn yr un sir, yn *Snow White and the Huntsman* (2010).

Mae chwedlau a hanesion morwrol sy'n gysylltiedig â Chymru hefyd wedi'u portreadu ar ffilm. Keira Knightley, Sienna Miller a Matthew Rhys oedd sêr *The Edge of Love* (2008), ffilm a seiliwyd ar fywyd y bardd Dylan Thomas. Ffilmiwyd golygfeydd allweddol yng Ngheinewydd, Aberteifi, Dinbych-y-pysgod, Talacharn, Betws-y-coed, Abertawe a Chaerdydd. Darluniwyd hela'r Twrch Trwyth, y baedd anferth sy'n peri cymaint o drafferth i Arthur a'i ddilynwyr yn *Culhwch ac Olwen*, yn animeiddiad Sean Harris a gomisiynwyd yn 2005 gan Amgueddfa Cymru ar gyfer ei horielau 'Gwreiddiau: Canfod y Gymru Gynnar' (ffigur 1.25). Mae *The Lighthouse* (2016), ffilm Chris Crow, yn adrodd hanes gwir a dychrynllyd ceidwaid goleudy'r Smalls oddi ar lannau Sir Benfro (ffigur 1.26, a gweler tudalen 47).[97]

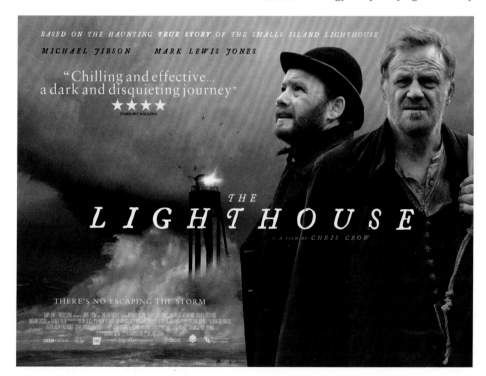

# 1.7

# Caneuon y môr

David Jenkins

Cymeriad difyr yn hanes llenyddiaeth dechrau'r ugeinfed ganrif yng Nghymru oedd John Glyn Davies (1870–1953). Yn ysgolhaig, llyfrgellydd, bardd a cherddor, fe'i ganed yn Lerpwl yn fab i Gymro cefnog a

*Ffigur 1.27 Yr ysgolhaig, y bardd a'r cerddor nodedig John Glyn Davies (1870–1953) wrthi'n trin un o sawl model a wnaeth o longau ar gyfer ei fab Gwion. Maent bellach yng nghasgliadau Amgueddfa Cymru.*

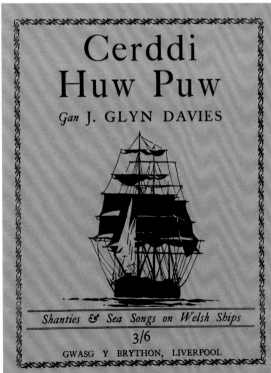

*Ffigur 1.28 Clawr* Cerddi Huw Puw, *casgliad cyntaf ac enwocaf J Glyn Davies o ganeuon môr. Fe'i cyhoeddwyd yn wreiddiol ym 1922.*

oedd yn fasnachwr te. Gweithiodd yn gyntaf yn swyddfeydd cwmnïau llongau Cymreig ar lannau Mersi, profiad a fagodd gariad oes ynddo at y môr a llongau hwylio (ffigur 1.27). Dyfnhawyd y cariad hwnnw yn ystod y gwyliau a dreuliodd yn Edern ar Benrhyn Llŷn yn ystod ei blentyndod. Rhwng 1899 a 1907 gwnaeth lawer o'r casglu a'r catalogio ar gasgliadau cychwynnol Llyfrgell Genedlaethol Cymru, ond fe ymddiswyddodd pan benodwyd John Ballinger yn llyfrgellydd cyntaf arni. Dychwelodd i Lerpwl i ymuno â llyfrgell y brifysgol yno, ac o 1920 tan iddo ymddeol ym 1936 ef oedd pennaeth Adran Geltaidd y brifysgol. Serch bod ganddo gryn allu, braidd yn fympwyol oedd ei gyfraniad i fywyd llenyddol Cymru. Ac er bod rhai o'r cerddi yn ei gasgliad, *Cerddi Edern*, a gyhoeddwyd wedi iddo farw, yn arbennig o gofiadwy, fe'i cofir orau am ei dri chasgliad o ganeuon morwyr a chaneuon i blant – *Cerddi Huw Puw* (ffigur 1.28), *Cerddi Robin Goch* a *Cerddi Portinllaen*.[98]

Gan ei bod hi bellach bron i ganrif ers i blant ysgol Cymru ddechrau canu am yr Huw Puw lled-ffuglennol a'r llongau – y fflatiau Mersi – yr oedd yn feistr arnynt, bydd llawer heddiw'n cymryd yn ganiataol mai caneuon gwreiddiol a genid gan forwyr o Gymru oeddent. Dim o'r fath beth. Er bod y caneuon eu hunain yn cyfleu ysbryd y Cymry fel morwyr, Davies ei hun biau'r geiriau serch bod rhai ohonynt wedi'u seilio ar benillion cyntaf traddodiadol dilys. Yn gyfeiliant cerddorol iddynt, fe addasodd amrywiaeth mawr o donau gwerin: tôn y gân yfed Saesneg 'Come Jolly Bacchus!' yw tôn 'Fflat Huw Puw', cân agoriadol *Cerddi Huw Puw*; o gân am berchennog llongau yn Lerpwl, 'Good morning Mr Tapscott', y daw tôn 'Harbwr Corc'; ac alaw werin o Norwy yw'r dôn swynol sy'n gyfeiliant i 'Llongau Caernarfon'. Mae troednodiadau cynhwysfawr Davies i'w ganeuon yn eithriadol o ddifyr ac mae ei gyflwyniad i *Cerddi Huw Puw* hefyd yn cynnig darlun cyffredinol o fentrau llongau Cymry Lerpwl.

Dyma eiriau John Glyn Davies ei hun o'r cyflwyniad hwnnw, geiriau sy'n cyfleu llawer o'i gariad dwfn at longau, y môr a cherddoriaeth, a'r cysylltiadau rhyngddynt. Fe'u lluniwyd pan oedd yn glerc yn swyddfa Thomas Williams a'r Cwmni ('The Cambrian Line') yn 14 Water Street ar lan y dŵr yn Lerpwl:

*Ffigur 1.29 Yn y lithograff hwn (1830) gwelir Cei Llechi Caernarfon, cei yr oedd rheilffordd gul newydd yn ei gysylltu â chwareli llechi Cloddfa'r Lôn. Byddai'r bachgen yng nghân Glyn Davies wedi bod yn sefyll ar y cei yn gwylio'r llongau'n llwytho llechi cyn i dynfad eu tynnu heibio i'r castell ac allan i'r môr agored.*

The arrival of the Cambrian Queen in the Mersey in 1893 gave me my first live interest in shanties. She was anchored in the Sloyne (a deep-water anchorage off Tranmere) and I went off on the tug with Captain Henry Thomas, who was to take her into the Albert Dock, at 2am. It was a brilliant moon-lit night and I stood with the captain on the poop, watching the men weighing anchor. They sang 'A-roving' ... to me, it is the finest of sea shanties.

## 'Llongau Caernarfon'

Un o ganeuon môr mwyaf adnabyddus Glyn Davies yw 'Llongau Caernarfon', cân sy'n adrodd hanes bachgen ifanc yn sefyll ar y cei yng Nghaernarfon gyda'i fam yn gwylio'r llongau'n cychwyn am Ffrainc ac Iwerddon â llwythi o lechi o'r chwareli (ffigur 1.29).[99] Mae'n disgrifio'r cei prysur a'i gychod, a'r nifer fawr o longau a weithiai yn y fasnach allforio llechi. Mae'r bachgen ifanc yn gofyn pam na chaiff ymuno â'r llongau fel llongwr a hwylio gyda'r lleill. O gofio ble'r oedd yn byw, wrth gwrs, mae'n eithaf tebyg iddo wneud hynny, ond does dim gair am deimladau ei fam ynghylch dyheadau ei mab.

'Mae'r holl longau wrth y cei yn llwytho
Pam na chawn i fynd fel pawb i forio.
Dacw dair yn dechrau warpio
Ac am hwylio heno
Birkinhead, Bordo a Wiclo.'
Toc daw'r stemar bach i douio
Golau gwyrdd ar waliau wrth fynd heibio.

Pedair llong wrth angor yn yr afon
Aros teit i fynd tan Gastell C'narfon.
Dacw bedwar goleu melyn
A rhyw gwch ar gychwyn
Clywed swn y rhwyfau wedyn
Toc daw'r stemar bach i douo
Goleu coch ar waliau wrth fynd heibio.

Llongau'n hwylio draw a llongau'n calyn
Heddyw fory ac yfory wedyn
Mynd a'u llwyth o lechi gleision
Dan eu hwyliau gwynion
Rhai i Ffrainc a rhai i'r Werddon
O na chown i fynd ar f'union
Dros y môr a hwylio'n ôl i G'narfon.

Holaf ym mhob llong ar hyd yr harbwr
Oes 'na le i hogyn fynd yn llongwr
A chael spleinsio rhaff a rhiffio
A chael dysgu llywio
A chael mynd mewn cwch i sgwlio
O na chown i fynd yn llongwr
A'r holl longau'n llwytho yn yr harbwr.

Pennod 2

# I'r rhai sydd mewn perygl: llywio a diogelwch

David Jenkins

Gan fod llawer o lan môr Cymru ar lwybr prif systemau'r tywydd o'r de-orllewin, mae gennym ni'r math o lannau cysgodol y bydd capteiniaid yn ceisio'u hosgoi rhag i dywydd garw chwythu eu llongau i'r creigiau ac i'r dyfroedd bas. Mae'r cannoedd llawer o gychod a llongau sydd wedi'u colli dros y blynyddoedd, o long ganoloesol Abergwaitha (Pwll Magwyr) yn y drydedd ganrif ar ddeg i'r *Sea Empress* wrth y fynedfa i Aberdaugleddau ym 1996, yn tystio i'r ffaith fod y peryglon hynny'n rhai real iawn. Heddiw, bydd amryw byd o sefydliadau a mudiadau'n gweithio gyda'i gilydd i sicrhau y gall llongau fasnachu a theithio'n ddiogel dros y moroedd o amgylch ein glannau: bydd peilotiaid yn llywio llongau i mewn ac allan o'n porthladdoedd, Trinity House yn cynnal goleudai a bwiau llywio, yr RNLI yn rhedeg gwasanaethau achub, a cheidwaid y glannau'n cyson gadw gwyliadwriaeth ac yn cydlynu gweithrediadau achub.

*Ffigur 2.1 Yn* South Stack Rock, Holyhead *(1836) gan J Carmichael (1799–1868) gwelir y goleudy a gwblhawyd ym 1809 a'r bont grog a godwyd ym 1827 i gysylltu'r ynys honno â Môn.*

Sefydlwyd Sefydliad Cenedlaethol Brenhinol y Badau Achub (yr RNLI) mewn cyfarfod yn Llundain ar 4 Mawrth 1824, yn bennaf oherwydd ymdrechion Syr William Hillary (1771–1847) yn sgil ei brofiadau ar Ynys Manaw.[1] Ond cyn hynny gwelwyd amryw o achosion ar hyd glannau Cymru o fwrw ati'n wirfoddol i achub pobl, ac fe agorwyd gorsaf bad achub gynharaf Cymru cyn creu'r RNLI yn ffurfiol. Sefydlwyd gorsaf Abergwaun ym 1822 ond nid tan 1855 yr ymgysylltodd hi â'r RNLI. Yn yr un modd, sefydlwyd yr 'Anglesey Association for the Preservation of Life from Shipwreck' yng Nghemlyn ym 1828 gan Frances Williams a'i gŵr, y Parchg James Williams, Ficer Llanfair-yng-Nghornwy, wedi iddi weld y llong bost *Alert* yn suddo ger y Moelrhoniaid ym 1823. Bu Mr Williams yn aelod gwirfoddol a rheolaidd o'r criw ac fe enillodd ddwy fedal aur am ei ddewrder pan suddodd yr *Active* a'r *Sarah* ym 1835.

O'r 1830au ymlaen, cynyddu'n gyson wnaeth nifer gorsafoedd y badau achub yng Nghymru. Gwasanaethent ar hyd y glannau o Benarth i'r Rhyl mewn oes pan oedd y masnachu yno'n fywiog , a hynny ar ben gwasanaethu'r llongau mawr a hwyliai'r cefnforoedd o Lerpwl neu o borthladdoedd Môr Hafren. Cychod 'tynnu a hwylio' oedd holl fadau achub cynharaf y gorsafoedd hynny ac fel rheol caent eu lansio o gerbyd ar draeth agored – trefn ddigon peryglus (ffigur 2.2). Oherwydd natur y badau, yr oedd gofyn i'r criwiau feddu ar gryfder aruthrol a chydweithio'n agos i lywio'u ffordd drwy'r tywydd

*Ffigur 2.2 Ffotograff John Dillwyn Llewelyn o fad achub Dinbych-y-pysgod a'r criw yn Rhagfyr 1856. Sylwer ar y fframwaith y câi badau achub eu lansio ohono cyn i lithrffyrdd ei ddisodli.*

anochel o arw pan aent i'r môr. Yn aml, ac er gwaetha'r amodau dychrynllyd, cyflawnodd criwiau gwirfoddol y cychod agored gampau arwrol. Ar 14 Tachwedd 1875, er enghraifft, lansiwyd bad achub Abergwaun ar bedwar achlysur ac achub 16 o bobl, ac ym 1894 enillodd llywiwr bad achub Angle fedal arian yr RNLI am achub y 30 aelod o griw'r stemar *Loch Shiel* pan darodd hi'r creigiau ar Thorn Island wrth geg Aberdaugleddau.

I hwyluso taith y bad o'r lan nes cyrraedd cwch neu long a oedd mewn trafferth, dechreuwyd cynnal arbrofion tua diwedd y bedwaredd ganrif ar bymtheg drwy osod peiriannau mewn badau achub. Y bad achub ager cyntaf a gomisiynwyd gan yr RNLI oedd y *Duke of Northumberland*, a lansiwyd o iard R & H Green, Blackwall, ar afon Tafwys ym mis Mai 1889. Ar ôl bod yn destun treialon yn Sheerness a Southend a gwasanaethu am gyfnod byr yn Harwich, treuliodd ef 1892–93 yng Nghaergybi. Er iddo fod yn New Brighton am bedair blynedd wedyn, dychwelodd i Gaergybi ym 1897 ac aros yno tan 1922 gan gael ei lansio 131 o weithiau ac achub 248 o fywydau. Serch bod modd iddo lenwi ei foeler ag ager cyn pen 20 munud, codai ambell broblem. Ar 26 Mehefin 1901, wrth gynnal treialon ar afon Mersi ar ôl gwneud gwaith atgyweirio arferol arno, fe ffrwydrodd ei foeler gan ladd ei ddau daniwr a sgaldio'i ail beiriannydd yn ddrwg.[2]

Y bad achub cyntaf yng Nghymru i fod â pheiriant tanio mewnol ynddo oedd y *Charterhouse*, bad a ddaeth i Abergwaun ym 1908.[3] Gwellwyd hefyd y dulliau lansio: o dipyn i beth, yn lle'r cerbydau a dynnid gan geffylau, ceid cwt â llithrfa bwrpasol – a'r un yn Ninbych-y-pysgod oedd yr un hwyaf a oedd gan yr RNLI pan gwblhawyd ef ym 1905 (gweler tudalen 48). Daeth oes y bad achub 'tynnu a hwylio' olaf yng Nghymru, y *William Cantrell Ashley*, i ben yng Ngheinewydd mor ddiweddar â 1948.

Wrth i symudiadau llongau ar hyd glannau Cymru brinhau yn ystod yr ugeinfed ganrif, caewyd llawer gorsaf. Dyrnaid yn unig o'r rheiny oedd Porth Tywyn ym 1914, Little Haven ym 1921, a Chemaes a Llanddulas ym 1932.[4] Oherwydd twf twristiaeth oddi ar yr Ail Ryfel Byd bu'n rhaid hefyd wrth fath gwahanol o ymateb i argyfyngau: mae badau achub heddiw'n debycach o gael eu galw allan i achub nofiwr gor-uchelgeisiol neu gwch sydd wedi mynd i drybini nag i achub llong fasnach fawr sydd mewn trafferthion.

Canlyniad i hynny fu datblygu'r bad achub pwmpiadwy a'r bad pwmpiadwy â chorff anhyblyg, ac ar lannau Morgannwg fe chwaraeodd Coleg Iwerydd

*Ffigur 2.3 Y bad achub newydd o ddosbarth Tamar, Roy Barker IV, a gyrhaeddodd orsaf y Mwmbwls tua diwedd 2013.*

(Coleg Unedig y Byd, bellach) ran o bwys wrth ddatblygu'r math olaf hwnnw o fad. Ym 1963, yn Aberdyfi ac yn Aberystwyth y gosodwyd y badau achub pwmpiadwy cyntaf yng Nghymru, ac erbyn hyn mae mwy o'r badau hynny wedi'u neilltuo i orsafoedd badau achub Cymru nag sydd o fadau achub â chyrff mawr ac anhyblyg. Ond mae'r angen yn dal yno am y math olaf hwnnw o fad yn y môr-lwybrau prysur i longau masnach oddi ar lannau Cymru. Mae'r dosbarth diweddaraf o fad, y 'Tamar', yn cael ei gyflwyno mewn amryw byd o orsafoedd badau achub yng Nghymru a rhaid codi cytiau a llithrfeydd helaethach i'w gymryd (ffigur 2.3).

Mae anhunanoldeb criwiau badau achub Cymru yn ddihareb, ac er mor anrheg yw dewis dim ond dau lywiwr nodedig o blith cofnodion yr RNLI yng Nghymru, mae eu dewrder a'u haberth yn amlygu ymroddiad holl griwiau'r RNLI i'w gwaith ym mhob oes. Penodwyd William Gammon yn llywiwr bad achub y Mwmbwls ym 1941 ac ym mis Hydref 1944, ac yntau ag awdurdod dros y bad achub *Edward Prince of Wales*, fe achubodd ef y cyfan o griw'r HMCS *Chebogue*, ffrigad o Ganada, pan oedd hi'n cael ei thynnu gan long arall ac mewn trafferthion dybryd ym Mae Abertawe; cafodd ef fedal aur yr RNLI am ei gamp. Yna, ar 23 Ebrill 1947, chwythodd tymhestloedd y stemar *Samtampa* i fyny Môr Hafren. Aeth Gammon â bad achub y Mwmbwls allan ddwywaith i geisio dod o hyd i'r llong ond ni ddychwelodd wedi'r ail ymgais. Fore trannoeth cafwyd hyd i ddrylliadau'r *Samtampa*

*Ffigur 2.4 Richard Evans, llywiwr bad achub Moelfre a deiliad dau o fedalau aur yr RNLI.*

a'r *Edward Prince of Wales* ar greigiau'r Sgêr ger Porthcawl heb neb o'r naill na'r llall yn fyw.[5]

Er i Richard Evans, Moelfre (ffigur 2.4) fynd, yn nhraddodiadau gorau ei bentref genedigol, yn syth o'r ysgol i'r môr ar un o longau'r glannau yn 16 oed ym 1921, dychwelodd adre'n ddiweddarach ac ymuno â chriw'r bad achub lleol. Ymhen hir a hwyr fe'i penodwyd yn llywiwr ym 1954 ac fe'i cofir am ei ddewrder eithriadol wrth achub criwiau dwy long a aethai i drybini ar lannau Môn, sef yr *Hindlea* o Gaerdydd ym 1959 a'r *Nafsiporos*, cwch modur o wlad Groeg, ym 1966. Y ddau dro, llywiodd ei fad achub at ochr y llong, annog aelodau'r criw i neidio i'r bad achub, a dychwelyd droeon tan iddo'u hachub hwy i gyd. Dyfarnwyd medal aur yr RNLI iddo am ei wrhydri y ddau dro. Wedi iddo ymddeol ym 1967 daeth yn llysgennad nodedig i'r gwasanaeth, a chyda'i wyleidd-dra arferol fe honnai nad oedd peryglon y môr yn ddim o'u cymharu ag arswyd siarad yn gyhoeddus![6] Yn wahanol i William Gammon, bu farw'n dawel yn ei wely yn 96 oed.

Cymaint fu'r datblygu ar dechnoleg lloerennau dros y blynyddoedd diwethaf nes bod modd nodi lleoliad a chwrs llongau'n eithriadol o fanwl. Nid felly'r oedd hi cynt. Ar ddechrau'r ugeinfed ganrif, cymharol brin oedd y cymhorthion llywio, dim ond y cronomedr, y cwmpawd a'r secstant. Er hynny, yr oedd cyfrifo lledred a hydred yn arfer safonol, cawsai

*Ffigur 2.5 (de) Ellen Edwards (1810–89) yng Nghaernarfon, ac (isod) Sarah Jane Rees (Cranogwen, 1839–1916) yn Llangrannog. Dwy o blith y llu menywod a fu'n rhedeg yr academïau morwrol a gododd ar hyd glannau Cymru i addysgu'r maes llafur a gyflwynwyd gan Ddeddf Llongau Mercantilaidd 1850. Yr oedd gofyn i bob swyddog ar longau o Brydain a âi i wledydd tramor lwyddo yn yr arholiadau newydd.*

siartiau eu llunio o'r glannau yn y rhan fwyaf o'r byd, a châi swyddogion y dec dystysgrif gan y wladwriaeth am eu cymhwysedd.[7] Yr oedd ymgyrch Samuel Plimsoll (1824–98) yn erbyn gorlwytho llongau wedi arwain at bennu'r llinell lwytho yn Neddf Llongau Masnach 1876, a chafodd y llongau ager o haearn a dur a dra-arglwyddiaethodd fwy a mwy ar fasnach lo'r de eu hadeiladu â gwaelodion dwbl a pharwydydd (a is-rannwyd o dan y deciau) i gynyddu eu cryfder a'u diogelwch. Yn ystod y 1890au, cynlluniwyd tyredau a chyrff llongau i gynyddu eu cryfder hydredol. Yr oedd siapiau newydd y cyrff hynny hefyd yn hunan-drimio (hynny yw, byddai siâp corff y llong yn gwastatáu'r llwyth yn hytrach na bod dynion â rhofiau'n gorfod ei wasgaru ar draws yr howld), a dyna pam y bu llongau o'r fath mor boblogaidd ymhlith perchnogion llongau Caerdydd.[8]

Cyflwynodd Deddf Llongau Mercantilaidd 1850 brofion ar eu cymhwysedd i holl swyddogion llongau o Brydain a oedd yn teithio dramor ac yn fuan wedyn cododd amryw byd o 'academïau morwriaeth' ar hyd glannau Cymru i addysgu'r maes llafur yr oedd gofyn ei ddilyn i lwyddo yn yr arholiadau. Er bod y mwyafrif o'r academïau yn y prif borthladdoedd, gallai llawer o drefi a phentrefi'r glannau hefyd ymffrostio bod ganddynt academi o'r fath, ac ar amrywiol adegau câi dwy enghraifft arbennig o hysbys eu rhedeg gan fenywod, Ellen Edwards (1810–89) yng Nghaernarfon a Chranogwen (Sarah Jane Rees, 1839–1916) yn Llangrannog (ffigur 2.5).[9]

Er hynny, gan Goleg Morwriaeth Reardon Smith yng Nghaerdydd – coleg a sefydlwyd yn wreiddiol o fewn Coleg Technegol Caerdydd ym 1921 gan y perchennog llongau lleol, Syr William Reardon Smith (1856–1935) – y câi swyddogion llongau yr hyfforddiant mwyaf cynhwysfawr o lawer. Rhoddai'r coleg addysg i fechgyn 13-16 oed a fwriadai ddilyn gyrfa fel morwyr, ac o 1925 ymlaen fe gynyddwyd y cyfleusterau a oedd ar gael iddynt drwy i Syr William brynu'r iot *Margherita* a weithredai fel iot y teulu ac fel cwch hyfforddi cadetiaid. Yn ddiweddarach aeth y coleg yn rhan o Goleg Technegol Llandaf ac yr oedd ei gau ym 1991 yn adlewyrchiad trist o'r dirywiad mewn morwriaeth yng Nghymru yn ystod ail hanner yr ugeinfed ganrif.[10]

# 2.1

# Medalau am ddewrder

Edward Besly

Gan fod glannau Cymru (dros 2,000 cilometr ohonynt) yn greigiog gan mwyaf ac yn wynebu grym gwyntoedd y gorllewin oddi ar Fôr Iwerydd, mae'n sicr i'r miloedd o longau a suddodd ar hyd yr oesoedd weld enghreifftiau lu o ddewrder personol er na wyddom ni ddim byd, bellach, am y mwyafrif ohonynt. Ond o'r ddeunawfed ganrif ymlaen, ac yn enwedig yn ystod y ganrif ddilynol, dechreuwyd anrhydeddu gwrhydri o'r fath gan gymdeithasau a ffurfiwyd i hybu sgiliau achub bywyd ac i gydnabod a gwobrwyo gweithredoedd arwrol unigolion. Gwobrwyo dewrder wrth achub bywydau ar y môr a mannau eraill oedd un o amcanion Cymdeithas Dderwyddol Môn, cymdeithas elusennol ac elusengar i foneddigion a sefydlwyd ym 1772. Ym 1786 penderfyniad yr aelodau oedd 'that the sum of four guineas be distributed among the persons who saved a man in imminent danger of losing his life on Lavan Sands on the 11th August'.[1]

Yn fuan wedyn, sefydlodd William Wilberforce (1759–1833) Gymdeithas y Proclamasiwn i weithredu cyhoeddiad y Brenin George III, 'Proclamation for the Encouragement of Virtue and for the Prevention of Vice, Profaneness and Immorality', a gyhoeddwyd ar 1 Mehefin 1787. Ffurfiodd Esgobaeth Tyddewi siapter lleol ohoni yng Nghaerfyrddin lle y cyflwynwyd gwobrau am weithgareddau rhinweddol, gan gynnwys gwasanaethau adeg llongddrylliad. Cafodd David Lewis o Lanismel dair gini am ei ddyngarwch mawr wrth helpu morwyr a theithwyr y brig *William*, llong a oedd yn cludo crwyn ac olew morloi o Newfoundland i Fryste ac a aethai i drafferth ar draeth Cefn Sidan ar 10 Medi 1816. Ym 1823 dyfarnodd Cymdeithas y Proclamasiwn, Caerfyrddin, fedal i N P Bland (1769?–1830) o Dreleddyn Uchaf ger Tyddewi am achub y meistr, William Kilhier, y criw ac un teithiwr (ond, yn drist iawn, bu farw'r teithiwr M L O'Reilly) o'r brig *Harriett* a oedd ar ei ffordd o Ddulyn i Barbados a Trinidad ac wedi taro craig oddi ar Benrhyn Dewi a drifftio wysg ei hochr am 12 awr (ffigur 2.6).

Crëwyd Sefydliad Cenedlaethol Brenhinol y Badau Achub (yr RNLI) ar 4 Mawrth 1824 ar ffurf y Sefydliad Cenedlaethol er Diogelu Bywydau rhag Llongddrylliadau, a'r Brenin George IV oedd ei noddwr brenhinol. Un o benderfyniadau cyntaf y sefydliad oedd dyfarnu medalau neu wobrau ariannol i'r rhai a oedd wedi achub bywydau. Cafodd y medalau aur neu arian newydd eu dylunio a'u gwneud gan William Wyon

*Ffigur 2.6 Y fedal a ddyfarnwyd i 'N P Bland Esq, of Trelethin, Pembrokeshire, for his meritorious exertions in saving the lives and property of the crew and owners of the brig* Harriett *of Dublin … bound to the West Indies and wrecked near St Davids Head on 21st of Feby 1823.'*

*Ffigur 2.7 Y fedal a ddyfarnwyd i James White, llywiwr bad achub Wdig, am 'gallant services … on various occasions' ac am achub llu o bobl mewn stormydd ar 14 Tachwedd 1875 a 23 Chwefror 1877.*

(1795-1851), ail engrafwr y Bathdy Brenhinol ar y pryd. Cynhwysodd arnynt hunanbortread, sef y llun o'r morwr ar y cefn sydd wrthi'n helpu dioddefydd llongddrylliad, yn ogystal â phortread o'r brenin. Ym 1854, newidiodd y sefydliad ei enw i Sefydliad Cenedlaethol Brenhinol y Badau Achub ac ym 1860 rhoes y Frenhines Victoria Siarter Ymgorfforiad iddo; fe'i portreadwyd hi ar y medalau o 1862 ymlaen. Dynodwyd gwobrau ychwanegol (am 'Wasanaethau') drwy ychwanegu barrau arian at y fedal. Anrhydeddwyd James White, llywiwr bad achub Wdig, deirgwaith mewn pedair blynedd: ym mis Mai 1873 am 'gallant services … on various occasions', ac am achub amryw o bobl mewn stormydd ar 14 Tachwedd 1875 a 23 Chwefror 1877 (gweler ffigur 2.7).[12]

Gwelodd y bedwaredd ganrif ar bymtheg gynnydd hefyd mewn disgrifiadau poblogaidd o ymdrechion dramatig i achub pobl, a hynny mewn cerdd a chân, ar dudalennau papurau lleol a chenedlaethol ac mewn cylchgronau fel The Life-Boat. Cyhoeddodd yr olaf y

disgrifiad isod o achub dau gwch pysgota o Hoylake ym Mae Llandudno ar 1 Mai 1890 (ffigur 2.8):

**Oct. 7-Llandudno – Sunlight No. 1 Life-boat**

At about 9.30 it was observed that the Perseverance had hoisted a distress signal. The Life-boat, fully manned, was quickly launched in front of the South Parade, the boat being in charge of Mr. RICHARD JONES, coxswain. The launch was well managed, and as the boat put off in the tremendous sea which was running, hundreds of persons who had gathered on the parade gave a hearty cheer. In order to procure a better headway, and get a little shelter from the gale, the boat was steered out near the pier. The public also made for the pier, where a good view of proceedings was available. The Life-boat was soon near the Perseverance, but it was some time before the men were got off; eventually four men were landed from the vessel at the pier-head. The Life-boat then put out again to the Ellen and Ann, which had also hoisted a signal of distress, and landed four more hands on the beach, amid the cheers of the spectators.

*Ffigur 2.8 'Rescue of the fishermen by the lifeboat* Sunlight No.1 *at Llandudno' yn adroddiad* The Illustrated London News, *19 Hydref 1889.*

# 2.2 Gwell na'r lleill: cwch y peilot

Daryl Leeworthy a Deanna Groom

*Ffigur 2.9 Yr oedd gwahaniaeth
pendant rhwng rig hwylio cychod
peilotiaid Abertawe a rig cychod
gweddill Môr Hafren. Cywirach,
efallai, fyddai disgrifio'r Vivian yn y
llun hwn yn sgwner â dau
hwylbren ac â chryn ogwydd ar y
prif hwylbren.*

Hyd heddiw, efallai mai cychod llyfn, cyflym a sionc y peilot (y *pilot cutters*) yw'r mwyaf rhamantus o'r holl longau gweithio. Arferent wneud eu gwaith drwy ruthro ym mhob tywydd i gynnig eu gwasanaethau peilota i'r llongau a gyrhaeddai ddyfroedd Cymru. Ffyrniced oedd y cystadlu rhwng y peilotiaid i gael cyfle i gynnig eu gwasanaethau i'r llongau hynny nes iddynt arddel pob datblygiad newydd yn nyluniad cwch i'w rhoi ar y blaen i'r cychod cynt. Serch mai'r cystadlu hwnnw a barodd mai cychod y peilotiaid oedd cychod hwylio gorau eu dydd, golygai hefyd fod perygl yn rhan o broffesiwn y peilot. Rhwng 1770 a 1957 collwyd dros 80 o gychod peilotiaid ar y môr, a hynny fel rheol oherwydd gwrthdrawiad.

Mewn gwirionedd, dau gwch oedd ef, sef y prif gwch a chwch bach estyllog, sef cwch byrddio y peilot. Byddai hwnnw'n rhyw 13 tr (3.96m) o hyd ac wedi'i beintio'n wyn fel bod modd ei weld yn hawdd liw nos. Câi ei storio ar y dec pan na ddefnyddid ef ac yn aml fe'i cedwid ar yr ochr chwith ger y prif rigin. Gynted ag

y deuid ar draws llong a chwenychai wasanaethau peilot, byddai'r llong honno'n arafu ac fe symudai'r cwch i ochr gysgodol y llong. Yna, defnyddid y cwch bach i fynd â'r peilot draw ati. Criw o dri oedd yn arferol; y peilot ac un dyn arall fyddai'n rhwyfo'r cwch bach tra byddai'r dyn ar y cwch mawr yn hwylio'n glir ar ei ben ei hun. Wedi i'r peilot esgyn yn ddiogel i'r llong fe ddychwelai'r prif gwch i gysgod y llong i dynnu'r cwch bach, a'r rhwyfwr arall, yn ôl ato. Yna byddai'r cwch mawr yn hwylio'n ôl i'w borthladd neu'n cael ei dynnu gan y llong.

Tan y bedwaredd ganrif ar bymtheg, câi'r mwyafrif o beilotiaid porthladdoedd Cymru eu trwyddedu a'u rheoli gan brif ddinasoedd arfordir gorllewin Prydain, sef gan Fryste ac (o'r ddeunawfed ganrif ymlaen) gan Lerpwl. Abertawe (ffigur 2.9) oedd y porthladd cyntaf i chwalu tra-arglwyddiaeth Bryste ym 1791 ond erbyn canol y bedwaredd ganrif ar bymtheg yr oedd pwysau gan Gaerloyw, Caerdydd a Chasnewydd wedi esgor ar Ddeddf Peilotiaid Môr Hafren 1861 a roes hefyd yr hawl iddynt benodi eu peilotiaid eu hunain.[13] Agorodd y Ddeddf y ffordd hefyd i greu pumed bwrdd peilotiaid, un y Barri, tua diwedd y 1880au. Yr oedd creu byrddau annibynnol yn ddrych o'r cynnydd yn y fasnach a oedd wedi gweddnewid porthladdoedd Cymru: ym 1800, pedwar peilot yn unig a oedd gan borthladd Caerdydd ond erbyn y 1890au yr oedd 120 ohonynt.[14]

Mae'r safleoedd sy'n gysylltiedig â'r peilotiaid ac sydd wedi goroesi ar y tir yn adlewyrchu'r agweddau domestig a phroffesiynol ar y gwaith. Sefydlwyd gorsafoedd i beilotiaid, fel yr un ar Ynys Llanddwyn

*Ffigur 2.10 Y peilotiaid o
fythynnod Ynys Llanddwyn
fyddai'n gofalu am ben deheuol
Afon Menai ac yn helpu morwyr
i lywio heibio i beryglon enbyd
Bar Caernarfon.*

*Ffigur 2.11 Er mai bwyty, bellach, yw swyddfa Bwrdd Peilotiaid Caerdydd yn Heol Stuart yn Nhre-biwt, mae'r enw dros y drws yn dal i dystio i dreftadaeth forwrol Caerdydd.*

PILOTAGE OFFICE

(ffigur 2.10) ar Afon Menai, yn ymyl y fan lle byddai'r llongau, wrth gyrraedd, yn galw am eu gwasanaethau, ac yr oedd yno anheddau, cytiau cychod a physt marcio.[15] Yng Nghaerdydd, mae nifer y peilotiaid a drigai yn ardaloedd tlawd dosbarth gweithiol y ddinas, fel Adamsdown a'r Sblot, yn dangos pa mor ariannol-ansicr oedd y gwaith yn ogystal â'r cysylltiadau teuluol mewn gyrfa a drosglwyddid o'r tad i'r mab.[16] Hyd heddiw, swyddfeydd y peilotiaid yw'r mynegiant crandiaf o'r gwasanaethau a roes y peilotiaid i'r morwyr. Yn y rhai yng Nghaerdydd (ffigur 2.11), a godwyd yn y 1860au, ceid swyddfeydd ar gyfer rheoli'r peilotiaid, ond buont hefyd yn ganolfannau cyfathrebu ac yn fannau cyfarfod.[17] Cyflawnai'r swyddfeydd yng Nghasnewydd, Caergybi ac Abertawe ddibenion tebyg.

Erbyn yr ugeinfed ganrif, cawsai cymdeithasau ac undebau i beilotiaid eu sefydlu ac fe fecaneiddiwyd y gwaith drwy gyflwyno pŵer ager. O blith y cychod peilot gwreiddiol a fu'n enwog am eu cyflymdra a hwylustod eu trin, 18 yn unig sy'n dal i hwylio heddiw (ffigur 2.12), ond cymaint yw'r parch at eu priodweddau nodedig nes bod cwmnïau fel Luke Powell, Cockwells (Penrhyn), y Bristol Classic Boat Company, ac RB Boatbuilding (Bryste), wrthi'n cynhyrchu cnwd da o rai newydd.

*Ffigur 2.12 Y Mascotte, a adeiladwyd gan Thomas Cox a'i Fab yng Nghasnewydd ym 1904, yw'r cwch peilot mwyaf sydd wedi goroesi. Mae'r llythyren fawr a ddangosid yn draddodiadol ar y brif hwyl ('N' am 'Newport') yn dangos pa borthladd y cynigiai'r perchnogion wasanaethau peilota iddo'n bennaf.*

## 2.3 'A dyma ragolygon y tywydd i longau'

Deanna Groom

Yn rhyfedd ddigon, gall eistedd gartref a gwrando ar ymadroddion a rhythm cyfarwydd rhagolygon dyddiol y BBC i longau fod yn brofiad cysurlon serch ein bod ni'n gwybod bod morwyr yn rhywle yn gorfod cau'r hatsys yn sownd wrth glywed bod tymhestloedd yn crynhoi. Ers cyflwyno'r rhagolygon gyntaf ym 1924, fe ddatblygon nhw'n symbol o'r hyn y mae bod yn wlad ar ynys yn ei olygu. Ond cyn i offer tywydd modern gael eu dyfeisio, dibynnai'r morwyr ar eu crafter wrth wylio cyfeiriad y gwynt, cyflwr y môr, y cymylau, pryd a gwedd yr haul, y lleuad a'r sêr heb sôn am arogleuon a hyd yn oed ffyrdd pysgod, mamaliaid y môr ac adar o ymddwyn. Cydnabu Robert Fitzroy (1805–65), sefydlydd yr hyn sydd erbyn heddiw'n Swyddfa Dywydd, fod y dywediadau traddodiadol am y tywydd, fel 'niwl o'r môr, glaw ar ei ôl, niwl o'r mynydd, tes o'r glennydd' yn cyfleu gwirioneddau am batrymau'r tywydd.[18]

Os gwelai'r morwyr ar hyd glannau Cymru arwyddion bygythiol bod cyfeiriad y gwynt yn newid a'r môr yn ymchwyddo, aent ati i baratoi eu cwch neu eu llong ac anelu'n aml at y noddfa agosaf – 'unrhyw hafan mewn storm'. Ymhlith y llu digwyddiadau tywydd eithafol y mae gennym ddisgrifiadau hanesyddol ohonynt, un o'r rhai a ddogfennwyd fwyaf arno yw Storm Fawr 1703, tymestl a barodd am wythnos. Cyrhaeddodd hi'r tir ar 24 Tachwedd a gwneud difrod aruthrol dros nos ar 26 a 27 Tachwedd.

Ym 1707 cyhoeddodd Daniel Defoe (1660–1731) The Storm ar sail disgrifiadau llygad-dyston ohoni, gan gynnwys llythyr gan y Capten Joseph Soanes, Comodôr Sgwadron Llongau Ei Mawrhydi, sef Cumberland, Coventry, Loo, Hastings, Hector a Rye, a chonfoi o ryw 130 o longau masnach yn Aberdaugleddau.[19] Pan dorrodd y wawr ar 27 Tachwedd 1703, meddai, 'it was a dismal sight to behold the ships driving up and down, one foul of another, without masts, some sunk, and others upon the rocks, the wind blowing so hard, with thunder, lightning, and rain, that on the deck a man could not stand.' Cawsai mwy na 30 o longau eu dryllio'r noson honno.

Ryw hanner canrif yn ddiweddarach, yn Awst 1752, effeithiodd storm arall ar y de, ac ar Fôr Hafren yn arbennig. Yn y gogledd, cofnododd William Bulkeley (1691–1760), sgweier y Brynddu, Llanfechell, Môn, yn ei ddyddiadur ar gyfer 23 Awst: 'The wind S and blowing very high, especially in the evening … Blew high and stormy all night' (ffigur 2.13).[20] Wythnos yn ddiweddarach, ar 1 Medi, meddai adroddiad y Lloyds List:

Ffigur 2.13 Tudalen o ddyddiaduron William Bulkeley lle y nodai ei weithgareddau beunyddiol a'i sylwadau ar y storm a arweiniodd at golli naw llong ym Môr Hafren yn Awst 1752.

The Naps & Jeffery foundered, but the crew saved. The Mary & Susannah, master Gwynther, lost. The Two Friends, master Cunningham, lost with all the crew. The Endeavour, master Lancy, stranded, and all the crew except the captain drowned. The Lilly, with tobacco, lost and two men drowned. The Friendship, master Wilcox, lost, but the crew saved. A Brig, master Webber, lost. A Vessel with coals for Penzance, lost. The Satisfaction, master Hammet, foundered, but the men saved. A sloop, master Staverly, is lost. Seven or eight coasters are missing, supposed to have foundered.'[21]

Parodd tymhestloedd 20 Chwefror 1833 i ryw 19 o longau daro'r lan neu gael eu dryllio, a chwe blynedd yn ddiweddarach fe gollwyd 16 arall yn stormydd 6–8

*Ffigur 2.14 Mae'r engrafiad hwn gan William Henry Bartlett a Francis William Topham yn dangos rhannau o longddrylliad o dan oleudai Trwyn yr As ym Mro Morgannwg tua 1840.*

*Ffigur 2.15 Yn Wexford y cofrestrwyd y sgwner Rover ond fe'i gyrrwyd i'r lan ar Draeth Marros rhwng Amroth a Phentywyn yn Sir Gaerfyrddin yn ystod corwynt grym 11 o'r gorllewin-gogledd-orllewin ar 8 Rhagfyr 1886.*

Ionawr 1839 (ffigur 2.14). Yn eu plith yr oedd tair a oedd yn teithio i Efrog Newydd: hwyliodd y *Pennsylvania* tua 10.30 fore Sul 6 Ionawr 1839 ac fe'i dilynwyd yn fuan gan y *St Andrew* a'r llong ymfudwyr *Lockwoods*. Ar ôl i'r gwynt eu chwythu oddi ar eu cwrs, llwyddodd y tair llong i weld ei gilydd oddi ar y Gogarth fore Mawrth 8 Ionawr 1839. Penderfyniad eu capteiniaid oedd dychwelyd i Lerpwl i'w llongau gael eu hatgyweirio. Ond yn ystod y dymestl yr oedd Goleulong Gogledd Orllewin Lloegr wedi colli ei hangorau ac wrth i'r capteiniaid chwilio am yr oleulong goll fe drawodd eu tair llong y tywod oddi ar y West Hoyle Bank o fewn hanner milltir i'w gilydd. Boddwyd pymtheg aelod o griw'r *Pennsylvania* (19 yn ôl rhai ffynonellau), gan gynnwys y capten.

Ond wrth golledion Hydref 1859 y câi trychinebau naturiol eu mesur am ddegawdau i ddod. Serch yr amcangyfrifon bod dros 100 o longau wedi'u gyrru ar y creigiau neu wedi'u dryllio ar hyd glannau Cymru, trasiedi'r llong ager o Lerpwl, y *Royal Charter* (gweler tudalen 244), a dynnodd y sylw mwyaf ym Mhrydain. Ychydig oriau cyn iddi gyrraedd pen ei thaith adref, cafodd ei chwalu ar y creigiau ger Moelfre ym Môn, a 39 yn unig o'r 489 o bobl a oedd arni a oroesodd.

Ysbrydolodd y storm honno Is-Lyngesydd yn y Llynges Frenhinol, Robert FitzRoy, i ddatblygu systemau o ragolygon tywydd ar sail newyddion dros delegraff, ac esgorodd hynny ar yr arfer o godi conau ym mhrif borthladdoedd Prydain pryd bynnag y disgwylid tymestl. Pan fu FitzRoy farw, digiodd y cyhoedd yn erbyn penderfyniad y Bwrdd Masnach i ddileu ei wasanaeth rhagolygon[22] ac yn Ionawr 1867 fe sefydlwyd swyddfa newydd a pharhaol, y Swyddfa Dywydd, sy'n gyfarwydd i ni heddiw.

## 2.4

# Mesur, marcio a chadw amser

Mark Redknap

Drwy astudio'r eitemau y ceir hyd iddynt mewn llongddrylliadau fe gawn ni ryw syniad o'r mathau o gymhorthion llywio a ddefnyddid ar longau yn yr Oesoedd Canol ac Oes y Tuduriaid yn ogystal â dyddiadau sicr ynglŷn â'u defnyddio. Un o'r teclynnau hynaf yw'r blymen a'i llinyn. Erbyn yr unfed ganrif ar bymtheg, nodai llyfrau am lywio fod dau fath ohoni'n cael eu defnyddio, sef y blymen law a bwysai ryw 7 pwys (3.2kg) ac iddi 20 gwryd o linyn (36.6m), a'r blymen fôr a bwysai 10-14 pwys (4.5–6.4kg) ac iddi linyn o ryw 120 gwryd (212m). Defnyddid y blymen law i fesur dyfnder dŵr wrth y tir a'r un drymaf i fesur dyfnderoedd allan ar y môr.

Cafwyd enghreifftiau o'r naill a'r llall o ddrylliad yr *Ann Francis*, llong a gollwyd ym 1583 ar draeth Margam (ffigur 2.16).[23] Pwysau'r plymenni ysgafnaf yw 4 pwys 3.5 owns (1.96km) ac 8 pwys (3.63km). Ar blymenni'r môr dwfn ceir y rhifau Rhufeinig XI ('11') ac XIII ('13'), sy'n dynodi eu pwysau (mae'r drymaf yn 13 pwys 4.5 owns/6.10kg).[24] Gellid llwytho gwêr neu irad i'r pantiau yn eu gwaelodion fel bod modd astudio argraff a gwaddod gwely'r môr ar ôl eu codi. Mae cysylltiad y ddwy blymen â'r *Ann Francis* yn rhoi dyddiad sicr ar gyfer defnyddio'r math hwnnw o linyn ar hyd glannau

Cymru ac yn dystiolaeth bendant o'r sgiliau a ddogfennwyd ynghylch dulliau cynnar o beilota a llywio yn nyfroedd y glannau.

O'r bedwaredd ganrif ar ddeg ymlaen, defnyddid gwydrau tywod (neu 'wydrau rhedeg') am eu bod yn ffordd ddibynadwy o fesur amser ar y môr nid yn unig i rannu'r diwrnod yn 'wylfâu' o hyd penodol ac i drefnu gwaith a gorffwys, ond hefyd i lunio 'amcangyfrif', sef y system lle gallai'r peilot gyfrifo cyflymder a chynnydd y llong ar hyd cwrs gosodedig.

Cafwyd hyd i olion anghyflawn teclyn o'r fath y tu mewn i gorff llong o'r bymthegfed ganrif, Llong Casnewydd (ffigur 2.17), i'r dde o fôn yr hwylbren.[25] Yr oedd yn debyg o ran ei ffurf i bedwar, ac efallai pump, o wydrau tywod y cafwyd hyd iddynt ar longddrylliad y *Mary Rose*, a suddodd yn y Solent ym 1545.[26] Ar sail yr enghreifftiau hynny, fe wyddom i gynwysyddion gwydr (ffiolau neu ampylau) a wnaed o wydr potash cymylog gael eu defnyddio wrth eu llunio. Gosodid dwy ffiol wydr o'r fath geg wrth geg mewn cydiwr pren a gynhwysai, fel rheol, ddau ben cylchog neu hecsagonol, a rhyw chwe astell ar eu sefyll. Gosodid diaffram tenau o fetel a thwll ynddo rhwng cegau'r ddwy ffiol a'u selio o amgylch yr ymylon ag edau a

*Ffigur 2.16 Plymennau o'r Ann Francis (1583). Cafwyd hyd i arteffactau tebyg ar long o'r Armada, y* Trinidad Valençera *(1588), a hefyd ymhlith defnyddiau a achubwyd o daith Willem Barents, y llywiwr a'r fforiwr o'r Iseldiroedd, i ynysfor Novaya Zemlya yn y Cefnfor Arctig ym 1596.*

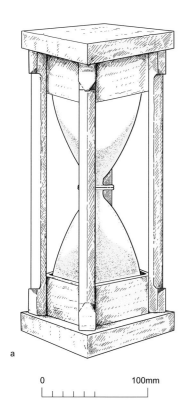

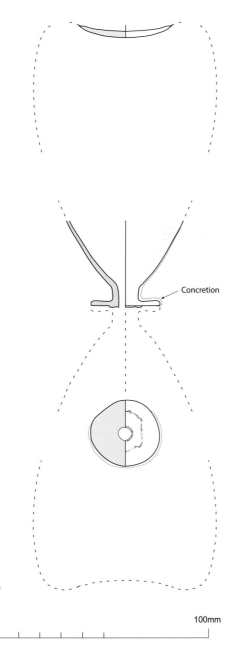

Concretion

Ffigur 2.17 O'r bedwaredd ganrif ar ddeg, o leiaf, ymlaen fe ddogfennir awrwydrau a ddefnyddid ar y môr. Er enghraifft, prynwyd 12 o orlogiis vitreis ('awrwydrau') i fynd ar long Edward III, La George. Mae'r lluniad hwn gan Anne Leaver yn dangos yr enghraifft o'r bymthegfed ganrif a gafwyd o Long Casnewydd.

Ffigur 2.18 Cwmpasau o longddrylliad yr Ann Francis (1583). Ym 1628 fe ysgrifennodd yr Iesüwr, y Tad Cristóvão Bruno (a aned yn Cristoforo Borri ym Milan ym 1583): 'Defnyddiaf ddau gwmpawd, y naill i fesur y milltiroedd a deithiodd y llong ar y diwrnod cyntaf ... a'r llall i gymryd y gyfeirlin a lywiaf'.

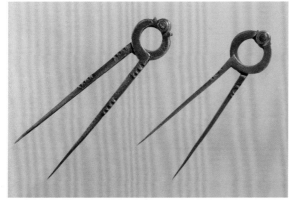

chwyr. Yn y diaffram, yr oedd twll â diamedr o hyd at 4mm yn fodd i dywod mân neu falurion plisg wyau redeg o'r gwydr uchaf i'r isaf.

Yn aml, câi cwmpasau mesur (neu gwmpasau siartio) eu darlunio ar dudalennau teitl addurnol traethodau ynghylch llywio – fel y *Spieghel der Zeevaerdt* (1585) gan y cartograffydd Lucas Janszoon Wagenhaer (1533/34–1606) – ac ar siartiau neu fapiau. Ond fel rheol does dim modd dyddio enghreifftiau penodol ar sail eu harddull am nad oedd fawr o newid arnynt o oes i oes. Dau brif fath ohonynt a ddefnyddid ar y môr: y math 'sengl' neu 'unllaw' sydd â brigau llydan ar ffurf bwa i'r breichiau fel bod modd eu hagor a'u cau dan reolaeth drwy bwyso arnynt â bysedd a chledr un llaw; a'r rhai â breichiau syth (weithiau â phwyntiau dur) a cholfachau ar ffurf peli. Mae morwyr heddiw'n dal i ddefnyddio'r ddau fath ac mae modd trin y naill a'r llall ag un llaw.

Ar wahanol adegau, cafwyd hyd i o leiaf dri chwmpas mesur o bres ar yr un rhan o draeth Margam, yn fras, â gwrthrychau eraill sy'n gysylltiedig â llongddrylliad yr *Ann Francis* (ffigur 2.18) ond beth ffordd oddi wrth y darnau arian *thaler* o'r Almaen a *Reales*, darnau aur *San Vicente* a darnau copr (3-*real*) o Bortiwgal y cafwyd hyd iddynt oddi ar y 1970au. Bu'r rheiny unwaith yn rhan o lwyth y llong ar ei ffordd adref.[27] Mae i bob un o'r cwmpasau mesur goesau syth sy'n graddol gulhau, ac ar y rhannau uchaf mae gafaelion bysedd ar ffurf mowldinau addurnol. Mae'r cwmpasau mesur bron yr un fath â'r rhai a ddyddiwyd tua 1575 o longddrylliad y *Nossa Senhora dos Mártires* (a gollwyd oddi ar aber afon Tagus ger Lisbon ym 1606)[28] a'r rhai y cafwyd hyd iddynt mewn llongddrylliadau o gyfnod yr Armada tua 1588, fel y *Trinidad Valençera* a'r *Girona* a gollwyd ill dwy oddi ar lannau Donegal yn Iwerddon.[29]

Collwyd yr *Ann Francis* ar daith o Sbaen ar adeg pryd yr ymddiddorid fwy a mwy yng ngwyddor llywio. Gan fod Prydain bryd hynny ar ei hôl hi o'i chymharu â'r Cyfandir, cyflogai llawer o feistri llongau Lloegr beilotiaid o Ffrainc a Phortiwgal i'w helpu. Ond o 1576 ymlaen, gwnaed gwelliannau mawr mewn uwch-fathemateg ar sail gwaith Dr John Dee (1527–1609,) y mathemategydd a'r seryddwr o dras Gymreig. Gwnaeth ei ragair i'r cyfieithiad Saesneg cyntaf (1570) o *Stoicheia* [Elfennau] Ewclid lawer i ysgogi diddordeb mewn problemau llywio a ffyrdd cywirach o fesur lleoliad llong ar y môr.[30]

# 2.5 Arwyddion môr, goleufeydd a goleudai

Mark Redknap

Dangers in Milford there is none
Save ye Crow, ye Carre & ye Cattlestone[31]

Dros y canrifoedd fe ddefnyddiwyd nodweddion naturiol a goleufeydd i gadw llongau rhag mynd i drybini. Tyrrau uchel â grisiau ac arnynt fasgedi tân i roi goleuni oedd rhai o'r goleudai a'r gorsafoedd arwyddo cynnar, ac ymhlith yr enghreifftiau enwog ohonynt mae 'Pharos Alexandria', y *pharos* Rhufeinig yn *Dubris* (Dover) a'i gydymaith, y Tour d'Ordre, ar draws y Sianel yn Boulogne, ynghyd â'r un Rhufeinig, 'Tŵr Ercwlff', yn Coruña yng ngogledd-orllewin Sbaen.[32]

Gynt, defnyddid ynysoedd mawr a mân ar hyd glannau Cymru i helpu i osgoi peryglon. Defnyddiai'r Rhufeiniad hwy'n rhan o'u rhwydwaith o gymhorthion llywio ac arwyddo, gan gynnwys goleufeydd a thyrau gwylio, o amgylch glannau talaith Britannia. Am fod golygfa eang ar draws y môr i'w gweld o orsaf arwyddo Caer-y-twr ar Fynydd Twr ger Caergybi, efallai i'r orsaf allu anfon arwyddion i gaer fach Caer Gybi ac i orsaf arwyddo bosibl ar gopa Pen Brynyreglwys, ac at longau ar y môr.[33] Yn y de, gallai cysylltiad fod rhwng darganfyddiadau Rhufeinig ar Ynys Ronech a safle tŵr gwylio neu orsaf arwyddo bosibl ac mae'n debyg i adeiladweithiau ar y glannau yn Allteuryn a Llandochau ddarparu tirnodau, os nad goleufeydd.[34]

Er i'r rhwydwaith ffurfiol hwnnw o oleufeydd ddirywio, i bob golwg, yn ystod yr Oesoedd Canol Cynnar, delid i ddefnyddio tirnodau a 'marciau hwylio'.[35] Tua diwedd cyfnod yr Eingl-Sacsoniaid fe elwodd eu llyngesau o system o oleufeydd a mannau gwylio'r glannau yn ne a de-ddwyrain Lloegr,[36] ac mae'n debygol bod system debyg ar waith o amgylch y mynedfeydd allweddol i deyrnasoedd Cymru.

Gellid defnyddio carneddau'n farciau hwylio. Ar ryw adeg, er enghraifft, gosodwyd cerrig ar ben craig naturiol yn Nhwyn Llywelyn ym Morgannwg i greu carnedd a fyddai'n farc môr. Mae'n debyg iddi ddynodi'r fynedfa i sianel aber Afon Ddawan adeg llanw uchel.[37] Byddai tyrau a chapeli eglwysi hefyd yn farciau hwylio, ac weithiau fe'u gweithredid gan fynachod.[38] Efallai i'r capel canoloesol ar Ynys Seiriol ym Môn, wrth y fynedfa ogleddol i Afon Menai, weithredu felly (ffigur 2.19).[39] Mae'n fwy na thebyg bod Penrhyn y Santes Ann yn Sir Benfro yn safle goleudy canoloesol, ac wrth ysgrifennu yn yr unfed ganrif ar bymtheg fe soniodd George Owen am bwysigrwydd tŵr capel (coll, bellach) St Ann wrth i longau gael eu llywio drwy geg Aberdaugleddau.[40]

O tua 1500 ymlaen, mae manylion y goleuadau hynny'n dechrau ymddangos mewn cyfarwyddiadau i beilotiaid ac ar siartiau môr cynnar. Mewn gwirionedd, gall yr adeilad crwn yn Chwitffordd yn Sir y Fflint, sef 'Pharos Rhufeinig y Fflint' – a hwnnw'n adeilad y nodwyd ar siart môr o afonydd Dyfrdwy a Mersi ym 1766 ei fod yn felin wynt'[41] – fod wedi bod yn arwydd môr, yn oleufa neu'n dŵr gwylio.[42] Fe'i codwyd ar uchder o 247m ar Goedygarreg, y pwynt uchaf yn y plwyf. Mae ei ddiamedr o 3.8m yn debyg i un y tŵr marcio bach ar Ynys Llanddwyn ym Môn[43] y bernir

*Ffigur 2.19 Golygfa amlwg ar y glannau oedd tŵr yr eglwys a godwyd yn y ddeuddegfed ganrif ar Ynys Seiriol.*

iddo gael ei godi ddiwedd y ddeunawfed ganrif. Mae'r tŵr yn Abergele fel petai'n dyddio o ddechrau'r ail ganrif ar bymtheg a chafodd tŵr yr eglwys yn Llandrillo-yn-Rhos gerllaw, a addaswyd i gymryd basged dân, ei ailgodi ym 1552. Efallai i'r pedwar tŵr gwylio hefyd fod wedi rhybuddio ynglŷn â'r môr-ladron a fu'n boendod arbennig yn ystod hanner cyntaf yr ail ganrif ar bymtheg.[44] Rhwng 1618 a 1639 cafwyd gorchmynion cyson ynghylch cynnal a chadw'r goleufeydd, fel yr un ar y Gop yn Nhrelawnyd.[45]

Ym 1514 y cafodd Trinity House ei siarter cyntaf, a'i gyfrifoldebau cychwynnol oedd darparu peilotiaid ar Afon Tafwys a gwneud gwaith elusennol i helpu morwyr. Ym 1566 y soniwyd gyntaf am roi'r hawl iddo i godi goleudai (ffigur 2.20).[46] Ym 1662 cafwyd caniatâd i osod golau ar Benrhyn St Ann yn Sir Benfro. Oherwydd y risg, y duedd oedd i'r gwaith o godi goleudai gael ei roi yn nwylo unigolion preifat a gâi godi tollau ar y llongau a âi heibio i'r goleuadau.[47] Wrth i nifer y llongau a ddefnyddiai lwybrau masnach y gorllewin godi, codi hefyd wnâi'r tollau. Erbyn canol y bedwaredd ganrif ar bymtheg câi symiau mawr eu cynhyrchu hyd yn oed gan oleudy anghysbell y Smalls (ar graig 20 milltir (32km) i'r gorllewin o Benrhyn Marloes yn Sir Benfro) a goleudai'r Moelrhoniaid 2 filltir (3km) oddi ar gornel ogledd-orllewinol Môn.[48]

Digwyddiad ar oleudy cynta'r Smalls a barodd i Trinity House bennu y dylai pob goleudy ar ynys ym Mhrydain bob amser fod â thri cheidwad. Cynlluniwyd goleudy hynod y Smalls gan Henry Whiteside ac fe'i codwyd ym 1775–76. Yr oedd yno gaban wythochrog a gynhelid 40 troedfedd (12.19m) yn yr awyr gan naw colofn gadarn o dderw a ategid â bwtresi croeslinol i wrthsefyll ymchwydd yr Iwerydd. Yn ystod stormydd 1801, pryd yr ynyswyd ei geidwaid yno am bedwar mis, bu farw'r ceidwad Thomas Griffith a dywedwyd i'w gyd-geidwad, Thomas Howell, 'golli ei bwyll' am iddo orfod byw yno wrth i gorff ei gyn-gydweithiwr ddadfeilio. Y digwyddiad hwnnw oedd sail y ffilm The Lighthouse (2016) a gyfarwyddwyd gan Chris Crow (gweler tudalen 31). Dymchwelwyd y goleudy ym 1861 ar ôl codi ei olynydd, un newydd o gerrig a gynlluniwyd gan James Walker (1781–1862), ond mae bonion ei byst, a osodwyd mewn plwm mewn tyllau a dorrwyd i'r graig, yn dal yno.[49]

Fel llawer goleudy heddiw, mae un y Smalls bellach yn un awtomatig. Er bod llawer o'r lleill wedi'u cau ac wedi'u troi'n anheddau, mae goleudy Whitford, oddi ar y lan yn Whitford Point ger Whitford Sands ar Benrhyn Gŵyr, bellach yn heneb restredig Gradd II*. Ac er eu bod hwy, o leiaf, wedi goroesi heb newid fawr ar eu ffurf, digon prin yw'r goleulongau a arferai ddarparu goleufeydd ar y môr. Eithriad i hynny yw Light Vessel 91, goleulong a adeiladwyd ym 1937 yn Dartmouth ac sydd wedi'i datgomisiynu bellach ar ôl gorffen ei hoes yn dynodi banc tywod Helwick oddi ar Ben Pyrod ym 1977. Mae hi'n awr yn rhan o amgueddfa-ar-ddŵr ym marina Abertawe.[50] Efallai yr ymunir â hi ryw ddydd gan Oleulong LV72 sy'n gorffwys ar fanc mwdlyd ar Afon Nedd ger Abertawe ar hyn o bryd ac yn aros i gael ei hachub a'i hadfer.

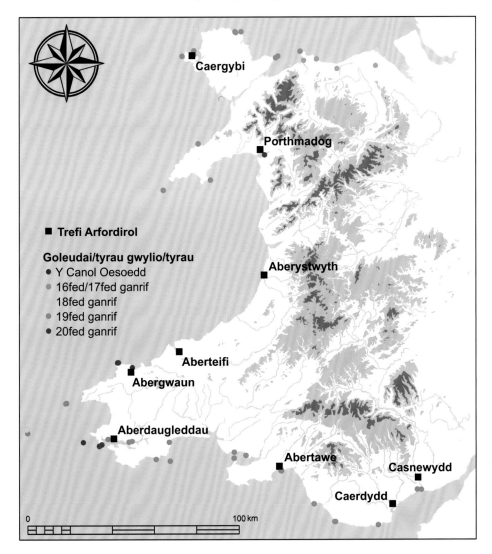

Ffigur 2.20 Map o oleudai Cymru yn ôl dyddiad eu codi.

Yr Oesoedd Canol: Penrhyn St Ann, Aberdaugleddau.

Y unfed/ail ganrif ar bymtheg: Chwitffordd, Abergele, Llandrillo yn Rhos a Degannwy.

Y ddeunawfed ganrif: Y Smalls, Sir Benfro (1775); Y Parlwr Du, Sir y Fflint (1777); Trwyn y Balog, Môn (1762); Y Moelrhoniaid, Môn (1714; ailadeiladwyd 1759); Y Mwmbwls (1794); Echni (1737).

Y bedwaredd ganrif ar bymtheg: Goleuadau harbwr Amlwch (1821); Penygogarth, Gwynedd (1862); Trwyn Du, Gwynedd (1835); Riff y Smalls (1861); Trwyn y Balog, Môn (1835); Ynys yr Halen, Caergybi (1821); Ynys Lawd, Môn (1809); golau Llanddwyn, Môn (1818, 1846); Enlli, Gwynedd (1821); South Bishop (1839); Ynys Bŷr (1829); Dwyrain Abertawe a West Pier (1803); Whitford Point, Morgannwg (1865); Porthcawl (1866); Trwyn yr As (1832); Dwyrain Wysg (1893).

Yr ugeinfed ganrif: Pen Strwmbwl, Sir Benfro (1909); Sgogwm, Sir Benfro (1916).

# 2.6 Cartref teilwng i fad achub

## Susan Fielding

Yn Ninbych-y-pysgod ceir darlun eithriadol o dda o ddatblygiad pensaernïaeth a thechnoleg gorsafoedd badau achub. Yno, ers codi'r sied syml gyntaf o gerrig ym 1852, codwyd cynifer â phum gorsaf olynol gan eu haddasu wrth i dechnoleg y badau achub ddatblygu. Yr oedd y sied wedi'i gwasgu i gornel Castle Hill ac yn gartref i'r cwch rhwyfo 20-troedfedd â 10 rhwyf y bu cymdeithas yn y dref, y Shipwrecked Fishermen and Mariners Royal Benevolent Society, yn ei redeg.

Pan aeth yr orsaf i ddwylo Sefydliad Cenedlaethol Brenhinol y Badau Achub (yr RNLI) ym 1854, fe addaswyd y cwch rhwyfo i gyd-fynd â'u manylebau hwy. Ond wyth mlynedd yn ddiweddarach, wrth i'r *St Florence* – cwch 33 troedfedd o hyd a ddad-ddymchwelai ei hun – gymryd lle'r hen gwch, codwyd adeilad mwy o faint yn gartref iddo ar draeth yr harbwr. Am fod ei leoliad yn anghyfleus, fe'i dymchwelwyd ym 1895 a chodwyd gorsaf arall ymhellach i lawr y llethr (ffigur 2.21). Mae maint yr adeilad hwnnw'n adlewyrchu'r cynnydd ym maint y cychod tua diwedd y bedwaredd ganrif ar bymtheg. Yr oeddent yn hwy ac yn dalach am fod hwyliau wedi'u hychwanegu atynt i helpu'r rhwyfwyr. Defnyddiwyd meini llanw o ansawdd da wrth godi'r orsaf newydd ac yr oedd ganddi ddrysau plygu dwbl mawr ym mhob pen i ganiatáu mynediad o'r ddau gyfeiriad. Agorai'r drysau yn y pen isaf i lithrfa o gerrig (sydd bellach wedi'i thynnu). Er ei bod hi'n syml ac yn ymarferol o hyd, mae'n cynnwys elfennau mwy soffistigedig fel yr arcêd dall a ffenestri syml ond cain.

Dioddefai'r tair gorsaf gan y problemau a achosid gan amrediad eithafol y llanw yn Ninbych-y-pysgod. Pan fyddai'r llanw'n isel iawn byddai'n rhaid llusgo'r bad achub hyd at ddwy filltir a hanner ar draws y traeth i'w lansio, ac yna'i dynnu'n ôl i fyny'r llethr wedyn. Datblygwyd cyfres o gerbydau ar olwynion y gallai ceffylau eu tynnu pan fyddai'r amodau'n caniatáu, ond lawer tro bu'n rhaid wrth gymorth nifer fawr o wirfoddolwyr. Gan fod hawl gan bob gwirfoddolwr i

*Ffigur 2.21 Ar y chwith yn yr awyrlun hwn o Ddinbych-y-pysgod gwelir dau o gartrefi mwyaf diweddar y badau achub.*

*Ffigur 2.22 Cafodd Hen Orsaf y Bad Achub, a godwyd yn Ninbych-y-pysgod ym 1905, ei throi'n dŷ yn 2010–11 ar ôl i'r orsaf newydd gael ei hagor yn 2006.*

*Ffigur 2.23 Ar hyn o bryd mae gorsaf bad achub Dinbych-y-pysgod yn gartref i fad achub 16–02 o ddosbarth y Tamar. Fe'i henwyd yn* Haydn Miller *ar ôl y ffermwr a adawodd £3m i'r RNLI yn ei ewyllys.*

gael gwobr, bu'r drefn honno'n boblogaidd iawn ac fe heidiai'r tyrfaoedd i'r harbwr pan seiniai'r larwm. Unwaith, ym 1896, cynhaliwyd ymchwiliadau pryd y darganfuwyd i ryw 106 o bobl fod yn bresennol i helpu i lansio'r cwch.

Gwelwyd datblygiad mawr yng nghynllun yr orsaf nesaf ar Castle Hill. Fe'i codwyd ym 1905 yn gartref i'r *William and Mary Davey* ar safle ymhellach o amgylch y penrhyn am fod y dŵr yno'n ddyfnach ac amrediad y llanw'n llai. Hwylusai hynny'r lansio (ffigur 2.22). Saif cartref y bad achub, felly, ar byst o goed ac mae ei lithrfa'n 365 o droedfeddi o hyd (yr ail hwyaf ym Mhrydain ar ôl Weston-super-Mare). Gan fod y cwch yn sefyll ar lawr mewnol a oedd ar ongl, doedd ond angen pedwar o bobl i'w lansio. Bellach, gellid ei lansio'n syth i'r dŵr adeg unrhyw lanw heblaw'r llanw isaf un. Gosodwyd wins fecaneiddiedig yno i dynnu'r bad yn ôl i fyny'r llithrfa. Câi'r tanwydd i'r bad achub cyntaf i'w yrru gan fodur, y *John R Webb*, a gyrhaeddodd ym 1923, ei gyflenwi o danciau uchel wrth y drysau.

Oherwydd y datblygu ar fadau achub, bu'n rhaid addasu'r orsaf yn fynych. Cynyddodd y bad cyntaf â modur bwysau'r cwch o 6 i 17 o dunelli ac ym 1955 fe bwysai'r bad 46-troedfedd, yr *Henry Coomber Brown*, 22 o dunelli. Newidiwyd rheiliau'r llithrfa wrth i ffurf corff y bad newid o gwch i gwch ac ychwanegwyd at y delltwaith o byst i'w cryfhau. Ym 1986 fe dynnwyd y pyst hynny a gosod ategion dur yn eu lle yn sgil dyfodiad y *Sir Galahad*, y bad achub cyntaf yno i fod â chorff o ddur.

Adeiladwyd prototeip y dosbarth newydd o fad achub, y 'Tamar', yn 2000 a dewiswyd Dinbych-y-pysgod i fod y cyntaf i'w gael a'i brofi. Gan i'w gynllun arbrofol gymryd rhai blynyddoedd i'w berffeithio, bu'n rhaid wrth orsaf gwbl newydd – cydnabu'r RNLI na fyddai addasu'r hen un yn ddigon. Bu hynny'n gyfle nid yn unig i ymgorffori'r technolegau diweddaraf ac ailystyried yn drylwyr fater darparu cyfleusterau i'r rhai a ddefnyddiai'r adeilad, ond hefyd i godi adeilad a oedd yn ffrwyth ystyriaeth bensaernïol ymwybodol a hefyd yn effeithlon. Cynlluniwyd yr adeilad gan Bondesign o Wimbourne ac fe'i cwblhawyd yn 2005 ar gost o £5.8m. Gan fod ei safle mewn dyfroedd llawer dyfnach, mae iddo lithrfa fyrrach, ond cododd y profion wrth lansio prototeip y *Tamar* broblemau eraill: byddai ffrithiant y corff plastig (a atgyfnerthwyd â ffibr) yn erbyn y rholeri neilon yn cynhyrchu digon o fwg i beri dychryn, a chan fod cyfyngiadau amgylcheddol ar ddefnyddio dur ac irwyd, bu'n rhaid gosod system o chwistrellwyr dŵr ar hyd y llithrfa i hwyluso'r lansio.

Y tu mewn i'r orsaf y ceir y datblygiadau arloesol mwyaf dramatig. Cartref y bad achub *Haydn Miller* yw llwyfan hydrolig y mae modd ei lefelu pan fydd y bad dan do (ffigur 2.23) ond gellir codi ei ran ôl mewn eiliadau er mwyn ei lansio. O amgylch y ramp mae amryw byd o ffitiadau ar gyfer cynnal a chadw'r bad, gan gynnwys offer i olchi'r bad ar ôl pob lansiad, a chraen sydd wedi'i adeiladu i mewn i gyplau dur bwaog y to. O amgylch y neuadd ganolog mae cyfres o ystafelloedd sydd i gyd wedi'u cynllunio'n bwrpasol ac yn fodd i bob tasg gael ei chyflawni mor effeithlon â phosibl, gan gynnwys ystafell y gwisgoedd, ystafell y mecanig, ystafell y peiriant, ystafell reoli, ystafell hyfforddi a chegin. Am fod statws elusen gan yr RNLI, bodlonir ei ymrwymiad i ymgysylltu â'r cyhoedd drwy gynnal arddangosfeydd sy'n esbonio rôl a hanes bad achub Dinbych-y-pysgod a'r RNLI, ac mae'r oriel wylio'n atyniad poblogaidd lle daw pobl leol ac ymwelwyr i wylio'r profion lansio wythnosol.

Gorsaf Dinbych-y-pysgod yw un o orsafoedd prysuraf yr RNLI yng Nghymru. Er ei bod hi'n cadw llawer agwedd ar bensaernïaeth draddodiadol gorsafoedd badau achub – o'i neuadd a'i fowt faril a'i hestyll ddŵr i'w llithrfa amlwg – mae ei maint a'i chynllun yn dangos cymaint y mae rôl yr orsaf wedi datblygu o sied syml i greadigaeth bensaernïol soffistigedig a phwrpasol sydd hefyd yn cyfrannu'n fwy effeithiol a diogel i'r rôl hollbwysig o achub bywydau ar y môr.[51]

Pennod 3

# Y môr yn codi ac yn gostwng

J R L Allen a Martin Bell

Ffurfiwyd cymeriad glannau Cymru heddiw gan effaith y gwynt, y tonnau a'r llanw ar sylfaen ddaearegol amrywiol y tirffurfiau graddfa-fawr sydd wedi datblygu dros yr ychydig filiynau o flynyddoedd diwethaf, a chan y codiad parhaus yn lefel y môr dros ryw 11,500 o flynyddoedd. Drwy gydol hanes y ddynoliaeth, manteisiwyd ar yr arfordiroedd hynny i dyfu bwyd a magu anifeiliaid arnynt ac yn ddiweddar mae ymchwil archaeolegol, yn enwedig yn y parth rhynglanwol, wedi dadlennu llawer am fywydau a ffyrdd o fyw 'slawer dydd.

*Ffigur 3.1 Daw llinell o byst derw, a honno efallai'n rhan o adeiladwaith pysgota (dyddiedig 2400 cal CC),
i'r golwg o'r mwd ar ymyl palaeosianel rynglanwol yn Llanbedr Gwynllŵg i'r de-orllewin o Gasnewydd.*

Gan mwyaf, fe ffurfiwyd cymeriad glannau Cymru (ffigur 3.2) yn ystod y ddau gyfnod rhewlifol neu ryngrewlifol diwethaf; hynny yw, yn ystod y cyfnodau olynol o rewlifo a chynhesu sydd wedi digwydd dros y 26,000 o flynyddoedd diwethaf. Yn y gogledd, mae'r glannau wedi'u ffurfio'n bennaf o greigiau Cyn-Gambriaidd neu Balaeosöig Isaf a throstynt dil neu ddyddodion ffrwdlifol. Mae'r proffil yn amrywio o lethr unffurf raddol – nad yw'r creigwely o dani'n dod i'r golwg ond yn y parth rhynglanwol – i ysgwydd serth sy'n disgyn i danglogwyn o graig fertigol isel neu gymedrol ei uchder. Mae'n debyg bod modd mesur y cyfraddau erydu blynyddol mewn milimetrau. Yn y de-orllewin, ffurfir y glannau'n rhannol o greigiau

gwrthiannol Palaeosöig Isaf ond, yn bennaf, o welyau gwannach creigiau Cambriaidd, Hen Dywodfaen Coch a chreigiau carbonifferaidd. Mae'r proffil yn amrywio o glogwyn tal ac uchel o graig heb ddim ysgwydd i ysgwydd serth neu gymedrol o serth sy'n disgyn i danglogwyn amlwg o graig. Amrywio o ychydig filimetrau i 10 centimetr a rhagor wna cyfraddau'r cilio blynyddol. Ar lannau'r de-ddwyrain ceir brigiadau o strata Triasig a Jwrasig cymharol wan ar lannau gogleddol aber Afon Hafren lle y gwelir, gan mwyaf, glogwyni fertigol o graig heb ysgwydd. Gellir mesur y cyfraddau cilio mewn decimetrau (10 centimetr) y flwyddyn a mwy na hynny, efallai, yn lleol.

Disgrifiadau cyffredinol yw'r uchod; ceir mathau mwy lleol o lannau sy'n gysylltiedig â gwaddodion ôl-rewlifol (Holosen). I'r gogledd-ddwyrain o Gaerdydd, mae brigiad mawr o lifwaddod arfordirol mân – a darddodd o wlyptir – i'w gael rai milltiroedd o'r glannau mwdlyd sy'n cilio dan ddylanwad y llanw. Ceir brigiadau tebyg, ond llai eu maint, mewn llawer aber lle cysgodir fflatiau llaid a morfeydd heli rhag effaith y tonnau. Yn lleol, bydd twyni arfordirol o dywod sydd wedi'i chwythu gan y gwynt yn ffurfio rhwystrau ar lannau agored lle mae effaith y gwynt a'r tonnau'n drech na grymoedd y llanw ac yn tagu hen gilfachau. Hwnt ac yma, caiff tywod ei chwythu ymhell i'r tir i ffurfio twyni tywod, neu ei gyfuno â graean a thywod y traeth i ffurfio pentiroedd arfordirol ymwthiol. Gan fod lefel y môr yn dal i godi, mae rhai twyni traeth rhwystrol yn symud i mewn i'r tir dros lifwaddod mwdlyd a ffurfiwyd mewn amgylcheddau cysgodol y tu ôl i rwystrau.

Ceir amrywiol fathau o safleoedd archaeolegol ar hyd y glannau (e.e. ffigur 3.1). Mae rhai ohonynt o dan y dŵr yn barhaol a'r unig ffordd o'u cyrraedd yw deifio a gwneud gwaith geoffiseg tanfor arnynt. Mae eraill yn rhynglanwol a dônt i'r golwg adeg llanw isel. Mae Cymru'n nodedig o gyfoethog yn y math olaf hwnnw, yn rhannol oherwydd amrediad eithriadol o uchel y llanw mewn mannau fel aber Afon Hafren (14.8 metr) ac yn rhannol am i barth yr arfordir ddenu cynifer o anheddwyr yn y cyfnod cynhanesyddol (ffigur 3.3). Dosbarth arall o safleoedd arfordirol yw'r rhai sydd ynghladd mewn gwaddodion arfordirol ond sydd bellach yn argloddiedig y tu ôl i forgloddiau. Er eu bod hwy, efallai, beth ffordd o'r môr erbyn heddiw, maent yn dal yn berthnasol o ran deall sut y defnyddid amgylcheddau'r glannau gynt. Perthnasol hefyd yw safleoedd ar y glannau nad ydynt yn dod o dan ddylanwad uniongyrchol y môr, fel gwasgariadau o arteffactau Mesolithig ar ben clogwyni a chaerau pentir o'r Oes Haearn.

*Ffigur 3.2 Coedwigoedd tanddwr, mawnogydd rhynglanwol, a'r safleoedd archaeolegol a grybwyllir yn y testun.*

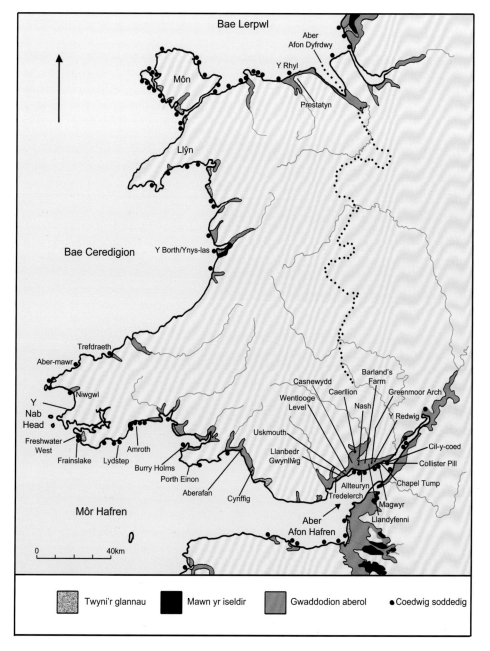

Bae Lerpwl

Aber Afon Dyfrdwy

Y Rhyl

Môn

Prestatyn

Llŷn

Bae Ceredigion

Y Borth/Ynys-las

Trefdraeth

Aber-mawr

Y Nab Head

Niwgwl

Freshwater West

Frainslake   Lydstep

Amroth

Burry Holms

Porth Einon

Aberafan

Cynffig

Môr Hafren

Casnewydd

Wentlooge Level

Caerllion

Nash

Barland's Farm

Greenmoor Arch

Y Redwig

Uskmouth

Llanbedr Gwynllŵg

Cil-y-coed

Collister Pill

Chapel Tump

Allteuryn Tredelerch

Magwyr

Llandyfenni

Aber Afon Hafren

0

0        40km

Twyni'r glannau      Mawn yr iseldir      Gwaddodion aberol      • Coedwig soddedig

*Ffigur 3.3 Y prif fathau o waddod a geir yn gyffredin ar hyd glannau Cymru a'r mathau o safle archaeolegol sy'n gysylltiedig â phob un yn unigol. Ar ochr Cymru i aber Afon Hafren y cafwyd hyd i'r mwyafrif o'r nodweddion hynny. .*

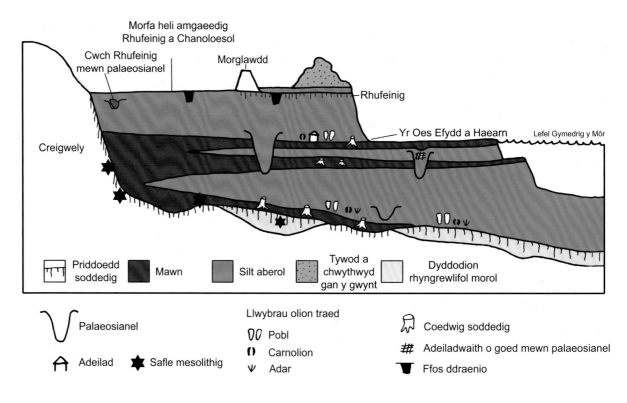

Mae glannau Cymru wedi newid yn aruthrol oddi ar yr Oes Iâ ddiwethaf (gweler ffigur 3.6).[2] Pan oedd yr iâ yn ei anterth, yr oedd lefel y môr ryw 130 o fetrau islaw'r lefel bresennol am fod cymaint o ddŵr wedi'i gloi yn yr iâ. Erbyn diwedd y rhewlifo diwethaf (9500 cal CC) yr oedd lefel y môr ryw 30 gwryd (neu 55 metr) islaw'r lefel bresennol. Yr oedd Prydain yn dal yn rhan o dir mawr Ewrop a doedd aber enfawr Afon Hafren ddim yn bod: yn ei le estynnai bae rhwng gogledd Cernyw a Sir Benfro ac fe lifai Afon Hafren iddo ger Ynys Wair (Lundy). Bryd hynny, ceid gwastatiroedd sylweddol lle mae Môr Hafren bellach, a cheid clogwyni diraddedig a chyfordraethau o ryngrewlifiadau cynharach ar y tir: cyfatebant yn fras i'r glannau sydd gennym heddiw. Bryd hynny, tir sych oedd Baeau Ceredigion a Lerpwl. Yr oedd cymoedd a dyffrynnoedd afonydd yn ddyfnach nag ydynt heddiw am iddynt erydu er mwyn llifo i fôr ar lefel is. Wrth i lefel y môr godi, boddwyd y cymoedd a'r dyffrynnoedd dwfn hynny, ac yn yr aberoedd a ddeilliodd o'r broses honno y cronnodd y gwaddodion, y siltiau, y mawn a'r tywod chwythedig sy'n ffynhonnell mor gyfoethog o dystiolaeth archaeolegol a phalaeoamgylcheddol.

Daw'r dystiolaeth gynharaf o weithgarwch dynol yn yr amgylchedd hwnnw o'r darnau helaeth o waddodion Pleistosen sydd wedi goroesi yn y parth rhynglanwol, gan gynnwys graeanau afonydd, cyn-waddodion traethau, dyddodion 'pen' a thywod chwythedig.[3]

Cafwyd hyd i lawfwyeill Palaeolithig mewn graeanau yng ngwely Afon Hafren, ac o ddyddodion 'pen' cafwyd olion ffawna Pleistosen ynghyd ag enghraifft unigol o ysgrafell Levallois (300,000–180,000 o flynyddoedd cyn heddiw (CH)). Ym mharth rhynglanwol Afon Hafren cafwyd hyd i bwynt deilen (rhyw 40,000 CH) a phwynt Creswellaidd (tua 14,000 CH) sy'n tystio i'r potensial i ddod o hyd i ragor o eitemau Palaeolithig yn y gwaddodion hynny yn y dyfodol.

Wrth i lefel y môr godi ar ddiwedd yr Oes Iâ ddiwethaf (11,000 o flynyddoedd yn ôl) crëwyd y fforestydd tanddwr a'r mawn rhynglanwol sy'n hysbys mewn 60 safle ar hyd glannau Cymru (ffigur 3.4).[4] Fe'u gwelir pan gaiff darnau o wlyptir arfordirol eu dinoethi gan yr erydu ar y parth rhynglanwol ac wrth aberoedd cymoedd bach yn y gorllewin – er enghraifft, yn Aber-mawr yn Sir Benfro. Y cofnod cynharaf o safle o'r fath yw disgrifiad Gerallt Gymro (1146–1223) o Niwgwl yn Sir Benfro, man yr ymwelodd ag ef yn ystod ei daith o amgylch Cymru'n recriwtio i'r Croesgadau ym 1188.[5] Un o fforestydd tanddwr mwyaf nodedig Prydain yw'r un yn y Borth yng Ngheredigion, ac yn ddiweddar fe'i dyddiwyd i'r cyfnod Neolithig cynnar (tua 4000 CC) (gweler ffigur 1.10). Yng ngwely Aber Hafren, ac yn enwedig yn Allteuryn ac yn y Redwig ger Casnewydd, ceir hefyd fforestydd Mesolithig helaeth sydd wedi'u dyddio i ryw 5700 cal CC. O'r cyfnod Mesolithig diweddar neu'r cyfnod Neolithig cynnar y daw'r

Ffigur 3.4 Aber-mawr, Sir Benfro: cwm bach lle daw coedwig danddwr i'r golwg weithiau ar y blaendraeth. Mae'r rhwystr o goblau yn olynu rhwystr cynharach o dywod ar hen wyneb y tir, ac o dan hwnnw mae safle Mesolithig. Y tu ôl i'r rhwystr ceir mawnog ac iddi ddilyniant amgylcheddol sy'n estyn yn ôl i 6100 cal CC.

mwyafrif o'r fforestydd tanddwr o amgylch glannau Cymru, ond mae ambell un yn aber Afon Hafren mor ddiweddar â'r Oes Haearn.[6]

Gan i lefel y môr godi ac i waddodion gronni mewn aberoedd ac islaw twyni tywod ar y glannau, fe gladdwyd tirweddau olynol gan ddiogelu safleoedd archaeolegol ac amrywiaeth mawr o dystiolaeth fiolegol a gwaddodol ynghylch cymeriad y tirweddau hynny.[7] Mae'r safleoedd Mesolithig o bwys arbennig am fod safleoedd clir eu haeniadau o'r cyfnod hwnnw – rhai a chanddynt arteffactau organig a thystiolaeth fiolegol – mor brin ym Mhrydain. Tystia pedwar safle gwersylla rhynglanwol dros-dro, a gloddiwyd ar ymylon cyn-ynys yn Allteuryn,[8] i bysgota (yn enwedig am lysywod), i hela ceirw, bualod mawr, moch a dyfrgwn ac i ddefnyddio amrywiaeth mawr o blanhigion. O amgylch yr aneddiadau yn lleidiau'r aber ceir olion traed pobl Fesolithig, llawer ohonynt yn blant, sy'n amlygu eu hymwneud llawn â bywyd y gymuned o helwyr-gasglwyr-bysgotwyr (ffigur 3.5). Cafwyd hyd i olion traed tebyg, sydd hefyd yn dyddio o'r Oes

Fesolithig mae'n debyg, wrth aber Afon Wysg ger Casnewydd,[9] yn y Rhyl (Sir Ddinbych), ym Mhorth Einon (Gŵyr) ac yn Lydstep (Sir Benfro).[10] Ildiodd mawn rhynglanwol y safle olaf fochyn a oedd, er i ficrolith adfachog drywanu ei gorff, wedi dianc rhag yr helwyr ond wedi marw yn y goedwig yn ddiweddarach.[11]

Ymhlith safleoedd rhynglanwol eraill yn Sir Benfro lle cafwyd hyd i fflintiau Mesolithig mae Amroth, Frainslake (lle cafwyd hyd i loches bosibl) a Threfdraeth. Bydd mawn rhynglanwol yn Sir Benfro ac mewn mannau eraill ar hyd glannau Cymru yn cynhyrchu gwasgariadau siarcol sy'n debyg i'r rhai yn Allteuryn. Y tu ôl i dwyni tywod ym Mhrestatyn yn Sir Ddinbych, cynhwysai gwaddodion arfordirol y gwlyptir wyth tomen sbwriel o gregyn morol bach o ddiwedd y cyfnod Mesolithig a dechrau'r cyfnod Neolithig ynghyd â chladdedigaeth Neolithig mewn mawn gerllaw. Cafwyd hyd i safleoedd Mesolithig, na cheir mohonynt yng nghyd-destunau aberoedd yn unig, ar hen wynebau'r tir islaw'r twyni tywod arfordirol yn Freshwater West ac Aber-mawr yn Sir Benfro ac ar Burry Holms, Gŵyr. Mae'r mwyafrif o'r

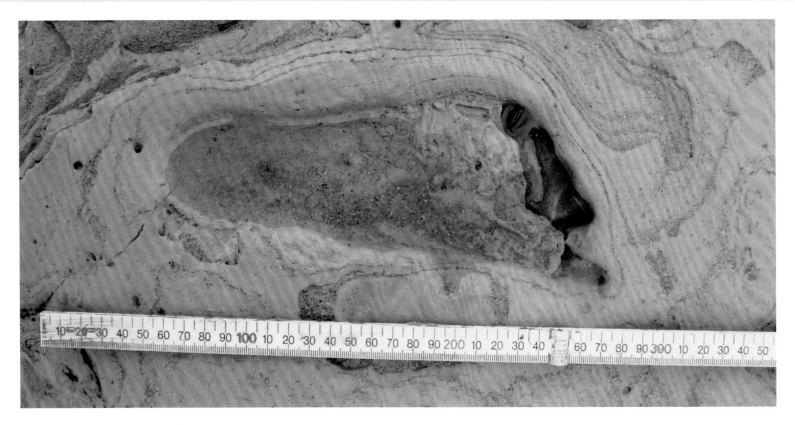

*Ffigur 3.5 Daw'r gorffennol yn fyw wrth edrych ar ôl troed plentyn Mesolithig rhyw un ar ddeg oed – ôl troed a ddaeth i'r golwg yn y siltiau rhynglanwol yn Nwyrain Allteuryn ger Casnewydd yn Sir Fynwy (y raddfa mewn mm).*

safleoedd hynny'n dyddio o ryw 7000 cal CC pan oeddent yn nes at y môr.[12]

Ceir crynodiad arbennig o safleoedd Mesolithig, hefyd, ar hyd clogwyni creigiog y gorllewin, yn enwedig yn Sir Benfro (fel y safle pwysig ar Nab Head), Llŷn a Môn, mannau a fyddai wedi bod yn gyforiog o adnoddau morol. Mae dadansoddiad isotopig o esgyrn dynol Mesolithig o Gymru yn dangos i bobl fwyta llawer iawn ar adnoddau'r môr. Ar y llaw arall, mae dadansoddiad o esgyrn pobl Neolithig yn dangos deiet a seiliwyd gan mwyaf ar anifeiliaid, sef cig a chynhyrchion llaeth, heb fawr o fwyta ar adnoddau o'r môr, hyd yn oed ar benrhyn Gŵyr neu ym Mhrestatyn serch bod y môr mor agos atynt. Er mai prin, ar y cyfan, yw'r dystiolaeth o feddiannu gwlyptiroedd y glannau yn yr oes Neolithig,[13] mae'r tomenni sbwriel o gregyn Neolithig cynnar ym Mhrestatyn, coes bwyell bren ynghyd â bwyell garreg gaboledig o Aberafan, ac ôl-troed dynol o Gynffig yng Nghastell-nedd Port Talbot,[14] yn dangos presenoldeb parhaus, os cyfyngedig, pobl ar hyd y glannau yn y cyfnod hwnnw.

Cafwyd hyd i aliniadau o goed o gyfnod y Biceri (tua 2500 CC) mewn palaeosianeli yn Llanbedr Gwynllŵg, Casnewydd (gweler ffigur 3.1) ac mae olion gweithio coed, cerrig sydd wedi'u hollti gan wres, ac esgyrn anifeiliaid, yn arwyddion o anheddu tymhorol ar y morfa heli. Cynrychiolir ail gyfnod o weithgarwch yma

yn ystod canol yr Oes Efydd (1500–1000 CC) gan byst a chlwydi o blethwaith a oedd, mae'n debyg, yn gysylltiedig â physgota.[15] Ar Wastadeddau Hafren yng Nghil-y-coed yn Sir Fynwy, mae'n fwy na thebyg mai maglau pysgod oedd yr adeiladweithiau o goed mewn palaeosianeli olynol sy'n rhychwantu'r Oes Efydd, ond ceir hefyd lwyfannau a phontydd sy'n croesi Nant Nedern, a'r rheiny'n gysylltiedig â chelciau defodol o waith metel a deunydd ffawnaidd.[16] Yn sianeli Cil-y-coed ac yn y parth rhynglanwol yn Allteuryn cafwyd hyd i fân ddarnau o gychod ac estyll a bwythwyd yn yr Oes Efydd (gweler tudalen 70).[17]

Cyrhaeddodd gweithgarwch ar fawn arfordirol aber Afon Hafren ei anterth yng nghanol yr Oes Efydd. Cloddiwyd anheddiad o bedwar adeilad hirsgwar ac olion traed gwartheg o'u hamgylch ar y mawn yn y Redwig, ac mae'r nifer fach o arteffactau cysylltiedig yn gyson â'i ddefnyddio dros dro'n anheddiad bugeiliol.[18] Cafwyd hyd i sawl gwasgariad arall o arteffactau rhwng y Redwig a Magwyr, a cheir olion tracffyrdd bach o bren yn croesi mân balaeosianeli. Cafwyd hyd i dai crwn, y gellir eu cymharu ag adeiladweithiau cyfoes ar dir sych, ar fawn rhynglanwol yn Collister Pill a Chapel Tump (Sir Fynwy) ac yn Nhredelerch yng Nghaerdydd. Efallai mai gweithgarwch defodol yw'r dehongliad gorau o osod penglogau – penglog dau unigolyn a phenglog ci – ar lwyfan coed ar gyrion cyn-ynys Allteuryn.[19]

Gerllaw, safai wyth adeilad hirsgwar a godwyd yn yr Oes Haearn mewn cysylltiad â chyfres o dracffyrdd yr arweiniai rhai ohonynt at adeiladau; cawsai'r estyll yn un adeilad eu gwneud o goed a gwympwyd yn ystod Ebrill a Mai 273 CC. Yr oedd olion traed gwartheg yn gysylltiedig â rhai adeiladau ac efallai mai corau i'r anifeiliaid oedd y rhaniadau mewnol ynddynt. Mae presenoldeb llau a gnoai bennau gwartheg, a chwain pobl, yn dangos i'r adeiladweithiau fod yn gartrefi i bobl ac anifeiliaid, efallai'n dymhorol, fel bod modd rhoi'r gwartheg i bori'r morfa heli yn y gwanwyn a'r haf. Cafodd anheddiad tebyg o'r Oes Haearn, sef adeiladau hirsgwar ag olion traed gwartheg, ei gloddio ar y mawn mewn gwlyptir a adferwyd yn Greenmoor Arch, Casnewydd. Awgryma'r ffaith y cafwyd hyd i aneddiadau o adeiladau hirsgwar a chrwn o'r Oes Efydd a'r Oes Haearn ar wyneb y mawn fod pobl yn byw yno pan oedd y morfa heli'n ehangu dros wyneb y mawn. Ceir tystiolaeth o natur dymhorol y safleoedd hynny yn y dyddodion gwaddod a adawodd y môr ar ei ôl.

Erbyn y cyfnod Rhufeinig cynnar, yr oedd y siltiau wedi cronni cymaint nes ffurfio morfeydd heli mawr. Ceir tystiolaeth o ddraenio'r dirwedd i ddarparu adnodd pori, yn enwedig at Wastadedd Gwynllŵg, o bosibl o dan gyfarwyddyd milwyr Rhufeinig o Gaerllion.[20] Mae'r maen arysgrifedig, 'Maen Allteuryn', y cafwyd hyd iddo ger Pwll Allteuryn ym 1878, yn cofnodi gwaith llengfilwyr Rhufeinig ar wrthglawdd llinol, sef morglawdd mae'n debyg, ac mae asesiadau archaeolegol wedi datgelu bod morgloddiau a ffosydd draenio Brythonig-Rufeinig gerllaw. Ceir tystiolaeth bellach o weithgarwch Rhufeinig ar y gwlyptiroedd a adferwyd yn Nhre'ronnen (Nash), Casnewydd, ac ar Gei Mawr Tredelerch, Caerdydd. Mae'n debyg i'r amddiffynfeydd môr hynny, a'r draeniau ar Wastadedd Gwynllŵg, oroesi tan ar ôl i'r Rhufeiniaid adael ond nawr mae siltiau'n gorchuddio arwynebau tir Rhufeinig Allteuryn ac yn dangos i'r aber ehangu'n ddiweddarach.

Dechreuwyd coloneiddio'r arfordir yn yr Oesoedd Canol drwy greu mewnfeysydd hirgrwn ar rannau uwch o'r morfa heli wrth galon rhai pentrefi, fel Tre'ronnen a'r Redwig.[21] Yn ddiweddarach, codwyd llawer o amddiffynfeydd môr a chloddiwyd draeniau di-dor dros ran helaeth o'r gwlyptiroedd. Amlygir y newidiadau pur fawr ar yr arfordir yn ystod yr Oesoedd Canol ac wedi hynny gan gyfnodau o erydu am yn ail â chyfnodau o ddyddodi pryd y ffurfiodd morfeydd heli newydd dros yr arwynebau a gawsai eu herydu cynt.[22] Ar hyn o bryd, cyfnod o erydu yw hi ar lawer o aber Afon Hafren a dyna sy'n gyfrifol am ddinoethi llu o safleoedd cynhanesyddol yn y parth rhynglanwol.

Ochr yn ochr â'r darganfyddiadau archaeolegol helaeth yn aber Afon Hafren ceir tystiolaeth o botensial tebyg ar aberoedd a gwlyptiroedd y glannau mewn mannau eraill. Mae'r olion traed yng Nghynffig, Lydstep a'r Rhyl, y gwasgariadau fflint a'r siarcolau Mesolithig sy'n gysylltiedig â mawn rhynglanwol, yn enwedig yn Sir Benfro, a'r cymhlyg o safleoedd yng nghyffiniau Prestatyn a'r Rhyl i gyd yn dangos y dylid barnu bod i wlyptiroedd arfordir Cymru botensial archaeolegol a phalaeoamgylcheddol mawr, boed hwy'n gyfan gwbl dan ddŵr neu'n cael eu dinoethi yn y parth rhynglanwol, neu mewn gwlyptiroedd a adferwyd y tu ôl i forgloddiau neu i rwystrau naturiol y glannau. Mae'r terfyn rhwng gwlyptir a thir sych yn arbennig o bwysig wrth wneud gwaith monitro, fel y dangoswyd gan y darganfyddiadau ar ymyl ynys Allteuryn, yn Llandyfenni (Casnewydd), Prestatyn, Aber-mawr a Threfdraeth. Yn y gwlyptiroedd arfordirol eu hunain, cysylltir adeiladweithiau o goed a gwasgariadau o arteffactau yn arbennig â chyfnodau o atchwel morol mewn mawn ond mae gan fân balaeosianeli, sy'n gysylltiedig â chyfnodau o dresmasu gan y môr, botensial mawr fel y dangosir gan ddarganfyddiadau yn Llanbedr Gwynllŵg a llu o safleoedd ar hyd aber Afon Hafren.

Gall palaeosianeli ac afonydd yn hawdd gynnwys olion cychod a llongau, fel yr enghreifftiau cynhanesyddol o Gil-y-coed ac Allteuryn (gweler tudalen 70), y cwch Celtaidd-Rufeinig yn Barland's Farm (Casnewydd) (gweler tudalen 76), y llong ganoloesol yn Abergwaitha (Sir Fynwy) (gweler tudalen 120), a Llong Casnewydd (gweler tudalen 122). Arferai hyd yn oed fân afonydd a nentydd fod yn rhan o rwydwaith o borthladdoedd bach a mannau glanio ac ni roddwyd y gorau iddynt tan i faint llongau gynyddu.[23] Wrth aberoedd afonydd a nentydd ceir gwasgariadau o arteffactau, gan gynnwys mathau ohonynt sydd heb fod yn lleol, sy'n awgrymu i'r aberoedd hynny fod yn borthladdoedd bach lle deuai hen gychod bach, neu gychod a ddifrodwyd, i ben eu taith am byth.[24]

Gan fod gwlyptiroedd y glannau a'r parth rhynglanwol yn newid drwy'r amser, cynigiant botensial aruthrol i gyfoethogi'n gwybodaeth ni am fywyd arfordirol a morol Cymru. Dyna mae darganfyddiadau'r 30 mlynedd diwethaf wedi'i ddangos. Rhaid cymryd hynny i ystyriaeth wrth bennu'n gofynion ni o ran asesu archaeolegol pan gynigir datblygiad. Os cyflawnir yr her honno, bydd ein gwybodaeth am archaeoleg glannau Cymru yn dal i gael ei thrawsffurfio mewn ffordd yr un mor ddramatig yn ystod y tri degawd nesaf ag a welwyd yn y gorffennol.

# 3.1 Prosiect Palaeodirweddau Arfordir y Gorllewin

Vince Gaffney a Simon Fitch

Breuddwyd archaeolegwyr ers tro byd yw gallu astudio'r tirweddau cynhanesyddol sydd o dan y môr. Gwyddom i'n hynafiaid cynharaf weld newidiadau dramatig yn eu hamgylchedd ac mai effaith y cynhesu yn y tymereddau ryw 12,000 o flynyddoedd yn ôl, wedi i'r haenau helaeth o iâ yn yr Oes Iâ ddiwethaf rwystro pobl rhag gallu byw yng ngogledd Ewrop, oedd i'r rhewlifau ymdoddi ac i bobl ddechrau ymledu tua'r gogledd a'r gorllewin. Parodd y dŵr tawdd o'r rhewlifau i lefelau'r môr godi a boddi'r tir isel a ffrwythlon, troi tir coediog yn forfa heli a gwthio glannau'r môr yn ôl tuag at dir uwch. Ac yn olaf, oherwydd boddi'r cyswllt tir olaf â thir mawr Ewrop, trowyd Prydain yn gyfres o ynysoedd. Ar adegau, gallai'r broses fod yn araf a llechwraidd ac weithiau'n ddramatig o gyflym, a gallai colli tirweddau cyfarwydd ddigwydd o fewn cof y cenedlaethau a oedd yn byw ar y pryd. Gellir gweld tystiolaeth drawiadol o'r newid hwnnw ar lawer o draethau Cymru, fel yn y Rhyl a'r Borth, Abertawe ac Allteuryn lle y daw bonion coed, sef gweddillion hen fforestydd, i'r golwg ar lanw isel (gweler tudalen 21).

Caiff ein dealltwriaeth o'r mannau lle bu'n rhagflaenwyr Mesolithig ni'n byw (tua 9600–4000 CC) ei lloffa o wasgariadau fflint, o domenni sbwriel ac, yn fwyaf trawiadol, o grynodiadau o olion traed pobl yn y mwd ar hyd y glannau. Rhaid mai'r rheiny yw gweddillion yr aneddiadau y gorfodwyd pobl i'w gadael wrth i'w cartrefi tymhorol gael eu gorlifo. Er bod llawer o'r tir lle bu'n cyndeidiau cynhanesyddol yn byw wedi diflannu o dan y dŵr erbyn hyn, mae gwaith gan Brifysgol Birmingham yn ddiweddar wedi bod yn fodd i ni weld y tiroedd tanddwr hynny sydd oddi ar arfordir Cymru heddiw. Gan ddefnyddio data a gasglwyd o arolygon cwmnïau masnachol i fapio gwely'r môr, bu modd i Brosiect Palaeodirweddau Arfordir Gorllewin Prydain edrych o dan foroedd de a gogledd Cymru a dod o hyd i nodweddion allweddol fel cyrsiau'r afonydd 12,000 blwydd oed a arllwysai i lyn sylweddol lle mae Môr Hafren erbyn hyn (ffigur 3.6).

Y dechneg a ddefnyddir heddiw i ddatgelu'r tirweddau sydd bellach o dan siltiau gwely'r môr yw arolwg adlewyrchiad seismig. Drwy anfon tonnau sain i wely'r môr ac yna amseru'r atseiniau, gellir mapio'r math o waddodion is-wyneb, a'u dyfnder, a thrwy wneud arolygon heb fawr o fwlch rhyngddynt, mae modd olrhain hen sianeli afonydd, llynnoedd a bryniau, a'u defnyddio i'n helpu i ragfynegi ble y mae safleoedd aneddiadau tanddwr debycaf o fod.

Yn sgil yr arolygu ar y cyfan o Fae Lerpwl, gwyddom i hwnnw fod uwchlaw'r dŵr yn y cyfnod Palaeolithig, ac yn dirwedd o dwndra agored a gorlifdiroedd y torrai amrywiol afonydd ar ei thraws, gan gynnwys pellafoedd eithaf yr hyn sydd bellach yn afonydd Mersi a Dyfrdwy. Yr oedd y dirwedd ôl-rewlifol yn oer a sych a chynhaliai'r gorlifdiroedd mawr anifeiliaid pori, fel elcod, bualod mawr, ceirw cochion, ewigod ac adar gwyllt. Mae'r dystiolaeth a gafwyd o ogofâu yn dweud wrthym i'r helwyr eu lladd a mynd â'u cig i'w fwyta, a defnyddio'r esgyrn i wneud offer.

Mae arolygon wedi dangos i Fôr Hafren fod yn ddyffryn cymharol wastad yn y cyfnod Palaeolithig a bod yno afonydd a llynnoedd a gynigiai amrywiol adnoddau i'r bobl gynnar. Defnyddid ogofâu, fel Paviland ar benrhyn Gŵyr, yn lleoedd i gysgodi ynddynt. Wrth i lefelau'r môr godi, crëwyd gwlyptiroedd a morfeydd heli tan i'r darn tir olaf rhwng Cymru a Lloegr gael ei dorri gan adael dim ond y tiroedd uwch, fel Ynys Wair (Lundy), uwchlaw'r dŵr.

Mae'r prosiect wedi dangos i ni pa mor bwysig yw gweithio'n agos gyda datblygiadau alltraeth, fel ffermydd gwynt a drilio am olew a nwy ac echdynnu tywod a graean, i sicrhau lloffa cymaint â phosibl o wybodaeth o'u harolygon paratoadol. Gall y wybodaeth helpu'r broses gynllunio a chynnig cyngor i ddatblygwyr ynghylch safleoedd y mannau archaeolegol-sensitif y dylid eu diogelu.[25]

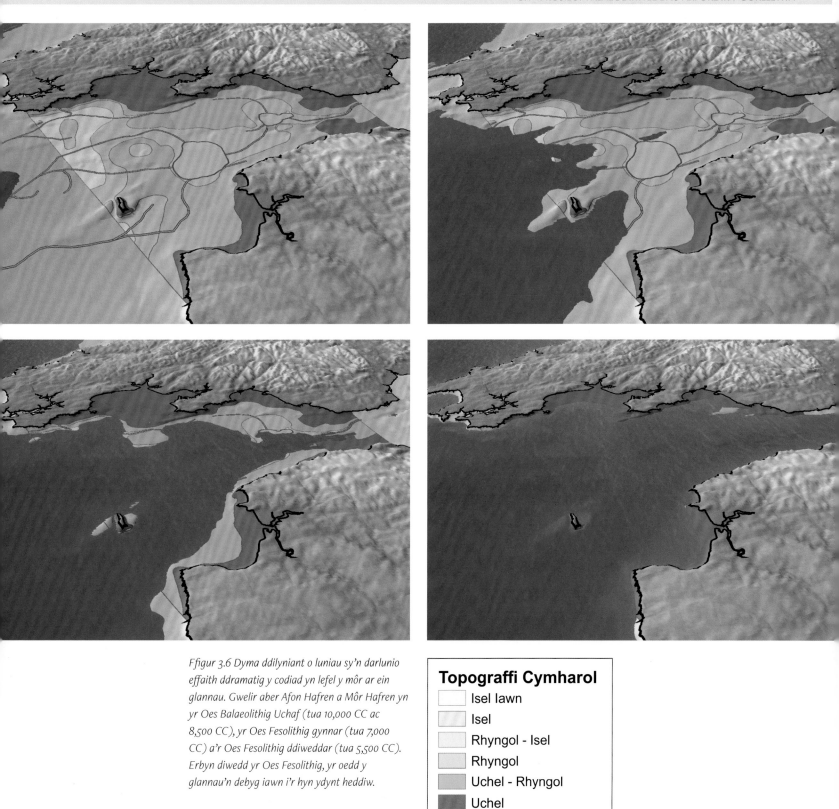

*Ffigur 3.6 Dyma ddilyniant o luniau sy'n darlunio effaith ddramatig y codiad yn lefel y môr ar ein glannau. Gwelir aber Afon Hafren a Môr Hafren yn yr Oes Balaeolithig Uchaf (tua 10,000 CC ac 8,500 CC), yr Oes Fesolithig gynnar (tua 7,000 CC) a'r Oes Fesolithig ddiweddar (tua 5,500 CC). Erbyn diwedd yr Oes Fesolithig, yr oedd y glannau'n debyg iawn i'r hyn ydynt heddiw.*

## Topograffi Cymharol

- Isel Iawn
- Isel
- Rhyngol - Isel
- Rhyngol
- Uchel - Rhyngol
- Uchel

## Nodweddion

- Sianeli
- Llynnoedd

# 3.2

# Esblygiad Afon Menai

## Mike Roberts

*Ffigur 3.7 Afon Menai a lleoliad y creiddiau alltraeth o waddodion a ddefnyddiwyd i ddarparu data ynglŷn â'r ffyrdd y gallai'r glannau a'r arfordir fod wedi newid dros y 10,000 o flynyddoedd diwethaf.*

Nid 'afon' yn ystyr arferol y gair mo Afon Menai ond culfor ar hyd ffawtlin daearegol cymhleth a hynafol iawn sy'n rhedeg o'r de-orllewin i'r gogledd-ddwyrain ac yn gwahanu Môn oddi wrth dir mawr y gogledd. Er bod y ffawtlin hwnnw'n corddi weithiau, mae'n dyddio'n ôl 450 miliwn o flynyddoedd – i amser yr Orogeni Caledonaidd a diflaniad y Cefnfor Iapetws, cefnfor hynafol ac enfawr (rhagflaenydd Môr Iwerydd, yn fras) a wahanai eangdiroedd go annhebyg i'r rhai sy'n gyfarwydd i ni heddiw. Ers hynny, ac yn enwedig yn ystod y cyfnod Pleistosen a nodweddid gan episodau rhewlifol olynol, mae'r llinell honno o wendid daearegol wedi gweld erydu sy'n peri bod y darn o wely'r môr sydd o dan Afon Menai gryn dipyn yn is, bellach, na'r tir ym Môn i'r gogledd-orllewin o'r tir mawr sydd gyferbyn ag ef.

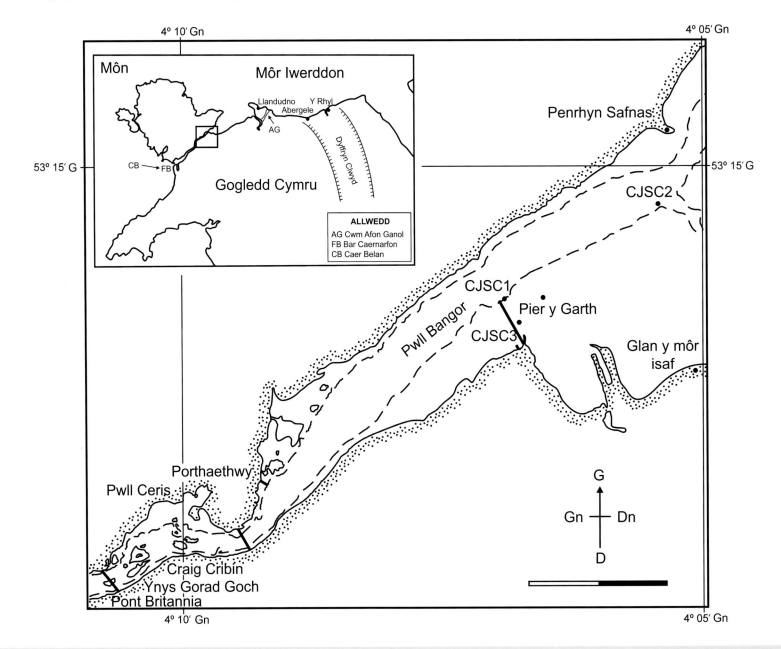

Drwy ddrilio i wely'r môr a chasglu samplau o waddodion o'i phen gogledd-ddwyreiniol, mae gwyddonwyr o'r Ysgol Gwyddorau Eigion ym Mhrifysgol Bangor wedi canfod sut a phryd yn union y ffurfiwyd Afon Menai yn ystod y cyfnod hwnnw o gynnydd cyflym yn uchder lefel y môr (ffigurau 3.7 a 3.8). Mae'n ffodus, ac efallai'n unigryw, fod y darn hwnnw o wely'r môr yn cynnwys dilyniannau clir o waddodion o'r cyfnod 13,000 tan 5,000 CH, ac felly'n cynnig data rhagorol sy'n fodd i ni ddeall sut y gallai'r glannau a'r dirwedd o'u hamgylch fod wedi newid yn ystod y cyfnod hwnnw.

Bu i'r prosiect ymchwil amlddisgyblaethol gydblethu data o arolygon geoffisegol morol a thirol â data gwaddodegol a geodechnegol a gafwyd o greiddiau atraeth ac alltraeth.[27] Gwnaed gwaith dadansoddi ychwanegol mewn labordai gan gynnwys, yn bennaf, waith mewn micropalaeontoleg (fforaminiffera neu anifeiliaid morol ungell bach iawn iawn) a phalynoleg (paill a sborau) i astudio amrywiol agweddau ar newidiadau palaeoamgylcheddol. Rhoes canlyniadau dyddio radiocarbon yn y dilyniannau organig o dan wely'r môr wybodaeth hollbwysig ynghylch pryd y newidiodd lefelau'r môr, a dangosodd dadansoddiad mewn labordy pa blanhigion ac anifeiliaid a fodolai yn yr ardal o amser yr helwyr-gasglwyr Mesolithig cyntaf hyd at fabwysiadu amaethyddiaeth yn y cyfnod Neolithig.

Yn ôl y canlyniadau, felly, pan gyrhaeddodd pobl y fro hon gyntaf, tua 12,000 CH mae'n debyg, yr hyn a geid yn yr ardaloedd i'r gogledd-ddwyrain a'r de-orllewin o Afon Menai heddiw oedd amfaeau arfordirol hir, isel a chysgodol a nodweddid gan forfeydd heli helaeth, ac amryw byd o afonydd bach lleol yn llifo drwyddynt.[28] Ond am fod hwnnw'n gyfnod o gynnydd cyflym yn uchder lefel y môr, fe ddylanwadodd ar y glannau bob blwyddyn ac o dipyn i beth fe foddwyd y morfa heli a'i gladdu o dan waddodion y môr. Daliodd Môn i fod ynghlwm wrth y tir mawr am fod yna sarn rhwng y mannau lle saif Pont Menai a Phont Britannia heddiw. O ryw 8600 CH ymlaen, yr oedd y codiad yn lefelau'r môr yn ddigon uchel adeg y llanw uchaf i orlifo'r wahanfa ddŵr honno ac o dipyn i beth doedd dim modd ei defnyddio ond ar drai. Wrth i lefelau'r môr ddal i godi, er nad mor gyflym, prinhau wnaeth y cyfle i allu defnyddio'r sarn. Erbyn tua 4800 CH, doedd hyd yn oed drai isa'r flwyddyn ddim yn ddigon i'r sarn allu dod i'r golwg, a dyna wahanu Ynys Môn o'r diwedd oddi wrth dir mawr Cymru.

*Ffigur 3.8 Drilio creiddiau gwaddodion alltraeth yn Afon Menai.*

Ryw 26,000 o flynyddoedd cyn heddiw (CH), sef yn ystod Uchafbwynt y Rhewlifo Diwethaf, gorchuddid y rhan fwyaf o'r rhannau gogleddol a gorllewinol o Brydain, gan gynnwys gorllewin Cymru a'r tir sydd bellach o dan Fôr Iwerddon, gan lenni iâ a oedd hyd at filltir o drwch. Yn y gogledd, dim ond copaon uchaf Eryri fyddai wedi bod yn y golwg ac fe ymgodent uwchlaw tirwedd lom ac Arctig a estynnai tua'r de a gorchuddio llawer o'r Canolbarth. Wrth i'r ddaear ddechrau cynhesu ac i'r llenni iâ ymdoddi, dychwelwyd llawer iawn iawn o ddŵr i fasnau'r cefnforoedd a pheri i lefel y môr godi'n gyflym. Wrth i'r broses barhau, ciliodd glannau gorllewinol Prydain tua'r gogledd-ddwyrain gan wahanu Iwerddon oddi wrth Brydain tua 15,000 CH.[26] Dros y miloedd o flynyddoedd nesaf dechreuodd glannau Cymru fagu'r siâp sydd iddynt heddiw.

# 3.3 Molwsgiaid, tomenni sbwriel a physgota

## Martin Bell

Yn y gladdedigaeth o'r cyfnod Palaeolithig Uchaf yn Paviland ar benrhyn Gŵyr cafwyd hyd i rai cregyn môr rhwyllog o'r rhywogaeth *Nerita littoralis* sy'n dyddio o 29,490 ± 210 CH (OxA-16413; 32, 125–31, 296 cal CH).[29] Gan fod lefel y môr bryd hynny dros 100 metr islaw'r lefel bresennol a'r glannau'n rhyw 100 cilometr tua'r gorllewin, doedd y cregyn ddim wedi'u casglu'n lleol. Rhaid eu bod wedi teithio cryn bellter a'r awgrym, felly, yw bod gan folwsgiaid y môr arwyddocâd arbennig i gymunedau o helwyr-gasglwyr yn y Gymru gynnar. Mewn cyd-destunau Mesolithig (tua 9600–4000 CC) cafwyd hyd i gregyn Mair tyllog yng nghysgodfa Madawg, a chregyn Mair a chregyn llysiau'r gwaed yn Ogof y Brenin Arthur, ill dwy yn Nyffryn Gwy.[30] Mae'n fwy na thebyg eu bod yn tarddu o symudiadau tymhorol o'r arfordir i fyny'r dyffryn.

Ar hyd yr arfordir yn bennaf y ceir safleoedd Mesolithig yng Nghymru, ac yn arbennig yn Sir Benfro.[31] Mae hynny'n amlygu unwaith eto arwyddocâd adnoddau'r môr i gymunedau o helwyr-gasglwyr.

Mae dadansoddiadau isotop sefydlog a wnaed o esgyrn pobl Fesolithig o ogofâu ar Ynys Bŷr yn dangos i bysgod a bwyd o'r môr fod yn rhan fawr o'u deiet – arwydd iddynt dreulio'r rhan fwyaf o'u hamser ar yr arfordir.[32] Gan fod rhai esgyrn dynol Mesolithig o benrhyn Gŵyr yn dangos, yn ddiddorol ddigon, i'r unigolion yno fwyta llai o adnoddau'r glannau, yr awgrym yw bod rhai eisoes yn ymaddasu i fywyd a deiet y mewndir.

Yn Allteuryn ger Casnewydd ceir tystiolaeth uniongyrchol bod cymunedau Mesolithig yn pysgota. Cafwyd hyd i lu o esgyrn pysgod mewn safle meddiannu i'r dwyrain ac i'r gorllewin o gyn-ynys greigwely. Cloddiwyd y safle gorllewinol ym 1992–94 a chael hyd i esgyrn llyswod yn bennaf, ynghyd â rhai brwyniaid, gwyniaid môr, crethyll driphigyn, a lledod.[33] Gan mwyaf, cafwyd llyswod yn y safle dwyreiniol ynghyd â rhai eogiaid, cod llwydion, draenogiaid y môr, hyrddiaid a lledod. Awgryma maint bach y pysgod i faglau gael eu defnyddio. Mewn sianel gerllaw, gallai adeiladwaith o

## Safleoedd mesolithig ym Mhrestatyn a'r Rhyl, gogledd Cymru

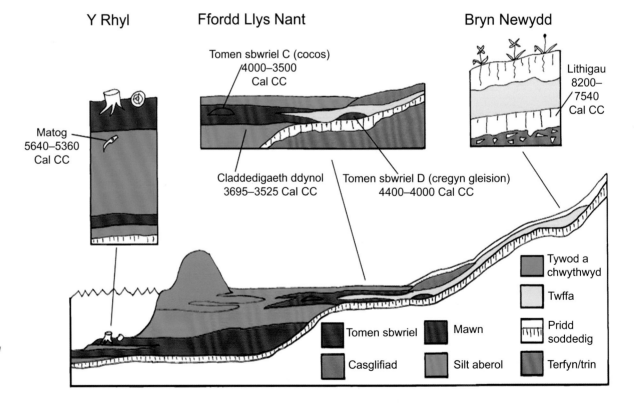

*Ffigur 3.9 Mae'r trawstoriad sgematig hwn o ddilyniant gwaddodion y glannau ym Mhrestatyn a'r Rhyl yn Sir Ddinbych yn dangos lleoliad tomenni cregyn a darganfyddiadau eraill o'r Oesoedd Mesolithig a Neolithig.*

*Ffigur 3.10 Cloddio tomen o gregyn gleision o'r Oes Fesolithig ar Safle D ym Mhrestatyn ym 1992. Mae tystiolaeth o'r fath o'r arfordir yn awgrymu mai'r hyn a welwyd oedd cyfnodau dynamig – rhai byrrach a rhai hwy – o weithgarwch gan helwyr-gasglwyr, yn hytrach na phatrwm blynyddol syml.*

ddarnau crwn o bren wedi'u gweithio fod yn olion magl sydd wedi erydu,[34] peth y ceir enghreifftiau da ohono yn Iwerddon a Denmarc.

O Brestatyn daeth tystiolaeth o fwyta pysgod cregyn o chwe thomen sbwriel fach wedi'u haenu mewn dilyniant o waddodion gwlyptir y glannau, gan gynnwys twffa, casgliad, mawn, silt aberol a thywod chwythedig, ryw 800 metr o'r glannau sydd yno heddiw (ffigurau 3.9 a 3.10).[35] Yr oedd pedair, a ddyddiwyd i'r cyfnod Mesolithig diweddar (rhwng 4500 a 4000 cal CC), ar ymyl hen wlyptir, a chregyn gleision (*Mytilus edulis*) oedd yno'n bennaf. Yr oedd dwy ohonynt wedi'u haenu mewn mawn diweddarach ac yn cynnwys, gan mwyaf, gregyn cocos (*Cerastoderma edule*) o ddyddiad Neolithig cynnar (4000–3400 cal CC). Dehonglwyd bod y newidiadau yng nghyfansoddiad y tomenni sbwriel rhwng y rhai cynnar a diweddar yn deillio o'r ffaith fod y glannau'n arfer bod yn greigiog ac yn addas i gregyn gleision, ac yna wedi allraddio i ffurfio traeth tywodlyd oedd yn addas i gocos.

Yr oedd y ddau grŵp o domenni sbwriel yn fach, 3–5 metr o ddiamedr a 5–10 centimetr o drwch. Yr awgrym yw mai ymweliadau byr â'r glannau a geid yn y ddau gyfnod, ac mae'r bandio tymhorol ar y cocos yn dangos mai tua diwedd y gaeaf a dechrau'r gwanwyn y digwyddai'r ymweliadau. Dangosodd tystiolaeth isotopig o gladdedigaeth ryw 0.7 cilometr tua'r gorllewin, ac o'r un cyfnod â'r tomenni sbwriel Neolithig, mai ychydig

fwyd y bobl a ddeuai o'r môr, ffaith sy'n cyd-fynd â gweithgarwch tymhorol byr ar y glannau. Cafwyd hyd i domenni sbwriel o gregyn o faint canolig – cregyn gleision, cregyn meheryn a gwichiaid môr yn eu plith – yn Ogof Nanna ar Ynys Bŷr ac yn Freshwater West. Yr oedd yr olaf yn ymyl gwasgariad o fflintiau Mesolithig a all fod yn gyfoes â hi.[36] O safleoedd o dan y tywod chwythedig arfordirol yn Ystangbwll (Stackpole) cafwyd tystiolaeth o fwyta pysgod cregyn tua diwedd yr Oes Efydd ac yn ystod yr Oes Haearn a'r cyfnod Brythonig-Rufeinig.[37]

Er bod tuedd gref i feddrodau Neolithig yng Nghymru fod ger y glannau,[38] does fawr o dystiolaeth o ddefnyddio'r adnoddau a geid yno. Mae dadansoddiad isotop sefydlog o esgyrn dynol Neolithig a gafwyd o feddrodau ac ogofâu ger y glannau yn dangos na wnaeth bwyd o'r môr fawr o gyfraniad i'r ddeiet.[39] Mae'r ymwrthod pendant ag adnoddau dietegol y môr yn amlwg o ddechrau'r cyfnod Neolithig tan yr Oesoedd Canol. Chaiff y cyfnod Neolithig mo'i gynrychioli cystal â chyfnodau eraill yn archaeoleg gwlyptiroedd aber Afon Hafren.[40] Yn Llanbedr Gwynllŵg ger yr aber cofnodwyd cymhlyg o balaeosianeli yn y parth rhynglanwol, a cheir adeiladweithiau o goed o ddau gyfnod pendant yn y sianeli.[41] Yr oedd y cyfnod cyntaf, a ddyddiwyd i 2856–2206 cal CC (y cyfnod Neolithig hwyr / cyfnod y Biceri), yn cynnwys darnau o dderw wedi'u halinio ar ymylon y sianeli. Yr oedd yr ail, a ddyddiwyd i 1600–1000 cal CC (Canol yr Oes Efydd), yn cynnwys rhwng un a thri phostyn crwn o goed mewn sianeli ynghyd â dau ddarn o adeiladwaith tebyg i glwydi y credir (yn enwedig yn achos y grŵp diweddaraf) iddynt fod yn faglau pysgod. Dehonglwyd mai maglau pysgod yw'r aliniadau o byst crwn o goed cyll yng Nghil-y-coed mewn palaeosianeli ar ymyl fewnol Gwastadeddau Gwent ac yn agos at derfyn dylanwad y môr, ac mae'r enghreifftiau a ddiogelwyd orau'n dyddio o 2200-1700 cal CC.[42]

Cafwyd hyd i ddarnau o adeiladweithiau pren mewn nifer o balaeosianeli ym mharth rhynglanwol aber Afon Hafren, yn enwedig y rhai y tresmasodd y môr arnynt ar ôl prif gyfnod ffurfio'r mawn. Dyddiant felly o gyfnod rhwng canol yr Oes Efydd a'r Oes Haearn. Mae'r enghraifft gliriaf i'w gweld yn Cold Harbour Pill lle mae dau adeiladwaith sy'n grwn gan mwyaf ac yn debyg i fasgedi – un ohonynt wedi'i ddyddio i 800-416 cal CC – wedi'u cysylltu ag aliniad o goed ar hyd ymyl sianel. Mae adeiladweithiau o goed a oedd yn gysylltiedig â physgota wedi'u cofnodi yn Collister Pill[43] a Gorllewin Allteuryn. Mae'n bosibl bod yr olaf, mewn sianel ger Adeilad 6 o'r Oes Haearn, yn fasged llysywod, a honno wedi erydu.[44]

# 3.4 Disgrifio nodweddion morweddau

## Deanna Groom

*Ffigur 3.11 Drwy fapio'r angorfeydd traddodiadol bu modd i'r Comisiwn Brenhinol ailymgysylltu â'r ffyrdd y 'gweithiai' y glannau i'r llongau hwylio traddodiadol. Mae hynny wedi dangos, er enghraifft, lle'r arhosai'r llongau i'r llanw gyrraedd y pwynt cywir cyn iddynt symud i angorfa derfynol. Gwelwyd bod y rheiny'n llawer mwy niferus gynt na'r rhai sydd wedi'u marcio ar siartiau heddiw.*

Mae morweddau, fel tirweddau, yn gynnyrch y rhyngweithio rhwng cydrannau naturiol a diwylliannol ein hamgylcheddau. Dros y blynyddoedd diwethaf mae nodi, mapio a disgrifio'r cydrannau hynny a'r profiadau a ysgogant wedi esblygu'n broses gelfydd o ddisgrifio nodweddion morweddau, a defnyddir mwy a mwy arni i reoli, cynllunio ac amddiffyn yr amgylchedd (ffigur 3.12).[45] Mae'r broses ddisgrifio'n nodi'r elfennau a'r nodweddion allweddol sydd, gyda'i gilydd, yn ffurfio 'Ardal Disgrifio Nodweddion' neu'n diffinio ymwybyddiaeth gynhenid o le.

Yn 2014, wrth chwilio am ddealltwriaeth helaethach o'r dylanwadau diwylliannol a'r 'dyfnder amser' a gynrychiolir ym morweddau Cymru, dechreuodd y Comisiwn Brenhinol fapio'r nodweddion a'r mannau a ddefnyddid yn draddodiadol yn angorfeydd, yn fannau glanio, yn feysydd pysgota, yn sianeli mordwyo ac yn llwybrau masnachu, yn ogystal â safleoedd brwydrau rhwng llyngesau o'r Canol Oesoedd ymlaen i'r mannau tanio alltraeth a ddefnyddiwyd yn ystod y ddau Ryfel Byd.[46]

Mapiwyd yr elfennau hynny yn y forwedd yn erbyn y nodweddion daearegol a oedd yn bresennol drwy gydol pob cyfnod hanesyddol ac yn erbyn y nodweddion a ddangoswyd ar y gyfres gyntaf a'r ail gyfres o fapiau Siartiau'r Morlys a'r Arolwg Ordnans. Nodweddir y gyfres gyntaf (y 1830au–60au) gan dra-arglwyddiaeth llongau hwylio, fel brigiau, sgwneri a badlongau (*ketches*) yn ogystal â'r llongau bach a weithiai ym masnach y glannau. Mae'r ail gyfres (1860–1910) yn dangos sut y daeth llongau ager o haearn a dur i'w graddol ddisodli. Wrth greu'r mapiau, mae gwybodaeth a loffwyd o ddelweddau gweledol, enwau lleoedd, siartiau hanesyddol, a disgrifiadau personol o deithio ar y môr wedi'i chynnwys ynddynt hefyd.

Nid yw'n syndod, efallai, fod hynny wedi cadarnhau bod cynifer o nwyddau hanfodol yn cyrraedd drwy'r mannau glanio bach ar y glannau a oedd heb harbwr heblaw traeth agored (ffigur 3.11). Dangosodd y gwaith mapio fod nifer yr angorfeydd ganol y bedwaredd ganrif ar bymtheg yn llawer mwy na'r rhai a argymhellir gan lawlyfrau hwylio heddiw i'r rhai mewn cychod bach ar adeg pan fo gweithgarwch hamdden i raddau helaeth wedi disodli'r traffig masnachol.

Mae hi hefyd yn werth nodi'r newidiadau mawr sydd wedi digwydd yn ffurfwedd y sianeli mordwyo wrth aberoedd afonydd Conwy a Dyfrdwy a chilfach Porth Tywyn. Rhaid bod y newidiadau'n golygu bod rhaid ailosod pob bwi mordwyo, pob goleufa a phob tirnod, ac amlygant bwysigrwydd defnyddio'r peilotiaid lleol a oedd yn gyfarwydd â'r amodau lleol ac y marciwyd eu gorsafoedd ar siartiau'r Morlys (gweler tudalen 40).

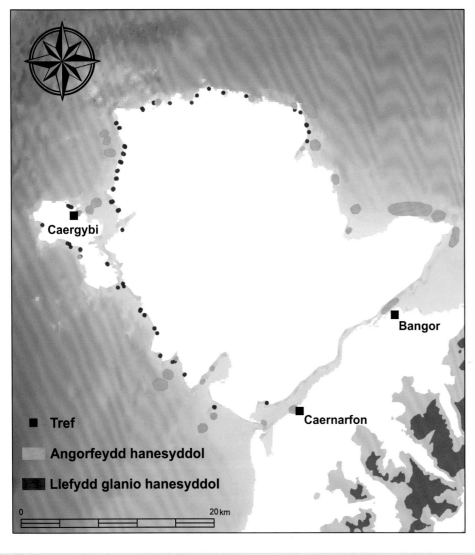

*Ffigur 3.11 Drwy fapio'r angorfeydd traddodiadol bu modd i'r Comisiwn Brenhinol ailymgysylltu â'r ffyrdd y 'gweithiai' y glannau i'r llongau hwylio traddodiadol. Mae hynny wedi dangos, er enghraifft, lle'r arhosai'r llongau i'r llanw gyrraedd y pwynt cywir cyn iddynt symud i angorfa derfynol. Gwelwyd bod y rheiny'n llawer mwy niferus gynt na'r rhai sydd wedi'u marcio ar siartiau heddiw.*

**Caergybi**

**Bangor**

**Caernarfon**

■ **Tref**

**Angorfeydd hanesyddol**

**Llefydd glanio hanesyddol**

0                    20 km

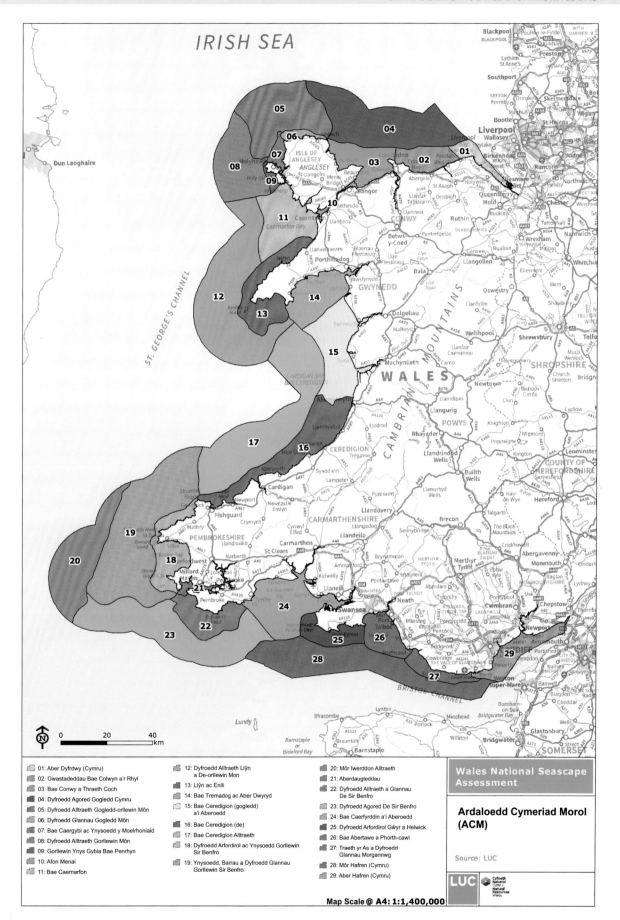

Ffigur 3.12 Mae ardaloedd mewndraeth Cymru wedi'u rhannu oddi ar 2015 yn 29 o wahanol Ardaloedd Disgrifio Nodweddion yn sail i gynllunio gofodol morol.

01: Aber Dyfrdwy (Cymru)
02: Gwastadeddau Bae Colwyn a'r Rhyl
03: Bae Conwy a Thraeth Coch
04: Dyfroedd Agored Gogledd Cymru
05: Dyfroedd Alltraeth Gogledd-orllewin Môn
06: Dyfroedd Glannau Gogledd Môn
07: Bae Caergybi ac Ynysoedd y Moelrhoniaid
08: Dyfroedd Alltraeth Gorllewin Môn
09: Gorllewin Ynys Gybia Bae Penrhyn
10: Afon Menai
11: Bae Caernarfon
12: Dyfroedd Alltraeth Llŷn a De-orllewin Môn
13: Llŷn ac Enlli
14: Bae Tremadog ac Aber Dwyryd
15: Bae Ceredigion (gogledd) a'i Aberoedd
16: Bae Ceredigion (de)
17: Bae Ceredigion Alltraeth
18: Dyfroedd Arfordirol ac Ynysoedd Gorllewin Sir Benfro
19: Ynysoedd, Barrau a Dyfroedd Glannau Gorllewin Sir Benfro
20: Môr Iwerddon Alltraeth
21: Aberdaugleddau
22: Dyfroedd Alltraeth a Glannau De Sir Benfro
23: Dyfroedd Agored De Sir Benfro
24: Bae Caerfyrddin a'i Aberoedd
25: Dyfroedd Arfordirol Gŵyr a Helwick
26: Bae Abertawe a Phorth-cawl
27: Traeth yr As a Dyfroedd Glannau Morgannwg
28: Môr Hafren (Cymru)
29: Aber Hafren (Cymru)

**Wales National Seascape Assessment**

**Ardaloedd Cymeriad Morol (ACM)**

Source: LUC

LUC · Cyfoeth Naturiol Cymru / Natural Resources Wales

Map Scale @ A4: 1:1,400,000

## 3.5 Llifogydd yng Nghymru

### Mark Lewis

*Ffigur 3.13 Cyflëir difrifoldeb llifogydd 1607 gan y darlun cyfoes hwn ohonynt mewn pamffledyn: 'Lamentable newes out of Monmouthshire in Wales'.*

Pan adolygodd William Camden (1551–1623) ei lyfr *Britannia* ym 1607, rhoes y wybodaeth ddiweddaraf ynddo drwy gynnwys disgrifiad o'r gorlif mawr yn aber Afon Hafren y flwyddyn honno:

> The Fenny tract ... is called the Moor; which at my present reviewing of these notes has suffered a most lamentable devastation. For the Severn Sea, after a Spring-tide, having before been driven back by a south west wind (which continu'd for three days without intermission) and then again repuls'd by a very forcible sea wind, rose to such a high and violent Tide as to overflow all of this lower tract, and also that of Somersetshire over-against it, throwing down several Houses, and overwhelming a considerable number of cattle and men.

Er bod disgrifiadau o'r gorlif wedi goroesi yn rhai o lyfrau rhad y cyfnod (ffigur 3.13), y disgrifiad uchod yw'r un mwyaf cynhwysfawr a ffeithiol ohonynt. O'u cymryd gyda'i gilydd, gellir cynnig yr esboniad gwyddonol mai prif achos y 'Gorlif Mawr' oedd dygyfor storm[47] yn hytrach na tswnami.[48] Hynny yw, fe'i hachoswyd am i lanw uchel y gwanwyn gyd-ddigwydd â diwasgedd isel (a esgorodd hefyd ar orlif dygyfor storm yn Norfolk) ac i siâp twndish aber Afon Hafren ei ddwysáu.[49] Coffeir uchder y 'Gorlif Mawr' yn y Redwig,[50] Allteuryn a Llansanffraid Gwynllŵg ger Casnewydd[51] ac yn Kingston Seymour yng Ngwlad yr haf.

Gan fod sôn i ryw ddwy fil o bobl foddi, dyna un o'r trychinebau mwyaf ym Mhrydain ar adeg o heddwch. Galwyd Pwyllgor o Dŷ'r Cyffredin i ystyried anfon cymorth i siroedd Mynwy a Gwlad yr haf. Sonia'r disgrifiadau ysgrifenedig am y llanastr yn Bridgwater a Minehead yng Ngwlad yr haf, Arlingham a Slimbridge yn Sir Gaerloyw, Appledore a Barnstaple yn Nyfnaint ac Aberddawan yn Sir Forgannwg. Yr oedd rhan helaeth o eglwys ganoloesol y Santes Fair yng Nghaerdydd yn 'eaten downe with the water',[52] ac nid adferwyd mohoni'n llawn byth wedyn.

Mewn mannau eraill cawn sawl cyfeiriad at lifogydd yng Nghymru. Mae Nennius, y mynach o Gymro o'r nawfed ganrif ac awdur yr *Historia Brittonum*, yn sôn am astell chwedlonol Matharn (neu Ferthyr Tewdrig), sef darn o bren a ddefnyddid yn ris o flaen y ffynnon sanctaidd yn eglwys Matharn. Fe'i golchwyd i'r môr gan lif ond dychwelodd i'r un man yn union dridiau'n ddiweddarach. Crybwyllir llifogydd yng Nghronicl yr Eingl-Sacsoniaid[53] ac yn 'The Mayor of Bristow's Calendar' sonnir am '(the) Duke of Buckingham's Great Water' ym 1483, sef y 10 diwrnod o stormydd a llifogydd a ddinistriodd bontydd a rhydau a rhwystro Dug Buckingham, wrth iddo geisio arwain ei fyddin allan o Gymru ac ar draws Afon Hafren, rhag mynd i ryfela yn erbyn Richard III.

Cofnodwyd llifogydd pellach ym 1703,[54] 1768, 1799 a 1846.[55] Ym 1883 y gwelwyd y gorlif uchaf a fesurwyd yn wyddonol, ac fe'i coffeir ar Bont Cas-gwent. Gorlifodd y dŵr i'r pant a gawsai ei dorri ar ochr Sir Fynwy ar gyfer cloddio Twnnel Hafren.[56] Os parhau wnaiff tuedd lefel y môr ledled y byd i godi, bydd archaeoleg y llifogydd yn aber Afon Hafren yn goleuo'n dyfodol yn ogystal â'n gorffennol. Hen wireb gan y Tsieineaid yw mai tri pheth na ellir eu cuddio yw'r haul a'r lleuad – a'u dylanwad ar lanw a thrai – a'r gwir!

## ADRAN 2

# HANES AR Y MÔR

*Ffigur 4.1 Castell Caernarfon a fferi Afon Seiont o'r lan orllewinol. Tynnwyd y llun ym 1893 ac mae'n dangos llongau masnach y glannau'n aros i'r llanw droi.*

Pennod 4

# Cychod cynhanesyddol a Rhufeinig

Seán McGrail

Gan fod Prydain yn ynys sydd, ers rhyw 10,000 o flynyddoedd, â chant a mil o lynnoedd ac afonydd, bu cludiant ar ddŵr yn nodwedd hanfodol ar fywyd ein rhagflaenwyr ni yma wrth iddynt chwilio am fwyd, defnyddiau crai a thanwydd, ymchwilio i'r tiroedd o'u hamgylch a masnachu gyda'u cymdogion.

*Ffigur 4.2 Mae'n debyg mai model o gwch o'r Oes Efydd yw 'Powlen Caergwrle'. Fe'i gwnaed o siâl, tun ac aur ac arno ceir addurniadau sy'n cynrychioli tarianau, rhwyfau a thonnau . Mae'n fach – yn gwta 17.7cm o hyd ac yn 11cm o led. Gellir gweld ei 'oculus' (llygad) yn isel ar y chwith o dan y rhwyfau.*

Oblith y dulliau cludo a ddefnyddiwyd ar ddŵr, wyddom ni ddim ond am gychod o foncyffion, o grwyn ac o estyll. Er i'n rhagflaenwyr hefyd, mae'n debyg, ddefnyddio rafftiau o foncyffion neu o fwndeli o gyrs ar afonydd a llynnoedd, ni chafwyd hyd i'r un enghraifft ohonynt. I deithio i fyny aber Afon Hafren, gellid yn hawdd bod wedi defnyddio rafftiau o foncyffion, neu unrhyw un o'r tri math uchod o gwch, a chafwyd awgrym i hynny fod yn ffordd bosibl o gludo'r meini glas o Sir Benfro i safle Côr y Cewri yn Wiltshire. Byddai'r rafftiau a'r cychod wedi'u hadeiladu ar safleoedd adeiladu anffurfiol na adawson nhw odid ddim o'u hôl. At hynny, hwylid y cychod o lannau'r afon neu oddi ar draethau; doedd dim angen na chei na glanfa.[1]

*Ffigur 4.3 Y mannau lle cafwyd hyd i'r cychod a'r modelau y sonnir amdanynt yn y testun.*

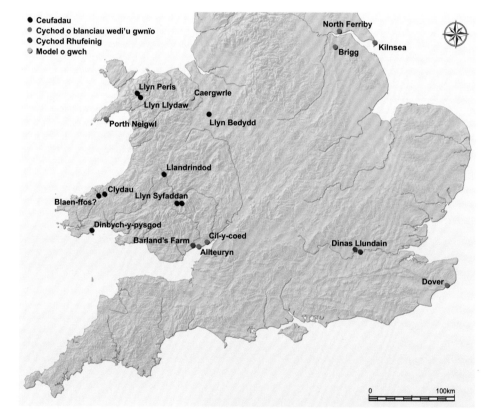

● Ceufadau
● Cychod o blanciau wedi'u gwnïo
● Cychod Rhufeinig
○ Model o gwch

North Ferriby
Kilnsea
Brigg
Llyn Peris
Caergwrle
Llyn Llydaw
Porth Neigwl
Llyn Bedydd
Llandrindod
Clydau
Llyn Syfaddan
Blaen-ffos?
Dinbych-y-pysgod
Cil-y-coed
Barland's Farm
Allteuryn
Dinas Llundain
Dover

0          100km

*Ffigur 4.4 Astell fawr o dderw o'r cwch o'r Oes Efydd a ddaeth i'r golwg wrth gloddio yng Nghastell Cil-y-coed yn Sir Fynwy.*

Cafwyd hyd i hyd at naw o geufadau yng Nghymru (ffigur 4.3), sef ym Mlaen-ffos yn Sir Benfro (ym 1851, cafn, efallai); Clydau yn Sir Benfro (tua 1903); Llandrindod yn Sir Faesyfed (fe'i codwyd ym 1929); Llyn Bedydd yn Sir y Fflint (cafwyd hyd iddo tua 1875); Llyn Peris yn Sir Gaernarfon (1979); Llyn Syfaddan yn Sir Frycheiniog (cafwyd hyd i un ym 1925 ac un arall ym 1990); Llyn Llydaw yn Sir Gaernarfon (1856); a Dinbych-y-pysgod yn Sir Benfro (tua 1858).[2] Mae pump ohonynt wedi'u dyddio drwy radiocarbon ac maent yn ôl-Rufeinig. Perthyn un ohonynt i'r wythfed neu'r nawfed ganrif, tri i ryw adeg rhwng y deuddegfed a'r drydedd ganrif ar ddeg, ac un i'r Oesoedd Canol diweddar. Mae'n amlwg i'r cychod syml hynny ddal i gael eu hadeiladu o fewn y traddodiadau lleol tan y cyfnod modern cynnar. Mae i'r cychod diweddar yr un nodweddion ag sydd i'w rhagflaenwyr cynhanesyddol: pob un yn hir a chul ac wedi'i naddu o foncyff unigol o dderw. Cafwyd hyd iddynt mewn llynnoedd ac afonydd ac, mae'n debyg, yn ymyl y mannau lle y'u defnyddid. Am mai cyfyngedig yw sefydlogrwydd cychod mor gul, byddai'n rhaid bod wedi clymu dau a rhagor ohonynt wrth ei gilydd i greu llwyfan (fel catamarán heddiw) os bwriedid eu defnyddio ar y môr.

Mewn cychod o grwyn ceir fframwaith o fasgedwaith a throsto 'groen' o grwyn sydd wedi'u trin i gadw dŵr allan. Cofnododd awduron yn yr hen Rufain fod cychod o'r fath yn cael eu defnyddio ym Mhrydain ac mae croniclau a dogfennau tebyg o'r Oesoedd Canol ac wedi hynny'n sôn am eu defnyddio ar foroedd, aberoedd ac afonydd. Delir i'w defnyddio hyd heddiw i bysgota ar rai o afonydd Cymru.[3] Hyd yn hyn, does dim cloddio wedi bod ar unrhyw gwch o grwyn, a hynny am fod eu holion yn chwalu pan beidir â'u defnyddio.

Mae'r achosion o ddod o hyd i gychod hynafol o estyll yn ymylon rhynglanwol aber Afon Hafren yng Nghil-y-coed (ffigur 4.4)[4] ac Allteuryn,[5] Casnewydd yn amlygu potensial Gwastadeddau Hafren i ddiogelu tystiolaeth o gychod cynnar o estyll (gweler tudalen 70). Clymid planciau derw'r cychod wrth ei gilydd â rhaffau drwy ddefnyddio rhaffau unigol neu eu pwytho'n ddidor. O'r Oes Efydd ddiweddar (tua 1000 CC) y daw estyll Allteuryn. Dyddiwyd olion cwch Cil-y-coed, ar y llaw arall, i'r Oes Efydd gynnar (tua 1800 CC). Dyna, felly, y dystiolaeth gynharaf ynghylch cychod yng Nghymru.

Daeth astell Cil-y-coed (ffigur 4.5) o gwch a oedd yn debyg o ran ei faint a'i ffurf i gwch Ferriby 1, cwch a oedd bron yn gyfoes ag ef, o aber Afon Humber.[6] Gellid defnyddio cwch o'r fath yn fferi i gludo gwartheg, defaid a nwyddau yn ogystal â phobl yn rhannau uchaf aber Afon Hafren ac ar yr afonydd a lifai iddi. Byddai sawl

Ffigur 4.5 Mae'r croestoriad hwn drwy adluniad o gwch o estyll a rwymwyd o'r Oes Efydd yn ymgorffori ail astell ochr Cil-y-coed wedi'i chlymu wrth un o estyll ochr isaf Ferriby ac astell waelod allanol Ferriby.

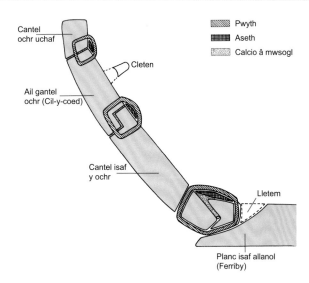

unigolyn wedi bod wrthi'n rhwyfo a byddai un neu ddau o badlau mwy o faint wedi bod yn fodd i lywio'r cwch o'i starn.

Mae maint a lleoliad y tyllau pwytho yn y ddwy astell a gloddiwyd ym 1994 o safle atraeth yn Allteuryn (gweler ffigurau 4.7–4.9) ger aber Afon Wysg yn debyg iawn i'r rhai a geir yn y cwch bas o estyll, sydd bron yn gyfoes ag ef, o Brigg ar aber Afon Humber.[7] Mae estyll y ddau gwch hynny o'r Oes Efydd ddiweddar wedi'u clymu ynghyd drwy bwytho di-dor gan ddefnyddio rhaff a wnaed drwy blethu dwy gainc o bren cyll. Gellid hefyd fod wedi defnyddio cwch Allteuryn yn fferi i gludo pobl, anifeiliaid a nwyddau ar draws yr afonydd sy'n llifo i aber Afon Hafren. Ar ddiwrnod teg, efallai iddi fod yn hawdd manteisio ar gymorth llif llanw ar yr afon i fynd â chwch o'r fath allan i'r aber ac ar hyd y glannau hyd at afon arall. Byddai'r cwch, yn debyg i gwch cynharach Cil-y-coed, wedi'i lywio gan badlau, mae'n debyg, am nad yw'r dystiolaeth gynharaf o ddefnyddio hwyl yn y dyfroedd hynny i'w chael tan y ganrif gyntaf CC.

Cafwyd hyd i ddarn pwythedig arall o gwch yn fferm y Nant ger Porth Neigwl yng Ngwynedd. Fe'i dyddiwyd drwy garbon i'r Oes Efydd gynnar ac mae'n ychwanegiad gwerthfawr at y corpws.[8] Cafwyd hyd i hwnnw a'r holl gychod eraill mewn mannau gwlyb (corsydd neu balaeosianeli siltiedig gan mwyaf) lle'r oedd y dŵr wedi'u diogelu dros y canrifoedd. Ar ôl eu cloddio, felly, yr oedd angen triniaeth arbenigol arnynt. Yn yr amser ers iddynt suddo, mae'r codiad yn lefel y môr, grym y môr, dyddodi silt a newidiadau o wneuthuriad dyn wedi addasu geomorffoleg y glannau, ac mae ymchwil i'w amgylchedd yn gydran hanfodol o gloddio cwch er mwyn i ni allu deall yr amgylchedd gwreiddiol a'r dirwedd hanesyddol y defnyddiwyd pob un o'r cychod hynafol hynny ynddynt.

Cafwyd hyd i gwch arall o estyll yng Nghymru. Perthynai hwnnw i draddodiad adeiladu gwahanol iawn ac i ddyddiad diweddarach. Cafodd ei gloddio ym 1993 o gae (a arferai fod yn afon) yn ystod y gwaith paratoi cyn codi warws Tesco yn Barland's Farm ger Magwyr ar arfordir Gwent (gweler ffigurau 4.16–4.19).[9] Mae'r cwch yn enghraifft dda o adeiladu cychod Celtaidd-Rufeinig yn ystod y cyfnod Rhufeinig, sef tuag OC 300 (gweler tudalen 76). Yn hytrach na chlymu'r estyll derw ynghyd i ffurfio'r corff, clymwyd pob astell yn unigol wrth ffrâm barod o bren. Mae'r dilyniant adeiladu 'fframio-cyn-estyllu' hwnnw'n wahanol i rai'r cychod cyfoes a diweddarach a adeiladwyd ar lannau Môr y Canoldir (y traddodiad 'Clasurol') ac yn Sgandinafia (y traddodiad 'cyn-Lychlynnaidd') lle câi'r estyll eu clymu wrth ei gilydd cyn ychwanegu'r ffrâm. Mae adeiladu yn y dilyniant 'ffrâm-yn-gyntaf' yn golygu mai'r ffrâm sy'n diffinio siâp corff y cwch, yn wahanol i ffurf 'estyll-yn-gyntaf' y cychod cynnar lle mae'r estyll yn diffinio'r ffurf.

Mae cychod mordwyol eraill – y rhai 'ffrâm-yn-gyntaf' – yn y traddodiad Celtaidd-Rufeinig wedi'u cloddio o Afon Tafwys yn Llundain (Blackfriars 1, sy'n dyddio o OC 150) ac o Guernsey (St Peter Port 1, sy'n dyddio o OC 250).[10] Fel y ddau hynny, yr oedd gan gwch Barland's Farm fôn hwylbren o goed wedi'i chlymu wrth ei ffrâm draean o'i hyd ar hyd llinell y dŵr o'r pen blaen. Defnyddid hwyl i yrru'r cychod Celtaidd hynny ac mae safle'r hwylbren yn awgrymu y gallent fod wedi gosod hwyl o'r naill ben i'r llall, megis hwyl lusg. Nid yw trefniadau llywio cwch Barland's Farm mor glir eu diffiniad â'r ffordd o'i yrru, ond efallai i rwyf lywio gael ei defnyddio dros y starn.

Mae sawl nodwedd ar gwch Barland's Farm yn debyg i'r rhai a ddisgrifiwyd gan Iŵl Cesar yn ei waith yn y ganrif gyntaf CC, De Bello Gallico ('Y Rhyfeloedd yng Ngâl'), wedi iddo ddod ar draws cychod y Veneti, pobl Geltaidd yn ne-orllewin Llydaw. Mae'r cynrychioliadau cynharaf o gychod hwylio a hwylbrenni â thrawslathau ar gyfer hwyl sgwâr o Brydain i'w gweld ar ddarn bath o Gaergaint a fathwyd yn ystod teyrnasiad Cynfelin (OC 20–43).[11] Darlunnir llongau â hwyliau sgwâr a thrionglog ar fosäig Low Ham yng Ngwlad yr haf. Mae'n dyddio o tuag OC 350 ac yn adrodd hanes Dido ac Aeneas o Aeneid Fyrsil.

Mae gan Amgueddfa Casnewydd fodel wrth raddfa 1:10 o gwch Barland's Farm, a hwnnw wedi'i adlunio ar sail yr estyll a gloddiwyd ohono. Mae'n awgrymu i'r cwch fod yn 11.4 metr o hyd, a hyd at 3.16 metr o led, yn wreiddiol, a bod ei ochrau tua'i ganol yn 0.9 metr o uchder. Mewn tywydd rhesymol, gallai cwch o'r fath fod wedi cario llwyth o hyd at 4.6 tunnell â drafft o 0.45

metr yn unig. Wrth hwylio, byddai wedi gallu teithio ar aber Afon Hafren mor bell tua'r gorllewin â Chaerdydd a Bridgwater, yn ogystal ag yn rhannau isaf yr afonydd llanwol sy'n llifo i'r aber hwnnw. Efallai iddo ymwneud â masnach a chludo teithwyr ar draws yr aber ac efallai iddo hyd yn oed ailgyflenwi canolfannau milwrol anghysbell y Rhufeiniaid o amgylch glannau'r aber.[12]

## Cwch euraid Caergwrle
*Mark Redknap*

Wrth i weithiwr gloddio draen mewn cae islaw Castell Caergwrle yn Sir y Fflint (ffigur 4.6 a gweler ffigur 4.2) ym 1823 daeth o hyd i 'Bowlen' neu 'Gwpan Caergwrle', gwrthrych hirgrwn unigryw a wnaed o siâl, tun ac aur. Awgrymodd y dadansoddiad o gyfansoddiad yr aur ddyddiad o ryw 1200 CC, sef tua diwedd canol yr Oes Efydd.[13]

Mortimer Wheeler a awgrymodd gyntaf ym 1925 fod y 'cwpan' yn cynrychioli cynllun cwch a bod y cylchoedd cydganol ar y ffoil aur ar hyd yr 'ymyl' yn cynrychioli tarianau crwn, bod y trionglau fertigol yn cynrychioli rhwyfau neu badlau sy'n hongian, a bod y llinellau igam-ogam yn cynrychioli tonnau.[14] Ar hyd y gwaelod yn safle'r cêl ceir rhes o ddiemwntau cul a allai gyfeirio at donnau neu at ryw fanylion o'i adeiladwaith (mae rhai wedi awgrymu estyll wedi'u pwytho). Yn ogystal â'r addurniadau mewn ffoil aur, ceir parau o 'lygaid' crwn ym mlaen a chefn y cwch a'r rheiny, mae'n debyg, yw *oculi* ('llygaid') y cwch a oedd yn fodd i'r cwch 'weld' ac yn swyn a wrthweithiai anlwc a'r 'llygad maleisus'.[15]

Fel yn achos y model aur o gwch o ddiwedd yr Oes Haearn o Broighter yn Swydd Derry, nid yw'n sicr pa fath o gwch a gynrychiolir. Dadleuwyd ei fod yn cynrychioli cwch o grwyn o fath y 'currach',[16] ond fe'i dehonglwyd hefyd yn un sy'n cynrychioli cwch sydd wedi'i wneud o estyll coed.[17] Mae ganddo, fel sydd gan fodel Broighter, amryw o rwyfau (18 a rhagor ar un ochr). Fe allai'r nifer o darianau a rhwyfau bledio achos y ddamcaniaeth mai cwch o estyll sydd yma. Mae'r adluniadau modern o gychod o'r Oes Efydd sy'n debyg i gychod Allteuryn a Chil-y-coed, ac sy'n seiliedig ar ddarganfyddiadau o Dover ac Afon Humber, wedi cynnwys criwiau mawr. Gallai cychod o grwyn hefyd fod wedi bod â chriwiau mawr. Mae testun mewn Hen Wyddeleg sy'n dyddio o'r seithfed ganrif yn disgrifio *currach* i 14 o rwyfwyr a llywiwr, a chafodd *currach* 11 metr o hyd a adluniwyd ym 1998 ei rwyfo gan griw o 20 o Iwerddon i Sbaen.[18]

Mae'n debyg i fodel Caergwrle o gwch fod yn offrwm addunedol a osodwyd mewn tir gwlyb a chorslyd gerllaw Afon Alun, dyfrffordd bwysig bryd hynny fel y mae hi heddiw ac un sy'n cysylltu'r ardal ag Afon Dyfrdwy a Môr Iwerddon. Mae'n atgyfnerthu pwysigrwydd cychod a mordwyo yng Nghymru'r Oes Efydd am fod gan Gymru gysylltiadau masnachu â de-orllewin Lloegr, Iwerddon, Llydaw a phenrhyn Iberia. Cynhwysai'r masnachu hwnnw dun, copr, aur a siâl – ac mae'n arwyddocaol i dri o'r deunyddiau hynny gael eu defnyddio i gynhyrchu'r cwch hwn.[19]

*Ffigur 4.6 'Powlen Caergwrle', fel y'i cyhoeddwyd gan Gymdeithas yr Hynafiaethwyr ym 1827, bedair blynedd ar ôl dod o hyd iddi. Cymharwch hwn â'r adluniad diwygiedig o'r gwreiddiol gan Mary Davis (gweler ffigur 4.2).*

# 4.1

# Cil-y-coed ac Allteuryn

Nigel Nayling

Cafwyd hyd i'r safle o'r Oes Efydd yng Nghil-y-coed adeg creu llyn amwynder ym Mharc Gwlad Castell Cil-y-coed yn Sir Fynwy. Datgelodd gwaith cloddio yn y 1990au cynnar gyfres o balaeosianeli (rhagflaenwyr Afon Nedern, isnant fach o aber Afon Hafren) a oedd wedi'u llenwi â silt, ac adeiladweithiau o bren a cherrig a chasgliadau cysylltiedig o arteffactau, coed a gwastraff esgyrn.[20] Ymhlith y miloedd o ddarnau o bren dwrlawn yno cafwyd hyd i amryw o arteffactau sy'n awgrymu'n gryf iddynt gael eu defnyddio'n rhannau o gychod.

Yng ngwaelod sianel afon, a ddyddiai o ganol yr Oes Efydd, cafwyd gwasgariadau o bren a gawsai eu gweithio, cerrig, a darnau o esgyrn domestig. Yn eu plith cafwyd hyd i astell enfawr o dderw y dehonglwyd ei bod hi'n rhan o gwch o estyll a bwythwyd, ynghyd â darnau o frigau yw.[21] Yr oedd yr astell dderw sylweddol honno, sy'n 3.55 metr o hyd, wedi torri yn un pen ac yr oedd tipyn mwy o erydu ar ei hwyneb nag ar weddill y coed a godwyd o'r sianel.[22] Ymhlith y nodweddion sy'n dangos iddi gael ei defnyddio mewn cwch yr oedd tair cleten ddifrodedig a ymwthiai o wyneb a oedd, er ei fod yn anghyflawn pan gloddiwyd ef, yn awgrymu iddo arfer bod â thyllau isbetryal ynddo i gymryd coed trawslin. Cawsai tyllau eliptigol eu torri bob hyn a hyn ar hyd dwy ochr yr astell, ac yn aml yr oedd iddynt siâp 'L' i gymryd y pwytho i uno'r astell â'r cantelau wrth ei hochr. Mae siâp anghymesur yr astell a'r rabed pendant ar hyd un ochr iddi yn awgrymu iddi fod yn rhan o ail ochr cantel cwch a oedd yn debyg o ran ei faint a'i siâp i gwch Ferriby 1 o Afon Humber (a ddyddiwyd drwy radiocarbon i 1880–1680 cal CC).

Daw tystiolaeth bellach o fordwyo yn yr Oes Efydd o leoliad braidd yn wahanol, un sydd bellach ym mharth rhynglanwol Gwastadeddau Gwent i'r gorllewin o Allteuryn. Daeth y gwaith maes a wnaed yno yn y 1990au cynnar o hyd i dystiolaeth o'i feddiannu mewn cyfnod cynhanesyddol diweddar sef, yn bennaf, yn yr Oes Haearn (ffigurau 4.7 a 4.8).[23] Cafwyd hyd i ddarnau o goed, a'r rheiny wedi dod o gychod o estyll pwythedig, efallai, o waddodion palaeosianeli o ran olaf yr Oes Efydd. Yn eu plith yr oedd cleten bosibl a darn

*Ffigur 4.7 Estyll y cwch o'r Oes Efydd fel yr oeddent adeg eu cloddio yn Allteuryn ger aber Afon Wysg.*

*Ffigur 4.8 Mae gweddillion y cwch a wnaed o estyll wedi'i gwnïo ganol yr Oes Efydd, y cafwyd hyd iddynt yn Allteuryn, yn bwysig oherwydd eu hoed (3,000–4,000 o flynyddoedd) ac am eu bod yn dangos i gychod y cyfnod hwnnw fod ag estyll a rwymwyd neu a bwythwyd.*

o astell dderw ac ynddi gylchoedd crwn bob hyn a hyn ar hyd ei hymyl gan ddwyn i gof yr estyll o'r 'rafft' y cafwyd hyd iddo yn Brigg (ffigur 4.9). Cafwyd hyd hefyd i astell dderw arall ag ymylon a gawsai eu difrodi; yr oedd iddi wrym hydredol a ddygai i gof gwch arall o Afon Humber, sef Ferriby 2 (1940–1720 cal CC) ac estyll gwaelod y cwch o'r Oes Efydd yn Dover (tua 1575–1520 CC).[24] Ar sail cydberthnasau'r cylchoedd coed, mae'n debyg i'r ddwy astell ddod o'r un goeden a gwympwyd rywbryd ar ôl 1070 CC.[25] Cawsai'r estyll eu hailddefnyddio yn yr hyn a allai fod wedi bod yn llwybr garw a groesai'r sianel, neu mewn darn o dir a gyfnerthwyd ar gyfer glanio cychod (er i'r lan ar y pryd, mae'n debyg, fod beth pellter i ffwrdd).[26]

*Ffigur 4.9 Dwy o estyll Cwch Allteuryn o'r Oes Efydd ar ôl eu glanhau.*

# 4.2 Llongau ar ddarnau bath yng nghelc Rogiet

Edward Besly

Mae darganfyddiadau archaeolegol o Barland's Farm ar lan ogleddol aber Afon Hafren (1993), o Lundain (e.e. Blackfriars, 1962) ac o St Peter Port, Guernsey (1982) yn dystiolaeth archaeolegol o'r mathau o longau a hwyliai ar hyd yr afonydd a'r glannau yn ystod y cyfnod Rhufeinig. Byddai llongau milwrol hefyd wedi cadw golwg ar hyd glannau Cymru, ond sut olwg fyddai wedi bod arnynt? Ceir rhywfaint o ddarlun o'r llongau hynny ar ddarnau bath o un o gelciau Rhufeinig gorau Cymru, yr un y cafwyd hyd iddo ym mis Medi 1998 ger Rogiet yn Sir Fynwy (ffigur 4.10).[27] Fe'i claddwyd tuag OC 294–95 ac yr oedd ynddo 3,813 o ddarnau o aloi copr. Yn eu plith yr oedd 757 o 'Q-reiddiolion' mewn cyflwr da ac yn gyfres brin (hyd yn hyn) a gyhoeddwyd gan y

trawsfeddiannwr Allectus a fu'n rheoli ym Mhrydain yn OC 293–295/6 (ffigur 4.11).[28] Is-werth oedd y Q-reiddiolion ac maent yn hynod am mai un cynllun sylfaenol, sef llong, oedd ar eu cefn. Fe'u cynhyrchwyd mewn dau fathdy, Llundain (QL oedd llofnod y bathdy) a lleoliad anhysbys ac iddo'r llofnod QC (ffigur 4.12).

Er bod rhaid cyfaddawdu a symleiddio wrth ddarlunio llongau o fewn ffrâm fach gron ar ddarn bath, mae'r mwyafrif o'r darnau bath o Lundain fel petaent yn dangos llongau rhyfel â rhwyfau, ynghyd â hwrdd rhyfel, llywiau ochr a 'blwch rhwyf' amddiffynnol. Ambell waith gwelir pennau'r criw neu bennau'r milwyr a gludant. Ar y dechrau, mae'r darnau bath 'QC' yn darlunio llongau braidd yn fyrdew ac yna fersiynau llyfnach, ond

*Ffigur 4.10 Rhai o'r darnau bath o'r celc y cafwyd hyd iddo yn Rogiet yn Sir Fynwy ac yn y cyflwr y cafwyd hyd iddynt ynddo. Daeth darnau o'r fath i Brydain Rufeinig ar hyd amrywiol lwybrau, gan gynnwys y cyflenwad swyddogol a masnach y glannau.*

dangosant oll nifer fawr o rwyfau sy'n dynodi mai rhwyflongau ydynt, a rhai ohonynt yn debyg eu golwg i un o'r tair llong eithaf cyfoes y cafwyd hyd iddynt yn afon Rhein ym Mainz yn yr Almaen ym 1981.

Mae grŵp bach o'r darnau a fathwyd yn Llundain yn arbennig o ddiddorol. Darluniant longau sydd dipyn llai o faint – rhai agored a heb hwylbren fel rheol, ac arnynt griw o nifer fach o rwyfwyr. I bob golwg, llongau ysgafn sy'n addas i'w defnyddio ar afonydd ac aberoedd ydynt ac mae eu cyrff ymddangosiadol lyfn yn debyg i'r llongau cyflym i gludo milwyr y cafwyd hyd iddynt ym Mainz.[29] Ar ambell ddarn o'r ddau fathdy ceir amrywiadau ar y cynllun sylfaenol, megis llun o Fuddugoliaeth fel penddelw yn lle'r pen blaen, neu gerfiad o aderyn (eryr neu gigfran?) ar frig yr hwylbren.

Mae'n debyg i'r gyfres o Q-reiddiolion fod yn fenter gynnar gan Allectus, gŵr a arferai fod yn weinidog cyllid i Carausius (OC 286–93), y trawsfeddiannwr 'Brythonig' a lofruddiwyd ganddo er mwyn ei olynu yn OC 293. Er bod mabwysiadu cynlluniau morol efallai'n adlewyrchu pwysigrwydd y llynges iddo, gwelwyd tuedd gref yr un pryd hefyd i gynhyrchu darnau bath â chynlluniau unffurf yn hytrach na llu gwrthwynebau'r cyfresi cynt. Ar y Cyfandir, yr oedd Diocletian (OC 284–305) yn OC 294–95 wrthi'n diwygio cyfundrefn y darnau bath ac yn cyflwyno cynlluniau cyffredin ar draws rhwydwaith o fathdai. Beth bynnag, cafodd y ffenestr niwmismatig fer honno ar longau Brythonig-Rufeinig ei chau cyn hir. Trechwyd Allectus gan Constantius Chlorus (OC 293–306) yn OC 295 neu 296. Ailymunodd Prydain â'r Ymerodraeth a chafwyd gwared ar arian y gwrthgiliwr.

*Ffigur 4.11 Allectus oedd yr ail o'r ddau 'drawsfeddiannwr Brythonig' a fu'n rheoli Prydain a gogledd Gâl yn OC 293-95/6. Cipiodd ef yr awenau drwy ladd ei ragflaenydd, Carausius, a deyrnasodd yn OC 286-293.*

a  b  c

d  e  f

0  1cm

*Ffigur 4.12 Ar gefn darnau bath o deyrnasiad Allectus yng nghelc Rogiet darlunnir amrywiaeth o rwyflongau a chychod y glannau: ar (b), (d), (e) ac (f) ceir y bathdy 'Q L' am Lundain; mae (a) yn dangos aderyn ar hwylbren y rhwyflong ac (c) yn dangos Buddugoliaeth yn flaenddelw. Daeth y naill a'r llall o fathdy 'C' rywle yn Britannia.*

# 4.3 Ymddiried mewn cymorth dwyfol

Evan Chapman

Ym 1974 daeth dau ddeifiwr o hyd i groesfar plwm angor hynafol (ffigur 4.13) ger cornel ddwyreiniol traeth bach creigiog Porth Felen ger Aberdaron.[30] Gan fod y croesfar mor agos at y clogwyni, yr awgrym yw mai yno'r aeth y llong i'w thranc. Ond gan na chafwyd hyd i olion unrhyw longddrylliad yma, y posibilrwydd yw mai'r angor yn unig a gollwyd, ac nid y llong gyfan. Does dim disgwyl i olion o'r fath oroesi'n hir ar wely môr sy'n frith o glogfeini oherwydd stormydd lu.

Croesfar angor yw'r bar ger brig y goes ac mae ef wedi'i osod ar ongl sgwâr i blân y breichiau fel bod modd i un o'r breichiau, wrth iddo orwedd ar wely'r môr, gydio'n dynn. Mewn angorau modern, yn y breichiau'n bennaf y mae'r pwysau, ond yn yr achos hwn byddai'r pwysau mwyaf wedi bod yn y croesfar. Mae'r croesfar o Borth Felen yn 1.18 metr o hyd ac yn pwyso 71.5 cilogram, tipyn llai na maint (rhyw 2 fetr) a phwysau arferol (200 cilogram) croesfarau angor o blwm sydd wedi goroesi. Rhaid iddo felly fod wedi dod o long gymharol fach, un a oedd efallai o faint tebyg i longddrylliad y La Chrétienne sy'n dyddio o'r ail ganrif CC ac a gloddiwyd ym 1970–73 ger Saint-Raphaël yn ne Ffrainc. Yr oedd ei thrawst yn 5.5 metr, ei chorff yn rhyw 15.5 metr o hyd a'i chêl yn rhyw 9.4 metr.[31]

*Ffigur 4.13 Cafwyd hyd i'r croesfar hwn o angor Rhufeinig yn ymyl clogwyni Porth Felen ger Aberdaron ym mhen draw Llŷn. Mae'n debyg ei fod yn arwydd bod llongddrylliad o oes cyn y Goresgyniad Rhufeinig yn gorwedd oddi ar y glannau yno.*

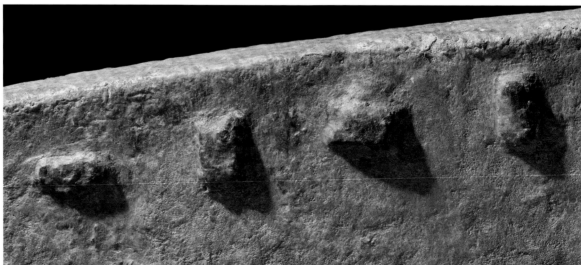

*Ffigur 4.14 Mae'r pedwar cwgn sydd wedi'u castio ar ochr croesfar angor Porth Felen yn dangos y tafliad gorau yn y gêm.*

Gan mai patrwm o Fôr y Canoldir sydd i'r croesfar, fe gymerwyd yn ganiataol ar y dechrau i'r llong y perthynai iddi fod yn teithio yn ôl neu ymlaen i un o'r caerau Rhufeinig yng ngogledd-orllewin Cymru. Ond cyn hir dangosodd yr ymchwil na châi'r math penodol hwnnw o groesfar, a'i flwch canolog ar gyfer derbyn coes bren yr angor, na'r croesfar a ffurfiwyd wrth i fetel tawdd lifo drwy dwll a ddriliwyd i'r goes, ei ddefnyddio erbyn i'r Rhufeiniaid oresgyn y gogledd. Oherwydd yr addurno arno, mae'n debyg bod modd cyfyngu tipyn ar ddyddiad croesfar Porth Felen i ddiwedd yr ail ganrif neu ddechrau'r ganrif gyntaf CC. Ar un wyneb, ceir rhes o bedwar lwmpyn sy'n cynrychioli cygnau, a phob un yn wynebu ffordd wahanol i fyny (ffigur 4.14). Mae'r addurn hwnnw'n hysbys o groesfarau eraill o gyffiniau Môr y Canoldir, a daw dau ohonynt o longddrylliadau a ddyddiwyd i ryw 140–130 CC.

I bob golwg, bwriadwyd i'r addurn fod yn swyn. Gellir cyplysu'r pedwar cwgn ar ochr croesfar yr angor â gêm hynafol, 'cygnau', y byddai morwyr wedi'i chwarae, ac yma mae'r trefniant yn cyfateb i'r tafliad gorau yn y gêm, tafliad 'Aphrodite' neu 'Fenws'. Mae'n bosibl ei weld yn weddi dawel y byddai'r angor, o'i daflu dros yr ochr, yn cydio'n gadarn yng ngwely'r môr.

Beth oedd llong fach o Fôr y Canoldir yn ei wneud oddi ar lannau'r gogledd tua diwedd yr ail ganrif CC neu ddechrau'r ganrif gyntaf, ymhell cyn i'r Rhufeiniaid gyrraedd Prydain? Efallai iddi gael ei chwythu yno wrth deithio i Gernyw i fasnachu am dun, neu efallai iddi fod yn anelu am Fôn i gasglu llwyth o gopr. Efallai ei bod hi, fel y llong o La Chrétienne, yn gweithio yn y fasnach win. Beth bynnag yw'r gwir, mae'r croesfar

hwn yn dystiolaeth bendant o fasnachu rhwng Cymru a Môr y Canoldir tua diwedd yr Oes Haearn.[32]

## Cymorth nefol ar y môr

Credid bod Castor a Pollux, gefeilliaid a oedd yn feibion i'r duw Groegaidd Zews (y duw Rhufeinig Iau), yn ddau dduw a oedd yn gyfeillgar wrth ddynion ac yn awyddus i gynorthwyo'r rhai a oedd yn eu helpu hwy neu'n ymddiried ynddynt. Am eu bod, yn ôl y chwedl, yn baffwyr ac yn farchogion o fri, caent eu hystyried yn noddwyr athletwyr ac ymrysonau athletaidd. Gan mai'r gred oedd eu bod yn gymorth mewn brwydr, yr oeddent hefyd yn noddwyr gwŷr meirch Rhufeinig. Uwchlaw pob dim, credid eu bod yn rhoi cymorth i'r rhai oedd ar y môr, yn enwedig yn ystod storm. Yn ôl yr hen goel, fe amlygid eu presenoldeb achubol yn y tywalltiadau trydan a elwir heddiw'n 'gannwyll yr Ysbryd Glân' neu'n 'dân rigin'.

Ar fodrwy aur y cafwyd hyd iddi ar y mynydd uwchlaw Pentre yn Rhondda Cynon Taf, saif Castor and Pollux wyneb yn wyneb (ffigur 4.15).[33] Mae gan yr un ar y chwith waywffon yn ei law chwith, cleddyf yn ei law dde a chlogyn dros ei fraich dde; mae'r un ar y dde yn wrthwyneb i hynny. Uwchlaw'r naill a'r llall mae seren. Mae'n fodrwy'n fawr ac iddi gylch eliptigol ac ysgwyddau enfawr sy'n osodiad i geugerfiad plasma gwyrdd golau.[34] Mae'n debyg ei bod hi'n dyddio o ddiwedd yr ail ganrif OC i ddechrau'r drydedd ganrif, a gallai'r ceugerfiad ysgythredig fod wedi bod yn sêl-fodrwy ac yn swyn neu'n dalismon i'w pherchennog.[35]

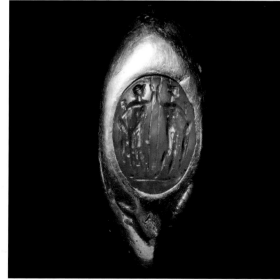

*Ffigur 4.15 Mae'n debyg bod y fodrwy Rufeinig o'r Pentre yn Rhondda Cynon Taf yn dyddio o ddiwedd yr ail ganrif OC i ddechrau'r drydedd ganrif. Mae modrwyau aur fel hon yn adlewyrchu statws uchel ac yn ddarganfyddiadau prin. Ar y ceugerfiad engrafedig dangosir Castor a Pollux, yr efeilliaid nefol y credid eu bod yn amddiffyn milwyr, morwyr a mabolgampwyr.*

# 4.4 Cwch Barland's Farm

## Nigel Nayling

Cafwyd hyd i'r cwch Rhufeinig hwn wrth godi warws ar dir Barland's Farm ar ran amaethyddol (gynt) o Wastadeddau Gwent ger y terfyn rhwng y tir sych a'r tir gwlyb ar eu hymyl ogleddol. Bu'n rhaid gwneud y gwaith cloddio ac adfer wrth i'r adeilad gael ei ddatblygu yn ystod gaeaf caled 1993 (ffigur 4.16).[36]

Gorweddai'r cwch wrth ymyl ategwaith o gerrig y

*Ffigur 4.16 Golwg tua blaen cwch Barland's Farm – un a adeiladwyd yn OC 300 – ar ôl cwblhau ei gofnodi a chyn ei ddatgymalu.*

rhedai tair llinell o bolion derw oddi wrthi i gwrs dŵr claddedig a gawsai ei atgyfnerthu'n rhannol gan domenni o gerrig. Dehonglwyd hynny'n weddillion pont a groesai sianel lanwol a redai i aber Afon Hafren. Drwy ddefnyddio dendrocronoleg, cafwyd dyddiadau o OC 279, OC 282 ac OC 283 ar gyfer y coed a gwympwyd er mwyn codi'r bont. Yr oedd yr arteffactau cysylltiedig, gan gynnwys darnau bath a chrochenwaith llathredig du, yn gyson â dyddiad tua diwedd y drydedd ganrif neu ddechrau'r bedwaredd ganrif OC.

Gan fod y cwch yn gorwedd ar ychydig o ogwydd i'r chwith, yr oedd mwy o'r ochr honno wedi goroesi nag o'r ochr dde. Yr oedd aflonyddu mawr wedi bod ar y pen blaen adeg cloddio ffos ôl-ganoloesol efallai, a chawsai'r starn ei thynnu wrth adael y cwch yno neu'n fuan wedyn.

*Ffigur 4.17 Model wrth raddfa o gwch Barland's Farm. Mae'n dangos yr holl blanciau ac estyll y ffrâm a gloddiwyd.*

Dimensiynau cyffredinol yr olion oedd rhyw 9.7 metr wrth 2.6 wrth 0.7. Cynhwysai pren derw'r cwch (ffigur 4.17) gêl o estyll, sef dwy astell a ddaeth, mae'n debyg, o'r un goeden ac a lifiwyd yn dangiadol a'u gosod ochr yn ochr; rhan isaf soced hwylbren wedi'i chysylltu â rabed ar wyneb mewnol pen blaen y cêl o estyll; coed y fframiau, sef coed y llawr a phren ochr cysylltiedig; pâr o goed hanner-ffrâm a choed ochr rhwng y fframiau yng nghyffiniau soced yr hwylbren; dwy astell a gynhwysai ddwy astell waelod allanol a chyfan (unwaith eto o'r un goeden, mae'n debyg), dwy astell o waelod y pen blaen, rhannau o bum astell chwith, a rhannau o dair astell dde; a soced byr i hwylbren tua thraean o'r ffordd ar hyd y llinell ddŵr ar y cwch o'r pen blaen.

Mae cwch Barland's Farm yn amlygu llawer o nodweddion arferol y traddodiad Celtaidd-Rufeinig neu Alaidd-Rufeinig o adeiladu cychod, gan gynnwys fframiau cymharol enfawr wedi'u gosod yn agos at ei gilydd, estyll wedi'u llifio ac wedi'u gosod yn dynn ochr yn ochr ond heb eu cysylltu â'i gilydd, yr estyll wedi'u cysylltu â'r ffrâm bren â hoelion haearn mawr a yrrwyd drwy hoelion pren a'u clensio dros wyneb uchaf y fframiau, a chalcio â choed a gafodd ei fwydo ac yna'i osod wrth ymylon yr estyll wrth adeiladu'r cwch, neu wedi'i hoelio wrth iddo gael ei adeiladu.

Drwy ddefnyddio modelau wrth raddfa i adlunio'r cwch yn ddamcaniaethol, yr awgrym a geir yw mai dimensiynau cyffredinol y cwch yn wreiddiol oedd rhyw 11.40 metr wrth 3.16 wrth 0.90 (ffigur 4.18). Yr oedd y pen blaen a'r starn yn debyg ond bod y starn, fel y'i hadluniwyd, ychydig yn llawnach na'r pen blaen. Cafodd gwaelod bron-yn-wastad dwy astell y cêl a dwy astell waelod allanol eu hestyn ymlaen wrth y starn gan barrau o estyll y pen blaen a'r starn, a'r rheiny ynghlwm wrth byst. Cafodd yr estyll hynny, a'r pum astell y naill

ochr a'r llall, eu cysylltu wrth goed y ffrâm mewn 18 man. Cynigiwyd bod o leiaf dair croeslath wedi'u defnyddio yn uchel ar y fframiau, a bod yr un blaen hefyd yn drawst hwylbren. Efallai mai rig hwyl lusg fyddai wedi bod yn fwyaf addas ar gyfer safle blaen soced yr hwylbren, ond mae'n debyg i ddulliau eraill o yrru'r cwch gael eu defnyddio, megis rhwyfau ar y môr a pholion yn y dyfroedd bas. Mae'n debyg i rwyf lywio neu lyw ochr gael ei ddefnyddio i lywio. Mae dadansoddiad cyfrifiadurol o ffurf y cwch yn awgrymu bod drafft cymharol ysgafn y cwch yn addas ar gyfer

hwylio ar aber Afon Hafren, ei ymylon corslyd a'i lednentydd llanwol. O osod hwyl lusg ar y cwch a'i lwytho â 2.5–6.5 tunnell o lwyth, gallai fod wedi teithio 4–5 môr-filltir yr awr o dan amodau ffafriol (ffigur 4.19).[37]

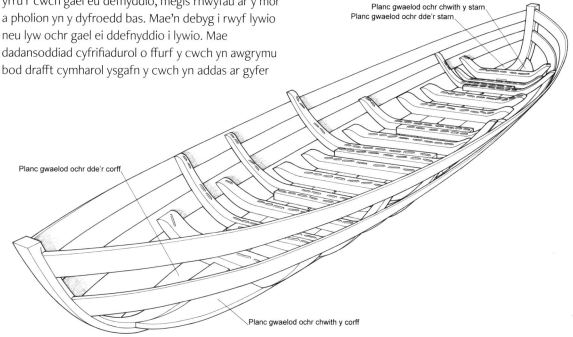

Ffigur 4.18 Adluniad o gwch Barland's Farm sy'n dangos holl elfennau allweddol ei adeiladu.

Planc gwaelod ochr chwith y starn
Planc gwaelod ochr dde'r starn

Planc gwaelod ochr dde'r corff

Planc gwaelod ochr chwith y corff

Ffigur 4.19 Model wrth raddfa o gwch Barland's Farm yn ôl yr olwg a allai fod wedi bod arno'n wreiddiol.

Pennod 5

# Goresgyniad y Rhufeiniaid a masnachu

## Mark Redknap

'Gan fod ynys boblog Mona [Môn] yn cynnig lloches i lu o ffoaduriaid, penderfynodd Suetonius [Gaius Suetonius Paulinus, y cadfridog Rhufeinig] fod rhaid ymosod arni. Ac am fod dyfroedd y Fenai mor gyson beryglus o gyfnewidiol, fe adeiladwyd cychod bas i gludo'r milwyr traed drosti. Defnyddio rhydau wnaeth y gwŷr meirch, ond yn y dyfroedd dyfnach bu'n rhaid i'r dynion nofio wrth ochr eu ceffylau.' (Tacitus, Annales, Llyfr XIV, penodau 29–30).[1]

*Ffigur 5.1 Cei Rhufeinig Caerllion adeg ei gloddio ym 1963. Mae wyneb y metelin sydd 6.56m uwchlaw'r Datwm Ordnans wedi'i wneud yn rhannol o falast o long Rufeinig ac yn cynnwys darnau o lechi o'r Preseli.*

Adawodd unrhyw gyfnewid a allai fod wedi digwydd rhwng Cymru a Gâl cyn y goresgyniad Rhufeinig odid ddim o'i ôl yn y cofnod archaeolegol, a phrin yw'r darnau bath di-draul o'r Weriniaeth Rufeinig a all fod wedi cylchredeg ar y pryd. Y pethau gorau sydd gennym yw croesfar angor Rhufeinig y cafwyd hyd iddo oddi ar Borth Felen ger Aberdaron. Mae'n dangos y gall llong a berthynai i draddodiad Môr y Canoldir fod wedi'i chael ei hun mewn trafferthion oddi ar y glannau yno tua diwedd yr ail ganrif CC neu ddechrau'r ganrif gyntaf CC (gweler tudalen 74).[2] O ran y gyfathrach rhwng Cymru ac Iwerddon tua diwedd yr Oes Haearn, mae'r dystiolaeth yn gyfyngedig i ambell ddarn o waith metel Gwyddelig – yng nghelc Llyn Cerrig Bach o Fôn, er enghraifft – a sylwadau byr gan awduron clasurol fel Iŵl Cesar (100–44 CC) a ddywedodd fod y pellter rhwng Cymru ac Iwerddon tua'r un faint â hwnnw rhwng Gâl a Phrydain, a Tacitus (OC 54–120), a soniodd fod pobl yn masnachu ag Iwerddon.[3]

Fe gymerir yn ganiataol fel rheol i'r lluoedd Rhufeinig,

yn dilyn y goresgyniad yn OC 43 dan orchymyn Claudius, fod ar waith o amgylch glannau'r hyn a ddatblygai'n dalaith Rufeinig Britannia (ffigur 5.2). Wrth i weithrediadau llynges Rhufain (y Classis Britannica) ehangu tua'r gorllewin, byddai'r gweithgarwch ym Môr Hafren wedi prysuro. Gan fod y brif sianel fordwyo yno'n mynd rhwng ynysoedd Ronech ac Echni, ac am fod tiroedd llanwol peryglus y naill ochr a'r llall, mae'n debyg mai arfer y criwiau Rhufeinig, mor gynnar â hynny yn y goresgyniad, fyddai ceisio cymorth peilotiaid lleol i lywio'u ffordd drwy'r dyfroedd peryglus.[4]

I gynorthwyo gweithgarwch y milwyr Rhufeinig yn erbyn llwyth y Silwriaid a fu mor ffyrnig eu gwrthwynebiad i golli eu tiriogaeth yn y de-orllewin, sefydlwyd canolfan i'w llynges yn Sea Mills, yr ochr arall i aber Afon Hafren a'i chysylltu, efallai, â throedle yn neu yn ymyl Sudbrook yn Sir Fynwy.[5] Yn ogystal, efallai i gaerau bach ar ochr ddeheuol Môr Hafren, yn Old Burrow a Martinhoe yn Nyfnaint, gael eu meddiannu'n lled-barhaol yn ystod y cyfnod OC 50-75 i gynorthwyo'r ymgyrchoedd Rhufeinig yn erbyn y Silwriaid ar yr arfordir (gogleddol) gyferbyn.[6] Yr oedd y mannau gwylio hynny ar glogwyni môr uchaf Lloegr yn gyfleus am fod modd cadw gwyliadwriaeth ar draws y dŵr o Fae Caerfyrddin hyd at Ronech ac Echni.

Gryn bellter oddi yno, cafwyd hyd yn ddiweddar i gaer fach ger Bae Cemlyn ym Môn. Gall hi fod yn gysylltiedig â goresgyn yr ynys gan Agricola (OC 40–93) yn OC 77.[7] Sefydlwyd canolfannau i'r llengoedd Rhufeinig hefyd yng Nghaer a Brynbuga yn ystod teyrnasiad yr Ymerawdwr Nero (OC 37–68), ac yna yng Nghaerllion (gweler ffigur 5.1), a sefydlwyd caerau arfordirol o'r ganrif gyntaf ymlaen i warchod y llwybrau cludo a rheoli symudiadau. Gan fod y caerau hynny a'u *vici* (yr aneddiadau bach i sifiliaid a ddatblygai yn ymyl safleoedd milwrol) yn aml i'w cael ar lannau llanwol a mordwyol yr afonydd, maent yn arwydd o brif gyrchfannau teithio'r Rhufeiniaid ar ddŵr, ac o'r ffordd y newidion nhw.

Un o'r caerau mwyaf trawiadol yw'r un a godwyd yng Nghaerdydd ganol y drydedd ganrif. Byddai ei muriau a'i thyrau o gerrig wedi edrych allan dros rannau uchaf aber Afon Hafren, a'i garsiwn a'i llongau wedi rhwystro unrhyw elyn rhag hwylio i fyny'r afon i Gaerloyw ac i brifddinas y dalaith Rufeinig ddiweddar, Britannia Prima, yn Cirencester. Codwyd y gaer ddiweddarach honno dros olion y gaer gyntaf a oedd yn fwy o faint (a dau olynydd llai eu maint). Cawsai honno'i chodi tuag OC 55 (tua'r un adeg â'r ganolfan ym Mrynbuga). Codwyd y gaer ger Afon Taf er mwyn i longau allu ei chyrraedd beth bynnag fyddai cyflwr y llanw. Mae'n debyg bod cei

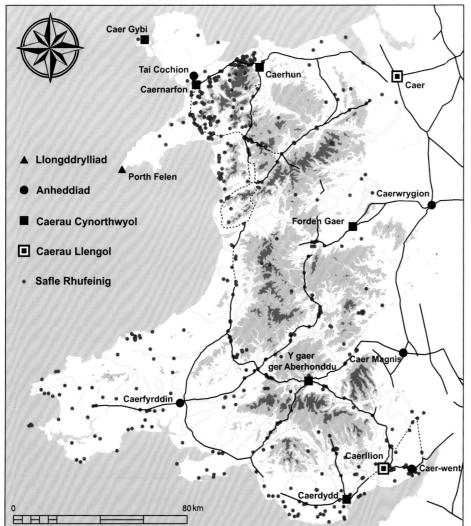

*Ffigur 5.2 Cymru Rufeinig yn y bedwaredd ganrif, gan ddangos aneddiadau a sefydliadau milwrol allweddol yn ogystal â safle'r llongddrylliad cynharach ym Mhorth Felen .*

a man angori o dan ei thyrau gwarcheidiol.[8] Mae'n debyg hefyd mai trefniadau'r cei, ynghyd â therasau naturiol a chwrs cynnar yr afon, sy'n cyfrif am y newid bach yng nghyfeiriad mur gorllewinol y gaer hanner ffordd ar hyd-ddo. Cafodd y gaer yn *Segontium* hefyd ei hailgodi, a chodwyd caer fach Caer Gybi ym Môn (gweler tudalen 84).

Mae'n debyg i longau'r llynges a llongau masnach mawr angori yn nyfroedd dwfn porthladdoedd cysgodol a defnyddio cychod i gludo pobl, nwyddau ac offer yn ôl ac ymlaen i'r lan.[9] Ymhlith y dystiolaeth ynghylch mannau angori a dadlwytho yng Nghymru a gogledd-ddwyrain Lloegr mae cei mawr o goed ar Afon Dyfrdwy yng Nghaer. Codwyd ef tua diwedd y ganrif gyntaf OC ond cefnwyd arno cyn diwedd yr ail ganrif.[10] Yn y drydedd ganrif, codwyd cei ac, efallai, dŷ cychod, yng Nghaerllion ar Afon Wysg, ac ar lan Afon Conwy yng Nghaerhun (*Canovium* y Rhufeiniaid) yng Nghonwy codwyd doc Rhufeinig ac iddo angorfa ddigon mawr i gymryd sawl rhwyflong.

*Ffigur 5.3 Carreg fedd o Deva (Caer) sy'n cofnodi marwolaeth* optio *(dirprwy ganwriad llengol) mewn llongddrylliad ('qui naufragi perit'). Mae hepgor yr H ('yma') o'r fformiwla gyffredin H.S.E, sef Hic Situs Est ('Yma y Gorwedd'), yn awgrymu na chafwyd hyd i'w gorff (er bod gofod wedi'i adael i gynnwys yr 'H' pe llwyddid i ddod o hyd i'r corff a'i gladdu).*

O ddarllen y sylw uchod gan Tacitus, mae'n amlwg i'r masnachu rhwng Britannia ac Iwerddon gyflymu'n fawr yn y ganrif gyntaf OC. Mae archaeolegwyr wedi dod o hyd i ddarnau bath Rhufeinig a gwrthrychau eraill o'r ganrif gyntaf a'r ail ganrif yn Iwerddon, yn enwedig ar gaer bentir Drumanagh yng ngogledd Sir Dulyn,[11] ac ar Ynys Lambey ac o amgylch glannau'r gogledd-ddwyrain.[12] Mae'r wyddor ogam, a ddatblygwyd yn Iwerddon yn ystod y drydedd neu'r bedwaredd ganrif, yn amlygu gwybodaeth o ramadeg Rhufeinig ac felly'n cynnig tystiolaeth i bobl Lladin eu hiaith ymfudo ar draws Môr Iwerddon.[13] Mae'n debyg iawn bod y cyfnewid masnachol a diwylliannol hwnnw wedi golygu defnyddio llongau o Gaer (ffigur 5.3) ac o aber Afon Hafren, fel y gwnaeth y fasnach enfawr mewn nwyddau a gyrhaeddai orllewin Prydain o'r Cyfandir a rhannau eraill o'r byd Rhufeinig (gweler tudalen 89).

Gall y system ffyrdd Rufeinig awgrymu lleoliad y mannau ymadael, a gall darganfyddiadau fel y darnau bath Rhufeinig o'r ganrif gyntaf i'r bedwaredd ganrif, y cafwyd hyd iddynt yn Black Rock, Sir Fynwy, hefyd wneud hynny. Awgryma y bu fferi'n croesi aber Afon Hafren rhwng Redwick yn ne Sir Gaerloyw[14] a Phorthsgiwed yn Sir Fynwy (ffigur 5.4). Awgryma darganfyddiadau eraill fod mannau croesi i'w cael yn Sudbrook a Magwyr, ill dau yn Sir Fynwy.[15] Mae'n debyg hefyd fod cychod yn croesi Afon Menai o Gaernarfon i Fôn.[16] Awgryma lleoliadau'r hosteli i deithwyr – fel y rhai yn Cold Knap ger y Barri ym Morgannwg, Fferm Pentre ar lannau Dyfrdwy ger Wrecsam a'r anheddiad yn Nhai

Cochion ar lan Afon Menai – fod mannau eraill lle byddai pobl yn cyrraedd, yn gadael ac yn masnachu. Gall darganfyddiadau Rhufeinig o Draeth Mawr yn Sir Benfro ac o Fae Abertawe fod yn arwydd i weithgareddau eraill ddigwydd ar hyd y glannau.

Awgryma patrwm y gwaith adeiladu a gofnodwyd ar safleoedd milwrol ar y glannau tua diwedd cyfnod y Rhufeiniaid yng Nghymru i faint y llynges yn y gorllewin gynyddu fel y gwnaeth rhaglen o waith tebyg ledled Prydain Rufeinig. Awgryma'r ailwampio ar y gaer yng Nghaer yn y bedwaredd ganrif iddi barhau yn ganolfan lyngesol a milwrol i weithrediadau ar hyd arfordir y gogledd, gan gynnwys atal môr-ladron o Iwerddon. Tua diwedd y bedwaredd ganrif darparwyd man glanio amddiffynedig yng Nghaergybi a chodwyd gorsaf arwyddo neu dŵr gwylio ar gopa Mynydd Twr. Yn y de, yr oedd y caerau Rhufeinig diweddar yng Nghaerdydd, Castell-nedd a Chasllwchwr yn rhan o drefn i amddiffyn y glannau. Byddent hwy, ynghyd â muriau cerrig tref Rufeinig Caer-went, yn cynnig mwy o sicrwydd a sefydlogrwydd i'r boblogaeth. Pan hwyliodd y cadfridog gwrthryfelgar Macsen Wledig (Magnus Maximus, Ymerawdwr Rhufeinig y Gorllewin o OC 383 tan 388) o Brydain yn OC 383 i geisio goresgyn Rhufain a chipio'r orsedd ymerodrol, aeth â rhan fawr o lu milwrol Prydain gydag ef. Bu i hynny a'r ffaith i'r Ymerodraeth Rufeinig gilio'r o'r dalaith yn gynnar yn y bumed ganrif, a cholli llongau cludo rheolaidd y llynges yn sgil hynny, gyfrannu i'r newidiadau economaidd, cymdeithasol a gwleidyddol enfawr a welwyd yn ystod y canrifoedd dilynol.

*Ffigur 5.4 Yn Black Rock ger Porth Sgiwed yn Sir Fynwy cafwyd hyd i ddarnau bath ac arteffactau a amrywiai o gyfnod y Goresgyniad Rhufeinig yn OC 43 tan i'r Rhufeiniaid adael Prydain. Awgryma hynny mai oddi yno, yn aml, y croesid aber Afon Hafren drwy gydol y cyfnod Rhufeinig.*

# 5.1 Cyfleusterau porthladd Caerllion

## Peter Guest

*Isca* oedd enw'r Rhufeiniaid ar y lleng-gaer fawr yng Nghaerllion, a hi oedd canolfan Ail Leng Augusta, un o ddim ond tair lleng a garsiynwyd yn barhaol ym Mhrydain. Sefydlwyd *Isca* yn OC 74 neu 75 wrth gynnal, neu efallai cyn cynnal, ymgyrchoedd olaf y llywodraethwr Rhufeinig Julius Frontinus (OC tua 40–103) yn erbyn y Silwriaid a llwythi brodorol eraill yn y rhan hon o orllewin Prydain. Gan fod lleng-gaer Caerllion yn y man croesi isaf ar Afon Wysg, gellid ei chyrraedd o'r môr ar hyd aber Afon Hafren a bu'r afon ei hun – un ag amrediad llanw gyda'r uchaf yn Ewrop – yn fodd i'r lleng gyflenwi nwyddau a chymorth i'r

unedau cynorthwyol i fyny'r afon yn y gaer yn y Fenni a'r gaer ger Aberhonddu. Mae'n amlwg mai diben creu'r lleng-gaer oedd cadw rheolaeth y Rhufeiniaid dros fynyddoedd y de, a gallent ddefnyddio Afon Hafren i gyrraedd y moroedd a gysylltai Gaerllion â gweddill Prydain Rufeinig a'r Ymerodraeth y tu hwnt iddi.

Daeth arolygon geoffisegol yn 2009 a 2010 (ffigur 5.5) o hyd i olion adeiladweithiau hir a chul o gerrig yn rhedeg yn gyfochrog ag Afon Wysg i'r de o'r lleng-gaer ac islaw'r groesfan Rufeinig hysbys, sef pont bren.[17] Estynnai'r adeiladau hynny o leiaf 120 o fetrau ar hyd

*Ffigur 5.5 Dehongliad o ffrwyth yr arolwg geoffisegol sy'n dangos rhan ddeheuol y 'canabae deheuol' a'r cei ar lan yr afon yng Nghaerllion.*

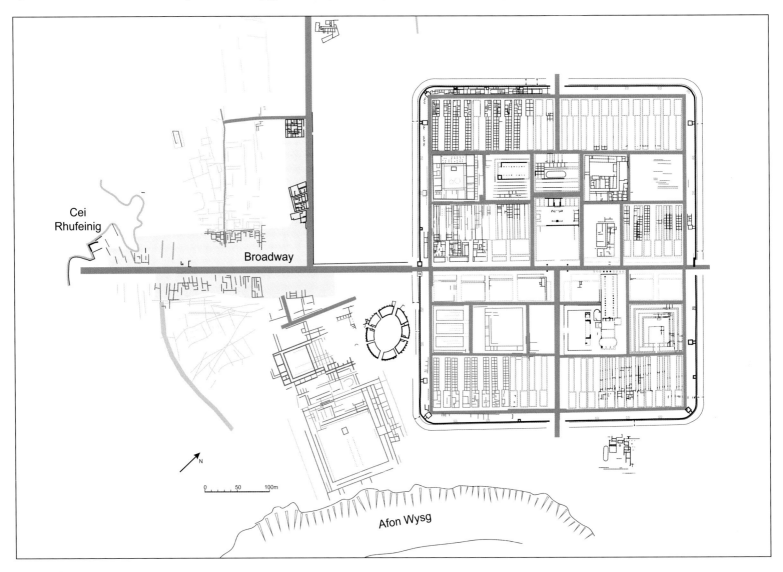

Cei Rhufeinig

Broadway

N

0    50    100m

Afon Wysg

*Ffigur 5.6 Y cloddio ar lan yr afon yng Nghaerllion yn 2011. Dangosir y warysau posibl yno.*

glan yr afon ac i bob golwg yr oedd cysylltiad rhyngddynt a chyfres lawer mwy o adeiladau anferthol a ymestynnai o'r afon yn ôl tuag at yr amffitheatr. Datgelodd y cloddio archaeolegol yn 2011 olion dau o'r adeiladau y canfu'r arolwg geoffisegol eu lleoliad, ac mae'n debyg iddynt ill dau fod yn rhan o brif borthladd y lleng-gaer.[18] Er i'r afon erydu'r cei gwreiddiol yn ystod y canrifoedd dilynol, mae'r hyn sy'n weddill yn cynnwys rhannau cefn adeiladau hirsgwar a oedd, mae'n debyg, yn rhyw fath o warws (ffigur 5.6).

Arferai ffordd rhyw 3.5 metr o led redeg draw i brif borth y lleng-gaer ochr yn ochr â muriau cefn yr adeiladau hirsgwar a gwahanu cyfleusterau'r porthladd oddi wrth y gyfres anferthol a oedd yn nes at y lleng-gaer. Cawsai wyneb y ffordd ei dreulio'n drwm a cheid ynddo amryw byd o dyllau a oedd yn llawn o gerrig mân, cobls a thameidiau maluriedig o frics a theils, yn ogystal â llawfelin gyfan sy'n dangos cymaint fu'r defnyddio arno yn ei fri. Dangosodd y gwaith cloddio mai tua diwedd y ganrif gyntaf, mae'n debyg, yr adeiladwyd y porthladd cyntaf, sef tua'r un adeg â'r lleng-gaer, ond mae dadansoddiad rhagarweiniol o'r crochenwaith yno'n awgrymu na ddefnyddiwyd odid ddim ar y ffordd nac adeiladau'r cei, neu efallai iddynt gael eu gadael, o ddechrau'r drydedd ganrif ymlaen (sef rhyw gan mlynedd cyn y credir i Ail Leng Augusta adael y lleng-gaer).[19]

Codwyd cei pellach o goed a cherrig ar lan yr afon ym mhen pella'r brif ffordd a arweiniai tua'r de-orllewin o'r lleng-gaer, sef y 'Broadway' erbyn heddiw. Cloddiwyd cei'r Broadway ym 1963 ac mae'n fwy na thebyg iddo gael ei godi ym mhen draw cilfach ar lan dde Afon Wysg i lawr yr afon o'r porthladd cynharach. Cynhelid y cerrig yn rhan uchaf y cei hwnnw gan byst sylfaen o goed a godwyd, mae'n debyg, yn gynnar yn y drydedd ganrif, a delid i'w ddefnyddio ar ryw ffurf tan ar ôl dechrau'r bedwaredd ganrif[20] (ffigur 5.1).

Mae cei'r Broadway'n llawer llai na'r cei gwreiddiol a'i gyfleusterau ac mae'n anodd dychmygu cymaint o ddefnyddiau a chyflenwadau y bu'n rhaid eu mewnforio i'r fan honno'n unig ar gyfer y lleng. Ond efallai iddo fod yn ddim ond un o lawer adeiladwaith o'r fath ar hyd yr afon islaw'r lleng-gaer gan fod ei safle a'i ddyddiad diweddar yn awgrymu bod prif swyddogion y lleng Rhufeinig wedi gorfod newid llawer iawn ar y ffordd y byddai cychod a llongau'n cyrraedd ac yn gadael y lleng-gaer ar hyd yr afon a thros y môr tuag OC 200. Os felly, efallai mai amrediad llanw anarferol o uchel Afon Wysg a newidiodd y ffordd y cyrhaeddai'r lleng yr afon a'r môr y tu hwnt iddi, neu, wrth i lefelau'r môr godi tua diwedd y cyfnod Rhufeinig, efallai i'r lleng roi'r gorau i ddefnyddio'r porthladd gwreiddiol ac, yn ei le, godi ceiau mwy addas oherwydd y newidiadau yn yr amgylchedd.

# 5.2 Amddiffynfeydd arfordirol y cyfnod Rhufeinig diweddar

## Mark Redknap

Yn ystod teyrnasiadau Valentinian (OC 364–75) a Valens (OC 364–78) fe welodd yr hyn a alwyd yn 'Gynllwyn y Barbariaid' yn OC 367 y fyddin ar Fur Hadrian yn gwrthryfela, bandiau rhyfelgar yn llethu gogledd Lloegr a phrif gadfridog yr arfordir yn marw. Am ddwy ganrif o leiaf, bu môr-ladron o Iwerddon a de-orllewin yr Alban yn bla cyson o amgylch glannau Prydain ac yn gryn her i amddiffynfeydd Rhufeinig gorllewin Prydain.

Yr ymateb oedd i'r Iarll Theodosius (tuag OC 325–76) geisio ailadeiladu garsiynau, gorchymyn i'r llynges wrthymosod ar y môr-ladron, ac ailgodi amddiffynfeydd trefi o OC 368 ymlaen. Gan i'r cadfridog nodedig Macsen Wledig (Magnus Maximus, tuag OC 335–88) wasanaethu o dan Theodosius mewn ymgyrchoedd blaenorol, fe'i hanfonwyd i Brydain yn OC 380 ac aeth i ryfel yn erbyn Pictiaid yr Alban. Efallai fod cysylltiad rhwng hynny a chodi gorsafoedd arwyddo ar hyd glannau Swydd Efrog ac, o bosibl, godi gorsaf arwyddo Rufeinig ar Fynydd Twr ger Caergybi.[21] Ymhlith amddiffynfeydd diweddarach y Rhufeiniaid yng nghyffiniau Afon Hafren mae'r gwaith yng Nghaerdydd a Chaer-went, ailfeddiannu'r caerau yng Nghastell-nedd a Chasllwchwr a gwaith cyfatebol yr ochr arall i'r aber.

Does dim sôn am unrhyw garsiwn yng Nghymru yn y ddogfen Rufeinig, *Notitia Dignitatum*. Fe'i lluniwyd yn OC 395 ac mae'n rhestru unedau'r fyddin a'u lleoliad, a barn Gildas wrth ysgrifennu tua diwedd y Brydain Rufeinig yn OC 530–45 oedd i Facsen Wledig fynd â'r holl filwyr Rhufeinig a oedd ar ôl ym Mhrydain gydag ef pan adawodd yn OC 383 i fynd i Âl ar drywydd ei uchelgais ymerodrol. Mae hynny wedi'i herio bellach am fod gennym dystiolaeth i filwyr barhau i fyw yn y lleng-gaer yng Nghaer wedi dechrau'r bumed ganrif, ac yn y caerau yng Nghaernarfon a Chaerhun, yng Nghonwy, tan tua OC 410, ond bod llai o weithgarwch yno.[22]

Dyna gefndir y digwyddiadau adeg codi caer fechan Caer Gybi (ffigurau 5.7 a 5.8) tua diwedd y bedwaredd ganrif ar dir uwchlaw hen linell y glannau (sydd bellach wedi'i hadfer). Gosodwyd tri mur o gerrig o chwarel leol yn y dull saethben ar dir rhyw 76 metr ar ei draws, ynghyd â thyrau cornel a thyrau rhyngddynt. Dyddiad diweddar sydd i'r mur dwyreiniol yn wynebu'r môr, fel sydd i'r tyrau a ailgodwyd ar yr ochr honno. Tyrau gwreiddiol yw'r rhai ar yr ochr orllewinol, mae'n debyg.

Mae cynllun yr hyn sy'n weddill yn dwyn i gof bedair caer ar lannau afonydd yn Nhalaith Rufeinig Germania Superior (yr Almaen Uchaf sef, erbyn heddiw, gorllewin y Swistir, rhanbarthau Jura ac Alsace yn Ffrainc, a de-orllewin yr Almaen). Fe'u codwyd o dan Valentinian heb yr hyn a gyfatebai i'w tyrau petryal canolog.[23] Efallai fod Caer Gybi hefyd yn dyddio o'r un cyfnod ac iddi gael ei chodi o dan yr Iarll Theodosius, neu iddi ddyddio o gyfnod Macsen Wledig pryd y bu i filwyr, i bob golwg, ailfeddiannu'r gaer yng Nghaernarfon. Ategir y dyddiad diweddarach hwnnw gan debygrwydd hanner gogleddol gwag twr mur y gogledd-orllewin i'r rhai ar y gaer Rufeinig ddiweddar yn Zurzach yn yr Almaen.

Er bod cyfosodiad gwreiddiol y gaer a'r lan o'r golwg yng Nghaergybi heddiw o dan adeiladau'r rheilffordd a'r porthladd, mae darluniau o'r eglwys a'r muriau yn y ddeunawfed ganrif yn dangos brigiadau o graig erydedig a mân-fylchog wrth ochr traeth tywodlyd lle y gellid bod wedi glanio cychod a llongau bach ar lanw isel yng

*Ffigur 5.7 Erbyn hyn, mae'r muriau sydd wedi goroesi o gaer Rufeinig Caer Gybi yn amgáu eglwys golegol ganoloesol Sant Cybi a'i chapel (Eglwys-y-bedd). Gynt, amddiffynnai ei thraeth llanwol furiau'r gogledd a'r de ond bellach mae ef o dan y ffordd a'r rheilffordd (ar y dde).*

Ffigur 5.8 Caer Gybi o'r de-ddwyrain ar engrafiad dyddiedig 1772. Gwelir yr olwg gyn-ddiwydiannol ar yr ochr a wynebai'r môr, ynghyd â chwch bach a gawsai ei dynnu i'r lan ar y blaendraeth llanwol.

nghysgod y gilfach. Am nad oes dim cloddio wedi bod ar y mwyaf gorllewinol o'r muriau amddiffynnol Rhufeinig diweddar, wyddon ni ddim a oes unrhyw ran o'r cei Rhufeinig yn goroesi o dan y gwaith adfer modern, ond mae'n bosibl i'r muriau de a gogledd ymestyn yn wreiddiol tuag at y blaendraeth, neu ymhellach, gan orffen efallai mewn tyrau amddiffynnol crwn i warchod llongau ar lanw isel. O fewn traethlaniad llanwol ac amddiffynedig o'r fath, gallai llongau fod wedi cael lloches rhag stormydd a môr-ladron.

Elfen allweddol yn yr amddiffynfeydd Rhufeinig diweddar ar hyd glannau Môn yng nghyffiniau Caergybi yw'r tŵr gwylio unionlin o gerrig ar Fynydd Twr (ffigur 5.9). Mae ei furiau'n 5.45 o fetrau sgwâr ac fe safant ar sylfeini ychydig yn lletach. Daeth darn bath treuliedig o bres o gyfnod yr Ymerawdwr Arcadius (OC 388–92 a 394–95) o agen mewn un mur, ac mae'r gyfres o ddarnau bath o'r safle yn amrywio o ran eu dyddiad o OC 337 i'r 390au, gan gynnwys ambell un a fathwyd yn ystod teyrnasiadau Constantius II (OC 337–61), Valentinian II (OC 375–92), Macsen Wledig (OC 383–88) a Flavius Victor (OC 348–88), a chynnydd yn y darnau bath o gyfnod Theodosius (OC 379–95) (deg) ac Arcadius (OC 395–408) (chwech). Dehonglwyd eu bod yn gelc a adawyd yno yn y 390au OC. Gallai silicwa arian tociedig o gyfnod Arcadius, a gafwyd o'r safle, awgrymu y bu

gweithgarwch ar ôl 400 oherwydd i docio darnau bath ddatblygu'n arfer cyffredin ar ddechrau'r bumed ganrif.[24]

I rai, mae'r tŵr gwylio, a thŵr Rhufeinig posibl ar gopa Pen Brynyreglwys, yn rhan o'r ailadeiladau o dan Theodosius yn OC 369. Bu'r tŵr ar y cyd â chaer fach Caer Gybi, a gorsaf arwyddo bosibl ar gopa Bryn Carmel ym mhen gogledd-orllewinol Môn, yn drefn rybuddio gynnar a gadwai lygad ar y gweithgarwch ar y glannau yn y lleoliad strategol hwnnw ar Fôr Iwerddon.

Ffigur 5.9 Golwg o'r de-ddwyrain ar olion y tŵr gwylio ar Fynydd Twr. Mae cyrsiau isaf dau o bedwar mur y tŵr sgwâr hwnnw, a arferai gynnig golygfa eang ar draws Môr Iwerddon, wedi goroesi.

# 5.3

# Masnach a chludiant yn oes y Rhufeiniaid

## Mark Lewis

Mae'r ffaith fod cymaint o fewnforio wedi bod ar nwyddau moethus i'r Gymru Rufeinig o'r Cyfandir, ac ar gymaint o ddefnyddiau crai o fannau agosach, yn dangos bod yna gryn dipyn o gludo dros y môr. Deuid â chrochenwaith Samiaidd o dde, canol a dwyrain Gâl, mewnforid nwyddau gwydr o wlad y Rhein ac fe wyddom am arysgrif ar farmor a chwarelwyd, mae'n debyg, yn Nhwsgani tuag OC 99 (ffigur 5.11).[25] Bu i jariau storio mawr a elwid yn *amphorae*, â'u llond o win,

*Ffigur 5.10 Ffynonellau'r amphorae y cafwyd hyd iddynt yng Nghaerllion, ynghyd â'u cynnwys tebygol.*

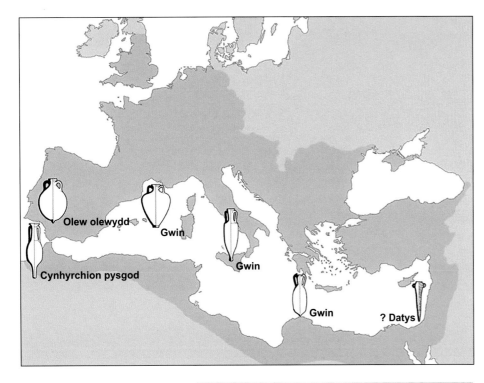

olifau, *garum* (saws pysgod) ac olew olewydd, gyrraedd Caerllion (*Isca*) dros y môr o Âl, Sbaen a Chreta ac, efallai, o ogledd Affrica (ffigur 5.10).[26] Yn *Segontium* (Caernarfon) cafwyd hyd i gasgenni gwin prin.[27]

Yng Nghaerllion, yr oedd yr hadau chwyn a gafwyd mewn grawn golosgedig o ddiwedd y ganrif gyntaf i ddechrau'r ail ganrif OC yn dangos eu bod wedi tarddu o gyffiniau Môr y Canoldir.[28] Yn nes at adref, casglwyd wystrys, cregyn gleision, cocos, llygaid meheryn, llysiau'r gwaed, adar dŵr ac adar gwylltion (gan gynnwys garanod) o lannau aber Afon Hafren a'u cludo i farchnadoedd o amgylch y glannau.[29]

Mae'n debyg mai llongau a ddefnyddid i gludo'r plwm a ddeilliai o ymwneud cynnar y lleng â chynhyrchu plwm yn Charterhouse ar Fryniau Mendip yng Ngwlad yr haf,[30] yn Nraethen ac, o bosibl, yn Rhisga ger Caerffili,[31] ac ym Machen Isaf ger Casnewydd yn ystod y ganrif gyntaf a'r ail ganrif OC,[32] yn ogystal â'r hyn a gynhyrchwyd ar safleoedd Pentref Helygain (ger y Fflint), Ffrith a Phrestatyn yn y gogledd.[33]

Mae'n debyg i frics a theils o odynnau llengol Caerllion gael eu cludo i lawr yr afon, fel y digwyddodd yn achos defnyddiau adeiladu tebyg o Holt ger Wrecsam i Gaer ac i Heronbridge gerllaw.[34] Ar ddwy fricsen o Sea Mills (*Abona*) ger Bryste ar Afon Avon gwelir y stamp llengol LEG II AVG. Gan na chawsai'r naill na'r llall mo'i defnyddio wrth adeiladu, efallai iddynt fod yn falast yn howldiau'r llongau a ddeuai o Gaerllion. Wrth waelod glanfa yng Nghaer cafwyd hyd i ingot o blwm Rhufeinig a ddaethai o Sir y Fflint, ac ar y cei mawr yn Nhredelerch ger Caerdydd cafwyd hyd i fwyn haearn o Fforest y Ddena.

Cludid Cerrig Caerfaddon ar ddŵr,[35] fel y gwnaed yn achos y garreg yn Sudbrook Point a ddefnyddiwyd mewn adeiladau yng Nghaerllion.[36] Defnyddiwyd carreg galch las o Lyswyri, Trwyn Allteuryn neu lannau Bro Morgannwg[37] ar gyfer arysgrif Rufinius o amffitheatr Caerllion[38] ac i gynhyrchu morter ar gyfer baddondai lleng-gaer Caerllion.[39] Mae'n debyg mai angorfa neu harbwr bach oedd Abergwaitha yn Sir Fynwy (sef 'aber y gweithiau' yn yr Oesoedd Canol, Magor Pill heddiw) lle cafwyd crynodiad o arteffactau Rhufeinig,[40, 41] ac yr oedd y gaer Rufeinig ar lan ddwyreiniol Afon Taf yng Nghaerdydd mewn safle delfrydol i gynnig hafan neu

*Ffigur 5.11 Cafodd yr arysgrif hon ar farmor adeilad ei cherfio yn yr Eidal a'i mewnforio i gaer y lleng Rufeinig yng Nghaerllion. Gan i'r darn gael ei godi flwyddyn yn ddiweddarach na'r dyddiad a roddwyd ar yr arysgrif wreiddiol, cywirwyd blwyddyn y gonswliaeth o II i III.*

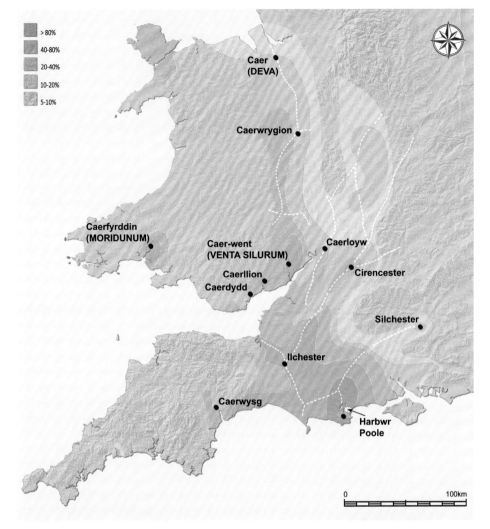

> \> 80%
> 40-80%
> 20-40%
> 10-20%
> 5-10%

Caer (DEVA)

Caerwrygion

Caerfyrddin (MORIDUNUM)

Caer-went (VENTA SILURUM)

Caerloyw

Caerllion
Caerdydd

Cirencester

Silchester

Ilchester

Caerwysg

Harbwr Poole

0        100km

*Ffigur 5.12 Mae dwysedd dosbarthiad Llestri Llathredig Du 1 yn dangos i nwyddau o Brydain gael eu cludo dros fôr ac ar hyd afonydd yn ogystal â thros y tir. Ar hyd yr un llwybrau y deuai llawer iawn o nwyddau, a gwin, olifau, garum (saws pysgod), sbeisiau, crochenwaith, gwydr a marmor yn eu plith, i Brydain o'r Cyfandir.*

*Ffigur 5.13 Ymhlith yr allforion o Brydain Rufeinig ceid gwlân, dillad gorffenedig a metelau (haearn, plwm, copr, arian ac aur). Ar y cacenni copr hyn o fan ger Penmorfa yng Ngwynedd gwelir LENP (llythrennau cyntaf enw lesddeiliad y mwynglawdd). Ar yr ingot plwm y cafwyd hyd iddo ger Treffynnon ceir enw cynhyrchydd y plwm, C. Nipius Ascanius.*

ganolfan ddiogel a allai warchod symudiadau dros ddŵr aber Afon Hafren a'r tu hwnt iddo.[42]

Mae'r llechi o'r Preseli a ddadlwythwyd ar wyneb cei o'r drydedd ganrif OC yng Nghaerllion yn dystiolaeth o gloddio llechi ac o'u cludo dros y môr, o leiaf fel balast.[43] Mewn dau fosaig yng Nghaerllion defnyddiwyd siâl llwyd tywyll a ddaethai o le ger harbwr Poole;[44] o'r un ardal y daeth marmor Purbeck a ddefnyddiwyd ym maddondai'r lleng-gaer.[45] Daeth rhagor o deserae mosaïg o Dorset, a'r rheiny wedi'u gwneud o garreg galch borslenaidd wen a ddefnyddid yn Exeter tuag OC 60.[46] Cafodd crochenwaith llathredig du (BB1) ei fasnachu o ardal harbwr Poole o ganol yr ail ganrif OC ymlaen (ffigur 5.12).[47] Daeth halen hefyd o harbwr Poole ac o wastadeddau gogledd Gwlad yr haf a hynny, efallai, oherwydd galw o du'r lleng.[48]

Câi glo o Amroth yn Sir Benfro ei ddefnyddio yng Nghaerllion ganol yr ail ganrif OC.[49] Deuai glo Caer-went o faes Pont-y-pŵl/Rhisga i safleoedd Rhufeinig ledled Cymru ac ar draws aber Afon Hafren o faes Avon a Gwlad yr haf. Yn Llanilltud Fawr ym Mro Morgannwg defnyddiai'r fila yno lo o Fforest y Ddena yn Sir Gaerloyw. Cafwyd hyd i dystiolaeth o drosglwyddo mwyn haearn dros y môr yng nghei Caerllion,[50] ac i ingotau a brasffurfiau ar gyfer gweithio copr o Fôn (ffigur 5.15).[51]

Ymhlith y llwythi a anfonid allan yr oedd gwlân, dillad gorffenedig fel yr enwog *birrus Britannicus* (clogyn gaeaf â chwfl), a mwynau a metelau crai, gan gynnwys haearn, plwm, tun, copr, arian ac aur.

CNIPI•ASCANI

## Pennod 6

# Cysylltiadau yn yr Oesoedd Canol cynnar

### Mark Redknap

Er i'r weinyddiaeth Rufeinig chwalu ac i uchelwyr brodorol greu teyrnasoedd dynastig o'r bumed ganrif ymlaen, daliodd y môr i fod yn fodd i gysylltu cymunedau'r glannau yng Nghymru â'u tebyg yng Nghernyw ac â'r ymfudwyr yn Llydaw. Daliodd hefyd i fod yn fodd i gysylltu i amrywiol raddau ag Iwerddon, gogledd-orllewin yr Alban, Ynys Manaw a glannau Môr Iwerydd a Môr y Canoldir. Dylanwadodd syniadau a thechnolegau newydd ar ddatblygiad y mathau o longau a hwyliai ddyfroedd Cymru ac fe adlewyrchai'r llongau hynny statws y bobl a chynnig cyfleoedd newydd iddynt.[1]

*Ffigur 6.1 Seiliwyd y Sea Stallion of Glendalough, copi 30m (100 tr) o hyd a wnaed yn Roskilde yn Nenmarc, ar long a adeiladwyd o dderw o ranbarth Môr Iwerddon yn yr unfed ganrif ar ddeg ac a gloddiwyd yn Skuldelev ym 1962. Llwyddodd criw o 62 i'w hwylio o Roskilde i Ddulyn ym mis Gorffennaf 2007 a dilyn llwybr a gymerwyd droeon yn yr Oesoedd Canol cynnar gan y math hwnnw o long hir.*

Er bod llawer o'r dystiolaeth ynghylch cysylltiadau uniongyrchol â'r byd Bysantaidd yn amwys ac yn agored i'w dehongli, gwelwyd gryn dipyn o gysylltu anuniongyrchol ar hyd rhwydweithiau maith masnachu, teithio, pererindota a chyfathrebu diplomyddol ar draws y byd ôl-Rufeinig. Deuai llongau o Sbaen, Gogledd Affrica a'r Môr Aegeaidd â gwin, olew ac amrywiol lestri gwydr a chrochenwaith i dde-orllewin Lloegr a Chymru i'w cyfnewid am gopr, plwm, tun a nwyddau eraill. De Cymru a de-orllewin Lloegr oedd canolbwynt dosbarthiad y crochenwaith cwrs a chain a gyrhaeddodd Brydain o Fôr y Canoldir o tua diwedd y bumed ganrif tan ganol y chweched ganrif, a'r awgrym yw i deyrnasoedd Brythonig ôl-Rufeinig yn y rhan honno o Brydain gadw mewn cysylltiad dros y môr, yn uniongyrchol neu'n anuniongyrchol, â dwyrain Bysantaidd Môr y Canoldir (tua 475–550 y bu'r cysylltu prysuraf).

Cafwyd awgrym y gallai llawer o'r cyflenwad cymedrol o grochenwaith Bysantaidd a gyrhaeddodd Iwerddon fod wedi cyrraedd yno o Brydain.[2] Cyrhaeddodd arian, caethweision a bwydydd moethus ar hyd llwybrau tebyg. Mae dosbarthiad darnau bath digon diwerth o bres o'r byd Bysantaidd yn y chweched a'r seithfed ganrif yn arwyddocaol. Canolbwynt un clwstwr rhanbarthol ohonynt yw Meols ar benrhyn Cilgwri a fu, efallai, yn safle traeth-farchnad, ac fe hwyliai masnachwyr iddi o bell ac agos. Efallai fod cysylltiad rhwng rhai o'r gwrthrychau o Meols, gan gynnwys costrel o gysegrfa Sant Menas (a ferthyrwyd tua 295) yn yr Aifft, ac ymlediad Cristnogaeth gynnar, ac mae'r darnau pres a'r crochenwaith yn tystio i barhad y gweithgarwch masnachu 'Rhufeinig diweddar' am ychydig ddegawdau, o leiaf, wedi i'r weinyddiaeth Rufeinig ddod i ben.[3]

Byddid yn disgwyl i ogledd Cymru, gan gynnwys Môn, berthyn i'r clwstwr hwnnw. Ceir aml i draeth yng Nghymru lle y gellid yn hawdd fod wedi cynnal marchnadoedd ac y gallai llongau lanio arnynt ar lanw uchel neu angori allan ar y môr. Cafwyd rhai darganfyddiadau awgrymog, fel y drachm Sasanaidd o deyrnasiad Xusro II (teyrnasodd: 590–628) – darn y cafwyd hyd iddo wedi'i rolio fel silindr 'ger Llangwyllog' ym Môn (heb fod ymhell o Gefn Cwmwd, lle cafwyd hyd i geugerfiad Bysantaidd o'r chweched neu'r seithfed ganrif). Yn ddiweddar, cwestiynwyd a oedd y man darganfod hwnnw'n ddilys, ac nid yw'r gyfres o ddarnau bath o gloddiadau yn Llanbedr-goch ar ochr ddwyreiniol Môn yn cychwyn tan y nawfed ganrif (heb yr un darn bath Bysantaidd). Mae dod o hyd i binnau cylchog (i gau clogynnau) yng nghyd-destunau blaendraethau Bae Abertawe a Phorthsgiwed yn awgrymu ar y llaw arall fod

yno leoliadau glanio yn y nawfed a'r ddegfed ganrif, ac yng nghyffiniau Aberdaugleddau a Thraeth Coch mae'r clystyrau o ddarganfyddiadau a fewnforiwyd yn ein helpu ni i fapio'r bobl a'r nwyddau a gludid ar y môr.

Yn groes i'r gred gyffredin, gwelodd yr Oesoedd Canol cynnar gryn lawer o bobl yn symud. Sonia ffynonellau llenyddol am genhadon yn symud rhwng Iwerddon a Llydaw ac ysgolheigion, clerigwyr a diplomyddion yn teithio i Rufain, i lysoedd brenhinoedd ar y Cyfandir neu i sefydliadau mynachaidd mwyaf blaenllaw Ewrop. Mudodd pobl o Iwerddon i dde-orllewin Cymru ac i Lŷn, ac o dde-orllewin Lloegr i Armorica (Llydaw) a Galisia. Peth cyffredin oedd trefnu priodasau rhwng uchelwyr diwylliedig ledled Ewrop (er enghraifft, priodas Brychan, y tywysog chwedlonol o Wyddel yn y bumed ganrif, â Marchell, yr aeres o Gymraes – priodas a gofnodwyd yn y chwedl ynghylch tarddiad teyrnas Brycheiniog).[4]

Datblygiad nodedig o ran deall hyd a lled symudiadau pobl oedd defnyddio dadansoddi â strontiwm ac isotop ocsigen wrth astudio olion dynol i gael gwybod ble y treuliodd pobl eu plentyndod. Yn ddiweddar, mae'r dull hwnnw wedi'i gymhwyso at boblogaethau amryw o fynwentydd yng Nghymru ac ar Ynys Manaw.[5] O'r unigolion o dde Cymru a ddadansoddwyd, efallai i bum unigolyn ddod o'r tu allan i Ynysoedd Prydain a'r awgrym yw iddynt gael eu geni, efallai, ar gyrion Môr y Canoldir, gan gynnwys arfordiroedd Algeria, Moroco a de-ddwyrain Penrhyn Iberia.[6] O sgerbwd glaslanc a gladdwyd yn Llanbedr-goch ym Môn tua 680–880 cafwyd gwerthoedd isotop ocsigen a oedd yn cyd-fynd â data ynghylch glannau gorllewinol Ffrainc a Sbaen (adlewyrchid rhannau o Lydaw, gogledd Sbaen a Phortiwgal yn ei werthoedd strontiwm).

Adeg o wrthdaro rhwng teyrnasoedd oedd hi, ac arweinwyr y Brythoniaid, y Gwyddelod a'r Eingl-Sacsoniaid wrthi'n brwydro neu'n ffurfio cynghreiriau nid yn unig ar y tir ond, rhaid cofio, ar y môr. Yr un pryd, deuent wyneb yn wyneb â byd y Ffrancwyr, byd y Carolingiaid a byd Môr y Canoldir. Prin yw'r dystiolaeth bendant ynghylch mordwyo yng Nghymru ac yn aml mae'n ffrwyth pwyso a mesur awgrymiadau mewn ffynonellau dogfennol a bucheddau'r saint neu dystiolaeth anuniongyrchol o rannau eraill o Brydain, fel y *Senchus Fer n-Alban*, dogfen Wyddeleg o'r ddegfed ganrif. Mae honno fel petai'n dangos bod teyrnas Dalriada, un a rychwantai Fôr Iwerddon gan gynnwys ynddi rannau o orllewin yr Alban a gogledd-ddwyrain Iwerddon, wrthi, ganol y seithfed ganrif, yn codi llong-doll a gorfodai deuluoedd i ddarparu llong ryfel yr un, a dynion i hwylio arni. Efallai i hynny fod yn ymateb i

Ffigur 6.2 Dyma lun o'r Sea Stallion of Glendalough wrth angor yn Amgueddfa Genedlaethol Llongau Llychlyn yn Roskilde (gweler hefyd ffigur 6.1). Mae'n cyfleu rhyw syniad o'r profiad o sefyll ar un o longau rhyfel Llychlyn. Seilir y copi hwn ar ffrwyth cloddio corff y llong a elwir yn Skuldelev 2 ac a adeiladwyd ym 1042 o dderw o ranbarth Môr Iwerddon.

Ffigur 6.3 Tu blaen 'march môr' o Lychlyn, math o long a fu gynt yn hwylio yn nyfroedd Cymru. Seiliwyd y copi hwn, sydd yn Amgueddfa Genedlaethol Llongau Llychlyn yn Roskilde, ar un o'r llongau o'r unfed ganrif ar ddeg a gloddiwyd yn Skuldelev yn y 1960au.

neu o Ffrainc a'r tiroedd Carolingaidd, i amrywiaeth o gychod brodorol a gâi eu defnyddio ar afonydd a'u glanio ar draethau llanwol. Yng Nghymru a lleoedd eraill, ceid cychod bach o grwyn anifeiliaid, a delid i ddefnyddio cychod o foncyffion ar lynnoedd ac afonydd (gweler tudalen 93). Er na chafwyd hyd i'r un llong fasnach Fysantaidd yn nyfroedd y Deyrnas Unedig hyd yn hyn, cafwyd hyd i amryw o longau'r glannau ym Môr y Canoldir.[7] Dyddio o'r bumed ganrif i'r unfed ganrif ar ddeg wna'r 37 o longddryliadau Bysantaidd y daethpwyd o hyd iddynt yn Yenikapi yn Istanbul yn 2004 ac yn eu plith mae 31 o 'longau crwn', sef llongau masnach ag un hwylbren gan amlaf. Bydd hi'n bwysig dal ati i'w hastudio er mwyn cynyddu'n dealltwriaeth ni o fordwyo ym Môr y Canoldir ac o'r mathau o longau a fu wrthi, ochr yn ochr â llongau o Fae Gwasgwyn a Ffrainc, yn cysylltu â theyrnasoedd gorllewin Prydain ac Iwerddon.[8]

Mae gallu'r Sgandinafiaid i adeiladu llongau digon mawr i hwylio'r cefnforoedd yn ddigon hysbys – dyma'r llongau y canodd eu beirdd canoloesol (y skalds) amdanynt fel 'dreigiau â stydiau o haearn', 'meirch y môr' (ffigurau 6.1, 6.2 a 6.3), 'blaen-geffylau' a 'cyrff celfydd eu cynllun'. Erbyn canol y nawfed ganrif, profiad digon cyffredin o amgylch glannau Prydain fyddai gweld ffurf ddeuben arbennig y llong un-hwylbren â hwyl sgwâr ac â blaen a starn ddyrchafol wrth i fasnachwyr ddod yma i geisio masnachu (neu fod â'u bryd ar ysbeilio – datblygiad llai dymunol). Bu cynllunio'r llong honno'n fodd i fireinio traddodiad gogledd Ewrop o adeiladu llongau, un a âi'n ôl i'r bumed ganrif OC, o leiaf.[9]

Yr oedd llongau'n ddrud i'w hadeiladu. Yr oedd angen rhai miloedd o hoelion clensiedig (sawl canpwys o haearn) i gysylltu planciau gorgyffyrddol corff llong 13 metr o hyd (ffigur 6.4). Câi coed y llawr (yr asennau isaf) eu cysylltu wrth y planciau ond nid yn uniongyrchol wrth y cêl. Creai hynny gorff hyblyg a hwyliai'n rhagorol. Oherwydd eu drafft bas ac am fod modd eu gyrru gan y gwynt a rhwyfau, yr oeddent yn ddelfrydol ar gyfer teithio ar afonydd a glanio ar draethau llechweddol heb fod angen cei.

Oherwydd yr angen i deithio'n gyflym, i arbenigo ac i gludo mwy o bobl a phethau, datblygwyd gwahanol fathau o gychod mewn gwahanol leoedd. Erbyn yr unfed ganrif ar ddeg, ceid cychod bach i hwylio'r glannau, llongau llydan i gludo nwyddau, llongau mawr a chyflym i ryfela, a faerings, cychod bach iawn iawn â phedair rhwyf i ddau rwyfwr.[10] Ymhlith y geiriau Hen Norseg a ddefnyddiai beirdd Sgandinafia am y gwahanol fathau o long ceid langskip (llong hir), herskip (llong ryfel), skeið ('un sy'n torri drwy'r dŵr' neu 'ddarn o bren hir ar ffurf cleddyf', h.y. llong ryfel), snekkja (llong ryfel, efallai'n llai

ymosodiadau'r Eingl-Sacsoniaid tua'r adeg y llwyddodd y Brenin Edwin (teyrnasodd: 616–32) i oresgyn Môn ac Ynys Manaw yn 632. Rhaid bod Edwin wedi defnyddio llongau yn ei ymgyrch, a rhesymol yw tybio i'r tywysog Cadwallon (bu f. 634) hefyd ddefnyddio llongau pan drechodd ef Edwin y flwyddyn ganlynol a rheoli Northumbria am gyfnod byr iawn wedi i Edwin farw.

Byddai'r cychod a'r llongau ar hyd glannau Cymru wedi amrywio o ambell long nwyddau o Fôr y Canoldir,

Ffigur 6.4 Hoelion clensiedig a rhwyau mawr o haearn o'r ganolfan gaerog o'r nawfed neu'r ddegfed ganrif yn Llanbedr-goch ger Traeth Coch ym Môn. Maent yn union yr un peth â chaewyr llongau o Ddulyn yn Oes y Llychlynwyr ac mae'n debyg eu bod yn cynrychioli'r ailgylchu ar estyll cyrff llongau i greu drysau ac eitemau eraill.

na *skeið*, ac iddi ryw 20-30 pâr o rwyfau), *kaupskip* (llong fasnach) a *knarr/knǫrr* (llong fasnach fel rheol).

At ei gilydd, mae'r dystiolaeth archaeolegol ynghylch mathau Llychlynnaidd o longau ym Mhrydain ac Iwerddon wedi'i chyfyngu i goed mewn cychod a ailddefnyddiwyd wrth godi glanfeydd a choed mewn ambell 'fedd cwch' o'r nawfed neu'r ddegfed ganrif yn yr Alban (fel yr un yn Scar ar Sanday yn Ynysoedd Erch) ac ar Ynys Manaw (fel Balladoole: ffigur 6.5). Ar y llaw arall, cafwyd hyd i longau sylweddol yn Nenmarc, gan gynnwys un rhyw 36 metr o hyd. Sonia'r sagâu am longau mwy, fel yr *Orman Lange*, a adeiladwyd tua 998 ar gyfer brenin Norwy, Olav Tryggvason (teyrnasodd: 995–1000). Yr oedd honno, meddent, yn 52 metr o hyd.

Ym 1042, ac o dderw o gyffiniau Môr Iwerddon – efallai o goedwigoedd o amgylch Dulyn – yr adeiladwyd un o'r pum llong hir y cafwyd hyd iddynt yn Skuldelev ar ffiord Roskilde yn Nenmarc. Mae'n debyg mai ar gyfer mordwyo glannau Iwerddon, Cymru a'r Alban yr adeiladwyd y llong hir Wyddelig-Lychlynnaidd honno. Defnyddiwyd llongau hir hefyd gan dywysogion diweddarach y Cymry, gan gynnwys Gruffudd ap Rhydderch, tywysog Deheubarth, yr ymunodd ei luoedd â llynges Wyddelig-Lychlynnaidd o 36 o longau rhyfel ym 1049 i ddwyn cyrch ar Forgannwg i fyny Afon Wysg.[11] Cymerodd Gruffudd ap Llywelyn, brenin Gwynedd, ran mewn llu o ymgyrchoedd llyngesol. Dywed *Cronicl yr Eingl-Sacsoniaid* i'r Iarll Harold Godwinson (tua 1022–66) ymosod ar lys Gruffudd yn Rhuddlan, ac i'w luoedd losgi cychod a hwyliau tywysog y Cymry. Dihangodd Gruffudd ar long ond fe'i llofruddiwyd ym mis Awst 1063. Cyflwynwyd ei ben i Harold, ac aeth hwnnw ag ef at Edward Gyffeswr (brenin Lloegr, 1042–1066) 'ynghyd â blaenddelw ei long a'r addurniadau gydag ef'.[12]

Mae hynny'n ein hatgoffa bod modd newid blaenddelwau a throi llong hir yn 'ddraig o long' drwy osod penddelw anifail arni fel arwydd o statws y brenin neu'r pennaeth. Defnyddiwyd llongau tebyg hefyd gan feibion Harold Godwinson i ysbeilio Bryste ym 1068, ac fe'u defnyddiwyd yn ddiweddarach ym Mrwydr Afon Menai ym 1098 (gweler tudalen 96).

Gan mai mantais strategol ac economaidd fawr oedd gallu teithio'n hwylus, dibynnai'r rhyddid i weithredu ar y gallu i fordwyo. Gwelir hynny yn y ffaith fod gan y rhai a lywiai gychod Sgandinafia eu henwau eu hunain, rhai gwahanol i'w henwau Cymraeg, ar bwyntiau mordwyo allweddol ynysoedd a phentiroedd Cymru. Er hynny, daliai bywyd ar y môr i fod yn beryglus a gallai'r gwynt chwythu mordwywyr oddi ar eu cwrs a'u gyrru ar y creigiau, fel y digwyddodd ym 1052 pan aeth llynges o Iwerddon i drybini oddi ar lannau teyrnas Deheubarth.[13]

Gallai llynges o'r fath amrywio o ran ei maint o bum llong i rai cannoedd. Awgrym *Cronicl yr Eingl-Sacsoniaid* yw mai rhyw 10–20 llong fyddai maint llynges ryfel tua diwedd y nawfed ganrif ac yn ystod y ddegfed ganrif, a hyd at 60 a rhagor pan fyddai amrywiol arweinwyr yn cynghreirio. Efallai fod tipyn o or-ddweud yn ffigurau mwya'r sagâu, ond yr amcangyfrif yw i lynges William o Normandi, wrth oresgyn Prydain yn 1066 a dod yn frenin Lloegr o 1066 tan 1087, gynnwys o leiaf 300 o longau.[14]

Mae croniclau'r Cymry hefyd yn rhoi rhai ffigurau ynghylch maint llyngesau yn ystod cyfnodau cyrchoedd y Llychlynwyr. Yn ei ddisgrifiad o fywyd Alfred (brenin Wessex o 871 tan 899) yn 893, dywed Asser, yr ysgolhaig o Gymro (bu f. tua 909), i lu o Lychlynwyr dreulio'r gaeaf yn Nyfed yn 878, a cheir cofnodion gan Asser ac Æthelweard (bu f. tua 998) i lynges Lychlynnaidd o 23 o longau hwylio wedyn i Ddyfnaint dan arweiniad brawd i Ingvar ac Ubbe. Does gennym ni ddim cofnod i lynges penaethiaid y Cymry ymateb yn amddiffynnol i gyrchoedd y Llychlynwyr, ond mae'n debyg iawn iddynt fod â digon o longau i allu ymateb yn effeithiol i elyn mor hwylus ei symudiadau, ac fe wyddom i Ruffudd ap Cynan (brenin Gwynedd o 1081 tan 1137) arwain llynges Wyddelig-Lychlynnaidd o 24 o longau i fyny aber Afon Hafren tua 1087.

Ffigur 6.5 Claddedigaeth ar long o'r ddegfed ganrif yn Balladoole, Ynys Manaw. Ynddi ceir rhyfelwr o Lychlynnwr, a'i arfau a'i eiddo. Dyma'r math o long hir a fyddai wedi hwylio o amgylch Môr Iwerddon (fe'i hail-luniwyd o Bersu a Wilson 1966).

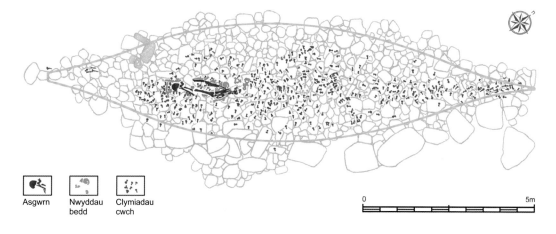

Asgwrn    Nwyddau bedd    Clymiadau cwch

0                    5m

## 6.1 Ffynonellau dogfennol ynghylch mordwyo yn yr Oesoedd Canol cynnar

Jonathan Wooding

Mae ffynonellau dogfennol yn fodd i ni ganfod rhai llwybrau cysylltu ar hyd glannau Cymru yn y cyfnod cyn 1100. Yn *Buchedd Samson o Dol* (tua 700) ceir disgrifiad o daith y sant dros y môr o dde Cymru i Iwerddon. Wrth ysgrifennu tua 731, disgrifia Beda sut yr ehangodd Northumbria yn nechrau'r seithfed ganrif i gynnwys gogledd Môr Iwerddon ac ynysoedd Manaw a Môn.[15] Mae'r arysgrif *crux Guriat* ('croes Gwriad') yn Maughold ar Ynys Manaw wedi'i ddehongli'n un sy'n coffáu Gwriad, tad Merfyn Frych (bu f. 844), brenin Gwynedd. Mae hynny'n lled-awgrymu bod gan y Cymry ddylanwad dros Fanaw. Ymwelodd ysgolheigion o Iwerddon hefyd â llys Merfyn.[16] O tua'r cyfnod hwnnw ymlaen, cyfeiria croniclau Cymru yn fynych at fordwyo, yn enwedig at gyrchoedd llongau Sacsonaidd a Gwyddelig-Lychlynnaidd ar hyd arfordir Cymru.[17]

Ni ddylid bychanu na gorsymleiddio graddfa'r gweithgarwch. Er i rai astudiaethau ddychmygu bod 'morffyrdd y gorllewin' yn frith o forwyr wrthi'n teithio'n ôl ac ymlaen i Ewrop,[18] mae eraill wedi lled-awgrymu bod technegau mordwyo cyn dyfodiad Oes y Llychlynwyr mor gyfyngedig nes bod rhaid cludo pobl a nwyddau dros dir i osgoi'r dyfroedd garw ym mhen pellaf pob penrhyn.[19] Weithiau bydd haneswyr y môr yn methu â sylweddoli cymaint o amrywiaeth o dechnolegau llongau oedd ar gael. Tybiant, er enghraifft, mai cychod ac arnynt haen o grwyn a ddefnyddid amlaf i deithio ar y môr.[20]

Rhaid cyfaddef bod ffynonellau dogfennol Cymru, yn aml, yn rhy gyffredinol wrth ddefnyddio termau i lunio casgliadau ynghylch cynllun neu dechnoleg y llongau a'r cychod a grybwyllir. 'Llong' (Lladin *navis*) yw gair *Buchedd Samson o Dol* am yr hyn a ddefnyddiodd ef ar ei fordeithiau. Weithiau, caiff yr ysbeilwyr a dargedai Gymru yn y ddegfed ganrif a'r unfed ganrif ar ddeg eu disgrifio'n rhai sy'n cyrraedd mewn *lly[n]ges*, ac weithiau *llo[n]geu*, ond anaml iawn y manylir ymhellach. Er hynny, mae testunau o rannau eraill o orllewin Prydain yn cynnig mwy o amrywiaeth o dermau am gychod a llongau, a gallant gydategu'r dystiolaeth archaeolegol ynghylch traddodiadau rhanbarthol ym maes adeiladu llongau. Wrth ysgrifennu yng ngorllewin yr Alban, rhestrodd Adomnán o Iona (bu f. 704) sawl math pendant o gwch,

gan gynnwys *barca*,[21] *longa navis*, *curuca*, *ratis* a *scapha*[22] ochr yn ochr â defnyddio'r term generig *navis* a'i fachigyn *navicula*. Sonia am hwyliau (*vela*), rigin â 'hwyl-lathau croes' (*antemnae crucis instar*), a chêl (*carina*) a phen blaen (*prora*) llong.[23] Er y defnyddir termau gwahanol weithiau fel petaent yn gyfystyr,[24] mae'n debyg bod yr amrywiol dermau'n cynrychioli amrywiaeth o longau o goed ac o grwyn ac efallai y gellid, o'u hastudio ymhellach, eu cyplysu â'r mathau lleol go-iawn ac â'r termau brodorol yn y Gymraeg a'r Wyddeleg.

Cyfeiria Adomnán at fasnachwyr o'r Cyfandir yn cyrraedd de'r Alban mewn *barca*, term Lladin am long fasnach.[25] Yn sicr, arferai llongau masnach tramor ddod i Fôr Iwerddon cyn y Llychlynwyr. Dywed y mynach o Frython, Gildas (tua 500–70), fod Afon Hafren yn fynedfa i nwyddau moethus.[26] Mae'r dystiolaeth archaeolegol yn cadarnhau bod dau gyfnod pendant o fewnforio crochenwaith o Fôr y Canoldir i lannau Môr Hafren yn yr Oesoedd Canol cynnar, sef yn uniongyrchol o ddwyrain Môr y Canoldir tua 475–550 ac o Âl tua 600–700.[27]

Gair benthyg cynnar sy'n gyffredin i'r Wyddeleg a'r Gymraeg yw *long* (*llong* erbyn Cymraeg Canol),[28] ac mae'n debyg iddo darddu o'r Lladin *longa navis* ('llong hir'), term a oedd, fel y gwelsom, yn gyfarwydd i Adomnán. Câi ei ddefnyddio, mae'n debyg, yn ei ystyr Rufeinig, sef 'llong ryfel'. Mewn ffynonellau diweddarach, defnyddir *llong* i ddisgrifio'r hyn a all fod yn llongau ysbeilio o darddiad Llychlynnaidd,[29] ond mae'n amlwg i'r defnyddio arno ragflaenu oes y Llychlynwyr ym Môr Iwerddon. Rhaid ei fod, felly, yn cyfeirio at fath neu fathau lleol. Disgrifia Adomnán goed pinwydd a derw'n cael eu casglu i adeiladu *longa navis* cyn-Lychlynnaidd o'r fath, sef, mae'n amlwg, un a adeiladwyd o estyll.[30] Mae'n ansicr a yw tarddiadau Rhufeinig y term hefyd yn lled-awgrymu i dechnegau adeiladu gael eu benthyg hefyd. Mae cwch Barland's Farm (gweler tudalen 76) yn darlunio cyd-destun posibl i dechnoleg y *longa navis*/ *long* / *llong* fel rhan o'r dylanwad Brythonig-Rufeinig ehangach yn y rhanbarth.[31] Yng ngorllewin yr Alban y lluniwyd y testun *Senchus fer n-Alban* ('Cyfrifiad Gwŷr yr Alban') yn y ddegfed ganrif, ac ynddo ceir manylion criw llong ryfel o orllewin yr Alban.[32] Yr oedd iddi saith mainc (*sechtsess*) ac

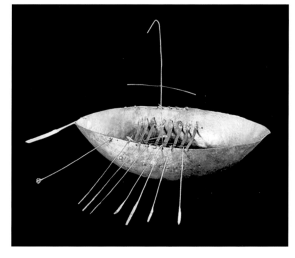

Ffigur 6.6 Mae'r model hwn o long o Broighter yn Co. Derry fel petai'n darlunio llong ryfel o ddiwedd yr Oes Haearn. Mae'n debyg ei fod yn fodel o long o goed, ond modelwyd yr adluniad hwn o gyflwr lletach arno ar sail cwch o grwyn anifeiliaid.

Ffigur 6.7 Er nad yw Enlli, a welir yma o'r gogledd-ddwyrain ar y tir mawr, ond 1.7 milltir (3.2 cilometr) o ben draw Llŷn, mae'r ceryntau cryf yn golygu bod croesi i'r ynys yn beryglus.

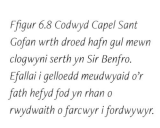

Ffigur 6.8 Codwyd Capel Sant Gofan wrth droed hafn gul mewn clogwyni serth yn Sir Benfro. Efallai i gelloedd meudwyaid o'r fath hefyd fod yn rhan o rwydwaith o farcwyr i fordwywyr.

efallai iddi fod yn debyg i'r llong ag wyth mainc a gynrychiolir mewn model o'r Oes Haearn ddiweddar o Broighter yn Iwerddon (ffigur 6.6).

Mae'n amlwg mai math brodorol o gwch oedd yr un a adeiledid drwy ymestyn crwyn ychen dros ffrâm o goed. Fe'i defnyddid yn eang a hynny at y dibenion penodol yr oedd yn fwyaf addas ar eu cyfer. Yng ngwaith Adomnán, *Buchedd Columba*, defnyddir *curucae* a *scaphae* ar afonydd i dynnu'r boncyffion a ddefnyddid wrth adeiladu'r *longa navis* o goed.[33] *Curuca* yw'r gair Lladin sy'n gytras â *currach* mewn Gwyddeleg a *corwg* yn Gymraeg.[34] Ar sail y cyd-destun, mae'n debyg bod *scapha* yn gwch bach ac efallai'n gwch a wnaed o foncyff (er y gallai *ratis* hefyd gyfeirio at y math hwnnw).[35] Ceir enghraifft ohono yn y cwch a wnaed o foncyff yn yr Oesoedd Canol cynnar o Lyn Syfaddan. Gellir cymryd bod pob un o'r termau'n cyfeirio at gychod bach a bod y *curuca* efallai'n debyg i'r cwrwgl yng Nghymru heddiw.[36] Defnyddid cychod mwy-o-faint o grwyn yn Iwerddon lle y delir i adeiladu disgynyddion iddynt drwy roi gorchudd o gynfas drostynt, ac efallai iddynt gael eu defnyddio yng Nghymru'r Oesoedd Canol cynnar. Oherwydd y mynych sôn amdanynt yn llenyddiaeth y seintiau canoloesol cynnar, efallai i'w rôl symbolaidd awgrymu bod mwy ohonynt nag oedd yno mewn gwirionedd.[37]

Ceir cyfeiriadau at fordeithiau ar hyd y glannau hefyd ym mucheddau'r saint. Disgrifia *Buchedd Samson* fynachlog ar ynys (Ynys Bŷr, mae'n eithaf sicr) ac ym mucheddau Elgar, Caradog Fynach a Chadog sonnir am ddefnyddio ynysoedd yn lleoedd i feudwyaid cyn OC 1200. *Buchedd Elgar* (tua 1150) yw'r gyntaf i alw Enlli'n orffwysfa i ugain mil o saint (ffigur 6.7). Serch hynny, awgryma enw cynnar ar Ynys Echni ym Môr Hafren, sef *Bradan relice* (914), fodolaeth traddodiad cynharach bod ynysoedd yn fynwentydd i unigolion sanctaidd; o'r gair Gwyddeleg *reilig* ('mynwent') y daw'r elfen –*reolice* mewn

enw lle. Enw un o Esgobion Mynyw (Tyddewi) oedd 'Saturnbiu' (mae'n debyg mai hwn oedd y Saturnbiu Hail Miniu a fu farw yn 831). Mae'r enw wedi'i gysylltu â'r enw Hen Gymraeg 'Saturnbiu' ar garreg ar Ynys Dewi a gallai awgrymu mai yno y'i claddwyd.[38] Yn ôl *Buchedd Elgar*, Ynys Enlli yw 'Rhufain Prydain' ac mae hynny'n lled-awgrymu iddi ymsefydlu'n gyrchfan i bererinion erbyn tua 1150 pryd y lluniwyd y *Fuchedd*.[39]

Wrth geisio lloches 'dros y dŵr' (*peregrinatio*), câi cymunedau mynachaidd fagu cysylltiad arbennig â'r môr, ac efallai i'r duedd i feudwyaid fyw mewn capeli ar y glannau neu ar ynysoedd beri iddynt gael eu cofleidio gan gymdeithas y bywyd mordwyol. Yng Nghernyw yn yr Oesoedd Canol, er enghraifft, câi meudwyaid *byckenage* ('beaconage'), sef toll oleuo yn dâl am gynnal a chadw golau mewn capeli ar y glannau (ffigur 6.8).[40]

Mae ffynonellau llenyddol cynnar o gyffiniau Môr Iwerddon yn ddefnyddiol wrth adlunio rhai o'r cyd-destunau cymdeithasol eraill i fordwyo.[41] Yng nghyfreithiau cynnar Iwerddon ceir categori penodol o gyfraith y môr (*Muirbretha*) sy'n ymdrin â'r trafodaethau a'r cosbau pan ddeuid â llongau i'r lan, ac mae'n cynnwys diffiniadau o ddyfroedd llanwol, y trethi a oedd i'w talu wrth lanio, a darpariaethau ar gyfer bwydo morwyr diymgeledd.[42] Yn ddiweddarach yn y Gymru ganoloesol ceir cyfreithiau tebyg sydd efallai'n dangos iddynt darddu o'r un arferion yn yr Oesoedd Canol ac sy'n taflu goleuni ar weithgarwch arfordirol a rhynglanwol.[43] Mae'r darganfyddiadau yn Bantham, safle ar lannau de Dyfnaint, fel petaent yn dangos bod gwledda wedi bod ar y traeth yn sgil cyfnewid nwyddau â llongau o Fôr y Canoldir,[44] ac yn ein hatgoffa nad ffin na therfyn oedd y môr ond cyfrwng i gyfnewid diwylliannau a thechnoleg – gan gynnwys tystiolaeth y termau yr ydym wedi'u hadolygu'n fyr yma ond nad ymchwiliwyd digon iddynt hyd yn hyn.[45]

# 6.2 Enwau Llychlynnaidd ar hyd yr arfordir

## Mark Redknap

*Ffigur 6.9 (gyferbyn, uchod) O'r 850au ymlaen, a hyd at yr unfed ganrif ar ddeg, cofnoda croniclau Cymru gyrchoedd dinistriol ac achlysurol o'r môr pan welai'r Llychlynwyr eu cyfle, ac weithiau pan welent benaethiaid brodorol yn ymgiprys am rym. Adlewyrchir eu cyrchoedd, a'u mordeithiau heddychlon yr un pryd, yn y crynodiadau o enwau lleoedd o darddiad Sgandinafaidd.*

Ceir dau brif grŵp o enwau lleoedd Llychlynnaidd yng Nghymru. Yn y cyntaf ceir enwau nodweddion sy'n amlwg fel pwyntiau mordwyo ar hyd y glannau. Maent yn arbennig o gyffredin ar hyd y môr-lwybr at aber Afon Hafren ac fe amlygant bwysigrwydd glannau Cymru wrth i'r Llychlynwyr fordeithio.[46] Cynhwysant elfen sy'n gyffredin mewn enwau lleoedd, sef *holmr* ('ynys fach'), fel yn Priestholm (*presta*, 'offeiriad' a *holmr*), Grassholm (*gres*, 'gwair'), Skokholm (*stokkr*, 'polyn'), Gateholm (*geit*, 'gafr') yn ogystal â Burry Holms, Flat Holm a Steep Holm (ffigur 6.10). Yn 914/15, ffodd llynges o Lychlynwyr o dan yr Ieirll Hróald ac Óttar i Ynys Ronech (a elwid yn *Steapan Relice/Reolice*, sef 'claddfa serth', gan y Sacsoniaid) lle bu llawer ohonynt farw o newyn.[47] Yn 1068 daeth Ynys Echni (Flatholm, a elwid gan yr Eingl-Sacsoniaid yn *Bradan Relice/Reolice*, 'claddfa eang') yn lloches i'r Iarlles Gytha (tua 997–tua 1069), mam Harold Godwinson, brenin Eingl-Sacsonaidd olaf Lloegr (teyrnasodd: 5 Ionawr tan 14 Hydref 1066). O'r gair Llychlynnaidd *fiskigarðr* ('lloc i ddal neu gadw pysgod') y daw 'Fishguard' ac o *melr*, 'banc tywod' a *fjörðr*, 'rhyd' y daw 'Milford Haven'.

Ymhlith enwau Llychlynnaidd eraill mae Skerries, Emsger a Tusker (o *sker*, 'craig unig'), Stacks (o *stakkr*, 'craig ar ffurf colofn'), Stackpole (o *stakkr-pollr*, 'pwll') a Midland (o *meðal*, 'canol'). O *örmr* ('neidr') y daw enwau'r 'Worms Head' a 'Great (a Little) Orme'. Ystyrid bod ynysoedd yn dargedau os oedd yno eglwysi neu fynachlogydd, neu'n fannau lle ceid lloches, ac mae'r elfen *ey* ('ynys') i'w gweld yn yr enwau Bardsey (*Bárð*, enw personol), Caldey ('ynys oer'), Skomer (*skálm*, 'ochr hollt'), Ramsey (yr enw personol *Hrafns* neu arlleg gwyllt, *hramsa*), Lundy (*lundi*, 'pâl') ac efallai Swansea ('ynys Svein' neu *saer ey*, 'ynys fôr'). Ceir 'Anglesey' fel 'Ǫngulsey' ('(eiddo) 'Ǫngull' neu 'tir Ǫngli') mewn cerdd o Lychlyn, ac mae'n debyg i'r cyfuniad o gyfres o ymosodiadau, gweithgareddau masnachu a chyrsiau'r prif fôr-lwybrau ddylanwadu ar ddisgrifiad estroniaid o'r ynys.

Mae'r celciau o arian a gwaith metel Llychlynnaidd y cafwyd hyd iddynt yn ddiweddar yn dystiolaeth o gladdedigaethau Llychlynnaidd ac mae'r elfennau Sgandinafaidd a ymgorfforwyd mewn cerfluniau carreg o'r ddegfed a'r unfed ganrif ar ddeg yn cadarnhau i

Fôn ac Arfon, ynghyd â chantref Tegeingl yn y gogledd-ddwyrain, weld lefel uwch o gysylltiad â'r Llychlynwyr nag a wnaeth rhannau eraill o Gymru (ffigur 6.9). Ceir darlun tebyg yn datblygu'n raddol yn achos Aberdaugleddau, ond ar raddfa lai. Mae asesiadau cynt wedi dibynnu'n bennaf ar ffynonellau dogfennol, y Croniclau a hanesau Eingl-Normanaidd, na cheir ynddynt yr un cyfeiriadau penodol at aneddiadau'r Llychlynwyr yng Nghymru.

Cyfuno enwau anheddiad ac enw person wna'r ail grŵp o enwau lleoedd Llychlynnaidd. Yn y de, mae rhai ohonynt yn hwyr o ran dyddiad, a gallant ddynodi anheddu wedi'r Goresgyniad Normanaidd gan bobl o rannau o Loegr lle'r oedd enwau o Ddenmarc yn gyffredin. Yn Sir Benfro, er enghraifft, ceir y cyfuniad o enwau personol a'r elfen Saesneg *tun* ('pentref' neu 'fferm') yn Furzton (a enwyd ar ôl rhywun o'r enw *Thúri*), Haroldston (*Haraldr*) ac Yerbeston (ffurf Seisnigedig o *Ásbjorn*).

Nodwyd hefyd elfennau Sgandinafaidd yn yr enwau hyn yn Sir Benfro: Goultrop (o bosibl *göltr*, 'baedd' a *hóp*, 'bae bach'), Hasguard (*hús-skarth*, 'tŷ mewn hollt'), Wolf's Castle (o'r enw personol *Ulf*, efallai) a Scollock (efallai o'r gair Sgandinafaidd *skáli*, 'cwt', a'r Saesneg *hoc*, 'bachyn'). Yn Sir y Fflint, gall clwstwr bach o enwau fel Kelston (*kelda*, 'ffynnon'), ac efallai Axton (*askr*, 'onnen') ddangos bod pobl ag enwau Sgandinafaidd wedi byw yn yr ardaloedd hynny.

Wrth ddehongli'r dystiolaeth, rhaid holi pryd y bathwyd yr enwau. Yng Nghymru, nid effeithiwyd fawr o ddim ar yr eirfa frodorol, ac ar yr arfordir yn unig y ceir enwau lleoedd Sgandinafaidd. Er i enwau'r lleoedd hynny gael eu harfer yn Saesneg, prin yw'r rhai sydd â pherthynas ieithyddol â'u henwau Cymraeg. Awgryma'r ffaith mai Ynys Enlli yw Bardsey, Môn yw Anglesey a Phenygogarth yw Great Orme hyd heddiw na fu rhyw lawer o gyfathrach rhwng siaradwyr y gwahanol ieithoedd.[48]

*Ffigur 6.10 (gyferbyn, isod) Cyfeiria'r mwyafrif o enwau lleoedd Sgandinafaidd yng Nghymru at nodweddion amlwg ar y glannau. Fel sy'n amlwg yn Sir Benfro, ar hyd y glannau y ceir y mannau hysbys lle cafwyd hyd i gaewyr mentyll pìn-a-chylch (a oedd yn boblogaidd yn Nulyn y Llychlynwyr) a phwysau masnachwyr o fath Sgandinafaidd yng Nghymru.*

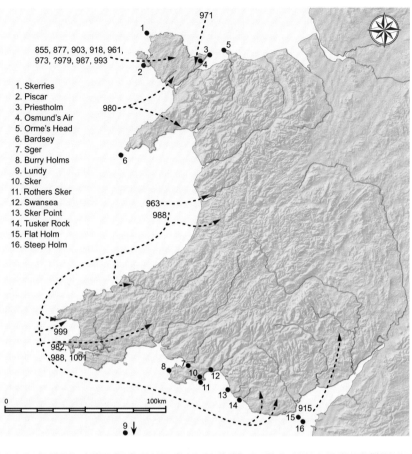

1. Skerries
2. Piscar
3. Priestholm
4. Osmund's Air
5. Orme's Head
6. Bardsey
7. Sger
8. Burry Holms
9. Lundy
10. Sker
11. Rothers Sker
12. Swansea
13. Sker Point
14. Tusker Rock
15. Flat Holm
16. Steep Holm

● Nodweddion arfordirol ag elfennau o enwau lleoedd Sgandinafaidd

◆ Darganfyddiadau o Oes y Llychlynwyr

✧ Targedau cyrchoedd y Llychlynwyr

■ Enwau Saesneg aneddiadau ac iddynt elfennau Sgandinafaidd posibl

1. Fishguard
2. Ramsey
3. Emsger
4. Black Scar
5. Green Scar
6. Stack Rocks
7. Skomer
8. Tusker
9. Midland
10. Gateholm Stack
11. Gateholm
12. Grassholm
13. Skokholm
14. The Stack
15. Thorn
16. Stack Rock
17. Milford
18. Penyholt Stack
19. Elegug
20. Stack Rock
21. Stackpole Head
22. Lydstep
23. Caldey
24. Sker
25. Goskar

## Y llong na ddaeth o Lychlyn

*Mark Redknap*

Wrth i weithwyr gloddio pwll newydd o goed ar gyfer Doc Alexandra yng Nghasnewydd rhwng aberoedd Afonydd Wysg ac Ebwy ym 1877, daethant o hyd i ddarn o ochr cwch hynafol . Cawsai'r darn o astell dderw a gawsai ei gysylltu â hoelion haearn clensiedig – ac a oedd yn wreiddiol yn gorgyffwrdd ag eraill yn y dull estyllog – ei ddal yn ei le'n unionsyth gan byst derw a gawsai eu hogi. Barn y gwleidydd, yr hanesydd a'r hynafiaethydd Octavius Morgan (1803–88) oedd ei bod hi'n fwy na thebyg bod y darn yn dod 'from a vessel that formed part of the "Danish" fleets that invaded that area of the country in early periods'.[49] Seiliodd ef ei gasgliad ar y dull adeiladu, ar farn y docfeistr i 'dderw Dantzig' o'r Môr Baltig gael ei ddefnyddio, ac ar y gred bod y dyddiad a amcangyfrifwyd, sef tuag OC 900, yn cyd-fynd â'r sôn yng nghofnodion croniclau'r oes am gyrchoedd y Llychlynwyr.

Y farn erbyn hyn yw i astell Casnewydd fod yn ddarn a adferwyd o gorff llong, ac iddi gael ei hailddefnyddio'n rhan o fur cynnal y cei. Ceir enghreifftiau tebyg o ailgylchu mewn ceiau yn Llundain a Kingston.[50] Ddechrau'r 1980au, dyddiwyd yr astell ar sail y carbon ynddi i cal OC 880–1220 (tebygolrwydd o 95%) ac OC 920–1080 (65%).[51] Gan fod cylchoedd y coed yn dangos i'r astell ddod o ruddin y goeden, gellid bod wedi adeiladu'r llong lawer yn ddiweddarach na'r ystod honno o ddyddiadau, a dyna ddod â hi i'r cyfnod ôl-Normanaidd. Mae'n debyg, felly, fod y llong 'o Ddenmarc' mewn gwirionedd yn gorff – a ailgylchwyd – o weddillion hen long Eingl-Normanaidd a oedd yn gysylltiedig â'r datblygu cynnar ar Gasnewydd.

Mae'r gweithgarwch cyn-Normanaidd yn y dref wedi'i gydnabod ger Eglwys Sant Gwynllyw, eglwys y cynhaliwyd cyrch arni gan y Llychlynwyr yn 875. Codi mwnt yno tua diwedd yr unfed ganrif ar ddeg wnaeth y Normaniaid. Ar sail lled eithaf yr astell sydd wedi goroesi (156 o filimetrau), mae modd casglu nad oedd y corff gwreiddiol ddim mwy nag un y llong fach o'r drydedd ganrif ar ddeg o Abergwaith (Pwll Magwyr) (gweler tudalen 120), ac efallai iddo fod yn debyg i'r celiau ag un hwyl a ddarluniwyd yn y drydedd ganrif ar ddeg ar seliau trefi fel Trefynwy, Bryste a Dover (gweler tudalen 126).

95

# 6.3 Brwydr Afon Menai

## Spencer Smith

*Ffigur 6.11 Yn 'Saga Magnus Droednoeth' (rhan o'r* Heimskringa, *neu Gronicl Brenhinoedd Norwy) disgrifir Brwydr Afon Menai (gan sôn, er enghraifft, am* anguls ey *yn llinell 18 yn y golofn ar y chwith a llinell 6 ar y dde). Mae'r saga wreiddiol, a gyfansoddwyd mewn Hen Norwyeg, wedi goroesi ar ffurf y copi hwn a wnaed o'r gwreiddiol gan Jón Eggertsson ym 1681–82.*

Er i gyrch llwyddiannus y Normaniaid arwain at godi sawl castell ar y tir mawr yng ngogledd-orllewin Cymru yn y 1090au er mwyn iddynt dynhau eu gafael ar y tir hwnnw, Castell Aberlleiniog yw'r unig gastell mwnt a beili sy'n hysbys ym Môn hyd yn hyn. Saif ym mhlwyf Llangoed yn rhan fwyaf dwyreiniol yr ynys, rhyw 500 metr i'r gogledd-orllewin o Afon Menai ac uwchlaw cwm Afon Lleiniog.[52]

Yng nghyffiniau'r castell hwnnw ym 1098 fe ymladdwyd brwydr hollbwysig, ar dir a môr, rhwng y Normaniaid (a drechwyd) a llu cyfun o Gymry a Llychlynwyr Norwy. Mae'r frwydr yn rhoi cipolwg i ni ar ffyrdd o ddefnyddio'r môr bryd hynny fel llwybr cyflenwi ac fel dull o ddefnyddio dynion mewn brwydr, a sut y bu i reoli'r môr o amgylch Môn a glannau'r gogledd fod yn fodd i'r Cymry wrthsefyll cael eu goresgyn am ddwy ganrif arall.

Cofnodwyd Brwydr Afon Menai a'i chanlyniad mewn sawl ffynhonnell gyfoes, gan gynnwys croniclau a cherddi Cymraeg, Manaweg, Hen Saesneg a Hen Norseg (ffigur 6.11). Er bod pob un ohonynt yn cynnig safbwynt gwahanol ynglŷn â'r ymladd a'i ganlyniadau, mae pob un, ac eithrio *Historia Gruffud Vab Kenan*, yn cytuno ynghylch pwysigrwydd y Brenin Magnús Berfœttr (Magnus 'Droednoeth': 1073–1103) a chefnogaeth ei wŷr mewn llongau, i'r llu Cymreig dan arweiniad Gruffydd ap Cynan (brenin Gwynedd, 1081–1137). Yr oedd Gruffydd wedi ymosod ar lu Eingl-Normanaidd o dan Hugh, Iarll Caer, a Hugh, Iarll Amwythig (a elwid hefyd yn 'Hugh the Magnificent' a 'Hugh the Proud'). Yn ôl y dystiolaeth sydd ar gael, mae'n debyg i Magnus a'i lu ymuno â'r frwydr wedi iddi gychwyn. Yn ôl yr *Orkneyinga Saga*:

> Defnyddiai'r Brenin Magnús fwa llaw ac yr oedd saethwr arall, o Halogaland, gydag ef. Yr oedd Huw Falch yn ymladd yn ddewr a chystal oedd ei arfwisg nes na ellid gweld ond ei lygaid. Awgrymodd y Brenin Magnús wrth y saethwr, felly, y dylent gyd-saethu at Huw, a dyna a wnaethant. Trawodd y naill saeth y darn a oedd yn gwarchod trwyn Huw, ond aeth y llall drwy dwll y llygaid a mynd i'w ben. Ac felly y syrthiodd Huw Falch. Y Brenin gafodd y clod. [53]

Ffigur 6.12 Lleoliad Castell
Aberlleiniog mewn perthynas â
glannau Môn. Mae'r holl
dystiolaeth hanesyddol sydd ar
gael yn awgrymu mai yn yr ardal
honno a'i chyffiniau y digwyddodd
Brwydr Afon Menai.

Gan i farwolaeth Hugh, Iarll Amwythig, olygu nad oedd neb mewn grym ar ochr Sir Amwythig i'r ffin, llwyddodd tywysogion Powys i ailgipio'r ardal o amgylch Croesoswallt, a sefydlwyd Gruffydd ap Cynan yn Arglwydd Môn ym 1099 gan Hugh, Iarll Caer. Magodd Brwydr Afon Menai, felly, bwysigrwydd ymhell y tu hwnt i'w leoliad uniongyrchol ac mae hi'n dangos sut y cynigiai'r môr gyfle bryd hynny i deyrnasoedd gydweithio.[54]

Yn ddiweddar, bu castell Aberlleiniog (gweler ffigur 12.2) yn destun cloddiad archaeolegol, astudiaeth hanesyddol ac ymchwil i geisio deall ei gyd-destun hanesyddol ac archaeolegol ehangach (ffigur 6.12). Canlyniad defnyddio'r mwnt, yn ddiweddarach, yn gaer yn ystod Rhyfel Cartref Lloegr (gweler tudalen 201) yn yr ail ganrif ar bymtheg ac yna godi 'ffoli' arno ar ddechrau'r ddeunawfed ganrif oedd aflonyddu ar nodweddion archaeolegol cynharach brig y mwnt. Ond mae arolwg geoffisegol o'r beili wedi dangos bod cryn botensial archaeolegol yno o hyd ac fe all hynny helpu ymhen amser i ddadlennu'r defnyddio a fu ar y castell yn ystod ei gyfnodau cynharaf.

# Llongddrylliad ar y Smalls

## Mark Redknap

Ryw 20 môr-filltir i'r gorllewin o Aberdaugleddau yn Sir Benfro ceir y creigiau basalt a dolerit peryglus a elwir yn Smalls (ffigurau 6.13 a 6.14). Cofir y brif graig heddiw am ei dilyniant o oleudai. Cynllun arloesol Henry Whiteside oedd yr un cyntaf, sef goleudy o goed a godwyd erbyn 1774–75 (gweler tudalen 47). Ffaith lai hysbys yw i'r Smalls achosi llongddrylliad yn gynnar yn y ddeuddegfed ganrif, ond prin yw'r wybodaeth sydd wedi'i dadlennu am y llongddrylliad hwnnw. Pam?

Ym 1991 y daeth bodolaeth safle llongddrylliad mor gynnar i'r golwg gyntaf. Cawsai deifiwr hyd i wrthrych glasaidd ei wedd yn ymwthio o rywle o dan blât metel o un o'r llongddrylliadau modern sy'n britho gwely'r môr wrth greigiau a rhigolau'r Smalls. Rhoddwyd gwybod i'r Derbynnydd Llongddrylliadau amdano a phenderfynwyd yn ddiweddarach ei fod yn ddyrnfol cleddyf brin o oes y Llychlynwyr. Cawsai'r ddyrnfol ei gwneud rhwng 1100 ac 1125 (ffigur 6.15) ac ar ei hochr ceir lluniau coeth o anifeiliaid mewn cyfuniad o bres, gwifren arian a nielo mewn fersiwn Gwyddelig-Lychlynnaidd llyfn o arddull addurnol a elwir yn *Urnes* ar ôl cerfiadau porth eglwys Urnes yn Norwy.[55] Efallai i'w gwneuthurwr fod yn un o'r crefftwyr hynod fedrus a fu'n gweithio i noddwr seciwlar cyfoethog yn Iwerddon. Mae'n debyg y byddai arf mor werthfawr, a fyddai efallai'n eiddo personol neu'n rhodd i gyfaill neu gynghreiriad, wedi'i lapio'n ofalus a'i storio ar fwrdd cwch neu long.

Ym 1992, trefnodd Adran Archaeoleg a Niwmismateg Amgueddfa Cymru ddwy daith i ddysgu rhagor am gyd-destun y darganfyddiad ac i weld a allai rhagor o ddeunydd o oes y Llychlynwyr fod wedi'i gadw.[56] Go brin y byddai darnau mawr o fframwaith y cwch wedi goroesi mewn amgylchedd mor ddidrugaredd o dymhestlog, ond gallai eitemau bach fod wedi'u claddu'n dynn rhwng y creigiau neu fod wedi'u dal ynddynt. Wrth i ymchwydd Môr Iwerydd daro'n ddidrwystr, gwaith anodd fu deifio rhwng llanw a thrai yn rhigolau cul a serth y creigiau y cawsai'r goleudy ei godi arnynt yn y bedwaredd ganrif ar bymtheg.

Cadarnhawyd mai ym mhen un o'r rhigolau, ac mewn rhyw 11 metr o ddŵr, y cafwyd hyd i ddyrnfol y cleddyf, a'i bod wedi'i dal o dan len fawr o haearn y credir iddi fod wedi dod o gorff maluriedig y llong ager *Rhiwabon* a aethai i'w thranc yno ym 1884.[57] Ni chafwyd hyd i lafn, gwain na phwmel y cleddyf, na dim o weddillion eraill y llong a'i chynnwys o'r ddeuddegfed ganrif. Efallai i'r ddyrnfol gael ei gwahanu oddi wrth y rhannau eraill drwy gyfuniad o gyrydu a digwyddiadau eraill ar y graig, megis colli'r *Rhiwabon*. Mae'r rhan isaf o gorff y llong honno wedi caregu ar y creigiau ac erbyn hyn wedi creu riff artiffisial.

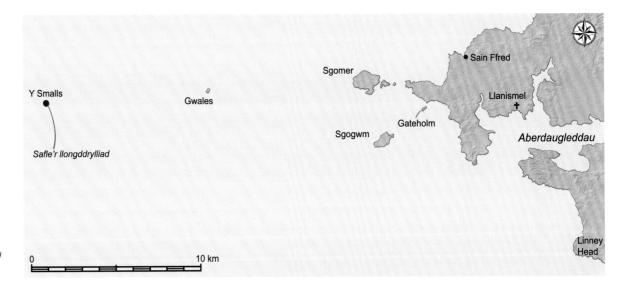

*Ffigur 6.13 Mae Riff y Smalls ryw 20 môr-filltir (32km) i'r gorllewin o Aberdaugleddau ac yn ymyl llwybr hwylio hanesyddol rhwng de Cymru ac Iwerddon.*

Ffigur 6.14 Mae patrwm rhigolau a brigiadau creigiau'r Smalls i'w weld yn glir o'r awyr. Yng nghyffiniau'r creigiau sy'n codi i'r wyneb i'r dde o'r goleudy y ceir prif ganolbwynt y llongddrylliad o Oes y Llychlynwyr. Deil tri o frigiadau'r creigiau i ddod i'r golwg adeg llanw uchel ond llechu o dan yr wyneb wna'r lleill.

Mae'n debyg mai llong ddeuben ag un hwyl oedd y llong y cawsai'r cleddyf ei gludo arni yn ystod hanner cyntaf y ddeuddegfed ganrif a bod ei ffurf hi'n debyg i ffurf y rhai a ddarlunnir ar Dapestri Bayeux o ddiwedd yr unfed ganrif ar ddeg, neu i'r llong fach ddiweddarach o'r drydedd ganrif ar ddeg o Abergwaitha (gweler tudalen 120). Fe'i collwyd ar hyd un o fôr-lwybrau hir yr Oesoedd Canol mewn cyfnod o gysylltu mynych rhwng Cymru ac Iwerddon. Bellach, cydnabyddir pwysigrwydd archaeolegol riff y Smalls fel safle llongddrylliad hanesyddol rhif 38 o dan Ddeddf Diogelu Llongddrylliadau 1973. Oddi ar 1991, mae tir rhyw 100 metr mewn diamedr o amgylch safle tybiedig y llongddrylliad gwasgaredig wedi'i ddynodi'n safle sy'n cael ei warchod.[58]

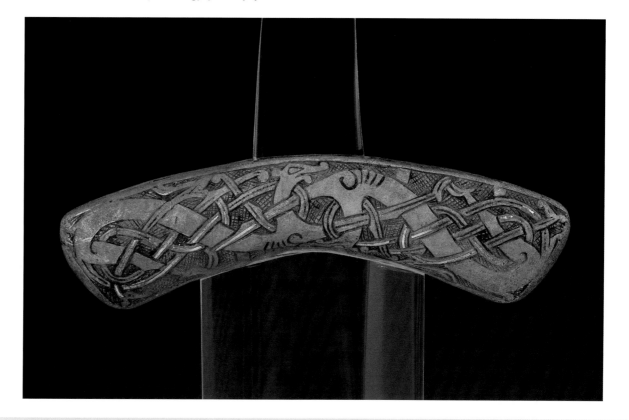

Ffigur 6.15 O bres, nielo a gwifren arian y gwnaed y ddyrnfol o ddechrau'r ddeuddegfed ganrif y cafwyd hyd iddi wrth y Smalls. Mae ansawdd yr addurno polycromatig arni cystal ag ar y gwaith metel cyfoes gorau o Iwerddon.

Pennod 7

# Yr Oesoedd Canol

## Mark Redknap

Gwelodd cymunedau Cymru newidiadau enfawr yn ystod y pedair canrif a hanner rhwng dechrau goresgyniadau'r Eingl-Normaniaid ohoni a'r 1530au. Esgorodd yr ymgiprys gwleidyddol a masnachol a'r ymgyrchoedd milwrol hir a threisgar ar glytwaith cymhleth o deyrnasoedd y Cymry ac o arglwyddiaethau Eingl-Normanaidd. Plannwyd trefi a gwelwyd mewnlifiad o newydd-ddyfodiaid o Saeson, Normaniaid, Llydäwyr a Ffleminiaid gan mwyaf. Ac yn yr holl brofiadau hynny chwaraeodd y môr a llongau rôl hollbwysig, yn enwedig ymhlith cymunedau'r glannau.

*Ffigur 7.1 Defnyddiwyd Aberdaugleddau lawer tro'n hafan ddiogel i fflydoedd o longau ac ym mis Awst 1405 glaniodd fflyd o ryw 120 o longau o Ffrainc yno â 2,600 o filwyr i gefnogi Owain Glyndŵr. Yno hefyd y glaniodd fflyd dan arweiniad Harri Tudur (y darpar frenin) ym mis Awst 1485 â byddin o 5,000 ar ei ffordd i gipio'r Goron.*

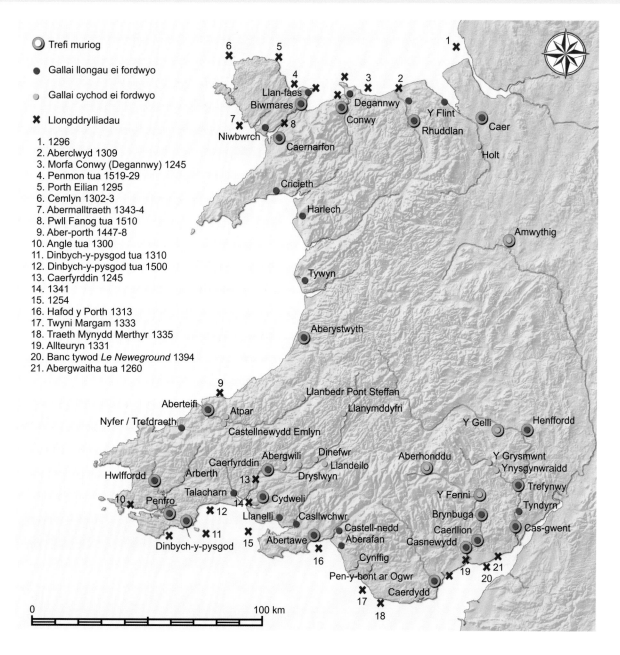

*Ffigur 7.2 Bwrdeistrefi canoloesol Cymru lle ceid mynediad i gludiant ar ddŵr. Hefyd, dangosir rhai o'r llongau a gollwyd yn ystod y cyfnod rhwng 1245 a 1520 (ar sail Gruffydd, 2016, mapiau 9 ac 13 ynghyd â data ychwanegol). Bryd hynny, perthynai Cymru i fyd amlieithog Môr Iwerddon – byd na chwaraeai Lloegr ond rôl gyfyngedig ynddi. Byddai hynny'n newid.*

Trefi muriog

Gallai llongau ei fordwyo

Gallai cychod ei fordwyo

Llongddrylliadau

1. 1296
2. Aberclwyd 1309
3. Morfa Conwy (Degannwy) 1245
4. Penmon tua 1519-29
5. Porth Eilian 1295
6. Cemlyn 1302-3
7. Abermallitraeth 1343-4
8. Pwll Fanog tua 1510
9. Aber-porth 1447-8
10. Angle tua 1300
11. Dinbych-y-pysgod tua 1310
12. Dinbych-y-pysgod tua 1500
13. Caerfyrddin 1245
14. 1341
15. 1254
16. Hafod y Porth 1313
17. Twyni Margam 1333
18. Traeth Mynydd Merthyr 1335
19. Allteuryn 1331
20. Banc tywod *Le Neweground* 1394
21. Abergwaitha tua 1260

0    100 km

Yr oedd brenhinoedd cynnar y Cymry, fel Gruffudd ap Llywelyn (1039–63) a Gruffudd ap Cynan (1099–1137), yn berchen ar longau ac yn hurio llongau i wrthsefyll uchelgais yr Eingl-Normaniaid. Ond er bod llongau'n allweddol wrth sicrhau grym, ni chydnabuwyd yn syth eu gwir fantais dactegol o ran cludo milwyr, ceffylau, offer a chyflenwadau. Anfonodd Henry II sgwadron o longau o Benfro ym 1157 i lanio milwyr a bwyd ym Moelfre ym Môn. Tra bu'r brenin yn teithio dros y tir a llwyddo o drwch blewyn i osgoi cael ei ladd, cyrhaeddodd ei filwyr Fôn yn ddiogel ar y llongau. Yr oedd mantais amlwg i ymosod yn gyflym dros y môr. Gan i Henry sylweddoli mor agored oedd Cymru i warchae gan longau, aeth mor bell ym 1165 â hurio

sgwadron o longau gan Lychlynwyr Dulyn i ysbeilio glannau Gwynedd. Ond yn ystod ymgyrchoedd ar y tir defnyddid llongau Lloegr gan amlaf i gludo cyflenwadau i'w milwyr ac i'w caerau ar y glannau – rhai fel Castell-nedd a Chaerdydd. Dyna sy'n esbonio'r holl grochenwaith o Wiltshire a Bryste y mae archaeolegwyr wedi dod o hyd iddo yn y castell a godwyd yng Nghasllwchwr yn gynnar yn y ddeuddegfed ganrif.[1]

Fu dim lleihau ar bwysigrwydd cyflenwi mewn llongau (ffigur 7.2) yn ystod y rhyfeloedd rhwng Cymru a Lloegr yn y drydedd ganrif ar ddeg. Erbyn 1233, yr oedd gan Gaerdydd, Casnewydd a Chaerfyrddin longau y gellid eu defnyddio at ddibenion milwrol, ac ym 1210 llogodd y Brenin John (1166–1216) longau o Abertawe i gludo milwyr o Benfro i Iwerddon.[2] Cedwid rhwyflongau yng Nghaer a Bryste yn ystod y 1240au i ymosod a hefyd i gyflenwi bwyd a diod i gestyll yng Nghymru ac Iwerddon,[3] ac anfonodd John 18 rhwyflong yn erbyn llongau Llywelyn ap Iorwerth (Llywelyn Fawr, 1173–1240). Yn Aberdaugleddau ym 1256, glaniodd 20 llong Eingl-Wyddelig ac arnynt 600 o geffylau o Waterford. Bwriad eu hanfon, mae'n debyg, oedd iddynt atgyfnerthu llu Seisnig a oedd i'w anfon i Ystrad Tywi yn Sir Gaerfyrddin. Y flwyddyn ganlynol, anfonodd Henry III filwyr o Drogheda i orllewin Cymru drwy harbwr Aberteifi.[4] Gallai anfon llongau fod yn beryglus: yn y gogledd, collwyd tair o longau cyflenwi milwrol Henry III (1207–72) oddi ar Benygogarth ym 1245.

Manteisiai tywysogion Gwynedd ar unrhyw beth y gallent ei achub o longddrylliadau. Mae siarter Llywelyn ap Iorwerth i Abaty Aberconwy yn manylu ar hawl y tywysog i 'longddrylliad'. Yn ddamcaniaethol, câi nwyddau o longddrylliadau eu rhyddhau os oedd y perchnogion wedi goroesi ac yn mynnu bod y nwyddau'n cael eu dychwelyd.[5] Ym 1280, serch hynny, gwrthododd Llywelyn ap Gruffudd (Llywelyn Ein Llyw Olaf, bu f. 1282) ddychwelyd i'r masnachwr Robert de Leicester nwyddau o'i eiddo a fuasai mewn llongddrylliad (ac a brisiwyd yn rhai gwerth £20 neu £30). I ddial am hynny, cafodd mêl a cheffylau a oedd yn eiddo i Lywelyn eu cadw rhagddo yng Nghaer.[6]

Pan fu i frenhinoedd Norwy ildio Ynys Manaw ac Ynysoedd y Gorllewin i'r Alban ym 1266 wedi iddynt reoli llawer o Fôr Iwerddon, doedd gan dywysogion Cymru mo'r grym wrth gefn i atal ymdrechion Lloegr i ddefnyddio'r môr i fygu awydd y Cymry i gadw'u hannibyniaeth. Bellach, gallai Lloegr ymyrryd o gyfeiriad newydd. Yn wir, byddai Edward I (1239–1307) yn dibynnu'n drwm ar dderbyn cyflenwadau dros y môr o Iwerddon a Gwasgwyn yn ogystal â Lloegr. Logisteg oedd yr allwedd i fuddugoliaeth, a llongau oedd yr allwedd i logisteg. Pan fyddai angen llongau ar Edward, gallai alw ar Bum Porthladd de Lloegr (y Cinque Ports) am fod gofyn iddynt ddarparu Gwasanaeth Llongau i Goron Lloegr yn gyfnewid am freintiau gwerthfawr.[7] Ond gan nad oedd gwasanaethu'r Goron ar adeg o ryfel bob amser yn boblogaidd, cafodd Edward wared ar y mwyafrif o'i longau ym 1277 a 1282 cyn gynted ag y cwblhawyd eu tasg o ynysu Môn a chludo'r fyddin ar draws Afon Menai. Rhyw 10 wythnos a barodd y gwasanaeth hwnnw.[8] Ochr yn ochr â llongau masnach a chychod a oedd yn eiddo i'r brenin, defnyddiwyd llongau eraill i gludo dynion, defnyddiau a darpariaethau i godi cestyll Edward I yn Aberystwyth, y Fflint a Rhuddlan.[9] Tyfodd Caernarfon yn bwynt dosbarthu pwysig ar gyfer cyflenwi'r garsiynau yn Harlech, Cricieth a Chonwy.

Tua diwedd y drydedd ganrif ar ddeg bu digwyddiad ym Môr Hafren ac iddo ganlyniadau gwleidyddol i Gymru. Ddiwedd 1275, doedd dim digon o wynt yn aber Afon Avon i symud llong nodedig ei maint a'i chelfi. Arni yr oedd Amauri de Montfort (1242/3–1301),[10] gŵr a oedd yn dod â'i chwaer, Elinor de Montfort (1252–82), i Gymru i briodi Llywelyn ap Gruffudd.[11] Cythruddai'r briodas bryfoclyd honno Edward I am fod ei berthynas â Llywelyn wedi dirywio, ac yr oedd llongau'r brenin yn gwarchod Môr Hafren i sicrhau na roddai Amauri de Montfort ei droed ar dir Cymru. Yn ddiweddarach, cipiwyd y llong gan hur-filwyr Edward, mae'n debyg, a charcharwyd Amauri ac Elinor. Er iddynt geisio cuddio pwy oeddent, cafwyd hyd i arfbais a baner de Montfort ynghudd o dan fwrdd y llong.[12]

Cafodd dibyniaeth Lloegr ar orfodi llongau a chriwiau i gymryd rhan mewn ymgyrchoedd milwrol ei hestyn i gynnwys Cymru yn y bedwaredd ganrif ar ddeg a'r bymthegfed ganrif. Ym 1370 gorchmynnwyd i feilïaid Caerfyrddin a Dinbych-y-pysgod arestio llongau a bwysai gan tunnell a rhagor a'u hanfon i Plymouth i ymuno â llu a oedd wrthi'n cael ei gynnull i ymosod ar Ffrainc.[13] Talodd milwyr o Ffrainc y pwyth yn ôl yn ystod gwrthryfel Glyndŵr drwy helpu'r Cymry a defnyddio llongau i atal cestyll y Saeson rhag ceisio cymorth. Os yw disgrifiadau'r oes yn gywir, y canlyniad oedd i'r nifer fwyaf erioed o longau o Ffrainc ymgasglu yn nyfroedd Cymru wrth i o leiaf 120 o longau o dan oruchwyliaeth Jean de Rieux angori yn Aberdaugleddau (gweler ffigur 7.1).[14] Gwyddom i rai llongau gael eu colli yn y brwydro. Ym 1400 suddodd byddin Glyndŵr y llong leol *Trinity* pan oedd hi wrth angor yn harbwr Caerdydd, a chollwyd llongau o Ffrainc adeg y gwarchae ar Ddinbych-y-pysgod gan longau o Loegr o dan Arglwydd Berkeley a'r môr-leidr o Poole, Harry Pay.[15]

Mae'r nifer cynyddol o gofnodion bob-dydd a gadwyd gan y llywodraeth o'r ddeuddegfed ganrif ymlaen (yn gyfrifon ariannol, yn rhestri ac yn achosion cyfreithiol) yn rhoi gwybodaeth ddibynadwy i ni am faterion morol a gweithgareddau'r llongau, eu llwythi a'u criwiau. Cynhelid llawer o'r gweithgareddau masnachu'n lleol ac ar hyd y glannau, yn enwedig ar draws Afon Hafren.[16] Buddsoddiadau llai sicr a hirach eu parhad oedd eraill gan fod taith pob llong, a'i chynnwys, yn fenter ariannol i'r perchnogion ac yn risg i'r rhai a hwyliai ynddi.

Yn *Buchedd Gwynllyw*, a luniwyd tua 1130, disgrifir masnachwyr o Loegr yn hwylio i aber a harbwr Afon Wysg – i Gasnewydd a Chaerllion, mae'n debyg – i fasnachu. Yn ddiweddarach, tua diwedd y ddeuddegfed ganrif ac yn ystod y drydedd ganrif ar ddeg, sefydlodd tywysogion Gwynedd Lan-faes yn brif ganolfan fasnachu i'w teyrnas. Cyn gynted ag y cafodd Bryste grantiau brenhinol i fasnachu â Dulyn yn y 1170au, teimlwyd bod hynny'n herio hen siarter fasnachu Caer â phrifddinas Iwerddon, ond byddai Caer yn elwa o fod yn brif borthladd pan ddeuai'n fater o gyflenwi nwyddau i fyddin Lloegr wrth iddi ymladd yng ngogledd Cymru.

Gwelodd y 1200au ehangu ar y breintiau masnachol i drefi a phorthladdoedd ledled Cymru. Rhoes Henry III freintiau gwerthfawr i rai o drefi'r Gororau, fel y siarter a roddwyd i fwrdeisiaid Trefynwy ym 1256 i'w heithrio rhag talu pontreth (toll pontydd) a threthi eraill. Daliai gwin, halen a haearn i fod yn fewnforion o bwys, a gwlân, gwlangrwyn (gwlân ar grwyn), brethyn a chrwyn oedd y prif allforion.[17] Sylweddolai tywysogion y Cymry, fel Llywelyn Fawr, bwysigrwydd cysylltiadau tramor gan iddo sefydlu cytundeb â Ffrainc, ac mor gynnar â 1229

cafodd meistr llong, Robert o Gydweli, ganiatâd gan Henry III i fasnachu â Gwasgwyn.[18]

Ym 1258 daeth llongau â'u llond o win i Gastell Trefynwy i ddadlwytho wrth gei Abaty Tyndyrn, ac âi cychod â'r gwin i fyny'r afon.[19] Mae cyfrifon swyddogion tollau Bryste yn niwedd y drydedd ganrif ar ddeg a dechrau'r ganrif ddilynol yn dangos y datblygu di-dor a fu ar gysylltiadau masnachu â phorthladdoedd fel Cas-gwent, Teignmouth (1298), Gwasgwyn, Portiwgal a Fflandrys (144 o lwythi rhwng 1303 a 1309).[20] Wrth i Fryste ddatblygu'n borthladd pwysicaf Môr Hafren o ran cludo'r mwyafrif o nwyddau, yr oedd Cas-gwent wedi datblygu rôl fel prif is-borthladd Bryste ar gyfer de Cymru erbyn 1306.[21] Yr oedd ganddi bedair llong, ond aeth tair ohonynt i'w tranc ger Dinbych-y-pysgod ym 1311.[22] Cynyddodd pwysigrwydd afonydd Mynwy a Gwy hefyd fel rhan o ddiriogaeth economaidd Bryste am eu bod yn fodd i gludo gwlân a nwyddau eraill yn haws ac yn rhatach ar draws Afon Hafren i'r porthladd masnachu mawr hwnnw.

Yn ystod y cyfnod hwn o ehangu byd masnach, bu masnachwyr o Gymru, Lloegr a'r Alban i gyd yn

*Ffigur 7.3 (chwith) Sêl 'New Custom' porthladd canoloesol Caerfyrddin ('in Portu Kermerdyn') tua 1284–1326. (de) Sêl Derbyn Gwlân a Chrwyn i Gaerfyrddin (tua 1284–1326).*

Ffigur 7.4 Corffddelw Thomas White (bu f. 1482), masnachwr gwin cyfoethog a maer y dref, yn eglwys Dinbych-y-pysgod. Mae'n enwog am helpu Jasper Tudor, Iarll Penfro, Henry, Iarll Richmond, a'i fam, Iarlles Richmond, i ddianc o'r dref i Lydaw wedi i'r Lancastriaid golli brwydr Tewkesbury ym 1471.

cystadlu am y fasnach dramor – dynion fel Lawrence de Ludelowe (tua 1250–94), yr allforiwr gwlân (a chodwr Castell Stokesay) a foddodd ym 1294 pan yrrodd storm ei long drymlwythog i'r lan ger Aldeburgh yn Suffolk wrth iddi gludo llwyth o wlân o Yarmouth i'r Iseldiroedd.[23] Twf yn y boblogaeth a achosodd y cynnydd yn helaethrwydd a gwerth cyfnewid nwyddau, ac ochr yn ochr â hynny cynyddodd maint y llongau (drwy fod â howldiau dyfnach), y cynnyrch a'r elw. Am fod llongau'n ddyfnach, yr oedd yn rhaid wrth geiau â dŵr dyfnach, ac yn ddiweddarach câi rhai porthladdoedd broblemau ynghylch hwyluso mynediad llongau iddynt. Y canlyniad fu i Fiwmares ddatblygu'n borthladd pwysicaf Môn ar ôl gwella'r cei yno ym 1322,[24] ac yr oedd un masnachwr o Lerpwl a gyflenwai ffa i'r castell a'r dref, ac a ddaeth yn feili'r dref, yn berchen ar long 60 tunnell yn y porthladd yno.[25] Datblygodd Caerfyrddin yn brif dref a phorthladd y gorllewin (ffigur 7.3) a thyfodd Aberdaugleddau, Penfro a Dinbych-y-pysgod drwy fanteisio ar y fasnach win â Gwasgwyn ac Iberia (ffigur 7.4).

Dogfennir y nwyddau a gludwyd gan longau mewn amrywiaeth o gofnodion gan y tollau a'r llysoedd. Er mai disgrifiadau rhannol yn unig a gawn ni (am fod rhai nwyddau wedi'u heithrio), gallant gynnig llawer o wybodaeth, fel yn achos y nwyddau a atafaelwyd cyn 1465 o'r llong *Michell* o La Rochelle y daethpwyd â hi i mewn i Aberdaugleddau. Mae'r cofnodion yn rhestru 42 *tun* (casgen) o halen (gwerth £48), 12 *tun* (cerwyn) o win La Rochelle (£40), 10 dwsin o frethyn 'of Bretayn' (33s 4d), pum dwsin o 'cardes' [cribau cardio] (40s), pum casyn matres [o liain yn aml] (33s 4d), darn plât o arian (13s 4d) a manion eraill (£6 13s 4d).[26] Er mai prin yw'r dogfennau, fe amlygir y masnachu ar hyd morffyrdd y gorllewin ac ym Môr Iwerddon gan nifer y mewnforion o grochenwaith i Gymru, Iwerddon a de-orllewin yr Alban, gan gynnwys nwyddau aml-liwiog a gwyrdd eu gwydredd yn y drydedd ganrif ar ddeg a dechrau'r ganrif ddilynol. Jygiau o ranbarth Saintonge i'r gogledd-ddwyrain o Saintes yn Ffrainc oeddent gan mwyaf. Mae'r Llestri Saintonge sy'n gysylltiedig â chorff llong ganoloesol y cafwyd hyd iddi yn Harbwr St Peter Port yn amlygu rôl Guernsey yn y llwybrau cyflenwi hynny.[27] Mae'r ffaith fod y crochenwaith arbennig hwnnw i'w gael ar safle llawer castell yn dangos mor broffidiol oedd mewnforio gwin o Wasgwyn er i'r fasnach ddioddef yn ystod y Rhyfel Can Mlynedd (tua 1340–1450).

Gan fod cychod yn newid dwylo'n aml oherwydd natur ryngwladol y fasnach yn anterth yr Oesoedd Canol, mae'n anodd cyplysu llong â gwlad benodol.

Atafaelwyd llong o Gaerdydd – na wyddom ei henw – gan swyddogion o Saeson ym Mhenfro ym 1216 wrth iddi gludo gwin ac eiddo i Ddulyn a dynion o Drogheda (Iwerddon). Ym mis Mai y flwyddyn honno, rhoes y Brenin John y llong i William Marshal, Iarll Penfro (1146/7–1219), a gwerthodd yntau hi erbyn mis Chwefror 1218 i Peter Blunt, masnachwr o Drogheda. Cyn pen dwy flynedd, felly, yr oedd y llong wedi perthyn i Gymru, Lloegr ac Iwerddon.[28] Bu llawer o 'dramorwyr' yn ymwneud â'r fasnach wlân yng Nghymru a Lloegr yn ystod y drydedd ganrif ar ddeg a'r ganrif ddilynol, yn enwedig Ffleminiaid ac Eidalwyr. Ym 1277, llwyddodd Orlandinus de Podio, 'masnachwr y brenin' o Lucca, i gael saffcwndid i anfon 20 sachaid o wlân, a gawsai eu prynu oddi wrth abad Aberconwy, ar long i Gaer.[29]

Erbyn diwedd y bymthegfed ganrif yr oedd mwy o longau o Iwerddon nag o Loegr wrthi'n masnachu â Chaer a Bryste,[30] ac yr oedd mwy o longau o Iwerddon ym mhorthladdoedd Cymru. Ymhlith yr allforion o Iwerddon ceid pysgod, crwyn a lledr, gwlangrwyn, brethyn gwlân a mentyll, edafedd, gwêr, edafedd llin, coed, grawn a da byw, a gwin o Ffrainc ac Iberia a ail-allforiwyd. Ymhlith y mewnforion yr oedd gwin, mêl, haearn, cynnyrch fel cyllyll ac arfau, tun, hoelion, perlysiau, dillad sidan, sebon, hopys, halen a glo.[31] Cychod o Gas-gwent, Dinbych-y-pysgod, Aberdaugleddau a Chaerfyrddin a gludai lawer o'r nwyddau rhwng Bryste ac Iwerddon. Deuent â physgod o Iwerddon a dychwelent â halen, haearn, gwin, a brethyn Lloegr.[32] Yn ystod y bymthegfed ganrif, defnyddid heidiau o *cottes* (cychod bach agored a deithiai ar y môr), a gawsai eu hadeiladu yn Wexford, i gludo pysgod i Bridgwater. Dychwelai pob un ohonynt gan gludo llwyth o 8-10 tunnell o lo o Gymru.[33]

Gan John Balsall, a fu'n brif stiward ar long, ceir disgrifiad o fordaith o Fryste ac mae'n rhestru'r mannau aros a'r amser a gymerid i deithio pellteroedd maith. Fel rheol, masnachu â Gwasgwyn a Lisbon wnâi llong Balsall, y *Trinity* a bwysai 300-360 o dunelli, ond ym 1480 fe gychwynnodd hi ar daith feithach i Fôr y Canoldir.[34] Arni yr oedd criw o un ar bymtheg o forwyr, wyth milwr, dau ynnwr a thri bachgen, y prif stiward a phedwar dyn arall (cyfanswm o 34). Hwyliodd hi o Fryste ym mis Hydref a galw yn Minehead (lle prynwyd stôn o wêr), yn Aberdaugleddau ac yna yn Kinsale yn Iwerddon cyn troi tua Huelva ym Mhortiwgal. Arhosodd yno am bedair neu bum wythnos cyn anelu am Puerto de Santa Maria ac yna am Gibraltar. Yno, cyflogwyd peilot a phrynwyd arfau ychwanegol cyn mentro i borthladd proffidiol ond peryglus Oran (rhan o deyrnas Tlemcen Zaiyyanid Mwraidd yn Algeria). Ar ôl glanio yn

Sbaen iddi gael ei hatgyweirio, dychwelodd adref yn ystod haf 1481 gan aros dim ond unwaith i lwytho bwyd a diod.[35]

Er na wyddon ni mo enwau'r criwiau fel rheol, bydd yr enwau a restrir weithiau mewn cofnodion o longddrylliad yn cyfleu natur bersonol y drychineb. Gwyddom enwau saith a foddodd ym 1333 mewn llongddrylliad ger Margam, sef Philip Filias, Thomas le Wallare, John le Rede, John de Chorchehey, Thomas de Penmark, Henry le Glovare a merch o'r enw 'Sussane'. Collwyd y cwch (y prisiwyd ei fod yn werth 40 swllt) ynghyd â thri ffardel (bwrn) o wlân (gwerth 60 swllt). Yn ogystal â chludo llwythi swyddogol, cludai llongau masnach lond sawl coffr o eiddo'r meistr, y morwyr ac unrhyw fasnachwr a oedd arnynt;[36] yn yr achos hwn, collwyd coffr bach a chasgen.[37]

Gallai môr-ladrata, ym mhob dull a modd, ddigwydd yn unman – o'r llong o rawn o Gaer a gipiwyd gan Ruffydd ap Madog ym 1241 i'r grŵp hynod arfog o fôr-ladron o Loegr a laniodd ar Enlli ym 1346.[38] Yn Aberdaugleddau ym 1409 cipiwyd y carac dau hwylbren, y *Sancta Maria et Sancta Brigida* o Bordeaux, gan haid o 'fôr-ladron' ond fe'i hailfeddianwyd gan y Goron ym 1410 a'i hailenwi'n *Le Carake*.[39] Mae cywydd gan Ddeio ab Ieuan Du (*fl.* 1460–80) yn y bymthegfed ganrif yn disgrifio sut y'i daliwyd ef gan fôr-ladron, ac mae'n cynnwys un o'r cyfeiriadau cynharaf at Fadog ab Owain Gwynedd (tua 1150–70) fel mordwywr.[40] Yn ystod y 1320au, ceisiodd hyd yn oed siambrlen y brenin yng ngogledd Cymru, Syr Adam de Wettenhale, gipio 27,000 o alwyni o win a gâi eu cludo gan Nicholas o Lymington o Bordeaux i Gaer ar ôl i'r llong angori yn 'le Stonhous' ger Ynys Môn.[41] Bu farw amryw o'r morwyr.

Darlunnir y demtasiwn i gipio gwin gan hanes cymunedau Trefdraeth Wastrodion a Threfdraeth Ddisteiniaid ym Môn. Fe'u cyhuddwyd ym 1321 o'u helpu eu hunain i eitemau o long a gawsai ei dryllio yn Abermalltraeth, i'r gorllewin o Niwbwrch,[42] a rhwng 1519 a 1529 fe arestiwyd prior Penmon mewn cysylltiad â chipio gwin o Wasgwyn o longddrylliad ger ei briordy. Gallai llongddrylliad fod yn werthfawr iawn. Ym 1394 aeth llong fawr ac arni lwyth o win Gwasgwyn a nwyddau eraill i drybini ar fanc tywod 'le Neweground' oddi ar Allteuryn. Fe'i hanrheithiwyd a'i chwalu â 'bwyelli bach' er mwyn dwyn ei nwyddau a'i hoffer. Aseswyd ei bod yn werth £1,200 i gyd.[43]

# 7.1     Doc canoloesol Castell Biwmares

## Mark Redknap

Gall astudio a chofnodi ceiau a glanfeydd canoloesol helpu i asesu dyfnder, bwrdd rhydd (yr uchder o linell y dŵr i'r dec) a maint tebygol y llongau a hwyliai ohonynt. Mewn ffordd debyg, gall y dystiolaeth archaeolegol ynghylch llongau a chychod yr oes daflu goleuni ar y datblygiadau yn y ffordd y gweithredid y ceiau a'r glanfeydd.

Biwmares ym Môn oedd yr olaf o drefedigaethau Edward yng Nghymru, ac ni ddechreuwyd codi'r castell yno tan 1295. Ar ochr orllewinol ei 'Gate next the Sea' (ffigur 7.5) y mae'r doc sy'n gwasanaethu'r castell ac mae hwnnw mewn cyflwr da. Fe'i hamgaewyd i ddarparu man docio amddiffynedig i longau hyd at ryw 14.3 metr o hyd. Byddai llawer o'r llongau a fu'n cyflenwi'r castell wedi bod yn fwy na hynny, ond mae'r hyd hwnnw a phresenoldeb llifddor ganolog drwy'r llenfur allanol yn awgrymu y gellid bod wedi dadlwytho nwyddau'n uniongyrchol oddi ar ochr math o long fach â chêl

*Ffigur 7.5 Awyrlun o Gastell Biwmares sy'n dangos manylion y doc y mae ffordd fodern wedi cwtogi arno ar ganol gwaelod y llun.*

agored ac y câi hwnnw ei amddiffyn gan farbican ychwanegol tua'r gogledd – a gawsai ei adeiladu ym 1306 neu wedi hynny – a chan 'Llwybr y Gynwyr' ar yr ochr ddwyreiniol lle ceir llwyfan saethu a godwyd tua 1310.

Delir i ymchwilio er mwyn cyfoethogi'n dealltwriaeth ni o'r ffyrdd y gallai'r nodweddion hynny fod wedi gweithio. Mae'r darluniwr adlunio archaeolegol, Chris Jones-Jenkins, wedi defnyddio meddalwedd cyfrifiadurol i ddiweddaru'r adluniadau cyfarwydd a luniwyd gyntaf gan Alan Sorrell (1904–74) o Gastell Biwmares (1957) (ffigur 7.6) ac yna, wedyn, gan Terry Ball (1931–2011), ac addasu ffurf a dimensiynau llong Abergwaitha yn batrwm i gyfoethogi arlunwaith y tywyslyfr newydd.[44] Mae'r cyfrifiadau ynghylch uchder gynwal a hyd y llong (rhwng 13.2 metr a 14.3 metr) yn cyd-fynd yn dda â doc a llifddor Biwmares.

Mewn llythyr a anfonwyd tua 1296 gan James of St George (tua 1230–1309), pensaer y castell, a Walter of Winchester at drysorydd a barwniaid y Siecr yn San Steffan, dywedir 'at high tide a 40-ton vessel will be able to come fully laden right up to the castle gateway'. Mae'n debyg bod arnynt eisiau pwysleisio bod mynediad i'w gael i longau a oedd wedi'u llwytho â defnyddiau adeiladu.[45] Go brin y byddai dadlwytho'n uniongyrchol drwy'r porth yn y llenfur yn hawdd i longau mawr ac i gychod ag ochrau uchel. Gallai'r llongau mawr hynny fod wedi angori yn ymyl y 'Gate next the Sea' a'i bont.

Cyrhaeddodd 160 o alwyni (605 o litrau) o fêl Sbaen y garsiwn ym 1323 ac yr oedd halen, gwenith, brethyn a chrwyn geifr a lloi ymhlith y nwyddau a fasnachwyd yn y dref. Ni ddechreuwyd codi muriau'r dref tan ddechrau'r 1400au (tua 1359–tua 1416) wedi i Owain Glyndŵr ddinistrio rhan ohoni. Gwelwyd llifogydd yno, gan gynnwys gorlifo 10 darn o dir bwrdais ym 1414, a bylchodd y môr fur y dref ym 1460.[46] I bob golwg, y cofnod cyntaf a geir o long o Wlad y Basg yn teithio i borthladd Biwmares yw hwnnw am y *Maria Magdalena* o Lequeito yn docio yno ym 1517–18 â llwyth o 73 o dunelli o haearn Sbaen.[47] Ffynnodd y dref fel porthladd masnachu a physgodfa penwaig tan yr ail ganrif ar bymtheg, ond erbyn i John Speed (1551/2–1629) lunio'i gynllun o'r dref ym 1610 yr oedd y môr wedi cilio o ddoc y castell canoloesol gan ei adael â dim ond tywod o'i amgylch.

*Ffigur 7.6 Mae adluniad Alan Sorrell o Gastell Biwmares (1957) yn dangos doc y castell, y tu allan i'r prif borth, a gysylltai'r castell â'r môr. Bwriadwyd i'r doc fod yn fodd i longau 40-tunnell â llwyth llawn ynddynt hwylio hyd at borth y castell.*

*Ffigur 7.7 Creodd Chris Jones-Jenkins yr astudiaeth fanwl hon (2010) o ddoc Castell Biwmares ar gyfer argraffiad newydd o dywyslyfr y castell. Mae'n diweddaru adluniad Alan Sorrell ac wedi'i seilio ar ddata o arolwg newydd.*

# 7.2 Castell Rhuddlan a chamlesu Afon Clwyd

## Sian Rees

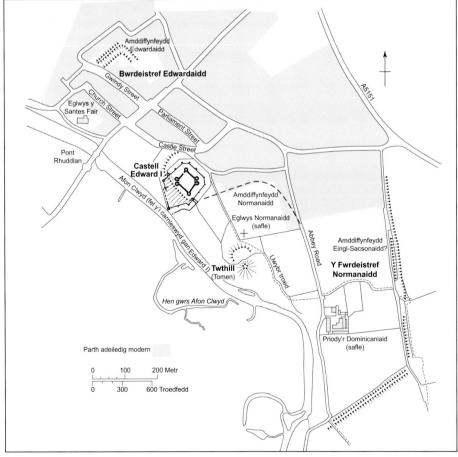

Wedi i Edward I (1239–1307) gyhoeddi ym 1276 ei benderfyniad i rwystro Llywelyn ap Gruffudd (Llywelyn Ein Llyw Olaf, tua 1225–82) rhag parhau i wrthwynebu teyrnasiad yr Eingl-Normaniaid, aeth ati i godi cestyll ar raddfa na welwyd mo'i thebyg yng Nghymru o'r blaen. Codwyd deg castell yn gadarnleoedd brenhinol ac ychwanegwyd cestyll arglwyddiaethau eraill at yr ymdrech fawr. Codwyd y mwyafrif o'r deg castell ar safleoedd newydd ar lannau'r gogledd gan gymaint awydd Edward i sicrhau bod modd iddo ddefnyddio'r môr i'w cyflenwi a'u hatgyfnerthu.[48]

Yr un pryd ag y dechreuwyd ailgodi castell Llanfair-ym-Muallt a chastell newydd wrth y môr yn Aberystwyth, aeth Edward ati i godi dau gadarnle newydd ar hyd glannau'r gogledd wrth iddo frwydro'i ffordd o'r dwyrain i'r gorllewin tuag at Wynedd. Ar ôl penderfynu ar safle newydd ar gyfer y Fflint, rhaid oedd dewis safle'r castell nesaf tua'r gorllewin. Gan mai castell ar dir uwch oedd yr un yn Nyserth a gawsai ei godi gan Henry III (1207–72) ond a ddinistriwyd gan Lywelyn, yr oedd i hwnnw holl drafferthion ei leoliad. Dewis Edward, felly, oedd Rhuddlan am fod yno gastell Eingl-Normanaidd ar dir isel ger Afon Clwyd, afon â llanw a thrai iddi. Dechreuwyd ar y gwaith adeiladu ym 1277 (ffigur 7.8).

Ond gan fod cwrs naturiol yr afon yn ymddolennu drwy lifwaddodion yr aber tuag at y môr, bu'n rhaid i longau Gruffudd ap Llywelyn, yn ôl y croniclau, angori yn yr afon yn Rhuddlan ym 1063. Efallai i longau Llywelyn fod yn llai na'r rhai a fynnid gan Edward – cafodd doc Biwmares ei gynllunio i gymryd llongau 40-tunnell o'u llwytho'n llawn (gweler tudalen 106) – neu efallai i'r silt gronni a'i gwneud hi'n anos mordwyo'r afon erbyn hynny. I sicrhau bod modd i'w longau hwylio ar hyd Afon Clwyd, cychwynnodd Edward ar y gamp beirianyddol hynod o adeiladu cỳt newydd, syth.[49] Gyda'i ynni arferol, yr oedd wedi llwyddo erbyn mis Tachwedd i gasglu llond y lle o gloddwyr o'r Fens yn Sir Lincoln i dreulio'r tair blynedd nesaf yn cloddio dwy neu dair milltir o'r 'great dyke leading from the sea to the castle' (ffigur 7.9).[50] Cofnodir y swm o £755 5s 3d yn benodol fel cyflogau'r cloddwyr. Gan mai'r amcangyfrif yw bod cyfartaledd cyflog diwrnod i gloddiwr yn llai na 3d, byddai'n rhaid bod wedi cyflogi, ar gyfartaledd, 77 o gloddwyr yn ddi-dor am chwe diwrnod yr wythnos i gwblhau'r dasg anferthol honno'n llwyddiannus. Byddai hynny wedi bod yn gryn gyfran o gyfanswm yr arian a wariwyd ar y castell.

Heddiw, mae Afon Clwyd o Ruddlan yn dal i lifo i'r môr bron ar hyd y cwrs a grëwyd gan gloddwyr Edward (ffigur 7.10). Defnyddiodd llongau'r glannau gei'r dref tan y bedwaredd ganrif ar bymtheg ond gyda dyfodiad y rheilffordd, fel yn y Fflint, dirywio wnaeth pwysigrwydd masnachu dros y dŵr.

*Ffigur 7.8 (gyferbyn, uchod) Yn Rhuddlan ceid dau borth ar lan yr afon i ddod â bwyd a diod i'r castell, ynghyd â mur amddiffynnol ar hyd glan yr afon. Amddiffynnid y porth mwyaf deheuol, wrth y doc, gan Dŵr Gillot (sef, mae'n debyg, enw'r saer maen a'i cododd).*

*Ffigur 7.9 (gyferbyn, isod) Mae cynllun Rhuddlan yn dangos prif nodweddion canoloesol y dref ar hyd glan ddwyreiniol Afon Clwyd. Canaleiddiwyd yr afon gan Edward I er mwyn i'w longau mwy o faint allu dod yno i gyflenwi'r castell.*

*Ffigur 7.10 (de) Mae'r awyrlun hwn o Ruddlan o'r de-orllewin yn dangos y darn o Afon Clwyd a ganaleiddiwyd. Cyn i'r darn hwnnw o'r afon gael ei sythu, arferai'r afon ymddolennu gryn dipyn.*

# 7.3

# Y Fflint: cadarnle ar y glannau sydd wedi troi'n ganolfan diwydiant

## Sian Rees

Wrth i Edward I (1239–1307) frasgamu ar draws Cymru ym 1277 yn benderfynol o roi terfyn ar y tywysogion Cymreig a fynnai herio ei deyrnasiad, fe gododd ef gyfres o gestyll a allai wrthsefyll gwarchae ac ymosodiadau arnynt gan ei elynion. Byddai'r cestyll yn daith diwrnod o orymdeithio o un i'r llall ar hyd y glannau, a gallai llongau ddod â bwyd a diod iddynt. Yr oedd i bob un ohonynt harbwr a chei i gyflenwi'r castell a'i dref. Cafodd y trefi eu creu i weinyddu trethi a chyfiawnder ac i fasnachwyr a chrefftwyr gynnal eu marchnadoedd ynddynt. Yr oedd rhai o'r cestyll ar lan y môr ac eraill, fel y Fflint, ar aberoedd.[51]

Camp ryfeddol oedd cloddio'r amddiffynfeydd mewn cors isel o amgylch pentir creigiog 'Le Flynte'. Yng Nghaer, casglwyd nifer fawr o *fossatores* (cloddwyr ffosydd – rhyw 2,300 o ddynion o'r Fens yn Sir Lincoln) cyn sefydlu gwersyll ar lan yr aber.[52] Fe weithion nhw'n gyflym i gloddio clawdd dwbl a ffos amddiffynnol o amgylch y dref a ffos ddŵr o amgylch y castell, a chynlluniwyd i ochr ddwyreiniol (ac ochr orllewinol,

mae'n debyg) y castell gwrdd â'r dyfroedd llanwol. Yr oedd yno hefyd 'donjon' (gorthwr neu dŵr mawr) ar wahân iddo, a beili mawr (ffigur 7.11). Yn y cyfamser, cludwyd coed o fforestydd Sir Gaer, ynghyd â 10,000 o gerrig o chwarel Shotwick ac 87,000 o fagiau o galch i wneud morter, ar rafftiau i gei a oedd, mae'n fwy na thebyg, ar ochr dde-ddwyreiniol y castell. Cwblhawyd codi'r castell erbyn 1286 ond collodd dipyn o'i bwysigrwydd milwrol wedi i'r cestyll mawr yng Ngwynedd gael eu codi ac i'r rhyfeloedd yng Nghymru ddod i ben.

Mae gwaith adeiladu a hanes diweddarach y Fflint yn dangos bod yr agwedd forol ar gestyll Edward yn hollbwysig.[53] Drwy sefydlu trefi fe drawsffurfiwyd ffyniant a ffordd o fyw'r bwrdeisiaid Eingl-Normanaidd ar hyd gororau a fu gynt mor derfysglyd (ac, yn wir, ar hyd a lled Cymru). Drwy hybu masnach llwyddwyd i gynhyrchu mwy. Fel y tystia gweddillion y caeau o amgylch y dref, prynwyd tir i fagu defaid arno a dechreuwyd manteisio ar gyfoeth mwynol y fro i allforio nwyddau amaethyddol a phlwm ar longau i rannau eraill o Gymru a thu hwnt.

Gan fod y Fflint rhwng Caer a Rhuddlan, fe ddaliwyd i'w ddefnyddio'n lle i dorri'r fordaith ar hyd glannau'r gogledd ac i Iwerddon. Ond dioddefodd y dref gryn dipyn adeg Owain Glyndŵr (tua 1355–tua 1416) ac nid adferwyd ei phoblogaeth wedi hynny. Am fod llai o weithwyr ar gael, fe amharwyd ar gynnal a chadw'r ffosydd a'r cilfachau o amgylch y castell a'r dref. Mae'r gwaith cloddio sydd wedi'i wneud yn y castell yn awgrymu i silt dyfu'n broblem ddifrifol erbyn y bymthegfed ganrif ac erbyn hynny doedd y llanw ddim yn cyrraedd y ffos allanol.

Digon marwaidd fu pethau yno o'r bymthegfed ganrif hyd yr ail ganrif ar bymtheg, ond trawsnewidiwyd y sefyllfa yn y ddeunawfed ganrif gyda dyfodiad diwydiant i gloddio'r glo lleol a'r plwm o Fynydd Helygain. Cynyddodd pwysigrwydd y ddau ddiwydiant yn y bedwaredd ganrif ar bymtheg yn sgil dyfeisio dull o ddefnyddio glo i smeltio plwm, a chodwyd ceiau a phierau ar hyd y glannau i allforio barrau plwm i Gaer, Lerpwl ac Iwerddon. Yn ymyl y fwyndoddfa blwm ger

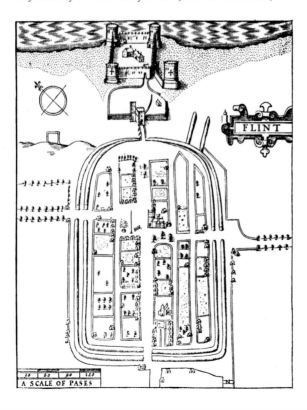

*Ffigur 7.11 O amgylch tref gynlluniedig y Fflint ar fap John Speed ohoni ym 1610 gwelir y cloddiau dwbl a'r ffos a gloddiwyd yn wreiddiol gan* fossatores *Edward.*

*Ffigur 7.12 Defnyddiwyd ward allanol Castell y Fflint yn garchar a chodwyd adeiladau diwydiannol ar gyrion gogleddol y safle, fel y dangosir gan y ffotograff hwn a dynnwyd ym 1947.*

Castell y Fflint fe adeiladwyd ierdydd bach i gynhyrchu llongau hwylio o goed, a chanlyniad datblygu gweithfeydd cemegol, gwydr, tecstilau a glo yn sgil hynny oedd amgylchynu'r castell bron yn llwyr â diwydiant. Gan fod y dref ar lan y dŵr, yr oedd yn lle delfrydol i fewnforio defnyddiau crai fel y mwydion coed o Dde Affrica a ddefnyddid i gynhyrchu rayon fisgos, ac i allforio glo, plwm a chemegion. Ond gan fod llongau'n dibynnu ar lanw llawn i hwylio, doedd yna, yn aml, ddim digon o ddyfnder o ddŵr i'r llongau mwyaf.

Oherwydd y newidiadau dynamig yn sianel y dŵr dwfn yn Afon Dyfrdwy, gwelodd y glannau yng nghyffiniau'r Fflint ddyfnder y dŵr yn amrywio'n fawr yn ystod y 200-300 mlynedd hynny. Disgrifiodd rhai ysgrifenwyr y dyfroedd yn llifo o amgylch tyrau'r castell, ac yn ôl eraill fe safai'r castell mewn morfa heli. Ond bu effaith fwy difrifol y silt yn Afon Dyfrdwy ar Gaer o fantais i'r Fflint am iddi droi'r dref yn fan lle gellid dadlwytho nwyddau i'w cludo dros y tir i Gaer.

Canlyniad arall i leoliad y Fflint ar y glannau oedd ei datblygu rhwng 1780 a 1840 yn dref glan-môr ffasiynol ac yn lle i ymdrochi ynddo, serch i'r gors beri bod nofio weithiau'n 'difficult and at times inconvenient' yn ôl John Evans wrth iddo ysgrifennu ym 1812[54] ac yn 'very inferior in appearance' yn ôl Samuel Lewis ym 1833.[55] Ond yn y man fe olygodd dyfodiad y rheilffyrdd ym 1848 fod nofio yn y môr yma'n llai poblogaidd nag ym Mhrestatyn a'r Rhyl, a gwelwyd dirywiad tebyg yn y fasnach fôr.

Disgrifiad y *Chester Chronicle* ym 1879 o'r olwg ddiwydiannol ar y Fflint, yn enwedig yng nghyffiniau'r castell, oedd ei bod hi'n 'generally enveloped in a halo of sulphurous smoke', ac ni wellodd y sefyllfa yn sgil codi Carchar y Sir y tu mewn i'r castell ym 1785 (ffigur 7.12). Tua diwedd yr ugeinfed ganrif, ac yn sgil trosglwyddo'r castell i ofal y wladwriaeth, cael gwared ar y carchar a gweddillion llygredig y gweithfeydd diwydiannol a dynodi'r morfa heli yn Safle Ramsar o bwys rhyngwladol i adar y môr, mae'r castell a'r glannau wedi'u trawsffurfio'n ôl i fod yn fan heddychlon, os gwyntog, i'r rhai sy'n ffoli ar hanes a byd natur.

*Ffigur 7.13 Ar y llun hwn o Gastell y Fflint ym 1742 gan Samuel a Nathaniel Buck, dangosir dyfroedd Afon Dyfrdwy yn llepian yn erbyn amddiffynfeydd dwyreiniol y castell gan gyrraedd safle tebygol y cei (ar ochr chwith y llun). Rhydd y cychod hwylio a rhwyfo ryw syniad o'r raddfa. Mae ffatrïoedd â'u simneiau myglyd sydd i'w gweld i'r chwith o'r castell yn arwydd o'r datblygu diwydiannol a fu ar y Fflint yn y ddeunawfed ganrif a'r ganrif ddilynol.*

# 7.4 Porthladdoedd a harbwrs y de-orllewin

Sian Rees

*Ffigur 7.14 Mae'r lluniad o Briordy Hwlffordd gan Syr Richard Colt Hoare, a engrafwyd gan J Store ar gyfer llyfr Fenton, Historical Tour through Pembrokeshire (1811), yn dangos dau wrthi'n adeiladu llong ar Afon Cleddau y tu ôl i adfeilion y priordy.*

*Ffigur 7.15 Mae adluniad Eric Bradford o dref ganoloesol Dinbych-y-pysgod ym 1586 yn dangos llongau hwylio yn yr harbwr, a'r dref a'r castell yn eu gwarchod ar ddwy ochr. Y tu hwnt mae Ynys Gatrin y byddid yn codi caer arni yn y bedwaredd ganrif ar bymtheg.*

O herwydd y cyfoeth a ddaeth iddynt o fasnach dramor helaeth eu porthladdoedd, bu Caerfyrddin, Hwlffordd a Dinbych-y-pysgod ymhlith trefi mwyaf ffyniannus Cymru'r Oesoedd Canol (gweler tudalennau 132ff). Bu Cas-gwent hithau'n debyg o ran ei phwysigrwydd a thyfodd Abertawe, Penfro ac Aberteifi yn y de, a Chonwy a Biwmares yn y gogledd, hefyd yn borthladdoedd o bwys. Gwasanaethu anghenion mwy lleol wnâi'r porthladdoedd bach niferus fel Abergwaun a Threfdraeth.

Adlewyrchai prif allforion porthladdoedd y de-orllewin, sef gwlân, brethyn, gwartheg, lledr a choed, ynghyd ag ychydig o lo, natur amaethyddol eu bro. Câi gwin o Ffrainc a Sbaen, halen, olew, tar, ffrwythau a nwyddau moethus eu mewnforio, a rhai ohonynt o fannau mor bell ag India, drwy Affrica, Sbaen a Phortiwgal.[56] Yn ddiweddarach, o ganol yr unfed ganrif ar bymtheg ymlaen, fe ad-drefnwyd porthladdoedd Cymru a sefydlu tri Phrif Borthladd. Yn y llyfrau porthladd sydd wedi goroesi o Aberdaugleddau, Prif Borthladd y de-orllewin, fe restrir y mathau a'r meintiau o nwyddau a drafodid yno (gweler tudalen 139).

Yr oedd Hwlffordd, ar afon gysgodol ond mordwyol Cleddau Wen, mewn safle da i fanteisio ar y fasnach fôr. Yn sicr, byddai man masnachu wedi tyfu o amgylch y castell Eingl-Normanaidd i gyflenwi'r castell a darparu marchnadoedd i gynnyrch amaethyddol y fro. Yn ystod teyrnasiad Henry I (1100–35), cynyddwyd ei photensial i fasnachu gan y trefniant i anheddu, yn y dref, Ffleminiaid a oedd yn fedrus wrth gynhyrchu brethyn.[57] Yn y drydedd ganrif ar ddeg, tyfodd y dref yn gyflym o dan arglwyddiaeth ieirll Penfro gan i'r gwŷr hynny roi siarteri i'r dref a breintiau i'w bwrdeisiaid, gan gynnwys eu heithrio rhag talu toll (ffurf ar dreth y pen), pontreth (a godwyd i dalu am atgyweirio pontydd) a threth dramwyo (ffurf ar dreth y doll). Rhwng 1326 a 1353, Hwlffordd oedd yr unig borthladd lle'r oedd gan fasnachwyr ganiatâd cyfreithiol i fasnachu gwlân a chrwyn a bu hi'n ganolfan i gynhyrchu tecstilau a lledr – nwyddau pwysig fel allforion. Mae'r map hysbys cynharaf o'r dref, map Peter Lea o 1690, yn dangos safle'r 'Great Key' ar *Schippistrete* neu *Key(e) Street* (Quay Street, bellach) yn ne'r dref wrth y priordy.

Efallai i'r priordy fod â'i gei ei hun (ffigur 7.14), ond mae hwnnw i gyd wedi diflannu. Er hynny, mae'r esgyrn pysgod y cafwyd hyd iddynt ar y safle yn dangos i gynhyrchion pysgota yn nyfnderoedd y môr, fel cegddu, fod ar gael erbyn yr unfed ganrif ar bymtheg, ynghyd â physgod ac wystrys o'r dyfroedd basach gerllaw.

Mynd a dod ar drugaredd gwleidyddiaeth a chlefydau wnâi ffyniant Hwlffordd. Ganol y bedwaredd ganrif ar ddeg fe ymwelodd y Pla Du â'r lle ac mae ffurflenni'r tollau'n dangos cryn ostyngiad yn y masnachu.[58] Ond yr oedd hi'n dal i fod yn dref o bwys yn yr unfed ganrif ar bymtheg fel y tystia'r tai fowtiog a godwyd gan fasnachwyr tua diwedd yr Oesoedd Canol (gweler tudalen 136).

Masnachu ar hyd y glannau, yn bennaf â Bryste, Barnstable a Wexford, wnâi'r mwyafrif o longau bach Sir Benfro, gan gynnwys rhai Abergwaun a Threfdraeth. Gan na allai llongau dros 40 tunnell gyrraedd Hwlffordd, doedd y dref ddim yn addas ar gyfer masnachu â'r Cyfandir. Fel rheol, câi'r nwyddau a fasnachwyd eu hanfon i Fryste'n gyntaf ac yna ymlaen i'r Cyfandir. Parhaodd y ffyniant ac ym 1811 mae Fenton yn sôn am gyfoeth masnachwyr Hwlffordd yn y ganrif gynt. Yn y bedwaredd ganrif ar bymtheg fe allforiwyd llawer o wenith o'r dref a gwyddom hefyd y bu rhyw ychydig o adeiladu llongau yno. Mae engrafiad o tua 1820 yn dangos golwg go frawychus ar y sgaffaldiau wrth i long gael ei hadeiladu ar lan yr afon. Ond yn y pen draw dirywio wnaeth y dref am fod mynediad i'r ceiau ar yr afon yn gyfyngedig a bu dyfodiad y rheilffyrdd yn ergyd farwol iddi fel porthladd o unrhyw bwys.

Mae'r enw 'Dinbych-y-pysgod' yn dangos mor bwysig fu'r diwydiant pysgota i'r dref oddi ar yr adegau cynharaf. Er i longau ddefnyddio'r dref o ganol y ddeuddegfed ganrif ymlaen, ni chodwyd y morglawdd cyntaf yno tan 1328. Wedi hynny y tyfodd y dref yn un o brif borthladdoedd penwaig y de.[59] Mae'r cyfrifon tollau sydd wedi goroesi yn awgrymu y câi bron dwywaith cymaint o halen a gwin ei fewnforio iddi o Ffrainc, Sbaen a Phortiwgal ag i Hwlffordd neu Benfro o ddechrau'r bedwaredd ganrif ar ddeg tan ddechrau'r unfed ganrif ar bymtheg, ac ar ei daith ym 1536–39 sylw John Leland oedd bod y dref yn 'very welthe by marchaundyce' (ffigur 7.15).[60]

Hyd yn oed heddiw, mae rhai o dai braf masnachwyr oes y Tuduriaid, fel y'u cofnodwyd gan Charles Norris (1779–1858) yn y bedwaredd ganrif ar bymtheg, yn dal i oroesi. Mae un tŷ a siop masnachwr yn eiddo i'r Ymddiriedolaeth Genedlaethol a gellir ymweld ag ef (ffigur 7.16). Tŷ trillawr wedi'i godi o

gerrig yw ef ac yno, mae'n debyg, y gwerthid nwyddau fel gwin, lliain a halen a gawsai eu mewnforio. Canolbwynt yr hen dref oedd y cei wrth droed y castell, cei sydd bellach wedi'i gynnwys yn y pier sydd yno heddiw. Ar ddechrau'r drydedd ganrif ar ddeg codwyd capel St Julian ar y cei i forwyr ei ddefnyddio. Yn yr ail ganrif ar bymtheg magodd allforio glo eithaf isel ei safon o faes Sir Benfro fwy o bwys,[61] ond yn y ddeunawfed ganrif mae'n debyg i'r marchnadoedd yn Arberth gystadlu cymaint nes arwain at ddirywiad Dinbych-y-pysgod a'i throi'n 'utter ruine and desolation' lle'r oedd y 'peere for preserving shipping in danger to fall into decay'.[62] Bu'n rhaid i'r dref ei hailddyfeisio'i hun yn dref glan-môr i ymwelwyr a llwyddo cystal nes denu llong ager o Fryste i ymweld â hi ddwywaith yr wythnos yn ystod y 1830au.

Ffigur 7.16 Yn Ninbych-y-pysgod mae Tŷ'r Masnachwr o oes y Tuduriaid, tŷ sydd bellach yn eiddo i'r Ymddiriedolaeth Genedlaethol, yno ers y bymthegfed ganrif ac yn enghraifft o fath o adeilad a fyddai wedi bod yn niferus adeg bri masnachol y dref honno a Hwlffordd.

## 7.5

# Dwy long a'u tynged

### Mark Redknap

Yn ystod tywydd oer ar lannau plwyf Abergele ar neu tua 19 Ionawr 1309, gorfodwyd llong na wyddom ni mo'i henw i geisio cyrraedd diogelwch 'Voryd Creek' (moryd wrth aber Afon Clwyd). Fe'i gyrrwyd hi gyntaf i'r lan ar orllewinol Aberclwyd yn arglwyddiaeth Dinbych (ystâd Henry de Lacy, Iarll Lincoln) a cheisiodd y criw arbed y llwyth oedd arni (ffigur 7.17). Fe lwyddon nhw i ddadlwytho pedair cerwyn a dwy bib o win coch, yn ogystal â chasgenni o benwaig coch hallt, cyn i'r gwynt a'r llanw lusgo'r llong ddiymadferth allan i'r môr garw. Gadawyd tri morwr ar y lan ond bu farw'r gweddill pan yrrwyd y llong i'r creigiau ar ochr arall yr aber 'upon the sands of the lord King' yn 'Birchloyt' (Aberclwyd yn Sir y Fflint) ger 'Rothelan' (Rhuddlan).[63]

Er mai'r arfer o dan amgylchiadau o'r fath oedd i siryf y sir, Richard de la Lee, drefnu cadw gwyliadwriaeth arni, meddiannodd trigolion Rhuddlan lawer o'r eitemau a daflwyd i'r lan a doedd dim modd eu rhwystro rhag dwyn offer y llong. Casglwyd llawer o'i hestyll a'i hoffer ar hyd y traeth a llwybreiddiwyd y mwyafrif ohonynt i aelwydydd yn Rhuddlan. Yn yr ymchwiliad a ddilynodd, nodwyd bod rhaffau, angorau, hatshys ac offer eraill (llawer ohonynt 'removed by persons unknown') wedi bod arni, bod y penwaig wedi'u coginio a'u bwyta a bod y gwin wedi'i yfed bellach. Serch ei fod yn gyfrifol am gofnodi ac asesu'r llongddrylliad, fe wnaeth hyd yn oed grwner Tegeingl ('Englefield'),[64] Bleddyn Cragh (crach neu gramennog), gamddefnyddio'i awdurdod i hawlio angor a rhaff.

Ymhlith taclau'r llong, fel yr angor, y prif hwylbren a'r hwyliau, rhestrwyd wyth 'hacche' (caead hatsh) – sy'n awgrymu bod dec storio ynddi. Gan fod yno 'sterocher' (rhwyf lywio) yn ogystal ag o leiaf bum 'anyron' (rhwyfau i'w defnyddio mewn dyfroedd cyfyngedig fel afonydd a phorthladdoedd), yr awgrym yw y gall hi fod wedi bod yn llong fasnachu fawr â dec agored neu'n llong fach gynnar (o fath a groesai o'r afon i long ar y môr) ac iddi lyw ochr a bwrdd agored cymedrol ei faint yn hytrach nag yn llong fach ag ochrau uchel.[65] Mae'r gwin a'r pysgod mewn casgenni (rhai o'r rheiny wedi'u colli ac wedi'u malu) yn awgrymu mai hwylio i Gaer yr oedd hi gan fod llwythi o bysgodfeydd môr Biwmares, Nefyn a Phwllheli'n bwysig i'r porthladd hwnnw yn y bedwaredd ganrif ar ddeg.[66]

Darlun pellach o beryglon mordeithiau cynnar yw hanes llong o eiddo Robert Clement o Drogheda, gŵr a oedd yn mynd â hi i Benfro ag amryw o bobl ar ei bwrdd. Yr ydym yn ddyledus i James Ylane, un o'r teithwyr, am ddisgrifio'r hyn a ddigwyddodd ym 1473 (ffigur 7.18). Croesodd y llong i Gaergybi ac angori yno i ddisgwyl am wynt ffafriol. Yna, cymerwyd y teithwyr Thomas Rede a'i wraig a'i feibion i'r lan gan rai Cymry lleol a dygwyd eu heiddo oddi arnynt yn y fan a'r lle oherwydd, mae'n debyg, i ffrae godi rhwng dynion Dulyn a Drogheda a gwŷr Môn.

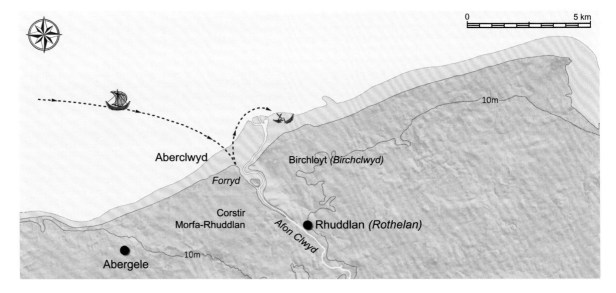

*Ffigur 7.17 Cysylltai Afon Clwyd dref ganoloesol Rhuddlan â'r môr. Mae hwn yn dangos llwybr tybiedig y llong a ddrylliwyd ar 13 Ionawr 1309 yn Aberclwyd pryd y collwyd pob un ond dau o'r morwyr.*

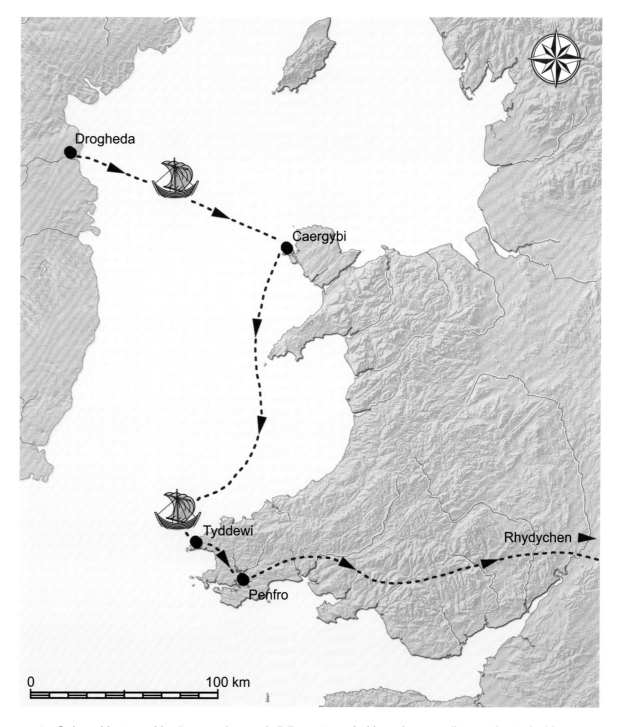

*Ffigur 7.18 Mordaith y teithwyr ar long a oedd yn eiddo i Robert Clement ac a hwyliodd o Drogheda i Gaergybi ac ymlaen i Dyddewi yn 1473.*

Am fod ganddynt nwyddau i'w gwerthu – a chyllyll a mentyll yn eu plith – arhosodd Cornelius O'Duhy a'i gymdeithion ar y llong. Hwyliodd hi ymhen ychydig ddyddiau wedi i wynt ffafriol godi, a gadael ar ei hôl ddau aelod o'r criw a gawsai eu hanfon i'r lan i brynu bara. Gwaethygodd y tywydd, ac achosodd storm ddifrifol gymaint o fraw i O'Duhy a'i gyd-deithwyr nes iddynt ofyn am gael mynd i'r lan yn Nhyddewi.

Dywedodd perchennog y llong wrthynt y byddent yn ddiogel yno am fod y lle'n gyrchfan i bererinion. Aethant ar draws gwlad i Benfro, ond cawsant eu dal a'u carcharu yn y castell am naw wythnos o leiaf – pawb ac eithrio James Ylane, a lwyddodd i ddianc a theithio i Rydychen.[67]

Pennod 8

# O gyryglau i garacau

## Mark Redknap

Er bod cofnodion hanesyddol ynghylch llongau yn yr Oesoedd Canol yn aml yn waith croniclwyr a gweinyddwyr a oedd at ei gilydd yn anghyfarwydd â materion morol ac yn tueddu i beidio â bod yn gwbl gywir,[1] fe enwant amrywiaeth mawr o gychod a llongau a ddefnyddid ar wahanol adegau yn nyfroedd Cymru, o gychod bach ('skiffs' a 'barges') i longau mwy o faint ('cogs', 'hulks' a 'carracks'). Gallai ystyron yr enwau fod yn anghyson, newid dros amser neu gael eu defnyddio mewn ffyrdd gwahanol mewn mannau gwahanol. Erbyn heddiw, ystyr 'barge' yw cwch cadarn sy'n cario llwyth sylweddol o nwyddau ac mae'r olwg arno'n wahanol iawn i'r 'barges' â rhwyfau hir a adeiladwyd i gludo milwyr ac offer tua diwedd y 1200au. Daeth yr enw 'coca' neu 'coche' ym Môr y Canoldir, enw a ddeilliai o 'cog', i olygu'r un peth â'r gair 'carac', ond prinhau wnaeth y defnyddio arno. Yn ei le, arferwyd y gair 'ship' (*nave* mewn Eidaleg; *navio* mewn Portiwgaleg).

Ffigur 8.1 Defnyddir cyryglau ers amser maith iawn a delir i'w defnyddio heddiw. Bydd eu cynllun a'r dulliau o'u defnyddio yn amrywio o afon i afon. Cerdyn post o bysgota mewn cyryglau ar Afon Tywi, Caerfyrddin, 1931.

Drwy archaeoleg, gallwn fireinio'n gwybodaeth am fathau o longau ac am y ffyrdd y trosglwyddwyd egwyddorion eu cynllunio a'u hadeiladu ar draws y rhanbarthau wrth iddynt ddatblygu i ateb gwahanol anghenion a dibenion. Yr athroniaeth gonfensiynol yw i'r dulliau adeiladu ar lannau Môr y Canoldir gael eu mabwysiadu ar lannau Môr Iwerydd yn Sbaen a Phortiwgal ac arwain yng ngogledd-orllewin Ewrop at ddatblygu dull adeiladu llongau y 'carafel ag estyllod cyfwyneb'. Mae archaeoleg yn dangos i amryw o'r traddodiadau ym myd adeiladu llongau esgor ar

*Ffigur 8.2 Yn llun dyfrlliw Julius Caesar Ibbetson tua diwedd y ddeunawfed ganrif gwelir pysgotwyr eogiaid ar Afon Teifi, a Chastell Cilgerran yn y cefndir. Daliwyd i ddefnyddio'r cwrwgl drwy gydol yr Oesoedd Canol ac wedi hynny.*

*Ffigur 8.3 Ar y misericord hwn o ddechrau'r unfed ganrif ar bymtheg yn Eglwys Gadeiriol Tyddewi gwelir y naill saer llongau wrthi'n calcio cêl llong tra bo'r llall yn yfed o gwpan a chostrel.*

ganlyniadau tebyg er iddynt gychwyn o gysyniadau a thechnolegau gwahanol. Ac er y gallwn chwarae'r gêm o geisio cyplysu ffurfiau ar longau â thermau hanesyddol fel *hulc*, *kogge*, *keel*, *balinger* a *krayer* – y gall rhai fod yn enw gwahanol ar yr un math o long – cam mwy defnyddiol yw canolbwyntio ar ddisgrifio nodweddion y llu o draddodiadau adeiladu rhanbarthol a ddatblygwyd mewn ymateb i anghenion parthau daearyddol penodol, ac ar adlunio nodweddion hwylio a gwahaniaethau gweithredol y llongau. Wrth ddiffinio mathau o longau, tuedd archaeolegwyr yw defnyddio termau sy'n seiliedig ar wahaniaethau o ran adeiladwaith. Isod, cyflwynir rhai o'r prif fathau, ac mae'n ddosbarthiad gweddol syml sy'n rhwym o dyfu'n fwyfwy cymhleth wrth i ni wneud darganfyddiadau newydd o dan y dŵr ac yn yr archifau.

Gan fod llynnoedd ac afonydd yn bwysig wrth deithio a chludo, ac fel adnodd, daeth y cwrwgl o'r cyfnod cynhanesyddol a chael ei ddefnyddio'n helaeth yng Nghymru'r Oesoedd Canol (ffigurau 8.1 ac 8.2). Ceir disgrifiad clir cynnar o'r cwrwgl yng ngwaith Gerallt

Gymro (tua 1146–1223) lle y dywedir am y Cymry: 'i bysgota, neu i groesi afonydd, y mae ganddynt gychod wedi eu gwneuthur o wiail; nid rhai petryal, nac ychwaith gyda'r naill ben wedi ei weithio'n bigyn, ond rhai yn agos i fod yn gylchog, neu'n hytrach ar lun triongl; ac wedi eu gorchuddio'n llwyr, nid y tu mewn, ond y tu allan, â chrwyn anifeiliaid heb eu cyweirio'.[2] Wrth ganu cywydd yn y bymthegfed ganrif mae Ifan Fychan ab Ifan ab Adda'n creu darlun byw o gwrwgl sy'n syml a doniol ei olwg ond yn syndod o gadarn:

> Am gwrwgl i ymguraw
> Am y pysg drud cyn Pasg draw, ...
> Crair lledr, croywair Lladin,
> Cowdrwm du, caeadrwym din; ...
> Cod groenddu, da ceidw grimddellt. ...
> Y gerwyn deg o groen du.
> Bwcled sud be celid sôn,
> Bas ydyw, o bais eidion; ...
> Padell ar ddŵr, ni'm pydia[3]

Ar afonydd a llynnoedd daliwyd i ddefnyddio cychod o foncyffion i bysgota a chludo. Cafwyd hyd i enghreifftiau o'r Oesoedd Canol ac iddynt waelodion gwastad a dau ben (tebyg i bynt, felly) ar Afon Ieithon yn Llandrindod (fe'u dyddiwyd ar sail radiocarbon i cal OC 1029–1208), Llyn Syfaddan (OC 1025–1260) a Llyn Peris (cal OC 1036–1279; dyddiad dendrocronolegol rhwng 1187 a 1205).[4] Cafwyd hyd i geufad yn Llyn Llydaw ym 1856 (cal OC 1330–1653; cal OC 1405–1655), ac awgryma'r dyddiadau i geufadau ddal i gael eu defnyddio'n ddiweddarach.[5]

'Cêl' (*keel*) yw'r enw archaeolegol ar fath o long ganoloesol a adeiladwyd mewn traddodiad a geid ledled gogledd Ewrop, cêl a throsto estyll sy'n gorgyffwrdd ac yn dod i ben wrth byst y tu blaen a'r starn (ffigur 8.3). Arferid y term canoloesol 'hulk' neu 'holk' yng ngogledd-orllewin Ewrop i ddisgrifio llong fasnach fawr, fel yr *hulc* oedd yn eiddo i Abaty Nedd ac a drwyddedwyd ym 1235 i fasnachu â Lloegr. Er i rai awduron ddefnyddio lluniau canoloesol o longau sy'n dangos nodweddion penodol i ddiffinio'r 'hwlc' morol yn draddodiad o adeiladu llongau,[6] ni chafwyd hyd i'r un enghraifft. Mae'n debyg i'r

Ffigur 8.4 Yn yr Oesoedd Canol, defnyddid llongau cadarn, sef 'cogau', i fasnachu nwyddau ar y môr. Mae castell amddiffynnol wedi'i osod ar starn y copi hwn o long o'r Iseldiroedd: fe'i seiliwyd ar longddryllliad o'r bedwaredd ganrif ar ddeg a gloddiwyd ger Nijkerk yn yr Iseldiroedd (Flevopolder OZ36).

Ffigur 8.5 Drwy astudio'r model hwn a luniwyd yn y bymthegfed ganrif cawn syniad da o'r olwg ar long fasnach o ddiwedd yr Oesoedd Canol ag estyll cyfwyneb arni ac a adeiladwyd yng nghyffiniau Môr y Canoldir. Am ganrifoedd maith, bu'n hongian yng nghapel Sant Simó ym Mataró ger Barcelona.

term gael ei ddefnyddio mewn rhai mannau wrth sôn am longau estyllog a allai gludo llwythi mawr ac, yn yr unfed ganrif ar bymtheg, wrth sôn am gyrff estyllog a chyrff carafel (ffrâm-yn-gyntaf).[7]

Defnyddid y term 'galley' (*rhwyflong*) i ddisgrifio llong ymladd fawr frodorol â rhwyfau. Câi ei hadeiladu yn y wlad yr hanai ohoni, a chynhwysai llynges frenhinol Lloegr enghreifftiau lu. Yr oedd gan y Brenin John (1166–1216) 45 ohonynt mewn gwahanol borthladdoedd yn Lloegr a phump yn Iwerddon. Cadwyd llawer ohonynt yng Nghaer a Bryste yn y 1240au i'w defnyddio wrth ymosod ac wrth gludo bwyd a diod i gestyll yng Nghymru ac Iwerddon.[8] Dywedir i Lywelyn ap Gruffudd (tua 1225–1282) fod â'i rwyflongau ei hun,[9] ond ychydig sy'n hysbys am eu maint, a gallai hwnnw amrywio cryn dipyn.[10] Ym 1234, gorchmynnodd Henry III i ddwy rwyflong â 60 rhwyf a phedair rhwyflong â 40 rhwyf gael eu hadeiladu mewn porthladdoedd yn Iwerddon. Mae'r cyfrifon adeiladu sydd wedi goroesi ynghylch gorchymyn Edward I ym 1294 i adeiladu 20 rhwyflong â 120 o rwyfau'r un, yn ogystal â 'barges', yn cynnig cliwiau pwysig ynghylch pryd a gwedd y llongau hynny.[11]

Erbyn diwedd y bedwaredd ganrif ar ddeg, câi llongau rhyfel â rhwyfau eu galw'n 'barges' a 'balingers'.[12] Defnyddid gychod estyllog, fel y 'pontoon barges' (y cyfeirid atynt fel 'shutas' a 'barges'). Fe'u hadeiladwyd yn Burton yng Nghilgwri ar gyfer ymgais Edward I ym 1282 i groesi Afon Menai, a defnyddiwyd 'barges' i gyflenwi castell Edward yn Aberystwyth wrth iddo gael ei godi yn yr un flwyddyn.[13] Yn ystod gwrthryfel Owain Glyndŵr

(1400–09), tynhaodd Henry IV (1367–1413) ei afael ar ddyfroedd y gorllewin gan beri tro ar fyd i ymgyrch Glyndŵr o 1406 ymlaen. Sicrhaodd llongau'r brenin eu gafael ar Afon Menai a Môn, a gorchmynnodd Henry i ddau 'barge' gludo 'machines, bastilles and other engines' o Fryste i lannau Ceredigion i warchae ar Gastell Aberystwyth. Yr oedd 'balingers' yn llai na 'barges' a defnyddient hwyliau a rhwyfau. Cipiodd Cwnstabl Castell Hwlffordd 'balinger' o eiddo Thomas Percy (1343–1403) ym mhorthladd Aberteifi wedi dienyddio Percy ym 1403.

Prin yw'r dystiolaeth archaeolegol ynghylch llongau'r drydedd a'r bedwaredd ganrif ar ddeg ym Mhrydain: prin iawn yn achos rhwyflongau. Pan gafwyd hyd i ddarnau o estyll llifiedig tyllau rhwyfo (*orlokes*) o'r drydedd ganrif ar ddeg yn Llundain ym 1999 cafwyd cipolwg ar dyllau rhwyfo rhwyflong. Efallai i un astell a wnaed o ffawydden gael ei gwneud yng Nghymru neu dde Lloegr, ac efallai i'r estyll derw gael eu gwneud yng nghyffiniau Môr Iwerddon (yn nwyrain Iwerddon, mae'n debyg).[14]

Yn ystod llawer o'r Oesoedd Canol, maint digon cymedrol oedd i'r llongau a fasnachai ar hyd glannau Cymru. Wrth chwilio ym 1325 am longau 'mawr' a fyddai'n addas i wasanaethu yn y llynges, ni chafodd arolwg hyd ond i 12 ohonynt, a 'great' oedd y disgrifiad o long o 200 tunnell a oedd wedi'i hangori yn Ninbych-y-pysgod yn y 1330au. Er bod llawer o fathau penodol o longau'n cael eu henwi mewn dogfennau o'r cyfnod, gelwir llawer ohonynt yn ddim byd mwy na 'ship'.

'Côg' yw'r enw ar fath o long hwylio ganoloesol a berthynai i draddodiad pendant o ogledd Ewrop. Yr oedd iddi hwyl sgwâr, llyw yn y cefn, estyll cêl, fframiau trwm, estyll gwaelod cyfwyneb ac estyll ochr (ffigur 8.4). Fe'i cynlluniwyd i gludo llwyth trwm ac mae'n hysbys yn nyfroedd Prydain o'r 1200au ymlaen. Gwyddom enwau rhai cogiau a hwyliai o borthladdoedd Cymru, fel y *St Marie Cogg* o Gaerfyrddin (1342–57), y *Thomas* o Ddinbych-y-pysgod (1355–56), y *Cog John* o Ddinbych-y-pysgod (1396), y *Cog John* o Aberdaugleddau (1406–07), y *Rede Cogge* o Ddinbych-y-pysgod (1404) a'r *Anne* o Hwlffordd (1414–15). Cafwyd hyd i weddillion cogiau posibl o'r drydedd ganrif ar ddeg wedi'u diogelu'n dda yn Kollerup (Denmarc), Oskarshamn (Sweden) a Puck Bay (Gwlad Pwyl). Ymhlith y cogiau o'r bedwaredd ganrif ar ddeg mae côg Darss, a gollwyd yn y 1330au, còg Bremen, a dau ddarganfyddiad diweddar o Doel ger Antwerp yng Ngwlad Belg.[15] Mater o amser yw hi, mae'n siŵr, cyn cael hyd i un oddi ar lannau Cymru.

Canlyniad mynych y datblygiadau mewn adeiladu llongau yw i gynlluniau gwahanol fathau o longau ddylanwadu ar ei gilydd neu gael eu cyfuno, ac yn yr Oesoedd Canol gellid trosglwyddo rhai termau am

*Ffigur 8.6 Delweddau syml o longau ar hanner-nobl o gyfnod Edward III (teyrnasodd: 1329–77) o Wenfô (uchod), a nobl aur mwy-o-faint o oes Henry VI (1422–71) o Ynys Enlli (isod). Credir mai Edward III a gyflwynodd ddarnau arian a'r ddelwedd honno o rym y brenin arnynt (sy'n dangos y brenin ar long) ym 1351 i ddathlu'r fuddugoliaeth rhwng dwy lynges ym Mrwydr Sluys ym 1340.*

```
0                    2cm
```

longau. Mewn un ddogfen ganoloesol, gallai llong gael ei galw'n 'cog' mewn un man ac yn 'hulk' mewn man arall. Mae'r model addunedol rhyfeddol o long – a gyflwynwyd i eglwys yn Ebersdorf yn yr Almaen tua 1400 – yn gofnod manwl-gywir o fanylion adeiladu llong fawr ac iddi drawstiau trwm ac ymwthiol ac felly yn gog cymysgryw a hwyr ac iddo rai o nodweddion y còg hŷn o Bremen.[16]

Olynydd cynllun y còg oedd y dull carafel o lunio corff llong, dilyniant 'ffrâm-yn-gyntaf' lle gosodid estyll yn gyfwyneb a'u cysylltu wrth y fframiau (nid wrth ei gilydd fel yn achos adeiladwaith estyllog). Bu'r datblygiad hwn o ail chwarter y bymthegfed ganrif ymlaen yn fodd i adeiladu llongau mwy na'r rhai 'corff-yn-gyntaf'. O ganlyniad, gwelwyd mwy a mwy o 'garafelau' a 'characau' yn y bymthegfed ganrif. Fe'u disgrifir gan feirdd fel Lewis Glyn Cothi (*fl.* 1461–88) a gyfeiriodd at *carwel yn rhwygaw heli*, 'carafel yn rhwygo'r môr', llinell sy'n dangos ei fod yn gyfarwydd â'r ffurf honno ar long. Fe'u disgrifir mewn cofnodion swyddogol, ac yn eu plith ceir sôn am: y *Sancta Maria et Sancta Brigitta* o Bordeaux, carac o eiddo pobl yn Genoa. Fe'i gyrrwyd gan storm i harbwr Aberdaugleddau ym 1409;[17] y *Seint Marie*, carac o Fenis a droes i 'Goldhap' (Goultrop Roads) yn arglwyddiaeth Hwlffordd ym 1421 â gwin, ffigys, resin a rhesins ar ei fwrdd; a'r *Le Kervell* o Roscoff, y cofnodwyd iddo gyrraedd Dinbych-y-pysgod ym 1516 ag 16 casgen o win.[18]

Ceir syniad o olwg llongau o'r fath o ddiwedd yr Oesoedd Canol yn yr engrafiad o long ar Sêl Gyffredin Dinbych-y-pysgod a'r model o'r bymthegfed ganrif sydd bellach yn Amgueddfa'r Môr yn Rotterdam ond a wnaed yn rhodd y bwriadwyd ei chyflwyno i gysegr y Forwyn Fair yn nhref Mataró, ger Barcelona (ffigur 8.5). Mae'r olaf (a ddyddiwyd drwy radiocarbon i cal OC 1456–82) yn darlunio llong, un ac iddi brif hwylbren a hwylbren ôl bach ar y tŵr y tu blaen, sy'n cyfuno nodweddion llongau o Fôr y Canoldir a gogledd Ewrop.[19] Daw'n syniad gorau o'r llongau a ddatblygwyd yng ngogledd Ewrop ar sail caracau Môr y Canoldir, a'r mathau o newidiadau a wneid yn y cynllunio bryd hynny, o ddrylliadau o longau carafel cynnar y cafwyd hyd iddynt y tu allan i'r Deyrnas Unedig, fel yr enghraifft o ddechrau'r unfed ganrif ar bymtheg y cafwyd hyd iddi oddi ar Franska Sternarna, Nämdöfjärd, Stockholm.[20]

Daliwyd i adeiladu llongau llai yn y bymthegfed ganrif a'r unfed ganrif ar bymtheg (ffigurau 8.6 ac 8.7). Cafwyd hyd i long fach o fath y 'cêl' yn Drogheda. Adeiladwyd hi tua 1525–35 ac yr oedd wedi'i llwytho â chasgenni o benwaig Môr Iwerydd. Mae'n ddarlun o'r hyn a allforid yn gyffredin o Drogheda i borthladdoedd yng Nghymru, Lloegr a de-orllewin Ffrainc, ac o un o'r traddodiadau ym myd y llongau a hwyliai o amgylch Môr Iwerddon.[21] Bydd darganfyddiadau yn y dyfodol yn goleuo'r cyfeiriadau canoloesol at y mathau o longau a hwyliai ar hyd glannau Cymru, eu llwythi, arfau, offer, y bwyd a'r ddiod, mannau eu hadeiladu, ac eiddo personol.

*Ffigur 8.7 Rhan o ffenestr ddwyreiniol Capel y Forwyn yn eglwys Gresffordd (1498). Arni, dangosir fersiwn syml o long ac iddi du blaen uchel a chastell ar ei starn (lle mae dyn yn tynnu ar y rigin), llyw sydd wedi'i osod ar y starn, pwyntiau riffio ar hwyl sgwâr, a phedwar dyn ar y prif ddec, un ohonynt â rhwyf. Wrth ei hochr ceir dyn mewn cwch bach, a dau angor.*

# 8.1

# Llong Abergwaitha: llong gyffredin o'r Oesoedd Canol

Mark Redknap

*Ffigur 8.8 Llong Abergwaitha lle y cafwyd hyd iddi, gan edrych tua'r starn. Mae rhan o'i llwyth uwchlaw'r glwyd a'r estyll nenfwd sydd wedi goroesi.*

Ym mis Awst 1994 cafwyd hyd i weddillion llong ganoloesol o fath y cêl ar fflatiau llaid rhynglanwol Gwastadeddau Hafren (ffigur 8.8). Darluniant draddodiad o adeiladu llongau drwy greu'r gragen yn gyntaf – dull sy'n estyn yn ôl i adeg cyn y Goresgyniad Eingl-Normanaidd. Cafodd y llong ei chloddio a'i hachub o dan amodau anodd, ac erbyn hyn mae ei gweddillion yn rhan bwysig o gasgliadau canoloesol Amgueddfa Cymru.

Mae astudiaethau manwl wedi dadlennu llawer am ei chreu ac am ei bywyd a'i thranc yn y drydedd ganrif ar ddeg. Rhyw 7 metr o ran flaen ei chorff sydd wedi goroesi. O'i hadlunio, mae hyd y llong (mwy na 13 metr) yn ei gosod yng nghategori'r 'llong fach' fel y'i diffiniwyd gan archaeolegwyr Ewropeaidd (ffigur 8.9);[22] serch y cyfeirio mynych ati fel 'cwch' Abergwaitha, mae'r term 'llong fach', o safbwynt y drydedd ganrif ar ddeg, yn ddisgrifiad cywirach o'i swyddogaeth ac o hwylustod ei thrin.

O dderw y gwnaed yr holl estyll, heblaw rhai'r nenfwd, a goroesodd y cêl o ganol y llong hyd at y pen blaen lle'r oedd yn dal ynghlwm wrth fôn yr hwylbren. Cafwyd hyd i chwe astell wedi'u cysylltu wrth estyll ar yr ochr dde, ac i hyd at ddeg astell ar yr ochr chwith. Yr oedd rhannau o'r fframiau ochr a gawsai eu cysylltu gan hoelion coed wrth bump o estyll y llawr yn aros. Yr oedd rhyw 20 o estyll nenfwd wedi goroesi ac wedi'u hoelio wrth goed gwaelodol y llawr, a'r mwyafrif ohonynt wedi'u gwneud o goed ffawydd a gawsai eu hollti'n rheiddiol. Ar sail dyddio dendrocronolegol, gwelwyd mai haf OC 1240 neu'n fuan wedyn oedd dyddiad cwympo olaf yr ychydig goed ffawydd a ddefnyddiwyd. Goroesai'r rhisgl ar wynebau a oedd heb eu trin ar rai o estyll derw'r llawr, a dyddiad y rheiny hefyd oedd tymor cwympo coed Medi 1239-Ebrill 1240 OC.[23]

Ymhlith yr anffodion yn ystod oes weithio'r llong yr oedd hollt yn un o'r estyll de. Cawsai honno ei chyweirio â dwy latsen o dderw. Cedwid y rheiny yn eu lle â hoelion haearn a gawsai eu gyrru drwy'r clytiau ac estyll y corff cyn troi eu pwyntiau drosodd ar du mewn yr wyneb. Yma, gwnaed rhai o estyll y nenfwd o dderw, efallai yn lle estyll a dynnwyd er mwyn cyrraedd y mannau a oedd i'w hatgyweirio. Rhoes tair ohonynt ddyddiadau cwympo a oedd yn gyson â'u defnyddio wrth atgyweirio'r llong rywbryd rhwng 1240 a 1256.

Ffigur 8.9 Model a wnaed o bren balsa a cherdyn, ac sy'n adlunio ffurf gyffredinol llong Abergwaitha. Dynodwyd safle'r hwylbren gan y caewyr sydd wedi goroesi ar gyfer bôn hwylbren.

Gan fod cylchoedd coed astell nenfwd o dderwen a gwympwyd, rhwng OC 1214 a 1248, mae'n debyg, yn cydberthnasu'n dda iawn â chylchoedd coed o Ddulyn ganoloesol, gallai'r astell fod wedi'i hailddefnyddio o long hŷn o Iwerddon (ffigur 8.10).

Yr oedd safle bôn coll yr hwylbren canol yn amlwg o olion yr hoelion coed dall ar fframiau tua chanol y llong. Mae'n debyg i long Abergwaitha fod â rig o hwyl sgwâr, a byddai hi wedi gallu hwylio ar hyd y glannau, rhwng yr aberoedd ac ar deithiau byr dros fôr o dan hwyl. Byddai siâp cywrain pob pen wedi bod yn fodd iddi deithio rhyw chwech i saith môr-filltir yr awr mewn awel gymedrol ac mae'r corff a'r cêl yn ddigon dwfn iddi allu hwylio'n dda yn erbyn y gwynt. Byddai ffurf ddyrchafol y blaen a'r starn wedi bod yn addas ar gyfer glanio ar draethau, ac mae'n amlwg iddi gael ei thynnu allan o'r tywod lawer gwaith.

Yr oedd hi'n un addas iawn i'w hwylio yn aber Afon Hafren ac, o fod â chriw cryf ynddi, gallai weithio mewn gwynt Grym 6 a goroesi Grym 7 (ategu hynny wnaeth taith ddidrafferth, dros 400 milltir, y copi o'r llong Rus o Esbjerg i Lowestoft mewn gwyntoedd hyd at Rym 7). Amcangyfrif rhagarweiniol o'i drafft bas yw rhyw 600 milimetr, a byddai ei lloriau gwastad a'i phyllau 'sbydu

Ffigur 8.10 Croestoriad o long Abergwaitha (B) o'i gymharu ag astell o lawr cyfoes o Ddulyn ganoloesol (A).

cadarn wedi'i gwneud hi eithaf sefydlog ac yn golygu y gallai gludo cryn lwyth. Cyfanswm ei dadleoliad oedd rhyw 6.25 o dunelli. Amcangyfrifir mai pwysau ei chorff, ei hoffer a'i chriw fyddai rhyw 2.5 tunnell, gan adael 3.75 tunnell ar gyfer ei llwyth.[24] Mae'r ffigurau hynny'n debyg i rai llongddrylliad Skuldelev 3 sy'n debyg o ran ei gyfrannedd ond yn gynharach na hi (cyfrifwyd bod y llong honno'n 4.6 tunnell, yn ôl 'rheoliad llwyth', a bod iddi ddrafft o 0.84 metr).

Gan ei bod hi'n cludo 171 cilogram o fwyn haearn – y cafwyd hyd iddo'n gorffwys ar glwyd bren yn y corff – mae'n amlwg i'w thaith olaf olygu cludo llwyth o fwyn, sef elfen bwysig wrth gynhyrchu offer, offer fferm, arfau, defnyddiau ar gyfer adeiladau a llongau, ac eitemau bob-dydd fel cadwyni, cloeon, allweddi a hoelion). Wedi i'r mwyn gael ei ddadansoddi'n wyddonol, yr awgrym yw iddo ddod o ffynhonnell yn ardal Llanhari, ardal lle y cawsai mwynau eu cloddio oddi ar amser y Rhufeiniaid.[25] O gyfrifo llwyth cymesur gwreiddiol o amgylch yr hwylbren a bôn yr hwylbren, pwysai'r llwyth o leiaf 684 o gilogramau neu 0.75 tunnell.

Er na wyddom pryd y suddodd hi, mae'r atgyweiriadau'n awgrymu iddi fod ar waith am hyd at 40 mlynedd sef, efallai, o'r OC 1250au hyd at y 1280au. Fe'i hadeiladwyd adeg creu dociau newydd ym Mryste a datblygu'r dref honno'n ganolfan gyflenwi filwrol, a hefyd adeg marwolaeth Llywelyn ap Iorwerth (tua 1173–1240) a honiad Richard de Clare (1222–62), Iarll Caerloyw, fod ganddo awdurdod yn arglwyddiaeth Morgannwg. Bu hi'n gweithio, felly, yn ystod cyfnod cythryblus: byddai mab Richard (Iarll Gilbert 'Goch' a fu f. 1295) yn ymgynghreirio â Simon de Montfort (tua 1208–65) ac yn ymladd drosto ym mrwydr Lewes (1262). Ond pan sicrhaodd de Montfort gefnogaeth Llywelyn ap Gruffudd (tua 1225–82), a fwriadai adennill tiroedd ym Mrycheiniog oddi ar Humphrey de Bohun, Iarll Henffordd (bu f. 1298), torrodd Gilbert ei gysylltiad â de Montfort. Ar ôl llosgi llongau de Montfort ym Mryste a dinistrio pontydd ar Afon Hafren, arweiniodd Gilbert de Clare a'r darpar Edward I (1239–1307) y fyddin frenhinol yn ei erbyn yn Evesham ym 1265.

Mae hi felly'n bosibl bod cysylltiad rhwng llwyth y llong a chipio maes mwynau Morgannwg gan de Clare yn ystod cyfnod a welodd blannu trefedigaethau newydd a chodi cestyll newydd fel un Caerffili. Bid a fo am hynny, mae llong Abergwaitha yn fodd i ni gyferbynnu'n canfyddiad ni o gludiant morol yn y drydedd ganrif ar ddeg – ar sail ffynonellau'r oes – â realiti corff sydd wedi'i ddiogelu'n dda, a llwyth y llong honno: un o'r llu o longau cyffredin a fu'n hwylio'r glannau yn ystod yr Oesoedd Canol.

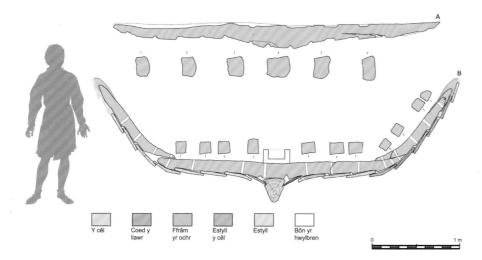

| | | | | | |
|---|---|---|---|---|---|
| Y cêl | Coed y llawr | Ffrâm yr ochr | Estyll y cêl | Estyll | Bôn yr hwylbren |

0       1 m

# 8.2 Llong Casnewydd

Nigel Nayling

*Ffigur 8.11 Golwg tua'r starn wrth i Long Casnewydd gael ei chloddio. Mae symud estyll y nenfwd wedi dod ag estyll y ffrâm i'r golwg.*

Cafwyd hyd i long Casnewydd ar lan Afon Wysg i lawr yr afon o gastell canoloesol Casnewydd ac i lawr hefyd o'r gilfach fawr yn Town Pill, man y tybiwyd cynt iddo fod yn ganolbwynt i weithgarwch morol y dref yn yr Oesoedd Canol. Er bod y llong wedi'i chladdu'n ddwfn o dan drwch o lifwaddodion yr aber (ffigur 8.11), daeth i'r golwg am fod angen cloddio i gryn ddyfnder cyn gallu codi canolfan berfformio gelfyddydol newydd Glan yr Afon yn 2002.

Gorweddai'r llong mewn cilfach lle'r oedd gollwng llwythi o slag a gosod coed ategol – a ddyddiwyd drwy ddendrocronoleg i OC 1467/8 – yn dangos i baratoadau bwriadol gael eu gwneud ar gyfer dyfodiad y llong. Cawsai'r llong ei throi ar ei hochr dde ar y coed cynnal a hynny, mae'n debyg, i'w hatgyweirio neu i newid rhywfaint arni.

Cawsai gweddillion y llong, sy'n rhyw 25 metr o hyd wrth 8 metr o led, eu hystumio gan bwysau'r clai uwch ei phen a chafodd llawer o'r estyll, a llawer o'r ochr chwith, eu symud oddi yno 'slawer dydd. Ond yr hyn sy'n weddill yw'r llong estyllog ganoloesol fwyaf sylweddol y cafwyd hyd iddi yn y Deyrnas Unedig yn yr oes fodern (ffigur 8.12). Gwnaed y cêl o un darn o ffawydden a oedd bron yn 20 metr o hyd, a chafodd ei rabedu ar hyd y ddwy ochr i gymryd estyll cyntaf y corff a'i sgarffio yn ei ben blaen i ymuno â darn derw blaen y llong. O fewn rabed bach yn y sgarff cafwyd hyd i ddarn arian a fathwyd yn ne Ffrainc yn 1445/6 ac a gawsai ei osod yno'n fwriadol.

Yr oedd y corff allanol wedi'i wneud o gyfresi o estyll a gawsai eu naddu o fyrddau derw a oedd wedi'u hollti'n rheiddiol ac wedi'u cysylltu wrth y cêl â hoelion haearn pigog. Yr oedd yr estyll diweddarach yn gorgyffwrdd â'i gilydd ac wedi'u cysylltu wrth ei gilydd â hoelion haearn a glensiwyd dros rwyau is-betryal (wasieri) wrth y gorgyffwrdd hwnnw. Cadwyd dŵr allan o'r mannau lle gorgyffyrddai'r estyll drwy gynnwys haen o flew anifeiliaid a thar i'w selio. Yr oedd hyd at 35 astell wedi goroesi ar yr ochr dde a hyd at 17 ar yr ochr chwith. Cafwyd hyd i goed 64 set o fframiau, sef estyll llawr o dderw ynghyd â thwll draenio canolog (dros y cêl) ac estyll ochr yn estyn y fframiau y tu hwnt i dro'r pwll 'sbydu ac i fyny ochrau'r llong. Cawsai'r fframiau eu gosod yn agos at ei gilydd a'u naddu'n ofalus i gyd-

*Ffigur 8.12 Cynllun cyfansawdd o Long Casnewydd adeg ei chloddio, ar sail ffotogrametreg a chofnodion o'r safle, ynghyd â lleoliad yr estyll a ddyddiwyd ar sail y cylchoedd coed ynddynt.*

**Grid gogledd y safle**

**Grid gogledd yr AO**

- Estyll y dec
- Trawstiau a chniwiau
- Caeadau'r hatshys
- Casgenni
- Brasluniau
- Rhan isa'r corff a ddadleolwyd

Cniw CT1629
Gaeaf OC 1465/6

Braslun G1069
Gaeaf OC 1467/8

Cniw CT1614
Gaeaf OC 1461/2

5m

5m

fynd â siâp grisiog wyneb mewnol y corff. Cawsent eu cysylltu wrth ei gilydd ac wrth du allan y corff â chyfuniad o hoelion pren o dderw (pegiau pren), a pheth anarferol yw gweld hoelion haearn pigog wedi'u gyrru drwy estyll allanol y corff ac i mewn i ochr waelod coed y ffrâm.

Tua chanol y llong ac ar hyd ei llinell ganol, gwelwyd chwyddi pendant mewn celsan o dderw a gawsai ei rabedu dros estyll y llawr a'i chysylltu'n gadarn wrthynt â hoelion coed onglog o dderw. Yma, cawsai bôn yr hwylbren ei dorri allan i greu cilfach betryal y byddai cefn gwaelod yr hwylbren wedi'i osod ynddi. Goroesai tair cyfres o dulathau ar yr ochr chwith a saith ar yr ochr dde, yn rhannol o leiaf. Rhedai'r estyll hynny, a gawsai eu llifo yn hytrach na'u naddu, ar hyd y fframiau a chael eu cysylltu wrth ochr uchaf y fframiau â hoelion coed rabedig o dderw. Rhedai deg craffrwym rhwng y rabedau ar dulathau mwyaf mewnol yr ochrau de a chwith a chwyddi bôn yr hwylbren ar y celsan; cawsent eu cysylltu'n dynn wrth estyll gwaelodol y llawr â hoelion coed derw crwn a sgwâr. Rhwng y tulathau, y celsan a'r craffrwymau, yr oedd y cyfuniad o fyrddau llifiedig pyllau 'sbydu o dderw ac estyll nenfwd yn darparu leinin di-dor i du mewn y corff hyd at y bedwaredd gyfres o dulathau ar yr ochr dde. Yn y tu blaen, cawsai pedwar atodbren eu gosod dros y tulathau ond yr oeddent heb eu cysylltu â'r fframiau gwaelodol. Mae'r chwyddi mewn tri man ar y seithfed gyfres o dulathau ar yr ochr dde yn awgrymu y bu croeslathau yno gynt.

Cafwyd hyd i amryw o estyll eraill (croeslathau difrodedig a chniwiau cysylltiedig) o du mewn y llong, ac efallai iddynt fod yn rhan o'r rhannau uchaf ohoni gynt. Cafwyd hyd iddynt hwy a llawer o estyll eraill llai o faint, ac efallai i rai ohonynt fod yn rhannau, fel estyll y dec, hatshys ac elfennau o'r rigin, y rhoddwyd y gorau i'w defnyddio.

Wrth gloddio, cafwyd hyd i gannoedd o arteffactau (gweler tudalennau 122, 236 a 238). Ymhlith y rhai a oedd yn gysylltiedig â brwydro, yr oedd breichledr saethydd, darnau o helmed bosibl, ynghyd â stribedi o aloi copr a thestun Lladin wedi'i engrafio arnynt, a sawl darn o belen garreg (rhagflaenwyr pelenni canon o haearn). Mae darnau bath, crochenwaith a llenni o gorc o Bortiwgal yn arwydd o gysylltiadau ag Iberia, ac mae'r gwaith ailadeiladu ar y llong yn dangos bod yr olion yn cynrychioli llong ganoloesol sylweddol a oedd dros 25 metr o hyd i gyd ac iddi fod ar waith, ym myd masnach mae'n debyg, rhwng Prydain a glannau Môr Iwerydd yn Ffrainc, Sbaen a Phortiwgal. Cawsai ei hadeiladu mewn traddodiad a oedd i raddau helaeth wedi darfod o'r tir erbyn diwedd y bymthegfed ganrif. Bellach, mae estyll ac arteffactau'r llong yn destun gwaith cadwraeth er mwyn i'r llong wych hon allu cael ei rhoi'n ôl wrth ei gilydd a'i harddangos rywbryd yn y dyfodol.[26]

# 8.3 Llechi ar waelod y lli

## Cecil D Jones

Ffigur 8.13 Safle llongddrylliad Pwll Fanogl gan edrych tua'r gogledd-ddwyrain. Yng nghanol y llun gwelir ôl cwch modur sydd wedi croesi uwchlaw'r safle.

Ffigur 8.14 Llechen nodweddiadol o ail haen y llwyth. Mae'n mesur 9.37 modfedd wrth 5.39 modfedd (238mm wrth 137mm).

Ym mis Gorffennaf 1976, yr oedd deifwyr o Glwb Tanddwr Gwynedd a Phrifysgol Bangor wrthi'n llunio rhestr o fywyd y môr yng nghyffiniau Pwll Fanogl lle mae Afon Menai ar ei dyfnaf a'i lletaf. Mae'r lle'n enwog fel man pysgota ac oherwydd y sôn bod 'twll dwfn' yng ngwely'r afon yno. Yn ystod eu harolwg, daeth y deifwyr ar draws tomen o lechi ar wely'r môr 12 metr islaw'r wyneb (ffigur 8.13).[27]

Gan fod y llechi'n gartref i dwf cyfoethog o fywyd y môr, fe godwyd rhai ohonynt i'w hastudio o dan amodau labordy (ffigur 8.14). Gwelwyd eu bod wedi'u pentyrru'n rhesi mewn tomen rhyw 10 metr o hyd. Cawsai'r mwyafrif ohonynt eu gosod yn dynn wrth ei gilydd ond ni welwyd unrhyw goed y gellid bod wedi'u defnyddio'n ddefnydd pacio. Yr oeddent yn fath anarferol o lechi am eu bod yn lled-drionglog ac yn mesur rhyw ddeg modfedd wrth bedair (254 milimetr wrth 102). Am nad oedd yr un twll ynddynt, roedd hi'n amlwg nad oeddent wedi'u defnyddio ar do.

Wedi i'r arolwg ecolegol ddod i ben, trodd y deifwyr eu sylw at y domen lechi a sylweddoli y gallent fod yn gorchuddio gweddillion llong. Ychydig sy'n hysbys am y cludo cynharaf ar lechi ar y môr, ond mae darganfyddiadau archaeolegol a chofnodion canoloesol yn dangos i lechi gael eu cludo dros y môr yn ystod cyfnod y Rhufeiniaid a'r Oesoedd Canol,[28] a châi llwythi o lechi eu hanfon ar longau i borthladdoedd yng ngogledd-orllewin Cymru, Ynys Manaw a gogledd Iwerddon yn ystod yr unfed ganrif ar bymtheg.[29]

Dechreuwyd cynnal yr arolwg tanddwr ym mis Ebrill 1977 ac fe barodd dair blynedd. I ddechrau, cyfyngwyd y gwaith i'r distyll (rhyw 30 munud ar bob llanw), ond wrth fagu profiad gwelodd y deifwyr fod modd aros ar y safle am 50 munud. Gan mai 12 metr yn unig oedd dyfnder y dŵr adeg y distyll ond bod yno amrediad llanw o 4 metr, gwnaed y rhan fwyaf o'r gwaith adeg llanw isel. Manteisiwyd ar dechneg a oedd yn newydd ar y pryd, sef defnyddio 'llinell dywynnu' ac arni bwysau plwm i sefydlu llinellau arolygu ar gyfer cyfuchlinio ar y domen. Bob pen i'r echelin hydredol, gosodwyd pwyntiau datwm, sef pyst â phwysau trwm wedi'u gosod mewn concrit.

O dan gyfarwyddyd yr hanesydd llongau, Owain

*Ffigur 8.15 Mae'r cynlluniau safle a luniwyd ar sail arolygon cynnar gan sgwba-blymwyr yn dadlennu perthynas y pentwr llechi ag elfennau eraill o safle'r llongddrylliad, fel angorau a chylchoedd casgenni.*

**Drylliad llechi Pwll Fanog: safle'r angorau**

Gogledd Mag.

Perimedr pentwr llechi

Adfachau angor

Croesfar angor

? Cylchoedd casgenni

**Graddfa**

0    5    10
m

I gawell cimwch 150°

*Ffigur 8.16 Awgryma siâp a maint yr estyll a ddinoethwyd fod yma long 11–12 metr o hyd (37–40 troedfedd) a oedd yn debyg o ran ei hadeiladwaith i'r llong fasnach o'r drydedd ganrif ar ddeg y cafwyd hyd iddi oddi ar Gastell Kalmar yn Sweden yn y 1930au. Ym 1994–95 fe adeiladodd Amgueddfa Lyngesol Karlskrona gopi maint-llawn o'r Aluett i'w hwylio.*

Roberts, cloddiwyd ffos ar draws canol y safle (ffigur 8.15). Serch bod yr amodau yno'n aml yn dywyll a chythryblus, gwelwyd bod saith haen o lechi'n gorwedd ar bacin o brysgwydd. Bu dod o hyd i estyll o dderw wedyn yn gadarnhad bod y domen yn cynnwys olion drylliad. Tynnwyd ffotograffau o'r estyll lle'r oeddent a bu'r samplau, a oedd â marciau teithio

arnynt, yn fodd i Owain Roberts awgrymu mai llong estyllog oedd yno ac iddi gael ei hadeiladu yn nhraddodiad 'cêl' gogledd Ewrop neu Sgandinafia. Ar ôl cloddio cyfyngedig a chodi detholiad o'r estyll a'r llechi, fe ail-lenwyd y ffos yn ofalus.

O'i hastudio ymhellach, gallwn ni ddweud bellach mai llong lechi hynaf sydd yno ac efallai mai hi yw'r crair hynaf y cafwyd hyd iddo hyd yn hyn o'r fasnach lechi forol.[30] Mae'n debyg mai llwyth 15-tunnell yw'r domen lechi ac iddi fesur 9.9 metr wrth 5.5 (32.4 tr wrth 18) a chynnwys, fe amcangyfrifir, 10,000 o lechi.[31] Yr oedd y mwyafrif o'r llechi o fath a elwid yn 'single' ac yn cyd-fynd â mathau sy'n hysbys ers y ddeuddegfed ganrif. Ym 1999 dyddiwyd y cêl o goed ar sail radiocarbon i OC 1430–1530.[32] Byddai'r llong, a suddodd rywbryd yn y 1520au – mae'n debyg – wrth iddi gludo llwyth llawn, wedi bod yn rhyw 16 metr (52.5 tr) o hyd ac yn 4.8 metr (15.7 tr) o led ac wedi gallu cludo llwyth o 10–15 tunnell o lechi (ffigur 8.16). Yr oedd hi'n rhagflaenydd i'r math o longau a gâi eu cofnodi yn Llyfrau Porthladd Biwmares.

Ymgais arloesol i ymchwilio'n systematig i ddrylliad yng Nghymru oedd arolwg Pwll Fanogl. Ar sail y wybodaeth a ddeilliodd hyd yn oed o ymchwiliad mor gyfyngedig â hwnnw, gwyddom fod y llong lechi, sy'n dal i orwedd yn nyfnderoedd Pwll Fanogl ac erbyn hyn yn ddrylliad sydd wedi'i ddynodi'n statudol, yn rhan bwysig o weddillion morol diwydiant llechi'r gogledd.

# 8.4

# Llongau ar seliau

## Mark Redknap

Yr oedd llong ganoloesol helaeth ei hoffer yn ddrych o alluoedd morwrol ei pherchennog ac yn gynhaliaeth ac yn anadl einioes i fywoliaeth masnachwyr a threfi ar hyd y glannau. Dydy hi'n ddim syndod, felly, i fwrdeistrefi canoloesol ger y glannau, yn ogystal â'r Morlys, ddefnyddio seliau swyddogol ac arnynt longau'n eiconau ar eu cefn. Mabwysiadodd porthladdoedd canoloesol ledled Ewrop y symbolaeth honno. Yn aml, darluniai trefi mewndirol dyrau castellog ar eu seliau, ond gellid cyfuno'r ddau bwnc fel y gwnaed yn achos Sêl Gyffredin Bwrdeisiau Bryste.

Yr oedd Bryste'n ganolfan bwysig i'r rhwydwaith masnachu a wasanaethai dde Cymru yn ystod yr Oesoedd Canol. Ar gefn ei sêl, a engrafwyd yn ystod teyrnasiad Edward I (teyrnasodd: 1272–1307), dangosir dyn yn chwythu corn o dŵr ar orthwr carreg y castell ac ar y cefn ceir llong fasnach yn tynnu at lifddor y castell ar hyd Afon Avon, afon sy'n llawn o bysgod ac yn cynnwys llysywen fawr. Dywed y testun Lladin 'Fi yw allwedd y porthladd cudd. Mae'r morwr yn gwylio ochr chwith y llong. Mae'r gwyliwr yn dynodi'r porthladd â'i fys'. Mae ail Sêl Maer Bryste ym 1359 hefyd yn dangos llong ac arni'r llythyren Gothig 'B' ar ei thu blaen wrth iddi ddod allan drwy lifddor y castell. Mae Sêl Llys y Morlys, o tua 1461, yn dangos llong sy'n ddiweddarach ei chynllun. Mae'n debyg mai llong ryfel yw hi. Mae

*Ffigur 8.17 Ar Sêl Gyffredin Hwlffordd, sy'n dyddio o tua 1291, gwelir manylion y rigin a'r cestyll caerog yn y tu blaen, y tu ôl ac ar y pen uchaf, yn ogystal â morwr yn canu corn ac un arall yn canu trwmped.*

ganddi un hwylbren, twr yn y tu blaen a'r tu ôl, a chorff estyllog sydd â'i adeiladwaith yn dwyn Llong Casnewydd i gof.

Ymhlith y trefi porthladd yng Nghymru a oedd â llongau ar eu seliau yr oedd Trefynwy, Hwlffordd (ffigur 8.17), Niwbwrch a Dinbych-y-pysgod (a gafodd ei siarter ym 1290).[33] Mae Sêl Gyffredin Gyntaf Trefynwy o'r drydedd ganrif ar ddeg (ffigur 8.18) yn darlunio llong ag un hwylbren ac yn cyfleu pwysigrwydd y dref fel porthladd mewndirol yn ystod rhan helaeth o'r Oesoedd Canol.[34] Mae sêl Dinbych-y-pysgod yn dangos math diweddarach o long sy'n nodweddiadol o'r bymthegfed ganrif (ac unwaith eto'n debyg i Long Casnewydd), ac yn hedfan baner ac arni'r arfbais frenhinol (ffigur 8.19). Mae tri o bobl yn plygu dros ochr y starn ac mae ffigur yn chwythu corn. Ar y llaw arall, mae sêl Niwbwrch, a gafodd ei siarter ym 1303 ac a oedd heb gastell na harbwr, yn darlunio tri physgodyn yn y môr am fod y dref newydd honno ym Môn yn enwog am ei physgod.

Yn aml, darlunnid llong ag un hwylbren ar seliau personol masnachwyr. Yn eu plith yr oedd sêl William, mab William le Nevil (sêl a ddefnyddiwyd ym 1340);[35] sêl a ddefnyddiwyd (ond a fenthyciwyd, mae'n debyg) ym 1411 gan Cristina ferch Gruffydd ap Hywel o Gilgwrwg yn Sir Fynwy; sêl ar em hynafol i Thomas, mab John le Baskerville (sêl a ddefnyddiwyd ym 1325);[36] a sêl o ddiwedd y ddeuddegfed ganrif – un ac arni geugerfiad o long tebyg i rwyflong – a ddefnyddiwyd ar grant i Abaty Margam gan William, mab Osmund.[37]

Os ceir hyd i fatricsau seliau ar draethau, gall hynny awgrymu y bu mannau glanio canoloesol yno, fel y digwyddodd yn achos dau fatrics sêl arian o'r bedwaredd ganrif ar ddeg, y naill yn eiddo i William, Abad Nedd, ac y cafwyd hyd iddo ar draeth Aberafan ger Port Talbot ym 1999, a'r llall yn fatrics sêl blwm o ddiwedd y drydedd ganrif ar ddeg a oedd yn eiddo i William Malherbe, sêl y cafwyd hyd iddi, ynghyd ag insel o'r bymthegfed ganrif, ym 1978 ger banc o gerrig mân ym Mae Abertawe.[38]

*Ffigur 8.18 (uchod) Mae Sêl Gyffredin Gyntaf Trefynwy, o'r drydedd ganrif ar ddeg, yn dangos llong ddeupen ag un hwylbren o fath y cêl, a blaenddelw hynafol yr olwg arni. Mae penwn yn hedfan o ben yr hwylbren. Daliwyd i ddefnyddio'r matrics hwn tan 1675.*

*Ffigur 8.19 (isod) Yn y bymthegfed ganrif, pwysleisiai Sêl Gyffredin Dinbych-y-pysgod deyrngarwch i'r brenin. Dangosir y llythyren T, am 'Tenby', islaw'r faner frenhinol.*

## 8.5

# Llongau a ffydd

## Mark Redknap

*Ffigur 8.20 Ar hyd y glannau, gan mwyaf, y ceir bathodynnau pererinion yng Nghymru ac mae hynny'n ddrych o ddwysedd y boblogaeth. Ond gan mai ar draethau y cafwyd hyd i lawer ohonynt, yr awgrym yw i bererinion eu cynnig i ddiolch am daith ddiogel neu iddynt eu colli wrth adael llong mewn tywydd garw.*

Iglerigwyr yr Oesoedd Canol, yr oedd i longau amryw o gysylltiadau – o fod yn rhybudd ynghylch dyfodiad ysbeilwyr a môr-ladron i fod yn ffyrdd pwysig o gael incwm. Yr oedd y Sistersiaid, er enghraifft, yn berchen ar longau ac yn meddu ar ganiatâd i bysgota.[39] Drwy gydol yr Oesoedd Canol fe gynrychiolir llongau ar amrywiaeth o ffurfiau ac ar amrywiaeth mawr o gyfryngau fel cerfluniau, gwydr ffenestri mewn eglwysi cadeiriol, lluniau mewn llawysgrifau, a murluniau. Yn aml, bydd golygfeydd o'r Beibl yn symbolau o ddigofaint Duw, fel stori'r Dilyw a hanes Jonah yn cael ei lyncu gan y Morfil. Ymhlith golygfeydd eraill,

ceir y lliaws gwyrthiol o bysgod (sy'n dangos rhwydi canoloesol a'r rheiny'n aml wedi'u gwneud o'r benboeth (*nettle hemp*)).

Yn 'Cywydd y Llong', cyfeiria Iolo Goch (tua 1320–98) at arch Noa, delwedd sy'n digwydd yn aml yn niwylliant gweledol yr Eglwys[40]. Dychmygwyd golygfeydd o Noa wrthi'n adeiladu'r Arch yn nhermau'r 'presennol' gan ddarlunio gwisgoedd, offer a llongau o'r Oesoedd Canol. Cwblhaodd Noa'i waith anodd ar fwy o frys na'r ddau adeiladwr llongau sydd wedi'u cerfio ar fisericord o ddechrau'r unfed ganrif ar bymtheg yn Eglwys Gadeiriol Tyddewi, dau sy'n bwyta ac yn yfed yn hytrach nag yn bwrw ati[41] (gweler ffigur 8.3). Efallai i'r olygfa gyffredin honno mewn cyd-destun crefyddol – rhan ohoni'n dychanu ymddygiad pobl a rhan yn portreadu hwyl ac iddi gysylltiadau moesol – gael ei thynnu o fywyd, neu o ffynhonnell brintiedig gynnar.

Mae misericord arall yn Nhyddewi'n darlunio diflastod teithiwr sy'n chwydu dros ochr llong wrth i'w gydymaith geisio'i gysuro, a darlunnir hefyd lywiwr y llong a morwr arall yn tynnu ar rwyf (gweler tudalen 22). Gall yr olygfa gyfleu digwyddiad ym mywyd Sant Gofan, sant a gredai ei fod yn marw o salwch môr pan anfonwyd ef i Rufain i gael gwybod y dull cywir o ganu'r offeren. Dangosir corff y llong â thŵr dyrchafedig yn y starn a llyw'r starn yn ffurf yr Oesoedd Canol diweddar arni. Gall fod yn ddarlun syml o'r math o long y byddai cerfwyr y misericord wedi'i weld yn cludo teithwyr neu bererinion â'u bryd ar gyrraedd Tyddewi neu'r hollt yn y graig ger Bosherston yn Sir Benfro lle y credid i feudwy yn y chweched ganrif dreulio'r rhan fwyaf o'i oes (gweler ffigur 6.8).

Caiff y pwys a roir ar weddïo am gymorth yn ystod mordeithiau hir, a manteision gofyn i Dduw am ddiogelwch, ei weld yn yr enwau a roddwyd ar longau. Yn aml, câi'r llongau eu gosod o dan warchodaeth arbennig seintiau neu ffigurau defosiynol drwy eu henwi ar ôl y sawl a'u hamddiffynnai. Gwyddom, felly, am longau o'r enw *La Mariot* (1295) a *Mariote* (1316), *Sancte Crucis* (1306), *Coga Sancte Marie* (1307), *James* (1315), *Holyrodecog* (1320), *Hugreve* (1326–27), *La Nicholas* (1338), *Nicholas* (1350), *George* (1392–1407 a

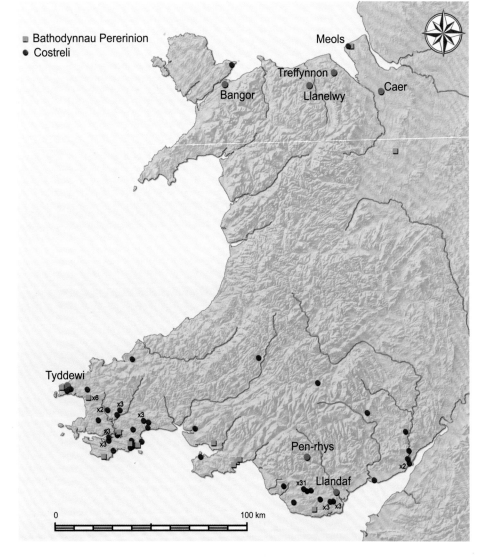

**Bathodynnau Pererinion**
**Costreli**

Meols
Treffynnon
Bangor
Llanelwy
Caer

Tyddewi
x6
x2
x3
x3
x3
x3

Pen-rhys

x31 Llandaf
x2

x3 x3

0          100 km

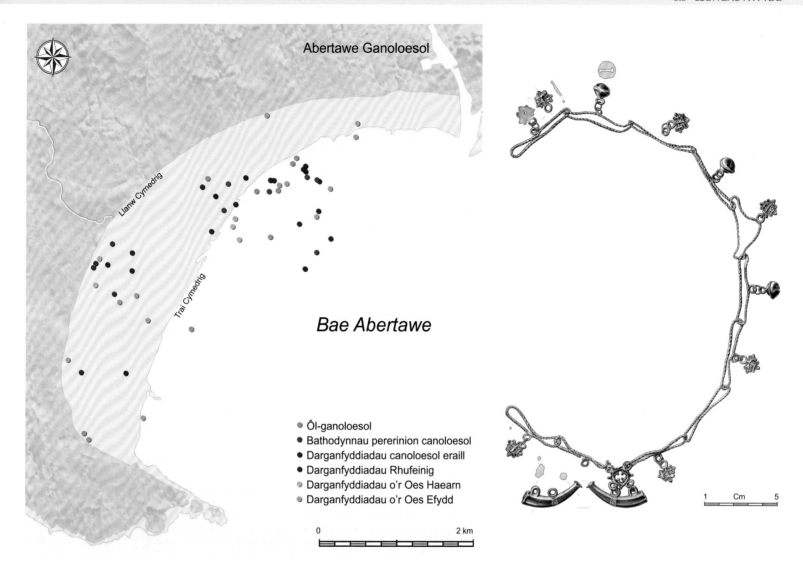

Ôl-ganoloesol
Bathodynnau pererinion canoloesol
Darganfyddiadau canoloesol eraill
Darganfyddiadau Rhufeinig
Darganfyddiadau o'r Oes Haearn
Darganfyddiadau o'r Oes Efydd

*Ffigur 8.21 (chwith) Mae dosbarthiad y darganfyddiadau ym Mae Abertawe yn dangos clwstwr bach o fathodynnau pererinion yn y tir gogleddol rhwng Blackpill ac Abertawe ganoloesol.*

*Ffigur 8.22 (de) Mân ddail, clychau a chorn crog sy'n addurno'r gadwyn biwter hon o'r bymthegfed ganrif o draeth Niwgwl yn Sir Benfro. Cludai'r pererinion gyrn ac mae'r chwisl ar ffurf corn a chlychau ar gadwyn, sy'n copïo cadwyni lifrai, yn ein hatgoffa ni o awyrgylch hwyliog rhai pererindodau.*

1423), *Trinitie* (1402), *Peter* (1412–15), *Mary* (1438–39 a 1446–47), *James* (1445–46) a *Kateryn* (1449–50).[42]

Byddai llawer o'r rhai a âi i bererindota yn dibynnu ar gwch neu long, ac yn aml yn cychwyn ar ddechrau'r haf ac yn dychwelyd, os gallent, cyn stormydd yr hydref. Am fod angen i deithwyr a gychwynnai ar fordeithiau mor faith ystyried y posibilrwydd o farw, yr oedd galw am gymorth y nefoedd yn rhan o ddiwylliant bywyd beunyddiol. Byddai pobl yn gofyn am lythyrau o saffcwndid ac yn rhoi trefn ar eu materion personol (drwy enwi etifeddion, gwneud ewyllysiau a chyflwyno eiddo i'r Eglwys) cyn ymadael. Mae'n fwy na thebyg mai ar fordeithiau uniongyrchol yr aent o Gymru i Gysegr Sant Iago yn Compostela yng ngogledd Sbaen. Cyrhaeddent Rufain drwy groesi'r Sianel a theithio drwy'r Iseldiroedd a Gwlad y Rhein, neu drwy Ffrainc. Ambell waith, bydd dod o hyd i fathodynnau pererinion ar draethau fel Niwgwl, Dinbych-y-pysgod a Bae Abertawe (ffigur 8.21) yn ein

hatgoffa ni o'r mordeithiau hynny – bathodynnau o Gaergaint fel rhai o Thomas Becket (tua 1119–70) (un o nawddseintiau'r morwyr ac un a oedd yn enwog am ddod â llongau'n ddiogel i borthladd).[43] Er i rai ohonynt, mae'n sicr, gael eu colli'n ddamweiniol, efallai i eraill gael eu gosod yn fwriadol yn y môr gan deithwyr a oedd yn falch o gyrraedd glan ar ôl teithio i Gaergaint neu rywle pellach oddi cartref (ffigur 8.22).

Sonia amryw o'r beirdd am y fordaith beryglus i Rufain. Yn eu plith yr oedd Robin Ddu (*fl.* 1450) a ddisgrifiodd y llong a'i cludai'n 'prennol y pererinion',[44] ac mae cerdd gan Rhys Llwyd ap Rhys ap Rhicert (tua 1460) yn disgrifio trafferthion pererin ar daith arw i Enlli ac yn cyffelybu'r tonnau ewynnog garw ar ei fordaith ('Berwi arnom yn burwen') draw i'r ynys o fil o seintiau i 'Haid o ddefaid Gwenhidwy/A naw hwrdd yn un â hwy'.[45]

## 8.6 Gwn llaw Enlli

Mark Redknap

Ffigur 8.23 Mae'r saeth wen ar yr awyrlun hwn o Ynys Enlli yn dangos lle y cafwyd hyd i wn llaw Enlli.

Ym 1982, cafodd deifiwr hyd i wn llaw canoloesol prin mewn trwch o fôr-wiail i'r dwyrain o oleudy Enlli (ffigur 8.23).[46] Gwn wedi'i gastio mewn aloi copr yw gwn llaw Enlli ac mae ganddo faril wythonglog main sy'n culhau ychydig o fôn y baril i'w flaen (ffigur 8.24). Atgyfnerthwyd y blaen â mowldiad mwy trwchus, fel y gwnaed yn achos twll cyffwrdd ar ochr dde'r pen arall. Ar y gwaelod, ceir atalfa adlam 'drionglog' nodweddiadol ('croc' neu fachyn) ac yn y bôn ceir darn o bolyn neu stoc o bren sy'n dal i ffitio i'w soced ac yn cael ei ddal yno gan ddarn o ddefnydd.

Defnyddiwyd y term 'hagabwt' i ddisgrifio'r union fath hwnnw o wn â bachyn, sef y nodwedd fwyaf arbennig ar ynnau llaw cynnar. Ar dir, ac i gymryd yr adlam, gellid cloi'r bachyn yn erbyn ategyn – fel trestl, wagen, 'pavise' (tarian), bronglawdd neu ragfur o gerrig. Fe'i defnyddid ar longau hefyd yn arf gwrthbersonél a'i danio, fel y dangosir mewn llawysgrif o tua 1475–85, gan bwyso yn erbyn rhyw ategyn cadarn fel gynwal llong.[47] Mae'r hagabwt o Enlli'n debyg mewn rhai ffyrdd i un o'r Iseldiroedd a ddyddiwyd i'r bymthegfed ganrif, un ac iddo dwll cyffwrdd a phadell ar yr ochr, a soced i lyw pren.[48]

Yn ystod ail hanner y drydedd ganrif ar ddeg y gwelwyd y ryseitiau cyntaf yn Ewrop ar gyfer gwneud powdwr gwn, ac o tua 1340 ymlaen ceir mwy a mwy o gyfeiriadau at arfau powdwr du. Erbyn 1345 yr oeddent yn fwyfwy cyffredin ym Mhrydain. Caent eu gwneud yn Nhŵr Llundain ac fe'u defnyddiwyd mewn gwrthdaro ym 1375. Yng *Nghroniclau Lloegr* (a gwblhawyd tua 1475) gan Jean de Wavrin, mae'r llun o warchae Owain Lawgoch (tua 1330–78) ar gastell Mortagne-sur-Gironde ym 1377 yn dangos gwŷr yn tanio gynnau llaw o haearn at filwyr yn y castell.[49] Mae'r gynnau cynnar y cafwyd hyd iddynt mewn cestyll fel Tannenburg yn Hessen, a dynnwyd i lawr ar

ôl gwarchae ym 1399, a Vedelspang yn Nenmarc, a godwyd ym 1416 ac a ddymchwelyd ym 1426, yn cynnig cyd-destunau rhesymol o agos o ran eu dyddiad i'r arfau hynny a'u hesblygiad. Fe'u defnyddiwyd yn ystod Rhyfel y Rhosynnau, weithiau gan 'handgonners' a huriwyd yn arbennig, fel y Bwrgwyniaid a ymladdodd ar ochr Iorc ym Mrwydr St Albans ym 1461. Yn eu hanfod, arfau gwrthbersonél oedd y gynnau cynnar am fod eu bwledi'n teithio bedair gwaith yn gynt na saeth o fwa croes neu hir, a gallent dreiddio drwy arfwisg o ddur.

Sut y cafodd gwn llaw o'r bymthegfed ganrif neu ddechrau'r ganrif ddilynol ei golli oddi ar Enlli? Efallai ei fod yn arwydd o longddryliad tua diwedd yr Oesoedd Canol, ac iddo gael ei golli a'i guddio yn y fforestydd o fôr-wiail, y cilfachau tywodlyd a'r cefnennau o greigiau oddi ar ran ddeheuol yr ynys lle gall y ceryntau cryf ysgubo cychod, llongau a defnydd drylliedig ar hyd gwely'r môr tan i rwystrau eu maglu. Ceir rhyw syniad o olwg llongau arfog y cyfnod drwy astudio'r lluniau o garacau yn y 'Beauchamp Pageant' a luniwyd tua 1483–84 i ddarlunio bywyd Richard Beauchamp, Iarll Warwick (1382–1439).

Soniodd arweinydd tîm deifwyr Enlli am weld malurion a 'pipes with loops on them' yn gorwedd yn y rhigolau cyfagos. Efallai mai gynnau cynnar o haearn gyr, a elwid yn 'port pieces', oeddent (gweler tudalen 238). Ar adeg wahanol, soniodd deifiwr arall am ddod o hyd i 'five foot bronze cannon' yn ymyl y safle lle cafwyd hyd i'r gwn llaw. Methodd ymdrech yr Uned Ddeifio Archaeolegol ym 1991 i chwilio'r fan honno â dod o hyd i dystiolaeth bellach, ond yn y dyddiau cyn dyfodiad llywio drwy loeren, gallai pennu safle fod yn llai manwl-gywir nag yw hi heddiw, a gall caeau o fôr-wiail guddio llawer iawn.

*Ffigur 8.24 Mae i'r hagabwt o Ynys Enlli yng Ngwynedd atalfa adlamu nodweddiadol i'w fachu dros ynwal, tarianau trwm neu greneliadau llong.*

Pennod 9

# Cymru a'r Môr yn Oes y Tuduriaid

J D Davies

Yn wahanol iawn i'r cythrwfwl a achoswyd gan wrthryfel Glyndŵr a Rhyfeloedd y Rhosynnau, bu sefydlogrwydd gwleidyddol yr unfed ganrif ar bymtheg o fantais fawr i fasnach forol Cymru. Rhoes Deddf Uno 1536 derfyn ar awdurdod Arglwyddi'r Mers i godi eu tollau eu hunain ar longau ac ym 1559 sefydlwyd gweinyddiaeth dollau ffurfiol ac estyn arfer Lloegr i Gymru. Mae'r Llyfrau Porthladd a gynhyrchwyd o dan y drefn newydd yn rhoi darlun cliriach o faint a natur llongau yn y fasnach allforio a mewnforio yng Nghymru.

*Ffigur 9.1 Mae'r West Blockhouse yn Angle (yng nghanol y llun) yn un o bâr o adeiladweithiau amddiffynnol Tuduraidd a godwyd gan Henry VIII yn yr unfed ganrif ar bymtheg bob ochr i geg Aberdaugleddau. Cafodd ei ailgodi yn y bedwaredd ganrif ar bymtheg a'i addasu yn ystod yr Ail Ryfel Byd. Garsiynau bach – a ategid mewn argyfwng â milwyr a milisia lleol – oedd i'r blocdai, ac ynddynt ceid gynnau mawr ynghyd ag arfau i filwyr traed.*

Nid bod hynny wedi esgor yn syth ar drefn 'fodern' ac effeithlon. Yng Nghaerdydd, er enghraifft, yr oedd swyddogion y tollau, a benodwyd o 1559 ymlaen, yn wynebu'r un problemau o ran atal twyll ag a fuasai'n bla ar arglwyddi'r Mers, a bu rhai swyddogion y tollau hwythau'n ymdrybaeddu mewn arferion llwgr.[2]

Gan fod porthladdoedd Cymru'n gymharol fach a'u dalgylchoedd yn gyfyng, byddent yn llai deniadol i fasnachwyr na llawer o borthladdoedd Lloegr ac Iwerddon. Er iddynt fyw yng nghysgod porthladdoedd mawr Caer a Bryste a bod, ar lawer ystyr, yn israddol iddynt, fe ehangwyd rhywfaint arnynt yn ystod y ganrif (ffigurau 9.2 a 9.3). Yn ôl adroddiad ym 1522 yr oedd gan Gasnewydd 'a godly haven' ac amryw o geiau. Ym 1539 Caerleon oedd porthladd cartref y *Trinity of Carlyon*, a mewnforid halen, sebon, pres a phiwter yno o Fryste.[3] Ailgodwyd cei Caerdydd deirgwaith yn yr 20 mlynedd ar ôl 1532. Erbyn y 1590au yr oedd gan y dref 10 llong, yr un fwyaf yn 60 tunnell ac yn masnachu â Ffrainc.[4]

Tipyn llai eu maint oedd y mwyafrif o'r llongau yr oedd pobl ym mhorthladdoedd Cymru'n berchen arnynt. Prin oedd y rhai dros 10 tunnell, ac eithriadau prin oedd y llong 40-tunnell, y *Katheryn*, a oedd â pherchnogion yng Nghonwy ym 1566, a'r llong 44-tunnell, y *Victory* o Fiwmares (1582–83).[5]

*Ffigurau 9.2 a 9.3 Mae'r cerflun rhyfeddol ar Gapel Greenway yn Eglwys Sant Pedr yn Tiverton yn Nyfnaint (capel y talwyd amdano gan y masnachwr a'r perchennog llongau John Greenway ac a gwblhawyd ym 1517) yn mawrygu'r fasnach wlân yn gynnar yn oes y Tuduriaid drwy gynnwys ffris o longau'r cyfnod – o rwyflongau i longau masnach arfog. Hwyliai llongau tebyg o Fryste ac ar hyd glannau Cymru.*

Y tu hwnt i'r porthladdoedd mawr a'u ceiau, digon cyntefig weithiau oedd y trefniadau ar gyfer llongau. Yn harbwr Llanelli, un mwyfwy pwysig ar gyfer allforio glo, rhedai'r llongau i mewn i gilfachau a nentydd ar lanw uchel a glanio ar drai. A than ganol y ddeunawfed ganrif deuid â'r glo i lawr iddynt mewn wagenni a chyfresi o bynfeirch.[6]

Parhau wnaeth y fasnach ganoloesol hirhoedlog â Sbaen a Phortiwgal. Drwy borthladdoedd y de mewnforid gwin, halen, haearn, sebon, olew olewydd a nwyddau eraill o Iberia, ac allforid gwlân.[7] Yng Nghaerdydd, mae darganfyddiadau archaeolegol diweddar yn cynnwys gwydr o Fenis ac amfforâu o Sbaen ac yn dangos bod nwyddau o safon yn cyrraedd y de o dde Ewrop yn ystod oes y Tuduriaid, naill ai'n uniongyrchol o wlad eu cynhyrchu neu o borthladdoedd eraill Prydain, ac o Fryste bron yn sicr.[8]

Ond â Ffrainc y ceid y masnachu tramor pwysicaf. Deuai llongau o La Rochelle a Bordeaux, yn enwedig, â halen a gwin i borthladdoedd y de a bu gan longau o Lydaw ran fawr o'r fasnach gynyddol mewn allforio glo o aberoedd afonydd Nedd, Tawe a Llwchwr. Ar y llaw arall, dirywiodd pwysigrwydd brethyn, a fuasai gynt yn brif gynnyrch a allforid i Ffrainc, er iddo barhau'n elfen bwysig ym masnach forol Sir Gaerfyrddin.[9] Ambell waith, deuai llongau o Lydaw â halen a gwin i Fôn.[10] Ond gallai masnachu â gwledydd tramor ddioddef oherwydd gwrthdaro gwleidyddol; amharodd y rhyfel maith â Sbaen rhwng 1585 a 1604 yn ddifrifol ar y masnachu â Phenrhyn Iberia, ac achosodd y rhyfeloedd cartref yn Ffrainc yn ystod y 1580au a'r 1590au gryn ddarfu yno hefyd.

Yn ystod ail hanner yr unfed ganrif ar bymtheg, magodd glo'r de fwy a mwy o bwys yn y fasnach ag Iwerddon (glo o faes glo Sir Benfro a gludid yn bennaf) a hefyd yn y masnachu â harbwrs gogledd Dyfnaint a Gwlad yr haf.[11] Mae'n debyg i lwythi o lo ddechrau hwylio o Lanelli yn y 1550au neu'r 1560au ac mai i Ffrainc yr âi'r mwyafrif ohonynt ac eraill i Ynysoedd y Sianel a de-orllewin Lloegr.[12] Âi rhai llwythi o Gastell-nedd i Lundain.[13]

Erbyn diwedd yr unfed ganrif ar bymtheg, yr oedd cryn fasnach mewn allforio glo yn datblygu yn Sir y Fflint hefyd, diolch yn rhannol i anghenion y fyddin a oedd yn meddiannu Iwerddon. Arweiniodd hynny, tan yr Adferiad, at roi lle blaenllaw iawn i lo'r gogledd ym marchnad Dulyn.[14]

Fel arall, masnachu ar hyd glannau'r gogledd a geid amlaf o lawer ac fe ddibynnai'n bennaf dim ar lwythi o Gaer.[15] Daliodd pysgota penwaig yn brif weithgarwch porthladdoedd bach Bae Ceredigion a Phenrhyn Llŷn ond yn raddol gwelwyd masnachu mwy amrywiol, ynghyd â pheth perchnogaeth ar longau. Yn y Bermo ym 1587, ac ym Mhwllheli ym 1602, y gwelwyd y llong gyntaf a allai fod wedi bod â pherchnogion lleol. Yn ail hanner yr unfed ganrif ar bymtheg, mewnforid glo a grawn i'r ddau borthladd, a thrawsgludid gwin o Sir Benfro.[16]

Ymsefydlodd morwyr, siopwyr a masnachwyr yn y porthladdoedd mwy o faint – a mwy bywiog – yng Nghaer a Bryste. O dde Cymru, heb gynnwys Syr Fynwy, y daethai rhyw 10 y cant o'r prentisiaid ym Mryste yn y 1530au; o ychwanegu Syr Fynwy mae'r presenoldeb o Gymru bron â dyblu.[17] Symudodd Gabriel Roberts a David Lloyd, dau fasnachwr o Fôn, i Gaer tua diwedd yr unfed ganrif ar bymtheg a daeth Thomas Howell, brodor o Went, yn ffigur blaenllaw ym Mryste ac yna yn Seville.[18] Cymro arall a fu'n ymwneud â'r fasnach â Sbaen oedd Roger Barlow (tua 1483–1553), gŵr a aeth gyda Sebastian Cabot (tua 1474–tua 1557) ar fordaith i Dde America. Tua 1541 fe luniodd ef y *Geographia*, y disgrifiad cyntaf yn Saesneg o'r Byd Newydd. Yn ddiweddarach, dychwelodd i fyw ym Mryste ac yna yn Sir Benfro ac yr oedd ef, a'i frawd, yn ddigon cyfoethog i brynu hen abaty'r Brodyr Duon yn Slebets am £705 6s 3d.[19] Anaml y sicrhâi morwyr o Gymru y fath gyfoeth, ond mae ewyllysiau a rhestri eiddo dynion fel Richard Johns o Ystumllwynarth (bu f. 1596) a Richard Hammon o Ddinbych-y-pysgod (bu f. 1616) yn dangos i rai ohonynt gynnull ystadau cymedrol eu maint.[20]

Bu Cymry'n gwasanaethu ar longau brodorol a thramor ac yn hwylio'n aml ymysg criwiau amlwladol a chosmopolitaidd. Tua diwedd y bymthegfed ganrif yr oedd dau Gymro ar fwrdd y *Mary of Kinsale* yng nghwmni pedwar Gwyddel, tri o Gernyw, dau o Sbaen, un o Wasgwyn, un o Lydaw a deg o Dartmouth.[21] Prin oedd y morwyr o Gymru a adawodd gymaint o farc â David Gwyn (*fl.* 1588–1602?), a loywodd gryn dipyn ar ei farddoniaeth yn ystod y blynyddoedd a dreuliodd yn gaethwas ar rwyflongau Sbaen (yn ei waith ei hun, a gynhyrchwyd yn bropaganda ym mlwyddyn yr Armada, 1588), a William Myddelton o Lansannan (tua 1550–96), gŵr a hwyliodd gyda Drake a Hawkins i Bortiwgal a

chynganeddu'r salmau wrth ysbeilio Môr y Caribî cyn mynd ymlaen i ddilyn gyrfa fel herwlongwr. Un tro, bu â rhan mewn cipio llong a oedd yn cludo tybaco ymhlith nwyddau eraill ac fe sicrhaodd, felly, y statws amheus o fod ymysg 'the first that smoaked Tobacco publickly at London'.[22]

Bu môr-ladron yn broblem go ddifrifol yn nyfroedd Cymru yn ystod yr Oesoedd Canol ac ymhell i Oes y Tuduriaid. Yn wir, bu i gomisiynau a gafodd gais i ymchwilio i broblem môr-ladron gynnal dau arolwg o harbwrs a llongau o 1566 a 1577, arolygon sy'n rhoi cipolwg manwl i ni ar gyflwr byd y môr yng Nghymru. Problem fawr oedd cydweithrediad agored – mwy neu lai – llawer o foneddigion a deiliaid swyddi lleol. Ym 1590 cyhuddwyd dirprwy raglaw a siryf Sir Gaernarfon o gipio llong yn ysbail ym Mhwllheli, ac ym 1603 fe ddywedwyd am drigolion yr un porthladd '[they] have always been aiders and assisters of pirates'.[23] Dywedwyd bod gan Syr Richard Bulkeley (bu f. 1621), Is-Lyngesydd y gogledd yn y 1580au, gysylltiad agos iawn â môr-ladron, fel yr oedd gan Syr John Perrott (1528–92), Is-Lyngesydd Sir Benfro[24] (gweler ffigur 15.16). Tyfodd John Callice (bu f. 1587) o Dyndyrn yn un o fôr-ladron mwyaf drwg-enwog y 1570au a'r 1580au, yn rhannol oherwydd y cydgynllwynio ymysg bonedd ardaloedd Caerdydd a Chasnewydd (gweler tudalen 292).[25] Môr-leidr 'enwog' arall oedd Piers Gruffydd (1568–1628) o'r Penrhyn a ddaeth â llong o Sbaen i Afon Menai ym 1600, a honno'n llwythog o olew, sidan a ffrwyth yr olewydd. Mae'n debyg iddo fod yn un o amryw o forwyr o Gymru a ymdebygai i fôr-ladron ac a gâi eu hariannu'n rhannol gan fasnachwyr o Gymru yn Llundain, fel Syr Thomas Myddelton (1550–1631) o Sir Ddinbych.[26]

Dangosodd rhyfela agored gwledydd ar y Cyfandir yn erbyn gwladwriaeth y Tuduriaid mor agored oedd glannau Cymru i ymosodiadau a hyd yn oed i oresgyniad llawn. Gan i Henry VIII (teyrnasodd: 1509-1547) gefnu ar Rufain yn y 1530au, ofnid ymosodiad o Ffrainc neu o Sbaen dan yr Ymerawdwr Rhufeinig Sanctaidd, Charles V. Codwyd dwy amddiffynfa, East a West Blockhouse, wrth geg Aberdaugleddau (gweler ffigur 9.1), a gwnaed arolwg o harbwrs Môn i weld beth allai fod yn dargedau i'r Sbaenwyr.[27] Yn y 1590au, bu i ragor o ryfela â Sbaen, ac i'r gwrthdaro parhaus yn Iwerddon, esgor ar ofnau newydd, a dadleuwyd o blaid codi amddiffynfeydd i Aberdaugleddau. Wnaed dim byd am fod Cymru mor anghysbell ac i wendid ariannol gwladwriaeth Lloegr rwystro codi amddiffynfeydd helaeth ar hyd y glannau.[28]

Felly, dibynnu'n bennaf ar y llynges yr ehangwyd llawer arni gan y Tuduriaid wnâi Cymru, fel Lloegr ac Iwerddon, ac fe'i cyflenwodd â dynion a swyddogion. Bu

*Ffigur 9.4 Arwydd o'r peryglon o du môr-ladron a gelynion tramor yw bod gan y llong a ddarlunnir ar Ail Sêl Gyffredin Biwmares, a engrafwyd ym 1562/3, ddau ddec o yndyllau a llawr uchaf i ymladdwyr â gwaywffyn neu bicellau.*

Rice Mansel (tua 1487–1559) o Oxwich yn is-lyngesydd yn llynges orllewinol Henry VIII ym 1543, ac yr oedd cryn nifer o saethwyr bwâu o Gymru ar fwrdd y *Mary Rose* pan suddodd hi oddi ar Portsmouth ddwy flynedd yn ddiweddarach.[29] Erbyn 1604, Cymry oedd hanner 'Bwrdd y Llynges', y bwrdd o brif swyddogion y llynges a oedd yn gyfrifol am ei gweinyddu hi o ddydd i ddydd. Syr John Trevor (1563–1630) o Drefalun oedd y Syrfëwr, a Syr Robert Mansel (1573–1656), gŵr o Fargam a enillasai fri fel capten yn y llynges yn ystod y 1590au, oedd y Trysorydd.[30]

Tua diwedd y ddeuddegfed ganrif a dechrau'r drydedd ganrif ar ddeg, meddai Gerallt Gymro (tua 1146–tua 1223) am ei gyfoeswyr o Gymry 'nid ymboenant ynghylch na masnach, na llongwriaeth, na pheirianwaith'.[31] Erbyn 1600, nid felly'r oedd hi. Yr oedd porthladdoedd Cymru'n fwyfwy prysur, yn rhannol oherwydd y datblygu ar fentrau newydd fel y fasnach lo ac am fod modd i forwyr a masnachwyr Cymru fanteisio ar yr un cyfleoedd â'u cyfoeswyr yn Lloegr. Os nad oedd Cymru eto'n 'genedl o forwyr', yr oedd y rhod wedi dechrau troi.

## Delweddau o longau Oes y Tuduriaid

*Mark Redknap*

Tua diwedd yr Oesoedd Canol fe ddatblygodd traddodiadau newydd ym maes adeiladu llongau. Mae carafelau (gair sy'n deillio, mae'n debyg, o'r gair Portiwgaleg *caravela*) i'w gweld yn Lloegr o'r 1440au ymlaen, ac yn wahanol i'r arfer gynt o adeiladu cyrff o estyll a oedd yn gorgyffwrdd, yr oedd gan y llongau newydd estyll cyfwyneb a gâi eu cysylltu wrth fframiau. Cawsant eu gwneud o'r 1460au ymlaen ac fe apeliai eu cadernid a'u gallu i gludo nwyddau lu at fasnachwyr. Gorchmynnodd Henry VII (teyrnasodd: 1485–1509) adeiladu 'greate ships' i atgyfnerthu ei deyrnasiad, ac fe olygodd hynny droi rhai llongau estyllog yn rhai ag estyll allanol cyfwyneb. Un o'r llongau newydd y gorchmynnodd eu hadeiladu yn y dull newydd oedd y *Mary Rose*. Fe'i cwblhawyd gan ei fab Henry VIII ond fe suddodd ym 1545. Erbyn hyn, mae astudiaethau archaeolegol o'i gweddillion, a gweddillion llongddrylliadau eraill o'r unfed ganrif ar bymtheg, yn fodd i ailwerthuso'r delweddau cyfoes o longau Oes y Tuduriaid, sef o'r delweddau ar ymylon mapiau Saxton i frasluniau cyfoes fel y braslun o ddechrau'r unfed ganrif ar bymtheg – nad yw'n rhyw hysbys iawn – a geir mewn llawysgrif, sydd bellach yn Llyfrgell Caerdydd,

o ddraethodau diwinyddol o ddiwedd y ganrif flaenorol. Mae'n dangos carafel brenhinol â thri hwylbren, ffocsl uchel, dwy res o ffenestri ar ddŵr y starn, llyw'r starn, penynau Lloegr a dau wn ar ei phrif ddec (ffigur 9.5).

Wrth gychwyn o Fryste ar ei fordeithiau masnachol mentrus ym 1496–98, aeth John Cabot (tua 1450–tua 1500) â'i longau, fel y *Matthew*, i lawr Môr Hafren ac ar hyd arfordir de Cymru cyn hwylio ar draws Môr Iwerydd.[32] Gwelodd trefi glannau'r de, felly, newidiadau economaidd yn ystod yr unfed ganrif ar bymtheg, ac effaith y cynnydd mewn masnach a diwydiant yng Nghymru yn ystod ail hanner y ganrif fu ysgogi'r trefi i dyfu. Daliwyd i amlygu pwysigrwydd cynyddol y fasnach forol yn y delweddau a ddefnyddid gan y trefi ar seliau eu bwrdeistref i fawrygu eu hegni a'u hunaniaeth economaidd (gweler tudalen 126). Tan i borthladd Lerpwl ei fwrw i'r cysgod, Biwmares oedd un o brif borthladdoedd y gogledd a bu'n bwysig yn yr unfed ganrif ar bymtheg oherwydd ei gysylltiadau ag Iwerddon. Ym 1562 estynnodd Elizabeth I y siarter a'r breintiau a gawsai Biwmares o dan Edward I (1272–1307), ac ar Sêl Gyffredin newydd fe engrafwyd fersiwn syml o long o'r unfed ganrif ar bymtheg ac iddi dri hwylbren a thyllau i'w gynnau.[33] Cyfleu syniad, yn hytrach na dangos manwl-gywirdeb technolegol, wnâi'r eicon hwnnw. Un hwylbren canolog yn unig sydd i'w weld, a chynrychiolir y ddau arall gan y ddau fyrllysg (*mace*) a roddwyd i'r dref ym 1562 (ffigur 9.4).

*Ffigur 9.5 Braslun, a dynnwyd yn gynnar yn yr unfed ganrif ar bymtheg, o long frenhinol ac iddi dri hwylbren. Fe'i tynnwyd ar ddarn gwag o lyfr llawysgrif o ddraethodau diwinyddol o ddiwedd y bymthegfed ganrif (Llsgr Caerdydd 1.218). Mae'n rhyfeddol o fanwl ac yn cynnwys y criw yn y rigin a brigau'r mastiau (nythod y gigfran), a gynnau ar y prif ddec.*

# 9.1 Tŷ masnachwr yn Oes y Tuduriaid

Gerallt D Nash

*Ffigur 9.6 Y tŷ yn Hwlffordd cyn iddo gael ei ddatgymalu ym 1982.*

Ym 1982, cafodd Amgueddfa Cymru gynnig adeilad bach o Quay Street yn Hwlffordd i'w ailgodi yn Sain Ffagan: Amgueddfa Werin Cymru.[34] Cawsai'r adeilad ei godi tua diwedd yr Oesoedd Canol a gwnaed newidiadau iddo'n ddiweddarach (ffigur 9.6). Wrth ei ddatgymalu cafwyd hyd i dystiolaeth a fu'n fodd i ail-greu ei ymddangosiad a'i swyddogaeth tua diwedd yr unfed ganrif ar bymtheg a chael cipolwg prin ar ardal fasnachu'r dref.

Yn fras, rhedai'r adeilad deulawr hwn o'r gogledd i'r de. Yr oedd iddo gynllun llawr allanol bach o 6.8 metr wrth 6 metr ac yr oedd yn 8.3 metr o uchder. Fe'i codwyd o gerrig lleol a gwelwyd peth tystiolaeth o'i atgyweirio a'i ailadeiladu. Safai'n gyfochrog â Quay Street ac Afon Cleddau. Codwyd un mur ochr yn erbyn wyneb agored y clogwyn ar ochr y cwm, ac yn y pen gogleddol yr oedd drws yr un i'r ddau lawr ynghyd â chorn simnai a lle tân cysylltiedig ar y llawr cyntaf yn y de. Dros y llawr gwaelod, a oleuid gan ffenestr fach gul a di-wydr, ceid fowt isel o gerrig. O dan ei lawr o lechfeini ceid cyfres o ddraeniau i ddŵr gwastraff lifo ar hyd-ddynt ac allan o'r adeilad. Gan na chysylltai grisiau mewnol y llawr isaf â'r llawr uchaf, fe gyrhaeddid yr olaf, mae'n debyg, drwy ddringo grisiau allanol (ffigur 9.7). Yn yr oruwchystafell honno yr oedd lle tân mawr agored ac efallai fod croglofft wedi bod uwch ei phen. Cawsai'r adeilad ei doi â chyrsiau mwyfwy cul o lechi Sir Benfro.[35] Dangosai arddull y fowt a'r drysau i'r tŷ gael ei godi rywbryd tua diwedd y bymthegfed ganrif neu ddechrau'r ganrif ddilynol.

Nodwedd ddifyr y sylwyd arni wrth ddatgymalu'r adeilad oedd siafft fertigol, tua 200 milimetr sgwâr, ym mur y gornel dde-ddwyreiniol. Fe arllwysai i gwter y tu allan i'r adeilad ac mae'n debyg iddi redeg o 'garderobe' (tŷ bach) yn yr ystafell yn y llofft. Cafwyd hyd i olion ail arllwysfa yn y sylfeini, ac awgrymai hynny fod eiddo arall yn ymyl. Ar ôl i'r adeilad gael ei ddatgymalu, gwelodd arolwg archaeolegol o'r sylfeini dystiolaeth i'r adeilad barhau tua'r dwyrain ar un adeg, ac awgrymai hynny y buasai yno'n wreiddiol nid un ond dau adeiladwaith fowtiog a oedd wedi'u codi'n adeiladau cyfun neu led-ddatgysylltiedig a bod mur canolog yn eu gwahanu.

*Ffigur 9.7 Yr adluniad o'r tŷ yn Amgueddfa Werin Sain Ffagan. Mae iddo furiau gwyngalchog ac oriel allanol o goed sy'n darparu mynediad i'r llawr uchaf.*

Erbyn y bymthegfed ganrif, arfer cyffredin yn ne a gorllewin Sir Benfro oedd defnyddio fowtiau (gweler ffigur 9.8)[36] ac arferai eiddo fowtiog fod yn gyffredin yn Hwlffordd.[37] Mae'n debyg bod ystyriaeth wedi'i rhoi i ddiogelwch ac i beryglon tân wrth godi'r tai.

Mae'r Llyfrau Porthladd sydd wedi goroesi ar gyfer yr 'Head Port of Milford' am y cyfnod 1565–1713 yn cofnodi'r llongau a fu'n hwylio'n ôl ac ymlaen o'r holl borthladdoedd yng nghyffiniau Aberdaugleddau. Er mai'n anaml y sonnir am borthladd Hwlffordd wrth ei enw, mae'n sicr iddo fod yn un o brif borthladdoedd yr aber, ac yr oedd 'Llyngesydd y Porthladd' yn deitl ar faer y dref (gweler td 112).[38] Erbyn tua diwedd yr unfed ganrif ar bymtheg, yr oedd llewyrch ar y dref ac amrywiaeth mawr o nwyddau'n cael eu masnachu'n ôl ac ymlaen o dde Cymru, de-orllewin Lloegr, Ffrainc,

*Ffigur 9.8 Is-grofft fowtiog y tŷ yn Hwlffordd wedi'i ailwampio yn ôl i'w hymddangosiad posibl tua 1580.*

*Ffigur 9.9 Llawr uchaf y tŷ yn Hwlffordd wedi'i ailwampio yn ôl i'w ymddangosiad posibl tua 1580.*

Sbaen a Phortiwgal ac mor bell i ffwrdd â Newfoundland.[39] Yr oedd eiddo ger y cei, felly, yn lle delfrydol i storio, prynu a gwerthu'r nwyddau a oedd yn llifo i'r dref. Nodwyd ym 1957: '[in] Quay Street ... formerly Ship Street ... during the recent demolitions many token coins have been discovered in the old houses. Most of them are of ports with which the town had considerable trade'.[40] Erbyn 1603, yn ôl un disgrifiad, Hwlffordd oedd tref fwyaf – a mwyaf llewyrchus – Sir Benfro. [41]

Mae'n bosibl i berchennog ein tŷ ni (un o lu masnachwyr ffyniannus y dref, mae'n debyg) ddefnyddio'r seler i storio nwyddau, ac iddo rentu'r llawr uchaf (ffigur 9.9) yn breswylfa i rywun, neu efallai iddo rentu'r tŷ cyfan i denant – i fân fasnachwr o bosibl.[42] Mae rhestr o renti ar gyfer 1584 yn cofnodi i Morgan Voyle rentu 'cellar' a'r 'chamber' uwch ei phen i John Martine am ddecswllt y flwyddyn. Cofnodwyd hefyd: 'James Lavrens holdeth one cellar "a lowe" at the keye streete at 5s yearly', a 'Lewis Harries holdeth 1 chamber "alowe" at the "keye" at 10s yearly'.[43]

Prin yw'r cyfeiriadau at yr hyn a gâi ei storio yn y seleri, ond mae'n debyg iddo fod mor amrywiol â'r nwyddau a gyrhaeddai'r dref. Rhaid bod gwin wedi bod yn nwydd arbennig o broffidiol gan fod y dogfennau rhentu'n cyfeirio'n benodol at rai o seleri Quay Street fel 'wine vaults'. Câi llechi to hefyd eu storio yn y fowtiau hynny, a cheir rhyw syniad o'u gwerth yng nghyfri'r maer, Richard Bat[e]man, er enghraifft, lle mae'n cofnodi ym 1583 'I paid for 1400 of slates which I delivered out of my cellar, 4s 9d. per 1000 ... 6s. 8d.'[44]

Allforid gwenith, ceirch, barlys, gwlân, crwyn lloi, geifr ac ŵyn, a chaws a menyn o'r sir amaethyddol hon, a châi nwyddau a gynhyrchid yn lleol, fel menig, pres, ffris (brethyn tewban) a lledr hefyd eu masnachu. Erbyn Oes Elizabeth, gwlân oedd y nwydd ail bwysicaf, ar ôl gwenith, i'w allforio[45] ac allforiwyd cryn dipyn o frethyn tan ddiwedd y 1580au.[46]

O Fryste y deuai rhyw 90 y cant o'r holl nwyddau a fewnforid. Yn eu plith yr oedd tecstilau, lledr, crwyn, bwydydd, offer, gwin, hopys, olew [morfilod], tar, halen, sebon, cynfas a haearn. [47] Gan mai ychydig o ffrwythau a dyfid yn y sir cyn 1600, deuid ag afalau a gellyg o Fforest y Ddena a Gwlad yr haf. Yr oedd y tollau a delid ar y nwyddau hynny'n ffynhonnell reolaidd o incwm.[48] Câi ffrwythau sych hefyd eu masnachu, a'r cyfeiriad cynharaf at hynny oedd ym 1517 pryd y mewnforiwyd ffigys a rhesins o Oporto. Weithiau, cyrhaeddai cyrens, rhesins, eirin sychion a grawnwin ar longau'n syth o Ffrainc, Sbaen neu Bortiwgal, ond yn amlach na hynny fe'u hanfonid ymlaen o borthladdoedd 'entrepôt' fel Barnstaple.[49] Mewnforid gwinoedd o Ffrainc, Sbaen a Phortiwgal ac anfonid rhai ohonynt ymlaen wedyn ar long i Iwerddon neu i ogledd Cymru.[50]

Gan fod cynifer o nwyddau'n cyrraedd y porthladd, nid yw'n syndod i unigolion sefydlu busnesau bach yn y dref. Er nad oeddent o gymaint pwys â'r masnachwyr cyfoethog yno, byddai'r unigolion hynny, wrth redeg eu busnesau o dai bychain fowtiog fel hwn yn Quay Street, yn chwarae rhan bwysig ym mywyd masnachol y dref tua diwedd yr Oesoedd Canol ac wedi hynny.[51]

## Llyfrau Porthladdoedd a masnach

*Mark Redknap*

Codai brenhinoedd canoloesol dollau ar rai mathau o nwyddau a gâi eu mewnforio neu eu hallforio, ac o Roliau'r Siecr yn y ddeuddegfed ganrif y daw'r dystiolaeth gynharaf o gasglu tollau o'r fath yn rheolaidd. Yn ystod y canrifoedd dilynol, ehangwyd y drefn a chodwyd toll ar wlân, ac yna ar frethyn, cwyr a gwin, i dalu costau rhyfela. Ym 1559 cyflwynwyd Llyfrau Porthladd yng Nghymru er mwyn cysoni ei thollau â'r rhai a geid yn Lloegr, ond dilyn Cymru wnaeth Lloegr wrth gyflwyno Llyfrau Porthladd ym 1565 fel mesur i wella'r gweinyddu ar ddollau'r wlad.

Bob blwyddyn, anfonai'r Siecr dair set o'r llyfrau memrwn hynny at swyddogion y tollau ym mhob porthladd i gofnodi'n 'swyddogol' y tollau a gawsai eu casglu – un llyfr i'r cwsmer, un i reolwr y tollau ac un i'r syrfëwr. Yn y Llyfrau Porthladd cofnodwyd rhif ac enw'r llong, enw'r meistr, dyddiad y cyrraedd neu'r ymadael, enw'r masnachwr y câi'r nwyddau eu hanfon yn ei enw, pob nwydd yr oedd gofyn codi toll arno (a'i werth, yn aml) a maint y doll a oedd yn daladwy.[52]

Er mai'r gred yw bod rhyw 20,000 o Lyfrau Porthladd wedi goroesi ym Mhrydain, ceir bylchau lu: canran fach o rai Cymru sydd wedi goroesi o'r cyfnod hyd at 1603. Câi porthladdoedd llai o faint, a elwid weithiau'n 'havens' neu'n 'creeks', eu grwpio gyda'i gilydd o dan 'Head' neu 'Legal Ports'. Yr oedd Caerdydd fel Prif Borthladd, felly, yn cynnwys pob porthladd a chilfach rhwng Casgwent a Phen Pyrod ym Mhenrhyn Gŵyr, a Phrif Borthladd Aberdaugleddau yn cynnwys pob porthladd a chilfach o Ben Pyrod i'r Bermo. O dan Gaer fel Prif Borthladd y ceir cofnodion Biwmares a Chonwy. Dangosant fod Biwmares yn bwysig o ran allforio cig, menyn, caws a physgod i'r tir mawr ac i wledydd tramor yn yr ail ganrif ar bymtheg ac mai brethyn oedd y brif eitem a anfonid allan o siroedd Caerfyrddin a Phenfro. Bu'r fasnach dramor rhwng Cymru a Ffrainc yn bwysig am mai Ffrainc ac Ynysoedd y Sianel oedd prif farchnad dramor glo Cymru yn ystod ail hanner yr unfed ganrif ar bymtheg.[53]

Masnach â Ffrainc oedd prif elfen masnach dramor Cymru. O ganol y bedwaredd ganrif ar ddeg ymlaen, galwai llongau o Iberia yn Aberdaugleddau, Caerfyrddin a Biwmares. O Castile, deisyfai'r Saeson gael haearn, halen a gwin o'r gogledd ac almonau, orenau, ffigys, rhesins, datys, gwin, licris, olew Seville, grawn, sebon Castile, cwyr, saffrwm, carpedi a chrochenwaith cain o'r de (ffigur 9.10). Ceir cyfeiriadau at fewnforio jariau Malaga (*olla de Malik*), a all, ochr yn ochr â jariau eraill, fod wedi cynnwys siwgr, sinsir, marmalêd a rhesins, ac at *jarres* o olew.[54]

Anaml y cludai llongau un math o lwyth yn unig. Er enghraifft, credir bod y 373 o deilchion a achubwyd o longddrylliad ym Mae Studland yn Dorset yn gynnar yn yr unfed ganrif ar bymtheg yn cynrychioli dim mwy na chwpwl o fasgedi a oedd yn llawn o botiau i'w gwerthu ar ôl cyrraedd y porthladd. Yn eu plith yr oedd llestri gloyw â gwydredd tun ac 'Isabela Polychrome' o Seville a llestri cwrs o Bortiwgal a Ffrainc.[55] Gallai peth o'r crochenwaith mwy plaen, fel y darnau crochenwaith o Iberia'r bymthegfed ganrif y cafwyd hyd iddynt ar fwrdd llong Casnewydd, fod yn offer i'w defnyddio ar fwrdd y llong yn hytrach nag yn eitemau i'w masnachu (gweler tudalen 236).[56]

Felly, er bod Llyfrau Porthladd yn ganllaw da i'r hyn a fewnforid, ni roddant ddarlun llawn o'r masnachu am fod eiddo personol a brenhinol wedi'i eithrio ac oherwydd smyglo, osgoi talu tollau a thwyllo. Er hynny, maent yn ffynhonnell uniongyrchol a phwysig o dystiolaeth ynghylch datblygiad byd masnach yng Nghymru ar y pryd – o chwaeth dynion a menywod fel y'i hamlygir yng nghynnwys y llwythi a oedd yn cyrraedd, i wybodaeth am y llongau, eu meistri a'r masnachwyr.

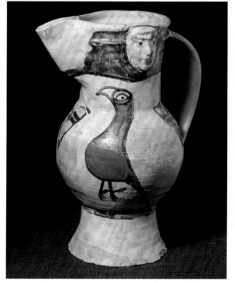
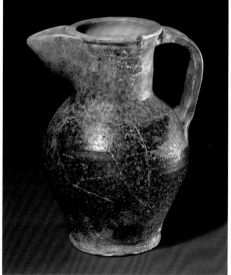

*Ffigur 9.10 Un o sgil-gynhyrchion y fasnach win yn y drydedd ganrif ar ddeg oedd i lestri bwrdd gwydrog cain, fel y jygiau hyn o Saintonge yng ngorllewin Ffrainc, gyrraedd Caerdydd, a hefyd Gastell-y-bere yng Ngwynedd.*

Pennod 10

# Llongau masnach yn yr oes fodern

David Jenkins

Gwelwyd newidiadau aruthrol yn nhechnoleg y llong fasnach yn ystod y bedwaredd ganrif ar bymtheg. Cawsai llongau cynharach eu gwneud bron yn llwyr o ddefnyddiau organig a chael eu gyrru gan hwyl neu rwyf, a gallent fod wedi'u hadeiladu bron yn unman ar lan y dŵr os oedd cyflenwad cyfleus o goed i'w gael. Ond erbyn 1900 y llongau a welid fynychaf o lawer ar gefnforoedd y byd oedd llongau ager a gawsai eu hadeiladu o haearn neu ddur mewn ierdydd llongau diwydiannol. Ac i raddau helaeth caent eu gyrru gan lo ager o Gymru.

*Ffigur 10.1 Yn* Entrance to Cardiff Docks, Evening (1893–97)*, gan Lionel Walden (1861–1933), mae'r arlunydd yn cyfleu awyrgylch porthladd prysur yn ogystal â'r newid o hwyliau i ager.*

Yn gynnar yn y bedwaredd ganrif ar bymtheg, yr oedd cyrff llongau'n ddwfn a chul, ac am fod eu gwaelodion yn wastad gallent sefyll yn unionsyth yn y llu porthladdoedd a sychai ar drai. Yn ôl safonau heddiw, yr oedd llongau'r cefnfor, hyd yn oed, yn fach iawn. Croesid cefnforoedd y byd gan longau ag amrywiol rigiau, rhai heb fod dros 15 neu 18 metr (50 neu 60 troedfedd) o hyd ac yn cludo rhyw 300 tunnell o lwythi fel glo a llechi o Gymru, grawn o'r Môr Du, siwgr o India'r Gorllewin, crwyn a gwêr o Ariannin a chopr o Giwba a Chile. Yr oedd eu maint cymedrol yn gwneud synnwyr mewn oes

*Ffigur 10.2 Y Celtic Glen, a adeiladwyd ym 1892, oedd un o'r llongau hwylio mawr o ddur a oedd yn eiddo i Gymry o Lerpwl tua diwedd y bedwaredd ganrif ar bymtheg. Yma, fe'i gwelir o starn tynfad y mae hi newydd ollwng ei raff dynnu ac yn cychwyn ar ei thaith.*

*Ffigur 10.3 Lluniad o'r rhodlong* Glamorgan *gan Calvert Richard Jones, 1827.*

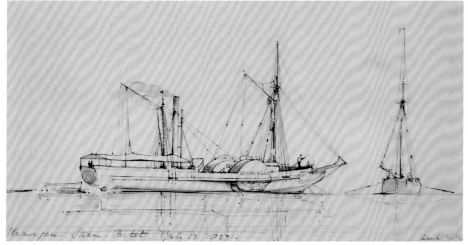

pan oedd y llwythi'n fach a'r cyfleusterau i'w dadlwytho yn ddigon elfennol.[1] Ond o'r 1850au ymlaen, cynyddodd lled y llongau hwylio, ac yr oedd eu drafft yn fwy bas a'u tu blaen a'u tu ôl yn fwy llyfn. Fe gyrhaeddon nhw'u huchafbwynt ar ddechrau'r ugeinfed ganrif yn y llongau mawr o haearn a dur a oedd yn eiddo i Gymry Lerpwl a pherchnogion llongau'r gogledd (ffigur 10.2). Daliai glo o'r de i fod yn llwyth cyffredin i'w anfon allan ar y llongau hynny, ac yna fe ddychwelent i Ewrop â llwythi mor amrywiol â reis o Rangoon, nitradau o Chile a gwenith o lannau'r Môr Tawel yng Ngogledd America.[2]

Ym 1819 y gwelwyd y llongau ager cyntaf oddi ar lannau Cymru. Hwyliai'r ddwy rodlong o goed, *Ivanhoe* a *Talbot*, rhwng Caergybi a Kingstown (Dun Laoghaire bellach). Ym 1821 cyflwynodd y Post Brenhinol ragor o longau ager ar y fordaith honno i gludo'r post o Iwerddon, a dechreuwyd rhedeg gwasanaeth o Lerpwl i Fagillt yn y rhodlong fach *Cambria*.[3] Y flwyddyn ganlynol, cychwynnwyd gwasanaeth dwywaith-yr-wythnos rhwng Bryste ac Abertawe a defnyddio'r rhodlong *Glamorgan* (ffigur 10.3).[4] Ond am fod boeleri a pheiriannau rhodlongau'n gymharol aneffeithlon, llenwai eu bynceri glo gryn dipyn o ofod eu cyrff. Teithwyr a llwythi bach – ond gwerthfawr – a gludent gan mwyaf. Tua diwedd y bedwaredd ganrif ar bymtheg, cipiodd y rheilffyrdd lawer o'r fasnach honno a throwyd y rhodlong yn llong bleser a deithiai ar hyd glannau'r gogledd a Môr Hafren.

Ym masnach lo arfordir dwyrain Prydain yn ystod y 1850au y datblygwyd y llong ager gyntaf yn gludwr mawr ac effeithiol o lwythi.[5] Yn sgil cyflwyno gwelliannau fel y boeleri pwysedd-uchel, adeiladu mewn dur, a pheiriannau cyfansawdd a thri-ehangiad, yr oedd y llong ager, erbyn 1900, wedi datblygu'n fodd hynod effeithiol o gludo llwythi. Am nad oedd rhaid i stemar ddibynnu ar fympwy'r gwynt, gallai gwblhau dwy neu dair mordaith yn yr amser a gymerai llong hwylio i wneud taith debyg.[6] Dechreuodd agerlongau'r glannau ddefnyddio llawer o borthladdoedd llai-o-faint Cymru ond o 1865 ymlaen tyfodd Caerdydd yn brif ganolfan yng Nghymru i berchnogion llongau ager am fod yno gyflenwadau helaeth o'r glo ager yr oedd galw amdano ledled y byd. Yn y porthladd hwnnw erbyn 1900 yr oedd perchnogion mwy na 200 o stemars-cludo-llwythi (gweler ffigur 10.1).

Er mai'n anaml y mentrai'r llongau cynharaf ymhellach na Bae Gwasgwyn cyn dychwelyd i'r de â mwyn haearn o Bilbao, yr oedd llongau'n ymwneud llawer iawn â'r fasnach 'glo allan, grawn yn ôl' â'r Môr Du erbyn y 1880au. Aent â glo o Gymru i borthladdoedd Môr y Canoldir a dychwelyd â grawn o Wcráin neu o ddyffryn Afon Donaw (ffigur 10.4). Erbyn dechrau'r ugeinfed ganrif, cawsai'r fasnach honno'i hestyn i Afon

Plata. Glo o Gymru a daniai drenau rheilffyrdd Ariannin, a grawn o Ariannin oedd bron i hanner mewnforion grawn Prydain.[7] Cyrhaeddodd y fasnach lo ei phenllanw ym 1913 pryd yr allforiwyd 26 miliwn o dunelli o lo o'r de – erbyn hynny yr oedd y llongau modur cyntaf ar waith. I raddau helaeth byddent yn disodli llongau ager ar y cefnforoedd cyn diwedd y ganrif ac yn clwyfo economi Cymru.

Fe dderbynnir yn gyffredinol mai'r llong fasnach lwyddiannus gyntaf i hwylio'r cefnforoedd gyda pheiriant disel oedd y *Selandia*, llong a gwblhawyd gan Burmeister & Wain yn Copenhagen ym 1912. Er i'r Rhyfel Byd Cyntaf (1914–1918) darfu ar gyflwyno'r ffurf newydd honno ar yriant yn ehangach, prynodd amryw o gwmnïau llongau Prydain longau modur yn gynnar yn y 1920au. Doedd dim amheuaeth ynghylch effeithlonrwydd llongau modur o ran arbed arian: yr oedd costau'r criw'n is am nad oedd angen tanwyr ac, am fod modd cludo'r tanwydd hylif yng ngwaelodion dwbl y llong, gellid defnyddio'r gofod a lenwid cynt gan fynceri a boeleri i gludo mwy o lwyth.

Er hynny, yr oedd gan berchnogion llongau'r de amheuon ynglŷn â'r ffurf newydd honno ar yriant. Gan fod cyflenwadau helaeth o'r glo gorau ar gael yn lleol, teimlent deyrngarwch naturiol i'r peiriant ager rhad a dibynadwy. Yr oedd peiriannau disel yn ddrutach i'w hadeiladu a gallent ddirgrynu'n ddychrynllyd. Yr oedd angen peirianwyr hyfforddedig i'w trin ac ar y cychwyn yr oedd y rheiny'n brin. Cwestiwn pwysicach oedd pa mor ddibynadwy oeddent, a chadarnhawyd yr amheuon

gan sylwadau Owen Williams (1862–1938), y perchennog cyntaf yng Nghaerdydd i brynu llongau modur. Ym 1923–24 cyrhaeddodd dwy long o'r fath, y *Margretian* a'r *Silurian*, gwmni Williams, a thalodd eu perchennog bris hallt dros ben am eu methiant (ffigur 10.5).[8] Erbyn diwedd y degawd, serch hynny, parodd gwelliannau technegol i berchennog arall yng Nghaerdydd, Syr William Reardon Smith (1856–1935), archebu'r gyntaf o saith llong fodur a'u prynu cyn 1939. Gyrrid y mwyafrif gan beiriannau disel dibynadwy – rhai â phistonau cyferbyniol – a adeiladwyd gan Doxford.[9] Erbyn hynny, yr oedd pedwar o gwmnïau Caerdydd wrthi'n rhedeg llongau modur, gan gynnwys perchnogion llongau'r glannau, Lovering a'i Feibion, a oedd wedi prynu llongau modur effeithlon wedi eu hadeiladu yn yr Iseldiroedd.[10]

Tan y 1950au, câi injans disel eu gosod yng nghyrff llongau nad oedd eu patrwm wedi newid bron o gwbl ers y 1880au. Yn y cefn yr oedd peiriannau llongau'r glannau, ac yng nghanol y llong yr oedd peiriannau llongau nwyddau'r cefnforoedd. Gwelwyd y newidiadau cyntaf yn y patrwm hwn ym mhorthladdoedd Cymru o 1955 ymlaen pan adeiladwyd llongau arbenigol i gludo mwyn haearn i weithfeydd dur Prydain. Yr oedd eu peiriannau yn y cefn, a chyn hir yr oeddent yn ymwelwyr cyson â Phort Talbot, Caerdydd a Chasnewydd. Toc, mabwysiadwyd cynllun yr injan-yn-y-cefn yn y mwyafrif o longau ym myd y nwyddau mawr byd-eang fel glo a grawn. Gallai'r *Graigwerdd* gludo 28,000 o dunelli o lwyth. Fe'i cwblhawyd ym mis Awst 1964 gan Scott's, Greenock, ar gyfer Graig Shipping, Caerdydd, y swmpgludwr cyntaf i'w adeiladu i berchnogion llongau yng Nghymru.[11] Mewn ychydig fisoedd, fe'i dilynwyd gan long debyg, yr *Australian City*, a adeiladwyd gan gwmni Fairfield yn Glasgow i gwmni llongau Reardon Smith.

Yn ddiweddarach yn y 1960au, a chan gydweithio ag Upper Clyde Shipbuilders, lluniodd cwmni Reardon Smith gynllun ar gyfer swmpgludwr amlbwrpas a allai gludo 26,000 o dunelli o lwyth. Maes o law galwyd y math hwnnw o long yn 'ddosbarth Caerdydd'. Adeiladwyd saith llong o'r fath ar gyfer Reardon Smith o 1970 ymlaen, a chymaint fu llwyddiant y cynllun nes i 24 o longau tebyg gael eu hadeiladu ar gyfer perchnogion llongau ym Mhrydain yn ogystal â rhai i eraill dros y byd.[12]

Yn wahanol i lawer o borthladdoedd Prydain, gall Caerdydd ymfalchïo fod ganddi ddau gwmni llongau ar waith o hyd. Mae Graig Shipping ccc yn rheoli ac yn berchen ar amryw o swmpgludwyr sy'n masnachu lledled y byd ac mae ganddo fuddiannau helaeth mewn adeiladu llongau yn Tsieina. Mae Charles M. Willie a'r Cwmni (Shipping) Cyf yn rhedeg gwasanaethau nwyddau rheolaidd i'r Môr Baltig, i Sbaen ac i Bortiwgal.

## Canolfannau adeiladu llongau yng Nghymru
*David Jenkins*

Er na ddatblygodd Cymru erioed unrhyw allu mawr i adeiladu llongau pan ddatblygodd hwnnw'n ddiwydiant sylweddol, peth cyffredin hyd at ddechrau'r Rhyfel Byd Cyntaf oedd adeiladu llongau o goed ar hyd ei glannau. Gan mai prin iawn oedd y seilwaith yr oedd ei angen mewn ierdydd o'r fath, mae hi weithiau'n anodd nodi eu hunion leoliad. Gellid adeiladu llongau o goed bron yn unman os oedd cyflenwad addas ger llecyn hygyrch ar afon lanwol neu gilfach forol ac os gellid cloddio pwll llifio a rhoi cist ager (i ystwytho'r coed) wrth ei gilydd (ffigur 10.6). Yr elfen hollbwysig oedd crefftwriaeth. Nid ar sail cynlluniau y câi'r mwyafrif llethol o longau pren eu hadeiladu ond ar sail modelau o hanner-cyrff a gerfiwyd gan seiri llongau lled-grwydrol yn unol â gorchmynion y darpar berchnogion.[13]

Ni ddatblygwyd cynllun penodol na rig i long hwylio yng Nghymru. Yr hyn a geid gan amlaf tua diwedd y ddeunawfed ganrif a dechrau'r ganrif ddilynol oedd cychod, slwpiau a brigiau tebyg i'r rhai a adeiladwyd mewn rhannau eraill o Brydain. Yr oedd sgwneri a badlongau'n fwy nodweddiadol o'r blynyddoedd o 1860 tan 1914, a chafodd ychydig o farciau a llongau eu hadeiladu yn y porthladdoedd mawr. Bu traddodiadau cychod glannau afonydd Mersi a Hafren yn gryn ddylanwad ar adeiladu llongau yn y porthladdoedd cyfagos yng Nghymru. Adeiladwyd 'fflatiau' (*flats*) Mersi ym mhorthladdoedd y gogledd a 'trows' Afon Hafren yng Nghas-gwent,[14] ond gellid dadlau mai'r llongau hwylio masnachol gwychaf a adeiladwyd o goed ym Mhrydain erioed

oedd y 'Western Ocean Yachts' ym Mhorthmadog rhwng 1891 a 1913. Cynlluniwyd y sgwneri tri-hwylbren ar gyfer y fasnach draws-Iwerydd drionglog mewn llechi, halen a chod sychion. Cyfunwyd ymarferoldeb darbodus â cheinder ffurf eu cyrff a'u rigin.[15]

Sefydlodd y Llynges Frenhinol iard longau yn Aberdaugleddau ym 1797 a'i symud ar draws Afon Cleddau i Ddoc Penfro ym 1814 (gweler tudalen 207). Ar ôl i'r iard adeiladu rhai o'r olaf o 'geyrydd pren' mawr y Llynges, fe lansiwyd ei llong haearn gyntaf, HMS *Penelope*, ym 1867 ac erbyn diwedd y ganrif yr oedd yr iard wrthi'n adeiladu criwserau dur sylweddol a fyddai yn ymladd ym Mrwydr Jutland.[16]

Bu gwaith haearn arloesol Abaty Nedd ar y blaen o ran adeiladu llongau masnachol o haearn a dur yng Nghymru. Ar ôl iddo adeiladu peiriannau ager morol ers y 1820au, fe lansiodd y rhodlong *Prince of Wales* ym 1842 ac yna'r sgriwlong ager *Henry Southan* ym 1845. Ugain mlynedd yn ddiweddarach, derbyniodd y perchennog llongau o Gaerdydd, H J Vellacott, y llong ager gyntaf i'w chofrestru'n lleol, y *Llandaff*. Yr oedd y ffaith iddi ddod o iard longau ar lannau Afon Tyne yn bwysig am mai cael eu hadeiladu yn ierdydd llongau afonydd Tyne, Wear a Tees fu hanes y mwyafrif o fflyd enfawr Caerdydd o longau'r glannau o hynny ymlaen.[17] Am na allent gystadlu â'r ierdydd sefydledig mewn rhannau eraill o Brydain, ysbeidiol fu'r ymdrechion wedi hynny i sefydlu ierdydd llongau ar raddfa ddiwydiannol yng Nghymru. Efallai bod yr un fwyaf uchelgeisiol yng Nghas-gwent lle sefydlwyd cwmni Monmouth Shipbuilding Cyf. ym 1920 i brynu iard longau o adeg y rhyfel, ond bum mlynedd yn ddiweddarach cafodd y cwmni ei ddirwyn i ben.[18]

*Ffigur 10.6* Scene on the Traeth Mawr, North Wales *(tua 1857)* gan Richard Williams. *Er nad yw'r union leoliad yn sicr, mae hwn yn bortread rhagorol o fyd gwledig adeiladu llongau. Sylwer yn arbennig ar y gist ager, o flaen y cwt, a ddefnyddid i ystwytho'r coed.*

## 10.1

# Masnach y glannau

## Colin Green

Bu'n rhaid aros tan ganol y bedwaredd ganrif ar bymtheg cyn i reilffyrdd ddatblygu'n ddewis ymarferol yn lle'r fasnach forol rhwng trefi a phentrefi a lleoliadau diwydiannol ar hyd yr arfordir. Gan fod tir mynyddig y gorllewin yn llesteirio adeiladu rheilffyrdd, prin oedd trefi'r glannau a gyrhaeddwyd gan reilffordd tan tua diwedd y ganrif. Gwaith anodd ac araf oedd cludo nwyddau dros dir, a digon gwael fu cyflwr y ffyrdd tan ddyfodiad y ffyrdd tyrpeg. Mewn tywydd garw gallai ceffylau pwn a wagenni gael eu dal mewn mwd ac yr oedd y costau'n llawer uwch na chost cludiant ar ddŵr.

Cadw ei lle blaenllaw am ganrifoedd, felly, wnaeth llong fasnach y glannau. Meddai Adam Smith (tua 1723–90) 'it required only six or eight men to bring by water to London the same quantity of goods which would otherwise require fifty broad wheeled wagons, attended by a hundred men, and drawn by four hundred horses'. Profodd cyfrifiadau economegwyr eraill ei bod hi'n rhyw wyth gwaith yn rhatach symud nwyddau ar hyd dyfroedd y glannau na thros y tir. Hyd yn oed pan orffennwyd adeiladu system y camlesi yn gynnar yn y

bedwaredd ganrif ar bymtheg, yr oedd anfon nwyddau ar longau'r glannau bedair gwaith yn rhatach o hyd. Tebyg oedd costau cludo ar afonydd, ond oherwydd llifogydd a sychder ni ellid dibynnu arno.

Swmpgludo oedd y rhan fwyaf o'r fasnach ar hyd y glannau. Oherwydd ffurf eu cyrff, yr oedd lle yn y llongau i gludo glo, cerrig, clai llestri, halen, grawn, ceramigau, llechi, mwyn haearn a chopr a metel sgrap. Oherwydd eu lled a'u gwaelod eithaf gwastad yr oedd howldiau anferth gan longau'r glannau (ffigur 10.7); fe'u disgrifiwyd yn 'warysau ar ddŵr'. Er i hynny arafu'r daith, doedd dim angen cyflymder wrth gyrraedd na llwytho am fod gwir angen arfer gofal wrth lwytho nwyddau fel llechi a chynhyrchion ceramig rhag iddynt dorri, a'u cadw rhag torri yn ystod yr hyn a allai fod yn fordaith arw.

Yn y dyddiau cynnar, defnyddid llongau gweddol fach ym masnach y glannau, a gellid eu glanio ar draethau i ollwng eu llwythi. Ond yn ddiweddarach golygodd anghenion swmpfasnachu nwyddau – yn enwedig clai llestri, mwyn copr a haearn, a glo yn

*Ffigur 10.7 Gellid gweld llongau ager y glannau ym mhorthladdoedd llai-o-faint Cymru ymhell i'r 1960au. Dyma long ffrwydron Cooke's, Florence Cooke, yn cychwyn ar daith o Borthmadog tua diwedd y 1950au â llwyth o'r ffatri ffrwydron ym Mhenrhyndeudraeth.*

Ffigur 10.8 Y Portreath *wrthi'n cludo llwyth o estyll pyllau glo, tua 1910.*

*Ffigur 10.9 Yr oedd llongau bach yn bwysig i gynhaliaeth ac economi trefi a phentrefi bach y gorllewin fel Aberaeron. Hyd yn oed ar ôl i'r rheilffyrdd gyrraedd yr arfordir, daliodd llongau bach i gynnig eu gwasanaeth ymhell i'r ugeinfed ganrif.*

bwysicach na dim – sefydlu harbwrs dwfn ac fe ysgogodd hynny adeiladu llongau mwy o faint. Dros 75 mlynedd gwelodd teyrnasiad Victoria (1837–1901) sgwneri'n datblygu'n brif longau'r glannau. Llwythid clai llestri iddynt mewn porthladdoedd fel Fowey, Par a Charlestown yng Nghernyw a'i gludo i Runcorn ac yna i lawr Camlas Trannon a Mersi i Ardal y Crochendai. Hefyd, deuai mwyn copr o borthladdoedd Cernyw a gorllewin Dyfnaint i'w ddadlwytho yn Abertawe a Chastell-nedd, ac ar y daith yn ôl cludid glo i fwydo peiriannau'r mwyngloddiau. Yn y sgwneri cyffredin, cludid glo o borthladdoedd y de o amgylch y glannau ac i Iwerddon, a deuid â physt i'r pyllau glo (ffigur 10.8) yn ôl o diroedd coediog y dyffrynnoedd yn Iwerddon.

Gan fod angen halen ar borthladdoedd pysgota gorllewin Cymru, deuai hwnnw i lawr Afon Hafren o Droitwich ac ar hyd y glannau o Sir Gaer, a chroesai llongau hefyd Fôr Iwerddon i fynd â halen i'r ffatrïoedd cig moch yno. Y llwythi hynny o halen a sicrhaodd y câi cyrff coed llawer o'r hen longau eu diogelu.

Am fod carreg galch o Sir Benfro a phenrhyn Gŵyr yn bwysig fel calch amaethyddol yng ngogledd Dyfnaint a gorllewin Cymru (gweler tudalen 164), câi ei chludo'n ôl a blaen o'r porthladdoedd bach. Felly hefyd fwydydd i anifeiliaid. Dosberthid grawn o'r porthladdoedd mawr y cawsai ei fewnforio iddynt o Ganada ac Awstralia yn y llongau grawn mawr a ddaliodd i hwylio tan ganol yr ugeinfed ganrif.

Gan fod llongau hwylio'n syml ac yn rhad i'w rhedeg, fe gadwon nhw eu lle ym masnach y glannau ymhell ar ôl i'r llong ager gymryd eu lle ar y cefnforoedd. Ym mlynyddoedd cynnar yr ugeinfed ganrif, dechreuwyd gosod peiriannau ynddynt i'w defnyddio yn ôl yr angen yn unig, megis wrth drafod y llong yn yr harbwr neu os byddai'r gwynt yn anffafriol. Ar ben hynny, gellid gostwng maint y criw am fod y newid yn y rigin wedi cwtogi ar y gwaith o drafod hwyliau. Felly, cafodd llawer sgwner ei haddasu'n fadlong ond yn un â dau hwylbren yn cario hwyliau blaen ac ôl, ac â rigin gaff fel rheol, yn hytrach nag â brig-hwyliau sgwâr y sgwneri cynharach.

Perchnogion llawer o sgwneri a badlongau'r glannau oedd eu sgiperiaid, ac enillent fywoliaeth fregus mewn gwaith a oedd yn aml yn arw a'r arian yn brin. Cyflogent griwiau bach o dri neu bedwar o ddynion na wyddent am unrhyw fywyd heblaw llety cyfyng ac anghysurus y ffocsl. Yr oedd y bwyd yn blaen ond yn faethlon ac, yn aml, câi'r criw dipyn o gymorth 'byw oddi ar y tir'; ambell waith, fe ymyrrent â'r llwyth yn gyfrwys rhag iddynt gael eu dal! Yn eithaf aml, byddai'r meistri-berchnogion yn 'pennu' (neu'n talu am) y llwythi ar eu rhan eu hunain a thrwy hynny fentro'n fasnachol ond gan sicrhau, hefyd, fwy o elw. Yr oedd angen yr elw i dalu am atgyweirio'r llongau, taliadau porthladdoedd a pheilotiaid a goleuo, talu'r criw a thalu am eu bwyd a'u diod. Amrywiai'r cyfraddau cludo gryn dipyn o borthladd i borthladd ac fe effeithiai amodau masnachol a gwleidyddol, fel rhyfel a môr-ladron, arnynt; weithiau, ceid môr-ladron hyd yn oed yn nyfroedd y glannau os câi llwythi gwerthfawr fel gwin a thybaco eu cludo.

Hyd yn oed pan ddaeth y stemar ac yna'r llong fodur i ddisodli'r llong hwylio, daliodd masnach y glannau i fod yn hyfyw mewn mannau anghysbell. Ar hyd glannau Cymru, daliodd sawl cwmni bach o longau i fynd tan ymhell i'r ugeinfed ganrif, a chludo angenrheidiau bywyd yn ôl ac ymlaen i borthladdoedd bach fel Aberaeron (ffigur 10.9), Solfach a Phorth-gain am na allai llongau mwy o faint mo'u cyrraedd. Gwrthod marw hefyd wnaeth y llong hwylio. Tan y 1960au, llwyddodd llond llaw o sgwneri a badlongau, fel y *Kathleen and May* (gweler tudalen 194), i grafu bywoliaeth o fordeithiau byr ar draws moroedd Iwerddon a Hafren.[19]

Harbour — Aberayron

# 10.2 Gwahanol fathau o gychod a llongau bach: 'smacks', slwpiau, 'trows' a fflatiau

Colin Green

Cludid y rhan fwyaf o fasnach glannau Cymru mewn amryw byd o gychod un-hwylbren a gawsai eu hadeiladu'n lleol. Lleol hefyd oedd eu perchnogion. Gelwid y cychod wrth wahanol enwau – 'smacks', 'cutters' a slwpiau (ffigur 10.10). Ar hyd glannau Ceredigion yn unig ceid rhyw ddeg lle rhwng Aberteifi ac Aberystwyth y deuai'r cychod hynny, rhai ohonynt mor fach â 15 tunnell, iddynt â'u llwythi o lo cwlm, carreg galch a nwyddau i'r siopau, ac fe gludent ymaith gynnyrch lleol fel grawn, mwyn plwm a llechi. Traethau oedd y mwyafrif o'r mannau glanio a châi'r llongau eu llwytho neu eu dadlwytho arnynt rhwng llanw a thrai. Dau le glanio nodweddiadol oedd Llangrannog a Thre-saith, pentrefi lle ceid grwpiau bach o dai morwyr ac adeiladwyr llongau yn glwstwr o amgylch y traeth.

Yr oedd ffermwyr, publicanod a pherchnogion cwarrau lleol (yr un bobl yn aml) yn rhan o'r fasnach ac wedi buddsoddi yn y llongau a ddefnyddient at eu busnes.

Câi llawer o'r llongau eu hadeiladu ar y traethau hynny gan wŷr lleol, a cheir ambell enghraifft o ffermwr yn adeiladu 'smack' ar un o'i gaeau, rai milltiroedd o'r môr, ac yn llwyddo i'w lusgo i lawr cwm serth i'w lansio. Yn Aberteifi, ar y llaw arall, datblygodd cymuned forwrol lewyrchus mor gynnar â'r unfed ganrif ar bymtheg, ac erbyn dechrau'r bedwaredd ganrif ar bymtheg yr oedd cynifer â 314 o longau wedi'u cofrestru yno er nad oedd gan Gaerdydd ond 56 o longau ar y pryd.

Tyfodd Aberaeron yn borthladd pwysig ar ddechrau'r bedwaredd ganrif ar bymtheg wedi i'r tirfeddiannwr lleol bennu cynllun cymesur y dref dan ddylanwad penseiri'r

*Ffigur 10.10 Peintiad olew o'r slŵp*
The Brothers, *o Geredigion. Enwir*
James Thomas *yn feistr arni.*

*Ffigur 10.11 Slwpiau a badlongau yn harbwr mewnol Aberaeron (Pwll Cam) tua 1910.*

*Ffigur 10.12 Diwedd hanes y 'trow' mowldiad-agored, y Victory, oedd iddo gael ei roi o'r neilltu yn Buffer Wharf yng Nghas-gwent yn y 1950au – a llenwi â mwd a dadfeilio. Fe'i hadeiladwyd gan Samuel Hipwood yng Nghaerloyw ym 1877 a diweddodd ei oes weithio heb rigin ac fel cwch llusg yn y fasnach gerrig. Wrth ei ochr yn y llun, a dynnwyd ym 1953, mae'r badlong 'Tamar', C F H, a adeiladwyd gan James Goss yn Calstock ym 1892.*

oes, fel John Nash (1752–1835), wella'r harbwr yn sylweddol. Bu'r harbwr yn gartref i lawer llong a oedd yn eiddo, yn rhannol neu'n llwyr, i bobl leol. Amrywiai'r rheiny o ffermwyr, pobl fusnes a siopwyr i unigolion fel y menywod dibriod a brynai un neu ragor o'r 64 o randaliadau y rhennid perchnogaeth llong iddi.

Y 'trow' yw un o gychod mwyaf arbennig, a mwyaf hynafol, Cymru (ffigur 10.12). Yn y bymthegfed ganrif ceir adroddiad ym mhapurau'r Senedd am ymosodiadau ar 'trowes' Afon Hafren gan drigolion gwyllt glannau'r afon yn Fforest y Ddena. Cychod agored, syml a phigfain yn y tu blaen a'r tu ôl oedd y rhai cynnar ac fe'u gyrrid â rhwyfau a pholion. Erbyn yr unfed ganrif ar bymtheg, yr oedd ganddynt hwylbren â hwyl lusg neu sgwâr. Os nad oedd y gwynt yn chwythu, caent eu tynnu i fyny'r afon gan gangiau o 'bow hauliers'. Nodwedd bwysig arnynt oedd y gwaelod gwastad a'u galluogai i weithio mewn dyfroedd bas ac, os diflannai'r dŵr yn llwyr mewn sychdwr, i eistedd ar wely'r afon. Llygriad o'r gair Saesneg 'trough' yw 'trow' ac mae hwnnw'n ddisgrifiad da iawn o siâp y corff.

Bu'r 'trows' yn rhan bwysig o ddatblygu'r masnachu ar hyd Afon Hafren ac afonydd eraill, a glannau'r gorllewin. Cludent gynhyrchion diwydiannol a defnyddiau crai, a glo, mwyn haearn a cherrig yn enwedig, i'r fasnach haearn yn Sir Amwythig, Fforest y Ddena a de a gorllewin Cymru. Ar hyd yr afonydd, cludent gynnyrch amaethyddol, gan gynnwys grawn, ffrwythau, caws, seidr a gwlân i'w hallforio, a nwyddau a gawsai eu mewnforio, fel gwin, brethyn, tybaco, bwydydd a sbeisiau, i gyfoethogi bywydau trigolion glannau'r afonydd.[20]

Gallai'r 'trows' cynnar gludo llwythi o 10–80 tunnell ac fe weithient yn bennaf ar afonydd ac ar hyd y glannau cysgodol. Er i'r rhai mawr fentro cyn belled â Bryste, câi llwythi'r mwyafrif ohonynt eu trawsgludo i longau yng Nghaerloyw neu Gas-gwent cyn symud i lawr Afon Hafren neu ar ei thraws. Doedd gan hyd yn oed y rhai mwyaf ddim dec (ar wahân i gabanau bach yn y tu blaen a'r tu ôl) a thueddent i ddymchwel mewn tywydd garw. Yn y bedwaredd ganrif ar bymtheg, canlyniad amryw o ddamweiniau o'r fath oedd i'r Bwrdd Masnach eu gwahardd rhag hwylio i'r gorllewin o linell o Watchet i Aberddawan.

Ymateb gwŷr 'trows' yr afonydd i gystadleuaeth o du'r rheilffyrdd yn y bedwaredd ganrif ar bymtheg oedd addasu eu cychod i wrthsefyll amodau garwach, a chwilio am lwythi ymhellach i lawr Môr Hafren. Felly, fe atgyfnerthwyd rhai o'r cychod ag estyll ychwanegol i gynyddu uchder eu hochrau, a gosodwyd trawslath ar ffurf 'D' ar eu cefn i'w gwneud yn fwy addas i wynebu'r amodau ar y môr. Codwyd deciau ar lawer ohonynt, ond nid pob un. Adeiladwyd 'boxed trows' gan ddilyn y patrwm hwnnw, a rhoddwyd dec rhannol i'r mathau canolraddol, y rhai 'half-boxed'. Er i gychod 'mowldiad agored' gadw'r howld agored, gosodwyd llieiniau ochr o gynfas arnynt i ddiogelu rhywfaint arnynt rhag dŵr (er na lwyddon nhw i wneud hynny bob tro).

Newidiwyd trefniant yr hwyliau i rig blaen ac ôl. Gosodwyd hwyliau gaff ar un neu ddau o hwylbrenni (rig slŵp neu fadlong) ac ychwanegwyd hwyliau blaen, brig-hwyliau a hwyliau crog. Cludai'r badlongau mawr saith neu wyth darn o gynfas er mwyn gallu hwylio'n gyflym o dan amodau ffafriol, weithiau mor bell ag Iwerddon, glannau de Lloegr, gorllewin Cymru a hyd yn oed wledydd agos y Cyfandir. Er eu bod yn cyfateb i fadlongau'r glannau, cadwent nodwedd bwysig, sef gwaelod gwastad heb fawr o gêl.

Mantais hynny oedd i'r 'trows' allu dal i weithio mewn dyfroedd bas ac eistedd ar waelod harbwr bach neu gei lle na allai llongau mwy confensiynol ddim angori. Ond yr oedd y diffyg cêl yn ei gwneud hwy'n anodd eu trin os ceid moroedd garw neu wyntoedd anffafriol. Gan fod sgiperiaid y mwyafrif o'r 'trows' yn cludo llwyth ar bob taith, gweithredai'r corff trymlwythog ei hun fel cêl. Er bod sôn bod 'trows' yn cario astell cêl o goed y gellid ei thaflu dros yr ochr o dan amodau garw a'i chadw yn ei lle o dan y corff i ddarparu cêl dros dro, doed dim modd gwirio hynny. Byddai hynny wedi bod yn dipyn o gamp, yn enwedig o dan amodau anffafriol pryd y byddai'r angen mwyaf amdano. Yn wir, gan i amodau stormus drechu rhai 'trows', mae drylliadau amryw byd ohonynt i'w cael ym Môr Hafren ac aber Afon Hafren. Achos mwyaf cyffredin eu colli oedd iddynt suddo wrth gludo llwythi trwm o lo neu gerrig. Dyna pam, er enghraifft, y collwyd y *Venus* yn y Shoots yn aber Afon Hafren ym mis Mawrth 1903 wrth iddi gludo cerrig o Gas-gwent i Avonmouth.

Mae'r 'trows' wedi mynd dros gof o fewn yr hanner canrif diwethaf er iddynt ddiwallu anghenion byd masnach am ganrifoedd. Dyna gamp na lwyddodd llawer math eraill o gwch neu long fasnachu ei chyflawni. Gellir dal i adlunio rhai ohonynt o ffotograffau ac eraill o'u gweddillion yn eu gorffwysfeydd olaf ar lannau afonydd ac mewn cilfachau tawel i'n hatgoffa o'r dyddiau gynt. Mae olion sylweddol 'trow' o'r bedwaredd ganrif ar bymtheg yn nodwedd ar fanc Afon Hafren yn harbwr Lydney yn Sir Gaerloyw, sef prif harbwr allforio glo Fforest y Ddena tan y 1960au. Dangosodd ymchwiliadau Alan William, meistr ar adeiladu llongau ac un a oedd wrthi'n ailadeiladu 'trow' arall, fod y cwch hwnnw wedi'i addasu i'w ddefnyddio ar ddyfroedd garwach yr aberoedd a'r môr.

Dyddio o ddechrau'r bedwaredd ganrif ar bymtheg wna'r corff gwreiddiol, sy'n nodweddiadol o adeiladwaith 'trow'. Cafodd y gwaelod ei wneud o estyll yn y dull carafel i'w gryfhau rhag i greigiau yn yr afon fas ei ddifrodi. Yr oedd y ddau ben a'r ddwy ochr wedi'u gwneud o estyll clensio ysgafnach i leihau'r pwysau ac i greu corff mwy hyblyg a fyddai'n dal dŵr yn well. Yr oedd yn rhaid wrth fedrusrwydd mawr i roi cwch mor gymhleth ei adeiladwaith wrth ei gilydd. Mae'n amlwg iddo gael ei symud yn ddiweddarach i lawr i weithio ar ran isaf yr afon gan fod y corff gwreiddiol wedi'i gryfhau drwy ychwanegu estyll carafel trwm at y cyfan ohono. A chan fod y corff wedi'i gryfhau ddwywaith, yr oedd tair haen o goed ynddo. Wyddom ni ddim dyddiad yr addasu

*Ffigur 10.13 Cafodd y Spry, yr unig un o 'trows' Afon Hafren sydd wedi goroesi, ei adeiladu yng Nghas-gwent ym 1894 a'i adfer yn Blists Hill, Ironbridge, Sir Amwythig, ym 1992, ac mae'n cael ei arddangos yno.*

nac enw'r cwch gan fod y starn, fyddai wedi dangos enw a phorthladd ei gofrestru, a phrif drawst y dec, y byddai'r rhif swyddogol wedi'i endorri iddo, ill dau ar goll.

Tebyg iawn o ran ei adeiladwaith i gwch Lydney yw'r *William* y cafwyd hyd iddo'n ddiweddar ger aber Afon Avon. Fe'i hadeiladwyd yn Broseley yn Sir Amwythig ym 1809 ac yr oedd yn dal ar waith ar 3 Mehefin 1939 pan adawodd Gaerdydd mewn tywydd garw gan gludo llwyth o lo i Fryste. Yr oedd bron â chyrraedd Avonmouth pan drawyd ef gan don fawr a barodd i'r llwyth symud ac i'r llong ddymchwel. Gwaetha'r modd, collwyd tri aelod o'r criw.

### 'Fflatiau Mersi' a masnach glannau'r gogledd
*Mike Stammers*

Cychod hwylio o goed oedd 'fflatiau Mersi' a gallent weithio ar ddyfroedd mewndirol ac arfordirol gogledd-orllewin Môr Iwerddon (ffigur 10.14). Mae'n debyg iddynt ddatblygu tua 1700 o fath o long 20-tunnell â rig sgwâr a gawsai ei defnyddio cyn belled yn ôl â'r unfed ganrif ar bymtheg. Cawsai'r corff ei adeiladu yn null y carafel ac iddo waelod gwastad a thu blaen nodweddiadol o grwn, ac â chroeslath neu starn gron. Erbyn canol y bedwaredd ganrif ar bymtheg, mesurai fflatiau arferol ryw 63 troedfedd (19.2 metr) o hyd a 14 troedfedd (4.26 metr) o led – mesuriadau a bennwyd gan led afonydd a maint lociau camlesi'r oes. Yr oedd iddynt rig slŵp (rigin

*Ffigur 10.14 Llun a dynnwyd yn gynnar yn yr ugeinfed ganrif o un o fflatiau Afon Mersi'n gadael dociau Lerpwl.*

badlong oedd i ysgraffau â starn-hwyliau) a storfa/caban yn y tu blaen, howld ac iddi ddwy hatsh fawr bob ochr i'r hwylbren, a chaban yn y tu ôl. Yn wahanol i gychod Afon Tafwys, doedd dim gwyntfyrddau arnynt. Fe'u hwylid â dau neu dri o griw. Gosodid taclau a winshis i'w helpu i godi'r hwyliau, a gallai'r 'inside flats' a deithiai ar hyd y camlesi ostwng eu hwylbrenni wrth gyrraedd pontydd isel. Dechreuwyd gweld fflatiau ager ym 1857. Mae'r Cofrestri Llongau'n dangos i fflatiau gael eu hadeiladu mewn mannau rhwng Whitehaven ac Afon Clwyd, ond mai slwpiau â drafft dwfn oedd llong fach safonol y glannau y tu hwnt i Gonwy.[21]

Gwelodd porthladdoedd Afon Dyfrdwy gludo llawer o nwyddau ar fflatiau. Cludid llwythi mawr arnynt, rhai o nwyddau fel glo, halen, grawn, mwyn copr a cherrig yn bennaf.[22] Am fod y fflatiau wedi'u hadeiladu'n gadarn i wrthsefyll taro'r tir adeg llanw isel, fe allent, o'u cynnal a'u cadw'n ofalus a chael lwc dda, roi blynyddoedd maith o wasanaeth. Mae'n debyg mai'r un fwyaf hirhoedlog ohonynt oedd y *Raven*. Fe'i datgymalwyd yng Nghaernarfon ym 1902 ar ôl treulio 114 o flynyddoedd yn cludo mwyn copr, yn bennaf, o Amlwch i St Helens.[23] Yn aml, rhoid y gorau i ddefnyddio fflatiau na chawsent eu dryllio neu eu datgymalu, a'u gadael i ddadfeilio mewn llecyn diarffordd. Mae gweddillion y fflat ager *Temple* (a adeiladwyd yn Nhrefriw ym 1874) a'r fflatiau hwylio *Doon* a *Mary* yn dal i orwedd ym Mostyn.

Perygl mawr i fflatiau mewn tywydd gwael oedd y banciau mwd niferus yn nyfroedd bas aber Afon Dyfrdwy a Bae Lerpwl oherwydd amrediad y llanw, a'r ffaith fod dyfroedd croes yn malu eu hatshis llydan. Trechwyd y *Clare* gan y peryglon hyn dair milltir i'r gogledd-ddwyrain o'r Rhyl ar 6 Chwefror 1895 wrth gludo llwyth o lechi.[24] Gallai banciau mwd a llanw a thrai hefyd achosi trafferthion, fel ar 12 Hydref 1913 pan aeth y fflat ager *Lord Delamere* (a adeiladwyd yn Winsford ym 1871) yn sownd ar y Banc Canol ger Cei Connah. Gwthiodd y llanw hi ymhellach i'r mwd. Wedi i bob ymdrech i'w harbed fethu, fe'i gadawyd hi yno. Ac er i'w chorff suddo i'r llaid, gellid dal i weld ei hwylbren yno yn y 1980au.[25]

Er bod drylliadau'r fflatiau wedi'u cofnodi'n helaeth yn aber Afon Mersi a'r dyfrffyrdd cysylltiedig,[26] gall darganfyddiadau newydd ar hyd glannau'r gogledd ddadlennu amrywiadau diddorol ym manylion adeiladu'r cychod amlbwrpas hynny. Rhaid ystyried eu bod, er eu priodoli fel rheol i Afon Mersi, hefyd yn rhan o dreftadaeth arforol Cymru.

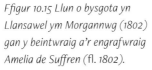

## 10.3

# 'Cynifer o bysgod ag y gwelodd Duw'n dda eu hanfon'[27]

### Nikki Vousden a Deanna Groom

Traddodiad pysgotwyr Cymru erioed yw pysgota'n eithaf agos at y lan ac osgoi, yn aml, unrhyw golli golwg ar y tir (ffigur 10.15). Câi cychod bach, a'r rheiny'n fynych heb ddec, eu hwylio neu eu rhwyfo allan i'r pysgodfeydd yn y bore ac yn ôl gyda'r hwyr (ffigur 10.16). Weithiau, ceid digonedd o heigiau o bysgod mudol fel penwaig, sef un o'r prif bysgod a ddelid, ond am y gallent hefyd gilio am gyfnodau maith bu'n rhaid i bysgotwyr droi at ffyrdd eraill o ennill eu tamaid. Yn aml, felly, cyfunid pysgota â morwriaeth broffesiynol, llafurio ar ffermydd neu ymroi i ryw waith arall ar y tir.

O ganlyniad i Ddeddfau Gwobrwyo 1705 a 1718 datblygwyd cryn dipyn ar y pysgodfeydd penwaig o amgylch Cymru yn y ddeunawfed ganrif. Gwarantai'r deddfau roi swllt y gasgen i bysgotwyr am benwaig

cochion a oedd wedi bwrw eu grawn (rhai sych neu wedi'u mygu) ac wedi'u hallforio dramor; swllt a naw ceiniog am bob casgen o benwaig cochion llawn (â photen neu fol grawn); a deuswllt ac wyth ceiniog am bob casgen o benwaig gwynion (wedi'u halltu). Gan i Ddeddf er Hybu Pysgodfeydd Penwaig Gwynion Prydain 1750 ddarparu gwobr am bob llong a oedd â dec ac a bwysai 30-80 tunnell, gwelwyd cynnydd cyflym yn nifer y llongau â dec a ymunodd â'r fflyd bysgota. Gwnaeth Deddf Wobrwyo 1787 yr un peth, sef rhoi gwobr am bob casgen o benwaig a ddaliwyd gan gychod agored – neu rai â hanner-dec – a bwysai lai nag 20 tunnell.[28]

Gyda dyfodiad peiriannau ager, datblygodd rhai o drefi'r glannau'n borthladdoedd pysgota mawr. Yr oedd i dreillwyr (*trawlers*) ager lu o fanteision am nad oeddent

*Ffigur 10.15 Llun o bysgota yn Llansawel ym Morgannwg (1802) gan y beintwraig a'r engrafwraig Amelia de Suffren (fl. 1802).*

*Ffigur 10.16 Tynnodd y ffotograffydd John Thomas y llun hwn o bysgota am eogiaid ar aber Afon Dyfi ym 1885.*

ar drugaredd y gwynt ac y gallent deithio ymhellach, treillio cryn dipyn yn ddyfnach a thynnu rhwydi'n ddigon cyflym i hwyluso'r newid i'r dreillrwyd ddyfrgi (rhwydi llydan wedi'u cysylltu wrth estyllod rhwydi a oedd wedi'u cysylltu wrth yr ochrau) o'r dreillrwyd draws lai effeithiol (rhwyd ar ffurf côn wedi'i chysylltu wrth astell). Sicrhawyd goruchafiaeth y treilliwr ager drwy gyfuno cyrff haearn ac, yn ddiweddarach rai dur, â pheiriannau ager cyfansawdd ac yna rai tri-ehangiad. Tua diwedd y bedwaredd ganrif ar bymtheg arweiniodd y newidiadau technolegol hynny at ddatblygu fflydoedd o dreillwyr ager yn Aberdaugleddau, Caerdydd ac Abertawe.

Man cychwyn hanes Aberdaugleddau fel porthladd pysgota oedd dyfodiad grŵp o Grynwyr o Nantucket, Massachusetts ym 1792 â'u bryd ar ddatblygu marchnad i gynhyrchion pysgodfeydd Newfoundland, ac yn enwedig olew morfilod i oleuo'r strydoedd. Serch ymdrechion cwmni'r dociau i fanteisio ar y fasnach mewn cludo teithwyr ar draws Môr Iwerydd, fe sylweddolon nhw o dipyn i beth mai'r diwydiant pysgota a roddai'r incwm mwyaf dibynadwy iddynt. Yn sgil agor y dociau ym 1888 yr oedd gan dreillwyr a chychod pysgota Aberdaugleddau ganolfan i'w gwaith ac ym 1890 meddai Thomas Wood 'That much derided and despised fish trade has come in very opportunely for us and yields a

very considerable revenue ... It is a trade we did not either cater for, or look forward to ... but it helps to pay, and in fact does pay the expenses of the docks.' Mae'n debyg mai'r *Fidget*, slŵp o goed a adeiladwyd ym 1886, oedd un o'r cychod pysgota cyntaf i fanteisio ar y cyfleusterau newydd.[29] Ond erbyn troad y ganrif dechreuodd llongau ager ddisodli'r llongau hwylio ac erbyn 1904 yr oedd nifer y llongau pysgota a yrrid gan ager, fel y *Tantallon Castle*, wedi codi i 200.[30]

Ar ôl dibynnu, i ddechrau, ar fewnforio iâ o Norwy, fe agorwyd ffatrïoedd iâ lleol yn nhref Arberdaugleddau ym 1896 a 1900 a'u helaethu ym 1912 (gweler ffigur 10.17). Yno, erbyn 1908, cwblhawyd codi marchnad bysgod fawr a chanddi gysylltiadau â'r rheilffordd, a chodwyd y tŷ cochi cyntaf yn yr un flwyddyn. Erbyn hynny, yr oedd mwy na 100 o dreillwyr ager, wyth treilliwr hwylio a rhyw fil o bysgotwyr yn gweithio yn yr aber. Erbyn 1924–25 câi rhyw 124,000 o gasgenni o benwaig eu glanio yno. Tyfasai felly'n un o bedwar prif borthladd pysgota Cymru a Lloegr, ochr yn ochr â Hull, Grimsby a Fleetwood. Arweiniodd protestiadau lleol at gynnal achos llys yng Nghaerfyrddin ym 1928 lle cyhuddwyd tri chwmni o gynhyrchu 'offensive, poisonous and unwholesome smoke vapour', ond aeth y dyfarniad o blaid y tai cochi a chaniatáu, felly, ehangu enfawr ar y prosesu diwydiannol. Yn y 1930au nododd yr awdur llyfrau taith, H V Morton (1892–1979): 'no port can turn a herring into a kipper faster than Milford Haven'. Cyrhaeddwyd penllanw cynnyrch y porthladd ym 1946 pryd y glaniwyd rhyw 59,000 o dunelli o benwaig o longau fel y *Star of Peace*. [3]

Yr oedd ffyniant pysgota yng Nghaerdydd i raddau helaeth ynghlwm wrth lewyrch cwmni Neale & West. Er i'r cwmni, a sefydlwyd ym 1885, gael perswâd ar gapteiniaid tynfadau Caerdydd i gymryd treillrwydi astell ar eu bwrdd wrth dynnu llongau ym Môr Hafren, yr oedd y cyflenwadau o bysgod yn dibynnu ar brysurdeb busnes y tynfadau ac, o raid, yn afreolaidd. Ffynnodd mo'r cwmni tan iddo brynu llong bysgota 90 troedfedd (31 metr) o hyd o Hull. Prynodd ragor o longau, ac un oedd y treilliwr ager â chorff haearn, y *Ramsey*, a gollwyd mewn niwl oddi ar Ynysoedd Ffaröe ym 1899 ag 20 tunnell o bysgod ar ei fwrdd.[32] Erbyn 1906, yr oedd gan fflyd Neale & West 19 o dreillwyr ager, a Doc Gorllewinol Bute yn ganolfan, ac fe ffurfiodd gwmni Cardiff Ice & Cold Storage Cyf i ddileu'r angen i fewnforio iâ. Ym 1910 cymerwyd lle'r mwyafrif o'r hen dreillwyr gan rai mwy a allai fynd ar drywydd y pysgod cegddu oddi ar arfordir de-ddwyrain Iwerddon, ac ymhellach, ar hyd y flwyddyn.

Aeth yr holl fflyd i ddwylo'r Llynges adeg y Rhyfel Byd Cyntaf a suddwyd llawer wrth glirio ffrwydron. Wedi'r rhyfel, cafodd Neale & West fflyd o wyth o longau'n ôl ac adeiladwyd saith arall yn ystod y rhyfel neu ychydig wedi hynny. Moderneiddiwyd y fflyd drwy brynu cychod newydd tua diwedd y 1920au ac yn y 1930au, ond daeth y pysgota i ben yn ystod yr Ail Ryfel Byd. Er i hynny olygu bod modd i'r stociau o bysgod ymadfer, gwerthwyd y fflyd ym 1956 gan roi terfyn ar oes Caerdydd fel porthladd pysgota o unrhyw bwys.

Cafodd y rhyfel effaith debyg ar y diwydiant treillio yn Abertawe. Ers tro byd yr oedd Bae Abertawe wedi bod yn ganolfan i bysgota wystrys a physgota â rhwydi

gosod, ac yr oedd marchnad bysgod y dref wedi agor yno ym 1792. Gwneid y rhan fwyaf o'r pysgota mewn ffurf arbennig ar gwch agored, sef un â rigin â dau hwylbren a gynhaliai ddwy hwyl gaff. Yn ystod ail hanner y bedwaredd ganrif ar bymtheg, golygodd yr angen i deithio ymhellach i fanteisio ar wystrysfeydd fod angen archebu llongau pysgota mwy o faint, yn gyntaf o ierdydd yn Nyfnaint a Chernyw ac, wedi hynny, o Gaerdydd, Abertawe a'r Mwmbwls. Yr oedd y 'sgiffiau' hynny'n 37–40 troedfedd (11.2–12.1 metr) o hyd ac yn ddigon pwerus i dynnu'r dreillrwyd. Byddai'r criw o dri'n gweithio'r cwch i ochr bellaf y gwynt o'r wystrysfa fel bod modd cadw grym a rheolaeth ar y dreillrwyd wrth hwylio gyda'r gwynt a threillio ar ei thraws. Erbyn diwedd y rhediad, byddai'r sgiff yn codi ei dwy dreillrwyd, yn gollwng y pysgod ohonynt ac yn hwylio'n ôl yn erbyn y gwynt i ddechrau unwaith eto.

Ymhen hir a hwyr fe arweiniodd y gor-bysgota a chlefyd y wystrys, ynghyd â cholli angorfa draddodiadol ddiogel, at ddiflaniad y ffurf honno ar dreillio yn y Mwmbwls, a gwerthwyd llawer o'r sgiffiau.[33] Un oedd y *Rising Sun*, treilliwr wystrys 37 troedfedd (11.2 metr) o hyd a adeiladwyd yn Appledore ym 1926 ac un o'r rhai olaf a brynwyd o ierdydd yn Nyfnaint a Chernyw.[34]

Yn sgil mabwysiadu gyriant ager, tyfodd Abertawe, fel Caerdydd, yn borthladd pysgota pwysig mewn moroedd dyfnion. Ym 1903, symudodd cwmni Castle Steam Trawling eu 15 treilliwr o Aberdaugleddau i Abertawe a phrynu 10 cwch newydd i bysgota Môr Hafren, glannau Iwerddon a chyn belled â Phortiwgal. Un o fanteision Abertawe oedd ei bod yn agos at y meysydd glo a allai gyflenwi tanwydd i'r fflyd newydd a bod ganddi gysylltiadau rheilffyrdd a'i galluogai i anfon peth wmbreth o bysgod i'w gwerthu yn y Cymoedd. Magodd cynllun treillwyr y cwmni enw da am fod yn arbennig o addas i weithio ym mhysgodfeydd gorllewin Prydain.

Hawliodd y Llynges fflyd Abertawe i gyflawni dyletswyddau clirio ffrwydron ym 1914–18, ond yna cymerwyd y fflyd drosodd gan gwmni Consolidated Steam Fishing & Ice Cyf o Grimsby. Codwyd tai cochi yn Noc y De ac erbyn diwedd y 1920au cawsai bron y cyfan o fasn Doc y De'i neilltuo i lwytho'r fflyd bysgota, i storio, ac i osod iâ ac offer yn y cychod. Gallai'r cychod mwy o faint fentro ymhellach, ond er i 32 ohonynt weithio o'r porthladd rhwng 1925 a 1939, canlyniad methiant diwydiant treillio Abertawe i ymadfer wedi'r rhyfel fu anfon rhai o'r cychod i Aberdaugleddau.[35]

Ar hyd llawer o weddill y glannau, daliwyd i bysgota â hwyl a rhwyf tan y Rhyfel Byd Cyntaf. Yn aml, perthynai arbenigrwydd rhanbarthol penodol i'r cychod bach o goed. Enghraifft ohonynt oedd llusglong (*lugger*)

*Ffigur 10.17 Ym 1936 y tynnwyd y llun hwn o'r ffatri iâ olaf a fu ar waith yn Aberdaugleddau. Mae'n dangos treillwyr ager yn aros i gael eu llwytho.*

Dinbych-y-pysgod.[36] Buasai'r dref honno (gweler tudalen 113) yn borthladd pysgota o bwys ymhell cyn i Aberdaugleddau ddod i'r blaen. Cyn yr ugeinfed ganrif, amrywiai'r pysgod a ddelid yno o benwaig i wystrys a chaent eu casglu o amgylch Pen Pyrod ac Ynys Bŷr. Yn y 1900au cynnar, gorfodwyd cychod y dref i fynd ymhellach oddi cartref. Arferent dreulio o fis Tachwedd tan y Nadolig oddi ar Wexford fel rheol, ac o Ionawr hyd Ebrill rhwng Ynys Wair a Land's End. Caent eu hatgyweirio yn Ninbych-y-pysgod adeg y Pasg cyn treulio'r haf yn pysgota ym Mae Caerfyrddin. Bu dyfodiad y rheilffordd ym 1866 yn fodd i ddechrau anfon y pysgod i gymoedd diwydiannol y de.

Erbyn canol y 1800au, yr oedd fflyd y dref yn cynnwys treillwyr, llusglongau a sgiffiau wystrys, yn ogystal â threillwyr ar ymweliad o Brixham. Treillio ag estyll fyddai'r cychod mwy o faint. Pysgotai cychod llai ac agored â leiniau hir rhwng Tachwedd a Chwefror i ddal penfreision, ac yn y tymor ym 1864 defnyddiwyd cynifer â 30 o lusglongau â chyrff dwfn a dau hwylbren. Erbyn 1891, câi bron 50 o bobl eu cyflogi i bysgota â leiniau ac i dreillio am wystrys a physgota â rhwydi ym Mae Caerfyrddin. Cawsai rhai o lusglongau Dinbych-y-pysgod eu hadeiladu ag estyll carafel, ond adeiladwaith estyllog oedd i'r mwyafrif o'r cychod cynharaf. I wneud iddynt hwylio'n well, rhoddwyd iddynt flaenau fertigol, croeslathau ychydig yn ddyrchafedig a chyrff syth ynghyd â thipyn go lew o ddyfnder ychwanegol. Am fod eu cyrff yn ysgafn, rhaid oedd defnyddio balast ynddynt, a throsto gosodwyd dec tynn a ddefnyddid wrth lanio'r pysgod. Er bod dau ddyn a bachgen yn ddigon o griw iddynt fel rheol, fe ychwanegid dyn a bachgen atynt os defnyddid nofrwydi. Defnyddid rhwyfau yn ôl yr angen.

*Ffigur 10.18 Glanio llwyth mawr o benwaig yn harbwr Aberystwyth. Hyd yn oed yn yr Oesoedd Canol, dywedwyd bod y diwydiant penwaig yno eisoes yn un 'sylweddol'.*

Er hynny, ni allai fflyd Dinbych-y-pysgod gystadlu ag un Aberdaugleddau o dreillwyr ager wrth i honno ehangu, ac erbyn heddiw mae twristiaeth wedi disodli'r traddodiad maith o gynaeafu'r môr.[37]

Er i'r diffyg porthladdoedd pwrpasol atal datblygu trefi'r glannau i'r gogledd o Benmaendewi, llwyddodd trefi a phentrefi fel Abergwaun, Aberteifi, Dinas, Aberaeron, Ceinewydd, Llangrannog ac Aber-porth i roi bywoliaeth i bysgotwyr. Yn ei *Topographical Dictionary of Wales* (1833), nododd Samuel Lewis (tua 1782–1865) fod gan Aberaeron yn y 1830au 'a lucrative herring fishery in which about thirty boats with seven men to each are engaged' a bod fflyd o gychod penwaig yn Llandudoch ar aber afon Teifi 'where boats engaged in it are commonly from eight to twenty burthen with masts and sails, but mostly open, without decks and manned by six or eight men. The herrings generally make their first appearance ... between the middle and end of September, which is considered the best period of the season, as they will bear carriage to distant markets and harvest being commonly over, the fishermen can be better spared from agricultural labours'.[38]

Yn Aber-porth, dibynnai'r criwiau ar forwyr a ddeuai adref o'u llongau masnach dros y gaeaf. Yr oedd ar y cychod angen criw o bump i wyth, ac yr oedd ganddynt hwyliau i ddal mecryll a chimychiaid. I ddal penwaig, y rhwyfau'n unig a ddefnyddid. Gallai pob cwch gario 25 a rhagor o rwydi a châi amryw o'r rheiny eu cysylltu wrth ei gilydd i greu wal hir o rwydi tagell. Drifftiai'r cychod ar y trai rhwng Mwnt ac Ynys Aberteifi cyn dychwelyd i Aber-porth gyda'r llanw. 'Drifio' oedd yr enw ar y dull hwnnw. Y dull arall, a elwid yn 'tranio' neu'n 'setin', oedd angori'r rhwyd yn un pen neu'r ddau ben ac angori'r gwaelod â cherigos crwn wedi'u lapio mewn cadachau.[39]

Ar 25 a 26 Hydref 1859 difethodd tymestl y *Royal Charter* lawer ar fflydoedd Llandudoch ac Aber-porth. Nododd papur newydd *Baner ac Amserau Cymru* 'Collwyd amryw longau bychain gerllaw Cibur [Cibwr, ger Llandudoch] ac ofnir fod y dwylaw wedi eu colli', ac 'Yn Aberporth, ..., torrodd deg o gychod pysgota yn rhydd oddi wrth eu angorion, ac aethant yn ddarnau'.[40]

Porthladd penwaig arall o bwys yn yr Oesoedd Canol oedd Aberystwyth ac, ar ôl i'r penwaig gael ei halltu, câi llawer ohonynt eu hallforio i Iwerddon a mannau eraill. Prynai pysgotwyr eu rhyddid drwy gyflwyno 'mesie' (neu 'myse') o 620 o benwaig i arglwydd y faenor. Yn *A New Description of England and Wales* (1724) nododd Herman Moll (1654?–1732) fod dalfeydd o benfreision, gwyniaid a phenwaig yn cyfrannu llawer at ffyniant Aberystwyth: 'the Herring Fishery is most exceedingly abundant that a thousand barrels have been taken in one night'.[41]

*Ffigur 10.19 Mae'r llun dramatig hwn*, The Construction of South Stack Lighthouse, Holyhead, *(1808) gan y Capten Hugh Evans yn darlunio cwch pysgota undyn yn ogystal â chwch pleser bach i fynd ag ymwelwyr i weld y golygfeydd.*

Yn y 1880au, yr oedd dros 70 o gychod pysgota wedi'u cofrestru yno, y mwyafrif yn llusglongau penwaig bach agored neu â hanner dec ac yn rhai a ddefnyddiai leiniau â llaw, yn draeth-gychod o estyll ac â chroeslath (ffigur 10.18). Ar y cychwyn yr oedd rigin hwylio o dri hwylbren di-gynalbost gan y rhai 24 troedfedd (7.3 metr) o hyd.

Esblygodd cychod llai, rhai 18 troedfedd (5.5 metr) o hyd wrth 6 throedfedd (1.8 metr) o led, yn rhai deuben â phen crwn a starnbost ar oleddf. Er mai cychod rhwyfo oeddent yn bennaf, gallent gario hwyl ac fe'u defnyddid yn ddrifftwyr penwaig. Gellid eu rhwyfo'n gyflym oddi ar y traeth ac yr oeddent yn gychod da ar y môr. Yr oedd eu tu blaen yn gain ei ffurf a'u hochrau uchaf yn ymledu i rwystro'r tonnau rhag llifo drostynt. Ar y môr, ac o gael pump neu chwe nofrwyd wedi'u cysylltu wrth y tu blaen, gallai'r cychod deuben newydd hynny hwylio'r tonnau'n well na'r rhai hŷn. Er bod un hwyl lusg yn gyrru'r drifftiwr yn ôl i Aberystwyth,[42] daliwyd enghreifftiau'r o'r math hwnnw o gwch, yr *Hannah*, yr *Elizabeth* a'r *Harriet*, gan dymestl ym mis Medi 1885. Llwyddodd yr *Harriet* i gyrraedd glan ond drylliwyd y ddau arall.[43]

Sylw H P Wyndham (1736–1819) ar ei daith drwy Gymru a Sir Fynwy oedd bod penwaig wedi troi'n 'stranger to the coast' erbyn diwedd y ddeunawfed ganrif. Yr oedd pysgodfa benwaig Aberystwyth ymhlith y rhai a oedd yn dirywio, ac wrth i'r dref dyfu fel atyniad i ymwelwyr câi llawer o'r cychod llai eu troi'n gychod i ddifyrru ymwelwyr yn ystod yr haf. Yn y 1880au, disodlwyd cychod â starn a chroeslath gan rai deuben, a dechreuwyd newid y rigiau hwyliau'n gaffiau â chrychraffau i'w gwneud hwy'n fwy hwylus wrth gludo teithwyr. Parhau tan ymhell i'r ugeinfed ganrif wnaeth yr arfer o fentro i draeth Aberystwyth i geisio denu pobl i dalu am gael mynd ar daith ar y môr. Yn anochel, ceid ambell drychineb. Yn drist iawn, collwyd cwch y *Queen Bee*, a gawsai ei logi ar gyfer taith bysgota, ym mis Awst 1901 pan lethwyd ef gan foroedd garw wrth iddo adael yr harbwr. Boddwyd chwech o bobl.[44]

Ymhellach tua'r gogledd, yr oedd Biwmares, y Bermo, Aberdaron a Nefyn hefyd yn borthladdoedd pwysig i bysgota penwaig yn yr Oesoedd Canol. Ym 1287, yr oedd gan Nefyn 63 o rwydi pysgota, a'r patrwm arferol oedd i bysgota am benwaig ychwanegu at yr incwm a geid drwy amaethu. Ym 1635, câi 60 o ddynion eu cyflogi i bysgota, a gwerth y ddalfa ym 1771 oedd £4,000. Yr oedd y pysgodfeydd penwaig cyfoethocaf o fewn tair i bedair milltir o'r harbwr ar hyd y glannau. Câi cwch o ryw 18 troedfedd (5.5 metr) o hyd ei rwyfo gan dri dyn a'i lywio gan un arall, a byddai gan bob dyn ddwy neu dair o'i rwydi'i hun i'w taflu. Wrth annerch yr Eisteddfod Genedlaethol yn Lerpwl ym 1884 ynghylch pysgodfeydd Cymru, nododd D C Davies (1826–91): 'vast shoals of herring appeared off the Caernarvonshire coast from Conwy to Bangor' a bod Nefyn yn 'famous for the quantity of its herrings, this fish being found here in much better condition and of finer flavour than on the other side of the promontory of Lleyn'.[45]

Datblygodd adeiladwyr cychod Aberdaron gwch ag un hwylbren ac adeiladwaith astellog a chroeslath yn y starn i fynd ar drywydd y penwaig ac i bysgota am gimychiaid.[46] Adeiladwyd y cwch yn un llai na 15 troedfedd (4.5 metr) o hyd er mwyn i ddau ddyn ei drin ar y traeth. Ar ôl mis Hydref, penwaig a ddelid yn bennaf ond yn yr haf defnyddid y cychod i godi cimychiaid o'r cewyll a dal mecryll â ffunen bysgota. Yn yr ugeinfed ganrif, cyflwynwyd un gwyntfwrdd ac yna ddagrfyrddau. Câi'r hwylbrenni eu gosod yn erbyn yr ystlysfainc flaen a'u hategu â phrif hwyl gaff â phig uchel, un a gydbwysid â jib a fachwyd ar ben polyn blaen cymedrol o haearn wedi'i glampio dros y starn. Bydd rhai o'r traeth-gychod astellog sy'n goroesi yn cymryd rhan mewn rhaglen o rasys haf a'r regata flynyddol yn Aberdaron.

Yn ystod y bedwaredd ganrif ar bymtheg, datblygodd ynyswyr Enlli draeth-gychod deuben astellog ychydig yn fwy o faint. Caent eu gwneud o estyll o bren meddal ar fframiau derw llifiedig gyda chêl a physt o dderw. Gan fod y blaen yn grwn ond wedi'i sgarffio i'r cêl ar ongl serth, yr oedd estyll y gwaelod yn finiocach wrth dorri drwy'r dŵr. Yr oedd goleddf cymedrol i'r starnbost ac, am ei fod yn hwy na'r blaen, byddai'r cêl yn llusgo mwy ac felly'n peri i'r cwch fod yn haws ei drin. Yr oedd i'r cychod bum rhwyf y gadewid eu pelydr yn sgwâr lle gorweddent yn y cynalbrennau ac yn addas wrth ddilyn yr arfer o beidio â fflatio'r rhwyfau rhwng y paliadau mewn dŵr garw. Gwaith tymhorol o Fedi tan Ionawr oedd drifftio i ddal penwaig ond gwaith ar hyd y flwyddyn oedd gosod cewyll i ddal cimychiaid a chrancod. Yr oedd y cychod hynny'n bwysig dros ben wrth gyfathrebu â'r tir mawr a symud stoc, cynnyrch a chyflenwadau iddo.

Hyd heddiw, Aberdaron, ar draws swnt twyllodrus Enlli, yw'r anheddiad agosaf ar y tir mawr i drigolion Enlli.[47] Mae carreg fedd yn y fynwent yn coffáu colli meistr cwch goleudy Enlli, Thomas Williams, a'i ferch Sydney. Boddwyd chwech o bobl pan ddrylliwyd 'Cwch Enlli' wrth groesi ar 30 Tachwedd 1822. Yn ôl pob tebyg, un o'r traeth-gychod cadarn oedd hwnnw.[48]

Parhaodd y traddodiad o ddefnyddio traeth-gychod i bysgota tua'r gogledd nes cyrraedd dyfroedd creigiog glannau Môn (ffigur 10.19). Yr oedd ambell angorfa i'w chael mewn cilfachau yno, ond am nad oedd yr un ohonynt yn ddiogel ym mhob tywydd (ac eithrio'r tu ôl i fur harbwr Cemaes) byddai'n rhaid tynnu celiau'r cychod ar roleri arbennig yn uchel i fyny'r traeth allan o gyrraedd y tonnau. Daliai pysgotwyr o Amlwch, Porth Llechog a

Moelfre laweroedd o benwaig o draeth-gychod a fesurai 18-25 troedfedd (5.5-7.6 metr) o hyd ac a oedd wedi'u rigio'n binasau neu'n binasau gaff ac felly'n hwylwyr da wrth ymladd llif cryf y llanw. Yr oedd pob nofrwyd yn 240 o droedfeddi (73.1 metr) o hyd a safai 12 casgen ar y lan yn barod i gymryd y 600 o benwaig y disgwylid i bob cwch ddod â hwy ar ôl bod wrthi'n pysgota am ddwyawr neu dair. Gwerthid y pysgod i fasnachwyr yn Llannerch-y-medd neu ym Mangor i'w gwerthu ymlaen i fasnachwyr Lerpwl i'w cludo ar drên i Lundain. Drwy gadw at y glannau creigiog, ymwelai'r pysgotwyr â'r cewyll cimychiaid a chrancod hefyd. Adeg y trai ar draws gogledd yr ynys, ac yng nghysgod cilfachau a'r pentiroedd fe geid, yn aml, bysgota â llaw a leiniau hir. Mewn ambell fae ceid clytiau o dywod a graean lle gellid defnyddio treillrwydi trawst. Oddi ar Amlwch defnyddid y cychod bach agored ond agored-i'r-gwynt hynny hefyd gan beilotiaid didrwydded neu 'hovellers'.[49]

Ar hyd glannau'r gogledd tua diwedd y bedwaredd ganrif ar bymtheg gwelid nodweddion arbennig y 'nobby' o Sir Gaerhirfryn yn y cychod pysgota a gâi eu hadeiladu a'u defnyddio o Gricieth i Gonwy a'r Rhyl, Mostyn a Chaer. Crossfield o Arnside a ddatblygodd y cychod astellog lleol â starn croeslath yn dreillwyr corgimychiaid ac yn fas eu drafft. Trowyd y cyrff astellog gwreiddiol yn rhai carafel yn y 1870au ac yr oeddent yn 25-32 troedfedd (7.6-9.8 metr) o hyd yn achos y cychod un-dyn ac yn 36-45 troedfedd (10.9-13.7 metr) yn achos y cychod deuddyn.[50] I'w cyflymu, disodlwyd y cêl hir a syth gan flaendroed crwn a blaen rhandoredig, ac yr oedd mwy o oleddf ar y starnbost. Ceid gwrthstarn cul yn lle croeslath a bwrdd rhydd cymharol isel yn y tu ôl i weithio'r treillrwydi'n hwylus. Ac eto, yr oedd y blaen yn amlwg ac uchel i'r cychod allu ymdopi'n ddigon deheuig â dyfroedd garw Môr Iwerddon. Prin bod y nenfwd isel o dan y dec blaen yn ddigon i gysgodi o dano wrth bysgota dros nos, ac yn y man gweithio ceid ochrau uchel i gadw'r môr allan a'r criw i mewn. Oddi yno y defnyddid y dreillrwyd drawst i ddal perdys a chorgimychiaid.

Adeiladwyd 'nobbies' Sir Gaerhirfryn yng Nghonwy a mannau eraill am 90 mlynedd a rhagor ac fe'u defnyddiwyd tua'r de i mewn i Fae Aberteifi ac oddi ar Benrhyn Llŷn. Arweiniodd hoffter pobl ar wyliau yn oes Victoria o gael teoedd â pherdys at ehangu'r fflydoedd, ac yn sgil y twf ym marchnad y cychod pleser ymhlith trigolion y trefi diwydiannol mwy ffyniannus gwelwyd datblygu iotiau ar sail yr hen gwch gweithio rhad. Dros y blynyddoedd diwethaf, mae'r diddordeb cynyddol ynddynt wedi arwain at adfer llawer o'r hen 'nobbies' ac erbyn hyn bydd y Gymdeithas Perchnogion 'Nobbies' yn trefnu regata flynyddol ar Afon Mersi.

## 10.4 'Ystyriwch gaethwasiaeth'[51]

Deanna Groom

Wrth ddelio â masnachwyr Arabaidd i gael aur, pupur ac ifori, darganfu masnachwyr o Bortiwgal fod brodorion arfordir Gorllewin Affrica wrthi eisoes yn gwerthu bodau dynol. Aeth y masnachwyr hynny ati, felly, i allforio pobl oddi yno i'w defnyddio ar eu planhigfeydd siwgr ar ynysoedd yr Asores, yr Ynysoedd Dedwydd a Cape Verde. Yn fuan wedyn, wrth ehangu eu planhigfeydd hwythau yn India'r Gorllewin, sefydlodd y Sbaenwyr a'r Saeson y galw a'r farchnad am gaethweision.

Cyn hir fe sefydlwyd y 'Fasnach Drionglog', sef bod llongau'n hwylio o Ewrop i arfordir gorllewin Affrica ac yna'n cyfnewid nwyddau am bobl. Fel rheol, cymerai'r daith ar draws Môr Iwerydd, yr erchyll 'Middle Passage', o chwech i wyth wythnos gan achosi 'inconceivable pain and agony, arising from the heat and confinement'.[52] Ar ôl iddynt gyrraedd yr Americas, câi'r rhai a oedd wedi goroesi'r daith eu gwerthu a'u rhoi i weithio fel caethweision. Yna, dychwelai'r llongau i Ewrop â'u llond o siwgr, coffi, tybaco, reis ac, yn ddiweddarach, gotwm, a'r cyfan yn gynnyrch llafur caethweision.

Ymhlith y mentrwyr cynnar o Loegr a gymerodd ran yn fasnach honno yr oedd y Capten John Hawkins (1532–95) a'i gefnder Francis Drake (tua 1540–96). Defnyddient long o'r enw *Jesus of Lubeck* a oedd yn eiddo i Elizabeth I. Gan mlynedd yn ddiweddarach, sefydlwyd cwmni cyd-ddaliannol The Royal Adventurers of England Trading into Africa a chanddo'r hawl lwyr i anfon caethweision ar longau rhwng Lloegr ac Affrica. Ym 1694, wedi i'r cwmni ddechrau darparu trwyddedau i fentrwyr annibynnol, gwelwyd cystadlu ffyrnig rhwng porthladdoedd Bryste, Llundain a Lerpwl i sicrhau eu goruchafiaeth. Bryste oedd y prif borthladd i gaethweision am y rhan fwyaf o hanner cyntaf y ddeunawfed ganrif, ond masnachwyr Lerpwl fyddai'n mentro fwyaf yn y pen draw. Erbyn 1750, yr oedd gan Lerpwl ei chwmni ei hun, a 101 o fasnachwyr ac 87 o longau yn perthyn iddo, yn masnachu ag Affrica.[53] Cyfartaledd yr elw a wneid wrth fuddsoddi yn y fasnach honno oedd 8-10 y cant.[54]

Nid syllu o hirbell ar hynny wnaeth Cymru. Yn sicr, bu morwyr o Gymru'n rhan o'r fasnach, ac yn nyddlyfr y Capten Phillips ceir disgrifiad byw o daith ym 1694 i gludo caethweision. Yn Cape Coast yng Ngorllewin Affrica dadlwythodd ei long *Hannibal* 'cottons, carpets,

lead and tallow' a llwytho india-corn 'about four bushels for every negro'. Yn Whydah (Benin heddiw), cyfnewidiwyd y caethweision am gregyn Mair a basnau pres, ymhlith nwyddau eraill. Cafodd y caethweision y dewiswyd eu prynu eu harchwilio gan feddyg 'to see they were sound [in] wind and limb, making them jump, [and] stretch out their arms', ac yna'u marcio â haearn poeth â'r llythyren ac enw'r llong arni, 'the place being anointed with a little palm oil, which caused but little pain'. Yn ystod y 'Middle Passage', 'about 12 negros did wilfully drown themselves, and others starv'd themselves to death; for 'tis their belief that when they die they return home'. Yn ystod naw wythnos y daith, collwyd bron hanner y caethweision i'r 'white flux' (dysenteri, mae'n debyg) ond serch hynny daeth y llong â 327 o oroeswyr i Fae Carlisle yn Barbados a'u gwerthu yno am £19 yr un, ar gyfartaledd, cyn iddi ddychwelyd i Lundain â llwyth o siwgr crai, cotwm a sinsir.[55]

Elwodd sawl teulu masnachol amlwg o Gymru o'u buddsoddiadau yn y teithiau hynny neu o'u perchnogaeth o blanhigfeydd o gaethweision. Bu Adam Dolmage, gŵr o Aberhonddu'n wreiddiol ac yn ddiweddarach o Kingston yn Jamaica, yn ymwneud â'r caethweision a weithiai ar Blanhigfa Hopewell yn St Andrew (Jamaica) ym 1814. Mae enwau planhigfeydd eraill yn y Caribî, fel 'Llandovery' a 'Cardiff Hall', yn awgrymu cysylltiadau â pherchnogion o Gymru. Yn wir, gwnaeth teulu Pennant gymaint o elw nes iddynt allu codi Castell y Penrhyn ger Bangor ac yna ennill ffortiwn enfawr arall drwy fuddsoddi mewn tir ac yn niwydiant llechi'r gogledd.

*Ffigur 10.20 Yng Ngorllewin Affrica defnyddid manillas (breichledi) o gopr neu efydd yn ffurf ar arian parod. Mae'r enghreifftiau hyn, a ddaeth o longddryliad oddi ar lannau Môn, yn awgrymu presenoldeb caethweision o Orllewin Affrica.*

Ffigur 10.21 Llun o wrthryfel ar long a gludai gaethweision. Daw o lyfr grymus yr ymgyrchydd gwrth-gaethwasiaeth William Fox ar y driniaeth annynol a gâi caethweision, A Brief History of the Wesleyan Missions on the Western Coast of Africa (1851).

Ffigur 10.22 Am ugain mlynedd hyd at 1807 rhoddai'r Gymdeithas er Atal Diddymu Masnach Caethweision Affrica fedalau, ac oddi ar hynny mae'r caethwas ar ei bengliniau mewn cadwyni wedi datblygu'n eicon i fudiadau gwrth-gaethwasiaeth ledled y byd.

Mae'r llongau a gollwyd hefyd yn lled-awgrymu ymwneud Cymru â'r fasnach mewn caethweision (ffigur 10.20). Ym mis Ebrill 1787, cofnododd y *Lloyds List* fod yr *Hope* o Lerpwl 'lost off Bardsey Island [with] a Parcel of blue Velverets [defnydd] in Casks, Manchester Cheques and Wheel-barrows'.[56] Defnydd ac arno batrwm o linellau croes oedd 'Manchester Cheques', ac yr oedd yn un o'r nwyddau masnachol a gyfnewidid am gaethweision o Affrica. Rhai o'r llongau eraill o Lerpwl a gollwyd yn ystod chwarter olaf y ddeunawfed ganrif oedd y *Mersey* ar 27 Hydref 1797 ger Biwmares, y *Nancy* yng Nghaergybi ar 20 Chwefror 1770, a'r *Tarleton* a aeth i drybini oddi ar Benmaendewi ar 25 Rhagfyr 1788.[57] Yr oedd John Tarleton (1718–73), y cafodd y llong ei henwi ar ei ôl mae'n debyg, yn ŵr blaenllaw yn y fasnach ag Affrica ac India'r Gorllewin, ac fe'i gwnaed yn Faer Lerpwl ym 1764.

Mwy niferus byth oedd y llongau a gollwyd wrth ddychwelyd i Fryste a Lerpwl â nwyddau o Affrica neu o'r planhigfeydd yn St Kitts, St Lucia, Martinique, Dominica a Virginia. Un o'r rhai a ddogfennwyd orau yw'r llong *Indian Prince* o Fryste. Fe'i hadeiladwyd yn New England a phwysai 90 tunnell. Gadawodd hi Fryste ar 26 Gorffennaf 1745 a mynd i Bonny yn Nigeria cyn hwylio i Kingston yn Jamaica a gwerthu 27 o gaethweision yno cyn dychwelyd i Fryste ar 9 Mai 1747. Ar 10 Medi fe hwyliodd o Fryste ac ar 4 Gorffennaf 1748 fe werthwyd 269 o gaethweision o Calabar oddi arni yn Kingston. Ar ei thaith olaf, gadawodd Fryste ar 23 Gorffennaf 1751 i fynd i Affrica a St Kitts ond wrth ddychwelyd i Fryste fe darodd hi fanciau tywod yr As ar 30 Ebrill 1752. Yn ôl y gwarantau a cyhoeddwyd gan Syr Edmund Thomas, ynad heddwch, a'r dogfennau ynglŷn â'r achos ynghylch lladrad mawr yn y Sesiwn Fawr yng Nghaerdydd yn Awst 1752: '3 or 4000 of the inhabitants there and thereabouts came with... saws and other tools and in a violent and inhuman manner boarded the ship and forcibly took thereoff so much of the cargo as they could come at consisting mostly of elephant's teeth, cotton, and ebony, with some liquors'.[58]

Serch y perygl o longddryliad, o wrthryfel gan y caethweision ar y llong (ffigur 10.21) ac o farw o ryw glefyd, cyfartaledd yr elw ar un o'r teithiau blwyddyn hynny oedd 10% – elw da iawn ar y buddsoddiad. Daeth Prydain â masnach gaethweision Môr Iwerydd i ben yn swyddogol ym 1807 (ffigur 10.22) ac ym 1838 gwaharddwyd bod yn berchen ar gaethweision ledled trefedigaethau Prydain. Erbyn hynny, yn ôl yr amcangyfrif, yr oedd llongau Prydain wedi cludo saith miliwn o gaethweision o Affrica ar draws Môr Iwerydd.[59]

# 10.5 Llongddrylliad y 'Bronze Bell'

### Sian Rees

Bu cynnydd aruthrol yn y galw ym Mhrydain am garreg o safon i godi adeiladau nodedig fel eglwysi cadeiriol fel St Paul's a phlastai crand y boneddigion rhwng 1750 a dechrau'r bedwaredd ganrif ar bymtheg. Am fod marmor Carrara o Dwsgani'n cael ei werthfawrogi'n arbennig, câi ei fewnforio ar longau masnach ac, yn anochel, fe ddigwyddai ambell drasiedi. Ym 1978 daeth deifwyr a oedd yn gweithio ger creigres dywodlyd a thwyllodrus Sarn Badrig ym Mae Ceredigion – sarn 13 milltir o hyd ac na siartwyd mohoni tan 1740 – o hyd i longddrylliad. Ynddo yr oedd llwyth o ryw 43 o flociau o farmor Carrara a'r rheiny'n pwyso rhyw 66 o dunelli ac wedi'u stacio, i bob golwg, yn eu safle gwreiddiol (ffigur 10.23). Amrywiai'r marmor gryn dipyn o ran maint, o giwbiau bach 0.80 metr i flociau 2.8 metr wrth 1 wrth 0.8. Yr oedd gan y llong arfau helaeth – trefn ddigon cyffredin wrth amddiffyn llwythi gwerthfawr – a hwnt ac yma ar y llong cafwyd hyd i 18 prif fagnelfa, 8 gwn llai-o-faint o haearn bwrw a 10 gwn o haearn gyr (ffigurau 10.24 a 10.25). Yn eu plith yr oedd amryw o angorau. Awgrymai'r ffaith fod adfach un wedi torri iddo ddal ar wely dyrchafedig y môr i'r de i'r greigres wrth i'r capten geisio rhedeg y llong at y lan mewn storm. Efallai i'r llong gael ei dal yn ôl am eiliad ac yna gael ei gorfodi i wyro oddi ar ei chwrs wrth i'r adfach dorri. Parodd hynny iddi daro'r tir ac, ymhen hir a hwyr, iddi chwalu.[60]

Daliwyd i gloddio'r llongddrylliad tan 1996 ac fe gafwyd amrywiaeth mawr o arteffactau i roi cipolwg ar fywyd ar y llong (gweler tudalen 246). Yn eu plith yr oedd cloch bres ac arni'r dyddiad 1677 a'r geiriau *Laudate dominus omnes gente* ('Moled pawb yr Arglwydd'). Cafwyd hyd iddi yn ystod un o'r plymiadau cyntaf, a dyna sut y rhoddwyd enw anffurfiol i'r llongddrylliad (ffigur 10.26). Er bod adeiladwaith coed y llong wedi treulio'n llwyr, mae'n bosibl y gall elfennau ohono oroesi o dan y llwyth. Ond gan fod y sgwrio naturiol o danynt wedi gadael y blociau marmor ar ben brigiadau creigiog, go brin y bydd unrhyw nodweddion wedi'u diogelu'n ddigon da i ganiatáu adlunio cydlynol. Ni ellir dweud fawr o ddim yn bendant ond nad oedd y llong, mae'n debyg, yn fawr iawn. Gwyddom i longau masnach canolig eu maint o'r oes honno gludo llwythi o 75 tunnell o farmor. Ni allwn fod yn sicr i ba genedl y perthynai'r llong a'i chriw gan ei bod yn hysbys i longau o'r Iseldiroedd, Ffrainc a Lloegr ymwneud â'r fasnach honno. Er ei bod hi'n sicr mai o'r Eidal y daethai'r llwyth, plât wedi'i stampio yn Lyon yn Ffrainc ym 1700 oedd un o'r gwrthrychau piwter y cafwyd hyd iddynt ar y llongddrylliad. Mae'r arfau arni'n cydymffurfio â'r arddull Ffrengig ac o Ffrainc y daeth y mwyafrif o'r darnau arian o'r ail ganrif ar bymtheg y cafwyd hyd iddynt o bryd i'w gilydd ar y traeth gerllaw. Awgryma'r cyfan i'r 'Bronze Bell' fod yn llong fasnach o Ffrainc a oedd wedi galw yn Genoa neu Leghorn (Livorno) wrth deithio o ogledd yr Eidal i Brydain ond i storm ei chwythu dipyn oddi ar ei chwrs ac iddi gael ei dryllio. Gan mai 1702 yw'r dyddiad ar y darn arian diweddaraf a gafwyd o'r llongddrylliad, gellir cynnig iddi suddo wedi hynny.

Mae llongau masnach bob amser wedi bod yn fwy niferus na llongau rhyfel, ond gan fod cynifer ohonynt a'u bod mor amrywiol, cafwyd llai o sylwadau arnynt gan bobl ar y pryd. Y duedd yw i'n gwybodaeth am olwg a hirhoedledd y llongau hynny fod yn brin ac efallai i'r 'Bronze Bell' fod yn debyg i'r cychod bas (*fly boats*) y gwyddom iddynt gludo llwythi o farmor. Datblygiad o'r 'flute' (*fluit*) o'r Iseldiroedd oeddent ac yn llongau tri hwylbren, pedryfwrdd uchel a chul, a starn gron. Gan fod môr-ladron a herwlongwyr yn bla, adeiladwyd dec gynnau ar y llongau masnach hynny a'u gwneud hwy, o ran eu golwg, yn debyg iawn i longau rhyfel yr oes.[61]

*Ffigur 10.23 Gorwedd yng nghanol y llong, fel y gwnaent i raddau helaeth pan suddodd y llong dros 300 mlynedd yn ôl, wna rhyw 66 o dunelli o flociau marmor o wahanol faintioli. Pan gipiodd llynges Prydain long debyg o Ffrainc ym 1689, yr oedd hi'n cludo 75 tunnell o farmor Carara, gwerth £1,014.*

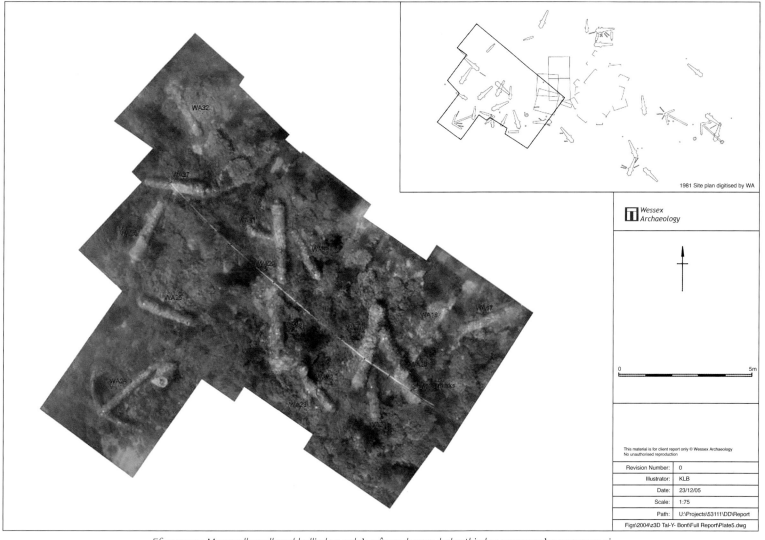

1981 Site plan digitised by WA

**Wessex Archaeology**

This material is for client report only © Wessex Archaeology
No unauthorised reproduction

| Revision Number: | 0 |
| Illustrator: | KLB |
| Date: | 23/12/05 |
| Scale: | 1:75 |
| Path: | U:\Projects\53111\DD\Report |

Figs\2004\z3D Tal-Y- Bont\Full Report\Plate5.dwg

Ffigur 10.24 Mae cynllun y llongddrylliad ar wely'r môr yn dangos dosbarthiad yr angorau a'r canonau ar ei fwrdd. Os cludai llongau masnach lwythi gwerthfawr, ceid arfau arnynt i'w hamddiffyn rhag môr-ladron.

Ffigur 10.25 Deifwyr wrthi'n cofnodi'r canonau ar wely'r môr adeg cloddio'r llongddrylliad.

Ffigur 10.26 Yr enw anffurfiol ar y llongddrylliad yw un y 'Bronze Bell' ar ôl y gloch, dyddiedig 1677, y cafwyd hyd iddi wrth gloddio.

# 10.6

# Y llongau wnaeth doi'r byd

### David Gwyn a Deanna Groom

Yn ei anterth yn y bedwaredd ganrif ar bymtheg a dechrau'r ugeinfed ganrif, cyflogai'r diwydiant llechi yng Nghymru 17,000 o bobl mewn amrywiol swyddi a defnyddio fflyd fawr o longau a deithiai mor bell ag Awstralia a'r Americas.[62] Ond y Rhufeiniaid a ddechreuodd y cloddio am lechi yng Nghymru ac yna'u defnyddio i doi caer Rufeinig Segontium (Caernarfon). O'r Oesoedd Canol, sef o safle dynodedig llongddrylliad Pwll Fanogl ar Afon Menai, y daw'r dystiolaeth gynharaf ynghylch cychod a gludai lechi (gweler tudalen 124).[63]

*Ffigur 10.27 Llun ar gerdyn post o sgwneri dau hwylbren a slwpiau un hwylbren wrth y Cei Llechi ar lan Afon Seiont yng Nghaernarfon. Yn y tu blaen, gwelir cwch pysgota bach tebyg i fath y 'Nobby'.*

Ym mlynyddoedd olaf y ddeunawfed ganrif fe gyfunwyd yr amrywiol chwareli bach ac adeiladu'r porthladdoedd pwrpasol cyntaf, fel un Caernarfon, i allforio llechi (ffigur 10.27). Ym 1790 buddsoddodd Barwn cyntaf y Penrhyn (Richard Pennant, 1737-1808) mewn codi cei yn Abercegin (Port Penrhyn) i allforio llechi o'i chwareli. Dangosodd y ffordd ymlaen gan i ddwsin o longau'r mis ddefnyddio'r harbwr cyn pen dim. Ddeugain mlynedd yn ddiweddarach, effaith dileu'r doll ar lechi ym 1831 oedd hwyluso'r ehangu mawr ar y fasnach ac adeiladu rheilffyrdd cul i gysylltu'r chwareli'n uniongyrchol â'r ceiau.

Elfen yn y rhwydwaith o gludiant ar ddŵr oedd y cychod rhwyfo ar yr aberoedd a'r llynnoedd. Un ohonynt oedd y cwch â gwaelod gwastad y cafwyd hyd iddo yn Llyn Padarn (Nantperis) ac arno lwyth o lechi o

*Ffigur 10.28 Tomen o wastraff llechi yn Ninorwig ar lan y llyn yn Llanberis.*

faintioli 'countesses' a 'ladies'. Mae'r cwch bellach i'w weld yn Amgueddfa Lechi Cymru yn Llanberis (gweler tudalen 162). Ymhlith y llongau môr yr oedd fflatiau, slwpiau, llongau â hwyliau sgwâr a sgwneri â brig-hwyliau. Gwelid y fflatiau'n aml ar Afon Conwy ac ym mhorthladdoedd llechi Arfon, a chafwyd hyd i weddillion un ohonynt wrth gloddio twnnel Conwy yn Rhagfyr 1988. Arno yr oedd llwyth o 'narrow ladies' wedi'u stacio, a'r rheiny mae'n debyg o un o chwareli Nanconwy. Yn eu hanfod, llongau'r glannau a'r afonydd oedd y slwpiau ond gallent hwylio ymhellach na hynny. Cludai'r *Unity* o'r Bermo lechi'n rheolaidd o Gaernarfon i Lundain, er enghraifft, ond hwyliai hefyd mor bell â Villaviciosa yn Sbaen ym 1787 a Memel ar y Môr Baltig ym 1793. Er y ceid ar y mwyaf o slwpiau yn y fasnach lechi yn y bedwaredd ganrif ar bymtheg, fe'u disodlwyd maes o law gan longau mwy o faint ac iddynt hwyliau sgwâr (brigiau a 'snows') ac, yn ddiweddarach, gan sgwneri â brig-hwyliau.

Harbwr arall yr ehangwyd llawer arno i wasanaethu'r fasnach gynyddol mewn llechi oedd Porthmadog, ac enillodd fri mawr am adeiladu sgwneri cyflym â brig-hwyliau. Pwysent lai na 200 tunnell a gallai criw o saith neu wyth eu trin.[64] Gweithient yn y fasnach drionglog, sef allforio llechi i borthladdoedd gogledd yr Almaen, fel Hambwrg, cyn hwylio â balast yn unig ynddynt i Cadiz i godi halen. Yna, cludent yr halen ar draws gogledd Môr Iwerydd i Labrador, Newfoundland a Nova Scotia iddo gael ei roi ar benfreision cyn llwytho a chludo'r rheiny draw i wledydd Catholig de Ewrop. Mae'r llu portreadau o sgwneri Porthmadog yn cyrraedd Genoa neu Naples yn dal i dystio'n weledol i'r fasnach honno. Oherwydd

*Ffigurau 10.29 a 10.30 Olion llong o'r fasnach lechi ar Draeth Castellmarch ger Aber-soch. Credir mai hi yw'r* Fossil, *a gollwyd ar 14 Hydref 1902. Yn y llun bach gwelir rhan o lwyth llechi'r llong wedi'i dal ymhlith coed y fframiau.*

eu llu nodweddion gwych, cyfeiriai morwyr at y sgwneri hynny fel y 'Western Ocean Yachts'.

Ar ddechrau'r Rhyfel Byd Cyntaf gwelwyd dirywiad difrifol yn y farchnad lechi. Cipiwyd llawer o'r llongau llechi olaf a'u suddo. Un oedd y *Miss Morris*, sgwner tri hwylbren a adeiladwyd gan David Jones ym Mhorthmadog ym 1896. Fe'i suddwyd gan *U35* ar 11

Ebrill 1917 oddi ar lannau Sbaen. Bu'r dirwasgiad rhwng y ddau ryfel byd ac yna'r Ail Ryfel Byd yn ergydion pellach i'r diwydiant.[65]

Oherwydd arwyddocâd rhyngwladol y fasnach, y bwriad, adeg llunio'r darn hwn, yw sicrhau statws Safle Treftadaeth Byd i'r tirweddau rhyfeddol a grëwyd gan y diwydiant yn y gogledd (ffigur 10.28)[66], ac mae'r llongau a gludai'r llechi'n haeddu cael eu cydnabod am eu rhan yn y gwaith hwnnw. Sgwneri (26) oedd y mwyafrif o'r 60 o longau y cofnodir yng Nghofnod Henebion Cenedlaethol Cymru iddynt gael eu colli wrth gludo llechi, a slwpiau yw'r math mawr nesaf o long (10). Un o'r safleoedd y cafwyd hyd iddynt wrth ddod o hyd i wasgariadau o lechi ar wely'r môr yw un y *Mary Coles*. Fe'i hadeiladwyd yn y Felinheli gan Rees Jones (a'i chwblhau ar 18 Mai 1853), ond yn ddiweddarach fe aeth i drybini bum milltir i'r dwyrain o Drwyn y Balog yng ngogledd Môn.[67] Un arall yw'r *Ffosil*, a ddrylliwyd ar Draeth Castellmarch ger Aber-soch mewn storm ym 1902 (ffigurau 10.29 a 10.30).

## Cychod Llynnoedd Padarn a Pheris

*Mark Redknap*

I symud llechi o Gymru dros ddŵr, yr oedd yn rhaid wrth rwydwaith o ddyfrffyrdd ac amrywiaeth o gychod a llongau – o gychod â rhwyfau a chychod cul a dynnid gan geffylau i longau a hwyliai ar hyd y glannau a thros y môr (ffigur 10.31). Cychod a ddefnyddid ar aberoedd afonydd ac ar Afon Menai. Yn nyfroedd Llyn Padarn cafwyd hyd i weddillion cwch o ddiwedd y ddeunawfed ganrif a suddodd wrth gludo llwyth o lechi o feintiau 'countess' (20 modfedd wrth 10) a 'lady' (16 modfedd wrth 9).[68] Wrth wneud arolwg tanddwr ar gyfer y Bwrdd Canolog Cynhyrchu Trydan (y CEGB) tua diwedd 1977 y cafodd deifwyr hyd i'r cwch a'i lwyth 8-10 metr o dan y dŵr, ac yn ddiweddarach gwnaed arolwg manwl o'r safle. Ym mis Ionawr 1978 codwyd y llwyth o 1.85 tunnell o lechi (cyfanswm o 1,354 o deils) ynghyd â chorff pren y cwch.[69] Gwnaed gwaith cadwraeth ar y cwch ac mae i'w weld yn Amgueddfa Lechi Cymru yn Llanberis.[70]

Mae cwch Llyn Padarn (ffigur 10.32) yn 6.03m (20 tr) o hyd ac yn 2.16m (7 tr) ar ei letaf. Adeiladwyd gwaelod y corff yn null y carafel a cheir planciau cyfwyneb ynddo, ond adeiladwyd ei ochrau o estyll sy'n gorgyffwrdd yn y dull estyllog. Mae'n bosibl bod hynny'n amlygu dylanwad cynllun sgiffiau deuben ac 'yoles' arfordir y gorllewin hyd at yr Alban ac Ynys Manaw, a'r dulliau adeiladu a ddefnyddid mewn porthladdoedd fel Caernarfon. Mae archifau'n dangos i bartneriaeth chwarel Dinorwig drefnu i gychod gael eu hadeiladu ym 1788–89 fel bod modd rhwyfo llwythi o lechi o Gei Llydan draw i Gwm-y-glo, ac fe gymerwyd bod y cwch yn un ohonynt.[71] Mae'r cynllun o waelod gwastad heb gêl yn union yr un fath o ran ei batrwm a'i adeiladwaith â 'bateaux' trefedigaethol o Lake George yn Efrog Newydd – cychod gweithio cadarn y gellid eu hadeiladu'n gyflym. Mae'r dull hwnnw o adeiladu i'w weld ledled Ewrop a defnyddid 'bateaux' gan drapwyr, coedwigwyr ac eraill ar lynnoedd ac afonydd Gogledd America yn y ddeunawfed ganrif a'r ganrif ddilynol.[72]

Wrth wneud gwaith peirianneg sifil mewn cysylltiad â Chynllun Pwmpio a Storio y CEGB yn Ninorwig ym 1979, cafwyd hyd i gwch bach arall o faint tebyg ond o adeiladwaith a siâp corff gwahanol ger gwely Llyn Peris, y llyn i'r de o Lyn Padarn ger Llanberis (ffigur 10.33).[73] Yr oedd yn 6.32m (20tr 6 mod) o hyd a chanddo gêl syth, postyn blaen a starnbost syth, a lle i chwe rhwyf. Cawsai ei adeiladu o estyll derw a oedd wedi'u hollti'n rheiddiol ac wedi'u cysylltu â rhwyau a rhybedion haearn, a'r fframiau wedi'u cysylltu wrth yr estyll â hoelion coed. Mae'n perthyn i draddodiad o adeiladu cychod a oedd yn gyffredin yng ngogledd Ewrop ac ym Mhrydain yn yr Oesoedd Canol. Enghraifft o'r traddodiad yw'r

*Ffigur 10.31* Llanberis Lake from the foot of Cwm Glo *gan Nicholas Pocock (1740–1821). Llun dyfrlliw o lwytho llechi i gychod.*

llong o'r drydedd ganrif ar ddeg o Abergwaitha (gweler tudalen 120). Yn 2002 defnyddiwyd dendrocronoleg i ddyddio coed y cwch, a gwelwyd i'r coed gael eu cwympo rhwng OC 1547 a 1549.[74] Yr oedd cwch Llyn Peris yn ysgafn a chryf ac yn ddelfrydol ar gyfer cludo pobl ar draws llynnoedd ac afonydd. Yn aml, gwaith seiri lleol i ateb anghenion lleol oedd y cychod, ac efallai i'r cwch o Oes y Tuduriaid yn Llyn Peris fod yn fersiwn lleol o'r *jollyvatt* â phedair rhwyf a'r *cockebote* â deuddeg rhwyf a welir yn rhestri'r Llynges yn y 1480au–1550au. I bob golwg, mae iddo'r un postyn blaen a starnbost crwn â'r cychod mwy o faint a

ddarluniwyd yn yr Anthony Roll, cofnod a luniwyd ym 1540 o longau Llynges Duduraidd Lloegr.[75]

Yr oedd gwaith y cychod bach yn bwysig i'r cymunedau, ac mae un o'r gweithredwyr wedi tyfu'n rhan o lên gwerin Llanberis. Dynes nodedig oedd Margaret ferch Ifan, a fu farw ym 1780 yn 90 oed. Yn ôl rhai, hi oedd 'Brenhines y Llynnoedd' ac fe redai fusnes fferi a gludai deithwyr a mwyn copr ar draws Llynnoedd Padarn a Pheris. Yr oedd hi, meddir, yn rhyfeddol o gryf, yn pedoli ei cheffylau ei hun, yn adeiladu ei chychod ei hun, yn adeiladu ac yn canu ei thelynau ei hun, yn cadw haid o gŵn hela ac yn codi ofn ar y dynion a'r bechgyn lleol![76]

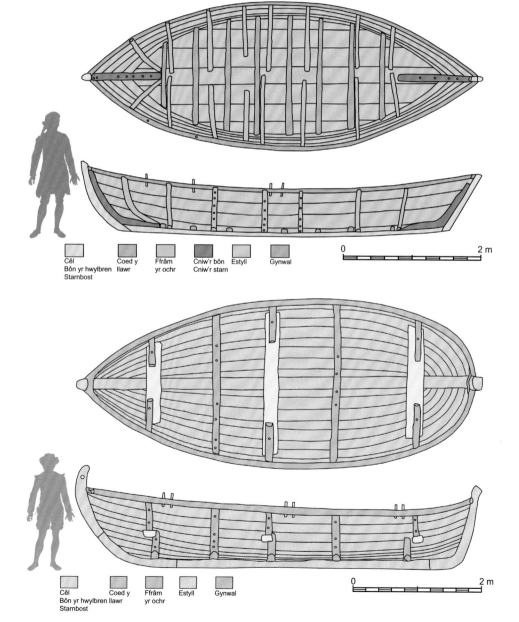

Ffigur 10.32 Cynllun a golwg-o'r-ochr o gwch Llyn Padarn gan ddangos ei brif elfennau (fe'i haildynnwyd o Illsley a Roberts, 1980).

| | | | | | |
|---|---|---|---|---|---|
| Cêl Bôn yr hwylbren Starnbost | Coed y llawr | Ffrâm yr ochr | Cniw'r bôn Cniw'r starn | Estyll | Gynwal |

0       2 m

Ffigur 10.33 Cynllun a golwg-o'r-ochr o gwch Llyn Peris gan ddangos ei brif gydrannau (fe'i haildynnwyd o McElvogue, 2000).

| | | | | |
|---|---|---|---|---|
| Cêl Bôn yr hwylbren Starnbost | Coed y llawr | Ffrâm yr ochr | Estyll | Gynwal |

0       2 m

# 10.7

# Masnach galch Sir Benfro

Deanna Groom

Wrthi'n mwynhau ymddeoliad tawel yn chwarel West Williamston yn Sir Benfro y mae pedwar cwch a arferai fod yn rhan o system drawiadol a chwbl integredig o gludiant dŵr i'r fasnach galch leol (ffigur 10.34). Rhoddwyd y cychod i orffwys wrth galon cyfres o gamlesi sy'n arwain o Afon Cresswell i mewn i galon y cwar (ffigur 10.35). Nod y camlesi, neu'r 'docks' fel y'u gelwid, oedd dod â chludiant dŵr mor agos â phosibl at wyneb y gwaith.[77] Maent yn ein hatgoffa ni'n barhaol o'r fflyd fach o gychod, ac un neu ddau o slwpiau'r arfordir, a arferai gael eu defnyddio gan bob cwar yn y rhan hon o Aberdaugleddau.

Prif ddiben defnyddio carreg galch oedd gwella'r caeau. Fe'i llosgid mewn odynau i ffurfio calsiwm hydrocsid (calch tawdd) ac, o'i gymysgu â dŵr,

gweithredai fel alcali cymedrol o gryf i wrthweithio'r asid yn y pridd ac, felly, i gynyddu maint y cnydau. Mantais fawr i fasnach galch Sir Benfro oedd bod ffynonellau'r calch mor agos at y gwythiennau glo (fel yn Landshipping).[78] Cyn hir, crëwyd rhyngddibyniaeth gymhleth rhwng gweithwyr y cwarrau, y glowyr, y morwyr, y llosgwyr calch, y ffermwyr a'r masnachwyr gwenith, i gyd oherwydd yr arfer o 'galchu' caeau. Nid yn unig y cododd ffermwyr odynau os oedd ganddynt dir ger y glannau, ond fe ddechreuon nhw brynu cyfranddaliadau yn y cychod a'r llongau a gludai'r llwythi.[79]

Bu dyfroedd cysgodol Aberdaugleddau'n fodd i'r cychod weithio o ganol Ionawr tan ganol Hydref, a'r adeg orau i wneud y teithiau mwy peryglus ar hyd y

*Ffigur 10.34 Hwlc y Boy Harry a adawyd i bydru yng nghamlesi cwar West Williamston.*

*Ffigur 10.35 Mae prydlesi cwarrau West Williamston yn awgrymu mai yn ystod chwarter cyntaf y bedwaredd ganrif ar bymtheg y dechreuwyd cloddio'r rhwydwaith o gamlesi ar raddfa fawr a welir yma.*

glannau agored i Aberaeron, Aberystwyth, Aberteifi, Ceinewydd, Abergwaun a thu hwnt oedd rhwng Mehefin ac Awst.[80] Dyna hefyd y misoedd mwyaf priodol ar gyfer gwasgaru calch ar y tir. Mae llyfr cyfrifon 1787–1800 Henry Leach o Loveton yn cadarnhau'r patrwm hwnnw drwy nodi i lwythi o garreg galch a chwlm (darnau mân o lo carreg neu ddefnydd gwastraff o sgrinio glo) gyrraedd ym mis Chwefror ac eto ym mis Gorffennaf/Awst. Amrywiai pris y llwythi o garreg galch o swllt a chwecheiniog i driswllt a chwe cheiniog a phris y cwlm o bumswllt i ddwybunt a chweugain.[81]

Yn gynnar yn y bedwaredd ganrif ar bymtheg, cludid carreg galch yn bennaf mewn slwpiau a 'smacks'. 'Smacks' oedd y math o gwch a enwir amlaf ymhlith y rhai a gollwyd wrth iddynt gludo carreg galch neu gwlm (19 o'r 66 o gofnodion yng Nghofnod Henebion Cenedlaethol Cymru). Defnyddiwyd mwy ar sgwneri tua chanol a diwedd y ganrif (18 o blith 66), ond ceid hefyd fadlongau, 'dandys' ac iolau (*yawls*).

Deuai fflyd West Williamston â charreg galch i'r llu odynau yn yr aber. Gallai ambell lwyth gynnwys blociau mawr o garreg galch i iard Ddociau Doc Penfro neu Gwmni Dociau Aberdaugleddau (a gallai'r criwiau ddod adref o Aberdaugleddau â chasgenni o benwaig i'w gwerthu yn y tafarndai lleol). Câi blociau heb eu naddu

hefyd eu cyflenwi i'r seiri meini i'w troi'n gonglfeini, yn feini clo, yn ymylfeini neu'n feini coffa. Cludai'r fflyd hefyd lwythi o gerrig mân (llai na 2 fodfedd, a elwid yn 'shoddies') ar gyfer gwneud ffyrdd. Byddai'n rhaid defnyddio rhofiau llaw i ddadlwytho 30 tunnell a rhagor i gasgen, a phan fyddai honno'n llawn, byddai dau ddyn yn ei winsio i fyny ac yn arllwys ei chynnwys i geirt i'w yrru ymaith. Cludid hefyd dywod a graean fel y rhai a ddefnyddiwyd wrth godi Ysbyty Hwlffordd tua diwedd y 1850au. Deuid â'r defnyddiau hynny o Dale a Sandyhaven ar un llanw a'u dadlwytho cyn i'r cwch ddychwelyd ar y llanw nesaf.

Er i amryw o ffactorau fod yn gyfrifol am ddirywiad y fasnach galch, y prif achos oedd dyfodiad mwy a mwy o wrteithiau artiffisial, fel uwchffosffadau o galch a giwano o Beriw. Gan eu bod i'w cael yn hwylus mewn bagiau ac yn cael eu cludo ar drenau, yr oeddent i raddau helaeth wedi disodli'r 'calchu' traddodiadol erbyn diwedd y bedwaredd ganrif ar bymtheg. Ac er i beiriannau gael eu gosod ynddynt i estyn oes weithio fflyd West Williamston yn ystod y 1920au, yr oedd ymddeoliad y cychod yn anochel. Mae'n debyg i'r slwpiau a'r cychod gael eu gyrru â pholyn, neu eu tynnu, i system y camlesi am y tro olaf rywbryd tua diwedd y 1930au i orffen eu dyddiau ynghanol tawelwch llethol yr hen gwar.

## Odynau calch yr arfordir
*C Stephen Briggs*

O ganol y ddeunawfed ganrif tan tua 1900 câi gofynion byd amaeth a byd adeiladu ar hyd glannau Sir Aberteifi, gogledd Sir Benfro a Sir Feirionnydd eu diwallu gan y fasnach lewyrchus a gludai garreg galch iddynt o'r brigiadau ohoni yn y de a'r gogledd (ffigur 10.36).[82] Hwnt ac yma ar hyd arfordiroedd y gorllewin a'r de-orllewin hyd heddiw gwelir olion yr odynau calch a losgai'r garreg i'w throi'n galch.[83]

Mae union darddiad amseryddol y fasnach honno'n dal yn ansicr. Yn yr Oesoedd Canol y brif elfen mewn morter oedd calch fflŵr ond er, efallai, i ran fach o'r garreg fod wedi'i chasglu am i rywrai fanteisio ar eu cyfle, bu'n rhaid cludo'r rhan fwyaf ohoni dipyn o ffordd mewn cwch neu long.[84] Dyna sut y datblygodd y fasnach gludo a fu wrthi'n allforio'r garreg o chwareli'r gogledd-ddwyrain,

Môn a chwarrau siroedd Penfro a Morgannwg. Er i'r Rhufeiniaid sylweddoli ei bod hi'n llesol ychwanegu calch at gaeau ffermydd mewn ardaloedd di-galch, mae'n debyg na wnaeth yr arfer o galchu priddoedd yn Sir Aberteifi ddatblygu tan yr unfed ganrif ar bymtheg a'r ganrif ddilynol.[85]

Dechreuwyd codi odynau calch ar hyd y glannau ganol y ddeunawfed ganrif. O'r rhyw 130 o odynau a godwyd wedi hynny ar arfordir y gorllewin a'r de-orllewin, codwyd mwy na'u hanner rhwng Hwlffordd ac Aberystwyth.[86] Codid grwpiau o hyd at hanner dwsin ohonynt gan ddilyn patrymau safonol fel arfer (ffigurau 10.37, 10.38 a 10.39).[87] Dirywio'n ddim wnaeth y defnyddio ar odynau calch y glannau rhwng canol y 1860au a'r Rhyfel Byd Cyntaf, ond gan fod adeiladwaith yr odynau'n gadarn a bod gofyn eu cynnal a'u cadw'n ofalus, mae llawer ohonynt wedi goroesi'n gymharol gyfan serch mai o gofnodion archifol neu archaeolegol yn unig y gwyddom am ambell un. Mae angen gwneud gwaith cadwraeth ar y mwyafrif o'r rhai sydd wedi goroesi.[88]

Un o'r grwpiau o odynau yn y cyflwr gorau yw hwnnw a godwyd, mae'n debyg, tua diwedd y ddeunawfed ganrif yng Nghraig-las, Aberstrincell, Llanrhystud, Ceredigion,[89] lle mae pedwar o'r chwe odyn wreiddiol yn goroesi ar frig craig o glai clogfaen (ffigur 10.40). Wrth anheddiad bach ar y glannau di-harbwr y câi'r llwythi eu dadlwytho ac

*Ffigur 10.36 Ar y traeth yn Hafan Lydstep ger Dinbych-y-pysgod, llwythir carreg galch – i'w chludo i ogledd Dyfnaint, mae'n debyg – i'r* Express of Barnstable *(fe'i hadeiladwyd yn Appledore ar lannau Dyfnaint ym 1792 a'i datgymalu ym 1901).*

*Ffigur 10.37 Yn ystod y ddeunawfed ganrif deuai llongau'r fasnach cwlm a chalch i gilfach Solfach. Ar y chwith yn y llun dyfrlliw hwn, dyddiedig 10 Gorffennaf 1795, gwelir yr odynau calch.*

*Ffigurau 10.38 a 10.39 Ffotograffau o odynau calch Solfach ym 1930 pan oeddent yn segur (chwith) ac ar ôl eu hatgyfnerthu a'u hatgyweirio yn 2004.*

*Ffigur 10.40 Safle'r odyn yng Nghraig-las, Aberstrincell, Llanrhystud, Ceredigion. Mae'r iard lo sgwâr yn amlwg ar y brig ar y dde, a'r darn tir yr aflonyddwyd arno i'r chwith o'r adeiladweithiau sydd ar eu traed oedd safle un neu ragor o'r odynau cynnar a ddymchwelwyd.*

fe'u cludid yn gyflym ar hyd trac i'r odynau. Yn ystod stormydd Ionawr 2014 datguddiwyd trac arall, 1.5 cilometr o hyd, islaw cerrig mân y traeth tua'r gogledd, yr un a gysylltai'r safle â Llanrhystud yn wreiddiol.[90] Ym mynwent Llansanffraid (Llan-non) mae cerrig beddi David Morgan (1814–82) a'i deulu o Alltlwyd, sydd gerllaw. Y warden dyfal hwnnw ar yr eglwys oedd yr olaf i redeg menter yr odynau.[91]

Er bod mapiau 25-modfedd yr Arolwg Ordnans o 1888 a 1905 yn darlunio nodweddion a elwir yn 'groynes' ar y traeth islaw'r odynau, mae astudio ffotograffau rhwng 1995 a 2015 wedi dangos mai rhannau isaf dau lwybr cerdded dyrchafedig o goed oeddent. Fe'u codwyd, mae'n amlwg, er mwyn gallu cludo'r garreg galch i'r odynau gwancus.[92] Deuai'r adeiladweithiau dinoethedig hynny i ben wrth lwyfannau neu lanfeydd y tu hwnt i'r traeth.[93] Codwyd yr un mwyaf gogleddol dros y traeth. Mae'r un gorllewinol yn cyrraedd man lle gellid, mae'n

debyg, dderbyn nwyddau pan fyddai'r môr yn arw, neu eu codi o gychod â drafftiau dyfnach. Plannwyd y coed gwaelodol mewn pentwr o glogfeini ac maent yn ymyl lagŵn sydd â chreigiau o'i amgylch, sef harbwr o ryw fath.[94] Gellir dal i weld yr adeiladwaith drwy chwilio am y coed noeth a bregus sydd rhwng yr odynau a'r môr.

Erbyn heddiw, daw'r môr yn nes ac yn nes at yr odynnau wrth iddo ymosod ar y clogwyni'n ddi-baid. A barnu wrth dystiolaeth y mapiau oddi ar 1850, mae'r erydu fel petai'n digwydd ar gyfradd gyson o 5-10 metr bob 100 mlynedd.[95] Mae dyfodol yr odynau'n codi tri chwestiwn digon cyfarwydd.[96] Yn gyntaf, pwy ddylai eu cynnal neu eu dehongli? Yn ail, a oes, gerllaw, nodweddion digon cyfarwydd ac anweledig na chafwyd hyd iddynt eto ac y mae angen eu cofnodi, eu diogelu neu wneud gwaith cadwraeth arnynt? Ac yn olaf, sut mae gwarchod eu safle'n llwyddiannus wrth i'r môr erydu'r glannau?[97]

## 10.8 Perchnogion llongau a chyfranddalwyr lleol

Deanna Groom

Y fasnach gopr o Amlwch a helpodd i sefydlu un o'r teuluoedd cynharaf yng Nghymru i redeg cwmnïau llongau. Daeth teulu Treweek, asiantau Cwmni Mwynglawdd Mynydd Parys, yn adeiladwyr ac yn berchnogion llongau o fri (ffigur 10.41), a rhwng 1845 a 1855 bu gan Nicholas Treweek (1804–77) fudd ariannol mewn 48 o longau: tair llong â rigin llawn, saith barc, chwe brig, pum brigantîn, dau 'snow', naw slŵp, tri 'smack', rhwyflong (*galliot*), a deuddeg sgwner. Collwyd dwy sgwner, y *Kendal Castle* a'r *Agnes*, yn nhymestl y *Royal Charter* ym 1859 (gweler tudalen 244).[98] Yna, ymgymerodd William Thomas (1822–1893) â gwaith adeiladu llongau Treweek. Yn ogystal â chadw'i berchnogaeth ar lawer o'r llongau yr oedd wedi'u hadeiladu, ychwanegodd at ei fflyd i wasanaethu'r fasnach mwyn haearn i aber Afon Duddon yn Cumbria.

Erbyn diwedd y bedwaredd ganrif ar bymtheg, yr oedd gan bron pob cymuned ar hyd glannau Cymru fflyd o longau hwylio bach. Yr oeddent gan mwya'n eiddo i feistr y llong a byddai hwnnw'n hyfforddi aelodau ifancach ei deulu. Fel y cofnodir yng nghofrestri llongau porthladdoedd Cymru, newidiwyd y patrwm yn raddol, yn enwedig yn y gorllewin lle mae'r rhaniad traddodiadol o 64 o gyfranddaliadau yn dangos i fwy o bobl leol fod yn berchen ar niferoedd llai o'r cyfranddaliadau hynny.

Gan fod angen i fân fasnachwyr a siopwyr fewnforio nwyddau i'w gwerthu, aethant ati i brynu cyfranddaliadau. Yn aml, byddai ffermwyr yn berchen ar amryw o gyfranddaliadau mewn llongau lleol am fod mantais iddynt fod yn berchen ar ffyrdd o gludo gwrteithiau (calch) i drin eu tir ac allforio cynnyrch eu ffermydd. Ymunai clerigwyr hefyd â hwy. Mae'n debyg i'r Parchg John Parry Jones-Parry, Edern, fod yn brif gyfranddaliwr ac yn glerc i sawl llong a gofrestrwyd ym Mhwllheli, fel y *Leeba*, y *Thomas* a'r *Martha*.[99] Nid peth anghyffredin oedd i weddwon a menywod di-briod ddal cyfranddaliadau, neu hyd yn oed i gyfranddaliadau gael eu dal mewn ymddiriedaeth ar gyfer plant ifanc. Mae'r cyfuniadau o berchnogaeth hefyd yn amlygu ymwneud teuluoedd estynedig â'r maes. Yn aml, ceid un o gyfranddalwyr y teulu yn un o'r porthladdoedd mawr fel Llundain, Caerdydd neu Gasnewydd yn ddolen gyswllt wrth ddosbarthu'r llwythi i'r porthladdoedd yr arferai'r llong alw heibio iddynt.

Ergyd farwol i lawer o'r berchnogaeth gymunedol honno fu dyfodiad y llong ager. Wrth i faint y llongau gynyddu, denodd y porthladdoedd mawr berchnogion llongau a morwyr. Am gyfnod, bu rhai perchnogion o'r gorllewin a'r gogledd yn prynu llongau mwy o Ogledd America i geisio cystadlu, ond fu'r cwmnïau hynny fawr o dro cyn penodi asiantau amser-llawn yng Nghaerdydd, Abertawe a Lerpwl yn gyfranddalwyr cyn i'r cwmnïau symud, yn anochel, i'r porthladdoedd. Un cwmni o'r gogledd a symudodd yn llwyddiannus o'r Gymru wledig i Lerpwl oedd un Robert Thomas (1879–1917) o Gricieth, gŵr a fu'n berchen ar 33 o longau rhwng 1878 a 1907.[100]

Cwmni o'r gogledd a ddaliodd yn dynn yn ei wreiddiau yn aber Afon Dyfrdwy oedd un John Coppack a'i Feibion. Gwelir yr enw Coppack yn dechrau ymddangos yn eithaf rheolaidd yng Nghofrestr Llongau Caer o'r 1860au ymlaen, a thros 147 o flynyddoedd ei oes, a phedair cenhedlaeth, bu'r cwmni'n berchen ar amrywiaeth enfawr o longau hwylio, llongau ager a llongau modur neu'n eu rheoli ar ran pobl eraill (ffigur 10.43). Un o golledion Coppack yn nyfroedd Cymru oedd y *Dora*, sgwner o goed a ddefnyddaid i gludo clai tân o Gei Connah i Douglas ar Ynys Manaw. Fe'i drylliwyd ar Far Afon Conwy ar 2 Medi 1897.[101] Flynyddoedd yn ddiweddarach, bomiwyd y *Farfield* ar 14 Gorffennaf 1942

*Ffigur 10.41 Safle gwreiddiol iard longau Nicholas Treweek yn Amlwch. Erbyn diwedd y 1860au, yr oedd y cwmni wedi ehangu i ochr orllewinol yr harbwr ac wedi adeiladu doc sych.*

*Ffigur 10.42 Bu twf Caerdydd rhwng 1850 a dechrau'r Rhyfel Byd Cyntaf yn rhyfeddol. Byddai llu o longau wrth angor yn Angorfeydd Penarth yn aros eu tro i ddod i mewn i'r doc neu i'r llanw adael iddynt gychwyn ar eu taith.*

*Ffigur 10.43 Prynwyd y Normanby Hall gan J Coppack a'i Feibion ym 1948 ac fe'i collwyd oddi ar Iwerddon ym 1956.*

wrth iddi gludo gwenithfaen o Benmaen-mawr.[102] Mae'n glod i'r cwmni bod sgwner a gomisiynwyd gan Coppack, y *Kathleen and May*, wedi goroesi'n ddigon hir i fod yn rhan o'r Fflyd Wladol Hanesyddol (gweler tudalen 194).

Yn y de a'r gorllewin, y duedd oedd i gwmnïau llongau symud i Gaerdydd ac Abertawe (ffigur 10.42). Aeth Evan Thomas (bu f. 1891), gŵr yr hanai ei deulu o Aber-porth yng Ngheredigion, ati i sefydlu cwmni gyda'r clerc llongau Henry Radcliffe (1857–1921) o Ferthyr Tudful. Elfen bwysig yn llwyddiant y cwmni oedd gwaith brawd-yng-nghyfraith Evan Thomas, rheolwr banc yn

Nolgellau, wrth gyfarwyddo llawer o'i gwsmeriaid i fuddsoddi. Dylanwadol hefyd oedd yr argymhelliad o bulpud yr Anghydffurfwyr gan y Parchg J Cynddylan Jones (1840–1930), gweinidog ar un o gapeli'r Methodistiaid Calfinaidd. Yr oedd Henry Radcliffe yn aelod o'r capel a chafodd ei weinidog 2 y cant o'r elw am ddarbwyllo'i gynulleidfaoedd i fuddsoddi.[103] Fe godwyd £17,750 ganddynt i archebu llong ager, y *Gwenllian Thom*, gan Palmers o Jarrow-on-Tyne, a bu hi'n gymaint o lwyddiant nes iddynt brynu pedair arall. Dros 10 mlynedd, tyfodd y cwmni'n berchen ar 15 o longau fel cwmnïau un-llong. Yr oedd gan bob llong amryw byd o gyfranddalwyr ond cadwai Thomas a Radcliffe reolaeth dros eu buddiannau fel 'perchnogion-reolwyr'.[104]

Er nad o Gymru yr hanent, ymunodd teulu'r Hains o St Ives â phartneriaeth debyg ag R A Foster, brocer llongau yng Nghaerdydd, ym 1881. Wedi i Hain sefydlu asiantaeth yn y ddinas, llwyddodd i sicrhau llwythi o lo i'w hanfon allan i Fôr y Canoldir ac i gludo llwythi o rawn o'r Môr Du wrth ddod yn ôl. Arfer a fabwysiadwyd gan y cwmni oedd gosod 'Tre' ar ddechrau enwau ei longau, a dwy a gollwyd yn nyfroedd Cymru oedd y *Trekieve* a aeth i drybini yng Ngwter Mostyn ar 31 Gorffennaf 1897 a'r *Treveal* a suddwyd gan dorpido oddi ar Ynysoedd y Moelrhoniaid ar 4 Chwefror 1918.[105] Prynodd P&O y cwmni ar ddiwedd y Rhyfel Byd Cyntaf am £4 miliwn.

## 10.9 Llongau o Ogledd America yn nyfroedd Cymru

Ian Cundy a Deanna Groom

Mae glannau Cymru bob amser wedi bod yn arbennig o arw a pheryglus i longau, a chryn her i longau traws-Iweryd â rigiau sgwâr yn y bedwaredd ganrif ar bymtheg oedd wynebu'r cyfuniad o lanw cryf, pentiroedd creigiog a dyfroedd bas ar hyd y glannau nes cyrraedd porthladd Lerpwl yn y gogledd a phorthladd Bryste yn y de.

Oes aur y llongau masnach â hwyliau oedd 1818–58 gan iddynt dyfu'n ddolen gyswllt hollbwysig rhwng Ewrop a'r Americas ac, yn arbennig, rhwng Lerpwl ac Efrog Newydd. Yn ogystal â chludo nwyddau cyffredinol a llwythi traddodiadol fel cotwm, tybaco a nwyddau cain i Brydain a chludo nwyddau parod yn ôl, cludent y post ac, wrth i'r 1840au a'r 1850au weld ymfudo mawr i'r Americas, cludent deithwyr hefyd. Oherwydd cludo'r post, dechreuwyd galw'r llongau'n 'bacedi' ('packets'), ac fe arloesodd cwmnïau llongau enwog fel y Black Ball Line, y Red Star Line a'r Swallowtail Line drwy gynnig teithiau rheolaidd a sefydlodd batrwm pendant i'r fasnach rhwng Prydain ac America.

Yn ystod oes aur y llongau â rigiau sgwâr, dyblodd hyd y llongau a chododd pwysau'r llwythi o ryw 400 tunnell ym 1818 i ryw 1400 o dunelli ym 1858. Oherwydd gwella cynllun y llongau, cyflymodd yr amserau croesi.[106] I ateb y galw yn sgil y cynnydd mawr yn y fasnach arforol, bu'n rhaid cael rhagor o longau hwylio mwy o faint, a chyn hir yr oedd Prydain ac Ewrop yn brin o goed. Dechreuodd Prydain, felly, lygadu'r cyflenwadau helaeth o goed a oedd i'w cael yn America.

Gyda chymorth y teuluoedd a ymfudodd i sefydlu ierdydd adeiladu llongau mewn mannau fel Nova Scotia, gwelwyd cyflymu buan ar adeiladu llongau – a gwerthu llongau – a adeiladwyd yn America i berchnogion ym Mhrydain. Ffaith nodedig yw bod cofrestri porthladdoedd Llanelli, Abertawe, Aberystwyth a Chaernarfon yn rhestru sawl ychwanegiad newydd o ran llong â rigin llawn, brig, brigantîn, barc a sgwner o'r Americas.

Â'u deciau'n llawn dop o goed gwerthfawr, byddai'r llongau'n aml yn cychwyn ar eu taith gyntaf ar draws Môr Iwerydd gyda phob bwriad i'r llong a'i llwyth gael eu gwerthu ar ôl cyrraedd. Dyna'n sicr a ddigwyddodd yn achos y *Mary Jones*,[107] brig o Pictou, Nova Scotia. Yr oedd hi wedi gwyro ymhell o'i chwrs wrth iddi gludo llwyth o ffawydd ac estyll o Pugwash i Lerpwl, ac fe'i drylliwyd gan y clogwyni rhwng Porth Einon a Paviland ar 14 Rhagfyr 1849. Yr oedd y *Culloden*[108] yn un o 27 o longau a adeiladwyd gan John MacDonald yn St John's, Newfoundland, a'r cyfan ohonynt ar gyfer perchnogion tramor. Ar ei thaith gyntaf o Newfoundland i Lerpwl â llwyth o goed, fe drawodd hi Sarn Badrig ryw 7 milltir o'r lan yn Rhagfyr 1854.[109] Rhoddwyd y llong ar Gofrestr Caernarfon i hwyluso cofnodi ei gwerthu yn Hydref 1855 i Matthew Isaac Wilson, masnachwr yn Lerpwl.

Bu aelodau o deuluoedd a arhosodd ym Mhrydain hefyd yn asiantau i berthnasau iddynt a oedd wrthi'n adeiladu llongau yr ochr arall i Fôr Iwerydd. Dyna a ddigwyddodd yn achos y *Louisa*. Fe'i hadeiladwyd gan James Yeo (1789–1868) ar Prince Edward Island yn Nova Scotia yng Nghanada ym 1851 ar gyfer aelod o'i deulu, William Yeo o Appledore yn Nyfnaint.

*Ffigur 10.44 Mae'r ddelwedd sonar sganio-o'r-ochr hon o'r* Diamond *ar Sarn Badrig yn dangos amlinelliad y llong yn rhannol drwy amlygu'r craffrwymau haearn a fynnid gan danysgrifenwyr yswiriant Lloyds.*

*Ffigur 10.45 Y* Louisa, *a adeiladwyd yng Nghanada ym 1851, yn gorwedd yn rhan isaf un Afon Taf cyn i godi morglawdd Bae Caerdydd beri iddi ddiflannu o dan y dŵr. Diben cniwiau haearn y llong – sydd i'w gweld yn y llun – oedd ei chryfhau. Fe'i cofrestrwyd hi'n Heneb yn 2001.*

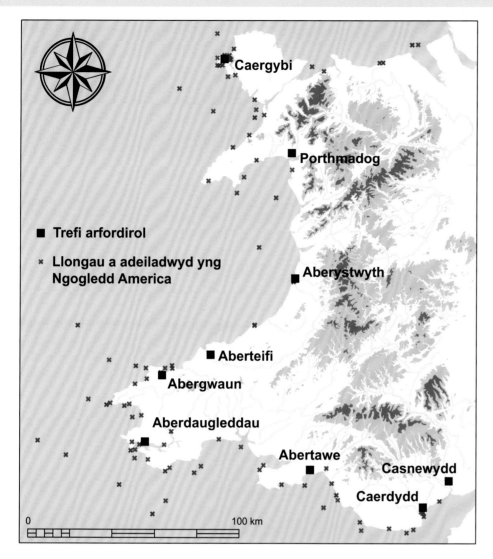

*Ffigur 10.46 (uchod ar y chwith)
Llongau a adeiladwyd yng
Ngogledd America ond a
ddrylliwyd yn nyfroedd Cymru.*

*Ffigur 10.47 (uchod ar y dde)
Adeiladwyd y* Lady Quirk *fel y*
Raymond *gan y masnachwr
John Lefurgey yn Summerside
ar Prince Edward Island ym
1876. Trosglwyddwyd y llong o
Ganada i borthladd
Aberystwyth ym 1877.*

Ar y cychwyn, yr oedd Lloyd's of London yn
amheus dros ben o'r llif sydyn o geisiadau am yswiriant
i longau a gawsai eu gwneud o goed meddalach fel pîn.
Am sawl blwyddyn, yn wir, eu cyfarwyddyd sefydlog i
syrfewyr oedd rhoi statws A1 iddynt am saith mlynedd
yn unig yn hytrach na'r deuddeg arferol i longau derw
o Ewrop. Er iddynt boeni nad oedd y llongau hyn mor
gryf nac mor gadarn â rhai derw, ni allent wrthweithio
grym y fasnach. Mynnodd Lloyds, felly, fod llongau o
America'n cael eu hatgyfnerthu â haearn (ffigurau
10.44 a 10.45).[110] Yr oedd y math hwnnw o atgyfnerthu
â haearn eisoes yn cael ei gyflwyno yn lle rhai
cydrannau a oedd eisoes yn brin (megis cniwiau a
dyfwyd) ac i helpu i gynyddu'r gofod i ddal llwythi.

Ceir mwy na 60 cofnod o longau o Ogledd America
a ddrylliwyd yn nyfroedd Cymru (ffigur 10.46). Mae
gwarchodaeth statudol ar ddwy ohonynt. Mae'r
*Diamond* (y credir bellach iddi gael ei hadeiladu yng
Ngogledd America yn y 1840au) yn llongddrylliad
dynodedig (ffigur 10.44) ac mae'r *Louisa*, y tu mewn i

Forglawdd Bae Caerdydd, yn heneb gofrestredig
(ffigur 10.45). Er bod y naill a'r llall o'r golwg o dan y
dŵr, mae eraill, fel y *City of Ottawa* (gweler ffigur
14.30), yn gorwedd ym mwd Harbwr y Foryd yn y Rhyl
a'r *Lady Quirk* ar lan ddwyreiniol yr afon uwchlaw pont
y New Cut yn Abertawe (ffigur 10.47).

Adeiladwyd y *City of Ottawa* (gweler tudalen 274)
ym 1860 gan Jean-Élie Gingras (1804–91) yn Quebec,
yn llong dri hwylbren a hwyliau sgwâr. Fe'i henwyd i
goffáu dewis y Frenhines Victoria o brifddinas newydd
i Ganada gwta dair blynedd ynghynt. Hwyliodd i
amrywiol borthladdoedd yn Lloegr, Awstralia, Asia, De
America, Unol Daleithiau America a Chanada. Ar ôl iddi
gael ei difrodi mewn storm, daethpwyd â hi i'r Rhyl ym
1906 a chyn hir rhoddwyd y gorau iddi am ei bod hi'n
rhy ddrud i'w thrwsio.

Adeiladwyd y *Lady Quirk* fel y *Raymond* gan y
masnachwr John Lefurgey (1824–91) yn Summerside ar
Prince Edward Island ym 1876. Trosglwyddwyd y llong o
Ganada i Aberystwyth ym 1877 ac am ran o'i hoes fe'i
defnyddiwyd gan Ysgol Forwriaeth Quirk i hyfforddi
bechgyn ar gyfer y Llynges Fasnachol. Caeodd yr ysgol
yn y 1930au, ac am y saith mlynedd nesaf fe'i
defnyddiwyd gan Gorfflu Cadetiaid Môr Battersea-
Chelsea. Ym 1938 fe'i gwerthwyd i Francis Turnnidge o
Leigh-on-Sea yn Essex a'i dychwelyd i weithio ym myd
masnach. Fe'i defnyddiwyd gan F J Reid, ei
pherchennog olaf, ym masnach clai llestri de-orllewin
Lloegr, ond yn y pen draw aeth hi'n rhy ddrud i'w
chynnal a'i chadw. Ar ôl i'r *Lady Quirk* ddod â llwyth o
glai llestri i Abertawe ym 1947, gwelwyd ei bod hi'n
gollwng ac fe'i gadawyd i 'orffwys' yn y New Cut. Wedi
cyfanswm o 61 o flynyddoedd o wasanaeth, go brin
bod hynny'n oes wael i long o 'bren meddal'!

**Map legend:**
■ Trefi arfordirol

× Llongau a adeiladwyd yng
Ngogledd America

Caergybi
Porthmadog
Aberystwyth
Aberteifi
Abergwaun
Aberdaugleddau
Abertawe
Casnewydd
Caerdydd

0   100 km

# 10.10

# Masnachwyr Abertawe a'r fasnach gopr

## Stephen Hughes

Tua diwedd y ddeunawfed ganrif ac am lawer o'r ganrif ddilynol, tyfodd Abertawe'n ganolfan fydeang i'r broses o smeltio copr. Ar y cychwyn, deuai llongau â mwyn copr o feysydd mwynau Cernyw a Dyfnaint draw i'r hyn a ddatblygodd maes o law yn 13 o weithfeydd copr yn Abertawe. Am fod angen pedair tunnell o lo i smeltio pob tunnell o fwyn copr, codwyd y gweithfeydd ar y maes glo agosaf yn hytrach nag wrth y mwyngloddiau copr. Ym 1717 y sefydlwyd gwaith copr cyntaf Abertawe, ac wrth ddychwelyd oddi yno cludai'r llongau lo o Abertawe i yrru'r peiriannau ager grymus a bwmpiai'r dŵr o fwyngloddiau copr dwfn Cernyw. Erbyn 1810 cawsai'r gwaith copr mwyaf yn y byd ei godi yn yr Hafod ar lan Afon Tawe, ac i hwnnw y deuai'r llongau hwyliau â'r mwyn (ffigurau 10.48 a 10.49).

Ym 1768, yn sgil dod o hyd i'r ffynhonnell unigol fwyaf yn y byd o gopr ar Fynydd Parys ym Môn, gwelwyd datblygu cyflym ar borthladd Amlwch. Yno y ceid un o boblogaethau mwyaf Cymru'r ddeunawfed ganrif. Allforid y mwyn a glo oddi yno i'w smeltio yn Abertawe a Sir Gaerhirfryn. Serch effaith y ffynhonnell newydd honno o fwyn, llwyddodd masnach y de â Chernyw i ymadfer erbyn y 1820au. Bryd hynny, hwyliai dros 100 o longau'n gyson rhwng Cernyw, Dyfnaint a'r gweithfeydd copr rhwng Porth Tywyn a Thai-bach, ger yr hyn sydd bellach yn Bort Talbot, ar lannau'r de-

orllewin. Cludent ryw 70,000 o dunelli o fwyn copr bob blwyddyn.

Yn ystod y bedwaredd ganrif ar bymtheg, disodlwyd y ffynonellau o fwyn ym Mhrydain gan lwythi o Sbaen, Newfoundland, De Affrica, Ciwba, Chile, Venezuela ac Awstralia wedi i'r mwynau, yn aml, gael eu puro'n lleol i'w troi'n 'regwlws' mwy crynodedig. Erbyn 1866 câi gwerth £1m a rhagor o fwyn ei allforio o Dde America, yn bennaf o Valparaiso, Coquimbo, Caldera ac Antofagasta yn Chile. Deuai cryn dipyn o fwyn o Dde Awstralia, Ciwba a mannau eraill. Deuai gwerth £150,000 ohono o Santiago de Cuba lle'r oedd diwydianwyr o Abertawe, fel mewn mannau eraill, wrthi'n ariannu cwmnïau mwyngloddio mawr. Unwaith eto, y llwyth a gludid allan o Abertawe oedd glo i'w ddefnyddio gan beiriannau pwmpio'r mwyngloddiau yng Nghiwba.

Er mai 250-300 tunnell oedd pwysau'r mwyafrif o'r llongau a weithiai ym masnach gopr Abertawe, yr oedd rhai yn fwy o faint, fel y *Ravenscraig*, llong 1,267-tunnell a lansiwyd ym 1866, neu'r *First Lancashire*, llong 1,286-tunnell a adeiladwyd yn Sir Durham ym 1875. Er nad oedd ond tair llong gan rai o gwmnïau copr mawr Abertawe, fel Vivians yr Hafod, yr oedd H Bath a'i Fab yn berchen ar ddeunaw. Penllanw'r fasnach gopr i longau hwylio oedd y flwyddyn 1880 pryd y cofnodwyd yn Abertawe i 483,248 o dunelli gael eu cludo o'u cymharu

*Ffigur 10.48 Llun, a gyhoeddwyd ym 1811, o weithfeydd copr Treforys. Gwelir llongau ar Afon Tawe a melin wynt ar y bryn uwchlaw'r gweithfeydd.*

*Ffigur 10.49 Awyrlun o gloddiadau 2008 ar Weithfeydd Copr Upper Bank yn Abertawe. Ar y dde y mae cei'r llongau.*

â 424,175 tunnell ar longau ager. Erbyn 1882, yr oedd pwysau'r hyn a gludid gan longau ager yn uwch na'r pwysau a gludid gan longau hwyliau. Erbyn 1884 cludai'r llongau ager 836,405 tunnell y flwyddyn o'i gymharu â 343,006 tunnell gan longau hwylio. O 1862 ymlaen cludid y llwythi o fwyn copr mewn 'trunks', howldiau rhannol a ymestynnai allan tua gwaelod y llong i rwystro'r llwyth trwm rhag symud mewn stormydd a dymchwel y llong.

Yng ngogledd Dyfnaint, neu ar Prince Edward Island oddi ar New Brunswick a Nova Scotia, yr adeiladwyd y mwyafrif o'r 'Cape Horners' hynny. Yn aml, teithient 8,000 o filltiroedd ar fordeithiau a fyddai'n para o

bythefnos i rai misoedd. Dibynnai hynny ar y gwyntoedd. Yn Abertawe, Caerdydd, Sunderland, Glasgow, Lerpwl a Southampton yr adeiladwyd llongau eraill yn y fasnach gopr. Y llongddrylliad mwyaf nodedig o'r fasnach honno yw'r *Agnes Jack*. Fe'i drylliwyd ym 1865 wrth iddi gludo 600 tunnell o fwyn copr ac arian o Cagliari yn Sardinia, ac ar lanw isel iawn gellir dal i weld gweddillion ei boeleri oddi ar drwyn Porth Einon.

Tua diwedd y bedwaredd ganrif ar bymtheg câi mwy a mwy o fwynau copr eu smeltio yn y gwledydd lle cawsent eu cloddio a daeth smeltio copr yn Abertawe i ben yn gyfan gwbl ym 1923.[111]

# 10.11

# Y fasnach lo

## Graham Scott, Niall Callan a Deanna Groom

Bu'r diwydiant glo'n allweddol wrth lywio datblygiad y Gymru fodern, yn enwedig yn y de. Y cofnod cynharaf o anfon llwyth o lo yno yw ym 1500 pryd y cymerwyd llwyth ohono o Abertawe i Ddinbych-y-pysgod.[112] Yn y gogledd-ddwyrain, cloddiwyd glo o'r meysydd glo ar lannau Afon Dyfrdwy o'r drydedd ganrif ar ddeg ymlaen i'w anfon i Gaer i'w werthu. Am gyfnod byr tua diwedd y bedwaredd ganrif ar bymtheg a dechrau'r ugeinfed ganrif, 'glo ager' Cymru fu'n gyrru'r chwyldroadau mewn diwydiant a chludiant ledled y byd. Gellid dadlau, felly, mai glo Cymru oedd yr eitem unigol fwyaf a allforiwyd o Brydain erioed.[113]

Mae'r cofnodion sydd wedi goroesi ynglŷn â'r llongau yn y fasnach lo gynharaf yn awgrymu mai'n anaml y cludid llwythi o fwy na rhyw 10 tunnell. Mae'n debyg mai llongau bach a ddefnyddid ac y caent eu glanio ar draethau i'w dadlwytho am nad oedd yr un harbwr na chei wedi'i ddatblygu. Yn y 1620au, defnyddid 'barks' i gludo glo o Fostyn: cwch agored ag un hwylbren, a gallai gludo 20-30 tunnell. Hyd yn oed bryd hynny, maentumiodd pobl fel y masnachwr a'r tirfeddiannwr

Syr Christopher Lowther (1611–44) fod y cychod yn hollol annigonol ac argymell cael llongau arbenigol yn eu lle. Yr oedd llongau, a seiliwyd ar gynllun cychod cyflym o'r Iseldiroedd, eisoes ar waith ym masnach lo gogledd-ddwyrain Lloegr. O ganlyniad, cododd cyfartaledd maint y llwythi allforio i 41 o dunelli erbyn y 1680au ac i 52 o dunelli erbyn 1700, ond bach o hyd, sef rhyw 20 tunnell, oedd llwythi'r fasnach ar hyd glannau Cymru.[114]

Gwelwyd newid dramatig yn ystod ail hanner y ddeunawfed ganrif. Bu dyfodiad rhwydweithiau o gamlesi a rheilffyrdd yn fodd i gludo llawer iawn o lo i'r arfordir ac adeiladu porthladdoedd arbenigol newydd (ffigurau 10.50 a 10.51). Sylweddolwyd yn gyflym fod 'glo ager' o'r de yn danwydd delfrydol i longau. Yr oedd yr helaethrwydd mwyaf, a glo o'r safon orau, rhwng Afon Taf a Chwm Nedd ym meysydd glo'r de. Ei rinweddau hollbwysig oedd ei fod yn cynhyrchu gwres yn gyflym, ei fod – am nad oedd yn ffurfio clincer yn ffwrneisiau'r boeleri – yn gadael i'r aer gylchredeg yn fwy effeithlon i bob rhan o'r tân, ac nad oedd yn cynhyrchu gormod o ludw i dagu tiwbiau'r boeleri. Cafodd y glo gefnogaeth

*Ffigur 10.50 (chwith) Porthladd y Barri ym 1929. Gwelir y rheilffyrdd a ddeuai â'r glo'n uniongyrchol o'r Rhondda hyd at y cei. Yn ei anterth, anfonid 11 miliwn o dunelli'r flwyddyn oddi yno.*

*Ffigur 10.51 (de) Llong nwyddau y Sado yn cael ei llwytho â glo wrth ollyngfa yn Noc y Gogledd yn Llanelli.*

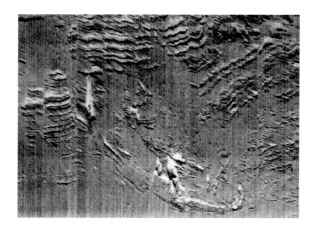

*Ffigur 10.52 Mae'r ddelwedd sonar sganio-o'r-ochr hon o'r* Saint Jacques *yn dangos amlinelliad y llong ar wely'r môr ac yn amlygu nodweddion fel yr hwylbren – tua'r starn – a hwnnw wedi syrthio ar ei hyd. Fe'i suddwyd hi gan dorpido o long danfor UC-51 yr Almaen ar 15 Medi 1917.*

swyddogol pan ddaeth adroddiad gan y Morlys i'r casgliad ym 1851 mai glo ager y de oedd yr un mwyaf addas i danio llongau'r Llynges Frenhinol.

Olrheiniwyd rhyw 592 o longau a gollwyd wrth gludo glo yn nyfroedd Cymru, ac wrthi'n cludo glo a gawsai ei lwytho ym mhorthladdoedd Cymru yr oedd 533 ohonynt. Llongau hwylio yw'r mwyafrif o'r 72 a gollwyd yn ôl cofnodion 1800–50. Slwpiau bach a bwysai 42 o dunelli, ar gyfartaledd, a geir amlaf, a sgwneri yw cyfran fawr o'r gweddill. Gwelir cynnydd mawr i 336 yn nifer y colledion rhwng 1850 a 1913, patrwm sy'n unol â'r meintiau o lo a gâi eu hallforio. Erbyn dechrau'r Rhyfel Byd Cyntaf yr oedd glo, o'i fesur mewn tunelli, yn  40% a rhagor o fasnach allforio Prydain. O blith y llongau hwylio, y sgwneri yw'r rhai mwyaf niferus, yna fadlongau o dde-orllewin Lloegr ac yna gychod brodorol traddodiadol fel *trows* Afon Hafren (gweler tudalen 147) a fflatiau Afon Mersi (gweler tudalen 149). Achos mwyaf cyffredin eu colli oedd iddynt fynd yn sownd i'r lan a dryllio. Cofnodwyd bod rhyw 57 o longau ager yn cludo glo o Gymru i wledydd fel Sbaen a Ffrainc ac mor bell ag Alexandria yn yr Aifft a Punta Arenas yn Chile. Wrth hwylio o Gaerdydd neu'r Barri i Chasnewydd y collwyd y mwyafrif ohonynt, yn bennaf oherwydd ymosodiadau gan y gelyn yn ystod y ddau Ryfel Byd (ffigur 10.52).

## Sarah a Primrose
### Sian Rees

Mae'n hawdd anghofio mai cychod bach o waith seiri lleol a ddefnyddid tan yn gymharol ddiweddar i ddod â chyflenwadau ar hyd y glannau i gymunedau cefn gwlad. Yn aml, gwelir olion hen gychod difrodedig, neu ddiangen bellach, wedi'u tynnu i'r lan ac wedi'u gadael ar dywod ein traethau. Er iddynt gael eu hesgeuluso a'u gadael i bydru, gall eu gweddillion roi gwybodaeth werthfawr i ni am ffordd o fyw a ddarfu gwta

ganrif yn ôl. Yn aber Afon Tywi yn Sir Gaerfyrddin, ger Ferry Farm Wood ac ychydig islaw marc y penllanw, gorwedd gweddillion cwch o goed a gysylltwyd â'i gilydd â darnau haearn. Credir yn lleol mai *Sarah*, 'cwch glo' 50-tunnell, sydd yno. Dan arweiniad y Gymdeithas Archaeoleg Forwrol a gwirfoddolwyr ym 1999 fe ymchwiliodd prosiect i'w sgerbwd ac i sgerbwd cwch arall gerllaw a alwyd yn *Primrose* gan bobl leol a gredai mai gweddillion hen gwch glo oedd hwnnw hefyd.[115] Gan fod y naill a'r llall yn nodweddiadol o adeiladwaith cychod tua diwedd y bedwaredd ganrif ar bymtheg neu ddechrau'r ugeinfed ganrif, maent yn enghreifftiau o gychod masnachu neu bysgota lleol a gafodd eu hadeiladu a'u defnyddio yn ystod blynyddoedd olaf oes llongau o goed a chychod masnachol â hwyliau.

Er i'r ddau gwch gael eu hadnabod wrth eu henwau traddodiadol lleol yn ystod y prosiect, yr oedd eu henwau go-iawn ymhell o fod yn sicr. I raddau helaeth fe suddwyd y ddau ar y traeth, ond goroesodd digon o'u gweddillion yn ymwthio o'r tywod i'w hadeiladwaith allu cael ei fesur a'i astudio. Yr oedd *Sarah* yn 13.93 metr o hyd ac yn 4.5 metr o led, a *Primrose* ychydig yn llai, yn 12.5 metr o hyd ac yn 4 metr o led. Yr oedd adeiladwaith y ddau'n debyg: cychod ag estyll carafel ar ffrâm o goed a darnau haearn yn eu cysylltu. Yr oedd gan *Sarah* fframiau o dderw a nenfwd ac estyll allanol o bren meddal a gysylltwyd wrth ei gilydd â byllt trwodd. Mae un o gniwiau haearn y *Primrose* yn dal yn y golwg, a châi hwnnw ei gysylltu â darnau haearn drwy i fyllt trwodd gysylltu â'i estyll allanol a'i fframiau, a hoelion haearn sgwâr oedd yn cysylltu estyll ei nenfwd.

Fel y digwyddodd hi, ni ellid cadarnhau enw'r naill gwch na'r llall. Serch peth gwaith cloddio, ni welwyd llwch glo ynddynt nac unrhyw dystiolaeth arall o lwyth, ac mae'n eithaf tebyg felly mai cychod pysgota oeddent. Er hynny, maent yn enghreifftiau gwych o gychod lleol na fu fawr o gofnodi arnynt, ac mae enghreifftiau o gychod o'r fath yn brin. Yn aml, fe anwybyddir olion y cychod hynny ac ni chânt eu cofnodi. Eu tynged anochel yw erydu a dirywio'n raddol serch iddynt fod ar un adeg yn olygfa gyffredin ar hyd y glannau ac yn ffordd hollbwysig o gyflenwi nwyddau hanfodol. Gallai astudiaeth ohonynt gan archaeolegwyr ein helpu ni i ddeall eu hadeiladwaith ac, efallai, eu swyddogaeth cyn iddynt ddiflannu'n llwyr.

# 10.12

# Llwytho glo o gychod y gamlas i longau'r cefnfor

## Heather James

Canolbwynt hanes meysydd glo Cymoedd Gwendraeth yn ne-ddwyrain Sir Gaerfyrddin rhwng yr ail ganrif ar bymtheg a dechrau'r ugeinfed ganrif yw'r ymdrech gyson i symud y glo o'r pyllau i lawr i'r ceiau, y dociau a'r harbwrs, yn gyntaf gan geffylau pwn ac i lawr yr afon, yna gan gychod yr afon a'r gamlas ac, yn olaf, ar reilffordd. Bu'n rhaid ailfeddwl a datblygu am fod y glannau'n cyson newid wrth i silt yr aberoedd orfodi pobl i godi ceiau newydd ac yna harbwrs llanwol. Cymerai'r rheiny longau mwy o faint a yrrid yn gyntaf gan hwyliau, yna gan ager ac, yn olaf, gan olew. Yn y

1530au, sylwodd John Leland (tua 1503–52) fod gwahaniaeth rhwng glo carreg a glo pŷg Cwm Gwendraeth a Llanelli.[116] Erbyn tua diwedd yr unfed ganrif ar bymtheg, cludid glo carreg o'r pyllau cloch a brigiadau glo gan geffylau pwn, ceirt ac, efallai, gan gychod afon i lawr i Gydweli. Masnach leol oedd honno gan mwyaf, ac ar lannau'r afon câi'r glo ei lwytho i gychod bach i'w gludo ar hyd y glannau. Ar y llaw arall, mae'r Llyfrau Porthladd yn tystio i lwythi gael eu hanfon i dde-orllewin Lloegr, Ynysoedd y Sianel a Ffrainc i'r glo gael ei ddefnyddio yno'n danwydd arbenigol mewn bragdai.[117]

Yn ystod y 1760au, symudodd y tirfeddiannwr a'r diwydiannwr arloesol Thomas Kymer (1722–82) o Sir Benfro i Gydweli i roi hwb i gynhyrchu ac allforio glo.[118] Trefnodd i adeiladydd llongau o Gaerfyrddin adeiladu llu o gychod i ddod â glo i lawr Cwm Gwendraeth Fawr i geiau islaw Pont Spwdwr. Ceiau o goed oedd y rheiny ac wrthynt gellid llwytho'r cychod a'r llongau ochr yn ochr adeg y llanw. Er bod rhannau isaf Afon Gwendraeth Fawr ac Afon Gwendraeth Fach yn llawer mwy agored i'r môr bryd hynny, gwaith araf ac ansicr oedd llywio cwch ar yr afonydd hynny. Cychod llydan, bas eu drafft ac ag un hwyl fawr oedd rhai Kymer. Ei ddatblygiad arloesol mawr oedd creu system gludiant integredig drwy gloddio camlas o'r de hyd at gei a oedd newydd ei godi yng Nghydweli ar Afon Gwendraeth Fach (ffigur 10.53). Adeg y llanw, felly, gallai'r llongau ddod i mewn ac fe agorid y llifddorau i gychod y gamlas ddod at eu hymyl i drosglwyddo'u llwyth. Dewis arall fyddai i'r cychod hwylio ddod i mewn i'r aber at longau a oedd wedi'u hangori wrth fanciau balast, a dadlwytho yno. Ond oherwydd i fanciau tywod grynhoi yn y dŵr ac i dwyni tywod dyfu, yr oedd hi'n anodd iawn hyd yn oed i gychod bach ddod i mewn, a rhwystr pellach i lywio yn aber afonydd Gwendraeth oedd codi morgloddiau o flaen y morfeydd heli er mwyn adfer tir o'r môr.[119]

Y cam mawr nesaf yn hanes allforio glo'r ddau gwm oedd mynd ati, ymhellach tua dwyrain, i ddatblygu'r aber ym Mhen-bre. Er i Harbwr Pen-bre, a gwblhawyd ym 1818 (ffigur 10.55), gael ei godi ymhlith twyni tywod, ac er i gronfa ddŵr fawr â llifddorau y tu ôl iddi gael ei

*Ffigur 10.53 Harbwrs, ceiau, camlesi a thramffyrdd Cydweli a Phorth Tywyn tua 1840.*

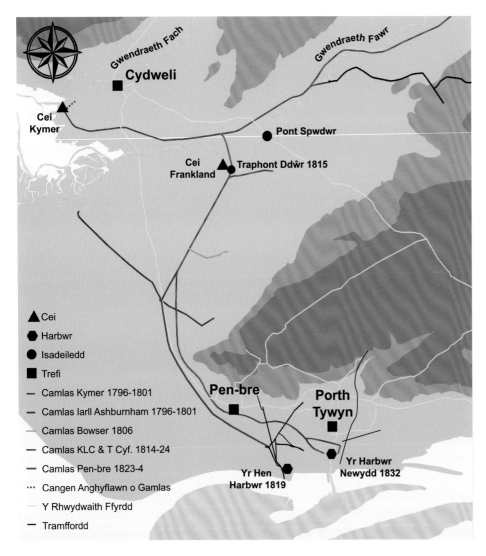

Gwendraeth Fach

Gwendraeth Fawr

Cydweli

Cei Kymer

Pont Spwdwr

Cei Frankland

Traphont Ddŵr 1815

▲ Cei
⬣ Harbwr
● Isadeiledd
■ Trefi
— Camlas Kymer 1796-1801
— Camlas Iarll Ashburnham 1796-1801
— Camlas Bowser 1806
— Camlas KLC & T Cyf. 1814-24
— Camlas Pen-bre 1823-4
··· Cangen Anghyflawn o Gamlas
— Y Rhwydwaith Ffyrdd
— Tramffordd

Pen-bre

Porth Tywyn

Yr Hen Harbwr 1819

Yr Harbwr Newydd 1832

hadeiladu, yr oedd yn rhy fach. Agorwyd harbwr arall (sef Harbwr Porth Tywyn) erbyn 1825 (ffigur 10.54).[120] Am fod y rhwydwaith o reilffordd a oedd yn datblygu yno yn dod â wagenni glo i lawr i'r cei i'r craeniau lwytho'r glo'n syth i'r llongau, dyna ddatrys, o'r diwedd, holl broblem trosglwyddo glo o gychod y gamlas i gwch

dadlwytho ac yna i'r llongau. Ond serch y clirio costus ar y sianeli, effaith y cynnydd parhaus yn nhwyni a banciau tywod yr aber fu cyfyngu ar ddatblygu porthladd Porth Tywyn ac, yn wir, ar ddatblygu Llanelli.[121] Hyd yn oed yn yr oes ager, câi llongau mawr hi'n rhy anodd a pheryglus mentro i mewn i'r harbwr yno.

Ffigur 10.54 Llongau ager yn llwythog o lo yn gadael Harbwr Porth Tywyn. Yn y cefndir, mae'r peiriannau cynnar i godi'r glo o'r rhesi o wagenni glo o byllau glo carreg Cwm Gwendraeth yn dyddio'r llun i ddiwedd y bedwaredd ganrif ar bymtheg cyn i beiriannau codi gwell ac uwch gael eu gosod yno ym 1904.

Ffigur 10.55 Hen Harbwr Pen-bre tua 1920. Codwyd yr adeilad â tho du ar y pier allanol tua 1900 gan y Cwmni Ffrwydron, y fenter olaf i ddefnyddio'r harbwr cyn i'r twyni tywod ddechrau ymledu iddo.

# 10.13

# Gwaredu balast

## Mark Redknap a Jana Horák

Yr oedd yr amryfal ffurfiau ar falast yn bwysig wrth sefydlogi llongau. Ymhlith yr enghreifftiau o falast a oedd yn talu (yn broffidiol) yr oedd y mwyn haearn a gludid gan long Abergwaitha o'r drydedd ganrif ar ddeg, y 'myllstons' o ganol yr unfed ganrif ar bymtheg ac, yn ddiweddarach, y llwythi trwm o blwm crai, mwyn copr neu frics. Gan fod angen i falast fod yn rhad ac yn hawdd ei waredu, gallai fod yn dywod neu'n slabiau a blociau o garreg a ailgylchwyd. A chan fod llawer o borthladdoedd Cymru'n ymwneud yn bennaf ag allforio mineralau, byddai cyfran uchel o'r llongau a ddeuai yma yn y bedwaredd ganrif ar bymtheg a dechrau'r ugeinfed ganrif yn cludo balast. Gallai'r math o falast newid. Pan gloddiwyd llongddrylliad arfog o ddechrau'r unfed ganrif ar bymtheg yn y Cattewater yn Plymouth, gwelwyd ei fod yn cludo defnydd adeiladu a ailgylchwyd. Yn dilyn agor y gweithfeydd copr yn Llanelli, gwelwyd cynnydd mawr mewn llongau'n defnyddio mwyn copr yn falast.

Gallai llongau dalu i falast gael ei gludo ymaith o'r cei wrth y dunnell neu fesul cartaid, ond o'r unfed ganrif ar bymtheg ymlaen gwelodd llawer o gorfforaethau'r trefi fod gofyn codi dirwyon am ei ollwng yn amhriodol. Os câi llongau wared ar eu balast wrth ddisgwyl dod i mewn i'r porthladd, byddent yn creu perygl i longau eraill. Erbyn 1750, yr oedd Corfforaeth Abertawe wedi codi pyst ym Mae Abertawe i nodi'r 'proper places for the throwing out of ballast', ac erbyn canol y ganrif wedyn gosodwyd gwaharddiad ar ollwng balast o fewn chwe milltir i Drwyn y Mwmbwls.[122] Ceir banciau balast mewn llawer harbwr o hyd ac enghraifft ohonynt yw'r twmpath gweiriog amlwg yn Llanelli a elwir yn 'Tip y Balast'. Gellid gweld cerrig, sialc a thywod yno ar un adeg.[123]

Weithiau, gwelir gwasgariadau o gobls a meini onglog yn y parth rhynglanwol ar draethau tywodlyd (ffigur 10.56). Mae rhai yn deillio o yrru llongau i'r lan yn fwriadol i daflu eu balast, a rhai'n 'dwmpathau balast' a

Ffigur 10.56 Fel llawer gollyngfa balast, yn y parth rhynglanwol y mae'r gwasgariad hwn o gobls a charreg galch ar draeth Bae Abertawe.

Ffigur 10.57 Tomenni o gerrig calch a ollyngwyd o longau ac a adawyd ar draeth Trefdraeth yn Sir Benfro.

grëwyd cyn diwedd y bedwaredd ganrif ar bymtheg pryd y defnyddid balast i godi adeiladau. Mae eraill yn dwmpathau o lwythi o garreg galch a gludwyd ar ôl talu amdanynt yn falast: daethpwyd â hwy i'r traeth ond chawsant mo'u cludo i'r odynau gerllaw (ffigur 10.57).

Adeg y trai yn Blackpill ger Abertawe gwelir twmpathau isel o gerrig ar y blaendraeth rhynglanwol. Yn gymysg â'r rheiny ceir darnau o grochenwaith domestig a wnaed yng ngogledd Dyfnaint yn yr ail ganrif ar bymtheg a'r ddeunawfed ganrif ynghyd â

chynhalwaith ceramig cigweiniau o'r ail ganrif ar bymtheg. Tystiant i'r nifer fawr o briddlestri a fewnforiwyd i'r de ac i'r ffaith i longau glo 'occasionally took cargoes of ... earthenware' yn llwythi dychwelyd.[124]

Gwelir gwasgariadau helaethach o gerrig rhwng Norton a Thrwyn y Mwmbwls. Mae'r rheiny'n deillio o gwarrau carreg galch a mwyn haearn yn ogystal ag o ollwng balast ar ran isa'r blaendraeth.[125] Coblau o garreg galch yn bennaf (rhai 10–35 centimetr eu maint) yw rhai o'r gwasgariadau o gerrig. Weithiau ceir tywodfeini ynghyd â rhai clogfeini a rhywfaint o gerigos ac ynddynt fân wythiennau o gwarts. Mae rhai o'r twmpathau o wasgariadau'n rhyw 11–20 metr ar eu traws.

I bob golwg, carreg galch leol a lledonglog (20–40 centimetr), a rhai cobls crwn, yw'r gwasgariadau o gerrig – sydd ar ffurf llongau – ar draeth Broughton ym Mhenrhyn Gŵyr (ffigur 10.58). Awgryma hynny fod y mwyafrif o'r gwasgariadau'n ollyngiadau gweddilliol o garreg galch y bwriedid eu cludo i'r odyn galch gyfagos ar y bae yn Nhrwyn Twlc.

Gyda dyfodiad y llong ager yn ystod hanner olaf y bedwaredd ganrif ar bymtheg fe ddarfu'r angen am falast o gerrig neu rwbel o dipyn i beth. Gallai llongau o'r fath godi balast drwy sugno dŵr i mewn drwy eu gwaelodion dwbl.[126]

Ffigur 10.58 Gan fod y gwasgariadau hyn o gerrig – rhai ar ffurf llongau – ar draeth Broughton yng Ngŵyr fel petaent yn cynnwys carreg galch leol yn bennaf, mae'n debyg eu bod yn gysylltiedig â'r odyn galch gyfagos ar y bae yn Nhrwyn Twlc.

# 10.14 Llongau gosod ceblau

## Deanna Groom

Am fod ceblau telathrebu tanfor yn dal i gario llawer iawn mwy o negeseuon a data o amgylch y byd na lloerennau a llinellau tir, maent yn allweddol i'r economi byd-eang. Fe'u dyfeisiwyd yn oes Victoria gan ddefnyddio technoleg a oedd yn bosibl am fod gwifren copr ar gael i gludo'r signalau. Oherwydd bodolaeth yr Ymerodraeth Brydeinig bu modd cael gafael ar gydran hanfodol arall, sef *gutta percha*, y nodd tebyg i rwber mewn coeden a geir yn ne-ddwyrain Asia a gogledd Awstralasia yn unig. O amgylch y ceblau cynnar rhoddwyd rhaffau o wifren haearn i'w cryfhau wrth eu suddo. Cadwodd Prydain ei goruchafiaeth ym myd perchnogaeth llongau gosod ceblau tan y 1920au.[127] Yng Nghymru y daeth oes dwy ohonynt, yn eiddo i'r Brodyr Siemens a'u Cwmni Cyf, i ben, y naill mewn iard ddatgymalu a'r llall o dan glogwyni Hooper's Point yn Sir Benfro.

Ym 1852, defnyddiodd R S Newall a'r Cwmni y llong gosod ceblau, y *Britannia*, ac ym 1855 defnyddiodd Cwmni Electric & International Telegraph y *Monarch*, i osod y ceblau cyntaf o amgylch glannau Cymru rhwng Caergybi ym Môn a Howth yn Iwerddon.[128] Er mai'n araf iawn y trosglwyddid y negeseuon yn ôl safonau heddiw,

yr oedd y manteision i asiantaethau newyddion, cwmnïau masnach a chwmnïau llongau yn amlwg. Ym 1863 agorodd y Brodyr Siemens ffatri geblau newydd yn eu Telegraph Works yn Llundain cyn archebu eu llong gyntaf i osod ceblau. Enwyd hi ar ôl Michael Faraday (1791–1867), y ffisegydd arloesol a oedd y cyntaf i awgrymu defnyddio *gutta percha* i inswleiddio trydan.

Cynlluniwyd y llong *Faraday* yn arbennig gan William Siemens (1823–83) a William Froude (1810–79) a'i lansio o iard C Mitchell a'r Cwmni Cyf yn Newcastle-upon-Tyne ym 1874. Yr oedd iddi'r un ffurf yn y naill ben a'r llall a dwy sgriw yrru er mwyn gallu troi yn ei hyd ei hun gan ddefnyddio un sgriw'n unig. Gosodwyd y ddwy simnai ar y naill ochr a'r llall i gynyddu cymaint â phosibl ar y gofod ar y dec. Cynhwyswyd dau gilbren sadio enfawr i leihau cymaint â phosibl ar unrhyw rolio. Daeth llawer o'r syniadau'n safonol ar longau ceblau wedi hynny.[129]

O dan arolygiaeth Alexander Siemens (1847–1928), treuliodd y *Faraday* yr hanner canrif nesaf yn gosod yr hyn yr amcangyfrifir ei fod yn gyfanswm o 50,000 o fôr-filltiroedd (93,000 o gilometrau) o geblau i'r Brodyr Siemens, gan gynnwys sawl cebl ar draws Môr Iwerydd.

*Ffigur 10.59 CS Faraday (2): y llong yma a adeiladwyd yn olynydd i'r C S Faraday gyntaf gan Gwmni Palmers Shipbuilding & Iron Cyf, Jarrow a Hebburn-on-Tyne, ar gyfer Siemens Brothers a'r Cwmni Cyf, Llundain a Woolwich. Fe'i lansiwyd yn Jarrow ar 16 Chwefror 1923.*

*Ffigur 10.60 Dec ôl y CS* Faraday *gyntaf a'i dwy simnai ganolog. Yn ddiweddarach, daeth llawer o'r syniadau a ymgorfforwyd yn ei chynllun yn rhan safonol o offer llongau ceblau eraill.*

*Ffigur 10.61 Dec blaen y CS* Faraday*. Dangosir y bwiau mawr a gysylltid wrth bennau'r cebl er mwyn gallu eu codi o wely'r môr.*

Er i'r llong gael ei gwerthu i'w throi'n sgrap ym 1924, golygodd anhawster ei datgymalu iddi gael ei hailwerthu'n hwlc glo i Gwmni Glo Anglo-Algiers o dan yr enw newydd *Analcoal*. Fe'i symudwyd i Gibraltar ym 1931 i storio glo ynddi ac yna i Sierra Leone yn llong storio i'r Llynges Frenhinol ym 1941, cyn iddi gyrraedd iard ddatgymalu yn ne Cymru ym 1950.

Olynydd y *Faraday* oedd llong gosod ceblau ac iddi gorff o ddur ond yr un enw. Fe'i hadeiladwyd gan Gwmni Palmers Shipbuilding Cyf, o Jarrow a Hebburn-on-Tyne, ym 1923 (ffigurau 10.59, 10.60 a 10.61). Dros y 12 mlynedd nesaf, gosododd y *Faraday* honno geblau yn India'r Gorllewin ac mewn mannau eraill, yn enwedig cebl ffôn Awstralia–Tasmania ym 1935. Ym mis Hydref 1935 cyfunwyd adrannau Ceblau Tanfor y Brodyr Siemens a Chwmni Telegraph Construction and Maintenance i ffurfio Submarine Cables Cyf am nad oedd digon o waith i ddau gwmni.[130] Fe gadwon nhw'r *Faraday* ond gwerthwyd eu hail long, y *Dominia*, i Rwsia.

Ym 1937–38, yr oedd y *Faraday* yn ôl mewn dyfroedd cartref yn gosod ceblau rhwng Prydain ac Iwerddon. Ym 1939, fe'i rhoddwyd o'r neilltu yn Falmouth cyn i'r Morlys ei llogi hi i adennill 265 o fôr-filltiroedd o gebl yr Almaen rhwng y Varne Bank ac Ushant. Codwyd y cebl yn llwyddiannus a'i ddadlwytho yn Greenwich i'w ailgyflyru, ond ataliwyd y cynllun i'w ailddefnyddio i gysylltu Prydain â Narvik yn Norwy am fod y milwyr o Brydain a oedd wedi glanio yno wedi gorfod cael eu tynnu'n ôl.

Am nad oedd dim i'r llong ei wneud, fe'i symudwyd i Afon Dart yn Nyfnaint a'i rhoi o'r neilltu. Yn fuan wedyn, fe'i cymerwyd gan y Morlys i hyfforddi llongwyr y llynges, a'i throi hi'n HMS *Faraday*. Arhosodd rhai o'r criw gwreiddiol arni i ofalu am yr offer ond gollyngwyd y cynllun pan logwyd hi i fynd â cheblau i ganolfannau yn Affrica. Cafodd hi gyfarwyddyd i ymuno â chonfoi o 25 llong a oedd i fod i adael Falmouth ar 25 Mawrth 1941 i hwylio i Aberdaugleddau. Oherwydd y tywydd garw, dim ond pum llong a gychwynnodd, a'r *Faraday* yn eu plith. Am fod y tywydd mor wael, fe gollon nhw gysylltiad â'i gilydd. Tua 7.45pm fe ymosododd awyren Heinkel 111 ar y *Faraday* gan ollwng dau fom arni a'i phledu â bwledi o wn peiriant. Lladdwyd wyth o'r criw ac anafwyd pump ar hugain. Er i ynwyr y *Faraday* saethu'r Heinkel i'r llawr, ffrwydrodd y bomiau yn y bynceri olew ac achosi tân difrifol. Gadawodd y criw'r llong, rhai mewn badau achub ac eraill ar long bysgota o Wlad Belg a oedd wedi llwyddo i ddod at ymyl y *Faraday*. Trosglwyddwyd 56 o ddynion o'r llong bysgota i'r bad achub *Elizabeth Elson* a'u glanio yng ngorsaf y bad achub yn Angle yn Sir Benfro. Llosgodd y *Faraday* drwy'r nos ac yn y diwedd fe darodd hi'r tir a suddo oddi ar Benrhyn St Ann.[131]

## 10.15

# Ffatrïoedd tywod

Deanna Groom

'Agregau morol' yw'r tywod a'r graean a gaiff eu sugno o wely'r môr yn y mannau ar hyd glannau Cymru sydd wedi'u trwyddedu'n arbennig (gweler tudalen 272) (ffigur 10.62). Wrth geiau yn y de fel Casgwent, Casnewydd, Caerdydd, y Barri, Llansawel, Abertawe a Phorth Tywyn y caiff rhyw 60 y cant o'r holl agregau a dynnir o Fôr Hafren ei lanio, ac wrth geiau Afon Mersi y caiff agregau o ddyfroedd Cymru ym Mae Lerpwl eu glanio.[132]

Yn nyddiau cynharaf y diwydiant, câi llongau bach eu glanio ar fanciau tywod lle byddai'r criw'n cloddio ac yn llwytho'r agreg â llaw rhwng y llanw a'r trai. Yn y 1900au cynnar golygai dyfodiad y broses o ddefnyddio pibell a phwmp allgyrchol i sugno'r tywod fod modd i'r treillwyr tywod aros ar wyneb y dŵr. Wrth benderfynu ble y byddai llongau'n gweithio, byddai'r meistri'n defnyddio'r blymen a nodi cyfeiriad y cwmpawd ar sail nodweddion ar y lan. Datblygiad mawr yn y dechnoleg fu cyflwyno offer i raddio llwythi am ei fod yn fodd i ollwng y creigiau a'r mwd wrth i'r agreg gael ei lwytho. Datblygiad mawr arall oedd y seinblymiwr, teclyn a roddai wybod am ddyfnder y dŵr a natur gwely'r môr o dan y llong.

Llong ager a brynwyd gan George Peters a'i wraig Mary oddi wrth Burtons, Casnewydd, oedd y *City of York*, ac ym mis Mehefin 1912 dechreuwyd ei defnyddio i godi tywod o'r môr. Er mai â llaw y câi ei llwytho wrth iddi orffwys ar y tywod, llwyddodd hi i gludo 15,000 o dunelli i Fryste yn ystod ei blwyddyn gyntaf. Cyn hir, prynodd Peters long lawer mwy, yr *Holman Sutcliffe*, a'i haddasu hi i gyflawni'r broses arloesol o garthu drwy sugno. Denodd ffyniant y cwmni gwmnïau eraill i gystadlu ag ef, rhai fel Bowles a'i Feibion, Caerdydd, ym 1920, Holms Sand & Gravel a grëwyd gan deulu'r Browniaid ym 1924 a Chwmni South Wales Sand & Gravel gan y Bevaniaid ym 1932.[133]

Llong fach ager a adeiladwyd yn yr Iseldiroedd ym 1900 oedd y *Thomond*. Dyma'r treilliwr agregau cyntaf o'i fath y cofnodwyd iddo gael ei golli yn nyfroedd Cymru (ym 1924, ger Bwi Gorllewin Caerdydd).[134] Ar ôl iddi gael ei gwerthu i Joseph Bowles ym 1920, fe'i trowyd yn dreilliwr tywod a dyna gychwyn menter broffidiol iawn i'r halwyr. Fe godon nhw gei, depo a swyddfa newydd yn Nociau Caerdydd ac ym 1932 fe ymunon nhw â Bristol Sand & Gravel i ffurfio cwmni dielw, British Dredging, i reoli'r casgliad o dreillwyr tywod a gâi ei redeg bryd hynny gan bum cwmni annibynnol.

Ym 1930, y *Durdham* oedd y treilliwr cyntaf i'w adeiladu'n bwrpasol i sugno tywod i Gwmni Bristol Sand & Gravel Cyf. Câi'r tywod neu'r agreg ei sugno ar ffurf hylif i danc tywod neu i'r howld. Yno, fe suddai i'r gwaelod a châi'r dŵr gwastraff ei bwmpio neu ei ddraenio allan drwy ochr y llong. Ailsa Shipbuilding Cyf yn Troon yn yr Alban a adeiladodd y llong ond fe darodd hi ffrwydryn ar y môr yng Ngorffennaf 1940 a suddo oddi ar Drwyn Larnog. Collodd wyth o bobl eu bywydau.[135]

Charles Hill a'i Feibion o Fryste a adeiladodd holl dreillwyr agreg newydd T Brown a'i Feibion ar gyfer fflyd Holms Sand & Gravel ym Mryste a'u fflyd Norwest Sand and Ballast yn Lerpwl. Aeth y *Steepholm*, a adeiladwyd ym 1950, i drafferthion pan fethodd ei goleuadau a'i phympiau mewn tymestl ar 2 Hydref 1968.[136] Gyrrwyd y llong i'r Tusker Rock ger Porthcawl ond achubwyd y criw gan fad achub y Mwmbwls, *William Gammon*.

Yn y dyddiau cynnar, go ddigysur oedd bywyd ar y llongau hynny. Ceid yno ystafell fach â stof i gynhesu diodydd a bwyd, bync i gysgu arno, a thŷ bach. Ar longau â llifddorau ar lefel y dec gweithiai'r criwiau hyd at eu canol mewn dŵr rhewllyd yn aml. Ac am na chafwyd gwared yn llwyr ar bŵer ager tan yn gymharol hwyr (yn y 1960au), parhaodd swydd hollbwysig y taniwr am lawer blwyddyn yn hwy nag mewn rhannau eraill o'r fasnach forol.

Mae Newport Sand and Gravel, Swansea Sand and Gravel, Western Dredgers, Cwmni Burry Sand, Severn Sands a llu o gwmnïau ac unigolion eraill wedi mentro i'r fasnach honno ar hyd y blynyddoedd. Mae eu llongau'n dal i godi tywod o ddyfroedd Cymru, ac ar ddiwedd eu hoes caiff rhai eu datgymalu mewn ierdydd sgrap yng Nghymru, fel un John Cashmore Cyf yng Nghasnewydd.

*Ffigur 10.62 Treilliwr sugno modern wrth ei waith.*

ADRAN 3

# CIPOLWG AR Y GORFFENNOL

*Ffigur 11.1 Pobl ar eu gwyliau'n mwynhau glan y môr yn Abertawe ym 1874.*

Pennod 11

# Apêl y môr

Deanna Groom

Cafwyd awgrym mai'r hyn a gredid ac a ofnid am y môr hyd at ddiwedd yr unfed ganrif ar bymtheg oedd ei fod yn llawn bwystfilod dyfrllyd a dicter dieflig a oedd dan bawen pwerau'r fall. Bu'n rhaid aros tan ddechrau'r ail ganrif ar bymtheg cyn i olwg fwy cadarnhaol ar y môr ddatblygu ymhlith grŵp o feirdd yn Ffrainc.

*Ffigur 11.2 Adeiladwyd Pier y Garth, Bangor, ar sail cynllun gan J J Webster, Llundain, ac fe'i hagorwyd gan George Douglas-Pennant, ail Farwn Penrhyn ar 14 Mai 1896. Gan ei fod yn 1,500 troedfedd o hyd (460m), dyma'r pier ail hiraf yng Nghymru (ar ôl Llandudno, sy'n 2,295 troeddfedd (700m)).*

Bu cyfieithu gweithiau un ohonynt, Antoine Girard de Saint-Amant (1594–1661), i'r Saesneg ym 1716 yn gyfraniad mawr i ddatblygu'r cysyniad o synwyrusrwydd tirweddau a morweddau mewn celfyddyd a llenyddiaeth.[1] Yn Oes yr Ymoleuo wedi hynny, rhoddai peintwyr ac awduron llyfrau taith bwys mawr ar weld golygfeydd trawiadol byd natur. Yn ddiweddarach, cafodd yr ymchwil i dirweddau a morweddau mewn archaeoleg glasurol, fel y'i dangosir yng ngweithiau arlunwyr fel Claude Lorrain (tua 1600–82), ei chrisialu yn y syniad o gyflawni'r 'Grand Tour' ymhlith boneddigion mwyfwy cyfoethog.

Yr oedd llawer o'r unigolion hynny hefyd yn ceisio gwrthweithio ffyrdd braidd yn afiach o fyw (traflyncu ciniawau bras ac yfed llu o winoedd a gwirodydd) a meithrin eu hiraeth 'bonheddig' am y môr a'r glannau. Cyn hir, priodolwyd i ddŵr y môr yr un bendithion ag a geid o yfed ac ymdrochi yn nyfroedd ffynhonnau, yn enwedig yn sgil y trafod ar fanteision meddyginiaethol gwneud hynny mewn gweithiau fel *A Dissertation on the Use of Sea Water in the Diseases of the Glands* a gyhoeddwyd ym 1750 gan y meddyg Richard Russell (1687–1759). Ei ddadleuon o blaid 'iachâd drwy ddŵr y môr' a barodd iddo gael ei ethol i'r Gymdeithas Frenhinol ym 1752.

Erbyn diwedd y ddeunawfed ganrif yr oedd trefi glan-môr Cymru wedi manteisio'n llawn ar y brwdfrydedd hwnnw, ac 'apêl' y môr wedi troi'n 'gyfaredd' llwyr. Daeth y baddondy cyntaf i Ddinbych-y-pysgod erbyn 1781 ac agorodd y banciwr cyfoethog, Syr William Paxton (1744–1824), faddondy arall yno'n gynnar yn y ganrif ddilynol. Cynhwysai hwnnw faddonau i foneddigesau a boneddigion, ac ystafell ymgynnull (ffigur 11.4). Cododd Paxton hefyd bromenâd a theatr a chyhoeddi tywyslyfr cynta'r dref.[2]

Ym 1788, dechreuodd y tafarnwr mentrus James Lake o'r Mackworth Arms yn Abertawe hysbysebu ei dafarn yn *Felix Farley's Bristol Journal* i ddenu ymwelwyr o'r goets fawr a arhosai gerllaw. I'r rhai yr oedd yn well ganddynt deithio ar y môr, gadawai iot y *Princess Royal* Fryste i hwylio i Abertawe ar ddydd Llun a dydd Iau a dychwelyd ar ddydd Mercher a dydd Sadwrn. Talai'r teithwyr caban ddecswllt a chwecheiniog, a thalai'r lleill driswllt a chwecheiniog. Yn ôl papur newydd y *Cambrian* ym 1804, 'Swansea is very full – genteel company and families are almost daily arriving at this gay resort of fashion. The promenade … displayed an assemblage of beauty and elegance fascinating beyond description' (gweler ffigur 11.1). Yn yr un papur hysbysebwyd llyfr a ganai glodydd ymdrochi yn y môr, sef *A Treatise on Hot and Cold Baths* gan feddyg blaenllaw o Abertawe, Dr William Turton (1762–1835).[3]

Ym 1797 bedyddiwyd Aberystwyth yn 'Brighton of Wales' (ffigur 11.3). Yr oedd yno bedwar peiriant ymdrochi i fenywod a dau i ddynion erbyn 1801, ac 21 ohonynt erbyn 1826. Ym 1801 hefyd fe agorodd Rice Williams Ysw y 'Marine Baths' ym mhen gogleddol y promenâd. Ceid yno 15 o ystafelloedd â baddonau preifat poeth neu oer, ystafell ymdaflu oer, baddon â chawod, a baddon anwedd ('a most modern invention'). Dechreuwyd codi rhes tai ffasiynol Glan y Môr ym 1805 a rhan gynta'r promenâd ym 1819. Ym 1820 agorwyd ystafell ymgynnull a oedd yn ystafell ddarllen yn ystod y dydd ac yn ystafell ddawnsio gyda'r nos, ynghyd ag ystafell gardiau ac ystafell filiards. Erbyn 1831 yr oedd gan Aberystwyth ei theatr ei hun.[4]

Bu'r trefi glan-môr cynnar hynny'n fwy na chanolfannau iechyd yn unig. Gallai ymwelwyr dreulio'r gaeaf yn Llundain neu Gaerfaddon a chymryd llety ar lan y môr yn yr haf. Cyn hir, cyhoeddwyd canllawiau pwrpasol i ymwelwyr a rhestru ynddynt atyniadau lleol yn ogystal â'r mathau o lety y gellid eu cael. Am fod angen difyrru'r ymwelwyr, yr oedd yn rhaid i dref glan-môr a ddymunai lwyddo gynnig atyniadau lle gallai pobl ffasiynol gael eu gweld mewn mannau yr oedd hi'n weddus iddynt gael eu gweld ynddynt.

Yr oedd taith diwrnod i lan y môr yn ddewis cyffrous yn lle taith ar y tir. Erbyn 1822, cawsai grŵp o fasnachwyr o Fryste wared ar eu 'pacedi' hwylio er mwyn gallu cyflwyno gwasanaethau rheolaidd ar rodlongau ager i Lerpwl, Corc, Dulyn a Chas-gwent. Yn aml, hefyd, cynigient fordeithiau arbennig yn ogystal â'r gwasanaethau arferol. Flwyddyn yn ddiweddarach, gwelwyd hysbysebu mordeithiau mynych mewn cychod bach o Abertawe i'r Mwmbwls, Bae Caswell a mannau eraill ar hyd glannau penrhyn Gŵyr yn ystod yr haf.

Mae cofnodion Bwrdd Gwelliannau Cyngor y Dref yn cofnodi ffenomen debyg yn Aberystwyth ychydig yn ddiweddarach yn y 1860au. Erbyn Mai 1868, gorchmynnwyd tynnu oddi yno y cychod pleser a oedd wedi bod ar gael i'w defnyddio ar draethau'r dref a chyflwynwyd is-ddeddf ynghylch cyflwr addas y cychod, nifer y teithwyr y gellid eu cludo a pha mor agos y gallai'r cychod ddod at y peiriannau ymdrochi. Pennodd yr is-ddeddf hefyd gost llogi'r cychod: decswllt yr awr am gwch hwylio dros 30 troedfedd o hyd, pumswllt yr awr am gwch hwylio o dan 30 troedfedd o hyd, a deuswllt am bob awr ychwanegol.[5] Ym 1880, nododd *Eyre's Guide*: 'boats for rowing or sailing with a boatman in attendance may be hired at a more moderate charge than at many marine resorts'.

Ffigur 11.3 Llun – o Gasgliad Aerofilms y Comisiwn Brenhinol – o lan y môr yn Aberystwyth ym 1932. Mae'n dangos y llongau ager bach a hwyliai o'r promenâd a'r cychod hwylio y gellid eu llogi ger y llithrfa (rhai ohonynt allan ar y dŵr ac eraill wedi'u tynnu i'r lan i'r gogledd o'r llithrfa.

Mae'n nodi hefyd: 'Fishing for sea fish may be had in the bay and amateurs will sometimes form themselves into groups and amuse themselves for hours in endeavouring to beguile to destruction the fishy inhabitants of the waters'.[6]

Gwelodd canol a diwedd oes Victoria ddatblygu trefi glan-môr. Yn Llandudno, rhannodd teulu Mostyn eu hystâd yn blotiau adeiladu i'w gwerthu drwy ocsiwn ym 1849. Dechreuwyd codi gwestai: y Mostyn Arms yn gyntaf ac yna, rhwng 1854 a 1860, rai'r Royal, yr Empire and St George, y Queen's a'r Hydro. Er i gangen o reilffordd Caer-Caergybi gyrraedd ym 1850, dal i gyrraedd ar rodlongau wnâi'r mwyafrif o ymwelwyr.[7]

Gwelwyd cynllunio llai caeth ar ddatblygu'r Rhyl, ond yr oedd cryn dipyn o ddatblygu wedi bod yno erbyn y 1820au, a chwblhawyd codi Gwesty'r Royal ym 1825. Ysgogodd dyfodiad y rheilffordd ym 1848 ail gyfnod o ddatblygu a chawsai 212 o dai lodjin eu codi yno erbyn 1852. Ym 1876 ffurfiwyd cwmni i godi theatr, sw, rinc sglefrio, y Grand Pavilion a'r Marine Lake. Yn y Queen's Palace, a godwyd ym 1902–04, ceid ystafell ddawnsio, gardd-ar-ben-y-to, siopau, arddangosfa o ddelweddau cwyr, ac, o dan lefel y llawr, '(an) underground Venice complete with gondolas'.[8]

Gan fod teithio ar rodlongau'n dal yn elfen bwysig yn y cludiant mewn trefi glan-môr, gorfodwyd y rhai a ddatblygai amwynderau hamdden ar yr arfordir i ystyried codi cyfleusterau glanio a fyddai'n cyrraedd dŵr dyfnach. Byddai hynny'n fodd i longau pleser alw, neu iddynt godi neu ollwng teithwyr adeg trai neu lanw. Dyna sut y ganed y pier promenâd yn fodd i ddatrys problemau mynediad i longau ac i ymwelwyr hefyd allu mwynhau 'cerdded uwchlaw'r tonnau'. Biwmares oedd y dref glan-môr gyntaf i fod â phier glanio bach – un o gerrig a choed – ym 1846. Gan i Ddeddf Pierau a Harbwrs 1861 hwyluso sicrhau caniatâd seneddol i'w codi, yr hanner canrif wedyn fu oes aur codi pierau yng Nghymru. Codwyd un yn Aberystwyth ym 1861, yn Llandudno ym 1877, yn y Rhyl ym 1891, yng Nghaerdydd ym 1895, ym Mae Colwyn ym 1895, ym Mangor ym 1896 (gweler ffigur 11.2), yn y Mwmbwls ym 1898, a'r pier promenâd anarferol (addasiad o forglawdd y gogledd) ger Doc Port Talbot yn Aberafan ym 1902. Cyn hir, fe ychwanegwyd atyniadau eraill at 'gerdded uwchlaw'r tonnau', a chodid tâl am eu defnyddio. Codwyd pafiliynau lle ceid siopau, cyngherddau, lluniaeth, sioeau deifio a pherfformiadau Pierrot.[9]

Yn y pen draw, bu dyfodiad y peiriant ager yn fodd i dwristiaid droi eu llygaid at diroedd pellach i ffwrdd i weld rhyfeddodau natur a mwynhau tymhorau ffasiynol yno. Toc, câi dychymyg y bobl ei borthi gan yr holl sôn yn y cyfryngau am yr ymgiprys mawr i gipio'r 'Rhuban Glas' rhwng y llongau a gludai deithwyr ar draws Môr Iwerydd. Erbyn heddiw, mae glannau Cymru'n dal i gynnig '[a] freshness of wonders' i'r rhai sy'n chwilio am yr hardd a'r hyfryd, ac maent yn gyforiog o'r rhyfeddodau y baglodd awduron llyfrau taith ar ddechrau'r bedwaredd ganrif ar bymtheg ar draws ei gilydd i'w disgrifio mewn geiriau.[10]

*Ffigur 11.4 Y plac yn Ninbych-y-pysgod sy'n coffáu ei baddonau dŵr-y-môr.*

> 'Sweet, romantic Tenby – a gem of Channel watering places! Who can ever forget the first impression of that gentle bay – that singularly, situated congregation of dwellings – with their guardian spire ascending into the sky – crowning a peninsula steep, protected by island from the raging of the sea without, and blending the stern characteristics of the old walled town with the luxuries of modern life! What can be more picturesque in form or in colouring than the gladsome bay between the deep purple headland of monkstone, and the rocky point of the Castle Hill, set in a green sea of delirious purity?'
>
> Charles Cliffe, *The Book of South Wales, the Bristol Channel, Monmouthshire and the Wye* (1847), td. 219

# 11.1

# Yr iot frenhinol *Mary*

## Sian Rees

Doedd mordwyo ddim yn gyfyngedig i fasnachu a rhyfela, ac erbyn yr ail ganrif ar bymtheg ystyrid hwylio'n weithgarwch hamdden pleserus. Gair o'r Iseldireg *jacht*, sef 'llong hela', yw 'iot' ac fe lwyddodd yr iotiau a adeiladwyd yn yr Iseldiroedd at ddibenion pleser a busnes – rhai hynod addas ar gyfer hwylio'r dyfroedd bas yno – i ysbrydoli ffasiwn amdanynt ymhlith teulu brenhinol a boneddigion Prydain. Mae'n debyg i Elizabeth I (teyrnasodd: 1558-1603) archebu adeiladu iot mor gynnar â 1588, ac yn y 1640au yr oedd 'yought' gan yr Arglwydd Dacre o Gastell Herstmonceux. Yr oedd Charles II (teyrnasodd: 1660-85) eisoes wedi prynu cwch pleser a gawsai ei adeiladu iddo yn St Malo ym 1646 cyn iddo gael yr iot hynod addurniadol *Mary* yn rhodd gan ddinas Amsterdam pan adferwyd coron Lloegr iddo (ffigur 11.5). Cofnododd Samuel Pepys (1633–1703) i'r *Mary* gyrraedd Llundain ym 1660. Bu hi'n ysbrydoliaeth i adeiladu 18 iot arall i fodloni ysfa'r brenin i rasio ar Afon Tafwys. Magodd y gamp boblogrwydd aruthrol ymhlith uchelwyr ac fe'i

cymerid o ddifrif calon. Yn wir, cymerai Charles ei hun y llyw o dro i dro. Yn ddiweddarach, mynegodd Pepys dipyn o fodlonrwydd wrth gofnodi i'r *Catherine*, iot a adeiladwyd yn Deptford ym 1661 gan ddilyn cynllun mwy addas ar gyfer dyfroedd garwach Lloegr, lwyddo i drechu'r *Mary*.

Yn y rhestr o gynnwys yr iot adeg gosod yr offer ynddi a chyn ei chyflwyno i'r brenin, cawn fanylion gwerthfawr am ei hadeiladwaith ac am y celfi ynddi. Am fod y gynulleidfa ym Mhrydain yn anghyfarwydd â gweld cychod o'r fath, ac felly'n chwilfrydig yn eu cylch, mae gennym sawl llun ohoni ar y môr (ffigur 11.6).[11] Gwyddom iddi fod yn 66 troedfedd a 10 modfedd o hyd ac yn 18 troedfedd a 6 modfedd ar ei lletaf. Yr oedd ganddi ddrafft bas a gwyntfyrddau ar ffurf gwyntyll bob ochr iddi, rig pinnas gaff uchel a hwyl-lath a hwyl-lath is ar gyfer 'kite' brig-hwyl sgwâr. Cariai ddwy hwyl flaen ar falyn blaen hir uwchlaw penddelw pres o uncorn. Ar ei starn uchel yr oedd tair lantarn eurad, ac yr oedd cyfoeth o waith cerfio o

*Ffigur 11.5* The Arrival of King Charles II of England in Rotterdam, 24 May 1660 *gan Lieve Verschuier. Dangosir y* Mary *wrth angor yn y canol.*

*Ffigur 11.6 Yn* The Mary *gan Willem van de Velde yr Ifancaf (1633–1707) gwelir manylion yr addurno coeth ar yr iot frenhinol. Barn Pepys oedd mai'r iot oedd 'one of the finest things I ever saw for neatness and room in so small a vessel'.*

amgylch yr arfbais frenhinol. Ar y dec safai pafiliwn eurad moethus i'r teithwyr brenhinol. Rhaid bod y cerfiadau disglair arni a'i gynnau llachar o bres, ei baneri a'i dau benwn coch, gwyn a glas yn destun rhyfeddod i'r llygad-dystion a gerddai ar hyd glannau Afon Tafwys.

Cawsai tu mewn yr iot hefyd ei haddurno'n swmpus. Yn y prif gaban ceid lle â phedwar gwely i deithwyr a chabanau llai o faint i'r criw. Yn y pafiliwn yr oedd paneli o goed wedi'u peintio, ynghyd â lledr eurad. Serch yr olwg hyfryd arni, collasai *Mary* ei swyn i'w pherchennog brenhinol erbyn 1665 a hynny, mae'n debyg, oherwydd ei diffyg cyflymdra yn y moroedd ar hyd glannau Prydain a oedd yn arwach na rhai ei dyfroedd cartref. Fe'i hailwampiwyd i gynnig gwasanaeth cyffredinol a bu'n cludo Arglwydd Raglaw Dulyn a'i swyddogion, a nwyddau gwerthfawr, rhwng Caer a Dulyn. Yn ystod un o'r teithiau hynny yr aeth hi i'w thranc. Am ddau y bore ar 4 Ebrill 1675 fe darodd hi'r creigiau miniog mewn niwl oddi ar Ynysoedd y Moelrhoniaid ym Môn (ffigur 11.7). Boddwyd y capten, 35 o'r teithwyr a 3 o'r criw, ond llwyddodd gweddill y 15 teithiwr a 24 o'r criw i ddianc. Wedi iddynt dreulio noson anghyffyrddus ar yr ynys greigiog, fe'u hachubwyd gan long a anfonwyd drannoeth o Fiwmares i'w codi.

*Ffigur 11.7 Awyrlun o'r Moelrhoniaid, cyfres o sarnau a rhigolau creigiog oddi ar arfordir gogledd-orllewin Môn. Dyma lle'r aeth yr iot* Mary *i drybini mewn niwl ar 4 Ebrill 1675. Mae natur dwyllodrus y perygl hwn i longau yn amlwg.*

# 11.2

# Â'u bryd ar ymblesera

## Deanna Groom

Gwibio dros ddyfroedd gloyw, ceisio dal i fyny, cadw mor agos â phosibl at y bwi, rasio am y llinell a chlywed sŵn y gwn – dyna ran o'r wefr yr arferid ei chael ar y llongau a adeiladwyd yn bennaf i deithio'n gyflym dros ddŵr a difyrru mewn ffordd hynod foethus. Ond gan i ryw 40 ohonynt gael eu colli yn nyfroedd Cymru, mae'n bwysig cofnodi rhywfaint ar y newidiadau cymdeithasol ac economaidd a roes fod i'w creu a'u defnyddio.

Y teulu brenhinol oedd y cyntaf i gychwyn y ffasiwn am iotiau bach cyflym. Gwelodd Oes y Stiwartiaid fewnforio'r iot frenhinol *Mary* o Amsterdam (gweler tudalen 188), a hi ym 1675 oedd yr iot gyntaf i'w cholli yn nyfroedd Cymru. Rhwng 1660 a 1688, adeiladwyd 26 o iotiau yn ierdydd y dociau brenhinol. Sylweddolodd teulu Pett, cynllunwyr llongau'r Llynges Frenhinol, fod angen i iot yn nyfroedd Prydain fod yn gyfaddawd rhwng y cychod cyflym a bas a geid ar ddyfrffyrdd mewnol yr Iseldiroedd a nodweddion cadarn cychod pysgota Prydain.[12]

Ym 1775 y cychwynnodd Dug Cumberland, brawd George III, y clwb iotiau cyntaf a denu uchelwyr i ddilyn yr hobi brenhinol o rasio iotiau ar Afon Tafwys. O'r cyfnod hwnnw y daw'r ail gyfeiriad at golli iot yn nyfroedd Cymru. Ym 1797, dihangodd grŵp o garcharorion o Ffrainc o Gastell Penfro a chipio iot John Campbell, Barwn Cawdor (tua 1753–1821), y gŵr, yn eironig ddigon, oedd â gofal y Milwyr Iwmyn o Sir Benfro a ddaliodd yr union filwyr chwyldroadol o Ffrainc pan geision nhw oresgyn Prydain drwy Abergwaun. Rhoes y carcharorion y gorau i'r iot ar ôl cipio brig oddi ar Linney Head a dianc adref i Ffrainc.[13]

Ym 1815 fe sefydlwyd Sgwadron yr Iotiau Brenhinol, corff a gâi gymaint o ddylanwad ar y rasio ffurfiol ar iotiau. Yng Nghymru, y rasys hwylio blynyddol i gychod peilot o Abertawe, Caerdydd a Chastell-nedd a gipiodd ddychymyg y cyhoedd. Yn raddol, adeiladwyd mwy a mwy o gychod bach i bobl fwynhau eu hwylio, ac o'r 1830au ymlaen sefydlwyd regatas blynyddol yn Abertawe a threfi eraill.

*Ffigur 11.8 Ffotograff o* Britannia, *iot Tywysog Cymru, a dynnwyd gan Alfred John West ym 1894. Mae'n hysbys i'r iot ogoneddus hon o'r Dosbarth Cyntaf rasio yn nyfroedd Cymru ym 1896 pan ddechreuodd Clwb Hwylio Môr Hafren drefnu regatas 'Brenhinol'. Ym 1926, cynhaliodd y clwb rasys Jiwbilî a mentrodd* Shamrock Thomas Lipton *gystadlu yn erbyn* Britannia *mewn ras oddi ar y Mwmbwls. Y* Shamrock *enillodd.*

*Ffigur 11.9 Cyhoeddwyd y lithograff hwn yn* Hunt's Yachting Magazine *ym mis Rhagfyr 1852. Mae'n darlunio cwch rasio y* Pearl *a oedd yn eiddo i Ardalydd Môn, Comodôr Clwb Hwylio Brenhinol Cymru. Mae hi'n tynnu cwch rhwyfo ac yn hedfan lluman Clwb Hwylio Brenhinol Cymru o rigin ei starn.*

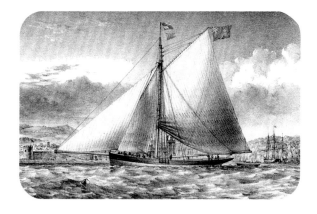

Y peiriannydd morol Robert Napier (1791–1876) a gynlluniodd y peiriannau arloesol i yrru rhodiotiau. Ym 1830, perchennog yr iot gyntaf gan Napier, *Menai*, oedd Thomas Assheton Smith o'r Faenol (1776–1858), gŵr yr estynnai ei dir hyd lannau'r Fenai. Cost yr iot oedd £20,000.[14] Pan ddaeth Victoria'n frenhines ym 1837, dull gyriant Napier a ddewiswyd ar gyfer y *Victoria and Albert*, yr iot frenhinol gyntaf i'w gyrru gan ager. Fe'i lansiwyd ym Mhenfro ym mis Ebrill 1843. Sicrhaodd arweiniad cymdeithasol y Frenhines Victoria a'r Tywysog Albert y byddai Regata Cowes yn tyfu'n bwynt sefydlog yn 'y tymor' ac yn rhoi cryn hwb i adeiladu iotiau hwyliau ac iotiau ager (ffigur 11.8).

O dan nawdd y frenhiniaeth, ffurfiwyd sawl clwb hwylio newydd, fel Clwb Hwylio Brenhinol Cymru a sefydlwyd ym 1847 (ffigur 11.9).[15] Bodlonent ddyheadau nid yn unig y boneddigion ond hefyd rai'r dosbarth cymdeithasol a oedd yn ymgodi ar sail ffyniant diwydiant ac yn crefu am gael amlygu eu llwyddiant – iot hwylio neu iot ager, neu hyd yn oed y ddwy – a

*Ffigur 11.10 Codwyd Caer Belan, i'r gorllewin o Gaernarfon, ym 1775 i amddiffyn pen gorllewinol Afon Menai yn ystod Rhyfel Annibyniaeth America. Yn ddiweddarach, trodd teulu'r Wynniaid, y tirfeddianwyr lleol, hi'n gaer breifat ac ychwanegu harbwr bach ati'n angorfa i iot ager Spencer Wynn, y* Vesta, *a ddangosir yma.*

rasio neu hwylio, difyrru eu cyfeillion mewn amgylchiadau moethus a chael eu gweld yn gwneud hynny.

Wrth i'r ganrif fynd rhagddi, disodlwyd yr hen olwynion gyrru gan sgriwiau gyrru a bu i lawer o'r 'steam ladies' hardd a adeiladwyd ar lannau Afon Clud a mannau eraill ddilyn arddull ffasiynol teulu brenhinol Prydain a phenaethiaid gwladwriaethau Ewrop (ffigur 11.10). Nodweddion y 'ladies' oedd cyrff cliper, ffurf osgeiddig, simneiau uchel a chul, a hwylbrenni ar oleddf.[16] Erbyn y 1880au, yr oedd rhyw 700 o iotiau ager wedi'u cofrestru ym Mhrydain, a 1,500 a rhagor ohonynt erbyn 1905. Ceid hefyd lu o binasau hwylio, sgwneri ac iotiau a oedd yn eiddo i Americanwyr a Phrydeinwyr ac wedi'u cynllunio'n benodol i gystadlu am gwpan nodedig – Cwpan America. Cyfrannodd yr holl iotiau hynny at oes aur yr iotiau.

Wedi'r Rhyfel Byd Cyntaf, effaith ailgynnau'r diddordeb ysol yn y maes oedd i glybiau iotio gomisiynu dosbarthiadau o iotiau 'clwb'. Gan fod y rheiny'n debyg i'w gilydd o ran eu cynllun, rhoddai'r rasio brawf ar fedrusrwydd eu criwiau yn hytrach nag unrhyw fantais o ran eu cyrff neu eu hwyliau. Ymhlith y rhai a ddogfennwyd orau mae'r 'Conway Fife One Class' a adeiladwyd gan William Fife (1857–1944) ar gyfer Clwb Hwylio Brenhinol Môn, y 'Port Dinorwic One', a'r 'Barry Sixteens' a ddatblygwyd o sgiffiau peilot Doc y Barri ac y ceir enghraifft ohonynt, y *Windsong*, yng nghasgliadau Amgueddfa Cymru.

Mae dosbarthiad yr iotiau ager a'r iotiau hwylio a aeth i ddifancoll yn dangos mai ym Mae Lerpwl a Môr Hafren y collwyd llawer ohonynt. Yno, wrth gwrs, yr oedd y rhan fwyaf o'r cyfoeth a grëwyd gan fasnach a diwydiant. Ymhlith yr iotiau hwylio yr oedd y *Blue Rock*, a aeth i drybini ym Mae Conwy ym 1904,[17] a'r *Aspasia*, a aeth yn sownd ar Ynys Sili ger Caerdydd ar 19 Mehefin 1898.[18] Ymhlith yr iotiau ager a gollwyd yr oedd y *Sunbeam*, a oedd yn eiddo i'r Anrh. Frederick George Wynn (1853–1932), Glynllifon, Caernarfon, ac aelod o Glwb Hwylio Brenhinol Cymru.[19] Yr oedd hi'n cludo wyth o deithwyr ar daith bleser o Fiwmares i Gaernarfon pan drawodd yn erbyn y llong ager *Snowdon* ger Pwll Ceris ar 2 Awst 1904.[20] Gwaetha'r modd, mae'n debyg mai gwrthdrawiadau, neu gael eu taro, oedd achos mwyaf cyffredin colli iotiau yn y morlwybrau a oedd â chymaint o longau masnach yn hwylio ar hyd-ddynt.

# 11.3      Gwasanaethau 'paced', llongau fferi a llongau pleser

David Jenkins

Mae moroedd Cymru yn ddolen gyswllt rhwng pobloedd ers amser maith. Fe sefydlwyd y gwasanaeth 'paced' rhwng Caergybi a Dulyn, er enghraifft, erbyn diwedd y 1570au ac mae'n parhau hyd heddiw serch yr holl newid arno.[21] Man cychwyn y gwasanaeth fferi o Aberdaugleddau i Iwerddon heddiw oedd y gwasanaeth 'paced' a gyflwynwyd yn y 1790au. Ar y cychwyn, defnyddiai'r gwasanaethau 'paced' longau bach i hwylio o Lerpwl a Bryste i amryw byd o borthladdoedd Cymru, ac mae enw cei 'The Welsh Back' yn Nociau Dinas Bryste yn adleisio'i gysylltiadau masnachol â Chymru gynt.

Mabwysiadodd y gwasanaethau hynny rodlongau ager yn gynnar (ffigur 11.11). Er eu bod braidd yn aneffeithlon, yr oeddent yn ddigon effeithiol wrth gludo pobl a nwyddau bach a gwerthfawr (fel y post, a dyna pam y galwyd hwy'n 'baced') ar deithiau cymharol fyr. Ym 1819 dechreuodd dwy rodlong ager, *Ivanhoe* a *Talbot*, hwylio rhwng Caergybi a Kingstown (Dun Laoghaire) ac ym 1821 cyflwynodd Swyddfa'r Post ragor o 'bacedi' ager ar y daith honno i gludo'r post i Iwerddon ac oddi yno.[22] Yn yr un flwyddyn, cychwynnodd y rhodlong fach *Cambria* wasanaeth o Lerpwl i Fagillt ar aber Afon Dyfrdwy, ac ym 1822 defnyddiwyd y rhodlong *Glamorgan* i gychwyn gwasanaeth dwywaith-yr-wythnos o Fryste i Abertawe,[23] a'r rhodlong *Albion* i gychwyn gwasanaeth tebyg o Lerpwl i Borthaethwy.[24] Ym 1824 cyflwynwyd gwasanaeth 'paced' ager arall o Aberdaugleddau i Waterford a Chorc[25] ond ym 1848 fe'i trechwyd gan y gystadleuaeth.

Effaith datblygu'r rheilffyrdd yng Nghymru o'r 1840au ymlaen oedd amharu llawer iawn ar y gwasanaethau 'paced'. Bu cyflymu'r trenau trwodd cyntaf o Lundain i Gaergybi ym mis Mawrth 1850 yn fodd i gyflymu llawer iawn ar y symud yn ôl ac ymlaen rhwng Lloegr ac Iwerddon. Er i Reilffordd y London & North Western (yr LNWR) lyncu'r lein ym 1859,[26] yr oedd ei llongau ager wedi methu ag ennill y contract nodedig i gludo post Iwerddon gan i hwnnw fynd i Gwmni'r City of Dublin Steam Packet ym 1848 ac aros yno tan 1920.[27] Yn y de, wedi i Ford & Jackson, perchnogion llongau o Lundain, sylweddoli cymaint o gyfle a gynigiai Reilffordd De Cymru (o waith Brunel), aethant ati i sicrhau contract i redeg gwasanaeth dwywaith-yr-wythnos i gysylltu Neyland yn Sir Benfro â Waterford, ac yna un â Chorc. Ym 1872, llyncwyd y cwmni gan Reilffordd y Great Western (y GWR), a ildiodd y gwasanaeth i Gorc i Gwmni'r City of Cork Steam Packet ym 1875. Am gyfnod byr, rhedodd Rheilffyrdd y Cambrian wasanaeth arall o Aberdyfi ym Meirionnydd i Waterford o 1887 tan 1888, ond aeth yr LNWR ati'n syth i danseilio hwnnw'n fasnachol.

Drwy ddenu teithwyr a thraffig y 'pacedi' ati, fe heriodd y rheilffordd holl ddiben gwasanaeth 'paced' y glannau. Serch hynny, fe oroesodd rhai cwmnïau fel cludwyr nwyddau rheolaidd drwy fabwysiadu llongau ager sgriw newydd yn hytrach na gyriant rhodlongau. Rhedodd cwmnïau fel Cwmni'r Aberayron Steam Packet ei wasanaeth o Fryste i Aberaeron – gan alw yn Solfach – tan 1915, a daliodd Cwmni'r Carnarvonshire & Merionethshire Steamship i hwylio'i longau rhwng Lerpwl a Phorthmadog tan 1917.[28]

*Ffigur 11.11 Lluniad pin-ac-inc o'r rhodlong fach Vale of Clwyd wrth Gei'r Foryd ger y Rhyl ar wasanaeth o Lerpwl i Borthaethwy yn y 1820au.*

*Ffigur 11.12 Pump o rodlongau fflyd enwog 'White Funnel' P & A Campbell yn Ilfracombe rywbryd rhwng y ddau ryfel byd. Erbyn dechrau'r ugeinfed ganrif, yr oedd rhodlongau wedi'u trawsnewid o fod yn llongau'r glannau i fod yn llongau pleser. Nid y lleiaf o'u hatyniadau oedd bod y barrau arnynt yn agor ar y Sabath Sych Cymreig!*

Ar ben hynny, yr oedd oes y rhodlongau ymhell o fod ar ben. Yn raddol, troesant yn gychod pleser a redid gan gwmnïau fel P & A Campbell o Fryste â'i fflyd 'White Funnel' (ffigur 11.12) neu Gwmni'r Liverpool & North Wales Steamship tua diwedd y bedwaredd ganrif ar bymtheg a dechrau'r ugeinfed ganrif. Golygfa braf ar Fôr Hafren ac ar hyd glannau'r gogledd oedd gweld y rhodlongau hyfryd yn eu lifrai cywrain yn cludo miloedd o 'Sgowsars', 'Cardiffians' a 'Jacks' Abertawe i dreulio diwrnod cofiadwy yn Llandudno, Porthaethwy, Minehead, Ilfracombe neu Ddinbych-y-pysgod. Atyniad ychwanegol arnynt oedd y bar a agorai gynted ag y cychwynnai'r fordaith, hyd yn oed ar y Saboth sych Cymreig. Daethai oes y mwyafrif ohonynt i ben erbyn 1981 oherwydd pwysau economaidd, ond mae poblogrwydd y *Waverley* (rhodlong a adeiladwyd ym 1946 ac sy'n dal i gludo pobl ar deithiau ym Môr Hafren ac ar afonydd Solent, Tafwys a Chlud) yn dangos hoffter y Cymry o'r llongau gosgeiddig hynny.

Erbyn y 1890au yr oedd hi'n amlwg i'r GWR nad oedd y cyfleusterau yn Neyland yn foddhaol ac aethant i bartneriaeth â Rheilffordd y Great Southern & Western yn Iwerddon i adeiladu porthladd newydd yn Wdig ger Abergwaun ac un yn Rosslare. Adeiladwyd leiniau i gyflymu'r daith o Lundain ym 1906 a defnyddiwyd tair llong ager newydd i gychwyn y gwasanaeth. Cyn hir, trodd llygaid gwancus y GWR at geisio sicrhau bod gwasanaethau traws-Iwerydd yn galw yn Abergwaun, a llwyddwyd i ddenu un o longau Cunard, y *Mauretania*, i alw yno mewn gwledd o gyhoeddusrwydd ym 1909. Rhwng hynny a 1914, galwodd amryw o longau mawr o Brydain yn Abergwaun, ond ni ddatblygodd y porthladd erioed yn un i'w ddenu'n gyson.[29]

Ar wahân i gyfnodau'r ddau ryfel byd, ni fu fawr o newid ar y gwasanaethau rhwng Abergwaun a Chaergybi ac Iwerddon o 1906 tan ganol y 1960au. Cynlluniwyd i longau olynol gludo teithwyr troed rhwng dwy orsaf. Darparwyd cabanau i deithwyr dros-nos a chludid hefyd rywfaint o nwyddau cyffredinol, ond oherwydd y defnyddio cynyddol ar geir a lorïau datblygwyd fferi 'roll-on, roll-off' (ro-ro) a allai gludo nifer fawr o gerbydau yn ogystal â theithwyr. Y llong gyntaf o'i bath i wasanaethu porthladd yng Nghymru oedd yr *Holyhead Ferry* ym 1965. Dilynwyd y ramp llwytho yng Nghaergybi gan rai yn Abertawe (1969, ar gyfer gwasanaeth newydd i Gorc), Abergwaun (1972) a Doc Penfro (1979).

Mae'r newidiadau wedi cyflymu dros y degawdau diwethaf. Ym 1984 fe werthwyd cwmni fferi Sealink ac erbyn 1991 yr oedd yn rhan o grŵp Stena o Sweden. Yn Iwerddon ym 1992 fe breifateiddiwyd Cwmni'r British & Irish Steam Packet (B & I, sy'n dyddio'n ôl i 1836). Cyflwynwyd y llong gyflym *Stena Explorer* ar y daith o Gaergybi i Dun Laoghaire ym 1996 ond am ei bod hi'n defnyddio cymaint o danwydd drud mae'r cwmnïau fferi'n cadw'r llongau 'ro-ro' confensiynol ar y ddau goridor ar draws Môr Iwerddon. Bellach, Stena ac Irish Ferries yw'r ddau brif gwmni sy'n rhedeg fferïau o Gymru i Iwerddon. Llwyddiant ysbeidiol yn unig y mae'r gwasanaeth o Abertawe i Gorc wedi'i gael dros y blynyddoedd diwethaf. Eto i gyd, cyhyd ag y bydd pobl yn dal i ddymuno 'teithio dros y tonnau' o Gymru, mae'n sicr y bydd hon yn un agwedd ar hanes morwrol Cymru a wnaiff barhau i ddatblygu.

## 11.4

# Y *Kathleen & May*

Colin Green

Un bore ym mis Ebrill 1900 hwyliodd sgwner 136-tunnell â brig-hwyl o goed arni, y *Lizzie May*, i mewn i Afon Dyfrdwy ger Cei Connah yn Sir y Fflint. Cawsai ei hadeiladu gan gwmni lleol, Ferguson a Baird, ar gyfer y perchennog llongau John Coppack a'i henwi ar ôl ei ddwy ferch. Toc, yr oedd hi'n barod i hwylio ac erbyn 10 Mai yr oedd hi ar ei ffordd i Rochester yng Nghaint â llwyth o gynnyrch lleol, sef 226 o dunelli o friciau tân. Dri mis yn ddiweddarach fe ddychwelodd i Gei Connah ar ôl teithio rhyw 1,800 o filltiroedd a chludo sment i Plymouth, pitsh i Gaerdydd, glo i Falmouth a chlai llestri i Runcorn, cyfanswm o fwy na 1,600 o dunelli.

Ar ôl wyth mlynedd o deithiau o'r fath, gwerthodd Coppack hi i'r masnachwr Martin Fleming o Youghal yn Sir Corc am £1,700. Ailenwodd Fleming hi'n *Kathleen & May* ar ôl ei ddwy ferch yntau a'i defnyddio am

flynyddoedd maith i gludo glo o dde Cymru a Fforest y Ddena i Youghal, a chludo coed i byllau glo o Gwm Blackwater yn Sir Corc, a cheirch i fwydo gwartheg, ar y fordaith adref.

Fel y gwnaed yn achos llu o longau eraill y glannau, rhoddwyd y llong o'r neilltu am gyfnodau maith yn ystod y dirwasgiad wedi'r Rhyfel Mawr, ond oherwydd yr adferiad tua diwedd y 1920au fe'i rhoddwyd hi ar waith unwaith eto. Ym 1931 gwerthodd teulu'r Flemingiaid y *Kathleen & May* ond fe gadwon nhw sgwner o faint tebyg, y *Nellie Fleming* – ond yn drist iawn fe suddodd honno mewn storm ym 1936 a chollwyd ei chriw o forwyr o Youghal.

Perchnogion newydd y *Kathleen & May* oedd y masnachwr William Jewell a'i fab Tommy o Appledore yng ngogledd Dyfnaint. Fe wellon nhw eu sgwner newydd drwy dynnu i lawr y blaen-hwyliau sgwâr ond

*Ffigur 11.13* Y Kathleen & May *wrth Gei'r Gogledd ym Mhenfro. Yn gynnar yn y 1950au, hi oedd y llong olaf i ddefnyddio'r porthladd.*

*Ffigur 11.14 Lansiwyd y* Kathleen & May *ym 1900 a daliodd i weithio tan 1961. Ers hynny, mae hi wedi'i hadfer a bydd hi bellach yn hwylio'n gyson ar draws Môr Iwerddon a Bae Gwasgwyn o'i hangorfa yn Noc Albert ar lannau hanesyddol y dŵr yn Lerpwl.*

cadw gweddill yr hwyliau blaen ac ôl ar y tri hwylbren, a gosod peiriant Beardmore ynddi. Yr oeddent wedi talu £700 amdani ac, ar ôl gwario £800 arni, fe ddalion nhw i hwylio'u llong ddefnyddiol ar hyd y glannau am 30 mlynedd arall (ffigurau 11.13 ac 11.14.[30]

Hyd yn oed wrth i'r peryglon gynyddu yn ystod yr Ail Ryfel Byd, daliodd Tommy Jewell i fasnachu ar hyd y glannau ac ar draws Môr Iwerddon â dim ond gwn Lewis yn arf arni (ni thaniwyd mohono erioed at neb). Aeth y llong i'r doc sych yn Appledore ddwywaith i gael ei hatgyweirio ac i osod dau beiriant olynol ynddi, ond ym 1960 penderfynodd Tommy ymddeol, gwerthu'r llong a threulio'i amser hamdden yn gwneud modelau manwl, gan gynnwys rhai modelau o'i hoff long.

Methu wnaeth cynlluniau amrywiol darpar brynwyr. Masnachwyr oedd rhai ohonynt, ac un yn gwmni ffilmio a fwriadai suddo'r llong wrth wneud ffilm. Yn y pen draw, prynwyd y llong gan yr Ymddiriedolaeth

Forol, a oedd newydd ei ffurfio, a'i hatgyweirio at ddibenion arddangos. Dyna fu ei hanes am 30 mlynedd. Erbyn 1998 yr oedd mawr angen ei hatgyweirio a chafodd ei hachub gan Steve Clark, gŵr busnes o Bideford, a benderfynodd ddod â'r hen long yn ôl i'w hen gartref hi gynt.

Ar ôl gwario llawer arni, hwyliodd y *Kathleen & May* unwaith eto am Youghal yn 2001 a chael croeso brwd dros ben yno. Mae hi wedi dal i deithio o amgylch Prydain, Iwerddon a'r Cyfandir agos byth oddi ar hynny, ond oherwydd costau cadw llong o goed mewn cyflwr da mae ei dyfodol yn dal yn ansicr. Gobeithio'n wir y gwnaiff y weddi sydd i'w gweld yng nghaban y meistr – 'God protect the Kathleen & May' – sicrhau dyfodol yr olaf o sgwneri'r glannau.

## 11.5 Y Rhuban Glas

Deanna Groom

Yn ystod y bedwaredd ganrif ar bymtheg fe arweiniodd yr ehangu mawr ar anheddu a masnachu ar draws cyfandir enfawr America at gystadlu ffyrnig rhwng y cwmnïau llongau i geisio sicrhau eu goruchafiaeth ar y fordaith hynod broffidiol i gludo teithwyr ar draws Môr Iwerydd. Aeth adeiladwyr llongau a pheirianwyr morol blaenllaw'r dydd ati i chwyldroi cynllun a pheiriannau llongau ac adeiladu rhai mwy, cynt a mwy moethus.

Ym 1819 y croeswyd Môr Iwerydd gyntaf gan long a yrrid gan beiriant ager a oedd ganddi wrth gefn. Y *Savannah*, a adeiladwyd yn America, oedd honno. Cadarnhaodd ei champ fod dyfodol i longau ager ar deithiau o 3,000 milltir a rhagor (hyd yn oed os na ddefnyddid y peiriannau ond am 85 awr o 29 diwrnod

y fordaith). Ym 1838, parodd hynny i dri chwmni mentrus o Brydain gomisiynu llongau ager arloesol: y *Great Western* ar gyfer Cwmni'r Great Western Steamship, y *Liverpool* ar gyfer Cwmni Transatlantic Steamship, a'r *British Queen* ar gyfer Cwmni British and American Steam Navigation. Yna yn Chwefror 1840, wedi i Samuel Cunard (1787–1865) ennill contract newydd y Morlys i gludo'r post, fe lansiodd ef yr RMS *Britannia* ac yna'r *Acadia*, y *Caledonia* a'r *Columbia* i ddarparu'r gwasanaeth post rheolaidd cyntaf ar draws Môr Iwerydd i ddefnyddio llongau ager.[31]

Gwelwyd y cystadlu difrifol cyntaf ym mis Mawrth 1845. Awdurdododd Cyngres America bostfeistr yr Unol Daleithiau i gontractio cludo'r post i wledydd tramor. Ac er i Edward Mills a Chwmni Ocean Steam

*Ffigur 11.15 Ym mis Rhagfyr 1869, y* City of Brussels, *eiddo'r Inman Line, oedd y stemar gyntaf i gludo teithwyr ar draws Môr Iwerydd mewn llai nag wyth diwrnod. O'r 35 llong a ddaliodd y Rhuban Glas, daeth 25 ohonynt o Brydain, pump o'r Almaen, tair o America ac un yr un o'r Eidal a Ffrainc.*

Navigation ennill y contract i hwylio'i long *Washington* ddwywaith y mis, cadwodd Cunard ei oruchafiaeth. Ym 1849, wedi i Edward Knight Collins (1802–78) o Efrog Newydd gael contract i gludo post o Efrog Newydd i Lerpwl, fe ddechreuodd adeiladu llongau a oedd yn fwy ac yn fwy pwerus a moethus na rhai Cunard. Pan groesodd ei *Atlantic* Fôr Iwerydd mewn 12 awr yn llai na record llong Cunard, y *Canada*, llawenychodd America gyfan. Ymateb Cunard oedd comisiynu llongau mwy moethus byth, a bu cost y cystadlu hwnnw, a cholli'r *Arctic* ym mis Medi 1854 a'r holl deithwyr a chriw arni, yn drech na Collins. Ymfalchïai Cunard yn ei record bod ei longau wedi croesi Môr Iwerydd 7,000 o weithiau heb golled, ac oherwydd i'r Gyngres ostwng y cymhorthdal i gwmni Collins bu'n rhaid i hwnnw roi'r gorau i'w weithrediadau ym mis Chwefror 1858.[32]

Y cystadleuydd mawr nesaf o America i Cunard oedd Cornelius Vanderbilt (1794–1877), gŵr a wnaethai ei ffortiwn drwy gludo pobl i feysydd aur California ar longau ager adeg y rhuthr mawr. I Vanderbilt y dyfarnwyd y contract i gludo post o'r Unol Daleithiau i Bremen. Er i'w long *Vanderbilt* wneud ymgais deg i guro record llong Cunard, y *Persia* (9 diwrnod ac 8 awr ar gyfartaledd cyflymder o 13.9 môr-filltir yr awr) ym 1857, methodd â gwneud hynny o chwe awr.

Am y 40 mlynedd a rhagor nesaf, daliwyd y Rhuban Glas, sef yr anrhydedd a roid i'r croesiad cyflymaf ar draws Môr Iwerydd, gan longau a fyddai'n hedfan y Lluman Coch ac yn eiddo i gwmnïau fel Cunard, Guion, National a White Star. Ar y cychwyn, yr Inman Line âi â hi gyda'i *City of Brussels*,[33] llong a ddechreuodd wasanaethu ym 1869 (ffigur 11.15). Fe'i hadeiladwyd gan Tod a McGregor ar Afon Clud a chwblhaodd ei hail daith adref o Efrog Newydd i Queenstown yn Iwerddon mewn 7 diwrnod 22 awr a 3 munud, y llong ager gyntaf i groesi mewn llai nag wyth diwrnod. Am ryw dair blynedd, y *City of Brussels* a'i chwaer-long, y *City of Paris*, a ddaliodd y record am groesi Môr Iwerydd tua'r dwyrain a thua'r gorllewin. Yr oedd cwmni Inman nid yn unig ar y blaen o dipyn o ran cyflymdra'i longau ond hefyd o ran nifer y teithwyr a gludai (44,100 ym 1870 o'i gymharu â 24,509 gan Cunard). Y drasiedi yw i'r *City of Brussels* daro'r llong ager *Kirby Hall* oddi ar Benygogarth wrth deithio o Efrog Newydd yn Ionawr 1882 ac i 10 o bobl golli eu bywydau.

Sefydlwyd Cwmni Guion (Cwmni'r Liverpool and Great Western Steamship) gan Stephen Barker Guion (1820–85) ym 1866. Yr oedd ef eisoes wedi ymwneud â'r Black Star Line a'i 'bacedi' hwylio a gludai ymfudwyr o Lerpwl i Efrog Newydd, ond sylweddolodd fod dyddiau'r llongau hwyliau'n cyflym ddarfod. Ym 1863 fe gontractiodd ef a'i bartner Williams gwmni Cunard i gludo ymfudwyr ar longau ager. Gadawodd y *Manhattan*, y llong ager gyntaf a fu'n eiddo i'r cwmni, Afon Mersi ym mis Awst 1866 ac yna fe brynwyd wyth llong ager arall a'u henwi ar ôl tiriogaethau America. Ym 1871, archebodd y cwmni bâr o longau ager cyflym 4000-tunnell, y *Montana* a'r *Dakota*. Fe'u hadeiladwyd gan Palmers yn Jarrow ac ynddynt ceid 200 o welyau salŵn a 1,200 o welyau i'r dosbarth rhataf. Yr oedd golwg od arnynt am eu bod yn frigiau ag un sgriw haearn, ac yr oedd eu peiriannau'n cynnwys injans cyfansawdd tri-silindr 'excessively complicated and inaccessible'.[34] Mae'n debyg i'r deg boeler â thiwbiau dŵr (canpwys i'r fodfedd sgwâr) fod ymhlith yr ymdrechion cyntaf i ddefnyddio boeleri o'r fath mewn llong sylweddol ei maint.

Y *Montana* a gwblhawyd gyntaf, a rhoddwyd cynnig arni ar daith o Afon Tyne i Lerpwl. Dair awr ar ddeg ar ôl cychwyn dechreuodd hi chwythu tiwbiau ei boeleri gan anafu taniwr ac achosi panig ymhlith y teithwyr. Ar ôl 38 awr ar y môr, yr oedd pump o'i deg boeler wedi methu. Pan gyrhaeddodd hi Lerpwl o'r diwedd, mynnodd y Bwrdd Masnach ei bod hi'n cwblhau prawf arall am chwe diwrnod cyn rhoi tystysgrif teithwyr iddi. Profodd hyrddiadau'r gwynt fod corff y llong yn gadarn, ond unwaith eto chwythodd y tiwbiau mewn sawl un o'r boeleri. Yn y diwedd, bu'n rhaid gosod boeleri silindrog cyffredin yn eu lle.

Wnaeth y *Dakota* erioed gychwyn ar fordaith â'r boeleri tiwbiau-dŵr annibynadwy ynddi, ond delid i obeithio y byddai'n teithio 17 o fôr-filltiroedd yr awr. Ar y fordaith o Afon Tyne i Lerpwl, plygodd rhodenni falfiau Corlis y peiriant a bu'n rhaid codi'r hwyliau i gyd i gadw'r llong rhag taro'r tir.[35] Cychwynnodd ar ei thaith gyntaf ar draws Môr Iwerydd ym mis Gorffennaf 1875, a bu'n siom enbyd. Cymerai hi 10 diwrnod a rhagor i groesi Môr Iwerydd ac achosai'r peiriannau ynddi drafferthion cyson. Efallai mai mwy o lwc na thrasiedi oedd hi i Gwmni Llongau Guion pan gafodd hi ei dryllio oddi ar Amlwch ym mis Mai 1877, ychydig filltiroedd i'r fan lle daeth hynt y *Montana* i ben drwy iddi daro'r tir ym mis Mawrth 1880.

Llwyddodd y Guion Line i wneud cais bellach i ddarparu'r gwasanaeth cyflymaf. Defnyddiwyd yr *Arizona*, llong a gwblhawyd ym 1879 gan John Elder a'r Cwmni ac, ar y pryd, ei thaith gyntaf hi i Efrog Newydd oedd y daith gyntaf gyflymaf erioed. Yn wir, fe ddaliodd hi'r Rhuban Glas yn ddiweddarach gan mai hi oedd y llong gyntaf i groesi o Efrog Newydd i Queenstown mewn llai na saith diwrnod.[36]

## 11.6     A M Dickie a'i Feibion

### Deanna Groom

Cynrychiolir pedair cenhedlaeth heddiw yn enw iard 'Dickie'. Mae'n hanes sy'n cwmpasu cynllunio ac adeiladu iotiau gwych ac yn cychwyn pan aeth yr hen-daid Archibald Malcolm Dickie, a aned ym 1860, i weithio'n brentis yn iard yr adeiladydd iotiau enwog William Fife, Fairlie, ar Afon Clud. Pan gychwynnodd ef ei iard ei hun yn Tarbert ar Loch Fyne ym 1885, datblygodd pob un o'i feibion ei arbenigedd ei hun mewn agwedd ar redeg yr iard o ddydd i ddydd.

Dilynodd ei fab, Peter, ôl traed ei dad drwy fynd yn brentis at William Fife. Dechreuodd gynllunio iotiau ym 1912 yn 23 oed, ac yn sicr daeth dan ddylanwad un o gynllunwyr iotiau mawr eraill y dydd, Albert Strange (1855–1917). Y *Quest III*, 20 tunnell ohoni a 50 troedfedd o ran ei hyd ac iddi rigin badlong gaff, yw'r un gyntaf y gellir dweud yn bendant iddi gael ei chreu yn yr arddull a fabwysiadwyd gan Peter Dickie. Gwaetha'r modd, collwyd y *Quest III* a'i holl griw oddi ar Sicily ym 1974,

*Ffigur 11.16 Y Morna, cynllun gan Peter Dickie o 1920. Mae'n dal i hwylio heddiw.*

a'r unig gofnod ohoni yw cynllun a atgynhyrchwyd mewn cylchgrawn iotiau pan lansiwyd hi gyntaf. Ond parhawyd â'r gyfres drwy adeiladu'r *Morna* ym 1920 (21 o dunelli, 49 troedfedd o hyd, rigin badlong gaff, dec cyfwyneb a hatsys colfachog ar hyd ei chanol).

Yn dilyn adeiladu'r *Morna*, cafodd y cynllun ei addasu a'i leihau ar gyfer adeiladu'r *Macaria* ym 1922 (10 tunnell, 34 troedfedd o hyd, a rigin iôl gaff). To isel y caban oedd prif nodwedd y *Mouse*, a lansiwyd ym 1925 (22 o dunelli, 48 troedfedd o hyd a rigin badlong). Yr olaf yn y gyfres oedd y *Moonshine*, badlong hyfryd 60 troedfedd o hyd a lansiwyd ym 1927 ond a ddrylliwyd, yn drist ddigon, gan gorwynt yn Florida yn 2004.

Ym 1923, cyn dechrau paratoi cynlluniau'r *Mouse* a'r *Moonshine*, yr oedd y cwmni wedi prynu hen iard ddociau Rowland ym Mangor, a dirprwywyd y gwaith o'i rheoli i Peter. Byddai'r cynllunwyr a'r gweithwyr yn

Ym 1926 comisiynodd Clwb Hwylio Brenhinol Môn William Fife i sefydlu dosbarth o iotiau rasio a fyddai'n unigryw i'r clwb ac i'r rasys ar Afon Menai ac ym Mae Conwy.[37] Gelwir y cychod hynny weithiau'n 'Conway Fife One Design' (16 o droedfeddi ar linell y dŵr, 24 troedfedd 4 modfedd o hyd) ac adeiladodd A M Dickie a'i Feibion 15 yn rhagor ohonynt yn eu hiard ym Mangor. Cost pob cwch ym 1933 oedd £275, gan gynnwys £5 o freindal i William Fife. Mae pob un ond un o'r rheiny'n dal i fod heddiw. Yn y 1930au fe arweiniodd partneriaeth rhwng Peter Dickie a'r pensaer llyngesol William McPherson Campbell at adeiladu saith o iotiau 40-troedfedd sydd bron yr un fath â'i gilydd ac iddynt starnau canŵ. Defnyddir pedair ohonynt o hyd.

Ym 1940 mynnodd y Llynges Frenhinol fod y gwaith yn troi at adeiladu cychod i hybu ymdrech y rhyfel. Adeiladodd Dickie's Bangor 28 o longau milwrol, sef un ar ddeg o Fadau Modur (rhagddodiad ML), chwe Bad Modur â Gwn (MGB), deg Bad Modur Torpidos (MTB) ac un llong lanio.[38]

Adeiladwyd *ML162* gan Dickie ym 1942. Saethodd hi chwech o awyrennau'r gelyn o'r awyr a chymerodd ran mewn suddo llong danfor. Canmolwyd hi'n fawr am ei rhan yng ngoresgyniad D-Day. Ar ôl y rhyfel, gwasanaethodd am ddwy flynedd yn Llynges Frenhinol yr Iseldiroedd. Fe'i gwerthwyd allan o ddefnydd milwrol ym 1952, ei hailenwi'n *Golden Galleon* (ffigur 11.17) a'i throi'n gwch i deithwyr. Bu'n rhedeg teithiau ar y Norfolk Broads am flynyddoedd maith cyn cael ei ddatgymalu yn Reedham ar Afon Yare yn 2006.

Wedi'r rhyfel, aeth cwmni Dickie yn ôl i adeiladu cychod masnachol. O blith y cychod hamdden o'r cyfnod hwnnw, delir i ddefnyddio'r *Princess Christine* (1963) (ffigur 11.18) ar deithiau byr ar hyd yr afon o gei Conwy. Gall gludo 80 o deithwyr ac fe'i defnyddir ar ddiwrnodau braf. Ar ddiwrnodau eraill, ac am fod to arni, defnyddir y *Queen Victoria* a adeiladwyd gan Steelcraft yn y Borth yng Ngheredigion ym 1987. Bu i Dickie's hefyd werthu'r cyfresi Westerly a Beneateu o iotiau.

Yn adeiladydd llongau, yn atgyweiriwr, yn beiriannydd, yn gyflenwr ac yn frocer am ganrif a rhagor, mae A M Dickie'n dal i fod yn frocer iotiau rhyngwladol i'r diwydiant hamdden. Ond os ffurf hyfryd y gwrthstarn, tu blaen hir a chelfydd a llinellau cain sy'n llonni'ch calon, gwell i chi beidio â cholli rasys blynyddol Clwb Hwylio Brenhinol Môn yng Ngorffennaf ac Awst. Dyna pryd y bydd cynlluniau'r 'Conway Fife One' yn dal i ddangos eu holl nodweddion clasurol fel iotiau.[39]

*Ffigur 11.17 Serch ei droi'n gwch pleser i deithwyr a'i ailenwi'n* Golden Galleon, *mae siâp llyfn a chyflym ei gorff yn dal i amlygu rôl filwrol wreiddiol ML162 fel cwch modur yn ystod y rhyfel.*

*Ffigur 11.18 Adeiladwyd y* Princess Christine *gan A M Dickie a'i Feibion ym Mangor ym 1963 ac erbyn hyn caiff ei defnyddio ar deithiau pleser o Gonwy.*

Pennod 12

# Amddiffyn arfordir Cymru

## Stephen Hughes

Yn y ddeunawfed ganrif a'r un ddilynol, datblygodd Llynges Frenhinol Prydain yn rym digamsyniol o fawr ar gefnforoedd y byd, a gwnaeth Cymru gryn gyfraniad i'r gamp honno. Yn gyntaf, gan fod harbwrs naturiol braf ar hyd glannau Cymru – ac Aberdaugleddau a Doc Penfro'n flaenllaw yn eu plith – buont yn allweddol wrth amddiffyn y wlad. Yn ail, o goedwigoedd enfawr Cymru y daeth y coed i adeiladu'r llongau. Golygai'r copr, y glo a'r mwyn haearn a geid ynddi ei bod hi, yn ystod y Chwyldro Diwydiannol, yn arwain o ran cynhyrchu metelau ac arloesi ym maes technoleg metelau, a'i bod hi felly'n hollbwysig i ddatblygiad y llynges.

*Ffigur 12.1* Cyfarthfa Ironworks Interior at Night *gan Penry Williams, 1825. Y galw am ganonau yn ystod Rhyfeloedd Napoleon fu'r hwb i Weithfeydd Haearn Cyfarthfa ym Merthyr Tudful ddatblygu'n un mwyaf yn y byd drwy godi gefeiliau newydd enfawr.*

Bu'r Llynges Frenhinol bob amser yn brif linell amddiffyn i arfordiroedd Prydain, ond ar yr adegau cythryblus a welodd elynion Prydain yn ymgynghreirio, sylweddolwyd bod angen cryfhau rhagor ar lannau Cymru a Lloegr. Dyna sut y datblygwyd yn Aberdaugleddau y crynodiad mwyaf o amddiffynfeydd arfordirol ym Mhrydain i'r gogledd o'r Sianel. Cafodd y ddau flocdy â chwe chanon ynddynt, a gynlluniwyd gan Henry VIII (teyrnasodd: 1509–47), eu cwblhau tua 1580 i amddiffyn ceg yr aber.[1] Drigain mlynedd yn ddiweddarach, cododd Charles I (teyrnasodd: 1625–49) gaer yn Pill ger tref Aberdaugleddau – caer y cynhaliai ei bastiynau cornel onglog ddeunaw canon a lletu i 300 o filwyr i rwystro milwyr y Senedd rhag glanio yno.[2] Dymchwelodd milwyr Seneddol y gaer ym 1648.[3] I rwystro milwyr Seneddol rhag glanio ym Môn, manteisiodd y Brenhinwr Syr Thomas Bulkeley ar safle strategol castell tomen a beili a godwyd yn wreiddiol rhwng 1080 a 1099 gan Hugh d'Avranches, Iarll 1af Caer (ffigur 12.2, gweler tudalen 97 hefyd).

Wrth i'r tyndra gynyddu cyn i'r Rhyfel Saith Mlynedd â Ffrainc gychwyn, yr oedd natur agored yr aber unwaith eto'n peri pryder. Wedi i'r Syrfëwr Lewis

Morris (1701–65) argymell codi cyfres o amddiffynfeydd newydd, dechreuwyd ar y gwaith ym 1750 drwy godi Caer Pater, caer a ddatblygai'n ddiweddarach yn gornel ogledd-ddwyreiniol Iard Longau Penfro. Wrth i'r rhyfel fynd rhagddi, cododd Syr Thomas John Wynn ganolfan filwrol yng Nghaer Williamsburg ar lannau'r gogledd-ddwyrain.[4] I roi golwg ehangach oddi arni ar hyd yr arfordir, ychwanegwyd gorthwr ati ar ddechrau Rhyfel Annibyniaeth America ym 1773–76, a dyna pryd y cododd Wynn gaer arfog arall ym Melan ym mhen gorllewinol Afon Menai.[5] Yn y cyfamser, ym 1779–81, adeiladodd Syr Hugh Owen, Arglwydd Raglaw Sir Benfro, gaer Bae Abergwaun, caer a brofodd ei gwerth yn ystod goresgyniad y Ffrancod ym 1797 (gweler tudalen 208). Fel yn achos y caerau eraill ar hyd y glannau, fe'i hailarfogwyd droeon a'i defnyddio tan y Rhyfel Byd Cyntaf.[6]

Gan i'r Chwyldro Ffrengig ym 1789 godi cryn fraw, aethpwyd ati i gryfhau rhagor ar ddiogelwch y glannau, yn enwedig yn Abertawe gan mai yno'r oedd porthladd masnachol mwyaf Cymru. Ym 1791 garsiynwyd y fagnelfa ar Ynys Penrhyn y Mwmbwls gan fataliwn newydd, Bataliwn Clwyfedigion y Fagnelaeth

*Ffigur 12.2 Rhoes y Brenhinwr Syr Thomas Bulkeley gychwyn i adeiladu cyfres o amddiffynfeydd ar hyd y glannau adeg y Rhyfel Cartref i rwystro'r Seneddwyr rhag glanio ar yr arfordir ger Castell Biwmares. Yr amddiffynfa fwyaf trawiadol oedd Castell Aberlleiniog, castell o gerrig a godwyd ar ben tomen castell Normanaidd yn y 1640au.*

*Ffigur 12.3 Mae ffos 16 troedfedd (4.9m) o ddyfnder a 42 o droedfeddi (12.8m) o led yn amgylchynu'r Barics Amddiffynadwy Gradd II\* yn Noc Penfro. Codwyd y Barics ym 1841–46 o amgylch maes gorymdeithio canolog. Yn ôl un awdur, yr iard a amgaewyd yw 'sgwâr Sioraidd gwychaf Cymru'.*

Frenhinol,[7] ac erbyn 1804 yr oedd pedwar canon 12-pwys ar Ynys y Goleudy ac un ar Ynys Middle Head. Yn Sir Benfro, gosodwyd magnelfeydd dros dro bob ochr i dref Aberdaugleddau ac ar Hakin Point. Yn y gogledd, arfogwyd Caergybi â chaer ag wyth saethdwll ynddi i ynnau, ac ychwanegwyd dau arfdy a thair magnelfa ym Miwmares i warchod pen dwyreiniol Afon Menai.[8]

Atgyfnerthwyd pwysigrwydd Aberdaugleddau drwy sefydlu yno unig iard benodol y Llynges Frenhinol i adeiladu llongau. Adeiladwyd cynifer â 263 o longau rhyfel a chwe iot frenhinol o'i hagor ym 1816 tan ei chau ym 1925. Ym 1844–45 cafodd tair o'r 16 llithrfa yr adeiledid y llongau arnynt eu gorchuddio â thoeon haearn a rhychwant mawr (25–6 metr) iddynt, y cyntaf o'u bath yn y byd modern.[9]

Wrth i'r tensiwn barhau, cryfhawyd y gaer

gynharach, Caer Pater yn iard longau Penfro, ym 1830 ac eto ym 1842 â magnelfa o 23 o ynnau a weithid yn bennaf gan wirfoddolwyr.[10] Ym 1841–46 fe'i hatgyfnerthwyd ymhellach drwy godi'r 'Barics Amddiffynadwy' cadarn (ffigur 12.3) y gallai eu 16 canon – a'u 663 o saethdyllau i fysgedau – danio at unrhyw elyn ar y môr a'r tir yng nghyffiniau'r Iard Longau (gweler tudalen 207).[11]

Ni phylodd yr anesmwythyd ynghylch digwyddiadau ar y Cyfandir. Wedi i Ffrainc oresgyn yr Eidal ym 1849, ysgogwyd llywodraeth Palmerston i ail-gydio yn y gwaith o gryfhau caerau'r glannau, yn enwedig o amgylch Iard Longau'r Llynges. Codwyd tŵr gynnau bob ochr i iard Longau Penfro ym 1848–50, ac erbyn 1855 yr oedd yno ganonau 12-pwys a 32-pwys.[12] Yr un pryd, codwyd tair amddiffynfa i rwystro'r Ffrancod rhag dod drwy geg yr aber: Caer Stack Rock (ffigur 12.4) ar ynys fach wrth geg yr aber, Magnelfa Dale, ac Ynys Thorn. Yno, ceid magnelfa o naw gwn blaenlwytho tyllfedd-lefn 68-pwys a weithid gan garsiwn o fwy na 110 o ddynion.[13] Yn y gogledd-orllewin yn y cyfamser, fe gryfhawyd Caer Pen-rhos, i'r dwyrain o Harbwr Caergybi, â dwy fagnelfa arall o ynnau ar ochr orllewinol y porthladd. Ar Ynys Halen, lle cychwynnai'r daith i Iwerddon, codwyd magnelfa newydd, a gwirfoddolwyr Ail Fagnelaeth Môn oedd staff y fagnelfa ynnau yn Soldier's Point.[14]

Am fod Palmerston yn dal i bryderu ynghylch bygythiadau o du Ffrainc Napoleon III (1852–70), codwyd amddiffynfeydd pellach ar brif ierdydd

*Ffigur 12.4 Yn y 1850au, yr ymateb i oresgyn yr Eidal gan Ffrainc oedd bwrw ati i godi cyfres o gaerau magnelog Palmerstonaidd i rwystro mynediad i Aberdaugleddau, gan gynnwys un Stack Rock yng nghanol y sianel.*

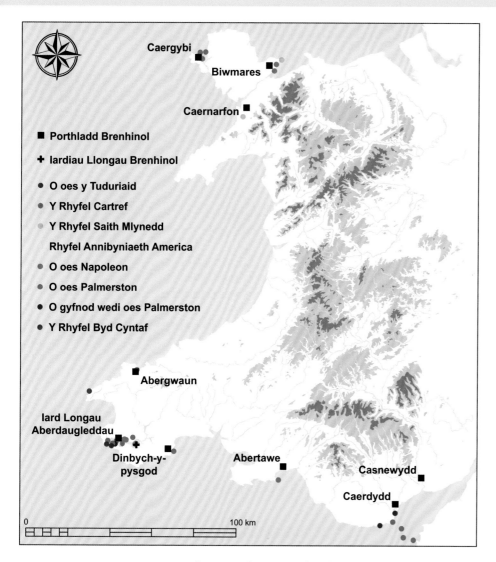

**Porthladd Brenhinol**

**+ Iardiau Llongau Brenhinol**

- O oes y Tuduriaid
- Y Rhyfel Cartref
- Y Rhyfel Saith Mlynedd

Rhyfel Annibyniaeth America

- O oes Napoleon
- O oes Palmerston
- O gyfnod wedi oes Palmerston
- Y Rhyfel Byd Cyntaf

Caergybi

Biwmares

Caernarfon

Abergwaun

Iard Longau Aberdaugleddau

Dinbych-y-pysgod

Abertawe

Casnewydd

Caerdydd

0                    100 km

*Ffigur 12.5 O oes y Tuduriaid tan ddechrau'r ugeinfed ganrif, clystyrai amddiffynfeydd glannau Cymru o amgylch y prif ierdydd llongau, yr harbwrs a'r porthladdoedd, a chulfor strategol-bwysig Afon Menai.*

llongau'r Llynges Frenhinol. Codwyd dwy gaer sylweddol i'r gorllewin o Iard Longau Penfro i groes-danio ar draws yr aber.[15] Yr oedd i'r adeiladweithiau enfawr ond isel hynny gloddiau pridd anferthol i gymryd ergydion sieliau magnelfeydd y gelyn. Drostynt ceid meini sgwâr braidd yn grand o wenithfaen Ynys Wair ynghyd â siamberi gynnau ('celloedd tanio') a amddiffynnid gan darianau o haearn bwrw. Cwblhawyd codi Caer Popton ar ochr dde'r aber ym 1864 ar gost o £76,700. Yno, mewn celloedd tanio gorchuddiedig, yr oedd un ar ddeg o ynnau 9-modfedd a bwysai 12 tunnell yr un ac, ar y to, un gwn 10-modfedd a naw gwn 9.2-modfedd ar lwyfannau agored. Yn y barics ceid caban bwyd, ystafelloedd ymolchi ac ysbyty, a lletty i 173 o staff. Codwyd caer gyfatebol, Caer Hubberston, ar y lan ogleddol a dechreuwyd creu ail gylch o gaerau drwy godi Caer South Hook.

Yng Nghaergybi yn yr un cyfnod, codwyd Magnelfa Twyn Cliperau ac yno'n ddiweddarach fe ychwanegwyd dau wn 6-modfedd bôn-lwytho. Mae'n debyg i wn 4-modfedd gael ei osod ar y to.[16] Byddai llwyfan gynnau a adeiladwyd i amddiffyn y porthladd ar ei forglawdd hir yn croes-danio ar draws llwybr tanio'r Fagnelfa.

Bu'n rhaid hefyd amddiffyn canolfannau llyngesol strategol-bwysig ar hyd y glannau rhag i'r gelyn gyrraedd yr arfordir gerllaw. Yr oedd y Barics Amddiffynadwy eisoes yn gwarchod ochr ddeheuol Iard Longau Penfro, ond ym 1860 penderfynodd y Comisiwn Brenhinol er Amddiffyn y Deyrnas Unedig y dylid hefyd godi arc o chwe chaer i amddiffyn glan ogleddol yr aber. Caer Scoveston yn unig a gwblhawyd (ym 1864) ond nid arfogwyd mohoni'n syth â'r 32 o ynnau y bwriadwyd iddynt allu taro unrhyw long a gludai filwyr i geisio meddiannu'r aber a'r tir.[17] Nododd y Comisiwn hefyd fod traethau de Sir Benfro'n agored i'w goresgyn, ac argymhellodd godi chwe chaer arall i'w hamddiffyn.[18] Unwaith eto, golygodd y costau aruthrol mai'r unig un a gwblhawyd oedd honno ar Ynys Gatrin ger Dinbych-y-pysgod.

Cydnabu adroddiad 1860 fod dyfodiad llongau rhyfel â gorchudd o haearn – rhai a yrrid gan ager ac a arfogwyd yn helaeth – yn golygu bod angen cryfhau'r caerau o amgylch ierdydd llongau brenhinol a harbwrs strategol.[19] Nodwyd bod Môr Hafren yn un o wyth 'Porthladd Mawr' Prydain ac Iwerddon a haeddai gael eu hamddiffyn.[20] Disodlwyd magnelfa gynharach y Mwmbwls gan fagnelfa o bum gwn i amddiffyn Harbwr Abertawe ym 1859–61,[21] ac ym 1866–71 sefydlwyd cyfres uchelgeisiol o fagnelfeydd ar draws Môr Hafren i amddiffyn Caerdydd, Casnewydd a Bryste.[22] Fe ymestynnai o Drwyn Larnog, i'r de o Gaerdydd, ar draws ynysoedd Ronech ac Echni ac i Brean Down, i'r de o Weston-super-Mare. Yr oedd y magnelfeydd hynny'n symlach na chaerau Aberdaugleddau.[23] Yn hytrach na bod yn warchodfeydd celloedd-tanio drud â tharianau o haearn bwrw a gynnau statig o'u mewn, fe'u harfogwyd â 'mowntiadau diflannu' – y math 'Moncrieff' newydd a godai'r canon i fyny â gwrthbwysau i danio dros y parapet o bridd, a'r adlam yn gostwng y canon yn ôl yn syth i'w gwneud hi'n haws ei ail-lwytho.

Caer syml â ffos ar ffurf 'V' ar ochr y tir, ynghyd â bastiwn ymwthiol, oedd Magnelfa Larnog. Ar Ynys Echni ceid cynifer â phedair magnelfa o ganon i amddiffyn y môr yng nghyffiniau Caerdydd, ac ar Ynys Ronech yr oedd chwe magnelfa o ganon. Yr oedd saith gwn ar Brean Down (ffigur 12.5).

Yn y 1880au cafodd iard longau bwysig y Llynges ym Mhenfro un o'r meysydd ffrwydron trydan a oedd bryd hynny ar flaen y gad o ran datblygiadau technolegol. Cynhaliwyd 'Arbrawf Aberdaugleddau' ym 1886 i asesu

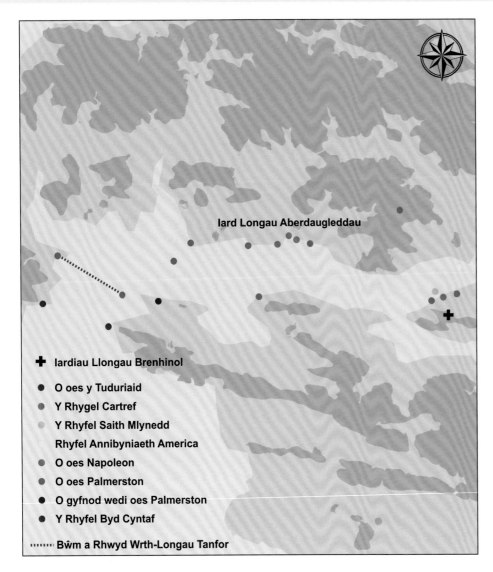

**Iard Longau Aberdaugleddau**

✚ **Iardiau Llongau Brenhinol**

● O oes y Tuduriaid

● Y Rhygel Cartref

● Y Rhyfel Saith Mlynedd

**Rhyfel Annibyniaeth America**

● O oes Napoleon

● O oes Palmerston

● O gyfnod wedi oes Palmerston

● Y Rhyfel Byd Cyntaf

┈┈┈┈ Bŵm a Rhwyd Wrth-Longau Tanfor

*Ffigur 12.6 Yn Aberdaugleddau, ei hierdydd adeiladu llongau a'r Ierdydd Llongau Brenhinol, y ceid y rhan a amddiffynnid fwyaf o holl lannau Prydain i'r gogledd o'r Sianel.*

effeithiolrwydd y maes ffrwydron o'i weithredu ar y cyd â'r chwiloleuadau a'r gynnau ar gaerau'r aber.[24] Pan ddangosai'r chwilolau fod un o longau'r gelyn yn nesáu at un o'r ffrwydron, câi'r ffrwydron eu tanio'n electronig fesul un o'r ystafell reoli yng Nghaer South Hook. Ym 1886 disodlwyd y magnelfeydd â 15 o ynnau yn South Hook gan fagnelfeydd newydd, sef dau wn 10-modfedd bôn-lwytho a thri gwn reiffl blaenlwytho 10-modfedd. Yn eu tro, moderneiddiwyd y rheiny ym 1900–04 â gynnau bôn-lwytho'n unig, sef tri gwn 6-modfedd a gwn 9.2-modfedd.[25]

Llwyddwyd i ehangu amddiffynfeydd yr aber pan fyddai'r arian ar gael (ffigur 12.6). Ychwanegwyd Caer Magnelfa Chapel Bay, y gyntaf i'w chodi o goncrit crynswth, yn ail linell amddiffyn tua diwedd y 1880au.[26] Yn y pen draw, yr oedd gan yr aber ddwy gaer ynys a chwe chaer magnelaeth i amddiffyn y dyfroedd ger Doc Penfro.

Magodd y de diwydiannol fwy a mwy o bwys strategol am mai yno yr oedd y maes glo mwyaf yn y byd a oedd yn allforio'i gynnyrch. Hwnnw oedd yn diwallu angen y Llynges Frenhinol am lo ager. Y Barri oedd y porthladd glo mwyaf yn y byd erbyn 1918, ac fe godwyd magnelfa ynnau ar Nell's Point ar Ynys y Barri ym 1899–90 i amddiffyn y porthladd wrth iddo dyfu. Ym 1908 disodlwyd y ddau wn tanio-cyflym 4.7-modfedd yno gan ddau wn 6-modfedd a fu yno tan 1956.[27] Wrth i borthladdoedd glo enfawr Caerdydd a Phenarth ehangu, codwyd Magnelfa Ynnau Trwyn Penarth ym 1902–06 a gosod dau wn tanio-cyflym 6-modfedd yno.

I sicrhau effeithiolrwydd caerau'r glannau, rhaid oedd eu diweddaru'n gyson. Erbyn 1860 yr oedd y canonau traddodiadol â barilau llyfn, y delid i'w defnyddio yn y 1850au, yn hen-ffasiwn oherwydd cyflwyno llongau rhyfel a yrrid gan ager ac â gorchudd o haearn drostynt. Yn eu lle, cafwyd magnelau â barilau ac ynddynt rigolau troellog i droi'r taflegrau a'u hanelu'n gywirach. Ond erbyn 1900 bernid mai yn erbyn llongau â chyrff o goed yn unig y byddai llawer o ynnau'r caerau a'r magnelau yn effeithiol. Yn y mwyafrif o'r caerau y delid i'w defnyddio, ceid cymysgedd o ynnau bôn-lwytho tanio-cyflym 9.2-modfedd, 6-modfedd, 4.7-modfedd a 12 pwys a allai dreiddio drwy arfogaeth haearn a dur unrhyw long a ddeuai i ymosod.

Cadwyd llawer o'r isadeiledd hwnnw yn ei le a'i ddiweddaru wedi'r Rhyfel Byd Cyntaf. Datblygiad arloesol oedd y bŵm a'r rhwyd gwrth-longau-tanfor a adeiladwyd rhwng Dale ac Ynys Thorn. Staffiwyd holl gaerau'r glannau gan filwyr rheolaidd y garsiwn, ynghyd â gwirfoddolwyr pan fyddai eu hangen, a chaent gymorth catrodau tanwyr-maes a throedfilwyr. Tua diwedd y bedwaredd ganrif ar bymtheg helpodd caerau Cymru i sicrhau mai harbwrs y Deyrnas Unedig oedd y rhai a gâi eu hamddiffyn orau yn Ewrop, os nad yn y byd.[28]

Bu'n rhaid cwympo rhyw 2,000 o goed derw i adeiladu pob llong deulawr neu drillawr o goed yn y ddeunawfed ganrif, fel HMS *Caesar* a *Victory*. O'r unfed ganrif ar bymtheg ymlaen, câi rafftiau o goed derw o ystadau mawrion Sir Drefaldwyn eu rhoi i lifo i lawr Afon Hafren o Gei'r Trallwng i ddiwallu'r galw aruthrol am goed llongau.[29] Dyna sy'n esbonio'r gofgolofn a godwyd gan uchelwyr y sir ar Fryn Breidden ger Cei'r Trallwng ym 1781 i'r Llyngesydd Rodney (1718–92), yr arwr yn y Llynges Frenhinol a fawrygwyd am ymladd y gynghrair o Lyngesau Ffrainc a Sbaen a fu'n cefnogi'r Americanwyr yn y Rhyfel dros Annibyniaeth (1775–83).[30] Wrth iddo ennill Brwydr Cape St Vincent ym 1780 â'i 24 o longau – rhai yr oedd eu cyflymder uwch i'w briodoli'n bennaf i'r haen o gopr o Gymru arnynt – ef fu'n gyfrifol am 15 o'r 21 o longau a gipiwyd neu a ddinistriwyd yn ystod Rhyfel Annibyniaeth America. Erbyn 1782 yr oedd ei lynges yn cynnwys 36 o longau, ac ym mrwydr hollbwysig Les Saintes oddi ar Dominica cipiodd bump o longau Ffrainc a rhwystro llyngesau Ffrainc a Sbaen rhag cymryd Jamaica. Yn Chwefror 1808 ocsiynodd Ystâd Castell Powys 183 o goed derw 'calculated for the navy' ger Ceiau Camlas Trefaldwyn ac Afon Hafren i'w gludo ymaith. Coed oedd tri-chwarter y llwythi a gludid tua'r dwyrain ar y gamlas, a chludid coed hefyd mewn *trows* ar hyd yr afon.[31]

Canlyniad hanes tebyg o gyflenwi coed hanfodol oedd i wŷr bonheddig Trefynwy ym 1800 godi Teml Lyngesol Trefynwy ar Fryn Cymin uwchlaw coedwigoedd derw mawr Fforest y Ddena (ffigur 12.7). Cafodd Nelson a'r Fonesig Hamilton frecwast yno'n westeion i'r bonheddwyr lleol ym 1802 a bu'n gyfle i Nelson weld hyd a lled y goedwig yno. Ei awgrym mewn adroddiad yn ddiweddarach oedd bod modd cynyddu'r 3,500 o lwythi o goed a oedd yn addas at adeiladu llongau i 9,200 y flwyddyn.[32] Yn ddiweddarach, bu i ddeddf ym 1808 amgáu 4,455 o hectarau o'r goedwig er mwyn plannu coed i'r Llynges eu defnyddio.[33]

Dau wendid llongau mawr y llynges oedd llongbryfed (terydr môr, *Teredo navalis*) a'r llusgo a achosid gan wymon a gwyddau môr. Datryswyd y problemau hynny gan ddatblygiadau arloesol yn y Chwyldro Diwydiannol wrth i Abertawe dyfu'n ganolfan ryngwladol i smeltio copr. Yn gynnar yn y ddeunawfed ganrif, prif weithgarwch y diwydiant hwnnw yn Abertawe a Chastell-nedd oedd cynhyrchu dysglau i'w cyfnewid yn y fasnach gaethweision yn Affrica, ynghyd â llestri diwydiannol mwy o faint a ddefnyddid yn y purfeydd siwgr a rỳm yn y Caribî. Ond fe newidiodd hynny yn sgil adeiladu HMS *Alarm* ym 1761, y llong gyntaf o goed o Brydain i fod â gorchudd o ddalennau o gopr drosti.[34] Canlyniad y copro oedd i'r llongau deithio'n gynt (am fod llai o lusg a ffrithiant) ac ymweld yn llawer llai aml ag ierdydd i gael eu hatgyweirio. Meddai'r Llyngesydd Rodney: 'to bring the enemy to action, copper-bottomed ships are absolutely necessary. Without them we should not have taken one Spanish Ship'.[35] Ym 1780 cyflenwid copr i'r llynges gan Weithfeydd Copr Castell-nedd a gweithfeydd eraill a ddefnyddiai fwyn copr o Fynydd Parys ym Môn.[36]

Trawsffurfiwyd economi'r fasnach honno yn sgil darganfod helaethrwydd o fwyn copr yn Amlwch. Daeth Thomas Williams (1737–1802) yn bartner rheoli'r mwynglawdd hwnnw – un a dyfodd yn gyflym iawn i fod yr un mwyaf yn y byd ac â monopoli ledled y byd, i bob pwrpas, ar gynhyrchu copr.[37] Cynyddodd y galw am gopr pan achosodd yr adwaith cyrydol rhwng bolltau haearn a'r haenau copr i amryw o longau, gan gynnwys HMS *Centaur,* suddo yn ystod Rhyfel Annibyniaeth America. O ganlyniad, cyflwynwyd bolltau copr ym 1782 ac ymhen blwyddyn cafodd arbenigwyr Thomas Williams batent i gynhyrchu bolltau o aloi copr. Golygai hynny fod rhaid i lyngesau Prydain, Ffrainc, yr Iseldiroedd a Sbaen i gyd droi at ei gwmni ef i gael eu cyflenwadau.

Pedair o weithfeydd smeltio Williams yn Sir Gaerhirfryn ac Abertawe a gyflenwai'r melinau rholio copr yn nyffryn Maes-glas yn Nhreffynnon yn Sir y Fflint (ffigur 12.8), ac fe ymwelodd dau o gapteiniaid gynnau llywodraeth Ffrainc, Dulabre a De Givy, a M de Wendel, arbenigwr ar ordnans, â'r melinau hynny ym 1784.[38] Yno, câi'r copr a smeltiwyd yn Abertawe a Sir Gaerhirfryn (gan ddefnyddio mwyn Mynydd Parys) ei rolio'n ddalennau, a gwneid bolltau enfawr 8–10 troedfedd (2.7–3 metr) ohono o dan yrdd siglo aruthrol a weithid â dŵr. Er bod gan Gwmni Parys gontract gan y Llynges i gynhyrchu 25,000 o folltau'r wythnos, yr oedd mewn gwirionedd yn darparu 40,000 ohonynt.[39] Ym 1798, wrth i dra-arglwyddiaeth Williams ar y diwydiant ddod i ben, gweithiai 600 ym melinau copr Maes-glas 'chiefly occupied in preparing copper sheets for sheathing ships of war, and a large order is now getting ready for America'.[40]

Cynyddodd cynhyrchu copr yn Abertawe i greu'r haenau ohono.[41] Erbyn 1800 defnyddid rhyw 13% o'r 7,500 o dunelli o gopr a gynhyrchid ym Mhrydain i orchuddio llongau Prydain.[42] Erbyn hynny, yr oedd asiant Thomas Williams yn Lerpwl yn gorchuddio 105 o longau ac yn atgyweirio'r copro ar 33 arall mewn

*Ffigur 12.7 Y Deml Lyngesol yn y Cymin yn Sir Fynwy, cyn i'r Ymddiriedolaeth Genedlaethol ei hadfer. Fe'i codwyd drwy danysgrifiad cyhoeddus ym 1800 i goffáu 16 o Lyngeswyr Prydain a buddugoliaethau eu llyngesau. Ar y 'bwa gorfoledd' ar y to darlunnir Britannia'n eistedd ar graig uwchlaw peintiadau sy'n cynrychioli 'The Standard of Great Britain waving triumphant over the fallen and captive flags of France, Spain and Holland' a 'The glorious and ever memorable Battle of the Nile'.*

Kymin Naval Temple. Monmouth.

*Ffigur 12.8* Greenfield Brass Mills near Holywell, Flintshire, *gan John Ingleby (1792).*

blwyddyn,[43] ond o 1832 ymlaen datblygodd G F Muntz aloi rhatach o sinc a chopr (55–64% ohono'n gopr) ar gyfer gorchuddio llongau.[44]

Mewn ymateb i'r galw am ganonau i'r llynges yn ystod y cyfnodau o ryfela yn bennaf y sefydlwyd diwydiant haearn mwya'r byd yn ne Cymru, sef yn ystod ail hanner y ddeunawfed ganrif. Cyn hynny, arfer canolfannau llynges Prydain ar afonydd Tafwys a Medway ac yn Portsmouth oedd tynnu ar gynnyrch ffwrneisi chwyth y Weald yng Nghaint, ond ym 1775 penderfynodd Bwrdd yr Ordnans (y corff gan lywodraeth Prydain a gomisiynai ynnau milwrol) roi ei gontractau i'r diwydiannau rhatach yn ne Cymru.[45]

Yn ddiweddarach, daeth Gweithfeydd Haearn Abaty Nedd yn brif weithfeydd haearn y de ym meysydd peirianneg ac adeiladu llongau. Cawsai'r ffwrnais chwyth ym Mryn-coch, yn ymyl ffynonellau o fwyn haearn a glo, ei phrynu gan Thomas Pryce ym 1757 ar ddechrau'r Rhyfel Saith Mlynedd, a rhwng 1758 a 1764 fe gyflenwodd ef y llywodraeth â 1230 o dunelli o haels (*shot*).[46] Effaith dechrau defnyddio golosg i smeltio mwynau, a lleoliad cymaint o fwyn haearn a glo yn y de, oedd i'r cynhyrchu gynyddu'n aruthrol. Yng Nghyfarthfa ger Merthyr Tudful, yr oedd Anthony Bacon (1716–86) eisoes wedi dechrau codi ei weithfeydd haearn ym 1765–66;[47] sefydlodd ef ffowndri ganonau yno ym 1773 a phrynodd Ffwrnais Plymouth ym 1766 a Ffwrnais Hirwaun ym 1780 i gynyddu'r gwaith smeltio y gallai ei gyflawni.[48]

Golygodd buddugoliaeth Prydain dros Ffrainc ar

ddiwedd y Rhyfel Saith Mlynedd ym 1763 mai hi oedd grym penna'r byd tua diwedd y ddeunawfed ganrif ac ar hyd y ganrif ddilynol.[49] Isaac Wilkinson (1695–1784) o Weithfeydd Haearn y Bers ger Wrecsam oedd un o'r meistri haearn a aethai ati i gyflwyno ac ehangu cynhyrchu canonau yn ystod y rhyfel, a gwnaeth John, mab Isaac, welliant hollbwysig yn y broses gynhyrchu ar ddechrau'r 1770au. Yn y dull cynharach defnyddid craidd i gynhyrchu castiad bras a chau o'r baril. Câi hwnnw'i orffennu ag offeryn torri a oedd yn cylchdroi ond yn tueddu i neidio o gwmpas oherwydd anghysonderau yn y metel.[50] Yr oedd gan ganonau'r Llynges bryd hynny enw drwg am fod yr un mor debygol o ladd y taniwr ag o ladd y gelyn. Yn hytrach, castiodd John Wilkinson faril solet cyn defnyddio ffrâm solet i'w ddal yn dynn a chylchdroi bar torri anhyblyg i'w ganol.[51] Cynhyrchai hynny'r canonau llyngesol mwyaf cywir (a mwyaf diogel) yn y byd. Rhoes y Bwrdd Ordnans brawf arnynt ym 1774 a dweud: 'casting guns solid is infinitely better than the ordinary way, because it makes the ordnance more compact and consequently more durable'.[52] Aeth ffowndri ganonau Cyfarthfa ati'n syth i ddefnyddio technegau Wilkinson a thyfu'n brif gyflenwr canonau i'r Llynges.[53]

Bu cychwyn Rhyfel Annibyniaeth America ym 1775 yn ysgogiad i ailadeiladu Gweithfeydd Haearn y Bers. Codwyd melin dyllu newydd – a yrrid gan ddŵr – i gynhyrchu canonau a grëwyd â ffowndri wythonglog ac iddi amryw o ffwrneisiau. Mae'r ddwy wedi goroesi.[54] Wrth i'r rhyfel gynyddu'r galw, cynyddu wnaeth archebion llywodraeth Prydain i Gyfarthfa: 195 o ganonau yn Ebrill 1775 a 561 a 396 yn y blynyddoedd dilynol.

Yn dilyn Heddwch Versailles ym 1783, cafodd y canonau diangen a gawsai eu cynhyrchu yn ne Cymru eu gwerthu i lyngesau yn Nhwrci ac Asia.[55] Prynodd Crawshay a'i Gwmni Weithfeydd Haearn Cyfarthfa am eu bod yn rhagweld rhagor o ryfela,[56] ac ymunodd Gweithfeydd Haearn Pont-y-pŵl â hwy i gynhyrchu 500 o ganonau fel hapfuddsoddiad.[57] Talodd hynny pan arweiniodd rhyfeloedd Napoleon ym 1793–1815 at gynnydd aruthrol yn y galw am ganonau gan y llynges. Erbyn 1807, gweithfeydd haearn Cyfarthfa oedd y rhai mwyaf yn y byd (gweler ffigur 12.1). I gydnabod eu rôl allweddol, ymwelodd y Llyngesydd Nelson (1758–1805) â Chyfarthfa ym 1802 ac fe daniodd y gweithfeydd un o'i ganonau o frig yr odynau calch ger Parc Cyfarthfa. Mae caronâd o 1802, sef canon llyngesol â thyllfedd lydan ar gyfer ymladd llongau agos, i'w weld o hyd yng nghasgliadau Amgueddfa Cymru ac fe all mai hwnnw yw'r gwn a daniwyd er anrhydedd i Nelson.

## Iard Longau Penfro: menter fawr

*Lawrie Phillips*

Yn y ddeunawfed ganrif, rhoes yr Iard Longau Frenhinol gontractau i ierdydd preifat i adeiladu llongau rhyfel newydd. Ar lan ogleddol Aberdaugleddau yn ystod y Rhyfel Saith Mlynedd (1754–63) fe adeiladodd iard Neyland ddwy long ryfel, sef y ffrigad HMS *Milford*, a lansiwyd ym 1759 (blwyddyn ryfeddol o fuddugoliaethau llynges Prydain dros y Ffrancod), a'r llong ddeulawr HMS *Prince of Wales* ym 1765. Ryw 35 mlynedd yn ddiweddarach, yn ystod Rhyfel Chwyldro Ffrainc, rhoes Bwrdd y Llynges gontract i'r brodyr Jacob i adeiladu llongau rhyfel yn Aberdaugleddau. Ond wedi i'r cwmni hwnnw fynd i'r gwellt, cydiodd y Bwrdd yn awenau'r safle yn Aberdaugleddau – a oedd ar rent – gan fwriadu sefydlu Iard Longau Frenhinol yno. Ond methodd y trafodaethau pan gododd y perchennog newydd, Fulke Greville, y pris yr oedd ei ddiweddar frawd wedi cytuno arno. Canlyniad hynny oedd i'r gwaith o adeiladu llongau symud ym 1814 i fyny'r aber i safle 70-erw (28ha) newydd yn Paterchurch, ger Penfro, lle'r oedd cyfleusterau harbwr-dwfn addas.

Arbenigodd Iard Pater (a drodd yn Iard Longau Penfro ym 1817) ar adeiladu llongau rhyfel, y fenter fwyaf o'i bath yng Nghymru erioed. O 1814 tan 1926, pryd y daeth ei gweithgareddau i ben, adeiladwyd dros 250 o longau rhyfel yno i'r Llynges Frenhinol. HMS *Valorous* ac HMS *Ariadne* oedd y cyntaf i'w lansio ym 1816 a'r olaf, ym 1922, oedd *Oleander*, tancer cynorthwyol y Llynges Frenhinol. Un o gynhyrchion nodedig eraill yr iard oedd HMS *Hamadryad* (gweler tudalen 216). Gan fod angen amddiffyn canolfan mor allweddol bwysig, codwyd y Barics Amddiffynadwy ym 1844 (ffigur 12.9) a'r ddau dŵr 'Martello' ym 1849–50 (ffigur 12.10).

Yn fuan ar ôl dechrau defnyddio haearn a dur, fe geid rhwng waliau'r iard longau amrywiaeth ehangach o sgiliau technegol ac arbenigol nag yn unman yng Nghymru, ac ar adegau yn y bedwaredd ganrif ar bymtheg hi oedd un o gyflogwyr mwyaf y genedl. Ond y canfyddiad yng Nghymru oedd mai rhywbeth o'r tu allan oedd hi: casgliad o Saeson ar dir Cymru, a'i staff yn y dyddiau cynnar yn fewnfudwyr o dde-orllewin Lloegr – pobl effeithlon ond estron. Rhoes eu dylanwad ar ddiwylliant de Sir Benfro bwys pellach ar ymwybyddiaeth y sir o fod ar wahân i weddill Cymru, teimlad y gellir ei olrhain i'r anheddu cychwynnol gan yr Eingl-Normaniaid ac i fewnfudiad gweithwyr o Fflandrys yn y ddeuddegfed ganrif. Serch hynny, dathlodd Doc Penfro ei ddaucanmlwyddiant yn 2014 ac mae'n hen bryd cydnabod y rhan fawr a chwaraeodd yr Iard Longau yn hanes modern Cymru ac i hanes a diwylliant ein gwlad beidio ag anwybyddu Doc Penfro a'i threftadaeth.[58]

*Ffigur 12.9 Arfogwyd 'Barics Amddiffynadwy' Doc Penfro ag 16 o ganonau a 663 o saethdyllau i fwsgedau i'r môr-filwyr preswyl allu gwarchod yr Iard Longau a'i hamddiffyn rhag ymosodiadau o'r tir a'r môr.*

*Ffigur 12.10 Yr un mwyaf dwyreiniol o'r ddau dŵr gynnau bob ochr i Iard Longau Penfro. Fe'u codwyd ym 1848–50.*

# 12.1

# Glaniad y Ffrancod

## Heather James

Yn ystod prynhawn 22 Chwefror 1797, adeg y rhyfel â Ffrainc wedi'r Chwyldro, fe angorodd fflyd fach o Ffrainc – dwy ffrigad, corfét a llusglong – oddi ar Garreg Wastad ychydig i'r gorllewin o Abergwaun (ffigur 12.11).[59] Drannoeth, daeth cychod y llongau â milwyr i'r lan ac fe dynnon nhw arfau a bwledi ac ati i fyny'r clogwyni heb i neb geisio'u hatal. Arweinydd grymoedd fflyd Gweriniaeth Ffrainc oedd y Comodôr Jean Joseph Castagnier (1753–1807) ac arweinydd y milwyr, grŵp cymysg o filwyr afreolaidd a elwid yn Légion Noir, oedd William Tate, Americanwr o dras Wyddelig.

Rhagfyr 1796 ond bu rhaid iddi gilio'n ôl i Brest oherwydd tywydd garw. Er i Castagnier fentro hwylio, fe'i gorfodwyd gan y llanw a'r gwyntoedd anffafriol i droi'n ôl oddi ar Porlock a hwylio o amgylch Penrhyn Dewi nes cyrraedd Bae Ceredigion. Er i'w griw godi baneri ffug (tric cydnabyddedig wrth i lyngesau ryfela), cawsant eu gweld ac fe daniwyd atynt o'r gaer fach iawn yn Abergwaun. Ond gan mai prin oedd gynnau a bwledi'r gaer honno, mae'n eithaf posibl y gallai'r Ffrancod fod wedi cipio Abergwaun.

Wedi glaniad y Ffrancod, ciliodd Castagnier a

*Ffigur 12.11 Darn o dapestri 100 troedfedd o hyd a wnïwyd gan 78 o wirfoddolwyr yn Abergwaun ym 1997 i gofnodi daucanmlwyddiant Glaniad y Ffrancod a'u hymosodiad ar y dref. Caiff ei arddangos yn Llyfrgell Abergwaun erbyn hyn.*

Nid cyrraedd Abergwaun oedd eu nod, ac nid oeddent ond yn rhan o gynllun y Cadfridog Lazare Hoche (1768–97) i gyflawni ymosodiad triphlyg llawer ehangach. Yr oedd Hoche wedi darbwyllo'r Directoire (cyngor rheoli'r Chwyldro) fod llawer o Brydain, ac Iwerddon yn sicr, yn 'barod i wrthryfela'. Ei gynllun oedd glanio yn Iwerddon gyda fflyd fawr a milwyr, i lu arall lanio yng ngogledd-ddwyrain Lloegr ac i Castagnier a Tate ymosod ar Fryste. Ond chawson nhw fawr o lwc. Cyrhaeddodd fflyd Hoche Fae Bantry yn

sefydlodd Tate ganolfan yn fferm Trehowel a chadarnleoedd ar frig Carn Wnda a Charn Gelli. Gan fod cyflenwad helaeth o ddiod yn Nhrehowel fe feddwodd y milwyr, a dangosodd yr ymosodiadau achlysurol ar y boblogaeth leol mor wael oedd eu disgyblaeth. Er hynny, bu'r goresgyniad a'r glaniad yn sioc enfawr i lywodraeth Prydain ac i'r lluoedd a'r iwmyn lleol gan mai ym Mryste yr oedd y milwyr rheolaidd agosaf. Ar ôl i Wirfoddolwyr Abergwaun dan Thomas Knox arbed y dref, dyma benderfynu

*Ffigur 12.12* The Surrender of the French at Fishguard on 24 February 1797 *(olew ar banel, gan arlunydd anhysbys, 1797). Yn y gornel isaf ar y chwith gwelir Jemima Niclas mewn siôl goch yn ymosod â phicwarch ar filwr o Ffrainc wrth iddo ffoi.*

*Ffigur 12.13 Cyhoeddwyd 'A plan of Fishguard Bay near which the French landed 1200 men [on] 22 February 1797', yn Fleet Street ar 20 Mawrth, lai na mis wedi'r digwyddiad. Mae'r llinell doredig o bwynt 'A' ar y map yn dynodi 'the march of the enemy down to Goodrick Sands, where they piled their arms and surrendered themselves as prisoners'.*

gorymdeithio tua Hwlffordd i ymuno â milisia Sir Benfro o dan Colby (1751–1823). Cydiodd yr Arglwydd Cawdor (1753–1821) o Stackpole Court yn yr awenau ar ôl iddo frysio tua'r gogledd o Gastellmartin gyda marchfilwyr a dynnwyd o blith iwmyn Sir Benfro.[60]

Osgowyd brwydr fawr a hynny, meddir, am i grwpiau o fenywod lleol yn eu siolau coch ar ben y bryniau gyferbyn roi'r argraff i Tate fod milwyr 'cotiau coch' Byddin Prydain eisoes wedi cyrraedd. Bellach, mae campau arwrol Jemeima Niclas (tua 1750–1832), y dywedir iddi arwain y menywod yn eu siolau coch a dal deuddeg o filwyr Ffrainc â phicwarch, yn rhan o lên gwerin y fro (a thu hwnt). Oherwydd i'w filwyr chwalu, cydsyniodd Tate â gorchymyn Cawdor i ildio'n ddiamod. Ar 24 Chwefror, ryw 48 awr ar ôl iddynt lanio, gorymdeithiodd y Ffrancod i lawr i draeth Wdig ac ildio'u harfau (ffigurau 12.12 ac 12.13).

Er mai 'ffars' neu 'fenter anobeithiol' oedd llawer disgrifiad diweddarach o'r goresgyniad, nid felly yr ymddangosai ar y pryd.[61] Nod y ddwy ochr oedd defnyddio'u grym ar y môr i lanio milwyr mewn rhannau anghysbell o diriogaeth y gelyn, ond serch grym llynges Prydain yr oedd Llynges Ffrainc wedi glanio heb i neb eu rhwystro. Sylweddolwyd mai prin oedd yr amddiffynfeydd ar hyd glannau gorllewinol Cymru a bod perygl y gellid goresgyn o Iwerddon. Trechu llynges Cartagena Sbaen oddi ar Cape St Vincent oedd yr unig beth a oedd wedi rhwystro atgyfnerthu anferth ar lynges Ffrainc a'r Iseldiroedd wrth Ynys Texel, a gellid yn hawdd bod wedi trechu amddiffynfeydd Prydain. Cafodd goresgyniad Abergwaun ddylanwad enfawr ar amddiffyn glannau Cymru o hynny ymlaen.

## 12.2

# Ysbail o fuddugoliaethau: canonau Napoleonaidd yng Nghymru

Mark Redknap

Bydd llu o nodweddion ein tirwedd hanesyddol yn ein hatgoffa ni o wrthdaro ar y môr, ac yn eu plith mae'r bolardiau haearn digon diniwed yr olwg yr aeth bron y cyfan o'u hanes dramatig dros gof. Gan fod nifer fawr o ganonau llynges Ffrainc yn y ddeunawfed ganrif yn rhy fawr i'w gosod ar longau rhyfel Prydain, fe'u codwyd yn folardiau mewn amrywiaeth o fannau, yn enwedig ar strydoedd trefi, a'u defnyddio mewn ffordd ymarferol a oedd, yr un pryd, yn dathlu'r fuddugoliaeth dros Weriniaeth Ffrainc. O ganlyniad, mae eu siâp arbennig hyd yn oed wedi'i gopïo ym molardiau strydoedd ein dyddiau ni.

Ymhlith yr enghreifftiau o folardiau canonau yng Nghymru mae rhai yn Abercastell, Abergwaun, Hobbs

Point a Doc Penfro, a'r pyst clymu yn harbwr Dinbych-y-pysgod (ffigur 12.14). O dro i dro daw darnau coll o ordnans llynges Napoleon i'r golwg yng Nghaerdydd, fel yr un y cafwyd hyd iddo wrth wneud gwaith draenio ym 1982 ger y fan lle'r arferai Camlas Sir Forgannwg, a adeiladwyd ym 1794–98, groesi James Street yn Nhrebiwt. Cawsai ei osod yn fertigol yn y bricwaith i fod yn folard i gychod y gamlas. Wedi'u castio ar y baril y mae'r llythrennau 'RF' (sef République Française) a symbol cap Phrygiaidd y Weriniaeth. Ar gylch ar y gwaelod gwelir: 'AN 3me FN'. FN oedd marc Ffowndri Nevers ac mae 'AN 3' yn dynodi dyddiad ei gastio (blwyddyn tri'r Weriniaeth yn ôl calendr newydd Chwyldro Ffrainc, sef rhwng 22 Medi 1794 ac 16 Medi 1795). Ar y trynionau gwelir 'N 23' a 'P 2315', sy'n dynodi maint a phwysau'r canon, un a elwid gan y Ffrancod yn 'wythbwyswr hir'.[62] Mae tyllfedd y canon, sef 105 milimetr (4.134 modfedd), yn cyfateb i'r wythbwyswr hir yn nhablau Ffrainc o *3 pouces, 11 lignes* (sef 105.96mm).[63] A chaniatáu ar gyfer y gwyntiad (y bwlch rhwng tyllfedd y canon a'r bêl), fe daniai'r canon bêl wyth 'poid' Ffrengig (gan roi iddo'r enw 'wythbwyswr hir').[64]

Cafwyd hyd i ganon arall o oes Napoleon yn 2002, a hwnnw hefyd ar safle hen gamlas Morgannwg yn Dumballs Road yng Nghaerdydd. Mae ei dyllfedd o 105 milimetr yn cyfateb i un yr 'wythbwyswr hir'. Arno mae'r arysgrif ddyrchafedig 'ÉGALITÉ LIBERTÉ' (ffigur 12.15), y geiriau a gysylltir yn gyffredin â sloganau'r chwyldro tua diwedd y ddeunawfed ganrif. Ni fabwysiadwyd 'Fraternité' i ffurfio arwyddair cenedlaethol Ffrainc tan 1848. Ar y canon hefyd mae'r geiriau 'RAMUS AU CREUSOT LAN.2'. Sefydlwyd y Ffowndri Frenhinol yn Le Creusot, Saone-et-Loire, Bwrgwyn, ym 1782 ac o 1790 tan 1796 Michel Ramus oedd ei chyfarwyddwr. Mae 'LAN 2' (*l'Année 2 de la République Française*, ail flwyddyn y Weriniaeth) yn dynodi dyddiad castio o 1793–94, ac erbyn hynny yr oedd ffatri Le Creusot yn un o gynhyrchwyr diwydiannol pwysicaf Ffrainc.[65] Ar y trynion chwith ceir yr endoriad 'P 2486' sy'n dynodi'r pwysau (2,486 'poid', sef ychydig dros y pwysau Ffrengig 'swyddogol' o 2,382 'poid' ar gyfer 'wythbwyswr hir').

*Ffigur 12.14 Bolard canon ar gei Dinbych-y-pysgod ym 1949.*

*Ffigur 12.15 Y gwn o Le Creusot y cafwyd hyd iddo yng Nghaerdydd yn 2002. Er mai prin yw'r canonau o Le Creusot sy'n hysbys heddiw, gall eraill oroesi mewn mannau tebyg ar hyd Camlas Morgannwg. Ceir rhagor o ganonau o Ffrainc mewn mannau eraill ar hyd arfordir Cymru ac mae eu cofnodi'n rhan bwysig o ddiogelu'n hanes morol coll.*

Ymhlith y gynnau eraill o oes Napoleon y cafwyd hyd iddynt yng Nghamlas Morgannwg yn Nhre-biwt mae dau sydd bellach yng Nghastell Caerdydd.[66] Gwnaed y naill yn ffowndri Moulins rhwng 22 Medi 1795 a 21 Medi 1796 a chastiwyd y llall yn ffowndri Le Creusot rhwng 22 Medi 1794 a 21 Medi 1795.[67] Efallai fod bolard canon ar gyfer y gamlas, a nodwyd ym 1970 ar ochr ddwyreiniol Parc Tre-biwt, yn un ohonynt,[68] ac ar ei faril yntau mae 'Ramus au Creusot' ac 'Egalité Fraternité'. Gweithid y canonau 12- a 18-'poid' gan 10 dyn (pennaeth, wyth gwas ac arlwywr).[69]

Mae dyddiadau'r canonau'n arwyddocaol. Rhwng 1794 a 1798 estynnwyd Camlas Sir Forgannwg i loc môr newydd i'r de o James Street. Yn ystod buddugoliaeth nodedig y Llynges Frenhinol ym Mrwydr Afon Nîl (1 Awst 1798), cipiwyd 750 o ganonau oddi ar 10 o longau rhyfel llynges Ffrainc. Yr awgrym yw i ganonau Castell Caerdydd ddod o ffrigad Ffrengig a ddrylliwyd ym Mae Bantry yn Iwerddon, ac iddynt gyrraedd Caerdydd fel balast. Ond mae ymchwiliad i'r ffrigad Ffrengig *La Surveillante*, a suddwyd yn Mae Bantry filltir i'r gogledd o Ynys Whiddy ym 1797, wedi cofnodi bod un ar bymtheg o'i chwech ar hugain o ynnau 12-pwys a chwe gwn 6-phwys ar y llongddrylliad, a bod y gweddill wedi'u claddu neu wedi'u hachub.[70]

Mae'n debyg i ynnau Caerdydd fod yn ysbail rhyfel o ffynhonnell unigol, ac efallai iddynt gyrraedd Caerdydd fel rhandaliad i feistr haearn, megis teulu Crawshays o Ferthyr Tudful, am gynhyrchu gynnau i'r Morlys neu'r Bwrdd Ordnans. Dyma, er enghraifft, eiriau un o gofnodion Cwmni'r Gamlas, dyddiedig 22 Mawrth 1806: 'the order given to the Abernant Co. for iron mooring posts be countermanded, and that 16 Iron Guns (French 6-pounders) lying on the wharf at Mr Tait's Crane be appropriated in lieu thereof'.[71]

Yn aml, câi canonau eu hanfon i Gaerdydd ac oddi yno. Yn ôl adroddiad gan swyddfa'r tollau ym 1788, ceid tri chei preifat yno lle câi nwyddau – rhai haearn yn bennaf – eu hanfon a'u glanio. Yr oedd 'Cannon Quay', islaw Cei'r Dref, wrth ymyl y 'Golate Wharf' (a roddwyd ar brydles i feistr haearn o Ferthyr), ac fe'i henwyd ar ôl y canonau a gastiwyd gan y meistri haearn a'u hanfon o'r cei hwnnw i Fryste a thu hwnt.[72]

RAMUS
AU
CREUSOT

LAN.2.

P
2486

ÉGALITÉ
LIBERTÉ

*Ffigur 12.16 Gwn o haearn bwrw o ffowndri Nevers wedi'i osod ar atgynhyrchiad o gert gwn Ffrengig a adeiladwyd gan aelodau o Gynllun Hyfforddi Ieuenctid y Comisiwn Gwasanaethau Gweithwyr ym 1983-4.*

# 12.3

# Robert Seppings ac HMS *Conway*

## Deanna Groom a Robert Prescott

*Ffigur 12.17 Sir Robert Seppings (1767–1840) gan William Bradley. Fe'i cwblhawyd ym 1833. Bu Seppings yn Syrfëwr i'r Llynges o 1813 tan 1835 a chyflwynodd amryw byd o ddatblygiadau diogelwch.*

Ym 1800 y dechreuodd y pensaer llyngesol Robert Seppings (1767–1840) ei yrfa'n brentis o adeiladydd llongau yn Iard Longau Plymouth. Cwta bedair blynedd yn ddiweddarach fe'i penodwyd yn feistr-adeiladydd llongau yn Chatham, a daeth yn Syrfëwr y Llynges Frenhinol ym 1813 (ffigur 12.17). Erbyn 17 Tachwedd 1817, pryd y cyflwynodd Seppings ei bapur i'r Gymdeithas Frenhinol yn Llundain ar gymhwyso fframwaith lletraws at longau rhyfel, yr oedd eisoes wedi cyflwyno sawl datblygiad arloesol o bwys ym myd dylunio llongau. Un ohonynt oedd system o letemau i allu cael mynediad llawn at gêl llong mewn doc sych (gelwid y lletemau'n 'Seppings Blocks'); system o strapiau neu atodbwysau lletraws cain a roddai gryfder hydredol mawr i longau Ei Fawrhydi; a 'starnau cylchog' a oedd nid yn unig yn atal ergydion y gelyn yn fwy effeithiol ond yn rhoi cwmpas ehangach wrth danio gynnau'r llongau.[73]

Yr oedd HMS *Nile*, enw gwreiddiol HMS *Conway*, yn un o dair llong eilradd dosbarth Rodney a ddyluniwyd gan Seppings a'u harchebu ym 1826. Dechreuwyd adeiladu'r llong yn Iard Longau Devonport yn Plymouth ym mis Hydref 1827 ac fe gynhwysai hi lu o ddatblygiadau arloesol Seppings, gan gynnwys 'cniwiau' haearn. Gan i brinder coed ddechrau amharu ar adeiladu llongau i'r Llynges, manteisiodd Seppings ar gryfder a chrynoder haearn i gysylltu estyll y dec ag ochrau'r llong yn lle'r cniwiau confensiynol y byddai'n rhaid eu torri o goed a gawsai eu tyfu'n arbennig.

Yr oedd y cyfan o 'System Seppings' yn fodd i ymestyn llongau a chynyddu eu cryfder i allu dal pwysau peiriannau, boeleri a glo. Dyma'r llongau a ledodd y ffordd i'r llongau rhyfel o haearn a yrrid gan ager. Yn wir, rhan o hanes y *Nile* fu ei throsi i'w gyrru gan ager.

Er i HMS *Nile* fod yn barod i'w lansio yn Devonport ym 1834, gohiriwyd gwneud hynny tan 28 Mehefin 1839. Tra oedd hi wedi'i gosod o'r neilltu, rhoddwyd peiriant Seaward & Capel 928ihp ynddi ym 1854. Gallai hi, felly, deithio bron saith môr-filltir yr awr pan roddwyd prawf arni oddi ar Plymouth. Y tro cyntaf iddi gael ei chomisiynu i hwylio ar fôr oedd yn Chwefror 1854 a'r flwyddyn honno y cafodd hi ei blas cyntaf ar ryfela – yn erbyn y Rwsiaid yn y Baltig. Wedi iddi ddychwelyd adref i Plymouth ar ôl Rhyfel y Crimea, cymerodd ran yn Adolygiad Mawreddog y Frenhines Victoria o'r Fflyd. Yn fuan wedyn, fe'i hanfonwyd i Ogledd America. Cafodd gomisiynau eraill tan 1864 pryd y'i gosodwyd o'r neilltu a'i chadw wrth gefn tan 1875. Yna, gorchmynnodd y Morlys dynnu ei pheiriannau cyn ei rhoi hi ar fenthyg fel llong hyfforddi i Gymdeithas Gwasanaeth Mercantiliaeth Afon Mersi yn Lerpwl.[74]

Ei thynnu i Lerpwl ym Mehefin 1876 a'i hailenwi'n *Conway* fu man cychwyn pennod newydd yn ei hanes fel llong hyfforddi dan hwyliau. Ym 1941 symudwyd y *Conway* o Afon Mersi i Fôn, ac ym 1949 fe'i hangorwyd ger Plas Newydd ar ôl mentro drwy beryglon Pwll Ceris ar Afon Menai (ffigur 12.18). Yn Ebrill 1953, penderfynwyd bod angen ei symud i'r doc sych ym Mhenbedw i'w hailgymhwyso, ond collodd y tynfadau reolaeth arni ac fe darodd hi greigiau gwastad y Platters yn Afon Menai (ffigur 12.19).[75] Er iddi gael ei llosgi hyd at linell y dŵr ym 1956 a'i dymchwel, mae estyll derw a rhai o gniwiau haearn Seppings yn dal yn eu lle ar y creigiau. O'r llu enghreifftiau o ddyluniadau Seppings i wella llongau, yr unig un sy'n goroesi yw'r ffrigad 46-gwn, HMS *Unicorn*, a lansiwyd ym 1824 ac sydd bellach yn Dundee ac wedi'i diogelu fel rhan o'r Fflyd Hanesyddol Genedlaethol.

*Ffigur 12.18 HMS* Conway *yn llong hyfforddi ar Afon Menai. Tynnodd y Llu Awyr Brenhinol y llun ar 23 Mehefin 1948.*

*Ffigur 12.19 HMS* Conway *ar Greigiau Gwastad y Platters ym mis Hydref 1956. Mae ei starn gron yn dangos dylanwad Seppings, fel y gwna'r elfennau haearn sydd wedi goroesi.*

# 12.4    Y gogoniant a fu: llongau hyfforddi

## Mark Redknap

Mae ffotograffau o ddechrau'r ugeinfed ganrif yn cynnig darlun difyr o longau yn eu henaint, rhai ohonynt o lynges Nelson, ar ddechrau'r ganrif cynt. Yr oedd y llongau a oedd â chysylltiad â Chymru yn rhan o rwydwaith mawr o longau hyfforddi ac ysgolion a grëwyd i hyfforddi morwyr ar gyfer y Llynges Fasnachol ac i wastrodi plant drwg a chrwydrol.[76] Wrth i'r angen i hyfforddi llongwyr leihau yn sgil y cynnydd mewn pŵer ager, i Lynges Fasnachol Prydain ddiflannu ac i fyd masnach grebachu ar ôl y ddau Ryfel Byd, gwerth symbolaidd i raddau helaeth oedd i'r llongau hyfforddi, ac ar ôl 1945 caewyd a sgrapiwyd llawer ohonynt.

Gwelodd Cymru lu o longau diwydiannol wrth eu gwaith, gan gynnwys yr *Havannah* a'r *Clio* (ffigur 12.20), corfét a oedd wedi hwylio ddwywaith o amgylch y byd ac a angorwyd oddi ar Bier Bangor ym 1877. Symudwyd llawer o longau hyfforddi o Afon Mersi i Afon Menai, ac

un ohonynt oedd y criwser *Phaeton* a gymerodd le'r *Indefatigable* yn ystod y Rhyfel Byd Cyntaf. Prynodd Geoffrey Cobb y *Trincomalee*, llong o goed tîc a lansiwyd ym 1817, gan y Morlys a'i sefydlu'n llong hyfforddi dan yr enw *Foudroyant*. Ym 1904 tynnwyd hi o Falmouth i Aberdaugleddau a'i hangori rhwng Doc Penfro a Neyland cyn ei symud hi'n ôl i Falmouth y flwyddyn wedyn. Ym 1930 fe ddychwelodd i Ddoc Penfro am ddwy flynedd. Ym 1932, ac yn nwylo ymddiriedolaeth elusennol newydd, fe'i hangorwyd yn Portsmouth. Ers hynny, mae hi wedi'i hadfer a chan mai hi yw'r llong ryfel Brydeinig hynaf ar y dŵr, mae hi ar agor i'r cyhoedd fel rhan o amgueddfa iard longau hanesyddol Hartlepool.

Yn wreiddiol, HMS *Eagle* oedd enw HMS *Eaglet*, llong depo llu-wrth-gefn y Llynges Frenhinol. Gosodwyd cêl y llong 74-gwn gan Pitcher, Northfleet,

*Ffigur 12.20 Y Clio (1881), llong hyfforddi Bangor ar Afon Menai. Cawsai ei lansio yn Sheerness ym 1858 yn gorfét o ddosbarth y 'Racoon'. Yr oedd hi wedi hwylio o amgylch y byd ddwywaith cyn iddi gael ei hangori'n llong hyfforddi yma ym 1877.*

*Ffigur 12.21 Yr* Havannah: *fel ysgol ddiwydiannol, yr oedd ganddi'r enw yng Nghaerdydd o fod yn fan lle'r âi 'naughty boys ... to do their time'. Fe'i datgymalwyd ym 1905, ychydig wedi i G Flook o Benarth dynnu'r llun hwn ohoni.*

ac fe'i lansiwyd ar 27 Chwefror 1804. Hi oedd y bedwaredd ar ddeg o longau'r Llynges â'r enw hwnnw, a rhoes wasanaeth nodedig yn ystod rhyfeloedd Napoleon. Ym 1830 fe'i trowyd yn llong â 50 gwn ac ym 1859 yn llong i wylwyr y glannau yn Aberdaugleddau. Llong ddrilio fu hi yn Lerpwl o 1862 ymlaen tan i Lu Gwirfoddolwyr wrth-gefn y Llynges Frenhinol ei chymryd drosodd ym 1911 a'i hailenwi'n HMS *Eaglet* ym 1918/19. Ym 1926 fe'i gwerthwyd i J Hornby a'i Feibion, Lerpwl, i'w datgymalu. Ychydig wythnosau ar ôl cael tynnu ei llun yn Noc Salthouse yn Lerpwl, fe drawodd hi draeth Mostyn wrth gael ei thynnu o Lerpwl. Cyn pen deufis, yr oedd hi wedi'i llosgi'n ulw ar y traeth.

Un o'r tri hwlc sy'n gysylltiedig â Chaerdydd oedd HMS *Havannah*, ffrigad pumed radd â 36-gwn a lansiwyd yn Lerpwl ym mis Mawrth 1811. Bu ar waith yn India'r Gorllewin ac ym Môr y Canoldir yn ystod Rhyfeloedd Napoleon ac yn un o'r sgwadron o longau rhyfel a hebryngodd Napoleon i'w alltudiaeth ar St Helena ym 1815. Yn y 1850au bu ar waith yn y Môr Tawel, ond er mai'r farn erbyn 1859 oedd ei bod hi'n hen long ac yn barod i'w datgymalu, ym 1860 rhoes y Morlys hi i Bwyllgor Ysgol Garpiog Caerdydd i'w throi'n ysgol. A dyna sut y sefydlwyd yr Ysgol Ddiwydiannol gyntaf a geisiai droi 'bechgyn drwg' yn forwyr yn y Llynges Fasnachol ac ar longau pysgota'r wlad.

Y flwyddyn honno, daeth tynfad â hi o Devonport i'w chartref newydd yn Noc Dwyrain Bute yng Nghaerdydd. Wedi i'r Morlys dynnu'r hwylbrenni a'r rigin gwerthfawr oddi arni, fe'i symudwyd i fan i'r de o Ffordd Penarth. Gosodwyd to dros ei phrif ddec, torrwyd drws yn ei hochr a chodwyd pont bren i'w chysylltu â'r tir. Cyfarfu dosbarthiadau cyntaf yr Ysgol Garpiog arni ar 1 Tachwedd 1860.

Ym 1895 cyhoeddodd y Llyngesydd Field fod llongau hyfforddi yn wastraff arian a chondemniodd yr *Havannah* fel 'the worst specimen ... the hulk ought to be burnt and everybody connected with it discharged immediately'.[77] Am fod gan ynadon ffyrdd gwell o ddelio â phlant 'tramgwyddus', caewyd yr ysgol. Caeodd yr *Havannah* ei drysau ym 1903 (ffigur 12.21) am nad oedd hi wedi anfon mwy na dyrnaid o fechgyn i'r môr ers blynyddoedd ac am na ellid atal y tywydd rhag treiddio iddi. Trosglwyddwyd y bechgyn i'r llong hyfforddi *Formidable* yn Portishead ger Bryste ym 1905 a gwerthwyd yr *Havannah* am £1,030 i gwmni Norris, Caerdydd, i'w datgymalu. Cyflwynwyd dau o'i gynnau i Gorfforaeth Caerdydd. Fe'u gosodwyd ym Mharc y Rhath ond ymhen hir a hwyr cawsant eu cymryd ymaith i'w troi'n sgrap.

# 12.5

# HMS *Hamadryad*

David Jenkins

Yn ystod hanner olaf y bedwaredd ganrif ar bymtheg, yr oedd yr hen HMS *Hamadryad* yn rhan wirioneddol annatod o ddociau ffyniannus Caerdydd ac, wrth i'r porthladd ehangu'n gyflym, bu'n eu gwasanaethu fel 'Llong Ysbyty'r Morwyr' o 1866 tan ei chau ym 1905. O gofio'i chysylltiad maith â Chaerdydd yn ddiweddarach, mae'n ddiddorol nodi mai yng Nghymru hefyd y'i hadeiladwyd hi, sef yn iard longau'r Llynges yn Noc Penfro rhwng 1819 a 1823. Llong 46-gwn o ddosbarth 'Leda' oedd hi, dosbarth llwyddiannus o ffrigadau a adeiladwyd gan y Llynges Frenhinol o 1802 ymlaen. Seiliwyd eu dyluniad ar un y ffrigad o ddosbarth 'Hébé' Ffrainc a gawsai ei chipio ym 1782. Y syndod yw bod dwy o'r llongau hynny wedi goroesi, sef HMS *Trincomalee* a adeiladwyd yn India ac sydd wrth Gei Hanesyddol Hartlepool erbyn hyn, ac HMS *Unicorn* yn Dundee. Fel amryw o'i chwiorydd, thaniodd HMS *Hamadryad* erioed at unrhyw elyn. Fe'i rhoddwyd hi o'r neilltu yn Devonport yn fuan ar ôl iddi

gael ei chwblhau, ac ym 1866 yr oedd hi ar fin cael ei sgrapio pan benderfynwyd ei throi hi'n llong ysbyty.

Fe'i harbedwyd hi oherwydd ymdrechion Dr Henry Paine (1817–94), gŵr a gawsai ei benodi'n Swyddog Iechyd Meddygol Caerdydd ym 1855. Mor gynnar â 1858 yr oedd ef wedi galw am sefydlu ysbyty i forwyr ger dociau Caerdydd i atal y morwyr a gyrhaeddai'r porthladd rhag lledu clefydau heintus i boblogaeth fawr y dref. Er i'r wasg leol weithiau fod yn elyniaethus dros ben i Dr Paine, glynodd ef yn ddigyfaddawd wrth ei nod ac, o'r diwedd, mewn cyfarfod cyhoeddus a gynhaliwyd ym mis Mawrth 1866 fe gymeradwywyd cynllun Paine i gael llong ysbyty. Yn Noc Dwyrain Bute yr angorwyd yr *Hamadryad* i gychwyn ond ym 1867 fe'i symudwyd i ddarn o dir gwastraff – rhodd gan Ardalydd Bute – ger loc môr Camlas Sir Forgannwg (ffigur 12.22). Cost ei gosod hi yno a'i throi'n llong ysbyty â 65 o welyau oedd bron £2,800, ond fe ddaliodd hi i fod yn eiddo i'r Llynges Frenhinol.

*Ffigur 12.22 HMS* Hamadryad *adeg ei defnyddio'n llong ysbyty. Ychwanegwyd to dros y prif ddec i greu rhagor o le ynddi. Tynnwyd y llun gan G Flook o Gaerdydd ym 1906, y flwyddyn cyn ei llithro hi i'r dŵr i'w datgymalu yn Appledore yn Nyfnaint.*

*Ffigur 12.23 Y cleifion mewn ward ar ddec gynnau HMS Hamadryad. Gan nad oedd ynddi ond 60 gwely, bu'r llong ysbyty'n llai a llai digonol wrth i'r dociau dyfu. Ym 1897, i ddathlu Jiwbilî Diemwnt y Frenhines Victoria, penderfynwyd codi ysbyty newydd i forwyr. Ym 1905, felly, fe agorwyd yr Ysbyty Hamadryad Brenhinol i ddynion o bob cenedl.*

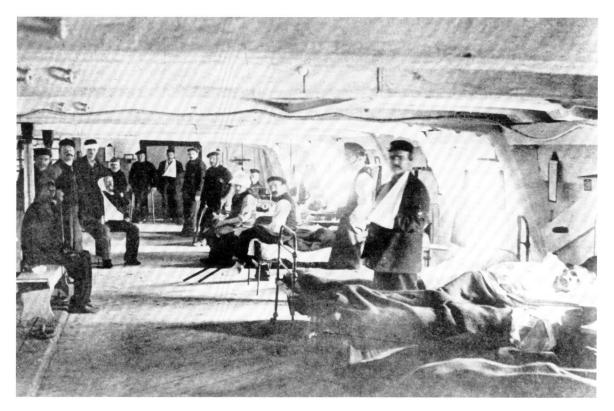

Agorwyd Ysbyty'r Hamadryad ar 1 Tachwedd 1866 ac yr oedd yno swyddog meddygol, sarsiant ysbyty, 10 nyrs, cogydd a stiwardes (ffigur 12.23). Talwyd costau'r ysbyty drwy godi toll o ddeuswllt am bob can tunnell gofrestredig o bwysau'r llongau a ymwelai â'r porthladd, a chesglid y doll gan yr asiantau a drafodai'r llongau unigol. Cyn hir, cafwyd cryn elw a bu hwnnw'n fodd i ad-dalu'r llu benthyciadau a ddefnyddiwyd ar y cychwyn i addasu'r llong yn ysbyty.

Yn ystod 1885, cafodd 600 a rhagor o gleifion mewnol a rhyw 7500 o gleifion allanol eu trin yno, a rhai o'r clefydau mwyaf cyffredin oedd y ffliw, gwynegon a syffilis. Er i rai pryderon gael eu lleisio ynghylch cyflwr y llong yn ystod y flwyddyn, chaewyd mo Ysbyty'r Hamadryad yn derfynol tan Fehefin 1905 wedi i ysbyty pwrpasol o'r un enw orffen cael ei godi gerllaw.

Dros bedwar degawd yn nociau Caerdydd, cawsai 173,000 a rhagor o gleifion eu trin ynddi a theimlwyd cryn dristwch pan ddaeth pâr o dynfadau'n ddiweddarach i symud yr hen long o'i lle i Appledore yn Nyfnaint i'w datgymalu. Y cyfan sy'n weddill o HMS *Hamadryad* heddiw yw iot pwll-dŵr (a wnaed o'i hestyll), ei chloch a'r penddelw braidd yn rhythgar a berthynai iddi (ffigur 12.24). Maent i gyd yng nghasgliadau Amgueddfa Cymru.[78]

*Ffigur 12.24 Blaenddelw HMS Hamadryad, wedi'i adfer i'w liwiau gwreiddiol ym 1988.*

# 12.6

# Y llong danfor *Resurgam*

## Peter Holt

*R*esurgam (Lladin am: 'codaf eto') oedd un o'r llongau tanfor ymarferol cyntaf yn y byd a hi yw'r llong danfor hynaf â gyriant sydd wedi goroesi. Mae hi'n deyrnged i ddyfeisgarwch peirianyddol fawr oes Victoria. Fe'i hadeiladwyd yn arf tanddwr llechwraidd mewn haearn, coed, glo ac ager gan y dyfeisydd hynod, George Garrett (1852–1902), gŵr a aned yn Llundain. Dangosodd dueddad at y gwyddorau'n ifanc. Ar ôl graddio o Gaergrawnt mewn gwyddoniaeth arbrofol, fe'i hordeiniwyd yn ddiacon yn 25 oed.[79]

Tan 1878 doedd neb wedi adeiladu llong danfor lwyddiannus. Yr oedd pob ymdrech wedi methu a llawer ohonynt wedi lladd eu criw. Ymdrech gyntaf

Garrett oedd llong danfor fach a alwyd yn '*Egg*'. Fe'i hadeiladwyd ym Mhenbedw ym 1878 gan y gwneuthurwyr boeleri Cochran a'r Cwmni. Yr oedd hi'n 4.3 metr o hyd, fe'i gyrrid â llaw ac ynddi ceid tanciau balast i wneud iddi suddo o dan y dŵr. Cyn hir, dangosodd y treialon i Garrett fod yr *Egg* yn rhy fach a bod angen llong a fyddai'n fwy o faint ac yn fwy pwerus.

Adeiladwyd y *Resurgam* ym 1879 gan Cochran a'r Cwmni. Manyleb Garrett oedd ei bod hi'n llong danfor silindrig 12.2 metr o hyd ac y'i gyrrid hi gan ager. Fe'i gwnaed o haearn gyr a throsto orchudd pren i gynyddu ei hynofedd. Yr oedd ganddi sgriw yrru â thair

*Ffigur 12.25 Y* Resurgam *ym Mhenbedw ychydig cyn ei lansio. Yn y canol mae Garrett yn dal ei ferch ddwyflwydd oed.*

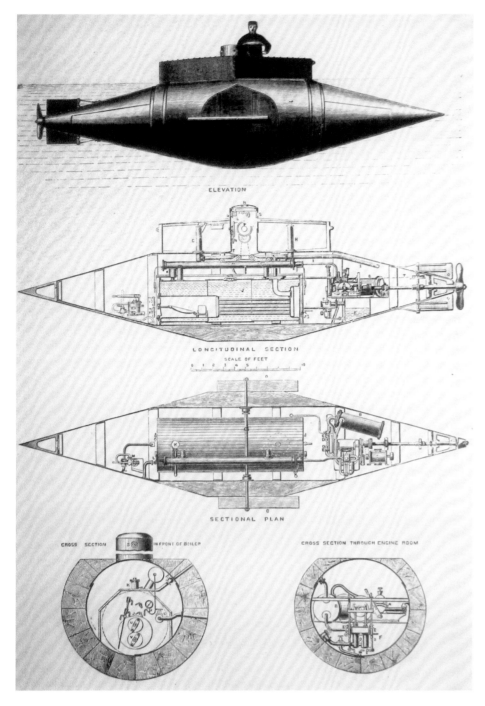

ELEVATION

LONGITUDINAL SECTION

SCALE OF FEET

SECTIONAL PLAN

CROSS SECTION IN FRONT OF BOILER          CROSS SECTION THROUGH ENGINE ROOM

*Ffigur 12.26 Y lluniadau peirianyddol ar gyfer y* Resurgam. *Y rhain oedd sylfaen patent Garrett, a ymddangosodd yn* The Engineer *ar 6 Ionawr 1882.*

*Ffigur 12.27 Deifiwr wrthi'n gwneud gwaith cofnodi ar y* Resurgam *yn ystod prosiect SubMap ym 1997.*

llafn, twr llywio a phorthdyllau (ffigur 12.25). Llenwai boeler anferth â pheiriant ager 'di-dân' Lamm y rhan fwyaf o'r gofod ynddi, a phrin bod digon o le i'r criw o dri. Dyfeisiodd Garrett snorcel a oedd yn fodd i'r peiriant weithio pan oedd y llong ar wyneb y dŵr, a hynny ryw 60 mlynedd cyn i'r Almaenwyr osod dyfais debyg ar eu llongau-U hwy. Gwaetha'r modd, penderfynodd beidio â gosod tanciau balast yn y *Resurgam* i'w galluogi hi i suddo ond fe ddibynnodd, yn hytrach, ar hydroplanau a'r peiriant ager i yrru'r llong o dan y dŵr. Barnai fod hynny'n fwy diogel am y byddai hi'n codi i'r wyneb yn syth petai'r peiriant yn methu.[80]

Lansiwyd y *Resurgam* ym Mhenbedw yn Nhachwedd 1879 (ffigur 12.26). Bythefnos yn ddiweddarach, hwyliodd Garrett a'i griw am Portsmouth i ddangos galluoedd y llong i'r Llynges Frenhinol. Cyrhaeddodd y llong y Rhyl ac aros yno am fod bwriad iddi gael ei hatgyweirio, ond cadwodd y tywydd gaeafol hi yn yr harbwr am fisoedd. Fe adawodd hi o'r diwedd yn Chwefror 1880, yng nghwmni'r iot ager *Elphin* yr oedd Garrett newydd ei phrynu. Dydy'r hyn a ddigwyddodd wedyn ddim yn glir. Ar y pryd, honnai Garrett i'r llong gael ei dwyn o'r harbwr pan oedd y criw wrthi'n ciniawa, ond dywedodd adroddiadau papurau-newydd i dystion ei gweld hi'n hwylio am Portsmouth. Ryw 45 mlynedd yn ddiweddarach, cyfaddefodd un o'r criw i beiriant yr iot *Elphin* ddechrau mynd i drafferthion wrth dynnu'r *Resurgam*, a phan aeth criw'r llong danfor i'w helpu fe suddodd y *Resurgam* rywle oddi ar Benygogarth.

Nid dyna ddiwedd y stori. Cafwyd hyd i'r llong ym 1995 oherwydd i'w chorff fachu yn rhwydi pysgotwr. Gorweddai ger y Rhyl, ryw 12 milltir o'r fan lle y dywedwyd iddi suddo. Yr oedd hi'n dal mewn un darn ond â'r brif hatsh wedi'i thynnu. Ym Mehefin 1997 defnyddiodd prosiect archaeolegol 'SubMap' ddeifwyr proffesiynol ac amaturiaid a hyfforddwyd mewn technegau arolygu archaeolegol i ymchwilio iddi a'i harolygu, ond ni chafwyd hyd i unrhyw reswm dros ei cholli (ffigur 12.27). Mae ymchwil wedi awgrymu'n ddiweddar na allai'r *Resurgam* suddo o dan y dŵr yn iawn am nad oedd ei pheiriant yn ddigon mawr. Efallai i Garrett benderfynu ei suddo i guddio'i gamgymeriad a'i adael yn rhydd i ddylunio llong danfor well. Aeth ymlaen i adeiladu amryw o longau tanfor eraill, gan gynnwys un a gomisiynwyd gan Lynges Twrci, cyn iddo ymfudo i'r Unol Daleithiau a marw'n dlotyn yn Efrog Newydd.

## 12.7

# Y llong danfor *H5*

Sian Rees

Llong danfor o ddosbarth 'H' Prydain oedd HMS *H5*. Fe'i hadeiladwyd gan Canadian Vickers Cyfyngedig yn Montreal a'i lansio ym Mehefin 1915 i wasanaethu'r Llynges Frenhinol yn y Rhyfel Byd Cyntaf (ffigur 12.28).[81] Treuliodd hi dipyn o flynyddoedd y rhyfel ar batrolau blocâd, i gychwyn yn ne Môr y Gogledd (pryd y gwnaeth hi ymosod ar long danfor *U 51* yr Almaen a'i dinistrio) ac oddi ar arfordir Iwerddon o 1917 ymlaen. Ar 26 Chwefror 1918, fe aeth ar batrôl o Berehaven ar hyd llinell 10 milltir i'r dwyrain o oleulong Bae Caernarfon. Y bwriad oedd iddi ddychwelyd ar 2 Mawrth ond ar y diwrnod hwnnw, yn drist iawn, camgymerodd y llong fasnach Brydeinig *Rutherglen* hi am long-U o'r Almaen a'i tharo a'i suddo. Collodd pob un o'r 26 o'i chriw ei fywyd. Un ohonynt oedd yr arsylwr a'r is-gapten o'r Unol Daleithiau, Earle W. F. Childs, yr aelod cyntaf o Lynges yr Unol Daleithiau i farw yn y Rhyfel Byd Cyntaf.

Yr oedd y Morlys wedi cyfarwyddo llongau masnach i ymosod ar longau tanfor ac wedi cynnig ysgogiad ariannol iddynt wneud hynny. Dociodd y *Rutherglen* yng Nghaergybi a rhoi gwybod iddi suddo un o longau-U yr Almaen. Casglodd hi'r wobr, ond bedwar diwrnod ar ôl y dyddiad y bwriadwyd i HMS *H5* ddychwelyd, daeth hi'n amlwg bod y llong fasnach wedi taro un o longau tanfor Prydain. Ni ddatgelwyd hynny i

*Ffigur 12.28 Y llong danfor* H5*. Camgymerodd y llong fasnach Brydeinig, yr* SS Rutherglen, *hi am long-U danfor o'r Almaen, a'i tharo a'i suddo yn Chwefror 1918.*

griw'r *Rutherglen*, nac i deuluoedd y rhai a laddwyd. Dywedwyd wrthynt fod y llong wedi taro ffrwydryn.[82]

Aeth rhyw hanner canrif heibio cyn i'r gwirionedd am yr amgylchiadau trist ddod i'r golwg. Ar 7 Mawrth 1918 lluniodd y Capten Martin Nasmith adroddiad sydd wedi'i gadw yn Amgueddfa Frenhinol y Llongau Tanfor yn Gosport:

> I regret to report that Submarine H5 having failed to return from patrol is considered to have been lost with all hands. It is further considered that she was the Submarine referred to in the following message from Vice-Admiral, Milford Haven …
>
> 'Master of SS *Rutherglen* reports that his Vessel rammed Submarine 20:30, 2 March … Submarine was crossing bow at considerable speed. After collision, cries were heard and men seen in the water; also, there was a strong smell of petrol vapour'.
>
> Her [HMS H5's] Commanding Officer, Lt A W Forbes DSO, was an officer of considerable submarine experience and one for whom I had the greatest admiration and in whom I placed complete confidence. I am convinced … that he, at all times, took every possible step, first for the destruction of the enemy, and secondly for the safety of his ship and that whatever the circumstances of the collision, no possible blame can be attributed to him.
>
> The question of recognition between merchant vessels and allied submarines is not considered feasible and the risk of such an accident happening on a dark night, although deeply to be regretted, must be accepted as a necessary war risk.

Er i ymosodiadau llongau masnach ar longau tanfor Prydain fod yn broblem ddifrifol, daliwyd i dalu gwobr am ymosod ar longau-U. Yn wir, ym 1919, wedi i griw'r *H5* farw, dyfarnodd Llys Gwobrau Prydain £175 iddynt am suddo llong *U51* yr Almaen. Dros 80 mlynedd yn ddiweddarach cafwyd hyd i weddillion HMS *H5* ar wely'r môr 17 o filltiroedd oddi ar Gaergybi, ac erbyn hyn maent wedi'u dynodi'n safle dan reolaeth o dan y Ddeddf Gwarchod Olion Milwrol.[83] Cafodd plac i goffáu'r 26 o ddynion a fu farw ei gysegru ar Ddiwrnod y Lluoedd Arfog yng Nghaergybi yn 2010. Wnaeth y *Rutherglen* ddim para'n hir wedyn gan i dorpido'i tharo'n ddiweddarach ym 1918.

# Short Sunderland *T9044*: goroesiad unigryw

### 12.8

David Pring

Un diwrnod ym mis Tachwedd 1940 rhuodd awyren fôr Short Sunderland rhif cyfresol *T9044* i mewn i Aberdaugleddau ar ei ffordd i'w chanolfan yn Noc Penfro. Wrth i'w pheiriannau Pegasus grymus gael eu diffodd, allai neb o'r rhai a'i gwyliai wybod mai dyna'r tro olaf y clywent eu sŵn. Yn ystod noson stormus iawn 48 awr yn ddiweddarach, tynnodd *T9044* mor wyllt ar ei chadwyni nes rhwygo darn o'i chorff ac i'r dŵr arllwys iddi. Yn dawel fach, heb i neb ei gweld a heb neb o'i chriw arni, suddodd *T9044* drigain troedfedd i wely'r môr. Ac yno y byddai hi tan i rywun ddod o hyd iddi.

Sawl degawd wedyn, gofynnwyd i'r deifiwr lleol Nick Hammond ryddhau offer pysgotwr lleol. Yn gwbl ddamweiniol, daeth ef o hyd i *T9044*, sef y Short Sunderland Mk1 olaf yn y byd bellach (ffigur 12.29). Oddi ar hynny, mae hi wedi tyfu'n chwedl leol: caiff sylw cyson yn y cyfryngau a gwnaed rhaglen deledu gyfan amdani. Codwyd un o'i pheiriannau Pegasus i'r lan adeg y ffilmio ac mae gwaith cadwraeth gofalus wedi'i wneud arno. Caiff ei arddangos bellach yn y Ganolfan Dreftadaeth sydd newydd ei hagor yn Noc Penfro. Yn ddiweddarach, sefydlwyd Ymddiriedolaeth Sunderland Doc Penfro (y PDST), a'i nod creiddiol yw achub gweddillion sylweddol y cwch hedfan, gwneud gwaith cadwraeth arnynt a'u harddangos.

Erbyn hyn, mae 70 a rhagor o wirfoddolwyr yn gweithio gyda'r Ymddiriedolaeth. Nifer o'r rheiny yw grŵp deifwyr y PDST. Am fod gwaharddiad ar bawb arall, hwy yw'r unig rai a gaiff ddeifio i lawr i'r gweddillion a gweithio arnynt. Gwneir arolwg o'r safle i gofnodi cyflwr y gweddillion wedi blynyddoedd ar wely'r môr. Mae'r deifwyr wrthi'n clirio'r leiniau pysgota a'r rhaffau a'r potiau sydd wedi cronni yno dros y blynyddoedd ac mae amserlen wedi'i llunio i barhau i godi gwrthrychau, gwneud gwaith cadwraeth arnynt a'u harddangos yn y Ganolfan Dreftadaeth.

Caiff pob gwrthrych a godir o'r safle ei gofnodi'n ofalus ac yna'i drosglwyddo i'r Ganolfan Dreftadaeth i'w ddihalennu a gwneud gwaith cadwraeth arno. Daw tîm o wirfoddolwyr ymroddedig â blynyddoedd maith o brofiad a sgiliau at y prosiect. Gall ymwelwyr weld y gwaith drostynt eu hunain wrth iddo fynd yn ei flaen, ac ymweld ag arddangosfa o'r arteffactau y mae gwaith cadwraeth wedi'i wneud arnynt.

*Ffigur 12.29 Short Sunderland Mk1 L5798, chwaer-awyren i T9044, yn paratoi i godi i'r awyr yn Noc Penfro. Difrodwyd cymaint arni yn Gibraltar ar 20 Medi 1943 nes nad oedd hi'n werth ei hatgyweirio.*

# 12.9 Saunders-Roe, Biwmares

Medwyn Parry

Ym 1940, cafodd Saunders-Roe, cwmni a oedd â'i ganolfan ar Ynys Wyth, contract gan y Weinyddiaeth Cynhyrchu Awyrennau i addasu'r awyrennau safonol a gyflenwyd gan America i gydymffurfio â gofynion y Llu Awyr Brenhinol. Ond oherwydd i gyrch awyr gan y Luftwaffe ym mis Medi 1940 daro ffatri'r cwmni yn East Cowes bu'n rhaid symud y gwaith hollbwysig i leoliad ymhell o gyrraedd bomiau'r gelyn. Cafwyd hyd i safle addas o 50 erw (20ha) yn Friars ar lannau'r Fenai, cwta filltir (1.6 km) i'r gogledd-ddwyrain o Fiwmares.

Prynodd y cwmni'r tir a chafodd sawl un o'r siediau mawr i awyrennau eu symud o Cowes i'r safle newydd ger Biwmares. Y prif dŷ yno fu cartre'r adran weinyddu a'r swyddfeydd cynllunio a lluniadu a rhannwyd y gweddill yn dri llecyn o'r enw Shetland, R.14/40 (enw cod yr awyrennau Walrus; ffigur 12.30), a Catalina. Cyn hir, yr oedd Saunders-Roe wrthi'n addasu rhagor ar amrywiol fathau o awyrennau. O weld bron yn syth nad oedd ganddynt ddigon o ofod, aethant ati i wneud defnydd milwrol o amrywiol safleoedd ym Miwmares, gan gynnwys modurdai a stablau, a hyd yn oed bafiliwn y pier.

Y prif waith oedd addasu'r awyren fôr, y Consolidated PBY-5 Catalina, i Adran Orchymyn y Glannau ei defnyddio i gyflawni dyletswyddau gwrth-longau-tanfor. Wedi i'r awyrennau gael eu hedfan gan beilotiaid sifil o Goose Bay yng Nghanada i'r mannau angori ar Afon Menai, caent eu tynnu draw i'r llithrfa ac yna, gynffon-yn-gyntaf i'w gwneud yn haws eu trin, ar

*Ffigur 12.30 Awyren rhagchwilio Supermarine Walrus, un o gynhyrchion ffatri Saunders-Roe.*

draws y ffordd B5109 ac i mewn i'r ffatri. Y dasg gyntaf oedd golchi'r awyren â dŵr croyw cyn tynnu, rhestru a storio'r holl offer rhydd a'r setiau radio. Yr oedd angen addasu cyrff llawer o'r fframiau er mwyn ychwanegu arfau ac offer y Llu Awyr atynt. Tynnwyd raciau bomiau'r Americanwyr i hwyluso cludo bomiau trymach Prydain (1,500 pwys – 680 cilogram), a hynny cyn gosod offer newydd ynghyd â setiau diwifr ac erialau newydd.

Nodwedd bwysig ar y gwaith oedd ychwanegu mathau newydd o setiau radar ASV (Air to Surface Vessel), sef dyfeisiau cyfrinachol a osodwyd gan staff o RAF Farnborough. O dan adenydd rhai o'r awyrennau gosodwyd Leigh Light, llifolau disglair iawn, i allu dod o hyd i longau tanfor ar wyneb y dŵr liw nos. Y darn olaf o offer i'w osod a'i raddnodi oedd y cwmpawd newydd.

Troswyd bron 400 o Catalinas ym Miwmares, ac ymhlith y mathau eraill o awyrennau o UDA a addaswyd yn llwyddiannus yno yr oedd y Kingfisher, y Coronado, y Seamew a'r Mariner. Ymhlith y mathau o awyrennau o Brydain yr oedd Sunderlands, Spitfires (a ddatblygwyd yn wreiddiol yn awyren fôr), Auster Floatplanes a'r Shrimp.

Rhoes diwedd yr Ail Ryfel Byd derfyn ar waith Saunders-Roe ar awyrennau ym Miwmares. Am gyfnod, adeiladwyd ychydig o gychod patrôl cyflym yno, gan gynnwys y cychod patrôl cyflym o'r dosbarth 'Dark' a Chychod Torpido Modur. Rhan arall o'r gwaith oedd adeiladu cyrff bysys ar siasis Leyland. Cyflawnwyd archeb (gwerth cyfanswm o 10 miliwn o ddoleri UDA) am fodelau unllawr 'Rivaloy' i'w hallforio i Giwba, ond er i archebion mawr eraill ddod o Dde America, y cwsmer mwyaf ym Mhrydain oedd London Transport. Yn y 1980au daeth y cynhyrchu i ben ac erbyn heddiw mae'r safle'n wag. Er bod ambell adeilad o gyfnod y rhyfel wedi goroesi, y nodwedd hynotaf yw cyflwr da'r llithrfa drawiadol.[84]

### Y 'Lightning' ger Harlech
*Sian Rees*

Yn rhannol o'r golwg dan y tywod ar draeth Harlech mae olion awyren Lockheed P-38F Lightning o Awyrlu'r Unol Daleithiau. Mae'r olion mewn cyflwr da (ffigur 12.31).[85] Y P-38 a'i dwy injan, a'i dyluniad arbennig â dau fŵm, oedd yr unig awyren o'i bath i gael ei defnyddio drwy gydol yr Ail Ryfel Byd. Adeiladwyd mwy na 10,000 ohonynt ar gyfer yr ymladd yn Ewrop a'r Môr Tawel a'r P-38F oedd y model cyntaf i weld y brwydro. Bu awyren

Harlech, a adeiladwyd ym 1941, yn rhan o gyrchoedd awyr dros lannau'r Iseldiroedd a Gwlad Belg cyn iddi hedfan am y tro olaf.

Yn ystod yr Ail Ryfel Byd cytunodd yr Unol Daleithiau i'w hawyrennau gael cynorthwyo ymgyrchoedd y Llu Awyr Brenhinol yn erbyn yr Almaen, ac ym 1942 sefydlwyd VIII Bomber Command ym Mhrydain. Peilot y Lightning oedd yr Ail Is-Gapten Robert Elliot, a oedd yn RAF Llanbedr yn ymarfer tanio. Yn ystod ymarfer ar 27 Medi 1942, yr oedd awyren Elliot wrthi'n tynnu baner targed ond methodd un o'i pheiriannau. Ddwy filltir cyn iddi allu cyrraedd y maes awyr, methodd ei hail beiriant pan oedd hi 800 troedfedd uwchlaw'r môr. Llwyddodd Elliot i'w glanio hi ar y traeth a dod allan ohoni'n ddianaf. Yn drist iawn, fe'i lladdwyd yn yr ymladd yng ngogledd Affrica yn ddiweddarach.

Daw rhannau o'r awyren i'r golwg adeg llanw isel iawn, ond am gyfnod byr ar ôl storm yn 2007 fe giliodd y tywod a daeth y cyfan ohoni i'r golwg. Bu hynny'n gyfle i wneud arolwg archaeolegol o'r P-38 hynaf yn y byd, a'r unig fodel 'F' cyflawn mewn cyflwr gwreiddiol sydd wedi goroesi (gweler ffigur 15.6).

*Ffigur 12.31 Aden dde drylliad y Lightning yn dod i'r golwg ar lanw isel ger traeth Harlech (gweler tudalen 285).*

## 12.10 Gwasanaeth Patrôl y Llynges Frenhinol

Deanna Groom

Wrth chwilio am ffordd o wrthweithio ffrwydron môr ym mlynyddoedd cynnar yr ugeinfed ganrif, trodd y Morlys ei sylw at ddyluniad treillwyr masnachol a allai fod yn addas ar gyfer cyflawni treialon i godi ffrwydron môr. Gan i'r ddau dreilliwr cyntaf a brynwyd ym 1908 wneud cryn argraff, fe archebodd y Morlys sawl un arall. Yn fuan wedyn, ym 1910, aeth ati i greu Gwasanaeth Patrôl y Llynges Frenhinol drwy atafaelu, yn ôl yr amcangyfrif, 150 o longau at y rhai a gawsai eu hadeiladu'n bwrpasol. Gwelodd gofynion y Rhyfel Byd Cyntaf nifer y drifftwyr a'r treillwyr a atafaelwyd yn codi i fwy na 1,500, ac erbyn diwedd 1918 cawsai 300 o dreillwyr eu hadeiladu i wasanaethu'r Morlys.

Yr oedd gan sawl harbwr yng Nghymru longau a oedd yn pysgota yn nyfnderoedd y môr. Yr oedd rhai ohonynt yn eiddo i unigolion neu deuluoedd ac eraill i gwmnïau mawr fel Neale & West o Gaerdydd ac Aberdaugleddau yr atafaelwyd y cyfan o'u fflyd i'w defnyddio'n llongau codi ffrwydron môr. Cyn hir, byddai'r llongau bach hynny wrthi'n clirio, yn canfod, yn hebrwng ac yn cludo storfeydd, dŵr, tanwydd a phersonél ym mhob theatr rhyfel, gan gynnwys glannau Cymru. Treilliwr ager, er enghraifft, oedd y *Loch Shiel*, a chawsai ei hadeiladu ym 1906 gan Hall Russell a'r Cwmni Cyf, Aberdeen.[86] Cyn y rhyfel, yr oedd hi'n eiddo i gwmni Empire Steam Fishing ond fe'i cymerwyd i wasanaethu'r Morlys ym 1916. Ar 26 Medi 1916 fe drawodd hi un o ffrwydron yr Almaen a suddo oddi ar Aberdaugleddau. Collwyd tri aelod o'i chriw.

Y prif arfau yn erbyn llongau tanfor oedd y Taflwr Bomiau 3.5 modfedd (8.9 cm) neu 7.5 modfedd (19 cm) a daniai grenadau, a hydroffon i ganfod sŵn dan ddŵr. Erbyn dechrau'r Ail Ryfel Byd, gwelwyd datblygiadau aruthrol mewn rhyfela yn erbyn llongau tanfor yn sgil cyflwyno'r sonar Asdic a ffrwydron gwrth-longau-tanddwr. Ar y cyfan, fe atafaelwyd llai o dreillwyr/drifftwyr am fod y Morlys eisoes wedi rhoi rhaglen o adeiladu treillwyr ar waith. Gosodwyd contractau yn Burma, India, Seland Newydd, Portiwgal a Brasil ar sail dyluniadau gan Hall Russell, Cochrane, a Cook, Welton & Gemmel. Er hynny, yr oedd y disgrifiad isod gan yr Ôl-Lyngesydd H G Thursfield (1882-1963), a gyhoeddwyd yn y *Times* ym 1941, hefyd yn cydnabod addasrwydd treillwyr pysgota at y dasg:

Ffigur 12.32 Grilse, *un o Dreillwyr Ei Fawrhydi. Fe'i hadeiladwyd gan Cochrane's yn Selby a'i gwerthu'n sgrap fel y* Swansea Castle *ym 1946.*

The Trawler, though of course not an ideal anti-submarine craft, is exceedingly useful for that duty. The guns she can mount are as a rule smaller than those carried by U-boats; but on the other hand a U-boat is far more vulnerable to damage by gun fire than any surface craft ... once under water the U-boat is slow and, moreover, becomes liable to attack by depth charges, which the trawler can carry just as well as larger or faster men-of-war. Thus it is that the trawler with her 12-pounder gun forward and a load of depth charges aft is no mean antagonist for the U-boat ... minesweeping of course comes almost naturally to the fishermen who man the trawlers. The task of handling and towing the minesweepers is almost the same thing as their ordinary occupation of handling the trawl.

Oherwydd nodweddion campus y treillwyr gwrthlongau-tanfor, aent yn grwpiau o bedwar neu bump i hebrwng llongau ar draws Gogledd Cefnfor Iwerydd a'r Cefnfor Arctig. Tasg arbennig i nifer o'r treillwyr oedd cludo tanwydd a dŵr ar gyfer glaniadau 'D-Day' ym Mehefin 1944, tasg y dalion nhw i'w chyflawni drwy groesi ac ailgroesi'r Sianel tan i brosiect PLUTO (Pipe Line Under The Ocean) gael ei gwblhau bum mis yn ddiweddarach.

Dychwelwyd y treillwyr i'w perchnogion yn llawer cynt ar ddiwedd yr Ail Ryfel Byd nag ar ôl y Rhyfel Byd Cyntaf (ffigur 12.32). Os collwyd llongau, rhyddhawyd rhai o dreillwyr y Morlys i'w defnyddio'n fasnachol yn eu lle. Ar adeg pan oedd bwyd yn brin ac yn cael ei ddogni, helpodd treillwyr y Morlys i fwydo'r genedl.

Gwasanaethodd rhai treillwyr yn y ddau ryfel byd. Adeiladwyd yr *Oswaldian*, er enghraifft, gan Cook, Welton & Gemmell Cyf, Beverley, yn dreilliwr ager i gwmni Loyal Steam Fishing Cyf, Grimsby.[87] Fe'i hatafaelwyd gan y Llynges Frenhinol yn ystod y Rhyfel Byd Cyntaf a'i throi'n llong pysgota ffrwydron. Dychwelodd i bysgota pysgod ym 1919 ac fe'i gwerthwyd ym mis Mai 1940 i Syr Alec Black, Grimsby. Yr un mis, fe'i llogwyd unwaith eto gan y Llynges a'i throi'n llong pysgota ffrwydron ac yn llong batrôl arfog a weithiai o Aberdaugleddau. Trawodd hi ffrwydryn môr oddi ar oleulong Breaksea ger y Barri ar 4 Awst 1940.

Yn nyfroedd Cymru y gorffwys 10 o'r llongau bach y daeth eu criwiau dewr o blith Gwasanaeth Patrôl y Llynges Frenhinol. Mae angen ychwanegu'r enwau *Ladysmith*, *Ferndale*, *Evangel*, *Susanna*, *Pecheur*, *Caroline*, *Eveline* a TR4 (*Cartagena*) at y rhai y soniwyd amdanynt uchod. Achos mwyaf cyffredin eu colli oedd y ffrwydryn môr (ffigur 12.33). Ofnid hwnnw'n fawr ac mae'n dangos mor beryglus oedd gwaith y llongau hynny.

*Ffigur 12.33 Gweddillion ffrwydryn nofiol ar draeth Llanrhystud yng Ngheredigion.*

# 12.11 Adeiladu llongau o fferoconcrit

## Deanna Groom

Ym 1845 y dechreudd hanes adeiladu llongau o goncrit. Dyna pryd yr adeiladodd Jean-Louis Lambot (1814–87) sawl cwch rhwyfo o ddefnydd o'r enw *feriment*, a chafodd batent amdano ym 1852. Ond bu'n rhaid aros tan y 1890au i Carlo Gabellini, peiriannwr ifanc o'r Eidal, adeiladu'r llongau cyntaf o'r defnydd hwnnw i hwylio'r cefnforoedd. Er na fu'n ddefnydd

*Ffigur 12.34 Llwytho ffrwythau o'r SS Oakmore i gwch fferoconcrit yn Nociau Caerdydd, tua 1949.*

llwyddiannus iawn erioed fel defnydd adeiladu llongau, trodd Llywodraeth Prydain ato adeg y rhyfel.

Pan oedd Winston Churchill (1874–1965) yn Arglwydd Cyntaf y Morlys yn y Rhyfel Byd Cyntaf, rhoes gychwyn i raglen o adeiladu llongau o goncrit gan ierdydd Trefynwy a Queensferry ymhlith eraill. Penododd y Morlys Syr Evan Owen Williams (1890–1969), gŵr a oedd yn enwocach am ddylunio sawl adeilad Modernaidd allweddol, i arwain tîm o ddylunwyr yn Poole yn Dorset.[88] Cofrestrwyd sawl patent newydd rhwng 1917 a 1919.[89] Dyma'i ddisgrifiad o fanteision concrit:

> I do not suggest that all-concrete ships will ever replace steel ones, but it is certain that there is a real place for them in wartime ... compared with a steel ship of the same size, and with the same carrying capacity, my ship represents a saving of 40 per cent in metal requirements. Production costs are also far cheaper [ffigurau 12.34, 12.35 ac 12.36].

Adeg yr Ail Ryfel Byd, dyluniodd Owen ddwy long o goncrit, y *Lady Wolmer* a'r *Lady Kathleen*, ac fe aeiladwyd y ddwy yn iard W. & C. French Cyf, Casnewydd.[90] Ond cynnyrch llawer mwy lluosog y rhaglen o adeiladu llongau o fferoconcrit a gychwynnwyd ym 1939 gan y Weinyddiaeth Longau oedd y 273 o fadau concrit a adeiladwyd ar sail dyluniad y Mri L G Mouchel a'r Partneriaid Cyf. Yr oedd bad nodweddiadol o ddyluniad Mouchel yn 84 troedfedd (25.6 m) o hyd ac yn 22 troedfedd 6 modfedd (6.85 m) o led, a gallai gludo 105.77 tunnell. Yr oedd iddo 126 o baneli a 42 o asennau, i gyd wedi'u rhag-gastio.

Gwelwyd y defnyddio pwysicaf ar fferoconcrit adeg y rhyfel wrth adeiladu unedau arnofio yr Harbwrs Mulberry ar gyfer glaniadau 'D-Day' ym Mehefin 1944. Yn y pen draw, rhoddwyd prawf ar dri dyluniad: yr oedd un Hugh Iorus Hughes (1902–77) yn cynnwys cesonau 'Hippo' anferth o goncrit a throstynt unedau neu bontydd 'Crocodile' a gâi eu hadeiladu ym Morfa Conwy; yng Nghyfarwyddiaeth Amrywiol Arfau y Llynges, dyluniodd Ronald Hamilton system 'Swiss Roll'; a chyfrannodd WT Everall o Ail Ganolfan Hyfforddiant y Rheilffyrdd yn Derby ddyluniad a gyfunai bont arnofio â phen pier. Serch mai dyluniad

*Ffigur 12.35 Cwch a gynlluniwyd gan Mouchel o'r Ail Ryfel Byd yn hwlc ar flaendraeth Porth Penrhyn, Bangor.*

*Ffigur 12.36 Islaw glanfa Bae'r Priordy ar Ynys Bŷr mae dau gwch di-bŵer o goncrit a chwch tanwydd deciol o goncrit sy'n dyddio o gyfnod yr Ail Ryfel Byd.*

Hamilton wnaeth orau yn y treialon, dygwyd elfennau o bob un ohonynt ymlaen. Yng Nghonwy a Northwich, aeth 9,000 o ddynion ati ar frys i adeiladu'r darnau parod a'u cludo i'r traeth yng Nghonwy i'w cydosod yn derfynol cyn mis Mai 1944.

Erbyn 6 Mehefin 1944, cawsai'r darnau eu tynnu i Normandi. Cydosodwyd Harbwr Mulberry A ar Draeth Ohama yn Saint-Laurent-sur-Mer ac fe'i defnyddiwyd gan luoedd America. Cydosodwyd Mulberry B ar y Traeth Aur yn Arromanches ar gyfer lluoedd Prydain a Chanada. Yr oedd y cysgod a grëwyd gan y naill a'r llall yn debyg o ran ei raddfa i Harbwr Dover. Yn ystod pythefnos cyntaf eu defnyddio, dadlwythwyd 27,500 o dunelli o gyflenwadau (rhyw 6,000 o dunelli'r dydd erbyn dechrau Gorffennaf). Erbyn canol Medi, gallai Mulberry B gymryd saith llong Liberty a 23 o longau'r glannau ar unrhyw adeg.

Er nad oes yr un o unedau 'Hippo' Hugh Hughes wedi dychwelyd i Gymru, gellir dal i weld cylch Harbwr Mulberry o'r traeth yn Arromanches ac mae'n dystiolaeth barhaus i fedrusrwydd a dyfeisgarwch peirianyddol pobl o Gymru.

# 12.12

# Rhyfela heddiw

Sian Rees

*Ffigur 12.37 Gosodwyd y ciwbiau gwrth-danciau ar draws traeth y Friog yng Ngwynedd ym 1940 i amddiffyn y glannau rhag i'r Almaen geisio goresgyn o Iwerddon.*

*Ffigur 12.38 Mae gyndy o'r Ail Ryfel Byd yn Llanismel yn Sir Gaerfyrddin wedi'i diogelu'n dda ac yn enghraifft o'r math hwn o osodiad i amddiffyn yr arfordir.*

*Ffigur 12.39 Bu gorsaf radar Margam yng Nghastell-nedd Port Talbot yn rhan o system i amddiffyn yr arfordir yn ystod yr Ail Ryfel Byd ac i rybuddio rhag awyrennau a llongau o'r Almaen ym Môr Hafren. Goroesiad prin yw'r nenbont fetel a gynhaliai arae'r radar.*

Wnaeth pwysigrwydd amddiffynnol arfordir Cymru ddim lleihau yn ystod yr ugeinfed ganrif. Ar hyd y glannau gellir dal i weld olion milwrol sy'n dyddio o'r Rhyfel Byd Cyntaf a'r Ail, ac o Ryfel Oer 1946–89 wedi hynny. Gan fod Cymru mor bell o'r Cyfandir, yr oedd hi'n lle delfrydol yn yr Ail Ryfel Byd i gynhyrchu a storio arfau, i hyfforddi ac i wneud gwaith ymchwil a datblygu. Adeiladwyd neu addaswyd llu o feysydd awyr ar hyd yr arfordir, megis RAF Carew Cheriton, ger Dinbych-y-pysgod, a Llanbedr, Môn, i roi hyfforddiant mewn defnyddio radio a gynnau i'r criwiau awyr. Ond gan fod Cymru ar lannau Môr Iwerddon, golygai ei gweithiau glo a'i gweithfeydd dur fod ei sefyllfa'n fregus. Yn wir, yr oedd hi ar y llinell flaen ym Mrwydr yr Iwerydd ac fe godwyd amddiffynfeydd cadarn ar y glannau i rwystro'r Almaen rhag ymosod arnynt.[91]

Ar y cychwyn, dibynnai amddiffynfeydd y glannau ar amddiffynfeydd gwrth-danciau. Gellir dal i weld y llinell o flociau concrit a osodwyd ym 1940 ar draws y traeth ger y Friog yng Ngwynedd (ffigur 12.37), a'r caerau bach (ffigur 12.38) a godwyd ar hyd y glannau o'r Parlwr Du ar aber Afon Dyfrdwy i Gas-gwent yn y de.[92] Ymhlith yr amddiffynfeydd diweddarach cafwyd gweithfeydd gwrth-awyrennau, gwrth-danciau a gwrth-longau-tanfor, magnelfeydd arfordirol fel y rhai ym Mhorth Tywyn a'r Mwmbwls, gyndai, chwiloleuadau, mannau arsylwi a gorsafoedd radar (ffigur 12.39). I ddiogelu llongau confoi rhag ymosodiadau, codwyd amddiffynfeydd ar Drwyn Larnog ar lannau'r de ac ar ynysoedd Ronech ac Echni ym Môr Hafren, ac ym 1939–45 gosodwyd chwiloleuadau a gynnau yn rhai o'r caerau a gawsai eu codi yn Aberdaugleddau yn y bedwaredd ganrif ar bymtheg, fel Chapel (a oedd eisoes wedi'i hatgyfnerthu yn y Rhyfel Byd Cyntaf) ac East a West Blockhouse.

Brwydr yr Iwerydd oedd ymgyrch hwyaf yr Ail Ryfel Byd. Gan mai o wledydd tramor y deuai hanner bwyd Prydain a dwy ran o dair o'i defnyddiau crai, defnyddiodd yr Almaen Natsïaidd longau-U ac awyrennau i ddinistrio'r llongau cyflenwi. Yn sgil cwymp Ffrainc ym 1940 gorfodwyd Prydain i droi llawer o'i masnach fôr i borthladdoedd y gorllewin, a Chaerdydd, Casnewydd, y Barri a Chaergybi yn eu plith. Adeiladwyd magnelfeydd arfordirol, meysydd ffrwydron morol a rhwystrau gwrth-longau-tanfor a gwrth-awyrennau mewn mannau bregus ar hyd y glannau, a byddai'r meysydd awyr cyfagos yn eu helpu i ddiogelu trefi a dociau rhag bomwyr yr Almaen. Arferai awyrennau môr Short Sunderland hedfan patrolau gwrth-longau-tanfor o RAF Pembroke Dock, sef, erbyn 1943, y ganolfan fwyaf i awyrennau môr: ceid bron i gant ohonynt yno.

Collwyd pob math o longau milwrol oddi ar lannau Cymru yn y ddau Ryfel Byd, a'r rheiny wedi'u difrodi gan y gelyn, gan stormydd, neu gan drafferthion llywio am nad oedd y goleudai'n gweithio yn ystod rhyfel. Collwyd llongau tanfor, llongau pysgota ffrwydron, cychod gynnau modur a chychod glanio, a gellir dal i weld olion rhai ohonynt. Rhwng 1915 a 1919 adeiladodd y Llynges Frenhinol longau tanfor dosbarth H neu Holland 602. Suddwyd un ohonynt, HMS *H5*, oddi ar Ynys Môn (gweler tudalen 220). Cafodd HMS *Penshurst*, un o longau'r Gwasanaethau Arbennig a elwid yn llongau-Q (y dyluniwyd iddynt weithredu drwy dynnu sylw'r cychod-U ac yna danio arnynt a'u dinistrio) ei cholli oddi ar y Smalls yn Sir Benfro ym 1917 ar ôl dwy flynedd o weithredu'n llwyddiannus pryd y bu hi'n gyfrifol am suddo dwy long-U a difrodi sawl un arall.

Yn ystod yr Ail Ryfel Byd collodd y ddwy ochr niferoedd enfawr o longau milwrol. Er i'r mwyafrif ohonynt suddo mewn moroedd dwfn ymhell o'r tir, ar lannau Cymru yr aeth rhai ohonynt i'w tranc. Ym 1940, trawodd HMS *Campina*, treilliwr patrôl ategol y Llynges, ffrwydryn môr oddi ar Gaergybi a suddo. Oddi ar Ynys Môn ym 1945 fe ymosododd y ffrigad HMS *Loch Glenghu* ar dair o longau-U yr Almaen – *U1024*, *U242* ac *U325* – ac mae'n debyg iddynt suddo. Suddwyd hefyd niferoedd arswydus o longau masnachol. Oddi ar Enlli ym 1941 trawodd dau fom Almaenig y *Lucellum* wrth iddi gludo llwyth o 13,474 o dunelli o olew tanwydd. Cydiodd tân ynddi ond dihangodd y criw. Â dewrder rhyfeddol, llwyddodd yr ymladdwyr tân i ddiffodd y fflamau. Tynnwyd y llong i Gaergybi a'i hatgyweirio, a daliodd i wasanaethu tan ddiwedd y rhyfel. Llai ffodus oedd y *Kyle Prince*, a drawodd dir oddi ar Ynys Môn ym 1938, a'r *Kyle Firth*, ddwy flynedd yn ddiweddarach, a drawodd y creigiau ger goleudy Ynys Lawd, goleudy a oedd heb olau oherwydd y rhyfel. Ym 1943 trawodd y llong ager *Castilian* Ynysoedd y Moelrhoniaid mewn storm a suddo mewn dŵr dwfn. Yno y mae hi a'i llwyth o fwyn copr hyd heddiw, ond fe dynnwyd y mwyafrif o'i ffrwydron ohoni.

Llwyddodd llongau eraill, wrth gwrs, i oroesi'r rhyfel a dal i roi gwasanaeth clodwiw. Cwblhaodd HMS *Whirlwind*, llong ddistryw o fath 'W', ei threialon môr ym 1944 a gweithredu fel sgrin mewn gweithrediadau awyr yn erbyn llongau oddi ar Norwy tan fis Medi'r flwyddyn honno. Yna bu'n gwasanaethu yn Gibraltar a Sumatera

cyn cynorthwyo gweithrediadau dychwelyd-i'r-famwlad tan 1945. Wedi dod adref ym 1946, fe'i defnyddiwyd yn Rosyth at ddibenion hyfforddi ac yna, ar ôl ei throi'n ffrigad gwrth-longau-tanfor Math 15, bu'n cynorthwyo gweithrediadau milwrol yn Nghyprus a Suez. Ar ddiwedd ei hoes, fe'i defnyddiwyd yn darged mewn treialon arfau yn Noc Penfro ac fe drawodd graig mewn tymestl ar 24 Tachwedd 1974 a hithau wrth angor ym Mae Ceredigion.

Wedi'r Ail Ryfel Byd ac yn ystod blynyddoedd anesmwyth y Rhyfel Oer, datblygwyd taflegrau o'r-wyneb-i'r-awyr i'w defnyddio ar longau distryw y Dosbarth 'County' i dargedu awyrennau rhagchwilio uchel a bomwyr. Bu un ohonynt, y 'Sea Slug', yn gamp dechnolegol bwysig i Brydain. Rhoddwyd prawf ar lwyfan tanio, tebyg i un llong, a hwnnw wedi'i godi ger Aber-porth ym 1951–54 (ffigur 12.40). Daeth y cyn-long pysgota ffrwydron HMS *Lewiston*, fel y *Whirlwind*, i ben ei thaith fel targed adeg profi taflegrau ym Mae Ceredigion. Cawsai ei lansio ym 1959 yn aelod o ddosbarth y 'Ton'. Am eu bod mor ysgafn ac mor fas eu drafft, gellid eu llywio mewn dyfroedd bas ger y glannau. Dewiswyd y *Lewiston* i fod yn darged i daflegrau Sea Skua ym 1985 ac fe'i hangorwyd ym Mae Ceredigion, ond ym 1987 dywedwyd ei bod wedi suddo wrth angor. Gan fod llawer o'r safleoedd amddiffynnol milwrol hynny, a llongddrylliadau, yn goroesi hyd heddiw, gall ymwelwyr a deifwyr ddal i fynd i'w gweld. Dygant i gof yr ochr dywyll sydd i hanes ein glannau.

Ffigur 12.40 Ffurf gynnar ar daflegryn o'r-wyneb-i'r-awyr oedd y Sea Slug. Fe'i datblygwyd gan y Llynges Frenhinol ym 1949 a'i brofi ar efelychiad o lwyfan tanio llong yn Aber-porth, Ceredigion.

Pennod 13

# Llongau fel microcosmau

## Alan Aberg

Wrth ddisgrifio Maenorbŷr yn ei *Daith drwy Gymru*, meddai Gerallt Gymro (tua 1146–tua 1223),'O'r ddisgwylfa hon …. gelli weled bron yr holl longau … o Brydain … yn mentro'n hy [i wynebu] oriowgrwydd dychrynllyd y gwyntoedd a chynddaredd gwyllt a dall y morynnau.' Dyna'n hatgoffa ni cymaint o fynd a dod a fu ar hyd glannau Cymru yn y ddeuddegfed ganrif.' Mae cymunedau arfordir Cymru bob amser wedi bod â pherthynas agos â'r glannau cyfnewidiol, a thrwy fasnachu, teithio a physgota wedi byw eu bywydau yn ein pentrefi a'n porthladdoedd. Hyd heddiw, y môr yw'r brif ffordd o symud llwythi mawr.

*Ffigur 13.1* An interesting scene on board an East Indiaman, showing the effects of a heavy lurch, after dinner, *dyddiedig 9 Tachwedd 1818. Mae darluniau cofiadwy George Cruikshank o fywyd ar un o longau Cwmni India'r Dwyrain yn crisialu peth o realiti llai dymunol mordaith hir yn negawdau cynnar y bedwaredd ganrif ar bymtheg.*

Yn ogystal â dod â phethau iddynt, mae'r môr hefyd yn amddifadu pobl, fel y tystia'r llongddrylliadau niferus ar hyd y glannau (gweler tudalen 254). Gan mai amgylchedd caeedig sydd mewn llongddrylliadau, gallant gynnig cipolwg unigryw ar fywydau'r bobl a fu'n hwylio'r llongau i wasanaethu'n cymunedau. Mae llongddrylliadau yn ffynhonnell hanfodol bwysig ac anadnewyddadwy o wybodaeth hanesyddol sy'n cyfoethogi'r darlun a gawn wrth astudio'r cofnodion ysgrifenedig. Yn achos y cyfnod cynhanes, hwy yw'r prif gofnod.

Er i longau, yn aml, gael eu difrodi adeg eu dryllio (ffigur 13.2) ac i'r llanw, prosesau erydu, ymdrechion i'w hachub neu effaith rhwydi pysgota amharu mwy byth arnynt, gallant gynnig tystiolaeth uniongyrchol o ffyrdd o fyw, galluoedd technegol a chysylltiadau diwylliannol a masnachol cymunedau'r glannau. Mae diogelu defnyddiau organig, a gaiff eu dinistrio fel rheol gan amodau sych safleoedd archaeolegol ar y tir, yn ychwanegu rhagor at eu gwerth.

Os yw gwely'r môr yn fwdlyd neu'n dywodlyd, a'r dŵr yn fwrllwch i gyd, gall llong ddiflannu o'r golwg bron yn llwyr. Dyna a ddigwyddodd, mae'n debyg, yn achos llong Abergwaitha (gweler tudalen 120) a llong danfor y *Resurgam* a gollwyd oddi ar y Rhyl (tudalen 218). Ond fel yn hanes yr lot frenhinol *Mary* (tudalen 188) gall agennau dwfn ar lannau creigiog ddiogelu eitemau drwy eu cysgodi rhag y llif o'r lan a rhag stormydd.

Yng nghyrff llongau, ac yn y gwaddodion o'u cwmpas, gellir dod o hyd i wrthrychau unigol yn gysylltiedig â gweithio'r llong. Gall eitemau eraill ymwneud mwy â'r criwiau a'r teithwyr. Gall darnau arian, crochenwaith ac eitemau personol daflu goleuni ar y ffyrdd y byddai pobl yn gweithio, treulio'u hamser hamdden, addoli, trin anhwylderau a dilladu eu hunain. Ffactorau pwysig yw ffurf, gweadwaith a swyddogaeth yr eitemau, ynghyd â'u lleoliad mewn perthynas â gwrthrychau eraill ar y safle, a pheth pwysig iawn wrth astudio diwylliant materol yw eu dyddio'n fanwl o fewn 'capsiwlau' pendant o amser.[2]

*Ffigur 13.2 Mae'r map hwn yn cyfleu trasiedi'r nifer fawr o longddrylliadau ger glannau Caergybi, fel y'u darluniwyd gan y Capten Hugh Evans ym 1807.*

Drwy astudio ecoffeithiau, megis olion pryfed, paill a phlanhigion ac anifeiliaid microsgopig, cawn dystiolaeth o'r amgylchedd y bu pobl yn byw ynddo. Mae olion anifeiliaid yn tystio i'r systemau cyflenwi, i'r ffyrdd o fwtsiera anifeiliaid, ac i ddeiet pobl, ac mae blew anifeiliaid yn elfen gyffredin yn yr hyn a ddefnyddid i gadw dŵr a'r tywydd rhag treiddio drwy estyll a deciau llongau. Gall esgyrn pysgod gynnig tystiolaeth o weithgareddau pysgota, o ffyrdd o gyffeithio bwyd am gyfnodau maith ac o'i baratoi i'w fwyta, ac o ffyrdd o'i waredu. Gall olion dynol roi gwybodaeth am gorffolaeth, deiet a chlefydau galwedigaethol. Gall olion planhigion gynnig tystiolaeth o arferion amaethyddol, bwydydd a diodydd criwiau llongau ac o natur a tharddiad y llwythi.

Cyfyngedig iawn yw'r dystiolaeth archaeolegol am adeiladu llongau ym Mhrydain yn y cyfnod cynhanesyddol, oes y Rhufeiniaid a'r Oesoedd Canol. Ni chafwyd hyd i iard adeiladu llongau yng Nghymru er i ddarganfyddiadau o'r Oesoedd Canol cynnar yn Llanbedr-goch ym Môn awgrymu i longau gael eu datgymalu yno.[3] Fe ellid dysgu llawer am dechnegau ac arferion adeiladu llongau o'u holion ffisegol. Amlyga'r darnau o longau a wnïwyd, fel y rhai yng Nghil-y-coed ac Allteuryn, allu technegol cymunedau yn yr Oes Efydd i ddewis coed o faint addas i adeiladu cychod dros bedwar metr o hyd, eu torri i'r siapiau angenrheidiol a'u symud i fannau addas i'w lansio (gweler tudalen 70). Amlygant wybodaeth am dechnegau i wnïo estyll wrth ei gilydd, a'r sgiliau ynghlwm wrth ddylunio. Gellir eu cymharu â chychod y cafwyd hyd iddynt yn Lloegr ac ar y Cyfandir. Amlygir technegau adeiladu llongau'r Rhufeiniaid gan gwch Barland's Farm ar Wastadeddau Gwent (tudalen 76). Yn llong Abergwaitha o'r drydedd ganrif ar ddeg darlunnir realiti adeiladu mewn traddodiad gwahanol: adeiladu corff y cwch neu long cyn gosod y fframiau ynddo (tudalen 120) – dull cyffredin mewn rhannau eraill o ogledd Ewrop.

Mae gwybodaeth bendant o'r fath yn ategu'r cofnodion ysgrifenedig ynghylch adeiladu llongau yn yr Oesoedd Canol, megis cyfrifon William Cotton, Ceidwad Llongau'r Brenin, ar gyfer 1413, wrth gyfeirio at ddefnyddio cwch mawr 70-tunnell, y *Margaret*, 'newly made in Wales'. Mae cyfeiriadau'n tystio i atgyweirio cychod fferi, neu adeiladu rhai newydd yn eu lle, ar Afon Menai,[4] i gyflenwi angorau, rhaffau, rhwyfau a hoelion ym Miwmares,[5] ac ym 1301 i adeiladu llong yng Nghonwy o dan oruchwyliaeth saer o Loegr.[6] O gymryd dogfennau a thystiolaeth archaeolegol gyda'i gilydd, dywedant gymaint mwy wrthym am hanes adeiladu llongau. Dengys tystiolaeth corff llong Casnewydd, y llong ganoloesol fwyaf y cafwyd hyd iddi yng Nghymru hyd yn hyn, iddi gael ei hadeiladu tua 1447–48 yn ardal y

Basgiaid yn Ffrainc neu Sbaen (gweler tudalen 122) a bod ailgylchu wedi bod yng Nghymru ar longau a adeiladwyd mewn gwledydd estron – arfer cyffredin ledled Ewrop.

Gall yr hyn a geir mewn llongddrylliadau gynnig gwybodaeth am ffyrdd o hwylio llongau – o sgiliau llywio (fel y cwmpasau mesur, yr awrwydrau a'r plymennau o'r *Ann Francis* (gweler tudalen 44) a llong Casnewydd (tudalen 122) i lwytho nwyddau – ac am yr eitemau personol a gymerai'r criwiau ar eu taith. Bu môr-ladron yn bla ar hyd glannau Cymru tan y ddeunawfed ganrif ac mae'r arfau ar longddrylliadau yn tystio i ddifrifoldeb y broblem. Achubwyd gynnau o'r *Ann Francis* (tudalen 240), ac yr oedd 18 canon haearn ar y llong o'r ddeunawfed ganrif a ddrylliwyd yn Nhal-y-bont oddi ar arfordir Meirionnydd (tudalen 246). Er bod corff llong Casnewydd wedi'i wacáu, yr oedd tystiolaeth ynddo o'r arfau a ddefnyddid gan ei chriw a'r teithwyr arni (tudalen 239).

Mae gwrthrychau fel y jar Rufeinig y cafwyd hyd iddi oddi ar Iwerddon (gweler tudalen 234), ac eitemau y deuir hyd iddynt ambell waith ymhell o'r tir, yn dadlennu môr-lwybrau gynt nad oes yr un cofnod arall ohonynt ac mae llongddrylliadau, y ceir hyd iddynt yn aml yn ymyl y lan, yn darlunio amrywiaeth o resymau dros drychinebau ar y môr, gan gynnwys tywydd mawr neu gamgymeriadau wrth lywio. Yn y canllawiau llywio cynharaf yn y bymthegfed ganrif a'r ganrif ddilynol ceir rhestri sylfaenol o fôr-lwybrau sy'n nodi pellteroedd, cyfarwyddiadau hwylio, tirnodau a llifoedd y llanw.[7] Hyd yn oed pan ddechreuwyd cyhoeddi siartiau, daliai llongau i ddrysu rhwng y fynedfa i'r Sianel a'r un i Fôr Hafren, ac weithiau bu'r canlyniadau'n angheuol. Efallai mai dyna a ddigwyddodd i'r *Ann Francis*. Er ei bod hi'n anelu am Hartlepool ar ei ffordd adref o Sbaen fe'i drylliwyd ger Aberafan ym 1583. Mor ddiweddar â 1770, cofnodwyd bod llong o India Gorllewin yr Iseldiroedd, *Planters Welvaart*, wedi'i dryllio ger Drenewydd yn Nottais yn ymyl Porthcawl wrth iddi hwylio o Surinam i Amsterdam.[8]

Caiff cofnodion porthladdoedd Cymru, sy'n manylu ar deithiau i Ffrainc, Iberia, Iwerddon, Gwlad yr haf a'r Alban, eu hategu gan dystiolaeth o longddrylliadau a'u llwythi. Ceir y darlun gorau o gludo llwythi mawr gan y 10,000 o lechi a gâi eu cludo ar y llong a ddrylliwyd ym Mhwll Fanogl yn Afon Menai ar eu ffordd o'r gogledd (gweler tudalen 124), a chan y blociau o gerrig a gafwyd yn llongddrylliad y 'Bronze Bell' – llwyth a gawsai ei bacio'n dynn a'i roi i orffwys ar wely o brysgwydd rhag iddo gael ei ddifrodi. Arferwyd gofal tebyg wrth bacio llwyth o dan y mwyn haearn ar long Abergwaitha. Mae'n debyg mai pacin yw'r defnydd planhigol a roddwyd o amgylch y llwyth yn howld llong Casnewydd i'w ddal yn ei le. Awgryma olion dyfrllyd y planhigion yn llong

Casnewydd i wahanol rannau o'r llong gael eu defnyddio at ddibenion penodol. Gallai'r olion bwyd yn y tu blaen ddangos ble y câi'r bwyd ei baratoi,[9] a chedwid nwyddau mawr neu anifeiliaid mewn rhannau eraill o'r llong. Mae'n debyg y cludid grawn a gwlân mewn sachau, a gwin, pysgod a halen mewn casgenni. Mae erwydd casgenni o long Casnewydd yn dangos y bu casgenni unwaith yn rhan o'i llwyth, ac ar rai o'r erwydd ceid marciau'r masnachwyr i ddynodi eu perchnogaeth ohonynt.[10]

Ar safleoedd archaeolegol ledled Cymru ceir cryn dipyn o grochenwaith a fewnforiwyd, ac mae'n debyg i

*Ffigur 13.3 O longddrylliad yr Ann Francis (1583) y daeth tap y topyn pres hwn i'w fewnwthio i faril. Mae iddo ddolen ar ffurf ceiliog ac mae'n dangos sut y darperid diod ar y llong.*

beth gael ei werthu fel cyfran o lwythi cymysg. Am na chymerai jygiau a phlatiau cain o'r Cyfandir ac o lannau Môr y Canoldir lawer o le, ac am iddynt gael eu pacio mewn basgedi neu flychau, byddent yn addurniadau gwerthfawr ar fyrddau pendefigion ac aelodau cefnog o gymdeithas.[11] Ar longddrylliad yr Iot Frenhinol *Mary*, a gollwyd oddi ar Ynysoedd y Moelrhoniaid, cafwyd hyd i grochenwaith sy'n gysylltiedig â defnyddio llestri o Ogledd Dyfnaint ac odynau eraill yn Lloegr ar fwrdd llongau, yn ogystal ag amrywiaeth mawr o eiddo personol (gweler tudalen 243) sy'n cynnig cliwiau ynghylch statws cymdeithasol y rhai a oedd ar ei bwrdd (ffigur 13.4).[12] Ymhlith yr eitemau arian, cafwyd tair loced *memento mori* ac ynddynt wallt anwyliaid a fuasai farw, a'r rheiny'n eitemau preifat a aeth, mae'n debyg, gyda'u perchnogion ar eu taith olaf (tudalen 242). Yr un mor bwysig yw'r dystiolaeth ynglŷn â'r hyn a fwyteid – o'r offer bwyta y cafwyd hyd iddynt ar long Casnewydd (tudalen 236) i'r teils di-sglein a'r brics o gegin y *Mary*.

Mae'r llongddrylliadau, a'u cynnwys, yn cydategu ac yn ymestyn ein gwybodaeth am Gymru a'r môr, am gampau technegol yr adeiladwyr, am ffitiadau, llwythi a bywyd ar fwrdd y llongau, ac am y cysylltiadau rhyngwladol a'r amrywiaeth o fathau o fasnachu. Maent yn rhan o dreftadaeth hanes Cymru a'r môr ac mae iddynt bwysigrwydd ymhell y tu hwnt i'n ffiniau ni.

*Ffigur 13.4 Grŵp o lwyau a achubwyd o long y* Royal Charter, *a ddrylliwyd ym 1859. Mae'r amrywiaeth o ddefnyddiau yn y llwyau, o haearn cyffredin i arian drud, a hyd a lled yr erydu arnynt, yn dweud llawer wrthym am yr haenau cymdeithasol ar fwrdd y llong.*

# 13.1

# Tipyn o hwyl gan forwr o Rufeiniwr?

Evan Chapman

Ym 1934 yr oedd y treilliwr *Muroto* o Benarth yn pysgota ar y 'Porcupine Bank', ryw 150 o filltiroedd (240 o gilometrau) oddi ar arfordir gorllewinol Iwerddon, pan gododd ef jar Rufeinig o ddyfnder o

*Ffigur 13.5 Gan fod ymyl a'r rhan uchaf o gorff y jar lwydwaith Rufeinig gwrs o'r Porcupine Bank ar goll, mae'n anodd ei dyddio hi'n fanwl ond mae'n debyg ei bod yn perthyn i'r ganrif gyntaf neu'r ail ganrif OC.*

CPISCI
FAGI

*Ffigur 13.6 Y graffito a grafwyd ar waelod y jar o'r Porcupine Bank.*

ryw 170 gwrhyd (311 metr). Y flwyddyn ganlynol, cyflwynodd perchnogion y treilliwr, y Mri Neale a West o Gaerdydd, y jar i Amgueddfa Genedlaethol Cymru.[13]

Eithaf tenau a meddal yw defnydd y jar o liw llwyd tywyll, a cheir olion haen dywyllach drosto (ffigurau 13.5 ac 13.6). Ceir rhigolau mân iawn iawn ar du allan y jar oherwydd ei throi ar olwyn y crochenydd, a gwelir rhigolau amlwg ar ei thu mewn. Y gwaelod a rhan isaf ei chorff yn unig sy'n weddill am fod ei hymyl a'i hysgwyddau wedi'u torri ymaith. Mae ymyl lefn y toriad yn awgrymu mai yn yr hen oes, efallai, y digwyddodd y difrod hwnnw, ond ceir toriad ffres ar un ochr. Am nad yw'r ymyl a'r ysgwyddau yno mae'n anodd pennu dyddiad y jar, ond ar sail ei chymeriad cyffredinol gellir barnu nad yw'n ddiweddarach na'r ail ganrif OC.

Yr hyn sydd o wir ddiddordeb ynddi yw *graffito* sydd wedi'i endorri'n ysgafn iddi ac yn ymestyn o bwynt yn ymyl canol gwaelod y jar hyd at ei hymyl allanol. Yno ceir dwy linell o ysgrifen redeg Rufeinig ac o danynt mae llun bras o anifail. Y Lladin yw G[ai] *Pisci Fagi*. Y dehongliad gwreiddiol o'r anifail oedd mai arth oedd ef ond oherwydd ffurf y pen, siâp y gynffon a hyblygrwydd tybiedig y cefn awgrymwyd hefyd mai dwrgi yw ef. Mae arddull yr ysgrifen hefyd yn awgrymu dyddiad yn y ganrif gyntaf neu'r ail ganrif OC.

Gellid trosi G[ai] *Pisci Fagi* yn ddim ond '(eiddo) Gaius Piscius Fagus', ond gan nad yw'r enw *Piscius* na'r cyfenw *Fagus* i'w gael yn unman arall, mae'r consensws ar hyn o bryd o blaid yr awgrym mai llysenwau hwyliog oeddent ar fwyd a diod. Seilir hynny ar y tebygolrwydd bod *Piscius* yn deillio o *piscis* ('pysgod') a'r posibilrwydd nad *Fagus* mo *fagus* ('ffawydden') ond y gair Groeg Φάγοσ ('bolgi'). Yn ôl y dehongliad hwnnw, ystyr G[ai] *Pisci Fagi* yw 'eiddo Gaius y Bwytäwr Pysgod'. O ddarllen y graffito felly, mae'n creu amwysedd ac yn cyfleu diben y llun o'r dyfrgi. Ni ellir profi a oedd y jar yn perthyn i rywun o'r enw Gaius Piscius Fagus, na bod y graffito'n dipyn o hwyl ar fwrdd y llong. Efallai i'r jar fod hyd yn oed yn fowlen i fwydo anifail anwes ar y llong.[14]

# Marciau seiri llong Casnewydd

13.2

## Toby Jones

Yr oedd y mwd a'r clai a helpodd i ddiogelu coed llong Casnewydd o'r bymthegfed ganrif hefyd yn cuddio amryw byd o farciau'r seiri ac o olion eu hoffer. Sylwyd arnynt gyntaf adeg glanhau'r estyll yn ofalus a chyn eu cofnodi. Marciau bwriadol oedd llawer ohonynt gan fod crefftwyr wedi'u torri'n bwrpasol i'r coed wrth iddynt adeiladu neu atgyweirio'r llong. Mae amryw o ffurfiau i'r marciau hynny, gan gynnwys rhigolau cyfochrog dwfn, crafiadau bas sy'n cydgyrraedd pwynt, marciau cyfrif dwfn, a siapiau diemwnt cymen (ffigur 13.7) sydd wedi'u naddu i'r pren. Mae diben rhai o'r marciau'n amlwg (er enghraifft, torrwyd y diemyntau i atal craciau rhag rhedeg) ond mae eraill, fel y llinellau sy'n cydgyrraedd pwynt, yn dal yn ddirgelwch.

Mae arwynebau'r llong yn dangos achosion di-rif o olion offer. Ar ddiwedd pob ergyd â bwyell neu neddau, gadewid atalfarc tenau. Drwy fesur y rheiny'n ofalus, bu modd i archaeolegwyr ganfod dimensiynau'r llafn a chyfeiriad yr ergyd. Os ceid nam ar y llafn, byddai ôl yr ergyd yn newid ac fe welid yr ôl newydd hwnnw ar draws sawl darn o goed. Bu'r dogfennu gofalus ar olion offer llong Casnewydd yn fodd i of modern ail-greu set o offer tebyg i'r rhai y byddid wedi'u defnyddio wrth adeiladu'r llong yn y bymthegfed ganrif. Mae dogfennu digidol hefyd wedi'i ddefnyddio i gatalogio'r enghreifftiau niferus o farciau ar olion offer a'u cymharu i weld a oes patrymau.[15] Bu dadansoddi marciau'r offer yn ddefnyddiol wrth ddehongli'r tyllau pwmpio digon amrwd ym mhen blaen a starn y llong.

Mae marciau'r seiri'n cynnig cliwiau ynghylch trefn yr adeiladu, yr ystyriaethau dylunio a'r atgyweiriadau. Ar un ystyr, hwy yw iaith adeiladwyr y llong. Drwy gofnodi a dadansoddi'r marciau'n ofalus, gall archaeolegwyr gael cipolwg ar ffyrdd gwneuthurwyr y llong o wneud penderfyniadau. Drwy dorri llinellau byr neu arcau i wynebau 'blaen' ac 'ôl' y fframiau, gallent weld ble oedd tynnu pren i greu cyrn ymwthiol ar wyneb allanol y fframiau. Gwelwyd marciau tebyg iawn iawn ar lawr y llong Lychlynnaidd *Skuldelev I* a adeiladwyd yng ngorllewin Norwy tuag 1030.[16] Mewn rhai achosion gwelir marciau'r seiri dro ar ôl tro ar draws estyll cyfagos. Mae'r ffaith fod rhai ohonynt wedi'u cuddio rhwng dwy astell a oedd yn gorgyffwrdd yn dangos iddynt gael eu gosod cyn i'r estyll gael eu cysylltu wrth ei gilydd.

Mae'n bwysig deall trefn yr adeiladu am nad oedd crefftwyr canoloesol yn dilyn cynlluniau parod wrth adeiladu llongau. Profiad y prif adeiladwr llongau a reolai siâp y llong. Mae datgymalu llong Casnewydd a'r cofnodi manwl ar farciau'r seiri ac olion yr offer ar yr estyll yn fodd i archaeolegwyr greu modelau a lluniadau a fydd yn fodd i ailgydosod y llong yn fanwl-gywir cyn cwblhau'r gwaith cadwraeth arni a'i harddangos.[17]

*Ffigur 13.7 Mae rhigolau cyfochrog dwfn i'w gweld yn aml ar du mewn yr estyll. Er nad yw eu diben yn hysbys, efallai iddynt gael eu defnyddio i gyfrif yr estyll a dangos eu safleoedd mewn perthynas â chorff y llong.*

# 13.3

# Bwyd ar longau

## Mark Redknap

Sut a beth wnaech chi ei fwyta ar fordaith mewn oes gyn-ddiwydiannol? Gall cynnwys llongddrylliadau cynnar gynnig cliwiau archaeolegol ynghylch gweithgareddau na wnaiff ymchwil hanesyddol mo'u datgelu mewn unrhyw ffordd arall – er enghraifft, am y dulliau coginio, y patrymau cyflenwi, a bwyd a diod criwiau a theithwyr yn yr Oesoedd Canol. Weithiau, gallant hyd yn oed awgrymu cenedligrwydd tebygol y bobl ar y llong.

Casgliad o lestri Iberaidd, gan mwyaf, yw'r crochenwaith y cafwyd hyd iddo ar long Casnewydd, ac mae eu dyddiadau'n agos iawn i'w gilydd. Mae iddynt gyd-destun pendant o ran eu defnyddio a'u gwaredu o

*Ffigur 13.8 Crochenwaith Iberaidd o long Casnewydd, gan gynnwys jariau, costreli a phiseri unionsyth neu ar eu sefyll, llestri bach, gobledi ac un darn bach o lestri bwrdd maiolica (brig).*

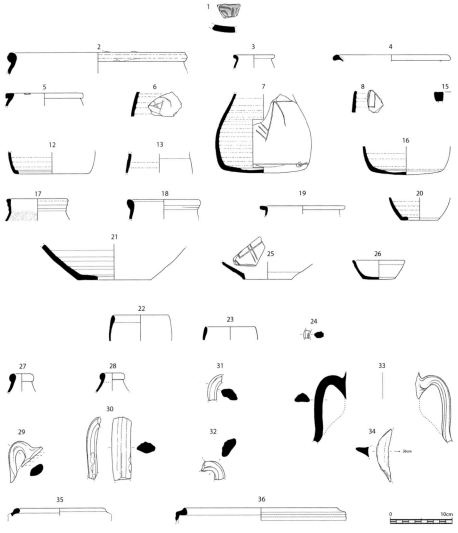

ran lle a phobl (ffigur 13.8). Cafwyd hyd i fwy na 220 o ddarnau o grochenwaith o'r gwaddodion sy'n gysylltiedig â'r llong, a deuai'r mwyafrif (98 y cant) ohonynt o waddodion yn rhannau isaf yr howld neu'r pyllau 'sbydu. Mae'n debyg eu bod wedi'u gwaredu o'r llong cyn i'r gwaith arni yng Nghasnewydd gychwyn yn y 1460au. Cyfyngedig yw'r amrywiaeth o ffabrigau crochenwaith sef, yn bennaf, lestri Cochwedd Ficaol o Bortiwgal (rhai plaen a gloyw).[18] Credir bellach iddynt darddu o rywle llawer ehangach na rhanbarth Mérida a bod llawer o'r cynhyrchu arnynt wedi digwydd yn ardal Alto Alentejo yn ne Portiwgal, sef i mewn i'r tir o Lisbon.

Ymhlith yr amrywiaeth mawr o ffurfiau ceir jariau i storio bwyd, piseri i ddal diodydd, potiau coginio, bowlenni (ffigur 13.10), llestri a elwid yn *lebrillos*, ymylon gobledi, a chaeadau. Yr hyn a geir amlaf yw'r jar amlbwrpas a'i chaead, ond ymhlith y casgliad ceid teilchion o gostreli unionsyth neu ar eu traed (fflasgiau, un ohonynt â marc y perchennog wedi'i endorri ar yr ysgwydd), dolenni costreli a phiseri, llestri bach a ffurfiau eraill (rhai ohonynt ag addurniadau gloyw ar eu tu allan) a 'chaeadau' â dolenni bach yn eu canol.[19]

Gwelid llawer o lestri Cochwedd Ficaol o Bortiwgal yng ngogledd-orllewin Ewrop tua diwedd yr Oesoedd Canol, yn bennaf oherwydd eu defnyddio ar longau. Anaml y cludai llongau un math o lwyth yn unig, ac efallai mai diben rhai llestri plaen oedd iddynt gael eu defnyddio yng nghegin llong neu at ddibenion storio. Yn achos casgliad Casnewydd, mae'r nifer fach o lestri unigol, y diffyg ffurfiau ailadroddus, a'r dystiolaeth o huddygl ar rai jariau a chaeadau yn awgrymu, mae'n debyg, iddynt gael eu defnyddio ar y llong gan ei chriw o Iberia. Bernir bod yr amrywiol fathau o jariau â chaeadau wedi dal cynfennau a moethau eraill y byddai unigolion yn eu defnyddio. Marciau sy'n dynodi eiddo neu'n dangos enw'r defnyddiwr, mae'n debyg, yw'r *graffiti* sydd wedi'u crafu ar ysgwyddau tri photyn ac ar y tu mewn i lestr (ffigur 13.11). Efallai i rai o'r costreli sydd ar eu traed gynnwys moethau; mae'n debyg i'r enghraifft â dwy ddolen y cafwyd hyd iddi yng nghaban y barbwr-feddyg ar y *Mary Rose* gynnwys olew rhedyn (echdynnyn o wreiddiau *Polypodium vulgare*) a ddefnyddid yn olchdrwyth pêr neu'n bersawr eillio.[20]

Bryd hynny, masnachai Cymru a Lloegr â theyrnasoedd Navarre, Portiwgal, Valencia, Catalwnia a Granada. Y prif bartner masnachu oedd Castile wedi i'r cytuniadau rhwng Lloegr a Castile ym 1466 a 1489 ddadwneud difrod y Rhyfel Can Mlynedd. Bu'r sefydlogrwydd gwleidyddol wedi hynny'n fodd i ryw wyth i ddeg llong y flwyddyn hwylio o Fryste, Llundain a Dartmouth i Andalucia, a deuai ugeiniau o longau o Wlad y Basg â nwyddau i Brydain. Er bod cofnodion y tollau'n cynnig canllaw ynglŷn â'r hyn a fewnforid, maent yn anghyflawn am fod nwyddau personol a brenhinol wedi'u heithrio – ac oherwydd smyglo hefyd. Mae Llyfrau'r Porthladdoedd yn dangos i longau o Sbaen ac Iberia alw yn Aberdaugleddau, Caerfyrddin a Biwmares o ganol y bedwaredd ganrif ar ddeg ymlaen (ffigur 13.9).

Mae ceramigau llong Casnewydd yn cydategu cysylltiadau eraill y llong honno ag Iberia (er enghraifft, darnau arian o Bortiwgal, coed ei chorff o ranbarth y Basgiaid). Yn ddiweddar, mae ymchwil i gegin y *Mary Rose* (1545) wedi amlygu soffistigeiddrwydd y coginio yng nghegin y llong a'r ffordd y byddai'r bwyd a fwyteid ar y llong yn cynnal yr hierarchaeth gymdeithasol. Mae natur arbennig peth o'r offer coginio, a'r bwyd a diod, yn awgrymu i unigolion uchel eu statws fod yno ar adegau.[21]

O ddadansoddi gweddillion y bwyd ar long Casnewydd, cafwyd tystiolaeth o'r amrywiaeth mawr o blanhigion, ffrwythau a llysiau a gludid ar y llong, naill ai i bobl ac anifeiliaid eu bwyta arni neu fel llwyth. Mae hadau ffigys a grawnwin, esgyrn gwartheg, moch a defaid/geifr dof, esgyrn pysgod a physgod cregyn yn awgrymu deiet amrywiol o ffrwythau ffres a ffrwythau cadw ac o gig a physgod a gawsai eu cochi a'u halltu. Mae esgyrn penfreision o Fôr Iwerydd yn awgrymu defnyddio neu gludo cod sychion, a nodwyd hefyd fod yno weddillion cegddu, honosiaid a *tusk* Ewropeaidd a phenwaig, cathod môr o Fôr Iwerydd neu siarcod bach, merfogiaid cochion, llysywod pendwll a lledod o Ewrop ac eogiaid o Fôr Iwerydd.[22]

Ffigur 13.9 Ym Mhrydain, ar hyd yr arfordir, yn bennaf, ac wedi'u clystyru o amgylch porthladdoedd, y cafwyd hyd i lestri o Iberia o ddiwedd yr Oesoedd Canol.

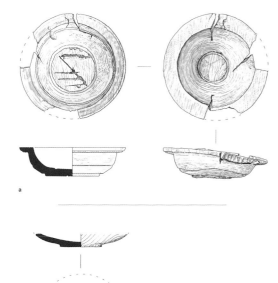

Ffigur 13.10 Dwy fowlen o onnen o long Casnewydd. Mae i'r fowlen gantelog ddiamedr o 125mm ac mae marc y perchennog wedi'i dorri ar y gwaelod. Mae i'r fowlen arall, sydd ag ymyl feflog, ddiamedr o 110mm.

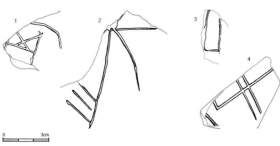

Ffigur 13.11 Marciau'r perchnogion wedi'u crafu ar ysgwyddau potiau o long Casnewydd.

## 13.4

# Arfau ar longau

## Mark Redknap

*Ffigur 13.12 Breichydd lledr bwasaethwr o long Casnewydd. Y bwâu hir o oes y Tuduriaid a'r gynnau cynnar o haearn gyr y cafodd y brodyr Deane hyd iddynt tua 1836 wrth ddeifio ar y Royal George (a suddodd yn y Solent ym 1782) a gynigiodd gliwiau ynghylch lleoliad llongddrylliad y Mary Rose (1545).*

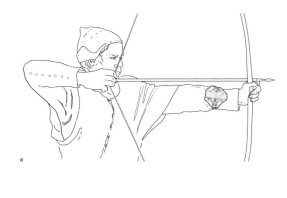

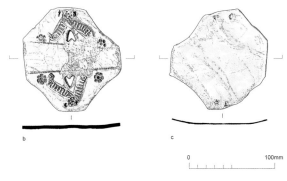

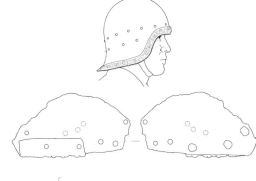

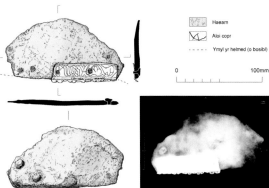

*Ffigur 13.13 Darn o helmed haearn ac arni forder arysgrifedig o bres, o long Casnewydd, ac wedi'i hadlunio fel y gallai fod wedi ymddangos yn wreiddiol.*

Drwy gloddio llongddrylliadau gallwn ni gael gwybodaeth bwysig am yr offer diogelu a'r arfau a gludid ar longau masnachol wrth iddynt wynebu'r peryglon a achosid yn gyson yn yr Oesoedd Canol gan fôr-ladron, herwlongwyr a morwyr gwrthryfelgar. Cawn wybod hefyd am y gwahanol fathau o belenni a phowdr a ddefnyddid gan filwyr a'r criw. Ymhlith y darganfyddiadau ceir cleddyfau, dagerau, bwâu hir, croesfwâu, pastynau, gwaywffyn hir, ffonfwyeill ac amrywiaeth o daflegrau, gan gynnwys cerrig (i'w taflu o frig-lwyfannau). Tua diwedd yr Oesoedd Canol, cludai llongau ynnau llaw a math cynnar o fwsged yn ogystal â grenadau ar ffurf cynwysyddion ceramig yn llawn o bowdwr gwn, a ffiwsiau wedi'u gosod wrthynt.

Gwisgai'r bwasaethwyr freichyddion i amddiffyn tu mewn rhan isaf ei breichiau rhag i linyn eu bwa'i daro, ac i sicrhau cadw defnydd rhydd y llawes draw. Cafwyd hyd i freichydd lledr o'r fath yn llong Casnewydd o ddiwedd y bymthegfed ganrif (ffigur 13.12).[23] Fel yn achos tri o'r 24 breichydd a ddaeth o'r *Mary Rose*, addurnir un Casnewydd â blodau a sgroliau ac arnynt y gair AMILLA,[24] sef, efallai, ffurf fer ar y gair Lladin am rwymyn braich, neu gyfeiriad at ferf Sbaeneg o'r oes honno, sef *amilanar*, 'dychryn neu frawychu'.[25] Mae'r gofod rhwng y tyllau ar freichydd Casnewydd yn awgrymu iddo gael ei dynhau ag un strap ar y naill ochr a'r llall, ac mae'r ôl traul ar yr wyneb addurnedig yng nghanol y rhan rwbio hydredol blaen yn awgrymu iddo gael ei ddefnyddio cryn dipyn.

Mewn disgrifiadau o'r bymthegfed ganrif, caiff criw llong a fu mewn brwydrau eu galw weithiau'n rhai a oedd 'wedi'u harneisio'n dda' (hynny yw, yn gwisgo arfwisg a helmedau). Mae'r stribedi rhwymo o bres a gafwyd yn llong Casnewydd fel petaent yn dod o ochr dde a chyffiniau'r aeliau ar helmed o fath *saled* (ffigur 13.13).[26] Arnynt, engrafwyd testun o'r Beibl a ddarllenai, yn wreiddiol, 'IHESUS AUTEM TRANSIENS PER MEDIUM ILLORUM IBAT' ('Ond aeth [Iesu] drwy eu canol hwy, ac ymaith ar ei daith'). Gan fod hwnnw'n un o'r dyfyniadau a fabwysiedid yn swyn yn aml, fe'i gwelir ar amrywiaeth o wrthrychau, ac arfau'n arbennig, o ddiwedd yr Oesoedd Canol.[27] Weithiau, fe'i rhoid ar flychau neu goffrau bach yn amddiffyniad rhag lladron.[28] Mae'n debyg bod wasier haearn sgwâr a rhybed ar du mewn y

*Ffigur 13.14 Gwn Dinbych-y-pysgod, wedi i waith cadwraeth gael ei wneud arno, yn Amgueddfa'r dref (isod), ac fel y'i hailddehonglwyd (uchod).*

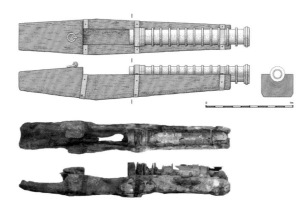

darn haearn o Gasnewydd wedi dal strap gên a leinin llai o faint i'r rhybed.

Ni fu gynnau cynnar o haearn gyr yn gyffredin ar longau tan y bymthegfed ganrif, ac mae dod o hyd iddynt mewn llongddrylliadau a'u dadansoddi wedi hynny wedi esgor ar ailasesu pwysig ar ffurfiau gynnau, eu hadeiladwaith, eu lleoliad ar long, eu bwledi a'u defnydd.[29] Mae cofnodion cyfoes megis rhestri llongau yn cofnodi amrywiaeth o enwau ar ynnau, fel 'serpentynes', 'porte peeces', 'slings', 'fowlers' a 'bases'. Mae'n debyg nad oedd unrhyw gysondeb wrth ddefnyddio'r termau hynny. Un o'r gynnau cludadwy llai o faint oedd yr 'hackbut' (gwn llaw) a achubwyd o'r môr oddi ar Enlli. Mae rhan o'i garn pren yn dal yno ac yn cael ei ddal yn ei le â darn o liain bras ei wead (gweler tudalen 130).[30]

Wrth dreillio tywod ym Mae Dinbych-y-pysgod tua 1830, codwyd enghraifft brin o ordnans cynnar o haearn a oedd yn dal wedi'i gysylltu wrth ei wely derw (ffigur 13.14). Yn ôl yr adroddiadau, cafwyd hyd iddo ryw 300 metr i'r gogledd-ddwyrain o graig wrth waelod Ynys Gatrin (Traeth y Castell) o'r enw Sker Rock.[31] Fe'i cofnodwyd gyntaf gan yr hynafiaethydd John E Lee (1808–1887) pan arddangoswyd y gwn yng Nghastell Penfro yn y 1860au.[32] Erbyn hyn, gwnaed gwaith cadwraeth arno a chaiff ei arddangos yn Amgueddfa Dinbych-y-pysgod.[33]

Cafodd ei wneud, fel y gwnaed y mwyafrif o'r gynnau yn y cyfnod hwnnw, o haearn gyr ar wely pren ac mae'n fath cynnar o wn a elwid yn 'port piece'. Mae iddo nifer o rannau pendant: baril, siambr bôn (yr oedd dolenni gan rai ohonynt a gellid eu gollwng i'w lle), lletem (neu 'forelock' o lwyfen neu haearn) i ddal siambr y bôn yn dynn yn erbyn pen y baril, a gwely solet o dderw.

Mae'r baril o haearn gyr yn rhagddyddio castio gynnau mawr o haearn, ac mae iddo adeiladwaith cyfansawdd, sef bod tiwb mewnol o erwydd tenau o

*Ffigur 13.15 Mae'r gwahanol feintiau o haels cerrig o long Casnewydd yn dangos yr amrywiaeth o galibrau a oedd i'r gynnau arni (y raddfa mewn cm).*

haearn sy'n rhedeg ar ei hyd wedi'i glymu wrth ei gilydd â haen o fandiau llydan yn ei erbyn a chylchoedd mwy trwchus a chul sydd wedi'u gosod fesul un ac eithrio ym mhen y bôn a'r trwyn (mae'r olaf bellach ar goll). Mae'r gwely pren, a wnaed o dderw neu lwyfen mae'n debyg, wedi'i gilfachu i gymryd y cylchoedd a'r bandiau. Rhwystrai hynny unrhyw symud gan y baril – baril a gâi hefyd ei sicrhau â strapiau o haearn gyr o amgylch y baril a'i hoelio wrth y gwely. Yn y gwely ceir cilfach ym mhen y bôn ar gyfer siambr haearn y powdwr ac mae cefn y corff yn codi i ffurfio darn solet o bren a gaiff ei amddiffyn gan strap haearn llorweddol ar hyd brig y ris. Mae'r ffaith nad oes strapiau ochr o haearn ar gyfer lletem haearn yn awgrymu i letem o bren ('tymber forelock') gael ei ddefnyddio i ddal siambr y bôn yn dynn yn erbyn y baril i'w danio (weithiau, ceid dwy letem ychwanegol o haearn y tu ôl i'r lletem bren i fireinio'r cyfan).[34] Efallai mai diben y twll fertigol drwy'r ris bren ôl oedd dal bollt a ddaliai gylch o haearn, neu raff i ddal y gwn wrth ochr y llong neu i dynnu'r gwn ar ei bwrdd.[35]

O ran ei hyd (134 centimetr; ei hyd gwreiddiol oedd rhyw 145-155 centimetr), ei dyllfedd (rhyw 12.7 centimetr, neu 5 modfedd), hyd ei gorff o ben i ben (280 centimetr) a'i ffurf, mae'r baril sy'n goroesi yn debyg i 'port pieces' o haearn, rhai llai o faint, y cafwyd hyd iddynt ar y *Mary Rose*, ond rhyw 6 modfedd (150–152 milimetr) oedd y dyllfedd leiaf. Mae hynny'n adlewyrchu ei swyddogaeth ar long fasnachol: ceid arfau trymach ar longau'r brenin.

Mewn sawl man ledled Cymru, gan gynnwys Afon Taf a Llyn Syfaddan, cafwyd hyd i belenni cerrig i'w tanio o ynnau o haearn gyr. Awgryma diamedrau'r pelenni cerrig o long Casnewydd (67, 81 ac 82 milimetr) fod arni, drwy gydol ei hoes weithio, o leiaf dri math o wn, gan gynnwys 'swivels' neu 'fowlers' a lwythid drwy'r bôn ac a ddefnyddid yn aml gan longau masnach i'w hamddiffyn eu hunain (ffigur 13.15). Tebyg oedd tyllfedd tri gwn o haearn gyr ar fwylltid o ddechrau'r unfed ganrif ar bymtheg a gafwyd o'r llongddrylliad yn Harbwr Cattewater oddi ar Plymouth, sef 55 milimetr.[36] Yr oedd gan long Casnewydd, felly, arfau amddiffynnol ysgafn, y 'swivels' a ddarlunnir weithiau ar frig-hwyliau llongau mwy o faint, ond caent eu gosod yn strategol o amgylch y llong. Gall ffynonellau daearegol y pelenni cerrig ddadlennu llinellau cyflenwi na fyddent, fel arall, yn hysbys. Yn y rhai o long Casnewydd, mae'r pedair pelen o gwarts tywodfaen yn debycach na dim i dywodfeini carbonifferaidd o Brydain, ond efallai i'r pelenni o garreg galch ddod o ffynonellau ar arfordir Dorset a Normandi, ochr ddwyreiniol Penrhyn Cotentin ac i'r gogledd o La Rochelle.[37]

## 13.5

# Yr *Ann Francis*

## Mark Redknap

Ar ei ffordd adref i East Anglia fe ddrylliwyd y llong fasnach *Ann Francis* ger Aberafan a Thraeth Margam ym 1583. Yn ffodus, gan fod cofnod cyfoes o'r arteffactau a achubwyd adeg y llongddrylliad wedi goroesi, gallwn ni greu darlun o'r bwyd a diod a'r nwyddau ar y llong drwy gyfuno'r cofnod hwnnw â'r rhestr o arteffactau a achubwyd o'r llongddrylliad drwy waith cloddio mwy diweddar.

O blith arfau'r llong, achubwyd y rhain:

*two cast Iron peece named minions each wayinge 1200 pounds*
*one cast Iron peece wayinge 1300 pounds*
*two cast Iron peece each wayinge 700 pounds*
*one cast Iron peece wayinge 620 pounds*
*four fowlers* [gynnau ar fwylltid]
*two chambers* [ar gyfer gynnau a lwythid drwy'r bôn]
*one ladle* [ar gyfer ffrwydryn powdr]
*five Kalivers* [gynnau llaw]
*two flaskes* [powdr – ar gyfer gynnau llaw]
*one steele Targett* [tarian]

Ymhlith yr offer rhedeg a achubwyd o'r llong yr oedd:

*two Anchors*
*one little broken anchore for a Cocke* [cwch]
*one cable aboute 90 fathome longe*
*one other cable aboute 82 fathome longe*
*one hawser*
*two lesser ropes*
*peeces of the maine sayle torne & spoyled*
*small ropes therby*
*one stremor of Bulter* ['bolter']
*three peeaces of the main mast*
*a smaller mast cotaininge 30 foote*
*two sayle yards*
*a Cocke boate*

Ymhlith y bwyd a diod a'r nwyddau a achubwyd yr oedd 'a pipe half full of sacke brechd', 'barell wth some tarre', 'glasse bottle', dau 'emptie spruse cofers lockes brok', 'one other emptie cofer of oke: locke broken', triphwys o glofs, dau flwch o 'marmelade' a bwysai ddeubwys, 22 hirlath mewn 'two peeces of Callicowe', amrywiol berlysiau a 40 nytmeg, yn ogystal â 'two ship cords, a silver whissell wth a peece of a chaine wayinge 4 ounces', 12 punt 16 swllt mewn 'Spanishe silver', 'v or vj emptye caskes' a 'walkinge staffe'.[38]

I raddau helaeth fe anghofiwyd am golli'r *Ann Francis* tan y 1970au a'r 1980au pryd y cafwyd hyd i eitemau oddi arni ar y traeth wedi tymhestloedd difrifol a llanw uchel y gwanwyn. Wrth i lawer o dywod gilio, dinoethwyd haenau o gerrig mân, clai, mawn a chraig. Bu i ddosbarthiad yr arteffactau o ddiwedd yr unfed ganrif ar bymtheg yn y dyddodion symudol hynny ar y traeth gyd-fynd â disgrifiadau o wasgaru eitemau o'r llongddrylliad ar ddwy ochr Afon Afan. Ymhlith y darganfyddiadau yr oedd dwy blymen a thri chwmpas mesur o bres, topyn casgen o bres o stordy'r gegin (gweler ffigur 13.3), gwrthbwys o blwm, llestri bwyta ac yfed gan gynnwys cwpan piwter a dwy lwy biwter, ac eiddo personol a gynhwysai grogdlws llaswyr o arian a darnau o gasyn cyllyll piwter enosodedig ac iddo agoriad canolog cul ar siâp V i gymryd llafn cyllell (rhyw 20 milimetr o led).

Mae dros 200 o ddarnau arian o Sbaen ac America Sbaenaidd, Portiwgal a'r Almaen wedi'u codi yn y cyffiniau (ffigur 13.17). Mae'n fwy na thebyg i'r darnau arian o Sbaen, oll yn enw Ferdinand ac Isabella (1474–1504), gael eu bathu ar ôl i'r ddau ohonynt farw. Cynhyrchwyd y darnau bath o Fecsico o 1554 ymlaen, ac fe ategant y cofnod o £12 16s 0d. o 'Spanish silver' yn y rhestr. Daw'r pedwar darn bath o Bortiwgal o gyfnod teyrnasiad John III (bu f. ym 1557), a dyddiad darn San Vicente aur yw 1555–58 (ffigur 13.18).

Rhwng y 1540au a 1556 y bathwyd darnau arian y taleithiau Almaenig. Cawsai cynhyrchu *talers* yr Almaen ei atal drwy orchymyn yr ymerawdwr ym 1551. Yn eu lle, y *reichsguldiner* a'r *reichsgulden* fyddai'r darnau arian mawr arferol yn yr Ymerodraeth Lân Rufeinig. Gan i'r newid fod yn amhoblogaidd yng ngogledd yr Almaen (ffynhonnell llawer o'r arian), fe aildderbyniwyd y *talers* yn ddarnau arian yr Ymerodraeth ym 1566 ac fe gymeron nhw le'r darnau ymerodrol blaenorol. Daliodd y *talers* cynharach i gylchredeg, felly, a *guten taler* o'r fath yw rhai o'r darnau a achubwyd. Yr oedd y darnau i'w cael yn eang yn Ewrop, fel arian, adeg mordaith yr *Ann Francis* ym 1583. Mae'r darnau arian i gyd yn dangos pob arwydd iddynt gael eu casglu ynghyd a'u rhoi o'r neilltu cyn tua 1560, ac fe ategir y posibilrwydd hwnnw gan y ffaith nad oes fawr o ôl traul arnynt.

*Ffigur 13.16 Chwiban biwter gyfan bosn yr* Ann Francis *(1583). Mae'n 162mm o hyd ac wedi'i haddurno â dyluniadau ac iddynt thema forwrol. Cofnodwyd darn o un arall, hefyd, o safle'r llongddrylliad.*

*Ffigur 13.17 Detholiad o'r darnau arian o longddrylliad yr* Ann Francis *(1583):* talers *arian (a gyhoeddwyd gan yr Ymerawdwyr Rhufeinig Sanctaidd a llu o daleithiau'r Almaen), ynghyd â* reales *arian o Sbaen.*

*Ffigur 13.18 Yn ystod teyrnasiad Joâo III o Bortiwgal (1521–57) y bathwyd y* San Vicente *aur o Bortiwgal a gafwyd o'r* Ann Francis. *Arno gwelir Sant Vincent o Saragossa, nawddsant morwyr, yn dal model addunedol o long.*

Darganfyddiad nodedig o'r *Ann Francis* yw chwiban biwter gyfan y bosn, un fetel a gâi ei gwisgo ar gadwyn neu leinin o amgylch y gwddf a'i defnyddio wrth redeg y llong (ffigur 13.16). Fe'i haddurnwyd â chynlluniau grotésg o rwyllwaith ac iddynt thema forwrol, sef creaduriaid môr a gleinwaith sy'n debyg i byrsiau'r fôr-forwyn, o amgylch ei 'fwi'. Defnyddiai'r bosn (yn ogystal ag uwch-swyddogion eraill) chwibanau o'r fath yn offer gorchymyn i sicrhau '[that] the ships company went about their several duties cheerfully and with alacrity'. Yr oedd y mowldiad o amgylch y ffroen yn fodd i'r bosn ddal gafael ar y chwiban â'i ddannedd i roi cyfarwyddiadau petai ei ddwylo'n brysur. I bob pwrpas, y chwiban oedd bathodyn ei swydd. Mae achub y chwiban biwter honno'n cynnig cliw ynghylch ffurf y 'silver whissell' a gofnodwyd yn y rhestr o eitemau a gyrhaeddodd ddwylo teulu lleol, teulu Mansell, yn y diwedd.[39] Mae chwiban debyg iawn, sydd wedi'i gwneud o arian, wedi'i hachub o longddrylliad un o longau'r Armada, y *Girona* (1588).[40] Gan mai pum mlynedd yn unig sy'n gwahanu colli'r ddwy long, a chan fod yr *Ann Francis* yn masnachu â Sbaen ar y pryd, mae posibilrwydd i'r chwiban hon hefyd ddod o benrhyn Iberia.

Cynyddu wnaeth nifer yr ymosodiadau gan Loegr ar y Byd Newydd a Sbaen wedi 1580, a bu ymdrechion y Saeson i ymsefydlu yn y Byd Newydd yn her uniongyrchol i ymerodraeth Iberaidd Philip II. Gobaith Elizabeth I oedd osgoi rhyfel agored ond cyfyngu ar rym Philip. Wrth i ryfel fod yn fwyfwy anochel, gwrandawai Philip yn fwy eiddgar ar gynigion rhai fel Ardalydd Santa Cruz (1583) i ymosod ar Loegr.[41] Ond ni chafwyd rhyfela agored tan 1585 pryd y llofnododd Lloegr Gytuniad Nonsuch i'w rhwymo hi a Gweriniaeth newydd yr Iseldiroedd i ryfela â Sbaen. Fe gymerai hi bum mlynedd ar ôl dryllio'r *Ann Francis* i Armada Sbaen gychwyn ar ei thaith. Dyna, felly, y llwyfan gwleidyddol adeg ei mordaith ac efallai mai'r bwriad oedd iddi osgoi talu tollau: chofnodwyd mohoni yn Llyfrau'r Porthladdoedd.[42]

# 13.6 Darganfyddiadau o'r iot frenhinol *Mary*

## Sian Rees

Pan drawodd y *Mary* Ynysoedd y Moelrhoniaid oddi ar Ynys Môn ym 1675, yr oedd hi a'i chriw o 28, o dan y Capten William Burstow, yn cludo teithwyr pwysig a'u gweision o Ddulyn i aber Afon Dyfrdwy. Ar iot mor urddasol disgwyliai teithwyr o statws Iarll Ardglass, Iarll Meath ac Arglwydd Ardee gael eu trin gyda pharch a mwynhau tipyn go lew o foethusrwydd. Gan i'r *Mary* arfer bod yn eiddo i Charles II (1630–85), yr oedd hi'n iot bleser go nodedig (gweler tudalen 188).

Er iddi bellach gael ei hisraddio'n iot i gludo boneddigion a swyddogion, yr oedd hi wedi'i haddurno'n helaeth a'i hoffer yn foethus. Fel y gellid disgwyl, felly, daeth yr archaeolegwyr a fu'n cloddio'r llongddrylliad o 1971 tan 1990 o hyd i gasgliad gwych o eitemau a ddarluniai fywyd ar long o'r fath. Ac yn ffodus mae rhestr fanwl a luniwyd adeg prynu'r llong wedi goroesi ac yn fodd i ni gymharu'r hyn y cafwyd hyd iddo ar y llongddrylliad â'r hyn y cofnodwyd ei fod yn y llong 15 mlynedd cyn iddi suddo.[43]

Mae'r ddogfen sy'n manylu ar brynu a dodrefnu'r *Mary* – yr un a luniwyd gan Forlys Amsterdam cyn ei rhoi hi i Charles II – gan mwyaf yn rhestru nodweddion yr iot. Disgrifir bolltau, cniwiau, angorau a cholfachau haearn y llong ynghyd â chelfi'r drysau, cloeon, dolenni'r gwelyau soffa, llusernau, polion cwch, pibau carreg, clustogau, canwyllbrenni a ffyn llenni, ac mae'r

*Ffigur 13.19 Arwydd teimladwy i ddwyn i gof anwyliaid y rhai a oedd yn teithio ar y* Mary. *Yr oedd y* loced *memento mori eurwedd hon yn un o ddwy o'r llongddrylliad. Byddai hi wedi cynnwys cudyn o wallt perthynas a fuasai farw.*

*Ffigur 13.20 Bowlen fas dwy-ddolen o arian ac addurniadau plu* repoussé *arni. Yn aml, byddai'r darn cain hwn o arianwaith domestig wedi'i ddefnyddio i gynnwys amrywiaeth o fwydydd neu ddiod, ond weithiau fyddai darnau o'r fath yn ddim ond addurniadau.*

*Ffigur 13.21 Ymhlith y gynnau o'r Mary mae'r gwn 'drake' 4-pwys hwn o'r Iseldiroedd ac arno arfbeisiau Dinas Amsterdam a theulu de Graaf; gwn troi 1-pwys ac arno hen seiffr Morlys Amsterdam; ac un gwn triphwys ac arno seiffr 'C' Charles II.*

*Ffigur 13.22 Mae'n debyg mai o dde'r Almaen neu un o daleithiau'r Iseldiroedd y daeth y blaen pistol gwain hwn sydd ar ffurf pen llew.*

cyfan yn rhoi cipolwg i ni ar du mewn y llong. Disgrifir y rigin, yr hwyliau, y baneri a'r penynnau, y rhwyfau, yr hwylbren a'r gynnau a'u powdr a'u pelenni yn ogystal â chyfraddau talu'r peintwyr. Manylir ar offer y cogydd drwy restru lletwadau, tapiau cwrw, llwyau, padellau, crochanau, platiau, bowlenni a jygiau piwter. Yr oedd angen y cyfan o'r rheiny mewn llong a weddai i frenin.

Tebyg, mewn llawer ffordd, oedd yr arteffactau a godwyd adeg y cloddio. Cafwyd hyd i blatiau piwter a chyllyll, ffyrc a llwyau arian ynghyd â gynnau ac offer. Ar ben hynny mae'r eitemau a oedd at ddefnydd personol y teithwyr, y gweision a'r criw yn ychwanegu cyffyrddiad mwy personol at daith olaf y *Mary*. Cafwyd hyd i fodrwyon aur, un ohonynt â diemyntau, gwydr cain a cheramigau o'r Eidal, pibau clai, canwyllbrenni, potiau siambr a leinin comôd, byclau a sodlau esgidiau, gwniaduron a thancardiau (ffigurau 13.19 ac 13.20). Cafwyd hyd i ddarnau arian o Loegr o deyrnasiadau Henry VIII, Mary, Elizabeth I, James I, Charles I a Charles II ynghyd â darnau bath o'r Alban, Iwerddon, Periw a Bolivia, ond nid oes i'r un ohonynt ddyddiad ar ôl 1670.

Yr oedd y gynnau'n gyfuniad o ynnau 'drake' o'r Iseldiroedd – rhai a gawsai eu mowldio ag arfbais Dinas Amsterdam i dystio i berchnogion cyntaf y llong – a gynnau triphwys o Loegr a monogram Charles II arnynt (ffigur 13.21). Mae mysgedau, grenadau, pistolau (ffigur 13.22) a phelenni'n ychwanegu at yr argraff y gallai'r llong ei hamddiffyn ei hun yn dda, ac mae'n amlwg i'r teithwyr fod yn berchen ar gleddyfau hynod addurnedig ac arnynt batrymau troellog o wifren arian. Ymhlith y defnyddiau a gafwyd o adeiladwaith y llong yr oedd llu o ddalennau o blwm a llawer o goed, ac ambell waith gellir gweld eu bod yn rhan o'r cêl neu'r starnbost.

Wrth ystyried y deunydd hwnnw'n dystiolaeth o fywyd ar fwrdd y *Mary*, y broblem yw y gall peth o'r deunydd fod wedi dod o longddrylliadau eraill yn y cyffiniau. Gan fod olion yr iot ar wasgar ar hyd a lled darn helaeth o fôr sy'n enwog am fod yn beryglus i longau, a chan i'r gwaith cloddio gael ei wneud o dan amodau anodd dros sawl blwyddyn, proses ansicr yw dynodi union fannau dod o hyd i rai o'r arteffactau. Mae'r ffaith y cafwyd hyd i wydr, i bibau baco clai ac i geramigau a oedd yn dyddio o'r ddeunawfed ganrif a'r ganrif ddilynol yn awgrymu y bu peth llygru gan longddrylliadau diweddarach.

# 13.7

# Y *Royal Charter*

Sian Rees

Cliper ager oedd y *Royal Charter*. Cawsai ei chadeiladu yng Ngweithfeydd Haearn Sandycroft ar Afon Dyfrdwy a'i lansio ym 1855. Ei pherchnogion oedd Gibbs, Bright a'r Cwmni, Lerpwl. Math newydd o long oedd hi, sef cliper ager o 2,719 o dunelli ac iddi gorff o haearn. Yr oedd ganddi beiriannau ager atodol y gellid eu defnyddio os nad oedd cyfeiriad y gwynt yn addas. Llong i deithwyr oedd hi'n bennaf. Gallai gymryd hyd at 600 o bobl ac yr oedd y dosbarth cyntaf ynddi'n foethus iawn. Gallai hi hefyd gludo nwyddau a theithio o Lerpwl i Awstralia mewn llai na 60 diwrnod.[44]

Ym mis Hydref 1859 yr oedd y *Royal Charter* yn dychwelyd i Lerpwl ac arni griw o ryw 112, rhai o weithwyr cyflog eraill y cwmni, a thua 370 o deithwyr. Yn eu plith yr oedd llu o fwynwyr aur a rhai ohonynt wedi bod yn ffodus wrth gloddio yn Awstralia. Yr oedd y llwyth arni'n cynnwys aur, gwlân a chrwyn yn ogystal â chyfoeth personol y mwynwyr (ffigur 13.24). Wrth iddi gyrraedd pen gogledd-orllewinol eithaf Môn ar 25

Hydref, dangosodd y baromedr fod storm yn agosáu. Taniodd y meistr, y Capten Thomas Taylor, rocedi arwyddo i geisio tynnu sylw peilot ond fe'i rhwystrwyd gan rym y gwynt stormus a berw cynyddol y lli.

Yn ystod y nos, cododd y gwynt i Gorwynt Grym 12 a gyrru'r llong at lannau Môn. Am 11pm bwriwyd ei hangor, ond ddwyawr yn ddiweddarach torrodd y gadwyn chwith ac yna gadwyn yr angor. Gan fod y corwynt yn drech na grym ei pheiriannau ager, fe'i gyrrwyd i'r lan. Trawodd hi fanc tywod i gychwyn ond, yn gynnar fore'r 26 Hydref, gwthiodd y llanw hi i'r creigiau ychydig i'r gogledd o Foelfre ym Mhorth Helaeth. Chwalodd cyn pen dim (ffigur 13.23). Er i'r rhestr o'r teithwyr fynd ar goll yn y llongddrylliad, gwyddom i ryw 459 o bobl foddi, y nifer fwyaf mewn llongddrylliad ar hyd glannau Cymru. Hi oedd y llong amlycaf o blith y rhyw 200 a ddrylliwyd gan y storm – storm a alwyd yn 'Storm y Royal Charter' oherwydd y drychineb honno.

*Ffigur 13.23 Portread* The Illustrated London News *ar 5 Tachwedd 1859 o golli'r* Royal Charter.

Ffigur 13.24 Darganfyddiad nodedig oedd y pwrs lledr ac ynddo gnepynnau o aur. Mae'n arbennig o berthnasol i'r Royal Charter a oedd, yn ogystal â chludo llwyth o aur, hefyd yn cludo mwynwyr aur a oedd wedi ennill eu ffortiwn wrth gloddio yn Awstralia. O dro i dro dros flynyddoedd lawer mae deifwyr wedi dod o hyd i ddarnau arian o aur, yn ogystal ag eitemau personol eraill, ar y safle.

Ffigur 13.25 Ym mynwent Eglwys Sant Gallgo yn Llanallgo, Môn, saif Cofeb y Royal Charter i'r llu o bobl a fu farw wrth i'r llong gael ei dryllio.

THIS MONUMENT
has been erected by
PUBLIC SUBSCRIPTION,
TO THE MEMORY OF
those who perished in the wreck
of the ROYAL CHARTER,
off MOELFRE
on the coast of ANGLESEY
on her passage from
AUSTRALIA to ENGLAND,
WEDNESDAY, THE 26TH DAY OF OCTOBER
A.D 1859

Ffigur 13.26 Grŵp a elwid yn Royal Charter Salvage Expedition a wnaeth y gwaith achub ar y Royal Charter ym 1972. Cafodd rhai o'r gwrthrychau y cafwyd hyd iddynt eu harddangos yng Ngwylfan Moelfre.

Dim ond 21 o'r teithwyr a 18 o'r criw a oroesodd. Llwyddodd un aelod dewr o'r criw, Joseph Rodgers, i nofio i'r lan â lein a fu'n fodd i achub rhai teithwyr, a llwyddodd ambell un arall i gyrraedd y lan. Cael eu malu yn erbyn y creigiau oedd hanes llawer o'r rhai a fu farw. Boddodd eraill a hynny, yn ôl y sôn, oherwydd pwysau'r aur yn eu beltiau. Ceir disgrifiad enwog o'r drychineb gan Charles Dickens yn *The Uncommercial Traveller* wedi iddo ymweld â'r fan a siarad â rheithor eglwys Llanallgo, lle cymerwyd cyrff y meirw. Claddwyd llawer ohonynt yn y fynwent a gellir dal i weld maen coffa iddynt yno (ffigur 13.25). Ceir hefyd gofeb ar y clogwyn uwchlaw'r creigiau lle'r aeth y llong i drybini. O leiaf fe gafodd trychineb mor enbyd effaith gadarnhaol ar ddiogelwch ar y môr. Cyflwynodd y Capten Robert FitzRoy, a oedd â gofal y Swyddfa Dywydd ar y pryd, y gwasanaeth cyntaf i rybuddio morwyr ynghylch corwyntoedd er mwyn helpu i rwystro trychinebau tebyg rhag digwydd eto (gweler tudalen 42).

Cawsai'r llwyth o fwliwn aur ei yswirio am £322,000, ond o gymryd aur y teithwyr i ystyriaeth mae'n debyg bod cyfanswm ei werth yn uwch o lawer.[45] Honnwyd i drigolion lleol ymgyfoethogi drwy ysbeilio'r llongddrylliad neu drwy fanteisio ar alar perthnasau'r meirwon, ond ysgrifennodd yr 'Wyth ar Hugain o Foelfre' a fuasai ynghlwm wrth yr ymdrechion i achub y teithwyr lythyr at y *Times* i wfftio'r cyhuddiadau.

Achubwyd rhan helaeth o'r llong yn fuan wedi'r drychineb, ond gellir dal i weld ei holion hyd heddiw ger y lan mewn llai na 5 metr o ddŵr wrth i'r tywod symud a dinoethi parwydydd, platiau ac asennau haearn ac yna'u cuddio eto. Ar hyd y blynyddoedd cafodd deifwyr hyd i sofrenni aur, modrwyau, pistolau, blwch snisin ac eitemau personol eraill, ac wrth chwilio am arteffactau eraill maent wedi codi eitemau o'r awyr, wedi treillio'r dŵr ac wedi defnyddio canfodyddion metel (ffigur 13.26).

Yn adroddiadau papur-newydd y cyfnod ceir disgrifiadau manwl o'r llongddrylliad ac o storïau'r teithwyr.[46] Ceir disgrifiad teimladwy o'r daith ac o fywyd anheddwyr Awstralia yn nyddlyfr un o'r teithwyr, y Parch Charles Hodge, a oedd yn dychwelyd ar ôl dwy flynedd yno. Cafodd y dyddiadur ei olchi i'r lan ond bu farw ei berchennog. Yn ôl y chwedl, gallai Isaac Lewis o Foelfre, morwr ar y *Royal Charter*, weld ei dad ar y pentir wrth i'r llong chwalu ac fe waeddodd 'O 'nhad, dwi wedi dod adra i farw'. Ar ôl teithio hanner ffordd o amgylch y byd, collodd ei fywyd o fewn ergyd carreg i'w gartref.

## 13.8 Bywyd ar fwrdd y *Bronze Bell*

Sian Rees

Bu darganfod a chloddio llongddrylliad ger Sarn Badrig oddi ar Dal-y-bont (Meirionnydd) ym Mae Ceredigion – llong a gludai lwyth o farmor Carrara o'r Eidal – yn gyfle prin i archaeolegwyr astudio capsiwl amser a ddarluniai fywyd ar long fasnach yn gynnar yn y ddeunawfed ganrif (gweler tudalen 158). Pan ddigwydd llongddrylliad, caiff y llwyth ac offer y criw yn aml eu gwasgaru a'u chwalu. Gan fod y sarn a'r tywod a oedd wedi crynhoi yno wedi cysgodi'r llwyth solet o farmor, cawsai arteffactau'r llong eu cadw mewn cyflwr rhesymol o dda ac mae'r amrywiaeth o wrthrychau o bres, haearn a phiwter y cafwyd hyd iddynt yn cynnig cipolwg difyr tu hwnt ar fywyd y criw ac ar yr amodau ar y llong (ffigur 13.27).[47]

Yn gyntaf, ceir yr arfau yr oedd gofyn i long fasnach o'r fath eu cario, yn ogystal ag arfau personol. Mae'r llu cyfeiriadau at fôr-ladron ac at ddwyn llwythi yn dangos mor bwysig oedd amddiffyn llongau masnach bach, ac mae dod o hyd i 18 canon ynghyd ag wyth gwn llai o faint o haearn bwrw a deg o rai o haearn gyr yn dystiolaeth bendant o'i bwysigrwydd. Cafodd un o'r gynnau, gwn bôn-lwytho, ei godi ac

erbyn hyn mae hwnnw yn yr Amgueddfa Arfdai Frenhinol yn Leeds. Ac yn Amgueddfa Tŷ Gwyn yn y Bermo ceir enghreifftiau o wn ar fwylltid, a phelenni plwm, o'r llongddrylliad. Yr oedd riwl bres y gynnwr yn declyn a roddai i'r cynwyr y cydberthyniad rhwng y powdr, y pelenni a'r gwn – gwybodaeth hanfodol wrth ystyried faint o bowdr a phelenni y byddai eu hangen. Efallai i set o ddwy badell a phwysau clorian gael eu defnyddio i fesur y meintiau bach angenrheidiol o bowdr. Tystir i arfau personol gan gnepyn a charn cleddyf, ynghyd â dolen addurnedig dager a dwrn o bres.

O ran yr offer llywio, cafwyd hyd i bâr o gwmpasau mesur sydd mewn cyflwr da ac yn dal i weithio. Yr oedd hongian plymen oddi ar y llong yn ddull – sy'n mynd yn ôl i'r oes glasurol – o fesur dyfnder y dŵr islaw'r llong ac yn gymorth hollbwysig wrth lywio. Ceir enghreifftiau ohoni'n gyffredin ar longddrylliadau hanesyddol ym mhob rhan o'r byd (gweler tudalen 44). Mae platiau cain o biwter a fforc ffrwythau o arian yn cynnig rhyw syniad o safon y bwyd ar y llong, i rai o leiaf, ac efallai i eitemau bwyd gael eu cymysgu neu eu gweini yn y fowlen farmor. Mae'r ddwy sêl ar gyfer stampiau i sicrhau diogelwch yn awgrymu bod eitemau drud o eiddo personol i'w cael ar y llong.

Rhaid pwyllo wrth ystyried ai o'r llong y daeth y darnau arian o 10 gwlad wahanol a olchwyd i'r lan ar y traeth gerllaw. Gan fod llongddrylliadau o bob cyfnod yn britho'r sarn, mae'n bosibl i long arall gael ei dryllio gerllaw'r 'Bronze Bell' ychydig yn ddiweddarach. Er hynny, mae'r darnau arian niferus o Ffrainc, arddull Ffrengig yr arfau a'r stamp o Lyon ar y platiau piwter yn awgrymu mai llong o Ffrainc oedd hon a bod ei chriw'n llywio llong ac arni lwyth o ogledd yr Eidal i gyrchfan anhysbys pan aethant i drybini oddi ar arfordir gorllewin Cymru. Yn ôl chwedl leol, yr oedd John Benedictis, sydd wedi'i gladdu ym mynwent eglwys Tal-y-bont yn Llanddwywe, wedi goroesi'r llongddrylliad. Wyddom ni ddim faint o bobl eraill a gollodd eu bywydau ac ni chafwyd hyd i unrhyw olion dynol. Bellach, caiff y llongddrylliad ei ddiogelu'n statudol ac mae'n gorwedd mewn dyfnder o 10 metr ryw 350 o fetrau o'r lan.

*Ffigur 13.27 Defnyddid clychau ar longau i seinio'r amser ac i rybuddio llongau eraill mewn niwl neu pan nad oedd modd gweld ymhell. Gan na roddwyd enwau llongau ar eu clychau tan ddiwedd y ddeunawfed ganrif, nid oes ar y gloch hon, a ddelir gan Mike Bowyer, un o gloddwyr y drylliad, ond y dyddiad 1677 a dim enw. Eto, ohoni hi y cafwyd yr enw poblogaidd ar y llongddrylliad – y 'Bronze Bell'.*

ADRAN 4

# DISGYBLAETH BERTHNASOL

*Ffigur 14.1 Defnyddiodd Prifysgol Bangor ecoseinydd aml-belydr i wneud arolwg o'r Agberi, llong ager o eiddo'r Elder Demster Line a ddefnyddiwyd i gludo milwyr yn y Rhyfel Byd Cyntaf. Fe'i suddwyd gan dorpido o'r llong danfor Almaenig U-87 ddydd Nadolig 1917. Casglwyd yr arolwg fel rhan o brosiect a noddwyd gan Gronfa Treftadaeth y Loteri, 'Llongau-U 1914–18', sef ffrwyth partneriaeth rhwng Comsiwn Brenhinol Henebion Cymru, Prifysgol Bangor a'r Gymdeithas Archaeoleg Forwrol.*

Pennod 14

# Dyfodol i'n gorffennol arforol

## Sian Rees

Mae gorffennol arforol Cymru wedi gadael ei ôl ar ein dyfroedd a'n glannau mewn cynifer o ffyrdd. Ond gan fod popeth yn newid, mae natur ddynamig y môr yn peri bod newidiadau naturiol, fel y newidiadau y bydd pobl yn eu creu, yn anochel. Caiff adeiladau eu dymchwel a thir ei ailddatblygu. Trawsffurfir pentiroedd i gymryd yr isadeiledd newydd y mae'n rhaid wrtho i roi cyfleusterau cludiant, y diwydiant ynni, harbwrs a dociau, ar waith.

Ffigur 14.2 O Archifdy Gwynedd y daw'r llun hwn o adeiladu llong ym Mhorthmadog, ac mae'n dangos y cyfoeth o adnoddau sydd i'w cael mewn casgliadau ac archifau arforol yng Nghymru.

Yn sgil cyflwyno technolegau modern, yr angen am borthladdoedd mwy o faint ond llai ohonynt, a'r newidiadau yng ngofynion defnyddwyr cychod hamdden a'r diwydiant cysylltiedig, ceir gwared ar systemau a fu gynt mor bwysig i fywyd ar y môr, fel goleudai, gorsafoedd badau achub a phorthladdoedd bach. Os yw newid yn anochel, pa ddyfodol y gallwn ni ddisgwyl a dymuno i dirwedd arforol hanesyddol Cymru ei weld?

Mae hanes Cymru bob amser wedi'i wreiddio yn niwylliant, hunaniaeth a dyheadau'r Cymry lle mae eu dycnwch cadarn a'u chwant am wybodaeth yn gymysg â'u hiraeth am gampau'r gorffennol yn agweddau ar yr hyn sy'n gwneud pobl Cymru'n Gymry. Am fod tirwedd hanesyddol fyw a gwahanol yn rhan hanfodol o gefnlen ein bywydau, hi sy'n rhoi i ni ymwybyddiaeth o'n hunaniaeth ddiwylliannol a'n dyfnder hanesyddol ac yn ychwanegu diddordeb a phrydferthwch at ein bywydau bob-dydd. Ond am na allwn ddiogelu'r gorffennol yn union fel y bu, rhaid dewis a dethol yr hyn sydd i'w gadw.

Deall y rhannau pwysicaf o dreftadaeth arforol Cymru yw'r allwedd i'n dyhead i ddiogelu detholiad ohoni. Rhaid i ni'n gyntaf ddiffinio'r gorffennol cyn i ni allu penderfynu beth i'w drysori. Am 200 mlynedd a rhagor, ac yn sgil sefydlu amgueddfeydd a chymdeithasau hynafiaethol cyntaf Cymru, mae pobl wedi astudio, wedi disgrifio ac wedi casglu agweddau ar y gorffennol arforol. Rhai o'r enghreifftiau cynnar o'r awydd i astudio a chadw oedd sefydlu Cymdeithas Hynafiaethau Cymru a'i gyfnodolyn *Archaeologia Cambrensis* ym 1846, Amgueddfa Dinbych-y-pysgod ym 1878 ac Amgueddfa Genedlaethol Cymru ym 1907. Tua'r un pryd, sylweddolodd pobl fod angen rheoliadau i sicrhau gweithredu prosesau diogelu, a dechreuwyd deddfu i ddiogelu rhannau pwysig o'n tirwedd hanesyddol. Ar y dechrau, darnau o dir yn unig oeddent am na chaniatâi'r deddfau cyntaf i amddiffyn henebion ac adeiladau hanesyddol ond diogelu nodweddion uwchlaw marc y distyll. Caniataodd hynny reoleiddio dymchwel a newid adeiladau ar hyd y glannau, fel warysau, goleudai ac adeiladau porthladdoedd a dociau, ynghyd â maglau pysgod, cyfundrefnau caeau hynafol, a hylciau a oedd bellach yn rhannol o dan y dŵr, ond nid drylliadau na thirweddau tanddwr.

Nid tan 1973 y deddfwyd i ddiogelu drylliadau hanesyddol. Gwnaed hynny mewn ymateb i'r helynt a godod oherwydd y deifio a'r dwyn direolaeth a welwyd ar ôl dod o hyd i'r iot frenhinol *Mary* oddi ar Ynysoedd y Moelrhoniaid ar lannau Môn (ffigur 14.4). Bu i Ddeddf Diogelu Llongddrylliadau 1973 (deddf y bwriadwyd iddi weithredu dros dro ond sy'n dal mewn grym ryw 45 mlynedd yn ddiweddarach) ganiatáu dynodi safleoedd drylliadau hanesyddol. Os dymunir deifio neu weithio ar ddrylliad sydd wedi'i ddiogelu, rhaid gwneud cais am drwydded, un ac amodau iddi fel rheol, ac fe greffir arni'n flynyddol (yn wreiddiol gan yr Adran Drafnidiaeth gyda chymorth Pwyllgor Ymgynghorol y Safleoedd Llongddrylliadau Hanesyddol ond bellach gan Cadw, Llywodraeth Cymru). Wedi hynny, pasiwyd Deddf Henebion Hynafol ac Ardaloedd Archaeolegol 1979, deddf a ganiatâi gofrestru henebion mewn dyfroedd tiriogaethol, gan gynnwys drylliadau a nodweddion tanddwr eraill ar hanes y môr. Ac fe ganiataodd Deddf Llywodraeth Cymru 2006 roi cymorth grant i waith cloddio neu arolygu ar ddrylliadau tanddwr.

O dan gontract gan y llywodraeth y rheolwyd y dynodi ar ddrylliadau hanesyddol ar ôl 1973. Ar y cychwyn, yr Uned Deifio Archaeolegol (yr ADU), â'i chanolfan yn St Andrews, a gafodd y contract i wneud archwiliadau rheolaidd ac arolygon o gyflwr y drylliadau a ddiogelir, ac yna fe ymgymerodd Wessex Archaeology â'r gwaith. Yr oedd y contractau yn caniatáu cynghori a chynorthwyo'r trwyddedeion wrth iddynt arolygu a chloddio (ffigur 14.3). Trosglwyddwyd y cyfrifoldeb dros ddynodi a rheoleiddio yn nyfroedd Cymru i Cadw, adran amgylchedd hanesyddol Llywodraeth Cymru.

*Ffigur 14.3 Gor-ŵyr y dyfeisydd, y Parchedig George Garrett, yn paratoi i ddeifio i lawr i'r* Resurgam, *y llong danfor a gynlluniwyd gan ei hen daid yn oes Victoria ac a suddodd oddi ar y Rhyl ym Mae Lerpwl ar 25 Chwefror 1880. Ers ei hailddarganfod ym 1995, mae'r cyfan o'i chorff wedi'i ddiogelu erbyn hyn ac mae'n un o chwe drylliad dynodedig Cymru.*

THE OBSERVER, 5 SEPTEMBER 1971

# Pirate divers loot wreck of Charles II's golden yacht

## by RICHARD WALTER: Holyhead, 4 September

UNDERWATER pirates have plundered what is probably the most important shipwreck ever found in British waters—the remains of Charles II's sumptuously appointed 100-ton royal yacht, the Mary.

It is feared that two superb 600-lb. bronze cannon from her main armament of eight three-pounders, cast in 1661 by Sir William Compton, Master of the King's Ordnance, are missing, together with a fine small gun.

The wreck was discovered in July off Anglesey, seven miles north of Holyhead, when a group of divers from the Merseyside branch of the British Sub-Aqua Club came across a number of bronze cannon on the seabed. They left them undisturbed and informed Mr Peter Davies of Liverpool University, the local representative of the Committee for Nautical Archaeology.

of Trade. This week, if the weather is suitable, some of the divers from the Merseyside Sub-Aqua Club who discovered the wreck, will try to assess the result of the scramble for loot.

Working with them will be a marine archaeologist, Mr Sydney Wignall.

'The cost of such chaos is appallingly high,' he says. 'We should feel ashamed that this country has not yet got adequate legislation to protect such treasures.'

The ship was wrecked on a foggy night in March 1675. She was built after Charles II left Holland in 1660 to return to this country following years in exile. He sailed in a yacht belonging to his brother-in-law, the Prince of Orange.

Flattering remarks he made about the vessel to Simon van Hoorn, the Burgomaster of Amsterdam, had their effect. The City of Amster-

*TONY McGRATH*

**A model of Charles II's yacht 'Mary' at the National Maritime Museum, Greenwich.**

*Ffigur 14.4 Effaith dod o hyd i'r iot frenhinol Mary oedd iddi gael ei difrodi am nad oedd dim i atal pobl rhag deifio'n ddi-reolaeth iddi a chodi arteffactau ohoni. I atal gweithrediadau o'r fath, pasiwyd y Ddeddf Diogelu Llongddrylliadau ym 1973.*

Rhoes Cadw gyllid i'r Gymdeithas Archaeoleg Forwrol i hyfforddi deifwyr ac eraill ynghylch technegau arolygu a chloddio archaeolegol wrth weithio ar ddrylliadau, ac ynghylch cyfleoedd addysgol ac estyn-allan i gymdeithasau o ddeifwyr amatur ledled Cymru. Aeth Comisiwn Brenhinol Henebion Cymru ati i lunio Cofnod Arforol hollbwysig a phenodi archaeolegydd arforol arbenigol i fod yn gyfrifol am ymchwilio i dreftadaeth danddwr Cymru, ei chofnodi a'i harolygu.'

O sylweddoli nad llongddrylliadau mo'r unig nodweddion tanddwr hanesyddol-bwysig fe ystyriwyd

mathau eraill o safleoedd a'r angen i'w diogelu. Cydnabuwyd hefyd mai agweddau pwysig ar amgylchedd hanesyddol y môr yw awyrennau sydd wedi syrthio i'r môr, cychod a llongau hanesyddol a oedd yn dal ar y dŵr (rhai ohonynt mewn amgueddfeydd, ond llawer ohonynt yn nwylo unigolion sy'n eu cynnal a'u cadw), a safleoedd a thirweddau tanddwr cynhanesyddol. Bellach, mae Deddf Diogelu Olion Milwrol 1986 yn diogelu safleoedd damweiniau awyrennau milwrol, ac mae mesurau hefyd wedi'u cyflwyno i helpu perchnogion cychod a llongau hanesyddol sydd ar y dŵr. Mae Deddf Llongau Masnach 1995 yn ei gwneud yn ofynnol i bob defnydd materol sydd wedi'i godi o ddrylliad ar wely'r môr, neu y cafwyd hyd iddo yn rhywle arall ond y daethpwyd ag ef i ddyfroedd tiriogaethol y DU, fod yn destun adroddiad i'r Derbynnydd Drylliadau, sef y swyddog sy'n gorfod penderfynu ynglŷn â'i berchnogaeth derfynol a man ei adneuo. Oddi ar hynny mae Cyfoeth Naturiol Cymru wedi cynnal ymarfer mewn disgrifio nodweddion morweddau i nodi cydrannau pwysig amgylcheddau tanddwr a morweddau. Y datblygiad diweddaraf yw bod Deddf yr Amgylchedd Hanesyddol (Cymru) 2016 yn rhoi'r un pwys ar ddiogelu asedau'r môr ac yn dod â hwy i mewn i gylch gwaith arferol diogelu eitemau hanesyddol ar y tir.

Ochr yn ochr â'r ymwybyddiaeth gynyddol honno o bwysigrwydd amgylchedd hanesyddol tanddwr Cymru fe gynyddodd yr ymwybyddiaeth o'r bygythiadau posibl i'w oroesiad. Er nad peth newydd yw gosod piblwybrau tanddwr i echdynnu olew a nwy, a threillio i godi agregau o'r môr, mae'r twf heddiw yn y galw am ynni ac am dywodau a graeanau, ac yn y technolegau sy'n datblygu i helpu i'w cyflenwi, yn fwy nag erioed. Mae datblygu ffermydd gwynt alltraeth a'r ymchwil i ynni o'r llanw a thonnau ar y naill law, a graddfa treillio'r môr ar y llall, wedi golygu bod rhaid ystyried eu heffaith ar amgylchedd hanesyddol y môr. Oherwydd deddfwriaeth Ewropeaidd sy'n gofyn am Asesiadau o'r Effaith Amgylcheddol, rhaid i ddatblygwyr alltraeth asesu effaith eu gwaith ar nodweddion ar wely'r môr, cymryd hynny i ystyriaeth wrth gynllunio safleoedd tyrbinau a cheblau, er enghraifft, ac ymrwymo i leddfu'r effeithiau andwyol. Ychwanegwyd ymhellach at hynny drwy weithredu cynllun trwyddedu gorfodol newydd o dan Ddeddf y Môr a Mynediad i'r Arfordir 2009.

Mae'r cynnydd aruthrol yn ein gwybodaeth am dirweddau cynhanesyddol tanddwr yn sgil yr arolygon geoffisegol sydd wedi'u gwneud gan ddatblygwyr alltraeth wedi bod yn fodd i gyflawni prosiectau ymchwil archaeolegol fel prosiect Palaeodirweddau Glannau'r Gorllewin a'r astudiaeth o Afon Menai (gweler tudalennau 56–59). Gwyddom lawer iawn mwy am ein glannau wrth iddynt newid, ac am yr olwg a oedd arnynt pan fu'r bobl Fesolithig wrthi'n byw eu bywydau, yn codi eu tai ac yn pysgota ar wlyptiroedd sydd bellach o dan y don. Gan fod drylliadau ac arteffactau nad oeddent yn hysbys cynt wedi dod i'r golwg, mae archaeolegwyr mewn gwell sefyllfa i gynghori datblygwyr ynghylch safleoedd tyrbinau a llwybrau ceblau a gwneud gwaith lleddfu a allai gynnwys cofnodi a churadu arteffactau a godwyd o wely'r môr wrth ddatblygu neu dreillio. Mae hi

hefyd yn bwysig i sefydliadau sy'n ymwneud â diogelu amgylcheddau naturiol a hanesyddol gydweithredu; gall arolygon sy'n anelu'n bennaf at warchod fflora a ffawna'r môr hefyd gynyddu'r adnabod a'r deall ar nodweddion hanesyddol. Yn wir, gall diogelu safleoedd drylliadau fod o gymorth i warchodaeth naturiol am y gall drylliadau sy'n sefyll ar wely'r môr ddatblygu'n riffiau a denu pysgod ac organebau morol.

Yr un pryd, gall archaeolegwyr helpu pan lunnir cynigion i adfywio'r arfordir. Bydd holl broses cyflwyno isadeiledd porthladdoedd a harbwrs newydd, marinas a chyfleusterau hamdden mewn clybiau hwylio a harbwrs bach, a datblygiadau tai ar y glannau, yn elwa o ddealltwriaeth helaethach o hanes y fro ac o effaith bosibl y datblygiad ar yr hanes hwnnw. Os na all yr ailddatblygu osgoi difrodi nodweddion hanesyddol, mae gwaith lleddfu ar sail arolygu a chloddio wedi sicrhau rhai canlyniadau syfrdanol – megis cloddio llong Casnewydd cyn codi theatr newydd ar lan yr afon a chloddio'r llong Rufeinig yn Barland's Farm cyn datblygu archfarchnad newydd ar yr arfordir. Agwedd arall yw'r effaith weledol ar forweddau diwylliannol-bwysig – golygfeydd ar hyd yr arfordir neu allan i'r môr – y mae angen eu gwarchod.

Allwn ni ddim â gwneud rhyw lawer i rwystro'r bygythiad mwyaf i amgylchedd hanesyddol y môr ac i arfordir Cymru. Fe sylweddolwyd ers tro byd ei bod hi'n anochel bod ein glannau'n agored i newidiadau yn yr hinsawdd ac yn eu ffurf. Mae'n anos penderfynu beth y dylid ei wneud ynghylch hynny. Yn y 1990au talodd Cadw i bedair Ymddiriedolaeth Archaeolegol Cymru wneud arolwg cyflym o archaeoleg y glannau. Golygodd y dasg aruthrol honno gerdded 1,500 o gilometrau a chofnodi rhyw 3000 o safleoedd archaeolegol, llawer ohonynt am y tro cyntaf.[2] Bwydwyd ffrwyth yr arolwg i'r canllawiau a roddwyd wedyn i'r awdurdodau a'r asiantaethau sy'n gyfrifol am rwystro llifogydd ac amddiffyn yr arfordir, ac fe'u crisialwyd mewn Cynlluniau Rheoli Traethlin.[3] Yn y ddau Agenda Ymchwil diweddaraf ar gyfer Archaeoleg yng Nghymru cafwyd adrannau ar archaeoleg y môr. Erbyn hyn mae trydydd Agenda (2017) wedi'i gwblhau ac mae'n helpu archaeolegwyr i benderfynu ar flaenoriaethau gwaith arforol dros y pum mlynedd nesaf.[4]

Am nad oedd gan archaeolegwyr mo'r adnoddau i ddal ati i fonitro cyflwr safleoedd ar hyd a lled arfordir hirfaith Cymru, fe gychwynnodd Ymddiriedolaethau Archaeolegol Cymru raglen i ddenu ymgysylltiad y gymuned. Y nod oedd hyfforddi gwirfoddolwyr a grwpiau lleol i helpu yn yr arolygu, y cloddio a'r monitro cynyddol ar y safleoedd arfordirol sydd fwyaf mewn perygl, sef aberoedd, pentiroedd creigiog, traethau a phennau clogwyni. Yn yr un modd, mae'r Gymdeithas Archaeoleg Forwrol, drwy ei chynllun 'Mabwysiadu Llong Ddrylliedig' (gweler tudalen 299), wedi arwain grwpiau cymunedol i arolygu a chloddio dryilliadau ar lan y môr sydd â'r tonnau'n eu chwalu'n o dipyn i beth (ffigur 14.5). Enghraifft galonogol o brosiect ymgysylltu llwyddiannus o'r fath yw'r gwaith hyfforddi ac estyn-allan a wnaed yn 2014 gan fenter y Ships' Timbers Maritime Museum wrth weithio ar ddrylliad y *Flying Foam* o'r bedwaredd ganrif ar bymtheg oddi ar Landudno.

Rhaid croesawu, felly, gyfranogiad pawb yn y broses o ddiogelu'n treftadaeth arforol. Rhaid meithrin hynny a rhaid dangos manteision ei gwarchod. Bydd cyhoeddiadau sy'n egluro pwysigrwydd ac apêl hanes y môr yn helpu'r cyhoedd a datblygwyr a rheoleiddwyr i'w werthfawrogi.[5] Mae sicrhau ymglymiad deifwyr yn yr ymchwilio a'r arolygu drwy ddarparu hyfforddiant, rhoi trwyddedau ar gyfer monitro cyflwr llongau hanesyddol a sefydlu llwybrau deifio ar safleoedd drylliadau yn fodd i helpu i ddiogelu llongddrylliadau tanddwr. Elfen bwysig yw

arddangosiadau o hanes y môr mewn amgueddfeydd fel Amgueddfa Genedlaethol y Glannau yn Abertawe ac, fel y gall unrhyw ymwelydd ag Amgueddfa Llongau Llychlyn yn Roskilde yn Nenmarc dystio, mae poblogrwydd gwneud a hwylio copïau o gychod a llongau yn ddigon hysbys. Gellir gwneud llawer mwy yng Nghymru i gynyddu'r ymwybyddiaeth, ac mae heriau i'w hwynebu. Ni phenderfynwyd eto sut mae arddangos llongau Abergwaitha a Chasnewydd a chwch Barland's Farm – y codwyd pob un ohonynt o'r ddaear a'u cloddio mewn ffordd mor drawiadol. Problem aruthrol yw talu am gadwraeth arteffactau tanddwr ac mae hi'n rhwystr i rai prosiectau. Beth, tybed, fydd dyfodol y llong danfor *Resurgam* wrth iddi gyrydu fwy a mwy yn y moroedd y tu hwnt i'r Rhyl? A wnaiff cyfyngiadau ariannol rwystro gweithredu'r strategaethau lleddfu gorau yn wyneb y gofynion cyson-gynyddol am ynni ac agregau? Rhaid i'r dyfodol fod yn ein dwylo ni wrth i ni fynnu bod llywodraethau, datblygwyr a ni'n hunain yn ymateb i'r bygythiadau a'r cyfleoedd sy'n wynebu'n gorffennol arforol.

*Ffigur 14.5 Mae'r Gymdeithas Archaeoleg Forwrol yn hyfforddi gwirfoddolwyr i wneud gwaith o dan eu cynllun 'Mabwysiadu Llong Ddrylliedig'. Yma, mae gwirfoddolwyr wrthi'n gweithio ar ddrylliad ar Draeth Marros ym Mae Caerfyrddin.*

## Drylliadau rhynglanwol ym Mae Abertawe

*Nigel Nayling*

Mae llongau a chychod i'w gweld yn fynych yn y parth rhynglanwol ar draethau Cymru, rhai ohonynt wedi taro'r tir yn ddamweiniol a rhai o fwriad. Mae rhai, fel y barc *Helvetia*, a gollwyd ym 1887 ar draeth Rhosili, wedi tyfu'n safleoedd sy'n denu ymwelwyr lu. Gallant ddod i'r golwg yn ysbeidiol yn unig, wrth gwrs, wrth i dywod sydd wedi'i symud gan storm gronni drachefn. Mae nifer o'r drylliadau yr ymchwiliwyd iddynt dros y 15 mlynedd diwethaf ym Mae Abertawe wedi amlygu'r cyfleoedd a'r heriau sydd ynghlwm wrth gofnodi darganfyddiadau rhynglanwol o'r fath.

Yn dilyn stormydd ym mis Tachwedd 1996 daeth olion llong fas ag estyllod cyfwyneb i'r golwg ar draeth agored Bae Abertawe ger Crymlyn Burrows.[6] O'i hastudio'n gyflym, gwelwyd mai ysgraff, neu *trow* efallai, oedd hi ond ni ellid pennu ei hyd. Cawsai estyll derw ei chorff eu cysylltu wrth fframiau trwm o dderw heb fawr o fwlch rhyngddynt. Estyll o goed meddal a gysylltwyd â hoelion pwrpasol oedd ail haen tu allan y corff. Ni lwyddwyd i'w dyddio drwy ddendrocronoleg. Yr oedd hi'n amlwg i'r llong gael ei hadeiladu i gludo llwythi trwm, ac efallai iddi gludo glo a/neu fwyn ar hyd Bae Abertawe/glannau De Gŵyr. Bu'n anodd cofnodi'r darn hwnnw o'r llong cyn i dywod y traeth ei ailorchuddio, a doedd dim modd cyrraedd cêl y llong am fod hwnnw'n gorwedd mewn pwll o ddŵr.

Gyda chyllid gan Cadw, gwnaed arolwg helaethach o barth rhynglanwol Bae Abertawe ym 1998.[7] Er mai'r bwriad oedd canolbwyntio ar derfynau'r mawn rhynglanwol, bu nifer ac amrywiaeth yr olion arforol a oedd i'w gweld ar awyrluniau hanesyddol, ac a welwyd yn ystod arolwg maes, yn ysgogiad i ehangu'r astudiaeth i gynnwys llongau a choredau. Yng nghyffiniau Ystumllwynarth cofnodwyd dau gwch a oedd efallai yn gysylltiedig â physgodfa wystrys o'r bedwaredd ganrif ar bymtheg.[8] Cawsai'r naill a'r llall ei farcio â symbol unigol o longddrylliad ar Siartiau'r Morlys ym 1949 a 1994.

Dinoethwyd amryw o ddrylliadau ar draeth Cynffig yn gynnar yn Ionawr 1998 (ffigur 14.6) ac fe'u harchwiliwyd gyda chymorth staff Gwarchodfa Natur Cynffig. Lluniwyd cofnod cyflym o'r hyn a ddaethai i'r golwg, gan gynnwys pedair llong o bren, neu rannau ohonynt. Yn Ionawr 2007, ar ôl y dinoethi eang a fu ar fawnogydd rhynglanwol ychydig i'r gogledd o Drwyn y Sgêr, daeth ymweliad â safle o hyd i'r un mwyaf deheuol o'r drylliadau a nodwyd cynt, ynghyd â drylliad arall gerllaw.[9] Yr oedd yr olaf yn arbennig o ddiddorol am na chawsai unrhyw fetel ei ddefnyddio wrth gysylltu'r estyll, ac fe gofnodwyd y drylliad drwy arolwg gweithfan gyfansawdd, trawstoriadau a luniwyd â llaw, a samplu dendrocronolegol.

Gall dinoethi drylliadau ar draethau am ennyd gyffroi cryn ddiddordeb ymhlith y cyhoedd a'r wasg. Bydd angen asesu a chofnodi'r olion hynny'n gyflym cyn iddynt ddiflannu drachefn o dan y tywod neu i'r môr eu chwalu a'u gwasgaru ymhellach. O gofio mai drwy brosiectau y caiff y mwyafrif o archaeolegwyr proffesiynol eu cyllid, gall hynny fod yn her, ond gellir ei goresgyn drwy gydlynu a hyfforddi gwirfoddolwyr lleol i helpu i arolygu'r gweddillion pwysig hynny o'n hanes arforol.

*Ffigur 14.6 Fe all mai'r brigantîn* Perseverance, *a gollwyd ym 1793, yw gweddillion y corff pren a ddaw i'r golwg o dro i dro ar draeth Cynffig ger Pen-y-bont ar Ogwr ym Morgannwg.*

## 14.1 Cofnod archaeolegol arforol Cymru

### Deanna Groom a Serena Cant

Ym 1989 cyhoeddwyd dogfen a drawsnewidiodd y ffordd y cofnodai Cymru wybodaeth am ei gorffennol arforol. Gan mai argymhelliad *Heritage at Sea*, a luniwyd gan y Cyd-Bwyllgor ar Bolisi Archaeoleg Forwrol, oedd: 'an inventory of underwater sites within territorial waters should be compiled and maintained', y nod oedd galluogi archaeolegwyr i fapio a deall pob un o'n safleoedd archaeolegol arforol.[10] Bu i'r Papur Gwyn a ddeilliodd o hynny, *This Common Inheritance*, ymddiried i Gomisiwn Brenhinol Henebion Lloegr y dasg o lunio rhestr ar gyfer Lloegr. Gyda chymorth Cynghorau Sir Ynys Wyth a Hampshire, bu i astudiaeth beilot blwyddyn-o-hyd bennu safon data i fethodoleg cofnodi llongddrylliadau, ac ym 1993 cyhoeddodd Gogledd Iwerddon ei bod yn dechrau llunio'i rhestr arforol hithau. Dechreuodd yr Alban arni ym 1995 a Chymru yn 2001.[11]

Bellach, wedi blynyddoedd o waith ar y pedwar Cofnod Arforol, gellir dechrau ateb rhai cwestiynau syml.[12] Mae gennym gofnodion o 1,547 o ddrylliadau llongau ac awyrennau yn nyfroedd Cymru ac fe ddyddiant o 1550 hyd at y 1960au. Yn ogystal, mae 5,561 o golledion yn hysbys o ffynonellau dogfennol yn unig ac yn dyddio o 1157 tan y 1960au. Mae'r Cofnod, felly, yn cynnig cipolwg ar fwy na 6,730 o fordeithiau a theithiau hedfan olaf ac yn dal gwybodaeth am longau ac arteffactau o ryw 17 o genhedloedd.

Mae llunio rhestri arforol yn dibynnu ar ymchwil i arteffactau, safleoedd archaeolegol a ffynonellau dogfennol. Gan fod llongau wedi'u dryllio byth ers i bobl fentro gyntaf i'r môr yn oes yr arth a'r blaidd, mae'n anochel mai prin yw'r dystiolaeth ysgrifenedig sy'n goroesi o'r cyfnod hwnnw. Weithiau, gall arlunwaith, fel murluniau a cherfiadau ar greigiau, ein helpu ni i ddeall pa fathau o gychod a llongau a ddefnyddid mewn cyfnodau penodol. Fel rheol, wnaiff cofnodion ynghylch drylliadau hyd at a chan gynnwys yr Oesoedd Canol ddim goroesi onid oedd unigolyn neu anghydfod pwysig ynghlwm wrthynt. Canlyniad treigl amser, a chelu gwybodaeth yn fwriadol o dro i dro, yw mai anwastad yw goroesiad y cofnodion.

O'r ail ganrif ar bymtheg ymlaen, cynyddu wna nifer y cofnodion. Gan i ganoli gweinyddiaeth llyngesau esgor ar ddogfennau cynhwysfawr, gwyddom fwy am longau rhyfel nag am unrhyw fath arall o long o'r cyfnod. O ganol y ganrif ymlaen, mae papurau newydd yn chwarae rhan fwyfwy pwysig mewn cynhyrchu cofnodion, ac o'r 1740au ymlaen mae gennym ni *Lloyd's List* lle cyhoeddwyd manylion pob llong fasnach a gollwyd. Hyd yn oed wedyn, does fawr yn hysbys am longau cyffredin, fel cychod pysgota a llongau cludo glo, tan i *Lloyd's List* fanteisio ar gyflwyno

*Ffigur 14.7 Rhai o'r cyhoedd yn ymchwilio i gasgliadau'r Comisiwn Brenhinol adeg y 'Diwrnod Drysau Agored' ym mis Medi 2016.*

*Ffigur 14.8 Swyddog Archif CBHC yn dod â deunydd sy'n ymwneud â'r Casgliad Drylliadau o staciau archif y Comisiwn Brenhinol yn Aberystwyth.*

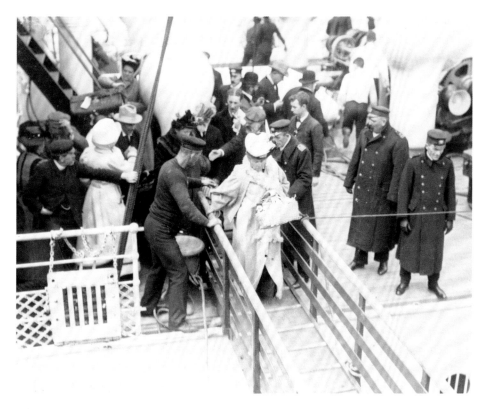

Ffigur 14.9 Ffynhonnell gyfoethog o wybodaeth am dreftadaeth arforol Cymru, yn ogystal â hanes cymdeithasol, yw lluniau archifol. Yma, er enghraifft, gwelir gwisgoedd ffurfiol y criw yn ogystal â dillad ffasiynol y teithwyr wrth iddynt baratoi i adael yr SS St Ambrose wedi iddi gyrraedd Abergwaun ym mis Mai 1908.

llongau, datganiadau a gyflwynwyd i'r Derbynwyr Drylliadau, siartiau mordwyo, a chofnodion goleudai a gwasanaethau badau achub.

Mae archwilio gweddillion safleoedd drylliadau lawn cyn bwysiced â chraffu ar ffynonellau dogfennol. Nid yw llong sy'n cwblhau mordaith lwyddiannus yn gadael fawr o'i hôl ar y cofnod archaeolegol. Dim ond pan ddigwydd trychineb y bydd hi a'i llwyth (ac weithiau ei chriw) i'w gweld yn y cofnod archaeolegol. Amrywio'n fawr wna'r ffyrdd o ddod o hyd i safleoedd. Gall deifiwr weld estyll yn codi o'r tywod neu wrthrych pendant ond od ei ffurf sef, yn aml, angor neu ganon. Gall arolwg hydrograffig ganfod ffurf tebyg i long, neu grwpiau o wrthrychau, sy'n gorwedd uwchlaw gwely'r môr. Gall rhwydi pysgotwr fachu ar ddrylliad. Gall cerddwr ddod o hyd i ddrylliad wedi i storm chwythu tywod y traeth ymaith. Gall ymchwil ddogfennol, neu'r sôn am ddarganfyddiadau ymhlith pysgotwyr, deifwyr a chychwyr lleol, arwain at ddod o hyd i ddrylliad neu gyfyngu ar hyd a lled y darn o wely'r môr i dargedu arolwg geoffisegol ato ac i ddeifwyr ei archwilio.

Mae i bob safle y deuir o hyd iddo y potensial i'n helpu ni i ddeall ein cyndadau o forwyr, ond rhaid ei gofnodi'n fanwl-gywir ac yn drefnus.[13] Gan fod ymarferwyr wedi mabwysiadu lefelau sefydledig o arolygu, nod arolwg 'Lefel 1' yw pennu lleoliad y safle ac asesu pa fath o safle yw ef. I asesu potensial y safle o ran ei gloddio a'i samplu, bydd arolygon 'Lefel 2' yn canolbwyntio ar sefydlu ei holl faint drwy gasglu tystiolaeth o adeiladwaith y gwrthrych, y defnyddio a fu arno, ei golli, ei oroesiad ac ymchwiliadau iddo yn y gorffennol. Bydd cofnodi ar lefel uwch yn golygu gwneud arolwg llawn o gorff, cynnwys a nodweddion y llong a'i hadlunio a'i dadansoddi i osod y drylliad yng nghyd-destun ei gyfnod a'i amgylchedd diwylliannol.[14]

Gan fod darganfod a chofnodi safleoedd arforol yn cynnig 'all the joys and frustrations of carrying out any activity at sea, calling for a degree of seamanship from the archaeologist which engenders kinship with the mariners whose lives and loss they are working to understand',[15] gobeithio y bydd rhagor o bobl yn ymhél â threftadaeth gyfoethog Cymru drwy fwrw ati i chwilio am safleoedd tanddwr. Bob blwyddyn, bydd y cynnydd yn y mynediad i gatalogau ac archifau digidedig yn esgor ar wybodaeth newydd (ffigurau 14.7 ac 14.8). P'un ai llongddrylliad penodol neu gyndadau o forwyr sy'n tanio'ch diddordeb, mae taith ddarganfod o amgylch archifdai'r byd yn fwyfwy posibl ac yn cydio ynoch wedi i chi gychwyn arni (ffigurau 14.9 ac 14.10)![16]

gwasanaethau telegraff o borthladdoedd Prydain i ddechrau cynhyrchu adroddiadau manylach yn y bedwaredd ganrif ar bymtheg, a gwneud hynny'n eithaf cyflym.

O 1849 ymlaen, daw 'Mercantile Navy Lists' y Bwrdd Masnach o'r holl longau sydd ar y dŵr ac wedi'u cofrestru ym Mhrydain i gydategu'r cofrestri llongau gan Lloyd's of London sy'n manylu ar ddosbarthiad y llongau ac ar eu hyswiriant gyda Lloyd's. Wrth agosáu at heddiw ceir mwy a mwy o ffynonellau dogfennol, gan gynnwys Papurau'r Wladwriaeth, papurau Uchel Lys y Morlys, cofnodion maenorol sy'n ymwneud â hawliau i ddrylliadau ar y blaendraeth, rheoliadau ynghylch llongau, perchnogion llongau a chriwiau, archifau cwmnïau llongau a chwmnïau adeiladu

Ffigur 14.10 Llun archifol arall sy'n llawn o fanylion difyr: yn y llun hwn, o'r 1890au, mae'r brigantîn Brothers a adeiladwyd yn Aberteifi ac y rhoddwyd y gorau i'w ddefnyddio ar ôl blynyddoedd o wasanaeth, yn gorffwys yn Netpool ger man ei adeiladu. Gwelir iard longau Pinog yn Llandudoch ar y lan gyferbyn, ynghyd â llong arall wrth angor.

# 14.2 Enwi llongau

## Deanna Groom

Beth yw'r enw mwyaf cyffredin ar long? Wrth i ni ddreiddio i'r storïau sy'n cuddio y tu ôl i'r enwau a roes eu perchnogion ar longau Cymru, mae dod o hyd i'r ateb wedi bod yn daith drwy fyd cariad, rhyfel, uchel-wleidyddiaeth, catalogau archebu-drwy'r-post a pheryglon teithio ar drenau.

Enwau benywaidd traddodiadol yw llawer ohonynt ac fe adlewyrchant bwysigrwydd mam, gwraig, merch neu gariad perchennog y llong. Ymhlith y ffefrynnau mae *Ann* (42 achos), *Jane* (34), *Catherine* (23), *Elizabeth* (42), *Eliza* (16) a *Sarah* (17). Dau ffefryn ymysg enwau dynion yw *George* (11) a *James* (8). Gall llongau hefyd gyfleu cysylltiadau teuluol fel *Brothers* (21), *Two Sisters* (2), *Four Brothers* (3) a hyd yn oed *Six Brothers* (1).

Mae'r llu o enwau seintiau'n ddrych o gysylltiadau crefyddol, gan gynnwys *St David*, *St Elmo*, *St George*, *St Michael*, *St Patrick*, *St Peter*, *St Anne*, *St Columba* a'r *Twelve Apostles*. O gofio llên gwerin Lloegr, tybed a wnaeth *Robin Hood* (1), badlong pren a adeiladwyd ym 1852, a *Marion* (1), sgwner bren a adeiladwyd ym Mhorthmadog gan Robert Owen ym 1853, erioed angori yn ymyl ei gilydd? Am 32 o flynyddoedd,

*Ffigur 14.11 Y Jonas Lie, llong Liberty o America a suddwyd ger Ynys Gwales yn ystod yr Ail Ryfel Byd. Fe'i henwyd ar ôl yr arlunydd y defnyddiwyd ei beintiadau mewn ymgyrchoedd cyhoeddusrwydd i roi hwb i ysbryd pobl yn ystod y Rhyfel Byd Cyntaf. Ym 1918 comisiynwyd ef i beintio golygfa mewn iard longau, ac fe ddefnyddiwyd y llun ar boster eiconig 'On the Job for Victory' Corfforaeth Fflyd Frys Bwrdd Llongau'r Unol Daleithiau.*

byddent wedi hwylio'r un dyfroedd tan i'r *Marion* gael ei cholli yng Nghricieth ym 1885. O fyd ffuglen boblogaidd, coffeir herwr Syr Walter Scott *Rob Roy* (1) ar dynfad ager a gollwyd ger y Barri.

Gall enwau a gysylltir ag unigolion hanesyddol agor ffenestri ar ein gorffennol anghofiedig (ffigurau 14.11 ac 14.12). Enghraifft o hynny oedd yr *Alderman Thompson*, barc a adeiladwyd o goed yn Sunderland ym 1840. Wrthi'n cludo coed o Québec i Aberteifi yr oedd hi adeg ei cholli ym mis Hydref 1862. Mae'n debyg bod ei henw'n cyfeirio ar yr Henadur William Thompson (1783–1854) a wnaeth gryn ffortiwn o'r gweithfeydd haearn ym Mhenydarren a Thredegar ac o'i gyfranddaliadau mewn llongau. Bu'n Aelod Seneddol ac yn un o gyfarwyddwyr Banc Lloegr a Chwmni Rheilffordd Caer a Chaergybi yn ogystal â bod yn gadeirydd Sefydliad Brenhinol Cenedlaethol y Llongddrylliadau. Bu farw yn Sir Fynwy ym mis Mawrth 1854, ac yn y deyrnged iddo dywedwyd: 'his remarkable commercial foresight and tact rarely failed in discovering opportunities for the successful employment of his large capital ... his sterling integrity, and the urbanity and kindliness of his disposition were generally admitted'.[17]

Efallai i'r *Alexander Stewart*, brig a chwythwyd ar gyfeiliorn ac a gollwyd oddi ar Gaergybi wrth iddi deithio o Belfast i Troon ar 2 Rhagfyr 1867, gael ei henwi ar ôl Alexander Turney Stewart (1803–1876), mentrwr o Americanwr o dras Wyddelig a wnaethai ffortiwn enfawr. Agorodd ei siop gyntaf ym 1823 ar Broadway yn Efrog Newydd a gwerthu defnyddiau Gwyddelig a chalicoau domestig cyn agor 'the cradle of department stores', sef y 'Marble Palace' ac, ym 1862, siop fwy o faint, yr 'Iron Palace'. Cyn hir, yr oedd A. T. Stewart a'r Cwmni'n enw cyfarwydd ac erbyn ei farw ym 1876 gwnâi'r rhan honno o'i ymerodraeth fasnachol elw o $500,000 y flwyddyn.

Yna ceir enwau sy'n gysylltiedig â chyfnodau hollbwysig yn natblygiad yr Ymerodraeth Brydeinig. Barc a gafodd ei adeiladu ym 1845 yn Whitehaven, ei gofrestru yn Lerpwl a'i golli ger Caerfyrddin ar 29 Rhagfyr 1859 oedd *Sir Henry Pottinger*. Syr Henry Pottinger (1789–1856), y Barwnig 1af, oedd Llywodraethwr cyntaf Hong Kong. Ef fu'n trafod

Ffigur 14.12 Ymhlith y llongau a enwyd ar ôl arwyr milwrol modern mae treilliwr y Morlys, yr *William Rhodes Moorhouse, a* adeiladwyd ym Mehefin 1944. Cafodd tad a mab â'r un enw eu hanrhydeddu yn ystod y ddau ryfel byd. Yn y Rhyfel Byd Cyntaf, *William Barnard Rhodes-Moorhouse* oedd yr awyrennwr cyntaf i gael Croes Victoria ar ôl cwblhau cyrch i ddinistrio gorsaf reilffordd yng ngwlad Belg er iddo gael ei glwyfo'n angheuol. Saethwyd ei fab, *William Henry Rhodes-Moorhouse,* i'r llawr a'i ladd dros Gaint yn ystod Brwydr Prydain toc wedi i'r Groes Hedfan Nodedig gael ei dyfarnu iddo.

Cytuniad Nanking (1842) a ddaeth â'r Rhyfel Opiwm Cyntaf i ben a sicrhau ildio ynys Hong Kong i Brydain. Pan anfonodd y cytuniad ymlaen i'r prif weinidog, Arglwydd Aberdeen (1841–46), ysgrifennodd: 'the retention of Hong Kong is the only point in which I have intentionally exceeded my modified instructions, but every single hour I have passed in this superb country has convinced me of the necessity and desirability of our possessing such a settlement as an emporium for our trade'.[18]

Fel y gellid disgwyl, enwyd sawl llong ar ôl arwyr y llynges: er enghraifft, *Sir Francis Drake* (un achos), *Horatio* (7) a *Lord Nelson* (1). Cynrychiolwyd cadlywyddion y fyddin hefyd. Enwir Arthur Wellesley (1769–1852), arwr Waterloo, wrth ei deitlau ffurfiol, y *Duke of Wellington* (2) a *Marquis of Wellington* (1), a hefyd wrth ei lysenw poblogaidd, yr *Iron Duke* (1). Enwyd llong a adeiladwyd ar gyfer y Swyddfa Ryfel ym 1895 gan Cook, Welton and Gemmel Cyf yn Hull ar ôl Syr Redvers Henry Buller (1839–1908), enw a gysylltir yn amlach, bellach, â gwarth milwrol yn hytrach na llwyddiant. Ar ôl ymgyrchu yn Tsieina a Chanada a gwasanaethu yn Ne Affrica yn ystod y Rhyfel â'r Zwlŵaid a'r Rhyfel Cyntaf â'r Boeriaid, anfonwyd Buller i'r Swdan ym 1881. Bu'n ymladd ym mrwydrau El Teb a Tamai ac yn aelod o'r garfan a aeth i geisio achub y Cadfridog Gordon ym 1885. Adeg adeiladu'r llong ym 1895, disgwylid gweld ei benodi'n bencadlywydd wedi i Arglwydd Wolseley (1833–1913) ymddeol, ond oherwydd iddo gael ei drechu yn yr Ail Ryfel â'r Boeriaid fe'i llysenwyd yn 'Reverse Buller'. Cafodd y

llong a ddygodd ei enw, *Redvers Buller* (1), ei throi'n dreilliwr tywod ac yr oedd wrthi'n teithio o Sandholm i Abertawe ym mis Hydref 1932 pan ddymchwelodd a suddo.

Ysbrydolwyd enwau eraill gan gythrwfl byd gwleidyddol dechrau'r bedwaredd ganrif ar bymtheg, fel y *George Canning*, sgwner a adeiladwyd o goed ym Mevagissey ym 1827. Fe'i henwyd ar ôl y Gwir Anrhydeddus George Canning (1770–1827), gŵr a fuasai, cyn ei farw ym mlwyddyn adeiladu'r sgwner, yn Weinidog Tramor, yn Drysorydd y Llynges, yn Dâl-feistr y Lluoedd, yn Arweinydd Tŷ'r Cyffredin, yn Llywydd y Bwrdd Rheoli, yn Ganghellor y Trysorlys ac, am gyfnod byr, yn Brif Weinidog. Ar 4 Awst 1899, yr oedd y sgwner ar fordaith o Abaty Nedd i Watchet pan suddodd hi filltir o oleulong Scarweather.

Un o gydnabod Canning oedd William Huskinsson (1770–1830), gŵr a fu'n ddylanwadol iawn fel Llywydd y Bwrdd Masnach a Thrysorydd y Llynges ac yn gysylltiedig â diwygio'r Deddfau Mordwyo. Daeth ei fywyd i ben yn sydyn pan aeth i weld agor Rheilffordd Lerpwl a Manceinion ym 1830. Trawyd ef gan *Rocket,* injan stêm George Stephenson. Ryw 10 mlynedd yn ddiweddarach, dechreuodd dŵr ollwng i long ager y cwmni City of Dublin, *William Huskinsson* (1), ar fordaith o Ddulyn i Lerpwl ac fe suddodd hi ym Môr Iwerddon.

Felly, i gau'r cylch ac ateb y cwestiwn a ofynnwyd ar y cychwyn: yr enw mwyaf cyffredin ar long o Gymru yw *Mary* (67) – ie, *Mary* sydd, yn amlach na'r un, wedi bod yn *Owner's Delight* (1).

# 14.3 Llongau hanesyddol sy'n dal ar y dŵr

M Heighton

Dosbarth o longau sydd ar wahân i'r rhai drylliedig, a hynny'n aml am iddynt fod yn ffodus, yw'r rhai sy'n goroesi mewn cyflwr lle y gallant fynd i hwylio neu fod yn eitemau arddangos ar ddŵr mewn amgueddfeydd. Er nad oes deddf i ddiogelu'r llongau hynny, fe sefydlwyd 'National Historic Ships UK' yn 2006, gyda chymorth y Llywodraeth, i lunio a churadu Cofrestr Genedlaethol o Longau Hanesyddol sy'n dal ar y dŵr.[19] Mae'n cynghori cyrff cadwraeth ym Mhrydain a sefydliadau, fel Cronfa Dreftadaeth y Loteri, sy'n rhoi grantiau, ynghylch polisi o ran llongau hanesyddol. Mae ef hefyd yn cynnig arbenigedd ym meysydd cadwraeth, technegau, cyllid a busnes ac yn ymgysylltu'n weithgar â chyrff treftadaeth Prydain i sicrhau gwell deall a hyrwyddo ar arwyddocâd a gwerth treftadaeth llongau hanesyddol.

Yn y Gofrestr Genedlaethol cofnodir 1,300 o longau; mae rhyw 40 ohonynt yng Nghymru ar hyn o bryd. Adeiladwyd tair (*Lassie of Chester*, *Neptune* ac *Ivy May*) yng Nghymru, y ddwy gyntaf yng Nghonwy a'r olaf yng Nghastell-nedd. Ond er i 16 o'r lleill gael eu hadeiladu mewn rhannau eraill o Brydain, buont yn gweithio am gyfnodau sylweddol yn nyfroedd Cymru a'r cyffiniau ac maent o ddiddordeb uniongyrchol i dreftadaeth Cymru. Yn eu plith mae llongau mor nodedig â chychod peilot Môr Hafren, *Cariad* ac *Olga*, y tynfad *Canning*, *Light Vessel 91*, y cwch peilot disel *Seamark* (y 'cutter' a fu'n gwasanaethu hwyaf ym Mhrydain) a chwe bad achub, sef tri bad tynnu/hwylio, dau gwch Watson ac un cwch Dosbarth Lerpwl. Ar y Gofrestr mae saith cwch ('Nobbies') a fu'n codi cimychiaid ym Mae Morecombe, a Chymru yw cartref tri ohonynt (*Albion*, *Lassie of Chester* a *Helen II*). Mae pum llong, sef *Light Vessel 91*, *Olga*, *Our Boys*, *Thomas* a *William Gammon*, yn gymwys i ymuno â'r Fflyd Hanesyddol Genedlaethol (y 200 o longau ar Gofrestr y DU y bernir bod iddynt arwyddocâd i Brydain gyfan). Anghyfartal yw dosbarthiad y llongau ar hyd y glannau, ac yn Aberdaugleddau y'u ceir gan mwyaf. Caiff *Light Vessel 91* a'r tynfad *Canning* eu harddangos ar

*Ffigur 14.13 Light Vessel 91 a'r tynfad Canning y tu allan i Amgueddfa Genedlaethol y Glannau, Abertawe. Maent ill dau wedi'u rhestru yn y Fflyd Hanesyddol Genedlaethol, sef y cychod a'r llongau y bernir bod iddynt arwyddocâd arbennig yn hanes morwrol y wlad.*

Ffigur 14.14 Adeiladwyd y badlong Garlandstone ym 1903 a'i gofrestru gyntaf yn Aberdaugleddau. Bu'n cludo nwyddau rhwng Iwerddon a Môr Hafren. Mae ef wedi'i gofrestru ar y Gofrestr Genedlaethol o Longau a chaiff ei arddangos i'r cyhoedd yng Nghei Morwellham yn Safle Treftadaeth Byd Tirwedd Mwyngloddio Cernyw a Gorllewin Dyfnaint.

y dŵr yn Amgueddfa Genedlaethol y Glannau yn Abertawe (ffigur 14.13). Mae chwech wedi'u grwpio o amgylch Afon Menai a chedwir y gweddill ar hyd glannau Bae Ceredigion, Bae Lerpwl ac aber Afon Dyfrdwy.

Dim ond un llong fawr yng Nghymru sydd ar y Gofrestr, y llong fferi ager Duke of Lancaster sy'n pwyso 4,450 o dunelli. Fe'i hadeiladwyd yn llong i deithwyr gan Harland and Wolff Cyf, Belfast, ym 1956. Wedi iddi gyrraedd Dociau Mostyn ar Afon Dyfrdwy cafodd ei dal mewn angorfa sych ym 1979. Gan mai methiant fu'r cynlluniau i'w throi'n ganolfan hamdden, mae hi heddiw'n gynfas rhydlyd i arlunwyr graffiti (ffigur 1.15).

O gofio'r traddodiad morwrol cryf sydd gan Gymru fel cenedl o bobl a fu'n pysgota, yn masnachu ac yn adeiladu llongau, byddai'n deg disgwyl i fwy o longau oroesi yma. Tangynrychiolir Cymru o ran niferoedd y llongau a adeiladwyd yma ac o ran swyddogaeth, math a maint o long. Er hynny, rhaid derbyn mai her fawr yw gwarchod llongau hanesyddol. Caiff llongau eu gweithio hyd yr eithaf mewn amgylcheddau garw, a doedd dim bwriad fel rheol iddynt bara mwy na 30 mlynedd. Maent yn ddrud i'w cynnal a'u cadw a rhaid wrth fedrusrwydd mawr wrth wneud gwaith cadwraeth. Gan fod angen i'r rhai sydd wedi'u hatgyweirio fod â diben cynaladwy, collwyd llawer o longau hanesyddol Cymru oherwydd eu hesgeuluso, datgymalu'r rhai aneconomaidd neu fethiant prosiectau cadwraeth. Enghraifft o'r olaf yw'r treilliwr ager Seiont II. Fe'i hadeiladwyd ym 1937 a threulio'i hoes yn Nociau Caernarfon tan i Amgueddfa Genedlaethol Cymru ei phrynu a'i hadfer ym 1980. Fe'i trosglwyddwyd i ymddiriedolaeth ym 1990, ond aeth y prosiect i drafferthion. Am nad oedd na rhwyd ddiogelwch ariannol na system ddeddfwriaethol ar waith i ddiogelu llongau hanesyddol, fe'i datgymalwyd hi ym 1999.

Gobeithio y bydd gwell dyfodol i'r badlong Garlandstone (ffigur 14.14). Er mai yn Calstock yng Nghernyw y'i hadeiladwyd, fe'i cofrestrwyd yn Aberdaugleddau ym 1909. Bu'n masnachu ar draws Môr Iwerddon ac yn ymweld yn gyson â phorthladdoedd Cymru. Fe'i prynwyd gan Amgueddfa Genedlaethol Cymru yn y 1980au. Gwnaed gwaith cadwraeth a'i hangori ym Mhorthmadog. Ym 1987 fe'i symudwyd i Ymddiriedolaeth Cei Morwellham yn Nyfnaint fel rhan o ganolfan treftadaeth mwyngloddio a throsglwyddwyd ei pherchnogaeth yn ffurfiol yn 2000. Yn 2006 aeth y lle'n rhan o Safle Treftadaeth Byd Mwyngloddio Cernyw a Gorllewin Dyfnaint ac i bob golwg yr oedd ei dyfodol yn sicr. Ond fe'i difrodwyd gan lifogydd yn 2012 ac, er bod modd i ymwelwyr fyrddio, mae angen gwneud gwaith cadwraeth helaeth arni. Ar y llaw arall, mae'r sgwner Kathleen & May (gweler tudalen 194), a adeiladwyd yng Nghei Connah yn Sir y Fflint, wedi'i hadfer yn llawn. Ar ôl i £2 filiwn gael ei wario, fe hwyliodd o Bideford yn 2011 i gymryd rhan mewn gwyliau arforol ar hyd a lled Prydain.

Ceir enghreifftiau calonogol o'r arferion gorau yn rhai o'r prosiectau cadwraeth a gyflawnir gan gyrff cyhoeddus, ymddiriedolaethau a pherchnogion preifat yng Nghymru, ond mae eraill fel petaent yn wynebu trafferthion lleol. Am fod gan Gymru gyn lleied o longau hanesyddol, mae hi mewn perygl o golli llawer o arteffactau arforol o bwys dros amser. Yn ddelfrydol, dylid bod ag isadeiledd cryfach yma i sicrhau cadwraeth llongau a chychod hanesyddol, a dylid ategu hwnnw ag amddiffyniad cyfreithiol i rwystro Cymru rhag gweld unrhyw ddirywiad pellach yn ei threftadaeth forwrol.

## 14.4

# Awyrennau gwych

## Deanna Groom a Graham Scott

Serch bod awyrennau wedi'u disgrifio'n 'marvels of human ingenuity',[20] y ffaith drist amdani yw nad yw'r hyn sy'n hedfan ddim bob amser yn glanio'n ddiogel. Ac er bod arwyddocâd hanesyddol safleoedd damweiniau awyrennau ar y tir wedi'i gydnabod fwy a mwy dros y blynyddoedd diwethaf, yr hyn sydd dal o'r golwg yw'r awyrennau a gollwyd yn nyfroedd Cymru, ac mae iddynt hwythau le arbennig yn hanes hedfan. Haeddant hefyd gael eu cofio am aberth y rhai a gollodd eu bywydau ynddynt wrth wasanaethu eu gwlad.

Pan gyhoeddwyd y rhyfel ym 1914, cyfle cyntaf llawer o bobl Cymru i ymgyfarwyddo ag awyrennau oedd eu gweld ar eu ffordd i'r meysydd awyr a oedd newydd eu hadeiladu. Gan fod gwasanaethau awyr milwrol yn dal i gael eu trefnu, doedd ganddyn nhw mo'r enwau sydd mor adnabyddus i ni heddiw. Er i'r Corfflu Hedfan Brenhinol fod wrthi'n cynorthwyo'r fyddin, cyfyngwyd Gwasanaeth Awyr Brenhinol y Llynges i amddiffyn

Prydain a gwarchod safleoedd a oedd yn arbennig o agored i ymosodiadau gan awyrennau neu longau awyr y gelyn. Yng Nghymru, Gwasanaeth Awyr Brenhinol y Llynges (Cangen Awyrlu'r Llynges yn ddiweddarach) a ddioddefodd un o'r damweiniau cynharaf. Câi awyrennau môr Sopwith Baby Tractor eu cludo ar hyd y ffordd i Abergwaun lle câi canolfan, sef sied fawr o gynfas a phren, mân siediau a llithrfa, eu sefydlu iddynt.[21] Ar 22 Ebrill 1917 methodd Awyren Fôr N1033 â chodi'n ddigon uchel. Baglodd ar geblau pŵer a tharo'r clogwyni. Bu'r peilot farw o'i anafiadau'n ddiweddarach.[22] Ym Mangor, yr oedd gan Wasanaeth Awyr Brenhinol y Llynges awyrennau dwbl Airco DH6 a ffurfiai'r 2 Flight yn Sgwadron 244. Ar 18 Medi 1918, methodd peiriant un awyren, C6655, a bu'n rhaid iddi lanio. Wrth gael ei thynnu gan gwch yn ddiweddarach, fe suddodd hi wyth milltir i'r gogledd-orllewin o Gaergybi. Y tro hwnnw, dihangodd y peilot yn ddianaf.[23]

*Ffigur 14.15 Cartwnau a luniwyd adeg yr Ail Ryfel Byd ar furiau bloc lletya'r swyddogion ym Maes Awyr Dale yn Sir Benfro.*

*Ffigur 14.16 Mae'r gofeb hon ym Mharc y Morglawdd yng Nghaergybi yn ymgorffori darn o bropelor awyren fomio B-24 Wythfed Llu Awyr UDA, y Jigs Up. Ar ôl cyrch dros yr Almaen, rhedodd hi allan o danwydd a syrthio ger Ynys Arw ar 22 Rhagfyr 1944 wrth ddychwelyd i RAF Valley.*

Serch mai prin yw'r dystiolaeth ffisegol o awyrennau cynnar o'r fath ar wely'r môr, cafwyd hyd i ddarnau o awyren a blwch ac arno 'Napier Lion S1423 Flying Tool Kit' ym mis Hydref 1934 ger Goleudy St Ann.[24] Yr oedd y Napier Lion yn beiriant 12-silindr â ffurfwedd saeth lydan. Fe'i hadeiladwyd gan Napier a'i Fab o 1917 tan y 1930au a'i ddefnyddio mewn awyrennau a chychod cyflym.

Prif rôl llawer o'r awyrennau milwrol cynnar oedd casglu gwybodaeth o'r awyr, ond cyn hir dyfeisiwyd swyddogaethau mwy arbenigol. Oherwydd gwella'r tanio at awyrennau, bu'n rhaid cynyddu cyflymder a chyfraddau dringo. Hynny, a'r cynnydd yn nifer yr ymosodiadau gan awyrennau'r gelyn, a esgorodd ar yr awyren ymladd. Ar y cychwyn, cludid bomiau gan awyrennau rhagchwilio araf, ond dechreuwyd datblygu'r rheiny'n fomwyr arbenigol a allai gario llwythi trymach. Datblygwyd peiriannau amlbwrpas i weld, sbïo, ymladd, tanio a bomio targedau ar lawr gwlad, ac enillodd yr awyren fôr ei lle wrth ragchwilio, bomio a gollwng torpidos.

Ym 1933, wrth ragweld rhyfel arall, ffrwyth y rhaglenni mawr i ddylunio awyrennau oedd cynhyrchu rhai mwy arbenigol. Dau o brototeipiau'r awyrennau ymladd a ddechreuodd hedfan yn fuan oedd yr Hawker Hurricane ym 1935 a'r Supermarine Spitfire ym 1936. Ymhlith y bomwyr yr oedd y Bristol Blenheim ym 1937, y Vickers Armstrong Wellington, yr Armstrong Whitworth Whitely a'r Handley Page Hampden, ym 1936. Collwyd awyrennau o'r mathau hynny ar hyd glannau Cymru, ynghyd â'r awyren dwy-injan, y Douglas Dakota DC-3, a fu'n asgwrn cefn i gludiant awyr y Cynghreiriaid yn y rhyfel.

Am nad oedd gan yr Unedau Hyfforddi Gweithredol, yr Ysgolion Hyfforddiant Awyrennau Ymladd, yr Ysgolion

Bomio a Thanio a'r Ysgolion Tanio o'r Awyr a weithredai o feysydd awyr Cymru (ffigur 14.15) mo'r amser i hyfforddi digon ar y recriwtiaid, digwyddai damweiniau'n fynych.[25] Tywydd garw a chamgymeriadau dynol fu'n gyfrifol am 68% o'r damweiniau. Dau achos arall oedd methiant mecanyddol (24%) a thanio gan gyd-filwyr (4%). Yr achos prinnaf oedd gweithredoedd y gelyn (3%).

Bu awyrennau ar batrôl yn gwarchod confois o longau ac yn rhwystro'r gelyn rhag cynnal cyrchoedd awyr dros Lerpwl a Manceinion. Gollwng bomiau oedd bwriad y bomiwr Dornier o'r Almaen a saethwyd i'r môr gan beilotiaid Spitfires o Brydain ger Ynysoedd y Moelrhoniaid ym mis Hydref 1940.[26] Gan fod yno 99 o gychod hedfan, RAF Pembroke Dock oedd y ganolfan fwyaf yn y byd i awyrennau môr erbyn 1943, a bu'n bwysig wrth ymladd bygythiad llongau tanfor yr Almaen. Suddodd awyren fôr, y Short Sunderland *T9044*, wrth angor ym 1940 ac mae rhannau'n goroesi. Hi, mae'n debyg, yw'r unig Sunderland Mk 1 sy'n goroesi, un o'r drylliadau pwysicaf yn nyfroedd Cymru (tudalen 221).

Daeth colledion hefyd i ran Gwasanaeth y Llu Awyr Brenhinol i Achub o'r Môr ac o'r Awyr. Ar 7 Mai 1943, yr oedd Supermarine Walrus *R6590* o Sgwadron 275, a oedd wedi hedfan o RAF Valley, yn ymarfer glanio ar y môr ger glannau Môn pan aeth hi i drybini, dymchwel a suddo. Yn ffodus, achubwyd y criw.[27]

Defnyddiwyd meysydd awyr Cymru ar gyfer teithiau hedfan meteorolegol maith dros Fôr Iwerydd i gasglu gwybodaeth hollbwysig wrth gynllunio'r cyrchoedd dros y rhannau o Ewrop ym meddiant y gelyn. Arnynt hefyd y glaniodd, am y tro cyntaf, lawer o awyrennau o'r Unol Daleithiau a oedd wedi hedfan i Brydain ar draws Môr Iwerydd. Ymhlith eitemau a ddarganfuwyd o awyrennau ein Cynghreiriaid mae propelor Consolidated B-24j Liberator *42-51232* – sy'n ein hatgoffa ni'n fyw o lawer achos o ddewrder a thrasiedi adeg y rhyfel (ffigur 14.16).[28]

Ond y math o awyren a gollwyd amlaf oedd y Queen Bee, fersiwn o'r Tiger Moth a reolid gan radio. Fe'u hanfonwyd i'r Unedau Cydweithredu Gwrth-Awyrennau (yr AACU) ym Modorgan, Aber-porth a Maenorbŷr i'w defnyddio'n ddronau dibeilot ac felly'n dargedau hyfforddi i ynwyr gwrth-awyrennau. Er enghraifft, bu unedau'r AACU yn Aber-porth yn gwasanaethu'r meysydd tanio ym Mae Ceredigion, gan gynnwys Tonfannau.[29] Ar 1 Tachwedd 1941 bu tanio arbennig o gywir yn Nhonfannau ac fe saethwyd Queen Bee *P4809* i'r môr. Mae colledion eraill o Aber-porth yn ymwneud ag ymchwil gyfrinachol i arfau. Er enghraifft, saethwyd Queen Bee *P4713* o'r awyr gan 'rocedi' ar 17 Rhagfyr 1940.[30] Delir i wneud ymchwil arloesol i gerbydau awyr dibeilot yn Aber-porth hyd heddiw (gweler tudalen 229).

# 14.5 Technegau cofnodi

Deanna Groom

Bellach, systemau acwstig fel ecoseinwyr a systemau ystod amlbelydr ar gyfer bathymetreg, a phroffilwyr sonar sganio-o'r-ochr ac is-waelod yw'r dulliau a ddefnyddir amlaf i wneud arolygon geoffisegol o archaeoleg y môr – ac weithiau fe'u defnyddir ar y cyd â magnetomedrau.[31]

Mewn sonarau sganio-o'r-ochr confensiynol ceir dwy set o drawsddygiaduron a ddefnyddir mewn casyn (a elwir yn 'fish') a dynnir y tu ôl i'r llong arolygu. Bob hyn a hyn bydd y trawsddygiaduron yn anfon pwls allan. Bydd hwnnw fel rheol yn amrywio o 50khz (amrediad canolig, sy'n rhychwantu cannoedd o fetrau yn y pelydr) i 500khz (amrediad byr, degau o fetrau). Bydd sonar sganio-o'r-ochr yn cynhyrchu delwedd 2D (ffigur 14.17) ac fe'i cyffelybwyd i oleuo torsh ar ongl arosgo at wely'r môr. Yn aml, bydd y cysgodion a grëir yn y mannau nad yw'r pwls sain yn eu cyrraedd yn dangos mwy na'r dychweliad acwstig gan mai hyd y cysgod sy'n dynodi uchder y gwrthrych uwchlaw gwely'r môr. Fel rheol, cesglir y delweddau gorau drwy redeg ar hyd yr ymyl hir i ddrylliad. I sicrhau ymdriniaeth gyflawn, bydd y syrfewyr yn sôn am 'focsio' dryliad, sef casglu lluniau o bedwar cyfeiriad croes.

Bydd ecoseinwyr unigol yn canfod dyfnder gwely'r môr o dan y llong arolygu drwy fesur pa mor hir y cymer hi i bwls o sain deithio i wely'r môr ac yn ôl i'r llong. Gall arolygon ag ecoseinwyr pelydr-unigol dorri ar draws cyfuchliniau yng ngwely'r môr ar ongl o 90 gradd fel bod modd mesur proffil llethr, ond mae'r ecoseiniwr amlbelydr yn creu gorgyffwrdd rhwng llinellau arolygu cyfagos i rychwantu'r cyfan o wely'r môr. Gan fod lled yr ystod yn perthnasu â dyfnder y dŵr a faint y mae'r llong yn rholio, caiff arolygon eu rhedeg, fel rheol, yn gyfochrog â chyfuchliniau gwely'r môr.

Mae systemau ystod amlbelydr mwy diweddar yn defnyddio amrywiaeth o drawsddygiaduron ecoseinio ac electroneg prosesu signalau i chwilio arwynebau helaethach islaw'r llong ac wrth ei hochr (ffigur 14.18). Gellir mapio data o ecoseiniwr amlbelydr mewn amser real fel cynllun lliw o gyfuchliniau neu fel miliynau o bwyntiau data.

Er bod systemau ecoseinwyr a sganio-o'r-ochr yn effeithiol wrth ddod o hyd i safleoedd ar wyneb gwely'r môr a'u diffinio, gellir defnyddio sain-dechnolegau eraill i ddod o hyd i ddrylliadau claddedig ac i ffurfiadau daearegol yng ngwely'r môr sy'n gyn-arwynebau tir. Bydd y grŵp hwnnw o offer arolygu morol (gan gynnwys proffilwyr is-waelod) yn gweithio drwy yrru

*Ffigur 14.17 Mae'r ddelwedd sonar sganio-o'r-ochr hon, a gasglwyd gan Wessex Archaeology yn Ebrill 2010, yn dangos gweddillion Short Sunderland Mk 1 T9044. Mae rhan fawr o'r adain yn estyn tua'r de.*

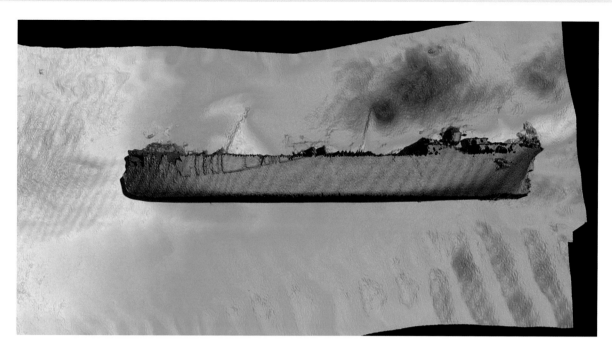

*Ffigur 14.18 Mae data a gasglwyd gan yr ecoseinydd amlbelydr yn dangos y Derbent, sy'n gorwedd oddi ar arfordir y gogledd. Bu'r llong yn darparu olew tanwydd i longau rhyfel Prydain yn ystod ymgyrch Galipoli. Fe'i suddwyd gan dorpido o'r llong-U U-96 ar 30 Tachwedd 1917.*

tonnau sain i mewn i wely'r môr er mwyn iddynt amlygu'r terfynau rhwng dyddodion daearegol a gwrthrychau claddedig. Gellir cofnodi'r signalau sy'n dychwelyd yn gyfeintiau 3D ar gyfer arwynebeddau bach o wely'r môr neu fel trawstoriadau o wely'r môr i'r cyfeiriad y mae'r llong arolygu yn teithio iddo.

Mae magnetomedrau'n cofnodi amrywiadau naturiol sy'n digwydd ym maes magnetig y Ddaear, yn rhannol oherwydd y pellter o'r pegynau a magnetedd gwahanol ffurfiannau'r creigiau. Ond bydd drylliad metel mawr, neu ddrylliad o goed ac arno ordnans neu gydrannau fferus eraill, i'w weld fel aflonyddwch sy'n ymwneud â màs y gwrthrych, ei aliniad a pha mor agos y mae'r magnetomedr yn mynd heibio iddo ar ei rediad arolygu. Fel rheol, caiff magnetomedrau eu tynnu'n ddigon pell oddi wrth y llong arolygu i sicrhau nad ydynt yn dangos y llong ei hun.

Techneg sydd wedi ennill ei phlwyf yw ffotogrametreg, a chaiff ei harneisio fwy a mwy ar gyfer archaeoleg danddwr, yn enwedig am fod cyfrifiaduron a meddalwedd fodern yn gallu prosesu llawer iawn iawn o ddelweddau'n 'fosäig' drwy adnabod pwyntiau allweddol yn awtomatig i gyfuno lluniau. Efallai i'r ffotograffau gwreiddiol gael eu tynnu gan ddeifwyr a oedd yn hofran hyn a hyn o bellter penodedig uwchlaw'r safle, neu gan AUVs (Cerbydau Tanddwr Awtomeiddiedig neu ddronau) sy'n dilyn llwybr arolygu a raglennwyd ymlaen llaw.[32]

Yng nghronfa offer yr archaeolegydd tanddwr ceir amrywiaeth mawr o dechnegau deifio arsylwadol, fel defnyddio chwiliadau llinell-nofio a sefydlu gwaelodliniau mesuredig sy'n fodd i gymryd mesuriadau â thâp neu ddefnyddio fffrâm grid. Os yw uchder y safle'n amrywio'n fawr, bydd teirochri 3D neu 'Dull Arolygu Uniongyrchol' yn adeiladu gwe o fesuriadau'r deifwyr gan eu clymu'n ôl i bwyntiau rheoli, a bydd meddalwedd fel 'Site Recorder' neu 'Site Surveyor' yn trosi'r mesuriadau hynny'n gynllun tri-dimensiwn.

Nid yw'r arolygu, wrth gwrs, ond yn fan cychwyn i'r ymchwil i gyfrinachau llongddrylliad. Gall yr asesu cychwynnol gynnwys codi nifer fach o ddarganfyddiadau neu samplau i'r wyneb i helpu i sefydlu tarddiad, swyddogaeth, dyddiad ac enw'r llong. Yn ddiweddarach, gellir cloddio ffosydd rhagbrofol i ganfod dyfnder a natur y dyddodion. Efallai i'r dryllio, gweithrediadau achub, chwalu'r nwyddau darfodus ar y llong, neu newidiadau yng ngwely'r môr, amharu ar y dyddodion, a gall hynny newid y berthynas rhwng corff y llong a'i gynnwys.[33]

Os gwelir bod arwyddocâd arbennig i'r safle, gall fod gofyn ei gloddio, ac mae cloddio archaeolegol cyflawn ar safleoedd morol mor gymhleth â chloddio safle ar y tir. Fel rheol, sefydlir grid dros y safle i allu ei gloddio fesul tipyn dros sawl tymor. Ond weithiau gall yr amgylchiadau fynnu cyflymu'r gwaith achub am fod angen codi gwrthrychau cymhleth neu rannau o fframwaith corff y llong yn gyfan i'w cofnodi'n fanwl mewn amgylchedd mwy rheoledig ar y tir. Yna, aiff elfennau o adeiladwaith y corff, ynghyd â'r darganfyddiadau a'r samplau amgylcheddol, drwy broses o gofnodi manwl, adnabod, disgrifio a dosbarthu cyn dechrau eu dehongli a'u hadlunio.

## 14.6 Yr olygfa o'r awyr

Toby Driver

Serch mai her bob amser yw rhagchwilio'r parth rhynglanwol ac arforol o'r awyr, gall fod yn eithriadol o fuddiol. Ers iddo gychwyn fel datblygiad arbrofol o'r rhagchwilio archaeolegol o'r awyr ym mhen eithaf y llanw a'r trai, mae'n waith sydd wedi datblygu cryn dipyn dros y tri degawd diwethaf ac erbyn hyn mae'n rhan ddigon arferol o gofnodi'r dirwedd archaeolegol. Er na welwyd mwy na dyrnaid o deithiau hedfan penodol dros barth arforol Cymru yn ystod y 1980au a'r 1990au, gwnaed ymchwil ddefnyddiol drwy ddadansoddi awyrluniau fertigol hanesyddol hŷn. Mae safon ac amrywiaeth y darganfyddiadau arforol sydd wedi dod i olau dydd yn sgil gwaith y Comisiwn Brenhinol wrth ragchwilio o'r awyr oddi ar 2000 ynddo'i hun yn amlygu potensial parhaus y math hwnnw o gofnodi yng Nghymru ac yn dangos bod llawer o waith eto i'w wneud yn achos rhai rhannau o'r glannau.

Yn union fel y bydd ôl-gnydau ar y tir ond i'w gweld yn y tymor a'r tywydd cywir a phan fydd cylchdroi'r cnydau'n dadlennu nodweddion sydd wedi bod o'r golwg dan y ddaear, mae'r parth arforol yntau'n ddynamig. Wnaiff y distyll ohono'i hun ddim amlygu, ar un daith, yr holl faglau pysgod, drylliadau ac adeiladweithiau eraill i ragchwiliwr o'r awyr, boed yn hedfan mewn awyren neu'n astudio lluniau archifol. I dynnu'r holl wybodaeth bosibl o ddarn o'r morlin, rhaid ei arsylwi mewn gwahanol dymhorau ar draws y blynyddoedd ac, yn arbennig, ar ôl ymchwyddiadau stormydd mawr. Gall y rheiny symud banciau o fwd, tywod a chlytiau o raean a chwyn gan ddinoethi nodweddion i'w cofnodi. O ymweld â hwy dro ar ôl tro, gall hyd yn oed ddarnau o arfordir Cymru sydd wedi'u hastudio'n fanwl, fel Môn, amlygu safleoedd newydd neu ychwanegiadau pwysig at henebion hysbys.

Yn ogystal â'r rhagchwilio mwy arferol am faglau pysgod a choredau o goed a cherrig yn y parth rhynglanwol, mae profiad wedi dangos bod modd tynnu lluniau o'r awyr yn llwyddiannus am beth pellter allan i'r môr. Gall y dyfroedd bas fod yn rhyfeddol o glir

*Ffigur 14.19 Mae'r gored yn Llwyngwril yn Sir Feirionnydd yn cadw pwll neu loc rhwydi sydd wedi'u diogelu'n dda yng nghamedd y fraich, lle byddai siâp y gored wedi casglu'r pysgod ynghyd.*

ar ddiwrnodau tawel iawn tua diwedd y gwanwyn neu ddechrau'r haf. Mae hynny'n arbennig o wir pan fydd maglau pysgod (ffigurau 14.19, 14.20 ac 14.21), drylliadau ac adeiladweithiau artiffisial eraill sy'n rhannol o dan y dŵr i'w gweld yn glir ar wely tywodlyd y môr. Ym mhen gorllewinol Afon Menai llwyddwyd i gofnodi drylliadau ar fanciau tywod tanddwr drwy ddŵr bas hyd at ddau gilometr o'r lan. Dydy'r

archaeolegydd o'r awyr, felly, ddim yn gyfyngedig i eithafion y distyll i ddod o hyd i safleoedd yn y parth arforol a'u cofnodi'n llwyddiannus. Gall prosesu ychwanegol ar y lluniau lliw digidol sy'n deillio o hynny, yn enwedig os manipwleiddir gwerthoedd lliw golau coch, gwyrdd a glas y dŵr, gynyddu llawer iawn ar fanylion adeiladweithiau a rhoi gwedd gliriach arnynt i'r sawl sy'n eu dehongli a'u cofnodi.

## Dogfennu maglau pysgod

*N V C Bannerman*

Un o'r technolegau morol mwyaf hynafol yw defnyddio'r llanw a'r trai i ddal pysgod mewn trapiau. Mae coredau, fel y'u gelwid weithiau, i'w cael yn aml ar draethau yng Nghymru sydd ag amrediad llanw priodol o fawr, fel y rhai ym Môn, ar Afon Menai ac ym Mae Conwy. Mae ymchwiliadau gan Brifysgol Bangor i gyfres o faglau pysgod, gan gynnwys Gored Trecastell ger Aberlleiniog ym Môn, yn datgelu eu nodweddion cyffredinol.[34] Yn aml, byddant yn fwy na 300 metr o hyd ac fe redant allan o'r traeth ar onglau sydd wedi'u cynllunio'n ofalus. Gweithiant drwy ddal pysgod, adeg y distyll, y tu ôl i ffensys o gerrig a dwb sy'n ymestyn i lawr y traeth o farc y penllanw hyd at lifddor ar ffurf 'V'. Yno, yn rhan isaf y fagl, y caiff y pysgod eu casglu. I gynyddu cymaint â phosibl ar nifer y pysgod ac i ganiatáu ar gyfer glanhau ac atgyweirio'r llifddor, dylid gosod hwnnw ychydig uwchlaw marc y distyll.

Bu llawer o'r maglau ar waith am yn hir ac fe ddangosant addasiadau, fel y ddau gyfnod o ailadeiladu yng Ngored Trecastell lle symudwyd y fagl tua'r tir am fod lefel y môr yn codi (gweler ffigur 14.21). Mae'r ffaith fod gan rai ohonynt ym Mae Conwy lifddorau sydd o leiaf 2.9 metr yn is na'r lefel orau yn awgrymu bod lefel y môr wedi codi cymaint â hynny oddi ar adeiladu'r fagl. Gall rhai maglau ddyddio o'r Oesoedd Canol cynnar, ac mae'n hysbys i eraill gael eu defnyddio yn yr Oesoedd Canol. Gwyddom am adroddiadau i faglau ddal rhai miloedd o bysgod ar un llanw ac mae'n amlwg iddynt dalu'n ddigon da i rent o 40 swllt y flwyddyn gael ei godi am ddefnyddio Cored Maelgwn ger Degannwy.

*Ffigur 14.20 Mae llanw isel ym Mae Abertawe'n amlygu'r llu cyfnodau o ailadeiladu ac ailalinio coredau hyd at ddechrau'r ugeinfed ganrif.*

*Ffigur 14.21 Gellir gweld amryw o gyfnodau ailwampio ac ailalinio o'r awyr ar y gored yn Nhrecastell ym Môn.*

# 14.7    Newid hinsawdd

Tom Pert

*Ffigur 14.22 Promenâd Aberystwyth wedi rhyferthwy storm ym mis Ionawr 2014.*

Yr hyn sy'n pennu tywydd Cymru (ffigur 14.22) yw'n lledred, ein hagosrwydd at Fôr Iwerydd, y cerrynt cynnes o'r cefnfor a elwir yn Ddrifft Gogledd Iwerydd, a siâp ein tir. Mae gwyddonwyr yn darogan y bydd hafau yng Nghymru'n dal i fod yn gynhesach ac yn sychach; y bydd gaeafau'n gynhesach ond yn fwy stormus; y bydd cyfartaledd y tymheredd yn codi 1.5–2.5 gradd; y bydd cyfartaledd y glawiad yn codi ac y bydd mwy yn syrthio yn y gaeaf, ac y bydd y siawns o gael stormydd difrifol yn cynyddu 60 y cant.[35] Wrth i'r byd gynhesu, cynhesu wnaiff y moroedd. Ac wrth i'r rheiny ehangu, bydd glasierau a'r capiau rhew'n ymdoddi; bydd y dŵr yn arllwys i'r môr sy'n ehangu, a bydd y lefel yn codi. Mae lefel y môr yn codi bum milimetr y flwyddyn, a gall llanw'r gwanwyn yng Nghymru fod hyd at fetr uwchlaw'r cyfartaledd hanesyddol. Gall ymchwydd storm godi lefelau'r môr hyd at bedwar metr uwchlaw'r norm.

Wrth ddeall rhagor am broblemau byd-eang ehangach sylweddolwn y gall newid hinsawdd amharu ar asedau treftadaeth. Mae cynnydd yn lefel y môr ac mewn stormydd yn debyg o beryglu tirweddau, adeiladweithiau ac adeiladu hanesyddol – ac archaeoleg – yn y parth arfordirol. Gallai glaw mynych, trwm gynyddu'r erydu ar safleoedd archaeolegol ac achosi llifogydd niweidiol mewn aneddiadau hanesyddol. Gallai newidiadau mewn hydroleg achosi perygl i wlyptiroedd a mawndiroedd, dwy storfa bwysig o wybodaeth am newid hinsawdd.

Yn 2007, lluniodd Comisiwn Brenhinol Henebion Cymru fodel digidol o'r tir i weld pa safleoedd a allai fod mewn perygl oherwydd codiad yn lefel y môr, llifogydd ar y tir a diraddiad yn ansawdd y mawn. Cafodd gwybodaeth am adeiladau rhestredig, henebion cofrestredig a mannau darganfod o archifau Cadw, Ymddiriedolaethau Archaeolegol Cymru a Chofnod Henebion Cenedlaethol Cymru ei chyfuno â data amgylcheddol am briddoedd a risg llifogydd i fapio'r safleoedd mewn perygl (ffigur 14.23) ar sail senarios am godiadau yn lefel y môr a'r newid hinsawdd a ragfynegir gan Raglen Effeithiau Hinsawdd y DU (UKCIP).[36]

Gan ddefnyddio'r data am uchder a gymerwyd bob pum metr â manwl-gywirdeb fertigol o +/- 1m, bu modd nodi pob heneb gofrestredig, pob adeilad rhestredig, a phob safle yn yr CHC a'r Cofnodion Amgylchedd Hanesyddol, sy'n dod o fewn yr ystod o 0-1m uwchlaw lefel y môr ac sydd mewn mwy o berygl o gael ei golli neu ei ddifrodi dros y 100-200 mlynedd nesaf. Tynnodd y canlyniadau'n sylw at naw heneb gofrestredig, 77 adeilad rhestredig (66 Gradd II, 11 Gradd II*) a 312 safle arall sydd wedi'u cofnodi ac yn wynebu'r perygl mwyaf.

Defnyddiwyd y model i gymharu setiau data am yr amgylchedd hanesyddol â data Asiantaeth yr Amgylchedd (Cyfoeth Naturiol Cymru bellach) am risg llifogydd. Dangoswyd fod 302 o henebion cofrestredig, 5,412 o adeiladau rhestredig a rhyw 12,745 o safleoedd eraill a gofnodwyd yn wynebu mwy o berygl i lifogydd eu difrodi.

Caiff newid hinsawdd effaith fawr ar amgylchedd hanesyddol Cymru. Drwy ychwanegu data LiDAR mwy manwl-gywir mae modd cyfoethogi'r GIS newid hinsawdd sydd wedi'i greu, a byddai defnyddio modelau o lefel y môr ac ymchwydd stormydd yn rhagfynegi'n fwy cywir y safleoedd sy'n wynebu'r perygl mwyaf. Mae cadw llygad barcud ar newid hinsawdd a'r codiad yn lefel y môr yn fodd i ragfynegi'n fwy manwl y ffyrdd yr arferai'n hynafiaid ddefnyddio'r tirweddau cynhanesyddol sydd bellach o dan Fôr Iwerddon, ond i'n helpu i gynllunio ffyrdd o ddiwallu anghenion cadwraeth at y dyfodol.

*Ffigur 14.23 Serch mai Flimston yw un o fryngaerau arfordirol mwyaf trawiadol Sir Benfro, mae perygl mawr iddi gael ei difrodi wrth i'r glannau gael eu herydu.*

## 14.8 Modelu llong Casnewydd

Toby Jones

Fel y gwnaed yn achos llu o brosiectau archaeoleg achub, fe gloddiwyd Llong Casnewydd o dan gryn bwysau amser. Er i'r archaeolegwyr ar y safle lwyddo i gofnodi lleoliad a chyd-destunau arteffactau ac estyll y llong drwy gyfrwng lluniadu traddodiadol â llaw, ffotogrametreg, ffotograffiaeth a fideograffiaeth, ni allent ddogfennu pob astell yn ddigon manwl i greu model sy'n adluniad o'r llong (un o brif gyrchnodau ymchwil archaeolegol forwrol). Datgymalwyd yr olion yn filoedd o estyll a'u storio mewn tanciau mawr o ddŵr croyw. Cyn cofnodi'r estyll, bu'n rhaid tynnu popeth, gan gynnwys y clai llifwaddodol a oedd wedi crynhoi o'u hamgylch, oddi arnynt yn ofalus.[37]

Mae'r ymagwedd draddodiadol at fodelu ffurfiau cyrff llongau ar sail gweddillion archaeolegol yn golygu dargopïo'r estyll eu hunain a lleihau'r lluniad hwnnw i faint hylaw. Yna, caiff y lluniadau papur eu torri allan a'u gosod ar gardiau cyn mynd ati'n arbrofol i'w cydosod, eu cysylltu, eu troi a'u trosi tan y sicrheir ffurf hyfyw i gorff y llong. Er i hynny weithio'n dda yn achos cychod a wnaed o estyll gwastad a thenau, mae cyfyngiadau wedi'u hwynebu wrth gymhwyso'r dechneg at longau mwy o faint a mwy cymhleth.[38]

Aeth astudiaeth beilot ati, felly, i gymharu'r amrywiol ddulliau a oedd ar gael yn 2003–04 o gofnodi estyll llongau. Gwelwyd mai'r ateb delfrydol fyddai

defnyddio digidyddion cyswllt tri-dimensiwn i gofnodi siâp, manylion arwyneb a chysylltwyr pob astell a gwrthrych ar y llong (ffigur 14.24). Gan fod digidyddion cyswllt yn offer cyflym, effeithlon a manwl-gywir, bu eu cysylltu â meddalwedd dylunio drwy gymorth cyfrifiadur (CAD) yn fodd i archaeolegwyr gofnodi corff y llong dros gyfnod o ddwy flynedd.

Yn ystod y cyfnod hyfforddi cychwynnol, dysgwyd yr archaeolegwyr i 'ddarllen' yr estyll ac i gofnodi nodweddion pwysig fel olion offer, cysylltwyr ac ymylon. Ar wahanol haenau ac mewn gwahanol liwiau fe gofnodwyd nodweddion gwahanol, gan gynnwys hoelion a graen y pren. Bu ffeiliau templed a llawlyfr cofnodi coed yn help i sicrhau ansawdd a chysondeb yng ngwaith y tîm mawr. Yr hyn a gafwyd o ganlyniad oedd cynrychiolaeth fanwl-gywir mewn fframiau wifrau tri-dimensiwn (3D) o bob astell. Yr oedd y gwaith yn debyg i ddulliau dargopïo dau-ddimensiwn graddfa-1:1 gonfensiynol, a'i fantais oedd iddo gynyddu manwl-gywirdeb a phosibiliadau uwch-fodelu yn y dyfodol.[39]

Defnyddiodd Prosiect Llong Casnewydd y cofnodion digidol o'r estyll i ddatblygu methodolegau newydd a chyffrous ar gyfer modelu ffurf wreiddiol y corff yn ddigidol ac yn ffisegol. Bu meddalwedd seiliedig-ar-CAD hefyd yn fodd i'r defnyddiwr ogwyddo estyll rhithwir y llong mewn perthynas ystyrlon â'i gilydd mewn gofod tri-dimensiwn, gan hwyluso'r cydosod a'r adlunio digidol. Drwy drosi'r lluniadau digidol 3D yn fodelau solid digidol a manwl-gywir, llwyddodd archaeolegwyr Llong Casnewydd i greu estyll rhithwir y llong gan fodelu'r ymylon a'r cysylltwyr yn eithriadol o fanwl. Defnyddiwyd technoleg prototeipio-cyflym arloesol, sef sinteru detholus â laser, i greu modelau solid ffisegol o bob astell rhithwir. Cafodd y darnau solid hynny, a weithgynhyrchwyd ar raddfa 1:10, eu cydosod gyda microgysylltwyr i ffurfio model o weddillion Llong Casnewydd. Mae'r model yn helpu ymwelwyr ac archaeolegwyr i ddeall maint y llong a dilyniant cymhleth ei hadeiladu, a daw'n lasbrint 3D pan gydosodir y corff gwreiddiol mewn amgueddfa.

*Ffigur 14.24 Archaeolegydd wrthi'n defnyddio digidydd cyswllt tri-dimensiwn i gofnodi un o estyll llong Casnewydd. Mae digidyddion yn offer sy'n effeithiol a manwl-gywir wrth gofnodi manylion arwynebau a geometreg arteffactau.*

# Achub corff llong Abergwaitha     14.9

Mark Redknap

Ym 1994, daeth yr archaeolegydd amatur Derek Upton o hyd i weddillion afluniedig llong ganoloesol fach ar fflatiau llaid rhynglanwol aber Afon Hafren yn Abergwaitha yn Sir Fynwy. Am ei fod yn hen gyfarwydd â sylwi ar nodweddion archaeolegol, tynnwyd ei sylw gan astell unigol a godai'n glir o'r fflatiau llaid. Pan archwiliodd archaeolegwyr y môr y safle'n ddiweddarach, gwelsant fod yno adeiladwaith cydlynol corff llong. Pan anfonwyd sampl ohoni i gael ei dyddio'n ddendrocronolegol, gwelwyd bod y llong wedi'i hadeiladu rywbryd yn ystod y ddeuddegfed ganrif neu'r drydedd ganrif ar ddeg.

Sylweddolwyd bod y gweddillion yn gyfle prin i astudio llong gymharol gyflawn o gyfnod na cheir ynddo, fel rheol, ond cyfeiriadau dogfennol byr, lluniau confensiynol a darnau tameidiog o gyrff pren a ailddefnyddiwyd yn ddiweddarach wrth godi gwrthgloddiau ar lan y dŵr. Yn ddiweddarach ym 1994, gyda chyllid gan Cadw, gwnaeth Ymddiriedolaeth Archaeolegol Morgannwg-Gwent (GGAT) arolwg o'r

safle am fod ceryntau cryf y llanw'n ei erydu. Gorchuddiwyd yr estyll a oedd yn y golwg â matin geotecstil a rhwyll dur i'w rhwystro rhag erydu ymhellach dros fisoedd y gaeaf. Ym 1995, ac ar ôl rhagor o drafod rhwng yr Ymddiriedolaeth ac Amgueddfa Cymru, cytunodd Cadw i ariannu cloddiad llawn. Yn hael ddigon, cyflwynodd Dug Beaufort y llong i'r Amgueddfa a dechreuwyd ar gloddiad llawn ym mis Gorffennaf 1995 ochr yn ochr ag ymgynghori'n eang ynglŷn â'r dull mwyaf addas o achub y gweddillion. Aeth Laing-GTM, y consortiwm a oedd wrthi'n codi Ail Bont Hafren gerllaw, ati i ddylunio crud codi i'w osod o dan y llong fel bod modd ei chodi'n un adeiladwaith cydlynol.

Codwyd y corff ar y crud gan dîm cydweithredol a gynhwysai staff o Laing-GTM, GGAT a'r Amgueddfa ac fe'i cludwyd i gyfleusterau cadwraeth pwrpasol yng Nghaerdydd. Fe'i cofnodwyd yn llawn o dan amodau rheoledig tra cynhelid y corff yn y crud codi mewn tanc pwrpasol (ffigur 14.25). Yna fe'i datgymalwyd er mwyn i'r estyll gael eu glanhau a gwneud gwaith cadwraeth arnynt cyn eu trin. Yr oedd y cofnodi'n cynnwys gwneud dargopïau 1:1 o'r holl estyll, lluniadau wrth raddfa a model 1:10 o gardfwrdd a phren balsa. Comisiynwyd hefyd fodel 1:1 o'r estyll a oedd wedi goroesi (gweler tudalen 120).[40]

Cawsai'r estyll eu gwneud o foncyffion a gwympwyd yn OC 1240, blwyddyn marw Llywelyn ab Iorwerth (Llywelyn Fawr), a dangosodd dadansoddiad manwl o'r llong iddi fod yn un ddeuben a adeiladwyd yn nhraddodiad gogledd Ewrop (a elwir weithiau'n 'gêl') ac iddi gael ei haddasu i ateb gofynion masnachu ym Môr Hafren. Bellach, caiff yr estyll hynny eu curadu yng Nghanolfan y Casgliadau Cenedlaethol yn Nantgarw.[41]

*Ffigur 14.25 Cadwyd corff llong Abergwaitha yn wlyb mewn tanc yng Nghaerdydd cyn ei ddatgymalu a glanhau ei estyll fesul un.*

# 14.10      Ynni adnewyddadwy

Sian Rees

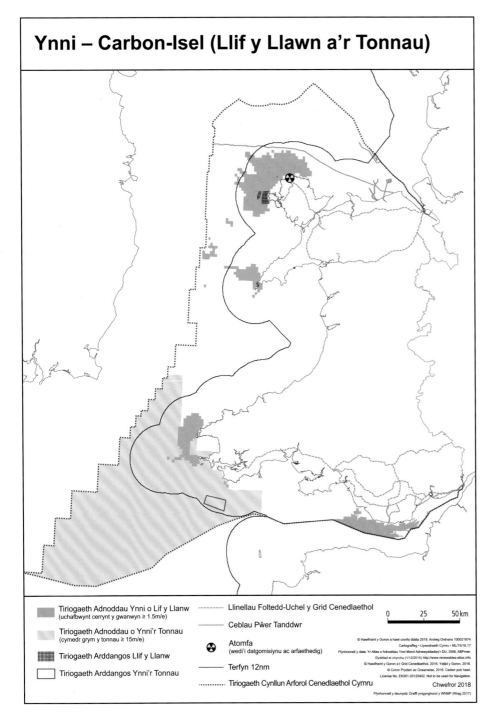

## Ynni – Carbon-Isel (Llif y Llawn a'r Tonnau)

**Tiriogaeth Adnoddau Ynni o Lif y Llanw**
(uchafbwynt cerrynt y gwanwyn ≥ 1.5m/e)

**Tiriogaeth Adnoddau o Ynni'r Tonnau**
(cymedr grym y tonnau ≥ 15m/e)

**Tiriogaeth Arddangos Llif y Llanw**

**Tiriogaeth Arddangos Ynni'r Tonnau**

------ Llinellau Foltedd-Uchel y Grid Cenedlaethol

――― Ceblau Pŵer Tanddwr

⊗ Atomfa
(wedi'i datgomisiynu ac arfaethedig)

――― Terfyn 12nm

············· Tiriogaeth Cynllun Arforol Cenedlaethol Cymru

0    25    50 km

© Hawlfraint y Goron a hawl cronfa ddata 2018. Arolwg Ordnans 100021874
Cartograffeg • Llywodraeth Cymru • ML75/16.17
Ffynhonnell y data: Yr Atlas o Adnoddau Ynni Morol Adnewyddadwy'r DU, 2008, ABPmer.
Dyddiad ei chyrchu (1/12/2015) http://www.renewables-atlas.info
© Hawlfraint y Goron a'r Grid Cenedlaethol, 2016, Ystâd y Goron, 2016.
License No. EK001-20120402. Not to be used for Navigation.
© Coron Prydain ac Oceanwise, 2016. Cedwir pob hawl.
Chwefror 2018
Ffynhonnell y deunydd: Drafft ymgynghorol y WNMP (Rhag 2017)

*Ffigur 14.26 Mae'r map hwn yn dangos cymaint o botensial sydd i harneisio llif y llanw ac ynni'r tonnau yn y dyfroedd oddi ar arfordir Cymru. Mae dwy ardal arddangos wedi'u sefydlu i roi prawf ar y technolegau newydd hynny.*

Arweiniodd Cymru'r byd ym maes technoleg dur a glo drwy gydol y bedwaredd ganrif ar bymtheg ac mae hi wedi dal i gyfrannu i ddatblygiadau arloesol yn y ffurfiau ar ynni sy'n seiliedig ar lo, nwy, olew ac ynni niwclear. Ond wrth i'r byd ddatblygu yr ydym wedi dysgu bod defnyddio tanwyddau ffosil yn cyfrannu at gynhesu byd-eang ac felly fod rhaid symud at economi carbon-isel. O gydnabod bod y potensial yng Nghymru i ddatblygu ynni adnewyddadwy, mae Datganiad Polisi Ynni Llywodraeth Cymru'n gosod targedau ar gyfer yr ychydig ddegawdau nesaf, a bydd datblygu ynni adnewyddadwy alltraeth yn chwarae rhan bwysig ynddynt.

Ffermydd gwynt yw'r ffynhonnell fwyaf datblygedig o ynni adnewyddadwy alltraeth. Oddi ar 2003 mae dwy rownd drwyddedu a awdurdodwyd gan Ystâd y Goron (perchennog gwely'r môr), Llywodraeth Cymru a datblygwyr wedi arwain at godi sawl fferm wynt oddi ar arfordir y gogledd. Gogledd Hoyle (30 tyrbin) a Gwastadeddau'r Rhyl (25 tyrbin) oedd y cyntaf. Yn fwy diweddar, mae gan safle Gwynt y Môr, sydd 10 milltir o'r tir, 160 o dyrbinau sy'n cynhyrchu 576 MW o drydan carbon-isel, sef digon i ddiwallu anghenion 400,000 o gartrefi. Adeg ei hagor ym mis Mehefin 2015, hi oedd y fferm weithredol ail fwyaf yn y byd. Wrth i'r dechnoleg wella, dylai'r gallu i adeiladu ymhellach allan i'r môr gynyddu, a lleihau'r effaith ar yr amgylchedd ac ar y golygfeydd o'r tir. Ond yn 2014 rhoddwyd y gorau i safle Rownd Tri a gynigiwyd ar gyfer Môr Iwerddon (llawer ohono y tu hwnt i derfyn tiriogaethol Cymru o 12 môr-filltir) am mai'r farn oedd bod amodau gwely'r môr yn peri iddo fod yn aneconomaidd.

Nod y Llywodraeth yw dal o leiaf 10% (8kWh/d/p) o botensial ynni llif y llanw a thonnau oddi ar draethlin Cymru erbyn 2025 ac mae rhagor o dechnolegau arloesol wrthi'n cael eu datblygu (ffigur 14.26).[42] Mae dyfeisiau ynni'r llanw wedi'u cynllunio i ddal yr ynni a gaiff ei greu gan drai a llanw dyfroedd y glannau ac fe weithiant yn debyg i 'felin wynt danddwr'; mae'r llafnau a yrrir gan rym ceryntau'r llanw yn troi'r llif yn drydan. Gan fod y llanw a'r trai mor ddibynadwy, mae i hynny'r potensial i gyfrannu llawer i gyflenwad adnewyddadwy o ynni. Mae'r datblygwyr wrthi'n gweithio i ostwng y gost am fod gofyn gwneud hynny i droi'r rhain yn

*Ffigur 14.27 Awyrlun o'r fferm wynt alltraeth yng Ngogledd Hoyle ger y Rhyl ar arfordir y gogledd.*

dechnolegau adnewyddadwy prif-ffrwd. Oherwydd ei hamrediad llanw mawr, mae gan Gymru'r potensial i arwain drwy roi prawf ar briodoldeb a chost-effeithiolrwydd y technolegau newydd hynny.

Ond ni ddylid bychanu anawsterau a chostau cynlluniau o'r fath, na'u heffaith ar yr amgylchedd. Mae cynigion wedi'u cyflwyno byth oddi ar 1925 i godi morglawdd ar draws Afon Hafren i harneisio'i hamrediad llanw o 14 metr (yr ail fwyaf yn y byd). Yn 2013, barn ymchwiliad i sail economaidd y cynllun diweddaraf i godi Morglawdd Hafren oedd bod yr achos dros ei godi heb ei brofi. Mae cynlluniau i godi'r arae lanw gyntaf yng Nghymru – un 10MW o saith tyrbin llafnau-dwbl wedi'u trefnu ar draws arwynebedd o 0.56 cilometr sgwâr oddi ar arfordir gogledd-orllewin Môn – hefyd wedi'u hatal. Ar y llaw arall, mae cynlluniau ar gyfer amryw o brosiectau morol adnewyddadwy yng Nghymru yn mynd yn eu blaen. Yn 2014 gosododd Ystâd y Goron hawliau i wely'r môr i ddau Barth Arddangos yng Nghymru, y naill ym Môn (y llanw) a'r llall yn Sir Benfro (y tonnau) i helpu datblygwyr i ymchwilio a rhoi prawf ar systemau ynni morol newydd allan ar y môr agored. Er i Adolygiad

Hendry yn 2017 gefnogi, mewn egwyddor, adeiladu morglawdd ym Mae Abertawe ac iddo 16 o dyrbinau dŵr,[43] mae Llywodraeth Cymru bellach wedi gwrthod ariannu'r cynllun. Er hynny, mae'n cynnig cyfeiriad i ffyrdd o godi morgloddiau yn y dyfodol os llwyddir byth i ddod o hyd i ddulliau rhatach o'u hadeiladu.

Cydnabyddir y gall y datblygiadau alltraeth hynny achosi difrod gweledol ac archaeolegol drwy i sylfeini'r tyrbinau a cheblau claddedig aflonyddu ar wely'r môr (ffigur 14.27). Gellir lleddfu hynny drwy wneud arolygon geoffisegol i ddadlennu lleoliad drylliadau neu nodweddion archaeolegol sensitif a sicrhau, felly, y cânt eu hosgoi. Mae Ystâd y Goron wedi cyhoeddi canllawiau i ddatblygwyr a pherchnogion gwely'r môr ynghylch effeithiau datblygu ynni adnewyddadwy alltraeth ar yr amgylchedd hanesyddol.[44] Gwnaiff archaeolegwyr gyfraniad hollbwysig i benderfyniadau cynllunio drwy wneud Asesiadau o'r Effaith Amgylcheddol a darparu cyngor ynghylch lleoli datblygiadau ac ynghylch methodoleg i osgoi gwneud difrod, yn enwedig i balaeodirweddau tanddwr, a pheidio ag amharu ar y golygfeydd sydd i'w gweld o'r glannau.[45]

# 14.11 Treillio am dywod a graean

## Sian Rees

Darnau mân o greigiau a mwynau sydd wedi'u torri oddi ar y creigwely wrth i rewlifau, afonydd, y môr a'r gwynt eu hindreulio a'u herydu yw dyddodion tywod a graean. Daw'r dyddodion yn nyfroedd Cymru a Môr Iwerddon o'r oesoedd rhewlifol pan oedd lefel y môr yn is o lawer nag yw hi heddiw, a chaent eu cludo gan yr afonydd a lifai ar draws tir sydd bellach o dan y don.

Wrth i gyfnodau rhewlifol oer a chyfnodau rhyngrewlifol cynhesach ddilyn ei gilydd ar hyd y milenia, gadawyd dyddodion graeanog o amgylch cyrsiau'r afonydd hynafol hynny. Gan fod y dyddodion yn drwm a disymud i bob pwrpas, maent wedi'u cloi yn nherasau a sianeli'r afonydd hynafol ac mewn cynnodweddion arfordirol, megis traethau tanddwr hynafol.

Ar y llaw arall, wrth i lefelau'r môr godi yn ystod y cyfnodau rhyngrewlifol cynnes, mae ceryntau'r llanw a gweithrediad y tonnau wedi ailsymud y dyddodion ysgafnaf o dywod a'u troi'n fanciau lled-symudol ac yn donnau o dywod. Er bod meysydd o donnau tywod yn gyffredin yn nyfroedd Cymru, mae tri o'r rhai mwyaf – o amgylch Penrhyn Llŷn, Môn ac Ynys Wair – ymhell o'r marchnadoedd agregau, ceir meysydd eithaf helaeth yn yr aberoedd mawr, fel Môr Hafren, ac mae'n fwy cyfleus treillio amdanynt yno. Ym Môr Hafren ceir amryw byd o fanciau mawr o dywod ac ynddynt dywod bras a mân sy'n addas at ddibenion gwahanol.

Gan Brydain y mae un o'r diwydiannau treillio agregau mwyaf yn y byd a thynnir 15-20 miliwn o dunelli metrig ohonynt o wely'r môr bob blwyddyn (ffigur 14.28). Cyfrifwyd bod dros 900 miliwn o dunelli metrig o agregau morol wedi'u hechdynnu o Sgafell Gyfandirol Prydain erbyn hyn. Defnyddir llawer ohonynt wrth godi tai ac adeiladu isadeiledd cludiant neu wrth ail-lenwi traethau a gwella amddiffynfeydd y glannau. Gan fod mwy a mwy o gyfyngu ar chwarela ar dir, mae pwysigrwydd tywodau a graeanau o'r môr yn fwy byth. Yn y de, hwy yw'r unig ffynhonnell leol a sylweddol o dywod ar gyfer gweithgynhyrchu concrit

*Ffigur 14.28 Caiff y gwaddodion o wely'r môr eu pwmpio i dreilliwr mawr lle defnyddir sgriniau rhwyllwaith i wahanu'r tywod, a gedwir yn yr howld, rhag y dŵr a ddychwelir i'r môr. Yna, caiff y llwyth sych ei lanio mewn ceiau pwrpasol ar hyd yr arfordir.*

ac, yn ddiweddar, o ffynonellau morol y deuai 70% o'r tywod a'r graean a werthwyd yn y de.

Mae Fframwaith Polisi Cynllunio Cenedlaethol y DU[46] a Datganiad Polisi Morol y DU[47] yn mynnu bod awdurdodau cynllunio mwynol yn dangos drwy Asesiadau Lleol o Agregau fod ganddynt gyflenwad

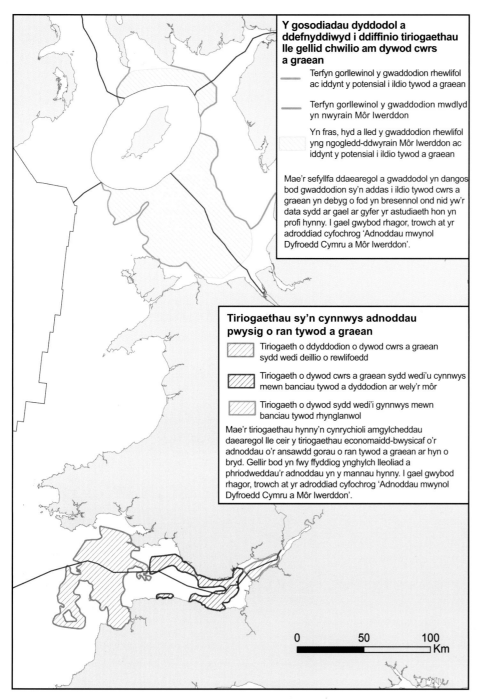

**Y gosodiadau dyddodol a ddefnyddiwyd i ddiffinio tiriogaethau lle gellid chwilio am dywod cwrs a graean**

— Terfyn gorllewinol y gwaddodion rhewlifol ac iddynt y potensial i ildio tywod a graean

— Terfyn gorllewinol y gwaddodion mwdlyd yn nwyrain Môr Iwerddon

Yn fras, hyd a lled y gwaddodion rhewlifol yng ngogledd-ddwyrain Môr Iwerddon ac iddynt y potensial i ildio tywod a graean

Mae'r sefyllfa ddaearegol a gwaddodol yn dangos bod gwaddodion sy'n addas i ildio tywod cwrs a graean yn debyg o fod yn bresennol ond nid yw'r data sydd ar gael ar gyfer yr astudiaeth hon yn profi hynny. I gael gwybod rhagor, trowch at yr adroddiad cyfochrog 'Adnoddau mwynol Dyfroedd Cymru a Môr Iwerddon'.

**Tiriogaethau sy'n cynnwys adnoddau pwysig o ran tywod a graean**

▨ Tiriogaeth o ddyddodion o dywod cwrs a graean sydd wedi deillio o rewlifoedd

▨ Tiriogaeth o dywod cwrs a graean sydd wedi'u cynnwys mewn banciau tywod a dyddodion ar wely'r môr

▨ Tiriogaeth o dywod sydd wedi'i gynnwys mewn banciau tywod rhynglanwol

Mae'r tiriogaethau hynny'n cynrychioli amgylcheddau daearegol lle ceir y tiriogaethau economaidd-bwysicaf o'r adnoddau o'r ansawdd gorau o ran tywod a graean ar hyn o bryd. Gellir bod yn fwy ffyddiog ynghylch lleoliad a phriodweddau'r adnoddau yn y mannau hynny. I gael gwybod rhagor, trowch at yr adroddiad cyfochrog 'Adnoddau mwynol Dyfroedd Cymru a Môr Iwerddon'.

0   50   100
▭ Km

*Ffigur 14.29 Safleoedd adnoddau tywod a graean alltraeth oddi ar arfordir Cymru. Mae'n hysbys bod gan y ddwy ardal ddyddodion masnachol-hyfyw (ym Môr Hafren) a bod meysydd posibl yn y rhan ogledd-ddwyreiniol o Fôr Iwerddon lle mae dyddodion yn debygol ond heb eu mesur hyd yn hyn. Ffynhonnell: Yr Arolwg Daearegol Prydeinig, 'The Mineral Resources of Welsh Waters and the Irish Sea', 2013, Atodiadau 1 a 2.*

digonol o agregau i ateb eu gofynion. Mae mapiau wedi'u llunio sy'n dangos lleoliad tywodau, graeanau ac adnoddau mwynol eraill sydd i'w defnyddio wrth gynllunio (ffigur 14.29). Gan mai Ystâd y Goron sy'n berchen ar bron y cyfan o'r adnoddau tywod a graean oddi ar arfordir Prydain, hi sy'n dyfarnu ac yn rheoli'r cytundebau masnachol i gwmnïau eu hechdynnu.[48] Mae hi'n llunio Cyfnewidfa Ddata Morol, adnodd amhrisiadwy o ganlyniadau pob arolwg morol alltraeth, a fydd ar gael i ddatblygwyr ac archaeolegwyr.

Defnyddir dwy dechneg wrth dreillio'r môr: treillio statig lle bydd y llong yn angori uwchlaw dyddodyn i weithio trwch lleol ohono, a threillio drwy lusgo pibell ar hyd gwely'r môr ar gyflymder o hyd at 1.5 môr-filltir yr awr, proses sy'n ddelfrydol wrth godi dyddodion mwy gwastad eu dosbarthiad. Gall pympiau pwerus godi hyd at 2,600 o dunelli metrig o dywod a graean yr awr o ddyfnderoedd hyd at 60 metr. Bydd y llongau'n cadw'r holl waddod a dreilliwyd neu'n ei sgrinio er mwyn i'r gymhareb o dywod i raean a gedwir allu cael ei newid yn unol â'r gofynion. Os oes angen graean, caiff y defnydd a dreillir fynd drwy sgrin rwyllog cyn mynd i storfa'r llwyth: bydd hynny'n fodd i'r dŵr a'r gwaddodion mannaf gwympo'n ôl i'r môr. Fel arall y mae hi wrth gasglu tywod. Ar ôl i'r treillwyr agregau gyrraedd y cei, byddant yn defnyddio olwynion bwced, crafwyr neu grafangau gwifrog i arllwys y llwyth sych ohonynt.[49]

Gan fod treillio agregau'n digwydd mewn mannau lle bu pobl gynnar yn byw, yn hela ac yn teithio a lle bu llongau hanesyddol yn hwylio ac yn taro banciau tywod, gellir disgwyl gwneud darganfyddiadau archaeolegol wrth dreillio. Mae pob cais am drwydded i godi agregau morol yn destun proses drylwyr o Asesu'r Effaith Amgylcheddol, proses sy'n ystyried yr effeithiau ar y dreftadaeth. Yn 2005, ac i sicrhau bod darganfyddiadau'n destun adroddiadau priodol ac yn cael eu curadu'n gywir, cyflwynodd Cymdeithas Cynhyrchwyr Agregau Morol Prydain ac English Heritage gyd-brotocol sy'n fodd i nodi'r darganfyddiadau archaeolegol y deuir ar eu traws wrth godi agregau morol ac i arbenigwyr ar dreftadaeth asesu eu harwyddocâd.[50] Yn sgil hynny cafwyd hyd i lu i arteffactau archaeolegol o bwys, yn enwedig oddi ar lannau dwyreiniol Lloegr. Gan mai effaith natur symudol y dyddodion tywod oddi ar lannau Cymru yw lleihau eu potensial i gadw defnydd archaeolegol, peth llai cyffredin, gwaetha'r modd, yw dod o hyd i eitemau archaeolegol yma.

## 14.12 Adfywio'r glannau: yr *Alice a'r City of Ottawa*

### Fiona Gale

Ffigur 14.30 Gorwedd drylliad y City of Ottawa *ar flaendraeth Harbwr y Foryd yn y Rhyl. Yn y llun hwn, a dynnwyd gan Judith Samuel yn 2012, dangosir holl hyd y llong cyn atgyfnerthu'r wal yn yr harbwr y mae hi bellach yn gorwedd yn ei herbyn.*

Bob ochr i aber Afon Clwyd (y ffin rhwng siroedd Conwy a Dinbych) mae dau longddrylliad: yr *Alice* ar yr ochr orllewinol a'r *City of Ottawa* ar yr un ddwyreiniol.

Un o dair llong a brynwyd gan Gyngor y Rhyl o arfordir de Lloegr ym 1913 yw'r *Alice*. Er iddi fod yn rhan o fflyd dreillio y bwriadwyd iddi gadw harbwr y Foryd yn glir, fe'i gadawyd ar y blaendraeth ger Clwb Hwylio'r Rhyl yn nechrau'r 1920au. Llong nwyddau â thri hwylbren oedd y *City of Ottawa*. Fe'i hadeiladwyd hi yn Iard Gingras yn Québec ym 1860 a daethpwyd â hi i'r Rhyl ym 1906 i'w datgymalu. Tynnwyd eitemau o

werth oddi arni ar y pryd, a gadawyd ei hwlc ar y blaendraeth i bydru. Serch yr olwg arni, y *City of Ottawa* yw'r un yn y cyflwr gorau yn y byd o blith y rhai sy'n weddill o'i dosbarth.[51]

Ers i'r ddwy long gael eu gadael yno'n gynnar yn yr ugeinfed ganrif, mae Harbwr y Foryd wedi gweld newidiadau lu. Codwyd y morglawdd presennol yn y 1930au ac fe gododd Dorman Long a'r Cwmni y 'bont las' ym 1932. Mae'r blynyddoedd diwethaf wedi gweld adeiladu ffermydd gwynt alltraeth, ychwanegu amddiffynfeydd helaeth rhag llifogydd, datblygu'r harbwr a chodi pont newydd i gerddwyr ar draws aber

*Ffigur 14.31 Adluniad Judith Samuel o'r* City of Ottawa *wrth angor yn Greenwich.*

Afon Clwyd. Gan fod llawer o'r prosiectau hynny y tu allan i'r system o reoli datblygiadau ar gyfer cynllunio ar y tir, bu'n fwy anodd i faterion archaeolegol gael ystyriaeth briodol, serch y posibilrwydd y câi llongau hanesyddol eu difrodi yn ystod y datblygiadau.

Does dim amddiffyniad statudol i'r naill long na'r llall. Cyflwynwyd cais ganol y 1990au i ddynodi'r *City of Ottawa* (ffigurau 14.30 a 14.31) yn ddrylliad hanesyddol o dan y Ddeddf Diogelu Llongddrylliadau, ond bu'n aflwyddiannus. I ddatblygwyr, cyfyngiad a rhwystr rhag datblygu oedd y ddwy long ac fe awgrymwyd fwy nag unwaith y dylid symud y *City of Ottawa* oddi yno.

Fel mae'n digwydd, mae diogelu'r llongau wedi bod yn rhan annatod o bob cam yn y prosiectau i ddatblygu'r harbwr. Mae arolygon manwl wedi'u gwneud o'r *City of Ottawa*, gan gynnwys ei sganio â laser a rhifo'r estyll unigol. Pan atgyfnerthwyd yr amddiffynfeydd môr yn 2011, rhoddwyd rhwystrau diogelwch o amgylch y *City of Ottawa* a chyflawnwyd briff i fonitro'i chyflwr, yn enwedig gan fod posibilrwydd y gallai unrhyw sgwrio posibl ar y tywod o'i hamgylch fod wedi dadsefydlogi'r estyll yn ystod y gwaith adeiladu.

Mae hynny wedi atgyfnerthu gwerth y llong fel rhan bwysig o adnodd hanesyddol y Rhyl – barn sydd wedi'i hyrwyddo drwy ymgysylltu â Fforwm Harbwr y Rhyl, drwy'r broses gynllunio pan oedd hynny'n bosibl,

a thrwy gysylltu'n agos â Cadw, ymgynghorydd amgylchedd hanesyddol Llywodraeth Cymru. Er nad oes unrhyw ddiogelu statudol arni na darpariaethau rheoli datblygiad, mae'r dadleuon dros ei diogelu wedi'u parchu a phwysigrwydd y llong wedi'i dderbyn. O ganlyniad, gwelwyd cynnydd yn yr ymwybyddiaeth leol o bwysigrwydd y ddwy long.

Mae'r gwaith datblygu wedi'i gwblhau gan mwyaf a bydd gwybodaeth am yr *Alice* a'r *City of Ottawa* yn rhan annatod o'r dehongliad sydd i'w osod yn yr harbwr. Mae arlunydd lleol, Judith Samuels, wedi arddangos peintiadau a ysbrydolwyd gan y *City of Ottawa* ac wedi cyhoeddi llyfr sy'n manylu ar fywyd y llong fel un a fu'n cludo nwyddau ar hyd a lled y byd.[52] Bwriedir cyfieithu'r llyfr i'r Ffrangeg a'i werthu yn y wlad lle'r adeiladwyd y llong. Mae'r ailadrodd cyson ar bwysigrwydd y llongau gan haneswyr y môr a phobl leol frwd wedi arwain felly at gadw dau ddarn o hanes lleol y môr, canlyniad sydd i'w groesawu am mai'r farn, pan gynigiwyd y datblygiad hwnnw gyntaf, oedd bod hynny'n annhebygol dros ben o ddigwydd.

# 14.13 Erydiad y glannau

## Sian Rees

Gwyddom fod lefelau'r môr ym Mhrydain ryw 15 centimetr yn uwch erbyn hyn nag yr oeddent ym 1901. Mae'n anochel y byddant yn dal i godi – rhwng 50 centimetr a metr erbyn diwedd y ganrif, yn ôl rhai rhagfynegiadau. Ymateb pedair Ymddiriedolaeth Archaeolegol Cymru i'r newid anorfod hwnnw yn ein morlin oedd gwneud Arolwg Cyflym o Archaeoleg Morlin Cymru yn y 1990au.[53] Daeth eu gwaith ar hyd glannau Cymru o hyd i lawer math gwahanol o safle hynafol, a rhai ohonynt heb eu cofnodi erioed o'r blaen. Fe astudiodd yr Ymddiriedolaethau, er enghraifft, wasgariadau fflint (a awgrymai hen safleoedd anheddu cynhanesyddol), capeli anghysbell a safleoedd claddu pererinion canoloesol, maglau pysgod o'r cyfnod canoloesol a modern cynnar, a llongddrylliadau, caerau amddiffynnol a meysydd saethu o'r bedwaredd ganrif ar bymtheg a'r ugeinfed ganrif. Yr oedd llawer ohonynt mewn mannau bregus ar draethau lle caent eu chwipio gan donnau stormus, ar bennau clogwyni a oedd yn erydu a lle'r oedd y creigiau, wrth syrthio, yn bygwth eu sefydlogrwydd, neu mewn parthau rhynglanwol lle byddai'r codiad yn lefelau'r môr yn arwain yn anochel, yn y pen draw, at eu diflaniad o dan y dŵr.

*Ffigur 14.32 Ar ôl stormydd ym Mae Abertawe, daeth gwirfoddolwyr a oedd yn cymryd rhan ym Mhrosiect Arfordir o hyd i lyw llong mewn cyflwr da. Mae'n debyg ei bod hi'n dyddio o'r bedwaredd ganrif ar bymtheg.*

Gan fod morlin Cymru'n hir a throfaus ac anodd ei gyrraedd, bu'n rhaid mabwysiadu strategaeth realistig i ymateb i'r broblem o golli safleoedd archaeolegol i'r môr. Ariannodd Cadw raglen o'r enw 'Arfordir' o 2009 ymlaen, ac ynddi bu'r Ymddiriedolaethau: yn gweithio gyda gwirfoddolwyr i fonitro'r traethau wedi difrod y stormydd ac i roi gwybod am y darganfyddiadau newydd a ddaethai i'r golwg; yn gwneud arolygon o gyflwr y safleoedd y clustnodwyd eu bod yn agored i'w herydu, ac yn cymryd rhan yn y cloddio ar rai y barnwyd eu bod yn arbennig o bwysig ond yn fregus.[54] Ymhlith yr enghreifftiau o ffrwyth y gwaith mae dod o hyd i lyw llong o'r bedwaredd ganrif ar bymtheg a oedd wedi hanner ei chladdu yn y tywod ym Mae Abertawe (ffigur 14.32), cofnodi dau longddrylliad yng Nghefn Sidan ger Cydweli, a chofnodi llongddrylliad o'r bedwaredd ganrif ar bymtheg sydd newydd ddod i'r golwg yn Wdig ger Abergwaun. Wrth i'r tywod erydu ar draeth Porthcawl, daeth dau ganon o'r bedwaredd ganrif ar bymtheg i'r golwg, ynghyd ag estyll a ddaethai, o bosibl, o'r un drylliad. Gan i longddrylliad arall ymddangos o'r tywod yng Nghynffig yn ystod stormydd 2014, bu modd gwneud arolwg archaeolegol llawn ohono. O Afon Menai cafwyd cyfres o feini melin Rhufeinig a gawsai eu hailddefnyddio'n angorau, ynghyd ag ingot copr Rhufeinig. Ac ym Mhorth Ruffydd ger Caergybi cofnodwyd gwasgariadau fflint Mesolithig a Neolithig eu dyddiad. Ymhlith y safleoedd a gloddiwyd cyn i'r erydu di-baid eu difetha'n llwyr yr oedd mynwent o feddau cistfaen ym Mhorth Mawr ger Tyddewi (ffigur 14.33), a phentref o'r unfed ganrif ar bymtheg yn Llanismel yn Sir Gaerfyrddin, un y ciliodd y trigolion ohono gynt oherwydd bygythiad cynyddol y dŵr a dyfodiad y twyni tywod. Gwnaed amryw byd o ddarganfyddiadau wedi difrod stormydd arbennig o gryf gaeaf 2013–14. Dangosodd hynny raddfa gynyddol y dasg a oedd ar y gweill, a gwerth gwirfoddolwyr a phobl leol wrth ymateb i'r her. Daliodd sawl un o'r grwpiau gwirfoddol ati wedi i brif brosiect 'Arfordir' orffen ac fe ddaliant i gofnodi safleoedd ac arteffactau arfordirol.

Gofynnai rhaglen 'Arfordir' am i waith cofnodi arbenigol gael ei wneud ar longddrylliadau ac ar estyll (o longau) y cafwyd hyd iddynt ar y traethau. Gan fod y Gymdeithas Archaeoleg Forwrol yn darparu hyfforddiant

Ffigur 14.33 Gan fod erydu'r glannau yn bygwth dinistrio mynwent ganoloesol gynnar Capel Sant Padrig ym Mhorth Mawr, Sir Benfro, mae Ymddiriedolaeth Archaeolegol Dyfed wedi bod yno'n cloddio.

a chymorth i'r prosiectau arbenigol hynny, fe weithiodd hi gyda grwpiau amatur ar y *Flying Foam* yng Nghonwy, er enghraifft, ac ar y drylliad o'r Black Mixen Pool ger Afon Creswell yn Lawrenny. Mae rhaglen 'Mabwysiadu Llong Ddrylliedig' y Gymdeithas yn annog grwpiau amatur i ymddiddori'n arbennig mewn drylliad lleol ac i fonitro'i gyflwr drwy'r gwahanol dymhorau.[55]

Tirfeddiannwr mwyaf y morlin yng Nghymru yw'r Ymddiriedolaeth Genedlaethol. Mae'n berchen ar ryw 133 o ddarnau o eiddo arfordirol dros 157 o filltiroedd, a nodwyd bod 12 ohonynt mewn perygl am fod lefelau'r môr yn codi.[56] Yn eu plith mae Cemlyn yng ngogledd Môn, sydd â melin hanesyddol a gardd o'r 1920au wrth ei hymyl (ger safle atomfa arfaethedig Wylfa Newydd), a Freshwater West yn Sir Benfro lle mae'r

Ymddiriedolaeth wrthi'n sefydlu corsleoedd, dolydd corstir a glaswelltiroedd twyni ar gyn-gaeau ffermydd wrth i'r codiad anorthrech yn lefelau'r môr lyncu'r tir sych. Dathlodd prosiect Enterprise Neptune yr Ymddiriedolaeth, sydd wedi prynu cryn dipyn o ddarnau o forlin Cymru i'r Ymddiriedolaeth eu gwarchod, ei hanner canmlwyddiant yn 2015 drwy lansio ymgyrch newydd, sef Ymgyrch yr Arfordir. Ymhlith y dathliadau a'r digwyddiadau i gynyddu ymwybyddiaeth yr oedd 'Sails Around Wales' a 'Trident Treck', pryd y teithiwyd ar hyd y cyfan o lannau Cymru dan hwyliau ar yr iot *Capercaille* ac ar droed, a phrynu Fferm y Parc ar Benygogarth, fferm ac iddi nodweddion archaeolegol pwysig o lawer cyfnod. Cyhoeddodd yr Ymddiriedolaeth ei hail adroddiad *Glannau Ansefydlog* ac ailadrodd ei chred mewn gweithio gyda byd natur a'r ailalinio anochel ar y glannau yn hytrach na cheisio ymladd y newid drwy godi amddiffynfeydd caled rhag llifogydd.

Yn y cyfamser, mae Comisiwn Brenhinol Henebion Cymru wedi lansio prosiect pum-mlynedd, CHERISH, sy'n ceisio cynyddu'r ddealltwriaeth o effaith newid hinsawdd ar dreftadaeth ddiwylliannol ynysoedd, riffiau a phentiroedd moroedd Cymru ac Iwerddon (ffigur 14.34).

Mae Cyfoeth Naturiol Cymru hefyd yn cydnabod nad oes modd dal y morlin am byth yn erbyn grymoedd y môr,[57] a derbynnir eu polisi o ailalinio rheoledig fel yr ymateb anochel a realistig. Rhaid mai cyfrifoldeb pawb sy'n ymddiddori mewn astudio archaeoleg glannau Cymru yw gweithio gyda'i gilydd i sicrhau y caiff penderfyniadau eu cynllunio i adennill cymaint â phosibl o'r adnoddau gwerthfawr ond bregus, boed hynny drwy eu cofnodi, eu cloddio neu eu symud.

Ffigur 14.34 Fel rhan o brosiect CHERISH, defnyddiwyd awyrluniau arosgo i greu model digidol o gaer arfordirol Dinas Dinlle yng Ngwynedd fel bod modd llunio mesuriadau manwl-gywir o erydu'r glannau yno. Gellir cymharu'r model 3D hwn â setiau data hanesyddol a diweddar.

Pennod 15

# Y dreftadaeth arforol a'r gyfraith

## Mike Williams

Byth ers i bobl ddechrau hwylio mewn llongau, mae llongau wedi'u dryllio a'u llwythi wedi suddo neu wedi'u golchi i'r lan. Mater cymhleth erioed fu problem pwy oedd yn berchen ar y malurion. Ceir storïau lu am bobl leol yn casglu nwyddau a olchwyd i'r lan, disgrifiadau hanesyddol o anghydfodau ac achosion llys rhwng y sawl a'u hawliai, hawliau'n cael eu hildio neu eu gwerthu, a malurion yn cael eu hachub neu eu dwyn.[1] Hyd yn oed heddiw, dydy anawsterau penderfynu ynghylch perchnogaeth ddim yn syml o bell ffordd. Mae cyfraith drylliadau fel petai'n mynd yn ôl i'r unfed ganrif ar ddeg a'r ddeuddegfed ganrif pan ddigwyddai llongddrylliadau'n rhy fynych o lawer a gallai cipio eiddo o'r môr fod yn ffynhonnell bwysig o incwm i drigolion y glannau.[2]

Ffigur 15.1 Darnau arian o 'longddrylliad y Doleri Arian' (gweler tudalen 294) y cafwyd hyd iddo yn 2016. Mae iddynt werth pedwar real ac wyth real ('pieces of four' a 'pieces of eight'). Daethant o fathdai yn y Byd Newydd, sef México a Potosí (Bolivia erbyn heddiw), lle defnyddid caethweision i gloddio, puro a bathu llwythi enfawr o fetel arian.

Yn achos unrhyw longddrylliad, ceid buddiannau croes sef, yn bennaf, rai'r tirfeddianwyr lleol, rhai perchnogion y llong a'r llwyth, rhai'r Goron a rhai'r achubwyr. Cyn dyfodiad technoleg a fyddai, tua diwedd yr ugeinfed ganrif, yn caniatáu achub nwyddau o'r môr, byddai'r gyfraith yn ymwneud yn unig â'r hyn a arnofiai neu a ddeuai i'r lan gyda'r llanw. O ganlyniad, câi'r hawl i eiddo o longddrylliad ei seilio'n bennaf ar leoliad cael hyd i'r eiddo, sef uwchlaw'r penllanw, yn y parth rhynglanwol, mewn dyfroedd tiriogaethol neu ar y môr mawr.

Y term Eingl-Sacsoneg am ddrylliad oedd *sae upwerp*, sef yr hyn a daflwyd i fyny o'r môr.[3] Honnir bod y term *wreck* yn dod o'r Ffrangeg Normanaidd *varech* ond fe allai ddod o'r term Lladin canoloesol *wreccum maris*. Y diffiniad o *wreck* , felly, oedd dim ond defnydd a gawsai ei ollwng ar y tir, ac mae'n debyg i hawl y Goron i feddiannu drylliad ddod yn rhan o Gyfraith Gwlad cyn y Goncwest Normanaidd. Ymhen hir a hwyr rhoddodd Deddf San Steffan sylfaen statudol iddi ym 1275,[4] ac fe'i cadarnhawyd unwaith eto ym 1353 drwy Ddeddf gan Edward II. Heddiw, mae hawl statudol y Goron i ddrylliad sydd heb ei hawlio yn dal mewn grym ac yn rhan o Ddeddf Llongau Masnach 1995.

Ond gan fod y Goron yn aml yn brin o arian ac yn wynebu trafferthion wrth fynnu ei hawliau mewn mannau anghysbell, byddai'n fynych yn gwerthu'r hawl i ddrylliad i dirfeddianwyr lleol. Ym 1102 cafodd llong a gludai drysor a oedd yn eiddo i Henry I ei dryllio yn Dungeness ar lannau Caint. Am mai gan abad Battle, y tirfeddiannwr lleol, yr oedd yr hawl i feddiannu drylliad, ef gipiodd y trysor. Hyd yn oed yn yr achos eithafol hwnnw, bu'n rhaid i'r brenin ildio. Gan fod hynny fel petai braidd yn galed ar y perchennog, dywedodd darpariaeth a wnaed yn ddiweddarach yn y ganrif nad 'drylliad' oedd drylliad petai unigolyn neu anifail wedi dianc yn fyw ohono ac na châi, felly, mo'i ildio i'r Goron nac i'r tirfeddiannwr. Cadwai'r perchennog ei berchnogaeth ar yr eiddo os hawliai ef cyn pen tri mis, cyfnod a estynnwyd i flwyddyn a diwrnod ym 1275. Doedd hynny, wrth gwrs, ddim o gymorth i ddioddefydd anlwcus drylliad a oedd wedi'i olchi i'r lan ac felly ar drugaredd ei gyd-ddyn – a allai gynnwys y tirfeddiannwr. Diolch byth, fe newidiwyd y gyfraith ym 1777 gan beri bod y cwestiwn 'a oedd goroeswyr?' yn amherthnasol. Gallai perchnogion drylliad ei hawlio cyn pen blwyddyn a diwrnod (cyfnod a gwtogwyd i flwyddyn gan ddeddf ddiweddarach).

Dyna osod trefn, felly, ar hawliau'r perchennog, y tirfeddiannwr a'r Goron, ond bu'n rhaid ystyried categori arall, sef yr achubwr. Os câi eiddo'i achub, fe

wnaed hynny, yn ddamcaniaethol, ar ran y Goron neu'r tirfeddiannwr, ac yr oedd ei gadw'n ddwyn. Doedd hynny ddim yn anogaeth i neb fod yn onest. Yn yr ail ganrif ar bymtheg fe gwynodd y barnwr Syr Henry Marten (tua 1562–1641) am yr enw drwg a oedd gan y Saeson dramor am eu 'merciless and savage wildness' wrth longddryllio, ac ym 1633 cydnabu ef hawliau'r achubwyr a mynnu bod rhaid talu swm rhesymol iddynt am eu gwaith.[5] Erbyn diwedd y ddeunawfed ganrif, felly, yr oedd cydnabod hawliau achubwyr a pherchnogion wedi glastwreiddio llawer ar hawl y Goron a thirfeddianwyr.

Ond islaw marc y distyll, ni allai eiddo o longddrylliad fod yn 'wreck' fel y'i diffiniwyd gan y gyfraith. Dyfeisiodd y gyfraith felly, y categori *jetsam* (broc môr, sef rhannau o long neu lwyth a daflwyd yn fwriadol i ysgafnhau'r pwysau ar adeg drafferthus, ac a olchwyd i'r lan), *flotsam* (drec môr, drylliad llong, neu lwyth, a oedd yn arnofio), *lagan* (nwyddau neu falurion a orweddai ar wely'r môr) ac, yn ddiweddarach, *derelict* (adfail llong). Diffiniwyd yr olaf ar y cychwyn yn llong ddi-forwyr a oedd yn drifftio a lle'r oedd y perchennog wedi colli meddiant ar y llong a'i nwyddau ond nid o reidrwydd ei deitl iddynt, ond yn ddiweddarach (1835) estynnwyd hynny i lwyth a oedd wedi suddo, yna (1924) i longau a oedd wedi suddo ac yna (1970) i falurion drylliad a oedd wedi suddo.

Fel y digwyddodd yn achos defnydd a gyrhaeddai'r lan, yr oedd y Goron wedi sefydlu uchelfraint i *droits* y Morlys dros bob un o'r pedwar categori o ddefnydd erbyn y drydedd ganrif ar ddeg. Erbyn diwedd y ganrif ddilynol, cydnabuwyd hawl y perchennog i adennill ei eiddo os oedd wedi'i achub, a chyfyngwyd *droits* y Morlys i eiddo a oedd yn dal heb ei hawlio ymhen blwyddyn. Rhennid *droits* y Morlys rhwng yr achubwr a'r Goron, yn gyfartal i ddechrau ond yn ddiweddarach yn ôl cyfrannau amrywiol y penderfynir arnynt yn unol â'r egwyddorion a ddeuai o Lysoedd y Morlys.[6]

Er i'r rheoliadau esblygu, dal yn niwlog oedd y sefyllfa ynglŷn â'r parth rhynglanwol rhwng y penllanw a'r moroedd tiriogaethol. Wrth i'r llanw ddod i mewn, yr oedd hi'n amlwg mai môr oedd yno; ar drai, nodweddion tir oedd iddo. Yn y pen draw, cyfaddawdodd y gyfraith drwy ddal mai *divisum imperium* ('awdurdodaeth ranedig') oedd y parthau rhynglanwol: adeg y trai, cyfraith gwlad a reolai, a *wreck* oedd unrhyw eiddo o'r llongddrylliad a adawyd ar ôl. Os oedd yr eiddo'n dal i arnofio adeg y llanw, yr oedd yn ddrec môr, yn froc môr, ac ati – ac felly'n dod o dan awdurdodaeth y Morlys. Mae'n debyg i'r ymagwedd honno gael ei mabwysiadu mor gynnar â'r bedwaredd

*Ffigur 15.2 Deifwyr wrthi'n ymchwilio i dŵr llywio'r llong danfor Resurgam (gweler tudalen 219) a ddynodwyd yn statudol ym 1996 o dan Ddeddf Diogelu Llongddrylliadau 1973. Gwnaed yr arolwg dan drwydded gan y Prosiect SubMap a gychwynnodd ym 1997.*

ganrif ar ddeg ond iddi gael ei chadarnhau gan y llysoedd ym 1601. Gwaetha'r modd, ni ddatrysodd hynny bob problem bosibl. Beth petai eitem yn taro'r tir ac yna'n arnofio eto pan ddeuai'r llanw? Beth petai eitem yn taro ar y tywod o dro i dro gan arnofio'n rhannol ond â rhan ohoni o dan y dŵr?

Mewn cyfres o achosion yn y bedwaredd ganrif ar bymtheg, ceisiodd Llysoedd y Morlys ddatrys y problemau hynny. Ym 1836 penderfynwyd ar achos arweiniol, sef King v. Forty Nine Casks of Brandy.[7] Cafwyd hyd i'r 49 casgen mewn amrywiol fannau oddi ar arfordir Dorset – wedi'u gollwng o'r marc penllanw. Yr oedd rhai ohonynt ymhell allan i'r môr ac eraill ar wasgar ar hyd y parth rhynglanwol, rhai ohonynt ar y tir ac eraill yn taro'r tir o dro i dro. Yn uchelgeisiol braidd, hawliodd arglwydd y faenor, perchennog y morlin, bob un o'r 49. Yn dilyn y drefn sefydledig, barnwyd bod y rhai islaw'r distyll yn *droit* y Morlys; *wreck* oedd y rhai ar y tir uwchlaw marc y penllanw ac, os na hawlid mohonynt, eiddo arglwydd y faenor fyddent; *wreck* fyddai'r rhai yn y parth rhynglanwol a oedd ar y tir neu'n ei daro, ond *droit* y Morlys fyddai'r rhai a oedd yn dal i arnofio pan achubid hwy.

Mewn achos tebyg, King v. Two Casks of Tallow,[8] gerbron llys flwyddyn yn ddiweddarach pwysleisiwyd bod rhaid i'r gwrthrychau fod wedi dod i'r lan i fod yn *wreck*; os oeddent yn arnofio, hyd yn oed mewn pwll llanwol a thir sych o'i gwmpas, nid *wreck* fyddent; ond *wreck* fyddai gwrthrychau lled-hynawf a wnâi daro'r lan o dro i dro. Y mater na fynnai'r Llys ei drafod oedd beth fyddai'n digwydd petai gwrthrych yn glanio ar y tir ac yna'n arnofio eto ar y llanw nesaf. Dywedodd fod hynny'n 'question hereafter'.

Hyd yn oed yn fwy dryslyd a chroes yw achos arall yn y bedwaredd ganrif ar bymtheg ynghylch hawliau maenorol i ddrylliad. Llong a darodd dir oddi ar aber Afon Exe oedd y *Pauline* ac yr oedd y criw wedi'i gadael. Drannoeth, byrddiodd beili'r faenor hi am ei bod hi ar dir uwchlaw marc y distyll. Er hynny, penderfynwyd mai *droit* y Morlys oedd y llong, ac nid *wreck*.

I gymhlethu rhagor ar gyfreithlondeb perchnogaeth hanesyddol, ceid cryn densiwn rhwng awdurdodaethau cyfraith gwlad a'r Morlys. Ceir sawl achos hanesyddol o arglwyddi maenorau, fel perchnogion y morlin, yn hawlio ar y sail bod eu hawliau'n ymestyn y tu hwnt i farc y distyll oherwydd *express grant*, *prescription* a *custom*. Mae'n debyg bod ymchwiliad a ddyddiwyd i 1271 yn cyfeirio at benderfyniad cynharach i roi'r hawl i ddrylliad 'as far out to sea as an Umber Barrel could be seen floating'. Gallai'r grant maenorol hwnnw ragddyddio penderfyniad y Goron i roi awdurdodaeth lwyr islaw marc y distyll i swydd yr Arglwydd Uchel Lyngesydd ym 1189. Fe allai, felly, fod yn ddilys. Byddai *express grant* a gawsai ei roi cyn 1189 felly'n rhoi hawl faenorol ddilys i ddrylliad islaw marc y distyll. Mae *prescription* yn broses yng nghyfraith gwlad ac ystyrir yn dystiolaeth o roi hawl, ac mae modd ei derbyn os na ellir cynnig tystiolaeth o

Ffigur 15.3 *Arwydd sy'n rhybuddio deifwyr a pherchnogion cychod o bresenoldeb llongddrylliad – a ddiogelir – yr iot frenhinol* Mary.

Ffigur 15.4 *Llongddrylliad y* Castilian *oddi ar Ynysoedd y Moelrhoniaid, Môn. Suddodd ar ôl taro'r creigiau ym 1943 wrth gludo llwyth o arfau a chopr i Lisbon. Mae ef wedi'i ddynodi'n llongddrylliad peryglus o dan Ddeddf Diogelu Llongddrylliadau 1973.*

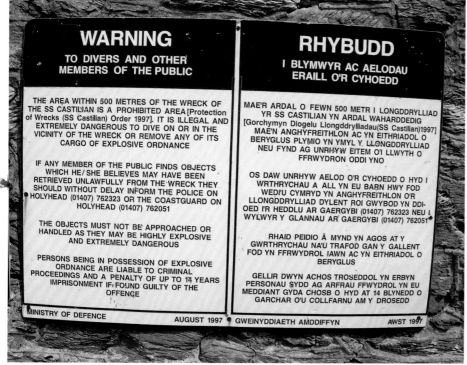

roi'r hawl honno. Os gellir sefydlu *prescription* ar sail hir ddefnydd, mae'r gyfraith yn cymryd yn ganiataol i'r hawl gael ei rhoi cyn 1189 ac felly fod modd ei derbyn. Y drydedd sail oedd *custom*, hynny yw, arfer a fodolai mewn gwirionedd neu'n rhagdybiol 'ers cyn cof' ac iddo felly fagu grym y gyfraith mewn ardal benodol er ei fod yn groes i gyfraith gwlad gyffredin y deyrnas neu'n anghyson â hi. Mae cofnodion maenorol o dde-orllewin Lloegr sy'n dyddio o'r ail ganrif ar bymtheg yn honni bod hawliadau o'r fath yn ddilys 'for as far as a man can cast a dart at low water' neu 'as far as a Tar Barrel on fire can be seen from the land'.

Er bod llawer o hanes y gyfraith uchod yn debyg o ddrysu'r darllenydd heddiw, mae'n dal yn ddilys ac mae perchnogaeth arteffactau hanesyddol y ceir hyd iddynt yn y môr yn faes a gaiff sylw arbennig gan archaeolegwyr y môr (ffigurau 15.2, 15.3 ac 15.4). Ym 1990 daeth deifwyr o Grŵp Archaeolegol Morol De Orllewin Lloegr o hyd i sawl canon, a ddyddiai o 1690-1750, ar riff ar draws aber Afon Erme yn ne Dyfnaint. Y flwyddyn ganlynol, cafwyd hyd i 42 o ingotau tun a ddyddiai o'r Oes Efydd ar ochr y môr i'r riff. Diogelwyd y ddau fan darganfod ar sail eu dynodi'n ddrylliadau o bwys cenedlaethol o dan Ddeddf Diogelu Drylliadau 1973; ond nid oes a wnelo'r ddeddf honno â pherchnogaeth llongddrylliadau nac arteffactau oddi arnynt. Cyflwynodd arglwydd y faenor hysbysiad i Dderbynnydd Drylliadau Ei Mawrhydi o dan adran 521 Deddf Llongau Masnach 1894 gan hawlio teitl i'r arteffactau ar sail hawliau maenorol canoloesol i ddrylliadau a estynnai i'r pellter y gellid gweld casgen wmbr yn arnofio ar ddiwrnod clir. Dwysawyd pryder yr archaeolegwyr wrth i'r Ymddiriedolaeth Genedlaethol, fel perchennog maenor Penrose erbyn hynny, gyflwyno hawl debyg i arteffactau o longddrylliad a lysenwir yn un y 'Doleri Arian', sef, efallai, y *Rio Nova*, llong hwylio o Sbaen yn y 1770au, ym mae bach Lamorna yng Nghernyw.

Go brin bod gwahaniaeth o gwbl rhwng y darpariaethau ynghylch drylliadau yn Neddf Llongau Masnach 1995 a'r rhai yn Neddf 1894. Mae'r blynyddoedd rhwng 1994 wedi gweld datblygiadau enfawr mewn deifio, twf mewn gwaith achub (*salvage*) proffesiynol, dyfodiad achubwyr sy'n adennill eiddo'n fasnachol oherwydd ei werth fel hen eitem, a dyfodiad archaeolegydd y môr. Wrth i dechnoleg ddatblygu mwy eto ar y gallu i ddod o hyd i ddrylliadau oddi ar ein glannau, a chael atynt, fe all yn hawdd mai'r her i'r gyfraith yn y dyfodol fydd sicrhau diogelu'r drylliadau nad oes modd eu cyrraedd hyd yn hyn rhag i waith achub amhriodol gael ei wneud arnynt.

# 15.1

# Diogelu, archaeoleg y môr, a'r gyfraith yng Nghymru

Sian Rees

Diogelir treftadaeth forwrol Cymru gan statudau a chonfensiynau, ac isod[9] ceir crynodeb o'r pwysicaf ohonynt ynghyd â rhestr o'r safleoedd a'r drylliadau yn nyfroedd Cymru sy'n elwa o'r diogelu hwnnw.

**Deddf Diogelu Llongddrylliadau 1973: Adran 1** Mae hon yn diogelu drylliadau sydd wedi'u dynodi'n statudol am y bernir eu bod yn bwysig oherwydd gwerth hanesyddol, archaeolegol neu artistig. Mae'n anghyfreithlon deifio ar y safleoedd hynny heb drwydded gan Cadw, Gwasanaeth Amgylchedd Hanesyddol Llywodraeth Cymru (cadw.llyw.cymru). Diogelir drylliadau a ddynodwyd o dan **Adran 2** am eu bod yn beryglus am fod ynddynt, efallai, arfau rhyfel, ffrwydron neu eitemau peryglus eraill. Mae'n anghyfreithlon mynd i'r dŵr gwaharddedig o amgylch drylliadau o'r fath ar yr wyneb neu o dan y dŵr.[10]

**Deddf Diogelu Olion Milwrol 1986:** Mae hon yn ei gwneud hi'n anghyfreithlon ymyrryd â drylliad unrhyw awyren filwrol sydd wedi taro'r tir neu'r môr, wedi suddo neu wedi mynd yn sownd ar y tir neu ar y lan, neu unrhyw long, sydd wedi'i dynodi o dan y Ddeddf. Mae dwy lefel o ddiogelu, sef 'mannau a ddiogelir' lle mae'n gyfreithiol deifio i 'weld ond peidio â chyffwrdd', a 'safleoedd a reolir' lle gwaherddir deifio i ymchwilio i'r drylliad onid yw'r Weinyddiaeth Amddiffyn wedi rhoi trwydded i chi wneud hynny.[11]

**Deddf Henebion Hynafol ac Ardaloedd Archaeolegol 1979:** Diogelir henebion o bwys cenedlaethol drwy eu cofrestru, a gellir diogelu safleoedd rhynglanwol neu danddwr o fewn y dyfroedd tiriogaethol (12 môr-filltir oddi ar y tir) drwy eu cofrestru. Mae'n anghyfreithlon difrodi, dymchwel, dinistrio, symud, newid neu atgyweirio unrhyw safle cofrestredig heb gael Cydsyniad Heneb Gofrestredig gan Cadw, Gwasanaeth Amgylchedd Hanesyddol Llywodraeth Cymru. Caniateir deifio i 'weld ond peidio â chyffwrdd'.

**Deddf Llongau Masnach 1995:** Rhaid i ddefnydd y ceir hyd iddo neu a gymerir i feddiant o unrhyw ddrylliad fod yn destun adroddiad i'r Derbynnydd Drylliadau, boed y defnydd hwnnw wedi'i adennill o ddyfroedd tiriogaethol y DU neu fod rhywun wedi dod ag ef i mewn i'r DU o'r tu allan i'w dyfroedd tiriogaethol. Bydd y Derbynnydd yn

ceisio dod o hyd i berchennog y defnydd ac i gartref i ddefnydd o bwys hanesyddol. Gellir talu gwobr am achub y defnydd.[12]

**Deddf y Môr a Mynediad i'r Arfordir 2009:** Gall tirweddau tanddwr cynhanesyddol a drylliadau hanesyddol gael eu difrodi wrth ddatblygu gwely'r môr, wrth bysgota, wrth osod ceblau ac wrth gyflawni gweithgareddau achub. Cynyddwyd y diogelu gan Ddeddf y Môr a Mynediad i'r Arfordir 2009, y darn cyntaf o ddeddfwriaeth y DU i ystyried amgylchedd y môr fel cyfanwaith, gan gynnwys yr amgylchedd hanesyddol, i ddarparu ar gyfer gwell rheoli ar y moroedd. Mae'n ymdrin â chynllunio morol, cadwraeth byd natur y môr a gweithgareddau sy'n effeithio ar wely'r môr. Mae'n dynodi Llywodraeth Cymru'n awdurdod cynllunio ar gyfer rhanbarth glannau Cymru (0–12 môr-filltir) a rhanbarthau'r môr mawr (o 12 môr-filltir hyd at y llinell ganol ag Iwerddon) ac yn ei gwneud hi'n ofynnol cynhyrchu Cynlluniau Morol i reoli gweithgareddau a allai fod yn niweidiol, a diogelu amgylchedd y môr, yn unol â Datganiad Polisi Morol y DU.[13]

Cyn cyflawni llu o weithgareddau tanddwr, fel symud defnydd o wely'r môr, gollwng neu adennill gwrthrychau a threillio, rhaid wrth drwydded forol gan Gyfoeth Naturiol Cymru, corff a all gynnig cyngor ynghylch a oes angen trwydded i gyflawni'r gwaith arfaethedig. Ar ôl ymgynghori, fe astudir ceisiadau am drwydded i benderfynu ar effeithiau'r gweithgaredd ar yr amgylchedd (gan gynnwys yr amgylchedd hanesyddol) ac ar ddefnyddwyr eraill y môr.[14]

**Deddf yr Amgylchedd Hanesyddol (Cymru) 2016:** Mae'r Ddeddf hon yn diweddaru ac yn diwygio'r cyfreithiau presennol ynghylch diogelu statudol ar y dreftadaeth ar dir ac ar y môr er mwyn cryfhau'r diogelwch a dileu anghysonderau.

**Confensiwn UNESCO ynghylch Diogelu Treftadaeth Ddiwylliannol Danddwr (fe'i mabwysiadwyd yn 2001):** Er nad yw Llywodraeth y DU wedi cadarnhau'r confensiwn rhyngwladol hwn hyd yn hyn, mae'n derbyn mai yn Atodlen y Confensiwn y disgrifir yr 'arferion

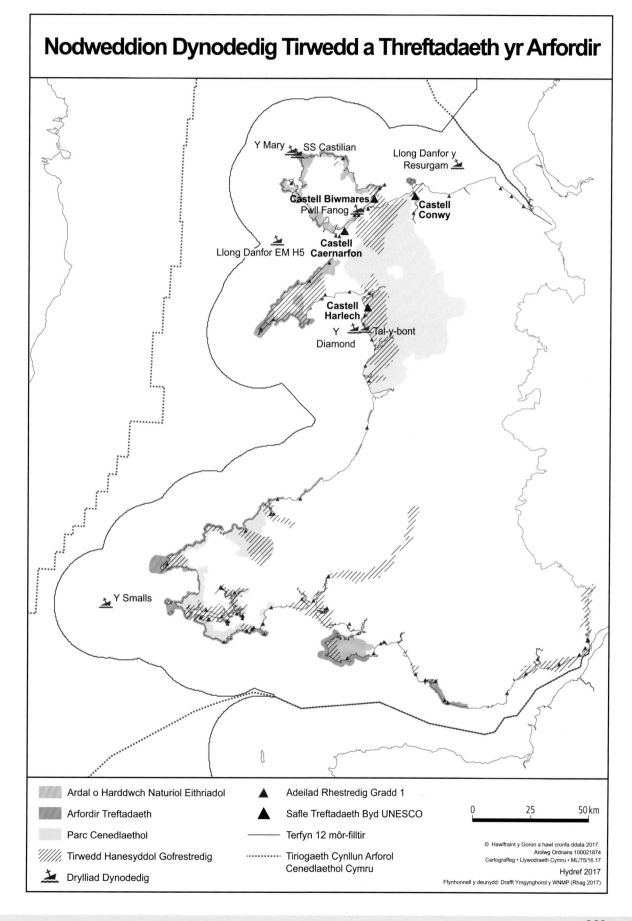

## Nodweddion Dynodedig Tirwedd a Threftadaeth yr Arfordir

Y Mary · SS Castilian

Llong Danfor y Resurgam

**Castell Biwmares**
Pwll Fanog

**Castell Conwy**

Llong Danfor EM H5

**Castell Caernarfon**

**Castell Harlech**

Y Diamond · Tal-y-bont

Y Smalls

| | | |
|---|---|---|
| Ardal o Harddwch Naturiol Eithriadol | ▲ | Adeilad Rhestredig Gradd 1 |
| Arfordir Treftadaeth | ▲ | Safle Treftadaeth Byd UNESCO |
| Parc Cenedlaethol | —— | Terfyn 12 môr-filltir |
| Tirwedd Hanesyddol Gofrestredig | ·········· | Tiriogaeth Cynllun Arforol Cenedlaethol Cymru |
| Drylliad Dynodedig | | |

0   25   50 km

© Hawlfraint y Goron a hawl cronfa ddata 2017.
Arolwg Ordnans 100021874
Cartograffeg • Llywodraeth Cymru • ML/75/16.17

Hydref 2017

Ffynhonnell y deunydd: Drafft Ymgynghorol y WNMP (Rhag 2017)

*Ffigur 15.5 Amddiffynnir llawer o lannau arbennig Cymru gan amrywiaeth o offerynnau statudol a pholisïau.*

gorau'. I bob pwrpas, mae'r Atodlen yn rhan o bolisi'r DU ynghylch treftadaeth ddiwylliannol danddwr, a rhoir sylw i'w darpariaethau wrth benderfynu ar geisiadau am drwyddedau o dan y Deddfau uchod.[15]

### Y Cenhedloedd Unedig: Confensiwn Cyfraith y Môr (LOSC):

Y confensiwn rhyngwladol hwn sy'n diffinio cyfrifoldebau cenhedloedd ynglŷn â'u defnydd o gefnforoedd y byd ac yn pennu cyfyngiadau parthau awdurdodaethol gwladwriaethau arfordirol, megis dyfroedd tiriogaethol, Parthau Economaidd Llwyr-gyfyngedig a'r Ysgafell Gyfandirol, a'r gweithgareddau y gall pob gwladwriaeth arfordirol unigol eu rheoli o fewn y parthau hynny.[16]

### Drylliadau a ddiogelir yn statudol yn nyfroedd Cymru:

Y drylliadau a'r hylciau tanddwr a gofrestrwyd o dan Ddeddf Henebion Hynafol ac Ardaloedd Archaeolegol 1979 fel y'u diwygiwyd ac y'u diweddarwyd gan Ddeddf yr Amgylchedd Hanesyddol (Cymru) 2016:

- *Louisa*, Caerdydd (GM 553) (ST182 740)
- Tri hwlc yn Ynys-las (gweddillion cychod y fasnach lechi a chychod fferi Aberdyfi) (CD 282) (SN6158 9403).

Dyma'r drylliadau hanesyddol a ddynodwyd o dan Adran 1 Deddf Diogelu Llongddrylliadau 1973:

- Safle drylliad llong o Lychlyn wrth y Smalls, Sir Benfro (SM 4644 0876); ardal a ddiogelir: radiws o 100 m, man canol: 51.43.18N 05.40.13W
- Llongddrylliad Tal-y-bont (y 'Bronze Bell'), Y Bermo, Gwynedd (SH 5665 2229); ardal a ddiogelir: radiws o 300 m, man canol: 52.46.41N 04.07.2W
- *Diamond*, Y Bermo, Gwynedd (SH 5276 2291); ardal a ddiogelir: radiws o 200 m, man canol: 52.46.531N 4.11.025W
- Llongddrylliad Pwll Fanogl, Afon Menai, Môn (SH 5342 7070); ardal a ddiogelir: radiws o 150 m, man canol: 15.12.46N 04.11.43W
- *Mary*, Y Moelrhoniaid, Môn (SH2651 9479); ardal a ddiogelir: radiws o 100 m, man canol: 53.25.16N 04.36.40W
- Llong danddwr y *Resurgam*, Y Rhyl, Sir Ddinbych; ardal a ddiogelir: radiws o 300 m, man canol: 53.23.78N 03.33.18W.

Yr unig Longddrylliad Peryglus a ddynodwyd o dan Adran 2 Deddf Diogelu Llongddrylliadau 1973 yw:

- SS *Castilian*, Y Moelrhoniaid, Môn; ardal a ddiogelir: radiws o 500 m, man canol: 53.25.0107N 4.35.9176W.

Y safleoedd a ddynodwyd o dan Ddeddf Diogelu Olion Milwrol 1986 yw:

- HMS *H5*, Caergybi, Môn; ardal a ddiogelir: radiws o 300 m, man canol: 53.05.483N 4.41.975W.
- Pob awyren filwrol a saethwyd i'r môr neu a laniwyd yn y môr.

### Ffynonellau cymorth a gwybodaeth

I wybod rhagor am amgylchedd hanesyddol tanddwr, drylliadau, palaeodirweddau, safleoedd rhynglanwol, diogelu a gofynion cyfreithiol Cymru, holwch:

- Cadw, Gwasanaeth Amgylchedd Hanesyddol Llywodraeth Cymru, sydd â chofnodion ynghylch drylliadau a ddiogelir ac am safleoedd rhynglanwol ac arfordirol: www.cadw.llyw.cymru/historicenvironment
- Comisiwn Brenhinol Henebion Cymru (www.cbhc.gov.uk), sy'n gyfrifol am arolygu ac ymchwilio i safleoedd archaeolegol ac am guradu Cofnod Henebion Cenedlaethol Cymru. Mae gan yr olaf gronfa ddata arforol a chynhwysfawr y gellir ei chyrchu ar-lein drwy www.coflein.gov.uk
- Llyfrgell Genedlaethol Cymru, sydd ag archifau a chofnodion helaeth, gan gynnwys papurau newydd lleol a chenedlaethol: www.llgc.org.uk.
- Swyddfa Hydrograffig y DU, sydd ag archif o arolygon morol ac o siartiau'r Morlys y trosglwyddir llawer ohonynt i'r Archifau Gwladol: www.gov.uk/the-ukho-archive a www.nationalarchives.gov.uk.
- Y Gymdeithas Archaeoleg Forwrol, sy'n rhedeg cyrsiau deifio ynghylch technegau arolygu a chloddio a chynllun 'mabwysiadu llong ddrylliedig': www.nauticalarchaeologysociety.org.
- Cofnodion yr Amgylchedd Hanesyddol yng Nghymru, a gedwir gan bedair Ymddiriedolaeth Archaeolegol Cymru ac y gellir eu cyrchu drwy Archwilio: www.archwilio.org.
- Gwybodaeth am brosiect treftadaeth Arfordir, a ddaeth o hyd i safleoedd archaeolegol newydd yn y parth arfordirol, gan bedair Ymddiriedolaeth Archaeolegol Cymru:

  Ymddiriedolaeth Archaeolegol Clwyd Powys - www.cpat.org.uk (y gogledd-ddwyrain)
  Ymddiriedolaeth Archaeolegol Gwynedd - www.heneb.co.uk (y gogledd-orllewin)
  Ymddiriedolaeth Archaeolegol Morgannwg-Gwent – www.ggat.org.uk (y de-ddwyrain)
  Ymddiriedolaeth Archaeolegol Dyfed – www.dyfedarchaeology.org.uk (y de-orllewin)

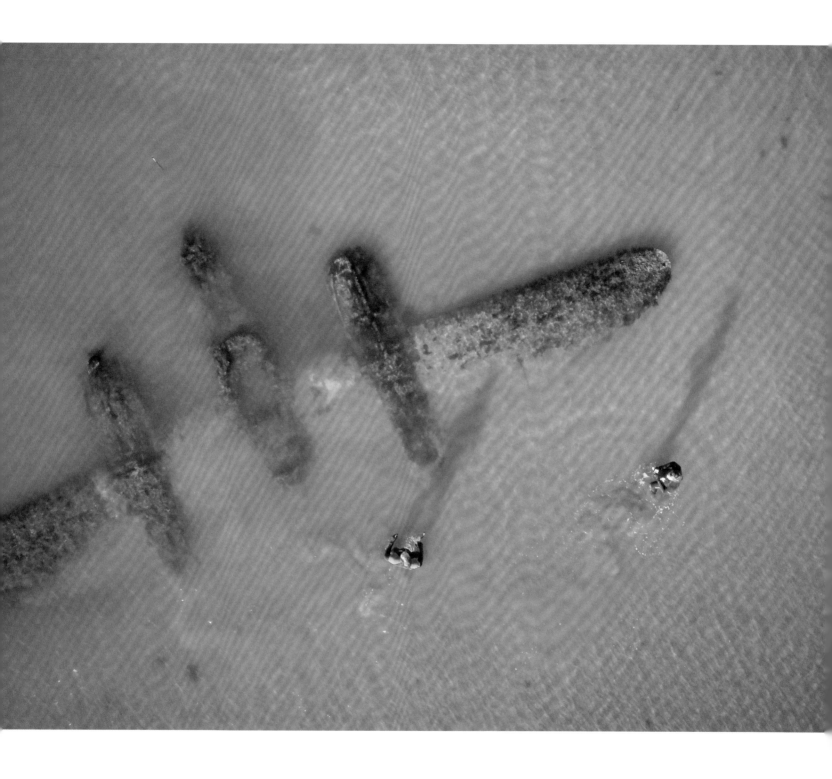

Ffigur 15.6 Er bod gweddillion yr awyren ryfel Lockheed P-38F Lightning o eiddo Llu Awyr UDA gynt mewn cyflwr da ger traeth Harlech, mae tywod yn gorchuddio rhannau ohonynt. Ambell waith, ar lanw isel, fe gyfyd y gweddillion uwchlaw'r dŵr. O dan Ddeddf Diogelu Olion Milwrol 1986, diogelir yr awyren yn ôl trefn 'gweld ond peidio â chyffwrdd'.

# 15.2 Llongau ac awyrennau sy'n eiddo i'r wladwriaeth

## Mike Williams

Daw gwarchod drylliadau awyrennau neu longau sy'n eiddo i'r wladwriaeth, neu a weithredir ganddi neu a ddefnyddir at ddibenion anfasnachol, o dan egwyddorion cyfreithiol sy'n wahanol i'r rhai ynghylch awyrennau neu longau masnachol sy'n eiddo preifat. Mae dau brif reswm dros hynny. Yn gyntaf, ac yn wahanol i awyrennau neu longau masnachol sydd ynghlwm wrth fuddiannau amryw byd o berchnogion, fel perchnogion corff llong neu awyren, perchnogion y llwyth, yr yswirwyr ac ati, un perchennog sydd i awyren neu long sy'n eiddo i'r wladwriaeth. Yn achos y Deyrnas

*Ffigur 15.7 Dosbarthiad y llongau o eiddo cenhedloedd tramor a gollwyd ac a gofnodwyd yng Nghofnod Henebion Cenedlaethol Cymru, cofnod a guradir gan y Comisiwn Brenhinol.*

Unedig (y DU), y Goron yw hwnnw. Yn ail, os achoswyd y golled wrth gyflawni gwasanaeth milwrol, mae cymdeithas yn y DU yn priodoli arwyddocâd diwylliannol penodol i bersonél milwrol sy'n colli eu bywydau wrth wasanaethu eu gwlad, ac mae'r fframwaith cyfreithiol rheoleiddiol yn adlewyrchu hynny. Yn achos y DU, a'i hanes fel grym trefedigaethol a llyngesol mawr a fu ynghanol dau wrthdaro byd-eang yn yr ugeinfed ganrif, mae'r mater hwnnw'n arbennig o ddadleuol am fod gweddillion ei llongau a'i hawyrennau milwrol ar wasgar ar hyd a lled y byd.

Mae pum prif fecanwaith cyfreithiol ar gyfer diogelu awyrennau neu longau o'r fath yn rhan o'n Treftadaeth Ddiwylliannol Danddwr, sef:

- Trwyddedu morol gan y DU o dan Ddeddf y Môr a Mynediad i'r Arfordir 2009
- Egwyddor imiwnedd sofran mewn cyfraith ryngwladol
- Erthygl 4 y Confensiwn Rhyngwladol ar Achub, 1989 (ICS 1989)
- Deddf Gwarchod Gweddillion Milwrol 1986
- Perchnogaeth y Goron (Teitl).

Fel rheol, rhaid wrth drwydded forol i dynnu gwrthrychau o wely'r môr yn Ardal Forol y DU (o farc y penllanw hyd at ymyl Sgafell Gyfandirol y DU), a bydd hynny'n rhoi cryn warchodaeth i weddillion awyrennau neu longau sofran o'r fath. Yn ogystal, mae'r DU yn honni bod egwyddor imiwnedd sofran yn gymwys i ddrylliadau awyrennau a llongau a oedd yn eiddo i'r wladwriaeth neu a weithredid ganddi ac a ddefnyddid at ddibenion anfasnachol. Byddai hynny fel arfer yn cwmpasu drylliadau awyrennau a llongau milwrol. Dadl rhai gwladwriaethau, gan gynnwys y DU, yw bod yr imiwnedd hwnnw'n gwahardd ymyrryd heb awdurdod â'r gweddillion hynny faint bynnag o amser sydd ers i'r golled ddigwydd. Gwaetha'r modd, nid yw pob gwladwriaeth yn cydsynio â'r dehongliad hwnnw, a dadl llawer ohonynt yw nad yw'n gymwys ond i long neu awyren weithredol neu am gyhyd ag y mae ei angen i warchod cyfrinachau technolegol. Mae llawer cyfreithegwr yn amau honiad y DU mewn perthynas â gweddillion o'r fath fod egwyddor imiwnedd sofran wedi magu statws Cyfraith Ryngwladol Wrth Ddefod

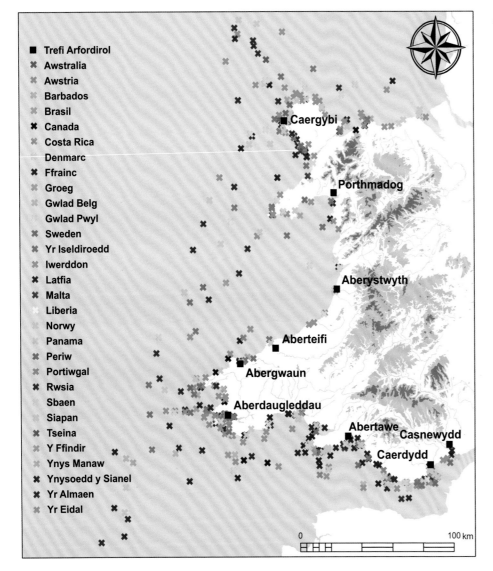

**Allwedd y map:**

- ■ Trefi Arfordirol
- ✖ Awstralia
- ✖ Awstria
- ✖ Barbados
- ✖ Brasil
- ✖ Canada
- ✖ Costa Rica
- Denmarc
- ✖ Ffrainc
- ✖ Groeg
- ✖ Gwlad Belg
- Gwlad Pwyl
- ✖ Sweden
- ✖ Yr Iseldiroedd
- ✖ Iwerddon
- ✖ Latfia
- ✖ Malta
- Liberia
- Norwy
- Panama
- ✖ Periw
- ✖ Portiwgal
- ✖ Rwsia
- Sbaen
- Siapan
- ✖ Tseina
- ✖ Y Ffindir
- Ynys Manaw
- ✖ Ynysoedd y Sianel
- ✖ Yr Almaen
- ✖ Yr Eidal

Caergybi
Porthmadog
Aberystwyth
Aberteifi
Abergwaun
Aberdaugleddau
Abertawe
Casnewydd
Caerdydd

0    100 km

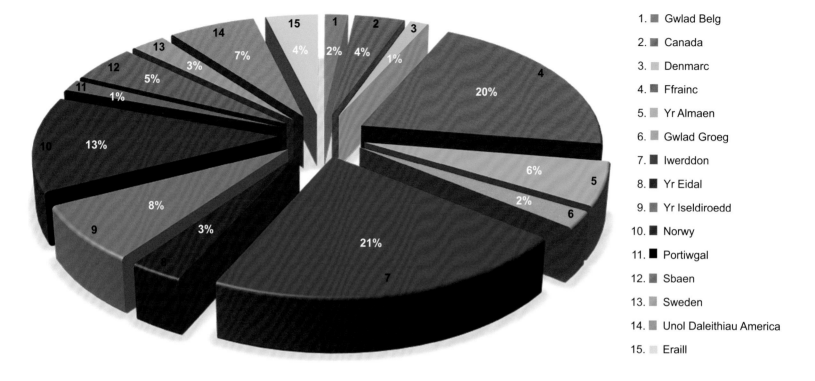

1. ■ Gwlad Belg
2. ■ Canada
3. ■ Denmarc
4. ■ Ffrainc
5. ■ Yr Almaen
6. ■ Gwlad Groeg
7. ■ Iwerddon
8. ■ Yr Eidal
9. ■ Yr Iseldiroedd
10. ■ Norwy
11. ■ Portiwgal
12. ■ Sbaen
13. ■ Sweden
14. ■ Unol Daleithiau America
15. ■ Eraill

*Ffigur 15.8 Y ganran o longau tramor a gollwyd ac a gofnodwyd yng Nghofnod Henebion Cenedlaethol Cymru.*

(h.y. arfer-wrth-ddefod y mae'r mwyafrif o wladwriaethau wedi derbyn ei fod yn cynrychioli'r gyfraith).

I ryw raddau, mae Erthygl 4 ICS 1989 yn codeiddio'r egwyddor o imiwnedd sofran.[17] Mae'n gwahardd yn benodol achub unrhyw eitem heb awdurdod oddi ar longau (nid awyrennau) a oedd yn eiddo i'r wladwriaeth neu a weithredid ganddi ac a ddefnyddid at ddibenion anfasnachol adeg ei cholli. Gwaetha'r modd, nid yw pob gwladwriaeth yn barti i'r confensiwn hwnnw ac mae hynny'n cyfyngu ar hyd a lled ei gymhwyso.

Mae Deddf Gwarchod Gweddillion Milwrol 1986 hefyd yn cyfyngu ar ymyrryd heb awdurdod â gweddillion awyrennau a llongau milwrol. Gwarchodir awyrennau'n awtomatig o dan y Ddeddf ond rhaid dynodi llongau'n benodol. Mae'r Ddeddf yn enghraifft ddiddorol o ddeddfwriaeth 'all-awdurdodaethol'. O fewn dyfroedd tiriogaethol y DU mae'n gymwys i bawb. Y tu hwnt iddynt, mae'n dal ar waith ond mewn perthynas â gwladolion neu longau banerog y DU yn unig. Felly, mae'r Ddeddf yn gwbl effeithiol yn nyfroedd Cymru hyd at 12 môr-filltir allan, ond y tu hwnt i'r terfyn hwnnw fe gyfyngir ar ei effeithiolrwydd i reoleiddio gweithgareddau gwladolion y DU a llongau banerog yn unig.[18]

Yn olaf, gall y DU, y tu allan i'w hardal forol, honni bod

ymyrryd heb awdurdod â'i Threftadaeth Ddiwylliannol Danddwr yn dresmasiad yn erbyn ei heiddo. Ond mae dwyn achosion o'r fath mewn awdurdodaethau eraill yn rhwym o godi anawsterau ac anaml y bydd hi'n ymarferol gweithredu'r mecanwaith hwnnw mewn gwirionedd. Os na all y DU wneud hynny, gall hawlio bod ganddi berchnogaeth (teitl) ar unrhyw eitem a adenillir, fel y gwnaed yn llwyddiannus yn achos eitemau a adenillwyd heb awdurdod mewn dyfroedd rhyngwladol neu yn nyfroedd tiriogaethol gwladwriaethau eraill.

I grynhoi, caiff gweddillion llongau neu awyrennau'r Goron (y Wladwriaeth) sydd yn nyfroedd tiriogaethol y DU, gan gynnwys y rhai oddi ar Gymru, eu gwarchod gan fframwaith rheoleiddiol cynhwysfawr (ffigurau 15.7 ac 15.8). Y tu hwnt i ddyfroedd tiriogaethol y DU, ond o fewn ardal forol y DU, mae hynny hefyd yn dal yn wir o dan y drefn trwyddedu morol. Ond y tu hwnt i ardal forol y DU, mae'r drefn gyfreithiol ryngwladol yn gymhleth iawn ac ymhell o fod yn sefydledig. Y realiti geowleidyddol, felly, yw bod y DU (a gwladwriaethau eraill mewn sefyllfa debyg) yn dibynnu ar gydweithrediad gwladwriaethau arfordirol eraill i sicrhau gweithredu'r athroniaeth honno. Y tristwch yw na cheir y cydweithrediad hwnnw bob tro.

# 15.3 Cyfraith achub

## Mike Williams

Dylai archaeolegwyr y môr, deifwyr a hyd yn oed wirfoddolwyr sy'n gweithio ar safleoedd arfordirol neu rynglanwol wybod am y rheoliadau ynghylch perchnogaeth drylliad. Ni chollir perchnogaeth eiddo dim ond am ei fod wedi'i ddryllio; mae teitl (perchnogaeth gyfreithiol) yn dal wedi'i freinio yn y perchennog gwreiddiol neu ei (h)olynwyr (ffigurau 15.9, 15.10, 15.11 ac 15.12). Dogfennwyd achosion o berchnogion neu eu holynwyr mewn teitl yn mynd ati wedi canrifoedd i hawlio drylliad. Os yw yswiriwr wedi indemnio'r golled, bydd teitl yr eiddo a ddrylliwyd wedi'i freinio yn yr yswiriwr. Yn achos llongau neu awyrennau milwrol, bydd y Goron, neu wladwriaeth dramor, yn cadw'i theitl i'r drylliad, pryd bynnag y bu'r golled. Cyhyd ag y gellir sefydlu perchnogaeth ac y telir tâl achub, bydd gan y perchennog yr hawl i gael dychwelyd iddo neu iddi unrhyw ddefnydd sydd wedi'i adennill o'r môr.[19]

Mae cyfraith achub yn gymhleth. Er mai'r diffiniad o 'salvage' yw 'any act or activity undertaken to assist a vessel or any other property in danger', mae dehongliad y gyfraith achosion draddodiadol o 'danger' yn wahanol i'r diffiniad archaeolegol. Bernir mai ystyr 'in danger' yw unrhyw beth na ellir ei ddefnyddio'n economaidd neu sydd allan o reolaeth neu feddiant ei berchennog. Er i Ddeddf Llongau Masnach 1995 foderneiddio cyfraith achub masnachol, ni chyffyrddodd ag achub gwirfoddol, sef maes gwaith y rhan fwyaf o gloddio gan archaeolegwyr y môr, nac â chysyniad cyfraith achosion y bedwaredd ganrif ar bymtheg o 'salvor in possession'. Heb rwymedigaeth gytundebol i reoli'r gwaith, gall unrhyw un gychwyn gweithgareddau achub ar eiddo tanddwr rhywun arall onid yw'r drylliad wedi'i warchod yn statudol o dan Ddeddf Gwarchod Llongddrylliadau 1973,[20] neu Ddeddf yr Amgylchedd Hanesyddol (Cymru) 2016.[21] Gall hynny olygu codi defnydd y dylid, o safbwynt archaeolegol, ei adael ar wely'r môr.

Os codir defnydd o wely'r môr, mae Deddf Llongau Masnach 1995 yn pennu bod rhaid rhoi gwybod i'r Derbynnydd Drylliadau, sy'n cyhoeddi'r rhestri 'reported materials'.[22] Os yw'r drylliad wedi'i achub, rhaid i'r perchnogion ei hawlio cyn pen blwyddyn ar ôl i'r Derbynnydd gael gwybod amdano. Yn Neddf Llongau Masnach a Diogelwch Morwrol 1997 ceir disgresiwn statudol i gwtogi hynny i dri mis os yw'n annhebygol y

daw perchennog ymlaen.[23] Os hawlir yr eiddo, rhaid i'r Derbynnydd ei ddychwelyd i'r perchennog yn amodol ar gytuno ar daliad i'r achubwr a thalu treuliau'r Derbynnydd. Ond gan nad oes neb yn hawlio'r mwyafrif o ddrylliadau hanesyddol, bydd yr hawl arno'n dibynnu'n bennaf ar leoliad y drylliad statudol adeg ei adennill.

*Ffigur 15.9 Y garreg fedd hon ym mynwent eglwys Granston yn Sir Benfro sy'n dynodi man claddu deg aelod o griw'r llong nwyddau o'r UDA, Charles Holmes, gan gynnwys y Capten Charles Halket Nathaniel Bowlby. Fe'i collwyd adeg corwynt y Royal Charter ar 25 a 26 Hydref 1859 (gweler tudalen 244).*

*Ffigur 15.10 Rhan o hysbysiad yn rhifyn 14 Medi 1860 o'r Pembrokeshire Herald ynghylch achub nwyddau o ddrylliad y Charles Holmes.*

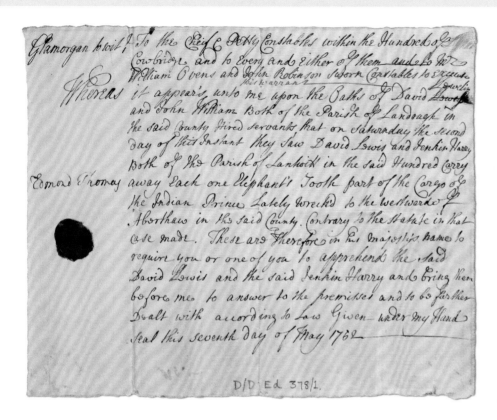

Ffigur 15.11 Gwarant i arestio David Lewis a Jenkin Harry, dau a welwyd yn cludo ymaith ddanned eliffantod o longddryliad yr Indian Prince ar fanciau tywod yr As ym mis Mai 1762.

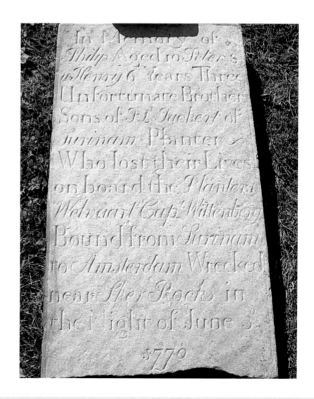

Ffigur 15.12 Llong o Orllewin India'r Iseldiroedd oedd Planters Welvaart ac fe'i collwyd oddi ar Borth-cawl wrth iddi hwylio rhwng Surinam a'r Iseldiroedd. Arbedwyd 45 aelod o'r criw; cafodd cyrff tri brawd (10, 8 a 6 oed), a oedd ar eu ffordd i ysgol yn yr Iseldiroedd, eu claddu yn Eglwys Sant Ioan, Newton, ar 3 Mehefin 1770.

Os adenillir dryliad ar y môr mawr (h.y. y tu hwnt i'r terfyn o 12 môr-filltir ar ddyfroedd tiriogaethol y DU), os caiff ei lanio yn y DU ac os nad oes neb yn ei hawlio, y sawl a gafodd hyd iddo fydd â'r hawl i'r defnydd hwnnw. Os adenillir y dryliad yn nyfroedd tiriogaethol y DU, ac os nad oes neb yn ei hawlio, bydd gan y Goron yr hawl iddo fel arfer cyhyd ag y telir taliad achub, ac mae rhwymedigaeth ar y Derbynnydd i'w werthu gan ei gynnig yn gyntaf i sefydliad addas megis amgueddfa. Os na ddymuna unrhyw sefydliad ei brynu, fe aiff i ocsiwn neu fe gaiff ei ddychwelyd i'r achubwr yn lle gwobr achub. Ar y cyfan, mae'r drefn wedi gweithio'n dda, ochr yn ochr â rhaglen addysg sy'n ceisio atgyfnerthu'r ddealltwriaeth o werthoedd treftadaeth ymhlith defnyddwyr gwely'r môr, achubwyr a deifwyr.

Ond ceir rhagor o gymlethdodau i faglu'r ymchwilydd archaeolegol anwyliadwrus. Dyma eiriau Deddf Llongau Masnach 1995:

Her Majesty and Her Royal Successors are entitled to all unclaimed wreck found in the United Kingdom or in United Kingdom waters except in places where Her Majesty or any of Her Royal predecessors has granted the right to any other person.

Mae'r ddarpariaeth olaf yn esgor ar ragor o drafferthion cyfreithiol. Yn y canrifoedd cynt, ac yn enwedig cyn y chwyldro diwydiannol, yr oedd dryliad a achubwyd yn werthfawr iawn. Bu'n ffynhonnell cryn incwm i'r Goron ond yn un anodd manteisio arno, yn enwedig mewn ardaloedd anghysbell lle byddai trigolion y glannau yn aml yn peidio â rhoi gwybod am ddrylliadau. Arfer mynych y Goron, felly, oedd gwerthu i unigolion ei hawl i ddryliad ar hyd rhannau penodol o'r glannau. Mae hynny wedi esgor ar set gymhleth o egwyddorion cyfreithiol lle gellir dyfarnu perchnogaeth wahanol ar sail lleoliad y defnydd a adenillwyd, boed uwchlaw marc y penllanw, islaw marc y distyll neu yn y parth rhynglanwol. Mae'r ffurflen a ddefnyddir i roi gwybod am adennill dryliad statudol i'r Derbynnydd yn holi ai ar y lan, yn arnofio, ar wely'r môr neu ar y tonnau ond yn bwrw gwely'r môr o dro i dro, yr oedd y gwrthrych a adenillwyd.

Yn unol â Deddf Llongau Masnach 1854, gwnaeth y Bwrdd Masnach arolwg o lannau Cymru i weld ble y ceid achosion, o dan gyfraith gwlad, o ddryliad na hawliwyd mohono ond a adenillwyd uwchlaw'r penllanw neu ar y blaendraeth adeg trai. Cychwynnwyd ar yr arolwg cyntaf ym 1856 ac aeth ymlaen o bryd i'w gilydd am ddegawdau.[24] Heddiw, cedwir y cofnod hwnnw gan y Derbynnydd Drylliadau, ond nid yw'n ddiffiniol. Yn sgil y gostyngiad yng ngwerth drylliadau, a'u hamlder, anaml y rhoir sylw i'r hawl ac mae'n debyg nad yw llu o berchnogion y glannau yn sylweddoli bod yr hawl honno ganddynt. Eto i gyd, mae dau achos diweddar yn dal heb eu datrys (gweler tudalen 281), ac wrth i achub fynd yn broses mwyfwy soffistigedig a bod mwy a mwy o sylweddoli faint o werth hanesyddol sydd i ddrylliadau, efallai y bydd hawliadau'n fwy cyffredin yn y dyfodol.

## 15.4 Smyglwyr, llongddryllwyr a môr-ladron

Sian Rees

Diffiniad Adam Smith o smyglwr ym 1776 oedd rhywun a fyddai wedi bod yn 'excellent citizen had not the laws of his country made that a crime which nature had never meant to be so'.[25] Awgrym Smith, felly, oedd mai canlyniad anochel i'r trethi trwm yn y ddeunawfed ganrif oedd y cynnydd aruthrol yn nifer y llongau a gludai nwyddau o'r Cyfandir i'r wlad hon a chael eu glanio'n llechwraidd heb dalu'r doll fewnforio. Yr oedd gofyn talu tolldaliadau ar yr holl nwyddau a ddeuai i mewn i'r wlad, ond toll ecséis a godid ar eitemau penodol a ddefnyddid o fewn y wlad. Yn ystod y ganrif yr oedd y tollau wedi cynyddu cymaint nes bod nwyddau cyffredin fel te, halen a gwêr canhwyllau yn eithaf costus.

Y canlyniad anochel oedd smyglo[26] ac, yn aml, y gymuned leol a ariannai'r gweithgareddau. Prynai pobl eu cyfran ynddynt yn ôl eu modd. Er bod hynny'n golygu bod llai o berygl y câi'r awdurdodau wybod, weithiau fe ddefnyddid cuddwisg rhag ofn. Pan laniwyd

Ffigur 15.13 Mae'r darlun hwn o The Smugglers' Cave, Lydstep gan arlunydd anhysbys yn y bedwaredd ganrif ar bymtheg yn dangos y cysylltiad cynnar rhwng môr-ladron a chilfachau ac ogofâu anghysbell ar hyd glannau Cymru.

llwyth o win Ffrengig o'r ansawdd gorau yn Nhalacre yn Sir y Fflint, fe'i cipiwyd gan swyddogion y tollau. Llwyddodd criw o 'Mostyn colliers' i herwgipio'r swyddogion a chipio'r gwin, ond nid cyn i'r swyddogion sylwi ar y modrwyau diemwnt a'r dillad cain a wisgai'r glowyr o dan eu carpiau!

Byddai hyd yn oed swyddogion lleol y cyfraith yn cydymdeimlo. Cawsai llwyth o halen ei smyglo a'i lanio o long yng Nghonwy ym 1712 a daeth y bobl leol mewn cyfres o geirt dan arweiniad Syr Griffith Williams, y barwnig a'r ynad heddwch, yno i'w ddadlwytho. Pan ddarfu i swyddog anffodus y tollau weld Syr Griffith, gwyddai nad oedd llwyddo i fod. Er iddo geisio cuddio ymhlith y twyni, fe'i daliwyd, rhoddwyd mwgwd dros ei lygaid ac fe'i cadwyd dros nos mewn cwt ieir tra gwasgarwyd y nwyddau.[27] Yn Solfach yn Sir Benfro, rhybuddiai'r ynad lleol y smyglwyr halen ei fod ar fin cyrraedd drwy ddatgan ar goedd y byddai'n 'punish those rascals. They won't thieve from his most gracious majesty'. Pan chwiliodd ef eu cwch, doedd dim gronyn o halen i'w weld. Cafodd swyddogion y tollau fwy o lwyddiant yn achos cymuned o Fedyddwyr yn Solfach: câi gwêr a gawsai ei smyglo ei ddefnyddio yn yr eglwys i wneud y canhwyllau. Gynted ag y sylweddolodd swyddog y tollau hynny, fe gipiodd y canhwyllau a gadael y gynulleidfa druan yn y tywyllwch![28]

Gallai smyglo gyfrannu cryn dipyn at fywoliaeth cymdogaethau cyfan, yn enwedig pan oedd yr arian y gellid ei ennill drwy werthu nwyddau a smyglwyd gymaint yn fwy na'r cyflogau a geid o bysgota neu lafur amaethyddol. Nid oedd menywod yn eithriad o bell ffordd yn hyn i gyd. Arweinid smyglwyr Castell-nedd gan Catherine Lloyd, tafarnwraig y Ferry Inn yn Llansawel, 'an old offender and noted smuggler'. Daeth ei gyrfa smyglo i ben pan arestiwyd hi wedi iddi gynnig cotwm anghyfreithlon o India i Edward Dalton, swyddog tollau a oedd wedi aros yn ei thafarn i gael peint ac yntau heb fod wrth ei waith swyddogol.[29]

Bu'n rhaid dewis y mannau glanio, a'r math o longau bach a ddefnyddid, yn ofalus. Am fod y llongau â rigiau blaen-ac-ôl a ddefnyddid fel rheol yn gallu teithio'n gyflym ar draws y gwynt a thacio yn ei erbyn, gallent gyrraedd, dadlwytho a llithro ymaith ar yr un llanw. Yr oedd pentiroedd fel Penrhyn Llŷn neu Ynys y Barri yn addas am fod eu glannau'n wynebu dwy ffordd ac felly'n cynnig hyblygrwydd i'r llongau. Yn ddiweddarach yn y ddeunawfed ganrif, pan ddechreuodd swyddogion y tollau ddefnyddio'u llongau eu hunain i reoli smyglo, yr oedd cyflymdra a gallu llongau'r smyglwyr i gludo mwy o nwyddau yn hanfodol bwysig, a thueddent i ddefnyddio pinasau â rigin gaff ond â hwyliau ychwanegol.

Yn aml, byddai morwriaeth y smyglwyr yn drech na morwriaeth y swyddogion tollau a gâi drafferth i reoli eu gweithgareddau. Nid peth anghyffredin oedd trais rhwng y smyglwyr a swyddogion y tollau. Ym 1787 taflodd tyrfaoedd yn Abaty Nedd gerrig at y swyddogion tollau a oedd wedi cipio'r *Polly of Guernsey*, ac ni chafwyd trefn tan i'r swyddogion danio at y dyrfa. Cafodd William Truscott, smyglwr ym Mhenfro, ei ddal ym 1834 ger yr ogof yng Ngheinewydd (ffigur 15.13) lle storiai ei nwyddau, ac wrth iddo ffoi ar draws yr afon fe'i saethwyd yn farw

## Smyglwyr nodedig

*Sian Rees*

Yn ôl hanes y teulu, cafodd Salt House, a safai ar ochr clogwyn ym Mhorth Einon ar benrhyn Gŵyr, ei godi a'i atgyfnerthu ganol y ddeunawfed ganrif gan John Lucas. Defnyddiai ef ogof Culver Hole gerllaw yn ganolfan hefyd, ac oddi yno '(he) became outlawed, engaged in smuggling matters, sucoured ye pirates and ye French smugglers and rifled ye wrecked ships'.[31] Dangosodd cloddiadau ym 1986 mai gwaith halen soffistigedig o'r unfed ganrif ar bymtheg oedd yr adeilad mewn gwirionedd, bod iddo sianeli, cronfeydd dŵr ac ystafelloedd ar gyfer berwi a storio halen ac iddo gael ei ddefnyddio a'i addasu tan iddo fynd yn adfail ganol yr ail ganrif ar bymtheg.[32] Y gwirionedd trist i'r rhai sy'n caru rhamant yw nad oes llawer o wirionedd, mae'n debyg, yn yr hanesion am John Lucas fel môr-leidr.[33] Ond yn sicr, yr oedd William Owen yn smyglwr enwog, a bu'n gweithio ar long fasnach o Hwlffordd cyn listio ar long i India'r Gorllewin. Oddi yno ymunodd â llong smyglo, y *Terrible*. Er iddo gael ei ddal, dihangodd yn ôl i Gymru ac ailddechrau smyglo. Wedi iddo gael ei ddal drachefn, ysgrifennodd ei 'True Authentic Account of the Life of Captⁿ Wᵐ Owen' yng ngharchar Caerfyrddin wrth iddo ddisgwyl cael ei ddienyddio (ffigur 15.14).[34]

gan swyddogion y tollau. Barn y rheithgor yn y cwest oedd bod honno'n weithred 'highly reprehensible, cowardly and cruel'.[30]

Er i smyglo gyrraedd ei uchafbwynt yn y ddeunawfed ganrif a dechrau'r ganrif ddilynol, buasai'n ddigon cyffredin yn ystod canrifoedd blaenorol. Câi pysgod sych o Ynys yr Iâ eu smyglo yng Nghas-gwent yn y bymthegfed ganrif, tybaco yn Redwick ger Casnewydd ym 1649, a cheir adroddiadau ynghylch glanio gwin a brandi ar lannau Sir Benfro mor gynnar â 1611. Er i'r llywodraeth basio deddfau llym i geisio cyfyngu ar smyglo ym 1736 a 1746, a chyflwyno gwell trefn ar gasglu'r tollau yn gynnar yn y bedwaredd ganrif ar bymtheg, ni phrinhaodd y smyglo tan ar ôl y 1840au. Mater o arian oedd hynny gan i bolisi 'marchnad rydd' y llywodraeth leihau llawer iawn ar raddfa'r tollau mewnforio.

Peth cyffredin ar hyd glannau Cymru oedd bod y cymunedau yno'n casglu neu'n achub drylliadau o'r traethau a'r parth rhynglanwol, a cheir hanesion lu am ddryllio bwriadol. Mae Dryllwyr Rhosili'n enwog am mai'r honiad yw iddynt ddefnyddio lanterni i ddenu llongau at y creigiau er mwyn bachu eu llwyth. Ond o blith y rhai a gawsai eu cyhuddo o osod goleuadau'n

*Ffigur 15.14 'Cyffesion' y smyglwr o Gymro, William Owen. Fe'i lluniwyd ganddo yng ngharchar Caerfyrddin ym 1747 wrth iddo aros i gael ei ddienyddio. Rhoddant ei ddisgrifiad ef ei hun o'i gampau o Gymru i India'r Gorllewin.*

Ffigur 15.15 Y gŵr llys Henry Herbert, Ail Iarll Penfro (1538–1601), oedd un o ddynion cyfoethocaf Cymru. Bu'n Llyngesydd Cymru o 1586 ymlaen ac yn gyfrifol, ymhlith pethau eraill, am benderfynu ar gyfreithlondeb yr ysbail a gipiwyd gan herwlongwyr, am ddelio â môr-ladron ac am ddyfarnu ynghylch ceisiadau am achub nwyddau o longddrylliadau.

Ffigur 15.16 Am gyfnod, bu Syr John Perrot (1528–92), Is-Lyngesydd moroedd Cymru, yn byw yng Nghaeriw. Er iddo gael ei gyhuddo ym 1578 o wyrdroi cwrs cyfiawnder a delio gyda môr-ladron, llwyddodd i gadw ffafr y Goron. Y flwyddyn ganlynol, dilynodd long o fôr-ladron draw i lannau Fflandrys a chipio'u harweinydd.

faleisus i achosi llongddrylliad, prin oedd y rhai a gafwyd yn euog. Erlyniad enwog a lwyddodd oedd hwnnw ym 1774 pan ddygodd y Capten Chilcote achos yn erbyn tri Monwysyn y barnwyd iddynt ddenu ei long, y *Charming Jenny*, i ddistryw ar lannau Môn ac achosi marwolaeth y criw.[35]

Mae'n debyg bod môr-ladrata cyn hyned â masnachu ar y môr, ac er bod enw drwg gan y moroedd yng nghyffiniau Caerdydd a Biwmares, Sir Benfro oedd â'r enw gwaethaf oll. Bu John Callice, a weithredai o Angle yn Sir Benfro, yn bla ar longau ar hyd Môr Hafren, a bu'n gwerthu'r nwyddau ohonynt yn Nhalacharn a Chaeriw am flynyddoedd maith cyn cael ei ddal a'i grogi yng Nghasnewydd ym 1576. Gwaith Is-Lyngesydd Cymru – dynion fel Henry Herbert, ail Iarll Penfro (1538–1601) (ffigur 15.15) oedd dileu môr-ladrata, ond mater o farn go gynnil oedd y llinell rhwng môr-ladrata a chipio ysbail yn 'gyfreithlon'. Yr oedd hi'n hysbys bod Syr John Perrot (ffigur 15.16), a benodwyd yn Is-Lyngesydd ym 1562, yn esgus peidio â gweld gweithgareddau'r môr-ladron cyhyd â'i fod yn cael ei gyfran o'r ysbail. Felly hefyd Syr Richard Bulkeley, Biwmares a Thomas Lewis o'r Fan.

Bu sawl môr-leidr enwog o Gymru yn gweithredu ymhellach oddi cartref yn yr unfed ganrif ar bymtheg a'r ganrif ddilynol. Un o'r enwocaf oedd Henry Morgan, a aned tua 1635 yn Llanrhymni. Prynodd ei long ei hun i ymosod ar longau ac aneddiadau'r Sbaenwyr ar lannau Canol a De America a Môr y Caribî a'u hysbeilio.[36] Ym 1670 llofnododd Llywodraeth Prydain Gytuniad Madrid a chytuno i roi terfyn ar fôr-ladrata yn gyfnewid am gydnabyddiaeth gan Sbaen o sofraniaeth Prydain dros Jamaica. Wynebodd Morgan gyhuddiad o fôr-ladrata ond dadleuodd na wyddai ef am y cytuniad. Yn ddiweddarach, fe'i hurddwyd yn farwnig. Yn y pen draw, dychwelodd i Fôr y Caribî yn Llywodraethwr Jamaica a mwynhau diweddglo parchus i'w yrfa.

Cymry llai parchus yn y ddeunawfed ganrif oedd John Evans, Howel Davis a Bartholomew Roberts ('Barti Ddu'). Fe ddilynon nhw yrfa fel môr-ladron ar y moroedd mawr ar ôl llygadu'r cyfoeth y gellid ei ysbeilio o longau trysor Sbaen.[37] Dywedir i Barti Ddu gipio 400 o longau mewn dwy flynedd ac iddo ymosod ar aneddiadau ar arfordir Môr y Caribî cyn i wŷr o'r Llynges Frenhinol lwyddo, ym 1722, i'w saethu'n farw.

# Yr *Ann Francis*: y llongddrylliad a'i ganlyniadau

## 15.5

Mark Redknap

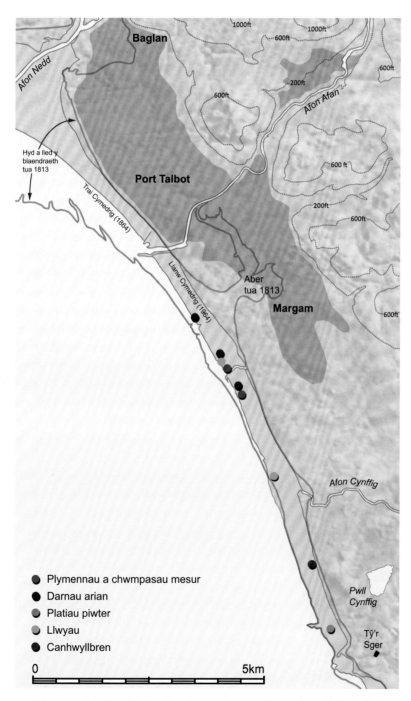

*Ffigur 15.17 Astudir colli'r Ann Francis ym 1583, a gwahanu'r deunydd o'r drylliad wedi hynny, drwy blotio a dadansoddi'r arteffactau wrth iddynt ddod i'r golwg ar hyd traeth Margam.*

**Map legend:**
- Plymennau a chwmpasau mesur
- Darnau arian
- Platiau piwter
- Llwyau
- Canhwyllbren

**Map labels:** Baglan, Afon Nedd, 1000ft, 600ft, 1000ft, 600ft, 200ft, Afon Afan, 600ft, Hyd a lled y blaendraeth tua 1813, Port Talbot, 600 ft, Trai Cymedrig (1864), 200ft, 600ft, Llanw Cymedrig (1964), Aber tua 1813, Margam, 600ft, Afon Cynffig, Pwll Cynffig, Tŷ'r Sger, 0 ... 5km

Wrth iddi hwylio adref o Sbaen ar 28 Rhagfyr 1583 fe ddrylliwyd llong fasnach o King's Lynn, yr *Ann Francis*, ar Draeth Margam (ffigur 15.17).[38] Ysbeiliwyd y llongddrylliad yn syth ac arweiniodd hynny at wrthdaro ar y traeth rhwng cant a rhagor o bobl. Cyflawnwyd amrywiol 'outrageous misdemeanors', ac yn ôl trafodion Llys y Seren fe gipiwyd llawer o'r malurion yn ystod y tair i bedair awr cyn llwyddo i adfer cyfraith a threfn. Arestiwyd chwe dyn a oedd ag arian yn eu meddiant a'u hanfon i Lundain i sefyll eu prawf ac yn ddiweddarach fe ailarestiwyd tri o'r dynion a oedd wedi dianc ac wedi dychwelyd i Forgannwg.

Lluniwyd rhestr o bopeth o werth a oedd yn dal ar fwrdd y llong.[39] Arni rhestrir chwe gwn o haearn bwrw, pedwar o 'fowlers' neu ynnau ar fwylltid, dwy siambr fôn-lwytho i ynnau, lletwad (ar gyfer powdr gwn, mae'n debyg), pum 'kaliver' neu wn llaw, fflasgiau, dau angor, un 'steele Targett' neu darian, cebl, rhaff a thynraff, hwyl a brethyn, darnau o hwylbren, 'pipe half full of sacke brechd' (wedi'i ddifrodi), casgen o dar, potel wydr, dau goffr sbriwsen (a'u cloeon wedi'u torri), 'emptie cofer of oke: locke broken', triphwys o glofau, dau lond blwch o farmalêd, dau ddarn o galico, '(a silver) whissell wth a peece of a chaine wayinge 4 ounces', £12 6s od mewn 'Spanishe silver', pump neu chwech o 'emptye caskes' a ffon gerdded.[40]

Er i asiantau'r tirfeddianwyr lleol, Arglwydd Penfro (ffigur 15.15) a Syr Edward Mansel, hawlio'r nwyddau a gawsai eu hatafaelu, yr oedd perchennog y llong, Francis Shaxton, wedi cydnabod ym mis Chwefror iddo golli ei long 'by stresse of wether and the godes perished' ar fordaith i Hartlepool. Ym mis Mawrth cafodd wybod am y llongddrylliad ym Morgannwg a chyflwynodd gais llwyddiannus amdano. Yr *Ann Francis* oedd ei bumed long a'i un fwyaf newydd: cawsai ei hadeiladu rhwng 1580 a 1583. Mynnai cytundeb a lofnodwyd gan Shaxton a Mansell fod Mansell yn dychwelyd yr ordnans haearn, dau angor, dau o'r ceblau gorau, y pedwar 'fowler', a hanner yr arian a gafwyd yn ôl o'r chwe dyn. Tua diwedd Mai 1584 bu'n rhaid i'r Cyfrin Gyngor anfon llythyr at Mansell i'w atgoffa bod gofyn iddo gyflawni telerau'r cytundeb.[41]

# 15.6

# Tywod sy'n traflyncu: 'llongddrylliad y Doleri'

Mark Redknap

Yn draddodiadol, Bae Rhosili ar benrhyn Gŵyr (ffigur 15.18) yw gorffwysfan olaf llong chwedlonol a gludai ddoleri arian o dde America Sbaenaidd yn yr ail ganrif ar bymtheg. Bu llawer o bobl wrthi am flynyddoedd yn chwilio am dystiolaeth archaeolegol o'r drylliad. Yn 2016, cafodd y Derbynnydd Drylliadau adroddiad gan ddau synwyryddwr (*detectorist*) a oedd wedi dod o hyd i ddarnau arian ger Diles Lake ym mhen gogleddol traeth Rhosili. Pan ddadansoddwyd y darnau yn yr Amgueddfa Genedlaethol yng Nghaerdydd, gwelwyd eu bod yn rhai pedwar ac wyth *real* a ddaethai'n bennaf o fathdai ym México ac yn Potosí (gweler ffigur 15.1) a bod y mwyafrif mawr ohonynt yn dyddio o deyrnasiad Philip IV (1621–65). At ei gilydd, gwael yw safon cynhyrchu'r darnau a chymharol brin yw'r dyddiadau darllenadwy arnynt (ffigur 15.19). Y dyddiad sicr olaf a

Ffigur 15.18 Awyrlun o Fae Rhosili.

welwyd hyd yn hyn yw 1636 (gall fod '1637' ar un ohonynt).

Dyna'r prawf gwyddonol cyntaf o 'longddrylliad y Doleri'. Daeth ymchwil bellach i'r casgliad bod y darnau'n rhan o lwyth llawer mwy a ddatgelwyd gyntaf ym 1807. Ym mhapur newydd y *Cambrian* ar gyfer 7 Mawrth y flwyddyn honno, dywedwyd bod trai cyhydeddol isel, 'very unusually', wedi symud tywod gan ddatgelu 'part of [a] wreck in a very decayed state' allan yn y bae 'near Wormshead'.[42] Cododd dynion lleol nifer fawr o ddarnau arian gerllaw a throdd un dyn ei drowsus yn fag i'w gludo ymaith. Dywedodd yr adroddiad i 12 pwys o ddoleri arian a hanner-doleri (a gyfatebai i ryw 200 o ddoleri arian),[43] yn ogystal ag amrywiol ddarnau o hen haearn a phiwter, gael eu cloddio o'r tywod.[44] Dyfalai'r adroddiad iddynt fod ar un adeg yn 'part of the

cargo of a rich Spanish vessel from South America called the *Scandaroon* galley, which was wrecked on that part of the coast upwards of a century since'.

Symudodd y tywod unwaith eto adeg tymhestloedd difrifol gaeaf 1833/34. Yn ôl disgrifiadau diweddarach yn y wasg ac adroddiadau'r llys, 'labourers, who had come with others from Carmarthenshire, turned the sand with their hands' a chawsant hyd i 'a great number of Spanish dollars'. Wrth i'r newyddion ledu (ffigur 15.19), tyrrodd pobl i Fae Rhosili i hawlio'u lle ar y tywod. Serch y ffraeo a'r ymladd, cafwyd hyd i ragor o ddoleri. Yng nghofnodion llys y faenor, ac yn y *Morning Chronicle*, disgrifir y darnau arian y cafwyd hyd iddynt bryd hynny'n bisiau wyth (wyth *real* arian) o deyrnasiad Philip IV. Cawsent eu bathu yn Potosí rhwng 1621 a 1665.

Dygodd C R M Talbot (1803–90), arglwydd maenor

*Ffigur 15.19 Adroddiadau papur-newydd fel hwn, dyddiedig 18 Ionawr 1834, yn y* Glamorgan, Monmouth and Brecon Gazette *fu'r cyfrwng i'r newyddion am ddod o hyd i ddoleri ym Mae Rhosili ledu'n gyflym.*

> TREASURE TROVE.—Some dollars have lately been picked up on Rhosilly sands, Gower, from the wreck of a Spanish galleon which was lost there above 200 years ago. The wreck was discovered 40 years ago, but buried in the sand, before all the treasure was extracted. The late winds have displaced the sand, and again displayed the dollars. "It is an ill wind that blows nobody good."—C. R. M. Talbot, Talbot, Esq. is lord of the manor.

*Ffigur 15.20 Mae'r dyddiadau bathu ar gefn rhai o'r darnau, fel y 'piece of eight' hwn o Potosí, dyddiedig 1635, yn cynnig cliwiau ynghylch hanes 'llongddrylliad y Doleri Arian'.*

Landimôr (ger Cheriton), ddau achos gerbron llys y faenor ym 1834 i fynnu hawliau'r faenor i'r drylliad.[45] Dadleuodd y diffynyddion y gallai'r darnau arian fod wedi peidio â dod o'r drylliad am na chafwyd hyd i unrhyw ran o long. Mae'n debyg mai penderfyniad arglwydd y faenor yn y pen draw oedd ildio'i hawliau i drysor, a dywedir i lawer aelod tlawd o'r gymuned leol elwa. Honnir i Dollar Cottage, tŷ yn Llangynydd, gael ei godi â'r elw o'r drylliad. Hanner canrif yn ddiweddarach dywedodd yr awdur J D Davies iddo weld darnau arian Sbaenaidd o 1633 yn nwylo un neu ddau o'r 'neighbouring gentry' a bod y rhai yn y cyflwr gorau yn dyddio o 1625, sef adeg teyrnasiad Philip IV. Dywedodd hefyd iddo weld dau ganon o'r drylliad yn sefyll y tu allan i dŷ yn Llangynydd ac mewn gardd breifat yn Hillend, yn ogystal â pheli mwsged ac astrolab morol.

Mae traddodiad yn honni bod yna long, ac iddi gael ei dryllio oddi ar Ben Pyrod ar 3 Hydref 1691. Yn ôl y sôn, cludai £80,000 mewn arian. Manylwyd ymhellach ar hynny mewn llyfrau tywys i ymwelwyr â de Cymru yn gynnar yn oes Victoria:[46]

> About forty years ago, a quantity of dollars, of the date 1625, were found ... the wreck became visible, and more dollars, with pewter and iron, were dug up. The sands again closed, and it was not until 1833 ... that anything more was found. Fourteen men from Faversham, divers and reputed smugglers, the crew of a craft lying in the Burry river, set to work on the wreck, which had become exposed. This excited the country people. Valuable plunder was soon obtained; at one time 300 men were occupied about the wreck, and 2,000 persons assembled to look on. Mr Talbot, Lord of the Manor, found it necessary in order to preserve the peace, which had been broken, to settle a boundary between the strangers and the Gowerians ... Great quantities of dollars, and guns, the stocks of which were finely inlaid with silver, pistols, swords, cutlasses, cannon shot, musket balls, cinnamon, etc., were recovered. Soon after the sand shifted, and the vessel, which had been visible to the extent of 120 feet, once more disappeared. In January 1834, she was again visible, when a large quantity of Spanish dollars, chiefly dated 1631, was secured; and coins were occasionally picked up for eleven years afterwards.[47]

Gan fod dau ddarn a fathwyd yn Seville ymhlith y rhai y cafwyd hyd iddynt yn 2016, yr awgrym yw y gallai'r llong fod wedi dod o Sbaen. Posibilrwydd difyr yw y gallai'r llong fod yn cludo arian bwliwn Llywodraeth Sbaen ac mai'r bwriad oedd ei doddi a'i ailfathu fel rhan o gytuniad a lofnodwyd gan Brydain a Sbaen ym 1630 lle byddai Sbaen yn cyflenwi arian yr oedd ei fawr angen ar y bathdy yn Nhŵr Llundain.[48]

Pennod 16

# Amgueddfeydd: mynediad i bawb

Mark Redknap a David Jenkins

Mae llawer amgueddfa sydd â chasgliadau sy'n darlunio hanes morwrol Cymru wrthi'n manteisio ar y cyfryngau newydd a'r we i rannu gwybodaeth gyda chynulleidfa ehangach ac i hybu mwy o gyfranogi gan y cyhoedd. Mae'r cyfleoedd hynny'n fodd i amgueddfeydd fod yn effro i anghenion eu defnyddwyr, gwella mynediad i'w casgliadau a chreu amgylchedd croesawgar sy'n ysbrydoli ymwelwyr (real neu rithwir) i ddysgu rhagor.

*Ffigur 16.1 Arddangosir model o'r sgwner M A James, a adeiladwyd ym Mhorthmadog ym 1900, yn Amgueddfa Genedlaethol y Glannau yn Abertawe, sef hen warws o 1901 ar lan y doc.*

Agorwyd Amgueddfa Genedlaethol y Glannau yn Abertawe, un o amgueddfeydd cyfansoddol Amgueddfa Cymru, mewn cysylltiad â Dinas a Sir Abertawe, ym mis Hydref 2005 a'i nod yw arddangos rhyw 1,500 o arteffactau sy'n adrodd hanes pobl byd diwydiant ac arloesi yng Nghymru (ffigur 16.1).[1]

Er nad amgueddfa forol, yn benodol, mohoni, mae'r arddangosiadau'n dangos y rhan allweddol bwysig y mae cludiant ar y môr wedi'i chwarae yn natblygiad Cymru fel cenedl ddiwydiannol o ganol y ddeunawfed ganrif ymlaen. Amrywia'r casgliadau morol o nodwydd gwneuthurwr hwyliau i fad achub o faint llawn. Yn y casgliad o fodelau o longau ceir rhyw 150 o fodelau o longau a chychod y gellid bod wedi'u gweld oddi ar lannau Cymru gynt, ac mae'r casgliad o bortreadau o longau yn darlunio, mewn amrywiol gyfryngau, 250 o longau o bob math. Efallai mai'r eitem fwyaf trawiadol yw model wythfed ran o faint y sgwner o Borthmadog, *M A James*, a adeiladwyd ym 1900 ar gyfer y fasnach draws-Iwerydd drionglog mewn llechi, halen a phenfreision wedi'u halltu. Ceir hefyd fodel celfydd o graeniau llwytho glo Lewis Hunter, Caerdydd. Mae'r rheiny'n nodedig oherwydd eu cyfraniad i allforio glo tua diwedd y bedwaredd ganrif ar bymtheg. Arddangosir hefyd ddalen gopr ('sheathing') o long Nelson, y *Victory*. Gwnaed y ddalen yn Abertawe ac mae'n ein hatgoffa i ddalennau copr o Gymru chwarae rôl hollbwysig wrth ddiogelu muriau pren llongau'r Llynges Frenhinol (gweler tudalen 205). Yn y marina gerllaw Amgueddfa Genedlaethol y Glannau yn Abertawe mae'r tynfad *Cannig* a *Light Vessel 91* yn ychwanegu at awyrgylch morol y fan (gweler tudalen 258).

Ers iddi agor, mae'r amgueddfa wedi cynnal amryw o arddangosfeydd dros dro ar agweddau ar hanes morol Cymru gan amrywio o 'Nelson a Chymru' i arddangosiadau o gychod o faint llawn fel cwch y 'Barry sixteen', cwch pysgota eogiaid o aber Afon Dyfrdwy a chwch cimychiaid o Aberdaron. Mae ganddi hefyd gasgliad mawr o ffotograffau a llyfrgell o ryw 22,000 o gyfrolau, gan gynnwys *Lloyd's Registers*.

Mae llawer amgueddfa'n agor mynediad y cyhoedd i gadwrfeydd enfawr o gynnwys digidol. Mae *Casgliad y Werin Cymru*, er enghraifft, yn tynnu sylw at gasgliadau Amgueddfa Cymru a chyrff treftadaeth eraill yng Nghymru fel CBHC a Cadw. Ynddo ceir ffotograffau, recordiadau sain, fideos a storïau o hanes Cymru a'i phobl. A thrwy hybu ymwneud â chasgliadau amgueddfeydd, archifdai a Chofnod Henebion Cenedlaethol Cymru, mae'n fodd i'r cyhoedd gyfrannu eu cynnwys eu hunain.[2]

Mae amryw byd o amgueddfeydd eraill ledled Cymru yn ymdrin yn benodol â themâu morol neu'n cynnwys casgliadau ac arddangosiadau sy'n gysylltiedig â hanes y môr. Yn y gogledd, mae Amgueddfa Arforol Caergybi'n canolbwyntio ar hanes y gwasanaethau fferi i Iwerddon ac mae'r amgueddfeydd yn Nefyn a Phorthmadog yn canolbwyntio ar forwriaeth a masnachau lleol – ac ar lechi'n arbennig.

Cynnwys morol sydd i Amgueddfa Aberdaugleddau hefyd ac mae'n olrhain amrywiol gyfnodau hanes y porthladd fel canolfan hela morfilod, porthladd traws-Iwerydd, porthladd pysgota a therfynfa, erbyn heddiw, i olew a nwy naturiol hylif. Yn Amgueddfa ac Oriel Gelf Casnewydd ceir arddangosiadau ynghylch hanes y môr ac mae Stori Caerdydd yng nghanol Caerdydd yn dangos model o ddociau Caerdydd fel yr oeddent yn gynnar yn yr ugeinfed ganrif.[3] Yn storfa Amgueddfa Abertawe yng Nglandŵr ceir casgliad gwych o fodelau a badau maint-llawn ac mae hi ar agor yn rheolaidd i'r cyhoedd.[4] Mae gan Amgueddfa Sir Gaerfyrddin yn Abergwili, Amgueddfa Dinbych-y-pysgod, Amgueddfa Ceredigion yn Aberystwyth ac Amgueddfa Tŷ Gwyn yn y Bermo (gweler tudalen 246), hefyd arddangosiadau sy'n ymdrin â gweithgareddau morol yn eu hardaloedd hwy.

Mae'r gwaith cadwraeth a'r astudio ôl-gloddio ar long Casnewydd wedi cymryd blynyddoedd maith. Adeg y diwrnodau agored yn ystod y cyfnod hwnnw, mae'r cyhoedd wedi gallu gwylio arbenigwyr yn gwneud gwaith cadwraeth ar estyll gwlyb y llong ac ar fân ddarganfyddiadau. Mae Canolfan Llong Casnewydd, sydd yn ardal Ysbyty yng Nghasnewydd ar hyn o bryd, wedi'i rhannu'n ofod arddangos mawr a dwy storfa fawr. Mae gwaith cadwraeth llawn wedi'i wneud ar lawer o'r arteffactau gorau a chânt eisoes eu harddangos yn Amgueddfa ac Oriel Gelf Casnewydd.[5] Ymchwilir ar hyn o bryd i benderfynu ar y dull gorau o ailgydosod y llong yng nghyd-destun amgueddfa.

Fel y mae'r penodau blaenorol wedi dangos, mae gan lawer o'r amgueddfeydd yng Nghymru a thu hwnt gasgliadau eithriadol o ddifyr sy'n berthnasol i thema'r llyfr hwn. Maent yn ffynhonnell uniongyrchol o dystiolaeth ac yn ddolen gyswllt bendant wrth i'n perthynas â'r môr esblygu.

# 16.1 Y Gymdeithas Archaeoleg Forwrol

Mark Beattie Edwards ac Ian Cundy

Elusen sydd wedi'i chofrestru yn y Deyrnas Unedig yw'r Gymdeithas Archaeoleg Forwrol (yr NAS). Fe'i sefydlwyd ym 1986 a'i nod, drwy fod yn ganolbwynt i archaeoleg y môr a'r glannau, yw hyrwyddo diogelu'n treftadaeth archaeolegol yn yr amgylchedd arfordirol a morol.

Bydd yr NAS, felly, yn ceisio denu pobl o bob maes, yn ddeifwyr ac eraill, yn broffesiynolion ac yn amaturiaid, yn haneswyr, yn wirfoddolwyr ac unrhyw un sy'n ymddiddori mewn archaeoleg forwrol. I'w helpu i gyrraedd y nod, mae'r NAS yn rhedeg cyrsiau rhagarweiniol a chyrsiau tystysgrif ar Archaeoleg Danddwr a'r Blaendraeth a chyrsiau arbenigol mewn amrywiaeth mawr o bynciau sy'n gysylltiedig â'r môr.[6]

Rhan o gylch gwaith yr NAS yw denu pobl i ymddiddori yn y technegau sy'n gysylltiedig â chofnodi, cloddio, gwneud gwaith cadwraeth, ymchwilio a lledaenu gwybodaeth drwy ei chyhoeddi.

Nod y Gymdeithas yw hyfforddi deifwyr campau i allu gweithio ochr yn ochr ag archaeolegwyr proffesiynol y môr ac, yn y man, i wneud eu prosiectau a'u hymchwil eu hunain.

Dros y blynyddoedd mae Cadw, gwasanaeth amgylchedd hanesyddol Llywodraeth Cymru, wedi bod yn gefnogol iawn i waith yr NAS ac wedi noddi cyrsiau hyfforddi ar hyd glannau Cymru drwy ei raglen o roi grantiau (ffigurau 16.2 ac 16.3). Canlyniad hynny bellach yw bod gan lawer o glybiau deifio yng Nghymru aelodau sy'n deall ac yn frwdfrydig ynghylch archaeoleg y môr.

Mae SubMap yn nodweddiadol o'r mathau o brosiect y mae'r NAS wedi ymwneud â hwy. Cyd-brosiect oedd hwnnw ac fe'i cyflawnwyd gan archaeolegwyr proffesiynol o Uned Deifio Archaeolegol Prifysgol St Andrews yn yr Alban a deifwyr campau amatur y cawsai llawer ohonynt eu

*Ffigur 16.2 Cynhelir sesiwn o gwrs yr NAS yn y pwll ac mae'n gyfle i'r cyfranogwyr gael cymorth tiwtoriaid yr NAS i droi'r ddamcaniaeth ynghylch gwaith arolygu yn brofiad ymarferol.*

Ffigur 16.3 Mae'r sesiwn hwn yn ystafell ddosbarth yr NAS yn annog y myfyrwyr i drafod problemau pwysig ynghylch diogelu treftadaeth ddiwylliannol danfor.

hyfforddi gan yr NAS. Nod y prosiect oedd arolygu a chofnodi'r *Resurgam* (gweler tudalen 218). Hi oedd y llong danfor gyntaf i'w gyrru gan ager ac fe suddodd wrth gael ei thynnu gan long ym 1880 (ffigur 16.5).[7]

Yn dilyn prosiect SubMap ym 1997, sefydlodd yr NAS strategaeth 'Diving with a Purpose' yn 2000 ac un o'r mentrau ynddi oedd y cynllun 'Mabwysiadu Llong Ddrylliedig'. Mae hwnnw'n annog deifwyr a phobl sy'n ymddiddori yn archaeoleg y môr i ganolbwyntio ar longddrylliad neu safle morol arall ac i wneud gwaith ymchwil a chofnodi arno. Ei nod yw helpu i feithrin ymwybyddiaeth o berchnogaeth neu warcheidwadaeth rhwng pobl a'u treftadaeth danddwr ac arfordirol.

Mae grwpiau, felly, wedi mabwysiadu sawl safle yng Nghymru. Yn eu plith mae dryiliad y *Norman's Court* oddi ar lannau Môn ac, yn fwyaf diweddar, ddrylliad llong y credid gynt iddi fod yn gwch peilot o flynyddoedd cynnar yr ugeinfed ganrif. Mae'r hwlc, sy'n gorwedd ar lan ogleddol Ynys Sili ym Mro Morgannwg (ffigur 16.4), wedi'i fabwysiadu gan aelod o'r NAS, deifwr sydd wedi dechrau ymchwilio ac arolygu i geisio dod o hyd i wir achos y drylliad.[8] Oddi ar hynny, mae'r drylliad wedi'i ddefnyddio'n ganolbwynt i Gwrs Diddordeb Arbennig Rhan 3 yr NAS ar gofnodi hylciau.

Y gobaith yw mai'r prosiectau a'r cynlluniau hynny fydd y cyntaf o fentrau pellach a wnaiff ysgogi grwpiau o ddeifwyr ac eraill i fynd ati'n frwd i fabwysiadu safleoedd ac i gyflawni prosiectau a wnaiff ychwanegu gwybodaeth at gofnod archaeolegol bresennol Cymru. Drwy wneud hynny, bydd gennym well dealltwriaeth a gwerthfawrogiad o'n treftadaeth ddiwylliannol forol ac o'n heffeithiau ni arni.

Ffigur 16.4 Gwirfoddolwyr yr NAS wrthi'n cofnodi drylliad ar Ynys Sili. Credir mai'r badlong o Bridgwater, Friendship, sydd yma.

Ffigur 16.5 Arolygu'r llong danfor Resurgam fel rhan o brosiect SubMap ym Mehefin 1997.

## 16.2 Archifau'n ffynonellau ymchwil

Lynn Francis

Barque Cambrian Warrior.
Victoria Dk. Melbourne.
Australia.
28/11/97

Dear Uncle & Aunt and cousin
    I received your welcome.
letter on the 26 inst and I was
very glad to hear from you
Dear Uncle I am sorry to tell you
that I do not like the sea their is
nobody to blame except myself.
I have written to my father to
Port Pirie and I asked him If he
would let me ave up the sea

*Ffigur 16.6 Mae'r llythyr ymbilgar hwn, a luniwyd gan R J Thomas ar 28 Tachwedd 1897 ac a gyfeiriwyd at ei ewythr, ei fodryb a'i gefnder yng Nghaernarfon, yn datgan ei awydd i roi'r gorau i'r môr. Fe'i luniwyd pan oedd y barc Cambrian Warrior wrth angor yn Noc Victoria ym Melbourne, Awstralia.*

Cedwir casgliadau cyfoethog o gofnodion arforol mewn amrywiol sefydliadau yng Nghymru a thu hwnt. Yng Ngwasanaeth Archifau Gwynedd, mae cofnodion yr ystadau, y chwareli a'r Sesiynau Chwarter i gyd yn cynnwys deunydd a all fod yn ddefnyddiol i hanesydd y môr, fel y gall papurau personol unigolion a chasgliadau o bapurau newydd a ffotograffau. Maent oll yn adlewyrchu'n gorffennol morol cyfoethog ni ac yn ein helpu i ddeall perthynas unigolion a chymunedau â'r môr.

Gall y cofnodion hynny fod yn ddifyr yn ogystal â chynnig gwybodaeth. Yng nghofnodion y Sesiynau Chwarter dyddiedig 1566, er enghraifft, cawn gyfeiriad at Ieuan ap Meredith a gyhuddir o dderbyn, helpu a chynorthwyo môr-ladron ar Ynys Tudwal.[9] Melys moes mwy! Bydd yr archifau hefyd yn ein helpu ni i gydymdeimlo ag unigolion fel R J Thomas a anfonodd lythyr am ei fordaith ddiflas o'r *Cambrian Warrior* ym Melbourne yn Awstralia at ei fodryb a'i ewythr yng Nghaernarfon. Mae'n holi ei dad, a oedd yntau'n forwr ar fwrdd y *C. Princess*, a all ef adael y môr a mynd yn haearnwerthwr (ffigur 16.6).[10]

Yn holl archifdai sirol Cymru ceir amrywiaeth o gasgliadau sy'n ymwneud â'r môr, a chaffaeliad amhrisiadwy wrth ddod o hyd i'r ffynonellau hynny drwy ei gronfa ddata chwiliadwy ar-lein yw Prosiect Archifau Arforol Lleol Exeter (ELMAP). Ynddi, cewch gyfeiriadau at y cofnodion ac iddynt arwyddocâd morol a llyngesol sydd mewn archifau ledled Prydain, a gall defnyddwyr ei chwilio a dod o hyd i amrywiaeth o ffynonellau ar draws ystod fawr o gasgliadau.[11]

Mae gan sefydliadau cenedlaethol yng Nghymru, fel y Llyfrgell Genedlaethol, bob math o gasgliadau archifol sy'n ymwneud â'r môr, gan gynnwys y Mercantile Navy Lists a'r Lloyd's Registers sy'n rhoi manylion y capteiniaid a'r is-gapteiniaid (ar longau masnach) a oedd â thystysgrifau meistr. Mae gan Amgueddfa Cymru hefyd gopïau o Lloyd's Registers ochr yn ochr â chasgliadau morol eraill.[12] Mae gan Gomisiwn Brenhinol Henebion Cymru gronfa ddata gynhwysfawr o wybodaeth am safleoedd llongddrylliadau, a gellir cael hyd iddi ar Coflein, eu cronfa ddata ar-lein (ffigur 16.7).[13]

Ymhlith y ffynonellau y tu allan i Gymru i helpu i astudio hanes morol Cymru mae Llyfrgell y Guildhall yn

Ninas Llundain, sydd â chasgliad o Lloyd's Registers, ac Amgueddfa Glannau Mersi, sydd â thystysgrifau cofrestru a chytundebau a rhestri criwiau llongau a gofrestrwyd yn Lerpwl, yn ogystal â chofnodion sefydliadau swyddogol, cwmnïau llongau, perchnogion llongau a chymdeithasau masnach. Gan yr Archifau Gwladol (y TNA) yn Kew y mae'r mwyafrif llethol o gofnodion morwrol, gan gynnwys Llyfrau Porthladdoedd, ffurflenni llongau, cofnodion y tollau, cofnodion y Llynges Frenhinol a llawer mwy. Yno hefyd ceir rhestri o griwiau a chytundebau dyddiedig 1835–60, a sampl o 10 y cant o bob criw-restr dyddiedig 1861–1938 a 1951–80. Yn yr Amgueddfa Forol Genedlaethol yn Greenwich y mae'r 90 y cant arall o restri criwiau ar gyfer y blynyddoedd 1861, 1862 a phob blwyddyn sy'n diweddu â 5. Mae gan Archifdai Sirol a chadwrfeydd eraill griw-restri nad ydynt i'w cael yn yr Archifau Gwladol na'r Amgueddfa Forol Genedlaethol ar gyfer y cyfnod 1863–1912. Yn olaf, yn Archif Hanes y Môr ym Mhrifysgol Goffa Newfoundland y ceir gweddill y rhestri na chymerwyd mohonynt gan unrhyw sefydliad arall.[14]

Mae hanes y môr yng Nghymru wedi elwa'n fawr o waith unigolion fel Aled Eames (1921–96) a fu'n annog morwyr a'u teuluoedd i hel atgofion ac adneuo'u cofnodion er mwyn i eraill allu deall y berthynas rhwng Cymru a'r môr. Yr oedd ganddo ef ac eraill ddigon o weledigaeth i ddechrau croniclo oes aur llongau Cymru tra oedd y rhai a fu'n rhan ohoni'n dal ar dir y byw. Yn ei gyflwyniad i *Cymru a'r Môr / Maritime Wales* (1976), meddai: '.. yn fwy na dim, byddwn yn ceisio croniclo hanes llongau Cymru drwy'r oesoedd, eu perchenogion, a'r dynion (a'r merched) a hwyliodd ynddynt.'[15]

Mae *Cymru a'r Môr* a chyhoeddiadau tebyg wedi dal i gloddio'r wythïen honno. Y nod yw cael pobl i gofnodi eu hatgofion ac adneuo dogfennau, cychwyn prosiectau i ddiogelu hanes Cymru a'r môr a chyfoethogi'n dealltwriaeth ni o'r berthynas honno. Mae'n bwysig hybu'r diddordeb hwnnw yn hanes y môr. Er bod natur mordwyo wedi newid, mae'n dal i fynd rhagddo ym myd llongau masnach a chychod hamdden heddiw. Dydy'n hanes morol cyfoethog ni, felly, ddim ar ben.

*Ffigur 16.7* Coflein *yw cronfa ddata chwiliadwy Cofnod Henebion Cenedlaethol Cymru, ac fe'i crëwyd gan y Comisiwn Brenhinol.*

# 16.3 Modelau ac atgynyrchiadau

Mark Redknap

*Ffigur 16.8 Adeiladwyd y copi hwn o long fasnach o Fryste, y Matthew, ym 1994–96, ac erbyn hyn mae'n eiddo i Ymddiriedolaeth The Matthew of Bristol. Mae'n cyfleu'n fyw iawn gamp John Cabot a'i griw wrth hwylio i Newfoundland ym 1497 mewn llong mor fach. Gan ddefnyddio offer llywio o'r bymthegfed ganrif, fe ailgrëodd criw modern daith nodedig Cabot ar draws yr Iwerydd 500 mlynedd yn ddiweddarach.*

Un ffordd o ddeall morwriaeth mewn cyfnodau cynharach yw atgynhyrchu llongau hynafol a cheisio dod o hyd i'r atebion i gwestiynau ynghylch sgiliau crefft hynafol, siapiau cyrff llongau a'u perfformiad. Sut wnaethon nhw'r gwaith? Sut olwg oedd ar y llong? Pa mor dda y byddai hi'n hwylio? Ydy'r amcangyfrif o faint o lwyth y gallai ei gludo yn realistig? Pa mor sefydlog oedd hi? Gellir arfer amrywiaeth mawr o ffyrdd o geisio dod o hyd i atebion i gwestiynau o'r fath. Fe allwn astudio modelau a wnaed gan adeiladwyr llongau neu a roddwyd i eglwysi wrth gyflawni adduned ('ex-votos'). Gallwn gynhyrchu lluniadau damcaniaethol a modelau digidol ar sail tystiolaeth hynafol. Gallwn hyd yn oed gynhyrchu modelau wrth raddfa neu atgynyrchiadau maint-llawn neu hanner-maint a rhoi prawf ar eu perfformiad o dan amodau bywyd go-iawn. Mae pob un yn dibynnu ar ymchwil, a pho fwyaf manwl y set ddata dechnegol o'r dystiolaeth sy'n goroesi a pho fwyaf trylwyr y dadansoddi, mwyaf dibynadwy fydd y canlyniad.[16]

Er enghraifft, y sylw a gafwyd yn sgil adeiladu atgynhyrchiad maint-llawn o'r math o gwch o'r Oes Efydd y daethpwyd o hyd iddo yng Nghil-y-coed (gweler tudalen 70), a hynny ar sail yr olion y cafwyd hyd iddynt mewn cyflwr da yn Ferriby ar Afon Humber, oedd '[it would] move well in the water … I could turn her quite easily with the rudder paddle … [with] a few tons of ballast – perhaps tin ingots – she might handle better'.[17] Mae llawer wedi'i ddysgu am longau oes y Llychlynwyr drwy astudio atgynyrchiadau o wahanol fathau o longau'r Llychlynwyr o Skuldelev, a gellir eu cymharu o ran cyflymdra mewn perthynas â chyfeiriad y gwynt, drifft y dŵr a'u gallu i hwylio o dan wahanol amodau. Mae'r atgynyrchiadau o'r cogiau canoloesol o Bremen a'r Ijsselmeer – y bydd fersiynau ohonynt wedi llywio'u ffordd ar hyd dyfroedd Cymru – wedi rhoi gwybod i ni am eu sefydlogrwydd (gan gynnwys eu tindafliad anghysurus ar adegau) wrth hwylio'n agos i'r gwynt, tacio, a pha mor effeithiol oedd y llyw (ffigur 16.9).[18]

Un o'r atgynyrchiadau o longau mawr oes Elizabeth yw'r *Susan Constant*, adluniad o fanerlong taith fforio o Brydain ar draws Môr Iwerydd i Fae Chesapeake ym 1607. Adeiladwyd ailgread o long 50-tunnell John Cabot (tua 1450–tua 1500), y *Matthew*, i ddathlu pumcanmlwyddiant taith fforio Cabot i Newfoundland ym 1497 (ffigur 16.8). Ar raddfa lai, effaith yr adluniad maint-llawn a wnaed ym 1993 o geufad canoloesol cynnar o Lyn Syfaddan oedd mireinio'n dealltwriaeth o ddilyniant yr adeiladu o'r boncyff i'r cwch. Fe'i cadwyd dan ddŵr tan ei godi drachefn yn 2016. Sicrhawyd ei fod yn dal dŵr drwy arfer dulliau traddodiadol o ddefnyddio mwsogl a chwyr gwenyn, a chynhaliwyd treialon newydd i gofnodi nodweddion ceufad 24 oed. Serch ei oedran, yr oedd yn dal yn sefydlog yn y dŵr a gallai deithio ar gyflymder o bedair môr-filltir yr awr yn rhwydd.[19]

Dull arall yw creu 'model gweithio' fel arbrawf archaeolegol ar sail yr estyll sydd wedi goroesi. Dyna a wnaed ar ôl codi a chofnodi'r llong ganoloesol o Abergwaitha ym 1995. Aeth staff o Amgueddfa Cymru ac Ymddiriedolaeth Archaeolegol Morgannwg-Gwent ati'n ofalus i ddatgymalu corff y llong a llunio cofnod cynhwysfawr ohono. Cafodd pob astell ei glanhau a'i lluniadu wrth raddfa ac o faintioli llawn. Yna, comisiynodd yr amgueddfa y peiriannydd sifil, y dyfeisydd a'r pensaer llyngesol y diweddar Dr Edwin W H Gifford o Griffon Hovercraft Cyf i greu model maint-llawn o gymaint o fframwaith y llong ag a oedd wedi

goroesi. Helpodd hynny i sefydlu siâp gwreiddiol y corff fel bod modd ail-siapio estyll afluniedig y llong ganoloesol cyn gwneud gwaith cadwraeth arnynt a'u harddangos. Bu hefyd yn gymorth i greu glasbrint tri-dimensiwn i greu'r mowldiau a'r ategion y byddai eu hangen wrth wneud gwaith cadwraeth ar estyll y llong.[20]

Yna, defnyddiwyd y wybodaeth a gafwyd felly o dystiolaeth gywasgedig, afluniedig a thameidiog – ar adegau – yr estyll gwreiddiol i greu adluniad o faintioli llawn o ffurf wreiddiol y llong. Fe'i lluniwyd ar sail set gyflawn o ddargopïau 1:1 o'r estyll unigol ynghyd â gwybodaeth a gafwyd o fodelau wrth raddfa, o ffynonellau canoloesol ac o ddarnau o longau cyfoes o amrywiol safleoedd ar lannau'r dŵr. Er na cheisiwyd defnyddio dulliau a defnyddiau dilys (llarwydd a ddefnyddiwyd ar gyfer y model, ond derw a ddefnyddiwyd yn y llong wreiddiol), mae'r model maint-llawn a ddeilliodd o hynny'n atgynhyrchiad manwl-gywir o safleoedd cysylltu a dimensiynau estyll y rhannau o'r corff y cafwyd hyd iddynt yn wreiddiol.[21] Defnyddir y model i ddehongli'r darganfyddiad a'r dull o'i ailadeiladu pan gaiff gweddillion y llong eu harddangos maes o law.

*Ffigur 16.9 Mae'r astudiaeth archaeolegol o ddrylliadau cogiau canoloesol wedi goleuo'r adeiladu ar amryw o gopïau hwylio drwy roi rhyw syniad o'u manteision dros y 'cêl' o ran cludo llwythi. Yn y tu blaen mae'r Kampen Kogge (a seiliwyd ar ddrylliad a gloddiwyd yn yr IJsselmeer Polders yn yr Iseldiroedd). Yna, daw'r Wissemara (a seiliwyd ar ddrylliad ar Ynys Poel yn y Baltig ym 1354), ac yna'r Lisa von Lübeck, adluniad damcaniaethol o garafel Hanseatig o'r bymthegfed ganrif.*

# Rhestr o'r termau a ddefnyddir yn y llyfr hwn

Mae'r termau a ddefnyddir yn y llyfr hwn yn cynnwys amryw o rai technegol o feysydd codi adeiladau o goed, mathau o gychod a llongau, ac arteffactau ac anneddiadau. Canllaw i ystyr ac arwyddocâd rhai o'r termau hynny yw'r rhestr isod.

**Arolwg bathymetrig:** arolwg sy'n mesur dyfnder gwely'r môr.

**Badlong** (*ketch*): llong hwylio â dau hwylbren a rigin yn y tu blaen a'r tu ôl, a hwylbren ôl o flaen y llyw ac yn fyrrach na'r prif hwylbren.

**Balast:** defnydd trwm a roir yn howld llong, yn enwedig os nad oes ganddi fawr o lwyth neu ddim llwyth o gwbl, er mwyn iddi fod yn ddigon isel yn y dŵr i fod yn fwy sefydlog a'i rhwystro rhag dymchwel. Oddi ar ddiwedd y bedwaredd ganrif ar bymtheg, y balast a geir mewn llongau ager, a llongau modur yn ddiweddarach, yw dŵr wedi'i bwmpio i'w gwaelodion dwbl. Caiff hwnnw ei bwmpio allan ar ôl cyrraedd pen y daith.

**Barc** (cymh. *barca* mewn Profensaleg a *barca* mewn Lladin diweddar): cwch agored ag un hwylbren. Gall gludo 20-30 tunnell (canoloesol); llong hwylio, fel rheol â thri hwylbren, lle mae'r hwylbren blaen a'r prif hwylbren â hwyliau sgwâr ac mae rigin i'r hwylbren ôl y tu blaen a'r tu ôl (y bedwaredd ganrif ar bymtheg). Mae'r defnyddio cynharach ar y term yn gymhleth.

**Barcud sgwâr yr hwyl uchaf:** hwyl uchel, ysgafn.

**Blaen y llong** (*stem-post*): y darn fertigol o goed sy'n troi wrth godi (neu gydosodiad o'r coed hynny), sy'n rhoi i du blaen cwch neu long ei ffurf, a'r darn y cysylltir estyll y corff wrtho.

**Bôn yr hwylbren:** mortais sydd wedi'i dorri i frig y *celsan* neu un o estyll mawr y llawr, neu floc morteisiedig sydd wedi'i osod ar bren y llawr ac y gosodir troed yr hwylbren ynddo.

**Brig:** llong dau hwylbren â hwyliau sgwâr. Fel rheol, bydd hwyl isaf ychwanegol ar y tu blaen a'r tu ôl ar y *gaff* a hwylbolyn i'r prif hwylbren.

**Brigantîn** (cymh. yr Eidaleg *brigantine*, y Saesneg a'r Ffrangeg *brigand* ac amrywiol sillafiadau mewn gwahanol ieithoedd): *rhwyflong* ysgafn a chyflym (y bymthegfed ganrif); llong hwylio ddeufast ac iddi hwylbren blaen â hwyliau sgwâr a rigin i'r prif hwylbren y tu blaen a'r tu ôl; rigin nodweddiadol llu o longau masnach llai-o-faint a adeiladwyd ar Prince Edward Island a mannau eraill yn y 'Taleithiau Arforol' i ddiwallu anghenion y farchnad ym Mhrydain ganol y bedwaredd ganrif ar bymtheg.

**Bwrdd rhydd** (*freeboard*): y pellter fertigol rhwng ymyl uchaf ochr cwch neu long a'r dŵr.

**Calcio:** gwthio defnydd rhwng semau *corff* llong ar ôl ei gydosod, i gadw dŵr allan.

**Canabae:** ffurf luosog y gair Lladin *canaba*, 'cwt'. Fe'i defnyddir yn arbennig i ddisgrifio'r clystyrau o dai a ddatblygai y tu allan i safleoedd milwrol yn gartref i fasnachwyr, crefftwyr, gwerthwyr bwyd a diod, gwragedd answyddogol y milwyr a'u plant, ac eraill.

**Carafel** (*caravela, carabela*): llongau cain o Bortiwgal (yn y bymthegfed ganrif a'r ganrif ddilynol), ac iddynt rigin trisgwar o ddau neu ragor o hwylbrenni; yn ddiweddarach, â chynfas sgwâr. Yr oedd estyll cyfwyneb i'w cyrff a chaent eu cysylltu'r â sgerbwd, sef y *cêl*, y blaenau (*stems*) a'r fframiau.

**Casgen** (*tun*): casgen i gludo gwin neu gwrw ynddi. Yn y man, golygai 4 hogshed neu ryw 208 o alwyni. Gynt, arferid cyfrifo tunelledd llong yn ôl faint o gasgenni y gallai hi eu cludo.

**Cêl** (*keel*): (i) prif goed hydredol *corff* y mwyafrif o longau. Arno y gosodid y fframiau a choed y blaen a'r *starnbost* (h.y. fe weithredai fel asgwrn cefn); (ii) term am fath o

long a oedd yn gyffredin o'r Oesoedd Canol cynnar ymlaen, sef un wedi'i adeiladu ag estyll cyfwyneb, tu blaen a *starn* bigfain, ac un hwylbren.

**Celsan** (*keelson*): coed mewnol a hydredol a osodwyd dros y fframiau ar hyd llinell ganol y *cêl* i gryfhau'r adeiladwaith.

**Cleten** (*cleat*): ymwthiad o gorff llong y gellir cysylltu rhaffau ag ef.

**Clog-glai** (*till*): rhan o ddrifft rhewlifol a adawyd ar ei ôl gan rewlif. Ynddo ceir cleiau, tywod, graean a chlogfeini.

**Cniw** (*knee*): darn onglog, neu ddarn ar ffurf 'L', o goed lle mae'r graen yn dilyn (yn fras) ffurf yr estyll. Fe'i defnyddir fel rheol i gysylltu neu gyfnerthu'r uniad onglog rhwng dwy astell arall. Yn ôl eu safle, gellir eu galw'n rhai 'llorweddol', 'fertigol', 'crog', 'wedi'u sodro' neu 'ar eu sefyll'. Yn ddiweddarach, fe'u gwneid o haearn.

**Coca/Coche:** datblygiad ym myd llongau a gyfunai nodweddion *cog* gogledd Ewrop.

**Còg** (*cog*): term a ddefnyddir gan archaeolegwyr i ddynodi llong ganoloesol a adeiladwyd â gwaelod o estyll cyfwyneb, blaen syth ac ochrau yn y dull *estyllog*.

**Corfét** (*corvet*): math o long ryfel ac iddi un rhes o ynnau (yn gynnar); llong ryfel fach a gynlluniwyd iddi fod yn osgorddlong (yn ddiweddarach).

**Corff** (*hull*): rhan isaf a dwrglos y llong neu'r cwch. Arno y gorffwysai'r deciau a'r holl oruwchadeiladwaith.

**Cragen yn gyntaf:** golygai'r dechneg 'cragen yn gyntaf' adeiladu "cragen" y cwch yn gyntaf cyn mewnosod y fframwaith.

**Cranog:** ynys artiffisial ar lyn neu gors ac wedi'i chodi o goed a cherrig fel rheol.

**Creswellaidd:** math o dechneg gynhanesyddol gynnar o gnapio fflintiau. Mae'n dyddio i'r cyfnod Palaeolithig Uchaf.

**Croesfar yr angor** (*anchor stock*): y croesfar ym mhen uchaf coes yr angor. Yr oedd ef ar ongl sgwâr i'r breichiau a'r adfachau.

**Dandy** (term Saesneg): llong â dau hwylbren tebyg i *slŵp* neu binnas (*cutter*) ond, yn ogystal, â hwylbren ôl dipyn y tu ôl i'r prif hwylbren ac, yn aml, ar y groeslath. Fe'i gelwid hefyd yn *iôl*, a ddatblygwyd yn rigin i gychod pysgota.

**Dendrocronoleg:** dyddio ar sail lled cylchoedd coed – cylchoedd sy'n amrywio yn ôl yr amrywiadau blynyddol yn y glawiad a'r hinsawdd.

**Dwbio** (*luting*): calcio cyrff cychod/llongau ag estyll cyfwyneb. Yn aml, gwneid hynny â blew anifeiliaid, gwlân neu fwsogl wedi'i fwydo mewn pyg, resin neu gŵyr.

**Dyddio drwy radiocarbon:** dull o ddyddio oed gwrthrych sy'n cynnwys defnydd organig drwy fesur faint o garbon ymbelydrol sydd ynddo.

**Estyll y cêl:** yr estyll nesaf at y *cêl* (yr astell isaf ar bob ochr).

**Estyll y llawr:** cydran isaf y ffrâm; ffrâm o goed sy'n croesi'r *cêl/celsan* i rychwantu gwaelod corff y llong.

**Estyll y nenfwd:** estyll gwaelod cwch/llong, ac yn aml wedi'u gosod dros *estyll y llawr*.

**Estyllog:** dull o adeiladu corff cwch/llong drwy osod yr estyll i orgyffwrdd â'i gilydd.

**Fflatiau Mersi:** cychod hwylio o goed ac iddynt waelod gwastad ac estyll cyfwyneb. Gallent weithio ar afonydd a chamlesi ac ar hyd glannau gogledd-orllewin Môr Iwerddon.

**Ffocsl:** dec uchaf rhan flaen llong hwylio. Yno'n aml yr oedd y lle byw. Fe'i ceir hefyd ar longau a thanceri mawr heddiw.

**Fframiau:** darnau o goed sy'n codi o *goed y llawr* yn fframwaith i estyll corff y llong.

**Ffrigad:** llong ryfel o faint ac arfau ychydig yn llai na llong ryfel maint-llawn, ac yn gynt.

**Gaff:** ceibren y plygir pen hwyl blaen-ac-ôl iddo.

**Galliot** (term Saesneg): cwch/llong nwyddau neu gwch pysgota ag un hwylbren (o'r Iseldiroedd yn aml); o fachigyn y gair Lladin canoloesol *galea*.

Giwano: carthion neu dom adar ac ystlumod. Fe'i defnyddid yn wrtaith.

Gynwal(c) (gunwale): ymyl uchaf ochr y cwch neu'r llong.

Hagabwt (Hackbussche/Hackbut): ffurf gynnar ar wn llaw ac iddo ataliad adlamu a math 'llyw' o garn; o hake, haak, 'bachyn' a bus, 'gwn, baril gwn'.

Hanner-ffrâm: ffrâm y dechreuai ei sawdl ger y cêl a rhychwantu rhan neu'r cyfan o un ochr o gorff y cwch/llong.

Hwlc: hen long â'i rigin wedi'i dynnu oddi arni. Yn aml, rhoesid y gorau i'w defnyddio.

Hwrdd: arf sy'n estyniad tanddwr o du blaen llong i dyllu llongau'r gelyn.

Hwyl lusg: hwyl bedairochrog ac anghymesur a gaiff ei phlygu ar drawslath serth ac y caiff ei chodi ohoni.

Hwyliau blaen ac ôl: hwyliau a gludid ar gaffiau, osglathau a chynhalbyst sydd, wrth orffwys, yn hongian ar hyd echelin y llong o'r tu blaen i'r tu ôl (yn wahanol i hwyliau sgwâr, sy'n hongian o drawslathau y llong).

Intaglio: techneg o endorri delwedd i'r arwyneb wrth wneud printiau, neu i wrthrychau fel modrwyau.

Iôl (yole): gweler dandy.

Iot (yacht): o'r Iseldireg jaght-schip, 'llong hela': cychod hwylio o faint canolig, neu longau hwylio bach sionc ar gyfer hwylio neu rasio.

Isotopau, dadansoddiad o: proses o adnabod yr elfennau cemegol mewn cyfansoddion. Fe'i defnyddir i ymchwilio i symudedd poblogaethau gynt ac wrth adlunio palaeoddeietau.

Levallois: math penodol o gnapio fflintiau a ddefnyddid yn ystod y cyfnodau Palaeolithig Isaf a Chanol.

Llongau'r glannau: llongau â gwaelodion bas i'w gwneud hi'n haws eu trin.

Llusglong: llong hwylio fach ac iddi ddau neu dri hwylbren â hwyl lusg ar bob un ohonynt.

Nielo: cyfansoddyn du o sylffwr ynghyd ag arian, plwm neu gopr. Fe'i defnyddid i lenwi dyluniadau ysgythredig mewn arian neu fetelau eraill.

Nobby (term Saesneg) math o long hwylio ag un hwylbren. Fe'i defnyddid yn arbennig wrth bysgota ym Môr Iwerddon.

Palaeodirwedd: tirwedd hynafol. Yn aml, mae hi (mewn cyd-destun arforol) o'r golwg o dan y môr erbyn hyn.

Palaeosianel: sianel naturiol sydd bellach yn llawn llaid ond a fu gynt yn agored ac yn llifo.

Penwn (neu stribyn): math o faner hir a chul a ddefnyddir ar longau hwylio.

Polyn blaen (neu bolsbryd): polyn sy'n ymwthio o du blaen cwch/llong.

Pum Porthladd (Cinque Ports): grŵp o borthladdoedd canoloesol yn ne-ddwyrain Lloegr a gafodd freintiau masnachu yn gyfnewid am ddarparu'r rhan fwyaf o lynges Lloegr. Y Pum Porthladd gwreiddiol oedd Hastings, Sandwich, Dover, Romney a Hythe. Ychwanegwyd Rye a Winchelsea atynt yn ddiweddarach.

Pwll 'sbydu (bilge): y rhan o gorff llong rhwng yr ochrau a'r gwaelod lle y byddai'n gorffwys ar dywod, neu'r rhannau/mannau gwag yng ngwaelod corff y llong lle mae dŵr yn crynhoi.

Rabed (rebate): rhych neu rigol a dorrir i'r pren i adael i ymylon darn arall o bren ffitio iddo i greu uniad tynn.

Radiate (term Saesneg): math o ddarn arian Rhufeinig sy'n dangos yr ymerawdwr yn gwisgo coron belydrog.

Riffbwynt (reefing point): darn byr o reffyn sydd wedi'i bwytho drwy hwyl ar gyfer clymu rîff, i leihau arwynebedd hwyl.

Rigin gaff: yma, ceir hwyl bedronglog a rigin blaen-ac-ôl. Fe'i rheolir o'i frig ac, fel rheol, ei ben cyfan, gan bolyn a elwir yn gaff. Dyma'r rigin blaen-ac-ôl mwyaf poblogaidd ar brif hwyliau sgwneri a barcentinau.

Rhaffau'r tu blaen: y rhaffau a gaiff eu lapio am y tu blaen, sef estyniad blaen y celsan sy'n rhoi i'r blaen ei siâp.

Rhwy (rove): plât haearn ac ynddo dwll canolog y mae modd mynd â phwynt hoelen benfras drwyddo a'i blygu drosodd yn ei erbyn (ei glensio) wrth gyplysu estyll â'i gilydd.

Rhwyflong (galley): math hir a chul o long y daliwyd i'w ddefnyddio tan y bedwaredd ganrif ar bymtheg, sef un ag un neu ragor o hwyliau a hyd at dri banc o rwyfau. Fe'i defnyddid wrth ryfela, wrth fasnachu a chan fôr-ladron.

Samiaidd, llestri: crochenwaith cochlyd cain arbennig – rhai plaen neu addurnedig – a wneid yn yr Eidal, Gâl a'r Rheindir yng nghyfnod y Rhufeiniaid.

Sgiff: cwch pysgota bach ac agored sy'n rhyw 40 troedfedd o hyd ac yn gallu tynnu rhwyd.

Sgraffito, ll. sgraffiti: marciau neu lythrennau a grafwyd i ddefnydd (yn achos gwrthrychau, ar ôl iddynt gael eu cynhyrchu fel rheol).

Sgwner: llong hwylio ac iddi rigin yn y tu blaen a'r tu ôl a dau neu ragor o hwylbrenni. Mae'r hwylbren blaen yn fyrrach na'r prif hwylbren. Weithiau, ceid brig-hwyliau sgwâr ar yr hwylbren blaen.

Slŵp (yn hanesyddol): llong ryfel fach â hwyliau a rigin sgwâr ac â dau neu dri hwylbren.

Smac: cwch hwylio bach â rigin sgwâr. Fe'i defnyddid i hwylio'r glannau neu i bysgota.

Snow (term Saesneg): llong â rigin sgwâr a thu blaen pigfain ynghyd â dau hwylbren, a ategir â hwylbren 'snow' neu dreilhwyl ar ongl yn union y tu ôl i'r prif hwylbren.

Starn: pen ôl cwch, bad neu long.

Starnbost: y darn fertigol o goed sy'n troi wrth godi (neu gydosodiad o'r coed hynny) sy'n rhoi i'r starn ei ffurf.

Tantraffau (shrouds): rhaffau sy'n arwain o frig yr hwylbren i fannau lletaf y bad ar ei draws.

Tolyn (neu rhwyfbin): pìn a roir yn y gynwal i roi ffwlcrwm i'r rhwyf.

Trawslath: y ceibren y gosodid yr hwyl oddi arno.

Trawst: astell gadarn a llorweddol, a honno'n aml yn rhedeg ar draws y llong o ochr i ochr.

Trawstiau ochr: trawstiau a fewnosodwyd i gynyddu cryfder y ffrâm.

Trow (term Saesneg): cwch agored â gwaelod gwastad a blaen ac ôl pigfain. Defnyddid rhwyfau a pholion i'w symud. Yn ddiweddarach, ceid arno hwylbren â hwyl lusg neu sgwâr.

Trynion: pegwn silindrog bob ochr i ganon neu fortar, ac yn golyn i'r ffrâm sy'n ei gynnal.

Yole (term Saesneg): cwch ag estyll cyfwyneb. Fe'i defnyddid i bysgota, yn enwedig ar hyd glannau gorllewinol Prydain hyd at yr Alban ac Ynys Manaw (er enghraifft, 'yole' Ynysoedd Erch). Yr oedd arno rigin hwyliau neu fe'i defnyddid yn gwch rhwyfo.

# Nodiadau

## Rhagymadrodd

1. Paragraff cyntaf cerdd 'The Sea is History' gan y bardd ac enillydd Gwobr Nobel, Derek Walcott (Walcott, 1986). Magwyd ef yn Saint Lucia yn yr Antilles Lleiaf, cyn-drefedigaeth i Ffrainc a Lloegr ym Môr y Caribî.

2. Ymhlith yr eithriadau sy'n ymdrin â Phrydain yng nghyd-destun y môr/yr Iwerydd mae Cunliffe, 2001; Cooney, 2003; Cunliffe a Koch, 2010; van de Noort, 2011; Koch a Cunliffe, 2013; Koch a Cunliffe, 2016. Cynhwysodd Cyril Fox fôr-lwybrau'r gorllewin yn ei lyfr dylanwadol *Personality of Britain* (1932), ac fe hoeliodd amryw o weithiau eu sylw ar gyd-destun Cymru, yn enwedig Bowen (1969) a Moore (1970).

## Pennod 1

1. Lord, 2000, 104–105; 280. *Conway Castle*, 1789, Yale Center for British Art. Casgliad Paul Mellon, Rhif Derbyn B1977.14.4405; Conway Castle, tua 1776, Oriel Gelf Walker, Lerpwl, rhif derbyn WAG 2249.

2. Pennant, 1784; Lord, 2000, 136–37.

3. Llyfrgell Genedlaethol Cymru (PA 3992, jws00043).

4. *Conway Castle: Moonlight Effect* (1794), V&A , rhif derbyn 377:1888. *The Stack Rock* (1793–94), Amgueddfa Cymru, rhif derbyn NMW A 463. *Aberystwyth Harbour* (1792), Llyfrgell Genedlaethol Cymru, rhif derbyn PE 04090 *Briton Ferry* (1795), Tate, rhif derbyn TO 1889. *A Beached Collier Unloading into Carts* (tua 1790), Yr Amgueddfa Forwrol Genedlaethol, Greenwich, rhif derbyn BHC 2361.

5. Yale Center for British Art, Casgliad Paul Mellon, rhif derbyn B1977.14.76.

6. *South Stack Rock, Holyhead* (y dyddiad yn anhysbys), Amgueddfa Cymru, rhif derbyn NMW A5393.

7. *Sailing Barges and Shrimpers off a Pier* (1832), Yale Center for British Art, Casgliad Paul Mellon, rhif derbyn B1986.29.346.

8. Amgueddfeydd ac Oriel Gelf Birmingham, rhif derbyn: 1885P2489; Oriel Gelf Manceinion, rhif derbyn 1917.170.

9. Amgueddfa Cymru, rhif derbyn NMW A 413; Oriel Gelf Wolverhampton, rhif derbyn W100.

10. Amgueddfa Cymru, rhif derbyn NMW A 182; Casgliadau'r Ymddiriedolaeth Genedlaethol, Wightwick Manor, S.11

11. Er enghraifft, *Storr Rock, Lady's Cove, le soir*, Amgueddfa Cymru, rhif derbyn NMW A 26362.

11. *Milford Haven*, Amgueddfa Cymru, rhif derbyn NMWA 429.

12. Amgueddfa Cymru, rhif derbyn 62.252.

13. Amgueddfa ac Oriel Gelf Ardal Crochendai Lloegr, rhif derbyn 1954.FA.96.

14. Amgueddfa Abertawe, rhif derbyn SM A 14.

15. Hake, 1921–22; Moorman, 1952, 159.

16. Arlunydd anhysbys, Amgueddfa Abertawe, rhif derbyn SM 2011.39. Ymhlith y grŵp bach o beintwyr morol yn Abertawe ganol y bedwaredd ganrif ar bymtheg yr oedd James Harris (1810–87), George Chambers (1803–82), a Henry B Birchell (*fl*. 1840–50).

17. Arlunydd anhysbys, Oriel Gelf ac Amgueddfeydd Aberdeen ABDAG01309.

18. Llyfrgell Genedlaethol Cymru, rhif derbyn PB02640.

19. Amgueddfa Cymru, rhif derbyn NMW A 2244.

20. Amgueddfa Cymru, rhif derbyn NMW A 2018.

21. Amgueddfa ac Oriel Gelf Dinbych-y-pysgod, rhif derbyn 1996:0030.

22. Llyfrgell Genedlaethol Cymru, rhif derbyn KO/155; KO/141.

23. Casgliad preifat.

24. Casgliadau preifat.

25. Yr Amgueddfa Forwrol Genedlaethol, Greenwich, rhif derbyn PAI 0549.

26. *Fortified Islands*. Oriel Gelf ac Amgueddfeydd Aberdeen, ABDAG002841; Imperial War Museum, rhif derbyn ART LD 3525.

27. Amgueddfa Scolton Manor, Sir Benfro; Amgueddfa Cymru, rhif derbyn NMW A 269.

28. Oriel Gelf Glyn Vivian, Abertawe, rhif derbyn GV 1939.893.

29. Yr Amgueddfa Reilffyrdd, Caerefrog, rhif derbyn 1976-9404.

30. Yr Amgueddfa Reilffyrdd, Caerefrog, rhif derbyn 1987-8474.

31. Oriel Gelf ac Amgueddfa Herbert, Coventry, rhif derbyn VA.1963.0031.

32. Amgueddfa Treftadaeth a Morwrol Aberdaugleddau, rhif derbyn PCF5.

33. Er enghraifft, Oriel Tate, rhif derbyn T0082.

34. Ystâd David Jones.

35. MOMA, Machynlleth, rhif derbyn 90.

36. Amgueddfa Cymru, Y Casgliad o Ganeuon Gwerin: https://amgueddfa.cymru/casgliadau/caneuong werin.

37. Young, 1973, 293.

38. *Sea Sketches* i Gerddorfa Linynnol, 1944.

39. Gerallt Gymro, 1938, 92–93.

40. Swift, 1727, yn Fabriquant, 2011.

41. Pitman, 2009, 66.

42. Hucks, 1795.

43. Pitman, 2009, 51.

44. Roscoe, 1836.

45. Belloc, 1958.

46. Dickens, 1861, pennod 2.

47. Plomer, 1939, 183.

48. Thomas, 1985, 7, 23

49. Roberts, 2003

50. https://www.PoemHunter.com./Gerard-Manley-Hopkins.

51. Thomas, 1993, 179: *Schoonermen*.

52. Diolch i'r Athro Dafydd Johnston am y cyfraniad hwn.

53. Williams, 1956, www.waldowilliams.com

54. Aberystwyth, Llyfrgell Genedlaethol Cymru, Llawysgrif Peniarth 4–5; Huws, 2002; Huws, 1991.

55. Rhydychen, Llyfrgell Bodley, Llawysgrif 111 Coleg yr Iesu; Huws, 2003.

56. Davies, S., 1993, 9.

57. Breuddwyd Macsen; diweddariad Ifans ac Ifans, 1980, 74–75.

58. Roberts, 2005, 1–2. Cafwyd hyd i olion paent melyn a du ar long Gothstad yn Norwy.

59. O Ifans ac Ifans, 1980, 23 a 30–31. Williams, 1930, 29.

60. Williams, 1930, 78.

61. Ifans ac Ifans, 1980, 23 a 30–31.

62. Williams, 1930, 45, 46, 214n.

63. Williams, 1930.

64. Williams, 1930, 72.

65. Ifans ac Ifans, 1980. Bromwich ac Evans, 1992.

66. Davies, S, 2007, 275; Lloyd, 2017, 15.

67. Teitl y gerdd yw *Boddi Maes Gwyddno*.

68. Bromwich, 1950, 231. Un ffordd o amlygu grymoedd y seintiau oedd disgrifio'u mordeithiau gwyrthiol, fel hanes Sant Brynach yn croesi o Lydaw i Ddyfed ar graig, cludo Ieuan Gwas Padrig o Iwerddon i Fôn ar lechen las, neu Sant Tatheus a'i ddisgyblion mewn llong heb na rhwyf nac offer yn cael eu chwythu i fyny Môr Hafren nes cyrraedd Gwent; Hencken, 1991, 98, 100.

69. Lewis, 2005, cerdd 8. Redknap 2010a.

70. Johnston 1993, 132–36, llinellau 13–32.

71. Carr, A D, 1976, 165–6. Yr oedd Ieuan ap Rhys, mab Rhys, yn un o brif swyddogion Owain. Am nad oes tystiolaeth uniongyrchol yn y cywydd i ategu hynny, dydy cyfieithiad Johnston ddim yn dilyn yr awgrym hwnnw.

72. Lahn, 1992, 124–6.

73. Johnston, 1993, 132–36, llinellau 4–5.

74. Beirdd fel Lewis Glyn Cothi (*fl*. 1447–89) a Dafydd Llwyd o Fathafarn (*fl*. 1420–90).

75. Evans, D F, 2007, cerdd 1.

76. Davies, A E, 1992, cerdd 8.

77. Davies, A E, 1992, cerdd 5.

78. Gruffydd, 2016, 86.

79. Jones 1912, 257. Ymhlith y beirdd eraill sy'n disgrifio llongau a'r môr mae'r bardd llys Meilyr Brydydd (*fl*. 1100–37), Hywel Swrdwal (*fl*. 1430–60) a Lewys Morgannwg (*fl*.1520–65).

80. Gall symbolaeth lluniau o longau fod yn gymhleth ac yn gyforiog o ystyr: ar gapel Greenway, a godwyd yn gynnar yn yr unfed ganrif ar bymtheg yn Eglwys Pedr yn Tiverton yn Nyfnaint, mae'r cerflun unigryw'n mawrygu'r fasnach wlân ac yn cynnwys darluniau realistig o longau ac o arfbais Urdd y Mentrwyr Masnachol (ffigurau 9.2, 9.3).

81. Nodwyd hyd at 90 o enghreifftiau o graffiti addunedol ar longau yng nghromfannau eglwys

Haghia Sophia a godwyd yn Trebizond yn Nhwrci yn y drydedd ganrif ar ddeg. Yr un cyntaf yw carac o ganol y bymthegfed ganrif: Basch, 2012. Yn www.medieval-graffiti.co.uk ceir gwybod rhagor am graffiti sy'n darlunio llongau canoloesol yn eglwysi Norfolk.

[82] Henningsen, 1950, 52.

[83] Champion, 2015, 86.

[84] Rwy'n ddiolchgar iawn i David James am rannu ei ddelweddau o graffiti Tyddewi, ac i Felicity Taylor am dynnu fy sylw at ddarganfyddiad Porthsgiwed, ac am ddarparu rhwbiadau a ffotograffau ohonynt.

[85] 1792, casgliad preifat.

[86] Dyfrlliw, 1834, Amgueddfa Cymru.

[87] Dyfrlliw, 1834, Amgueddfa Cymru.

[88] Olew, 1838, Amgueddfa Cymru.

[89] Dyfrlliw, 1925, Amgueddfa Cymru, Caerdydd.

[90] Prynwyd y peintiad ym 1947; Amgueddfa Cymru, rhif derbyn NMW A 429.

[91] Ymyrrodd y Ffrancod ym 1778.

[92] Rudolph, 1985, 42–43

[93] Argraffwyd rhai dyluniadau mewn glas cobalt, fel y plât llong ac arno farc 'Dillwyn & Co', 1811-17; Gray, 2003, 22ff.; Holdaway, 2003, 54–57.

[94] Ffilmiodd ef bysgodwragedd a dwsin o ddynion i gyfleu byddin Ffrainc.

[95] Mirisch, 2008, 76.

[96] Alan Binns, neges bersonol, 1997, Y Drydedd Gyngres ar Ddeg ynglŷn â'r Llychlynwyr, Nottingham; ef oedd ymgynghorydd technegol ffilm 1958.

[97] Hawlfraint Dogs of Annwn; www.sodapictures.com.

[98] I gael gwybod rhagor, gweler Buckels a Powls 1994; Davies H G, 1965; Davies J G, 1923; ibid, 1934; ibid, 1935; ibid, 1955; Jones, C, 2003.

[99] Davies, 1922, 40–44.

## Pennod 2

[1] Leach, 1999a, 9–15.

[2] Owen, 2011, 91.

[3] Wrthi'n cael ei hadfer cyn cael ei harddangos yn y ganolfan newydd i ymwelwyr y bwriedir ei hagor ym Marina Abergwaun.

[4] Leach, 1999a, 251–53.

[5] Smith, 1989, 26–31.

[6] Anhysbys, 2001, yn *The Times*.

[7] Woodman, 1994, 175.

[8] Appleyard, 1996–97; Gray a Lingwood, 1975.

[9] Lloyd, 1989, 175–84.

[10] Jenkins, D, 2011.

[11] Pritchard, 1925.

[12] Cox, 1998

[13] Jones, W H, 1995.

[14] Chappell, 1939. O ran gweithrediadau ym Môr Hafren, gweler Stuckley, 2000.

[15] NPRN 15795, 525403.

[16] Rosser, 1994.

[17] NPRN 31854.

[18] Fitzroy, 1859; 1863.

[19] Defoe, 1703, printed for G. Sawbridge in Little Britain, and Sold by J. Nutt near Stationers-Hall. M DCC IV. (http://www.gutenberg.org/files/42234/42234-h/42234-h.htm); hefyd Hamblyn, 2003.

[20] Prifysgol Bangor, Dyddiaduron William Bulkeley, http://bulkeleydiaries.bangor.ac.uk/.

[21] Lloyd's List, 1 Medi 1752, rhif 1751. Td 2, Lloyds of London. (https://babel.hathitrust.org/cgi/pt?id=mdp.39015028378910;view=1up;seq=338).

[22] Casgliad y Werin Cymru, Great Storm 1859: Rear Admiral Robert Fitzroy. (https://www.casgliadywerin.cymru/items/44845)

[23] AGC, rhif derbyn 77.54H/43.

[24] Redknap a Besly, 1997, 201.

[25] Redknap, 2013, 7.

[26] Richard a Stimson, 2005, 281.

[27] Redknap a Besly, 1997, ffigurau 9, 10.

[28] Vale, J P do 1998, 92–93.

[29] Flanagan, 1988, 64–65, rhifau 5.4–5.8.

[30] Ceir rhagarweiniad i'w waith yn y maes hwn yn Johnson a Nurminen, 2007, 201-208.

[31] Hen ddywediad ymhlith morwyr Aberdaugleddau yn ôl cofnod gan George Owen yn yr unfed ganrif ar bymtheg. Mae'r tri enw'n cyfeirio at greigiau peryglus.

[32] 'Pharos' yw gwraidd y gair am oleudy hyd heddiw yn Ffrangeg (*phare*), Eidaleg (*faro*) a Phortiwgaleg (*farol*)

[33] Burnham a Davies, 2010, 301.

[34] Rendell, 1993, a enwyd gan Nayling a McGrail, 2004, 110

[35] Fel yr awgryma enwau o'r Hen Norseg y delir i'w defnyddio'n enwau ar lawer o nodweddion y glannau, fel *sker* (craig) a *holmr* (ynys).

[36] Hill, 1981, 92.

[37] Lewis, J M, 1957, 170.

[38] Gweithredid rhai ohonynt gan fynachod, fel yr un yn Hook-Head yn Sir Wexford. Urdd Sant Awstin fu'n gofalu amdano o'r drydedd ganrif ar ddeg tan yr unfed ganrif ar bymtheg. Yn y bedwaredd ganrif ar ddeg fe godwyd goleudy fel oratori a goleudwr ar St Catherine's Down, Ynys Wyth: Naish, 1985, 82.

[39] Cysylltid Ynys Seiriol â thŷ Awstinaidd Priordy Penmon (NPRN 95543) pan roddwyd hi i brior a chanoniaid Penmon ym 1237.

[40] ... and then they ayme their course till they see St Annes Chappell being an auld chappell decayed having a rownde towre builded like a windmyllne or pigeon howse of stonne, as I esteeme yt xxxtie foot high the towre and chappell standeth soe mounted that it is seene first of any land markes and by this they knowe where to finde the entrance into the harborowe ... ; Owen, 1892, 551-2. Efallai iddo gael ei godi gan Harri Tudur i goffáu'r glanio yn Sir Benfro ym 1485.

[41] Mae'r tyrau hynny wedi'u galw'n felinau gwynt yn aml, ond er i rai ohonynt gael eu troi'n felinau gwynt, prin yw'r rhai sy'n dangos arwyddion iddynt weithio felly.

[42] Pennant, 1796; Lloyd, G, 1964, 150.

[43] NPRN 421443. Ni ddangosir mohono ar gynllun Lewis Morris, 'Plan of Malltraeth and Aberffraw Creeks and Llanddwyn Road', dyddiedig 1748.

[44] Cafwyd gwybod am ddau ddŵr gwylio posibl, y naill ar uchder o 180 o droedfeddi ger Berw Uchaf ym Môn a'r llall yn y Foel Fawr ger Mynytho ar Benrhyn Llŷn ar uchder o ryw 400 troedfedd. Nodwyd un arall wrth aber afon Glaslyn; Lloyd G, 1964, 156–57 Lloyd G, 1967, 196.

[45] Lloyd, G, 1967, 195.

[46] Hague, 1979, 281.

[47] Fel rheol, caent eu casglu drwy gasglwyr neu swyddog tollau a weithredai ar ran yr adeiladwyr.

[48] Ym 1852 talwyd rhyw £23,000 am ddefnyddio goleudy'r Smalls; Hague, 1994, 11.

[49] Hague, 1994, 71.

[50] Daeth oes weithio *LV2000*, a adeiladwyd ym 1953 gan Philip a'i Fab Cyf., Dartmouth, i ben oddi ar Rosili ar Benrhyn Gŵyr. Daethpwyd â hi i Gaerdydd ym 1993 ac fe ymwelodd miloedd o bobl â hi fel nodwedd ar Fae Caerdydd ar ei newydd wedd. Yn 2015 fe'i symudwyd i fod yn amgueddfa-ar-ddŵr yn Newnham ar Afon Hafren yn Sir Gaerloyw.

[51] I ddarllen rhagor, gweler Leach, N (gol.), 1999; Morris, J, 1988; Morris, J, 1991a; Morris, J, 1991b.

## Pennod 3

[1] Smith a George, 1961; George, T N, 1970.

[2] Edwards, 2006.

[3] Allen, 2001.

[4] Bell 2007a, Ffigur 1.1 ac CD1.2.

[5] Gerallt Gymro, 101; Thorpe, 1987, 157.

[6] Bell, 2007a, 10.

[7] Allen a Haslett, 2002.

[8] Bell, 2007a.

[9] Aldhouse-Green ac eraill, 1992.

[10] Ings a Murphy, 2011.

[11] Jacobi, 1980, 171–175.

[12] Schulting a Richards, 2002.

[13] Bell, 2007b.

[14] Bell, 2007a, 263–317; Savory, 1980, plât 5.1a a thudalen 214; Bennett ac eraill, 2010.

[15] Bell, 2013, 165–259.

[16] Nayling a Caseldine, 1997.

[17] Nayling a Caseldine, 1997, 210–217; Bell ac eraill, 2000b, 74–82.

[18] Bell, 2013, 13–162.

[19] Bell ac eraill, 2000a.

[20] Allen a Fulford, 1987; Fulford ac eraill, 1994.

[21] Rippon, 1996; ibid, 1997.

[22] Allen a Rae, 1987; Allen, 1997.

[23] Davidson, 2002.

[24] Allen, 2004.

[25] I gael gwybod rhagor, gweler Ymddiriedolaeth Archaeolegol Dyfed, 2011; Fitch a Gaffney, 2011. O ran ei gymhwyso at fannau eraill, gweler Gaffney, Fitch a Smith, 2009.

[26] Lambeck a Purcell, 2001; Shennan a Horton, 2002.

27 Roberts, M J, 2006.

28 Roberts, M J ac eraill, 2011.

29 Aldhouse-Green, 2000; Jacobi a Higham, 2008, 898–907.

30 Barton a Roberts, 2004.

31 Lynch ac eraill, 2000, ffigur 1.7.

32 Schulting a Richards, 2002.

33 Bell ac eraill, 2000a, 33–63.

34 Bell, 2007a, 50, a darganfyddiad yn 2017, sef adeiladwaith o goed a ddyddiwyd i'r cyfnod Mesolithig ac y bernir efallai mai magl pysgod yw ef (cyhoeddiad ar y gweill).

35 Bell, 2007a, 263–317.

36 Wainwright, 1959.

37 Benson ac eraill, 1990, 234

38 Lynch ac eraill, 2000, ffigur 2.1.

39 Schulting a Richards, 2002.

40 Bell, 2007b.

41 Bell, 2013, 165–259.

42 Nayling a Caseldine, 1997.

43 Bell ac eraill, 2000a, 309.

44 Bell ac eraill, 2000a, 152.

45 Ymgynghorwyr Defnyddio Tir, 2012; ibid, 2015.

46 Tynnodd y fethodoleg ar yr un a gawsai ei sefydlu ar gyfer menter genedlaethol 'Seascapes Characterisation' Lloegr; Cyngor Cernyw, 2008.

47 Gweler Anhysbys, 1607; Horsburgh a Horritt, 2006, 272–77.

48 Bryant a Haslett, 2002, 163–67.

49 White, diddyddiad (tua 1607).

50 Gweler Lewis, 2007, 60–66.

51 Ni ellir profi bod marciau'r llifogydd ar dyrau eglwysi Tre'ronnen a Llanbedr Gwynllŵg yn gynharach na'r bedwaredd ganrif ar bymtheg.

52 *Harleian Miscellany*, cyf. III: William Jones, Brynbuga, 'God's Warning to His People of England,' td. 12.

53 Cofnodwyd llifogydd ym 1014 a 1099. Credir mai malurion comed a achosodd lifogydd 1014. Gweler Haslett a Bryant, 2008, 587–601.

54 'The result of storms', meddai Thomas Chest, ficer Cas-gwent, wrth ysgrifennu at Daniel Defoe i ddisgrifio'r storm.

55 Waters, 1973–4.

56 Walker, 1888.

## Pennod 4

1 McGrail, 2014.

2 McGrail, 1978, 160, 184, 230–37, 277; McGrail, 2014, 102–106; Redknap a Goodburn, ar y gweill.

3 McGrail, 2014, 99–102.

4 Nayling a Caseldine, 1997, 210–17.

5 Bell ac eraill, 2000b, 74–82

6 Nayling a Caseldine, 1997, 210–17.

7 Bell ac eraill, 2000b, 74–82.

8 Mae'n debyg iddo gael ei adeiladu'n ddiweddarach na'r dyddiad radiocarbon, sef 1740–1520 cal CC, ac yn gynharach na'r dyddiad 1610–1440 cal CC; G. Smith, *in litt*; gweler hefyd Smith, Caseldine, Griffiths, Peck, Nayling a Jenkins, 2017.

9 Nayling a McGrail, 2004, 148–230; McGrail, 2014, 124–35.

10 McGrail, 2014, 126–128.

11 Muckelroy, Haselgrove a Nash, 1978, 439 ff, lle'i dyddiwyd i OC 1–25. Ond gan fod ochrau uchel y corff fel petai'n dangos hwrdd rhyfel neu 'flaendroed ymwthiol', gall gyfeirio'n amwys at fathau hysbys o longau Rhufeinig a rhannu proffil cyrff rhwyflongau ar ddarnau bath y Weriniaeth Rufeinig (ond nid y banciau o rwyfau); M. Redknap, *in litt*.

12 O gynnwys y cychod a'r llongau canoloesol ac ôl-ganoloesol, fel y cwch o ganol y bedwaredd ganrif ar bymtheg a gloddiwyd ym 1987 o fewn argae coffr ar Afon Wysg yn Nhredynog, Sir Fynwy (Reinders a Paul, 1991, 161–70), mae'r olion hynny'n cynrychioli bron 4,000 o flynyddoedd o adeiladu cychod a llongau. Gellir dadlau eu bod i gyd yn werth eu harddangos i'r cyhoedd mewn un amgueddfa forol yng Nghymru.

13 Mae'n 17.7 centimetr o hyd, yn 11 centimetr o led ac yn 7.5 centimetr o uchder (NMW, rhif derbyn 12.128). Ceir disgrifiadau diweddar ohono yn Denford a Farrell, 1980; Davis a Townsend, 2009; Davis, 2011.

14 Wheeler, 1925, 175. Gweler hefyd Wallace ac Ó Floinn, 2002, 4:11; Warner, 1982, 29–38.

15 Mae'r rhain i'w gweld ar luniau hynafol o longau o Wlad Groeg ac yn dal i fod yn nodwedd ar gychod pysgota ym Malta a Phortiwgal. Câi *oculi* eu cerfio neu eu peintio ar gychod maint-llawn. Mae'n bosibl bod *oculus* hanner-cylch wedi'i gerfio ar ochr dde blaen y ceufad o ddiwedd yr Oes Haearn o Hasholme yn nwyrain Swydd Efrog: Millett a McGrail, 1987, 108.

16 Corcoran, 1961, 201; Johnstone, 1975, 63.

17 Lethbridge, 1952, 123; Ellmers, 1969, 113. Gweler hefyd Wallace ac Ó Floinn, 2002, 4:11; Warner, 1982, 29–38.

18 Ó Gibne, 2012, 46, 134. Van de Noort ac eraill, 2014.

19 Mae modelau o glai ac alabastr yn hysbys iawn o feddrodau Minoaidd (tua 1500 CC). Cyfeiriant at daith y meirwon i Hades a chydnabyddant y ffordd y mae'r môr yn uno tiroedd a moroedd, ac eneidiau â'r isfyd; Spathari, 1995, 35.

20 Nayling a Caseldine, 1997.

21 McGrail, 1997, ffigurau 131–132.

22 Ei lled ar ei lletaf oedd 0.66 metr a'i thrwch mwyaf oedd 0.09 metr.

23 Bell ac eraill, 2000b.

24 McGrail, 2000, 77.

25 Hillam, 2000, 165–66.

26 Bell, 2000b, 82.

27 Besly, 2006.

28 Ceir gwybod am y cefndir yn Casey, 1994.

29 Pferdehirt, 1995, 4–6, Farbtafel 1.

30 Rhif derbyn NMW 75.27H, bellach.

31 Parker, 1992, 141–42; Joncheray, 1975.

32 Boon, 1977.

33 Rhif derbyn NMW 55.83, bellach.

34 Amrywiad lled-dryloyw a lled-ddrudfawr ar y mwyn silica calcedon yw plasma.

35 Henig, 1978, 197 rhif 96.

36 Nayling a McGrail, 2004, xxi, 327.

37 Roberts, O T P, 2004, 179.

## Pennod 5

1 Grant, 1996, 327.

2 Boon, 1977.

3 Cesar, *Commentarii de bello gallico*, 5.13: Hammond, 1996, 96; Tacitus, *Agricola*, 24, Mattingly a Handford, 1971, 75.

4 Nayling a McGrail, 2004, 215.

5 Manning, 2001, 14.

6 Riley a Wilson-North, 2001, 76 (ar gael ar-lein am ddim mewn fformat pdf drwy'r Gwasanaeth Data Archaeolegol, yr ADS).

7 Hopewell a Beeson, 2016, 36.

8 Webster, 2002, 63.

9 Mae llong y 'County Hall' o'r ganrif gyntaf OC a'r llong 'Blackfriars 1' o ganol yr ail ganrif o Lundain Rufeinig yn dilyn traddodiadau adeiladu gwahanol. Mae dull adeiladu'r gyntaf yn gyfarwydd ag uniadau mortais a thyno, a'r olaf ag adeiladwaith ffrâm wedi'i gysylltu â hoelion haearn ac iddynt bennau cromen. Ceir gwybod am yr amrywiaeth o longau a ddefnyddiai borthladd Llundain Rufeinig yn Marsden, 1994, 164–71, a Marsden, 1997.

10 Burnham a Davies, 2010, 98.

11 Raftery, 1996.

12 Wilson, 2014; Catling, 2016.

13 Mae ei hymddangosiad ar arysgrifau coffaol cynnar yng Nghymru yn y bumed a'r chweched ganrif yn atgyfnerthu'r gred i bobl Gwyddeleg eu hiaith fyw mewn rhannau o Gymru yn union ar ôl i'r Rhufeiniaid adael.

14 Yn ne Sir Gaerloyw, pen draw ffordd Rufeinig bosibl o Rangeworthy.

15 Mae hi bron yn sicr mai offrymiadau addunedol yw'r darnau arian o Black Rock ac efallai eu bod yn gysylltiedig ag erfyniadau am daith ddiogel; gweler Hudson, 1977, 179–85. Ar y llaw arall, credai Boon ei bod hi'n bosibl mai o longddrylliadau y daethai'r darnau bath Rhufeinig o Charston Rock a'r rhai o Black Rock: Boon, 1978, 23, troednodyn 44.

16 Burnham a Davies, 2010, 99.

17 Guest, Luke a Pudney, 2012, 6–8.

18 Guest, Luke a Pudney, 2012, 15–14.

19 Guest, Luke a Pudney, 2012, 79–85.

20 Boon, 1978.

21 Jarrett, 1969; Burnham a Davies, 2010; CBHC, 1937, 31–34.

22 Collins a Breeze, 2014, 67.

23 Yn Engers ar Afon Rhein, yn Lahnstein wrth gymer Afonydd Rhein a Lahn, yn Burg Stein wrth gymer Afonydd Weschnitz a Rhein, ac yn Zurzach (Tenedo) ar hyd Afon Rhein yn Baden-Wurttemberg; Petrikovits, 1971, 191–95.

Mesuriadau'r gaer yn Engers, a elwir yn *burgus*, yw 40 metr wrth 80 a mesuriadau'r un yn Zurzach yw rhyw 45 metr wrth 45. Gweler hefyd Cüppers, 1990.

[24] Guest, 2005, 110.

[25] *RIB* I, 330.

[26] Webster, 2017.

[27] Boon, 1978, 23, troednodyn 41 a Boon, 1975, 53–9.

[28] Helbaek, 1964, 158–64.

[29] Boon, 1978, 23, troednodyn 52.

[30] Fulford, 2002, 88–89. *RIB* II.1 2404.24 a 2402.2

[31] *South Wales Argus*, Mai 20fed, 1983. Gweler hefyd Owen, J G, yn y *Western Mail*, Mai 25ain, 1983. Mae archif sy'n ymwneud ag ymchwiliad archaeolegol i fan yn ymyl cangell Eglwys y Santes Fair dan gyfarwyddyd J David Zienkiewicz ym mis Mai 1983 wedi'i ddiogelu yn Amgueddfa Lleng Rufeinig Cymru, Caerllion. Gweler hefyd Zienkiewicz, 1983, 49 a Wakeman, 1855, 209–10.

[32] Gweler Nash-Williams, 1939, 108: Giblin, 1999, 106.

[33] Taylor, M V, 1922, 58–96.

[34] *VCH* Cheshire, 1, 191–2.

[35] Allen, 2005, 21–44. Mae'n werth nodi bod Allen yn dweud nad ecsbloetiwyd unrhyw Amryfaen Dolomitig yng Nghaerllion Rufeinig. Awgryma hynny mai o afon, ac ar hyd afon, y cludid Tywodfaen Sudbrook am nad yw brigiadau o Amryfaen Dolomitig helaeth yng nghyd-destun afon neu arfordir ond i'w cael yng Nghas-gwent, ac islaw Cas-gwent, ger aber Afon Gwy. Defnyddid Tywodfaen Sudbrook yn ystod cyfnodau cynnar codi Baddondai Llen-gaer Caerllion a bwa ffwrnais y baddondy allanol wrth ymyl yr amffitheatr ac i'r de-orllewin ohoni.

[36] *Ibid*. 26. Nid yw'n syndod bod llawer mwy o Dywodfaen Sudbrook i'w gael yng Nghaer-went. Carreg galch las yw 'Maen Allteuryn', maen enigmatig o'r ail i'r drydedd ganrif. Fe'i hachubwyd o fwd yr aber y tu hwnt i'r morglawdd cyfredol ac i'r un a godwyd yn y bedwaredd ganrif ar bymtheg. Efallai ei fod yn dynodi ymwneud llengol â gwaith peirianyddol mewn perthynas â chodi cei neu adeiladau, neu â gwella'r tir yn Allteuryn; mae'n llai tebygol ei fod yn elfen mewn llwyth o falast a ollyngwyd ger ceg y gilfach hon yn ystod oes y Rhufeiniaid neu'r cyfnod wedi hynny. Gweler Allen, 2003. 147–54; Boon, 1980; Brewer, 2004, 205–43; Knight, J K 1962, 17–19 a Morgan O 1882b, 1–17.

[37] Zienkiewicz, 1986, 57 a 341.

[38] *RIB* III 3092, gan ei ddyddio, mae'n debyg, i gyfnod I (tuag OC 90–125).

[39] Boon, 1987.

[40] Evans, E, 2001.

[41] Rippon, 1996, 33, Ffigur 11.

[42] Cloddiwyd y gaer ddiweddaraf yng Nghaerdydd ym 1901. Codwyd y rhan fwyaf o furiau Castell Caerdydd heddiw ar ben muriau a sylfeini'r gaer Rufeinig. Defnyddiwyd llinell o gerrig gorchudd pinc i ddangos y llinell derfyn rhwng y muriau a adeiladwyd a'r muriau Rhufeinig gwreiddiol o

danynt. Gweler Webster, 2002 a Ward, 1901, 335–52.

[43] Gweler Boon, 1978, 10–12.

[44] Siâl o Ffurfiant Clai Kimmeridge, gweler Allen a Fulford, 2004, 22 ac Allen, Fulford a Todd, 2007, 167–191; sialciau o sialciau Talaith y De o Ffurfiannau Culver a Portsdown, gweler Tasker, Wilkinson a Williams, 2017, 221–43.

[45] Zienkiewicz, 1986, 339–40 a 342.

[46] Allen a Fulford, 2004, 9–38; Zienkiewicz, 1986, 303–14, 339–43.

[47] Gweler Allen a Fulford, 2004, 33–34. Gweler hefyd Gomisiwn Brenhinol Henebion Lloegr (RCHME), 1970, 602–13.

[48] Nayling a McGrail, 2004, 109.

[49] Boon, 1978, 23, troednodyn 47.

[50] *Ibid*.

[51] Ac ar draws y gogledd. Gweler Arnold a Davies, 2000, 96, ffigur 9.1.

## Pennod 6

[1] Gweler Maarleveld, 1995; Cunliffe, 2001, 67–73; Fulford, 1989.

[2] Ó Floinn, 2009, 232–33; gweler hefyd Bateson, 1973; 1976; Doherty, 1980; Doyle, 2009.

[3] Griffiths, 2009, 275. Redknap, yn y wasg.

[4] Mae'r enwau Gwyddelig ar rai arysgrifau o'r Oesoedd Canol cynnar a'r crynodiadau o arysgrifau yng ngwyddor ogam y Gwyddelod yn ne-orllewin Cymru a theyrnas Brycheiniog yn dangos i fewnfudwyr cynnar o Wyddelod fod yno, fel y gall rhai achosion o waith metel yn y dull Gwyddelig-Ynysig yng Nghymru: Sims-Williams, 2007a, b; Redknap, 2007; Redknap, 2009.

[5] Hemer, 2010; Hemer ac eraill, 2013; Hemer ac eraill, 2014.

[6] Hemer ac eraill, 2013, 2356.

[7] Enghraifft ohonynt yw'r llong fasnach o ddechrau'r chweched ganrif a oedd yn cludo Llestri Slipiog Coch o Affrica a chostrelu Rhufeinig Diweddar 1. Cafwyd hyd iddi yn Lagŵn Tantura yn Dor yn Israel (Kahanov a Mor, 2014, 61–64). Enghraifft arall yw llongddrylliad ger Yassi Ada: Adeiladwyd y llong yn ystod chwarter cyntaf y seithfed ganrif ac fe'i collwyd yn y Môr Aegeaidd wrth iddi gludo 850–900 o gostreli a nwyddau eraill.

[8] Pulak, Ingram a Jones, 2015, 68–70; ceir trosolwg o fasnachu yn Mango, 2009.

[9] Caiff y planciau sy'n gorgyffwrdd yng nghorff llong eu cysylltu wrth ei gilydd i greu cragen y corff cyn mewnosod y fframiau.

[10] Weithiau, gelwid llongau â rhwyfau a hwylbrenni yn *æsc* yng Nghronicl yr Eingl-Sacsoniaid ac yn *askr* ym marddoniaeth y Llychlynwyr. Cyfeiria hynny at y coed ynn y cawsai rhai llongau eu gwneud ohonynt. Bwriad y Brenin Alfred oedd adeiladu llongau hir i frwydro 'yn erbyn y llongau ynn' (*ongen ða æscas*) ac yng Nghronicl yr Eingl-Sacsoniaid (o dan y flwyddyn 917/921) defnyddir *æscmenn* i ddisgrifio'r

goresgynwyr o Lychlyn: Jesch, 2001, 135.

[11] Davies 2013, 21.

[12] Garmonsway, 1986, 191, o dan y flwyddyn 1063.

[13] Cronicl y Dywysoges, o dan y flwyddyn 1050/2.

[14] Garmonsway, 1986, o dan y flwyddyn 885 (16 o longau môr-ladron yn aber Afon Stour), 897 (6 i Ynys Wyth), 981 (gwnaeth saith llong ddifrod mawr i Hamwih), 1028 (hwyliodd Cnut i Norwy gyda 50 o longau), 1040 (Harthacnut a 60 llong). Efallai i'r ffigurau a roddywd ar gyfer maint y llyngesau gael eu chwyddo weithiau, yn enwedig ym marddoniaeth beirdd Llychlyn, a phan fyddant yn ffigurau crwn.

[15] Beda, *Historia ecclesiastica* II.9.

[16] Mac Cana, 2007, 29. Yn 973 hwyliodd y brenin Eingl-Sacsonaidd Eadgar (teyrnasodd: 959–975) gyda'i fflyd i Gaer lle y derbyniodd chwe brenin a ddeuai'n gynghreiriaid iddo 'ar dir a môr'. *Cronicl yr Eingl-Sacsoniaid* o dan y flwyddyn 973/975

[17] Er enghraifft: *Brut y Tywysogion* o dan y blynyddoedd 918, 990–2, 1014, 1088; *Cronicl yr Eingl-Sacsoniaid* o dan y blynyddoedd 914, 1067.

[18] Er enghraifft, gan y daearyddwr E G Bowen wrth iddo ysgrifennu hanner canrif yn ôl.

[19] Bowen, 1969, yn enwedig 51–80.

[20] Marcus, 1980, 8–15.

[21] *Vita Columbae*, I.28.

[22] *Vita Columbae*, II.45.

[23] *Vita Columbae*, II.45; II. 42.

[24] Gweler Anderson ac Anderson 1961, 116–17.

[25] *Vita Columbae*, I.28.

[26] *De Excidio Britanniae*, VII.

[27] Campbell, 2007, 14–26.

[28] *Geiriadur Prifysgol Cymru*, d.g. 'llong'

[29] Er enghraifft, *Brut y Tywysogion* o dan y flwyddyn 1014.

[30] *Vita Columbae*, II.45.

[31] Nayling a McGrail, 2004, 208–11 a 217–29.

[32] Bannerman, 1974, 41–49: 43.

[33] *Vita Columbae*, II.45.

[34] *Geiriadur Prifysgol Cymru* d.g. 'corwg'; *Dictionary of Medieval Latin from British Sources*, d.g. 'curuca'.

[35] *Dictionary of Medieval Latin from British Sources* d.g. *scapha*.

[36] Delir i'w gwneud, ond cynfas yw'r gorchudd erbyn hyn.

[37] Wooding, 2001.

[38] Amgueddfa Cymru, rhif derbyn 70.10; Edwards, 2007, P99.

[39] Jankulak a Wooding, 2010.

[40] Wooding, 2007, 220.

[41] cymh. Van de Noort, 2011.

[42] Kelly, 1989, 276–77.

[43] Jenkins, D, 1986, 40, 112, 116–17.

[44] Reed ac eraill, 2011.

[45] Gweler, yn arbennig, Thier, 2006.

[46] Ymhlith y gweithiau cyhoeddedig ar enwau lleoedd mae Richards M, 1962; Charles, 1992; Pierce, 1984;

Fellows-Jensen, 1992; Jones G T, 1996; Owen a Morgan, 2007.

[47] Yn ôl fersiwn A o Gronicl yr Eingl-Sacsoniaid, Ynys Echni oedd hi; mae fersiynau B-D yn unfarn mai Ynys Ronech oedd hi.

[48] Ceir gwybod rhagor am hyn yn Redknap, 2000; 2008, 403–04.

[49] Morgan O, 1878; ibid, 1882a.

[50] O ran ailddefnyddio estyll corff estyllog (adeiladwaith 'estyll-yn-gyntaf' neu 'cragen-yn-gyntaf'), gweler Marsden, 1996, 41–54; Goodburn, 1991, 109–10; Goodburn, 2003.

[51] HAR-3203, 1000+/-80bp; Hutchinson, 1984, 25.

[52] NGR SH 6163 7930.

[53] Trosiad o Bennod 39 yr *Orkneyinga Saga*; Pálsson ac Edwards, 1981, 84.

[54] Ceir gwybod rhagor am hyn yn Broderick, 2002; Jones, 1952; Maund, 1996; Morgan T, 2009; Pálsson ac Edwards, 1981; Redknap, 2000, 50; Smith, 2004; Williams T P a Hughes L, 2008.

[55] Redknap, 2011.

[56] Redknap, 2000, 58–59, 85–87.

[57] Redknap, 1992.

[58] Fe'i dynodwyd gyntaf ym 1991 a'i hailddynodi ar 09.10.1995; Gorchymyn 1991 rhif 2746 y Ddeddf Diogelu Llongddrylliadau (Dynodiad rhif 2. Lledred 51°43'.18 Gogledd, Hydred 5°40'.13 Gorllewin).

## Pennod 7

[1] Vyner, 1993, 126–41.

[2] Thomas, 1949, 11.

[3] Brooks, 1933, 152; Hutchinson, 1994, 151.

[4] Gruffydd, 1987, 35.

[5] Stephenson, 1984, 80.

[6] Cal. Anc. Corr. XIX, 28, 89 a xix, 29, 90; Edwards, 1935.

[7] Fel Hastings, Winchelsea, Rye, Dover, Hythe, Sandwich a Romney, a hyd yn oed longau o Southampton a Bayonne.

[8] Morris, 1901, 108.

[9] Brown, Colvin a Taylor, 1963, II, Atodiad C.

[10] Trydydd mab Simon de Montfort, a laddwyd ym Mrwydr Evesham ym 1265.

[11] Planché, 1875, 182–83.

[12] Cipiwyd y llong a chadwyd Amauri yn y ddalfa yng Nghastell Bryste. Cymerwyd Elinor i Windsor (fe briododd hi Lywelyn, ymhen hir a hwyr, ym 1278); Smith, J B, 1986, 273 (Cymraeg), 1998, 390 (Saesneg).

[13] Calendar Close Rolls, 1369–74, 65; Gruffydd, 1997–8, 31.

[14] Matthews, 1910, xxxi; Gruffydd, 1987, 50.

[15] *Calendar Inquisitions Post-Mortem*, 1413–18, 58; Gruffydd, 2016, 43; Davies J D, 2013, 28.

[16] Gweler Griffiths, 1984.

[17] Lewis E A, 1913, 125–52.

[18] Thomas D, 1949, 11–13.

[19] Williams D H, 1984a, 317.

[20] Carus-Wilson, 1967, 30.

[21] Mae cyfrifon tollau Bryste yn dangos y datblygu a fu ar gysylltiadau masnachu â Chas-gwent, Teignmouth (1298), Gwasgwyn, Portiwgal a Fflandrys (144 o lwythi rhwng 1303–09).

[22] Gruffydd, 1997–98, 33.

[23] Yr Archifdy Gwladol, Exchequer, King's Remembrancer's Memoranda Rolls, E159/68; Dyer, 2003, 206-7; Summerson, 2005, 32.

[24] Rees, 1975, 117; CCR, 1318–1323, 415; Carr, 1982, 241.

[25] Carr, 1982, 241.

[26] Lewis E A, 1937, 61.

[27] Adams a Black, 2004, 244–48.

[28] Friel, 1995, 28–29.

[29] CPR, 1277/235; Williams, D H, 1984a, 310.

[30] Hutchinson, 1994, 67; O'Neill, 1987a, 29–30.

[31] O'Neill, 1987a, 67–69.

[32] Gweler Griffiths, 1984, 88–89, ynghylch mordwyo a chysylltiadau â Bryste tua diwedd y bymthegfed ganrif.

[33] Ireland, 1989, 24; O'Neill, 1987b, 37.

[34] Friel, 1995, 183.

[35] Gweler Reddaway a Ruddock, 1969.

[36] Cal. Inq. Misc., 1219–1307, rhif 968; Ian Friel, *in litt.*

[37] Prisiwyd ei fod yn werth 8*d*; Clark, 1910, 1186–7, rhif DCCCCLVII; Williams, 1984, 331.

[38] Cal. Close Rolls, 1237–1242, 259-60; Gruffydd, 1985, 25; Gruffydd, 2016, 239.

[39] Masnachwyr o Genoa, a drigai yn Llundain, oedd perchnogion ei chargo o win: Friel, 1995, 159; Gruffydd, 2016, 236.

[40] Davies A E, 1992, cerdd 5.

[41] CCR, 1318–23, 453; Usher, 1977, 11.

[42] Yr Archifdy Gwladol, SC2/215/5, m. 1; Carr, 1982, 117.

[43] CPR, 1391–96, 433; Rees, 1975, 149.

[44] Ashbee, 2017, 10.

[45] Yr Archifau Gwladol (TNA), E 101/5/18, rhif 11.

[46] CBHC, 1937, cxlviii-ix.

[47] Lewis E A, 1913, 172; Gruffydd, 2016, 152. Mae 'haearn Sbaen' yn dwyn i gof yr ymadrodd Cymraeg 'mor galed â haearn Sbaen'.

[48] Taylor, 1987

[49] Taylor, 1963, 318–27.

[50] Taylor, 1963, 319.

[51] Renn ac Avent, 2001.

[52] Taylor, 1963, 311.

[53] Renn ac Avent, 2001, 9; Miles, 1996, 78.

[54] Evans, 1812, 660.

[55] Lewis S, 1833 (heb rif tudalen).

[56] Carr, 2000, 334–45.

[57] James, 1999, 11–33.

[58] James, 1999, 32.

[59] Lloyd R J H, 1958, 44–107.

[60] Hynny yw, 'very wealthy by merchandise'. Mae ef hefyd yn nodi *it has a sinus* [cildraeth] *and a peere* [pier] *made for shyppes*': Smith L T, 1906, 61.

[61] George, 1964, 7–10.

[62] Soulsby, 1983, 253.

[63] Aberystwyth, Llyfrgell Genedlaethol Cymru, Llsgr. Bettisfield 1484; Pratt, 1984.

[64] Tegeingl oedd un o dair uned Sir y Fflint.

[65] Yr oedd llong fasnach y dyfroedd dyfnion, neu'r *knarr*, a elwir yn Skuldelev 1 ac a adeiladwyd tuag OC 1000–50, yn 16.5 metr o hyd a chanddi ddeciau uwch yn y tu blaen a'r tu ôl. Mae 'cog' (llong fach) Kollerup, o tua 1150, wedi'i hadlunio â llywiau ochr a starn, deciau yn y tu blaen a'r tu cefn, a bwrdd rhydd llwytho o ryw 1.2 metr o led tua chanol y llong: Englert, 2015, ffigurau 4.10, 4.11.

[66] Yr oedd y pysgod a allforid o Ddinbych-y-pysgod yn nodedig am eu hansawdd a chaent eu hanfon dros y môr i gastell Goodrich i'w paratoi ar gyfer bwrdd Joan de Valence; Davies, 1978, 110.

[67] Coleg y Drindod, Dulyn, Llsgr 557, V, 270ff; VI, 164ff.; *Registrum Octaviani* rhif 26, cofrestr yr Archesgob Octavian o Armagh, ar sail tystiolaeth a ddyddiwyd 2 Medi 1473; O'Neill, 1987b, 121–22.

## Pennod 8

[1] Yr oedd llawer ohonynt yn ymwneud â materion ariannol yn hytrach na manion technegol traddodiadau o adeiladu llongau, maint eu cynnwys neu restri cynhwysfawr (dogfennu'n ddethol wnâi'r mwyafrif ohonynt, os o gwbl).

[2] Gerallt Gymro, *Disgrifiad o Gymru*, Llyfr I, pennod 17; Jones, 1938, 203.

[3] Roberts, E P, *Gwaith Maredudd ap Rhys a'i gyfoedion*, 2003, 41.

[4] McElvogue, 2000, 19.

[5] Fox, 1926; McGrail, 1978, 230–32, 236–37, 332; Illsley a Roberts, 1980, 347–48; Redknap a Goodburn, ar y gweill.

[6] Er enghraifft, Greenhill, 2000.

[7] Cyfeirir yn aml at y cwch o'r unfed ganrif ar ddeg yn Utrecht fel 'hulk' neu 'proto-hulk' cynnar, ond cwestiynwyd hynny, a chwestiynwyd hefyd yr awgrym y gallai'r 'drylliad copr' o Gdansk o OC 1400 (Litwin, 1980, 217–25) fod yn enghraifft hwyr. I weld y feirniadaeth, gweler Glasgow, 1972, 103–04; Adams, 2013, 109ff.

[8] Brooks, 1933, 152; Hutchinson, 1994, 151.

[9] Matthew Paris, v, td. 633; Gruffydd, 1987, 35.

[10] Gallent fod yn 100 troedfedd/30 metr ar hyd y cêl, ac yn rhyw 140 o droedfeddi/43 o fetrau i gyd.

[11] Tinniswood, 1949; O'Neill, 1987b, 112.

[12] Friel, 1995, 147; gellir cael syniad o ffurfiau cynnar ar 'barge' yn sgil dod o hyd i long â gwaelod gwastad a elwid yn *gribane/gribanne*. Fe'i hadeiladwyd tua 1425–26 ger Afon Canche i fyny'r afon o harbwr pysgota Etaples-sur-Mer (Pas-de-Calais); Rieth, 2012.

[13] Gruffydd, 2016, 19.

[14] Cawsai ei ailddefnyddio'n fur cynnal yn Southwark: Goodburn, 2003, 292–95.

[15] Gwnaed y darganfyddiadau yn Doel wrth gloddio doc yn harbwr Antwerp yn 2000 a 2002; Vermeersch, Lenaerts, Haneca, Deforce a Laecke, 2011, 8–9; Haneca a Daly, 2014; Vermeersch, Haneca a Daly, 2015. Gwnaed y naill o goed a gwympwyd

ym 1325/26 (Doel 1, o dde'r Baltig, mae'n debyg) a'r llall o estyll o goed a gwympwyd ym 1328 (Doel 2, o dde Gwlad Pwyl, mae'n debyg) a rhoddant syniad da i ni o'r olwg a oedd arnynt.

[16] Christensen a Steusloff, 2012, 36–37.

[17] CPR, 1408–13, 178.

[18] Lewis, E A, 1913, 164.

[19] Christensen a Steusloff, 2012; de Meer, diddyddiad (http://www.iemed.org/dossiers-en/dossiers-iemed/accio-cultural/mediterraneum-1/documentacio/anau.pdf). *Não* (llong) neu *coca/coche* (datblygiad sy'n cyfuno nodweddion cogiau gogledd Ewrop) o Fôr y Canoldir yw hon. Gelwid llongau o Genoa a fasnachai â Phrydain a Fflandrys o'r 1300au ymlaen yn garacau ond 'nave' (o'r Lladin *navis*, llong) oedd y term am y llong *La Lomellina* o Genoa a gollwyd oddi ar Villefranche ar lannau Môr y Canoldir yn gynnar yn yr unfed ganrif ar bymtheg.

[20] Adams a Rönnby, 2013, 103ff.

[21] Ar ôl ei ddiogelu, yr oedd drylliad Drogheda yn rhyw 9 metr o hyd ac yn rhyw 3 metr o led ac felly heb fod yn wahanol iawn i'r llong gynharach o Abergwaith (er bod rhai gwahaniaethau yn ei adeiladwaith); Schweitzer, 2012, 227–30.

[22] Fe'i defnyddiwyd ar gyfer llongau o fath y 'cêl' rhwng 10 metr a 15 metr o hyd; Ravn, 2016, 14.

[23] Nayling, 1998a, 119–21.

[24] Byddai angen o leiaf 0.5 tunnell o falast i hwylio'r llong yn ysgafn, ond ni fyddai ei angen os pwysai'r llwyth dunnell a rhagor.

[25] Young a Thomas, 1998.

[26] I weld adroddiad interim ynghyd â rhestr o waith darllen pellach, gweler Nayling a Jones, 2014, 239ff. Mae gwefan Llong Casnewydd (www.newportship.org/) yn cynnwys gwybodaeth i ymwelwyr.

[27] Jones C, 1978; McElvogue, 2000.

[28] Mae llechi a ddaeth o'r gogledd, mae'n debyg, wedi'u nodi yn Llundain, ac ym 1399 gwnaeth defnyddio llechi i doi tai yng Nghonwy gryn argraff ar ymwelydd o Ffrainc; Gwyn, 2015, 30.

[29] Gwyn, 2015, 243–49.

[30] Roberts O T P, 1979.

[31] Leach, 1957.

[32] Labordy Ymchwil Archaeoleg a Hanes Celf, Rhydychen, 1999.

[33] Gweler Williams D H, 1993, W261, W243, W266, W277.

[34] Gweithredoedd Grŵp 1 Badminton, rhif 35.

[35] Aberystwyth, Llyfrgell Genedlaethol Cymru, Gweithredoedd 192 Pitchford Hall.

[36] Aberystwyth, Llyfrgell Genedlaethol Cymru, Gweithredoedd 1287 Pitchford Hall.

[37] Mae'n dwyn i gof geugerfiad Rhufeinig o fodrwy o ddiwedd y ddeuddegfed ganrif neu ddechrau'r drydedd ganrif ar ddeg o Lan-faes; Aberystwyth, Llyfrgell Genedlaethol Cymru, Penrice a Margam 379; D H Williams, *in litt*.

[38] Redknap a Williams, 1999, 90–91; Williams D H, 1993, 26, D34 a D33 yn y drefn honno.

[39] Gan gynnwys caniatâd i bysgota hyd at ganol Afon Hafren, gyferbyn â'u maenorau ym Magwyr a Woolaston.

[40] Johnston, 1988, 'Cywydd y Llong', llinell 18

[41] Rhif 21.

[42] Fe'u rhestrir ar gyfer Afon Dyfrdwy: Gruffydd, 1985, 29–31.

[43] Redknap, 2010b.

[44] 'Cywydd y Llong', 1450. Yn ddiweddar, mae Carr, 2004, ac Olson, 2008, wedi adolygu llawer agwedd ar bererindota gan y Cymry.

[45] Fitzgerald, 1969, 17–20.

[46] 'Handgonne' canoloesol. Cofnodwyd mai'r man darganfod oedd Arolwg Ordnans SH 1149 2052. Rwy'n ddiolchgar i Dr Cecil Jones am y wybodaeth.

[47] *Edwards IV's Descent from Rollo* a *The Romance of the Three Kings' Sons* (Llundain, Y Llyfrgell Brydeinig, Llsgr Harley 326, ff. 29v).

[48] Mae hwnnw bellach yn y Legermuseum yn Delft.

[49] Llundain, Y Llyfrgell Brydeinig, Royal 14 E IV, ffol. 23; McLachlan, 2010, 13.

## Pennod 9

[1] I ddarllen arolwg rhagorol o'r cyfnod cyn hynny, gweler Gruffydd, 2000, 23–44.

[2] Lewis E A, 1927, xiv-xv;  Richards, 2005, 16–19.

[3] Smith T G, 1979, 27.

[4] Roese, 1995, 63.

[5] Eames, 1973, 27–28.

[6] Symons, 1979, 241-42;  Davies J D, 2005/6, 3–6.

[7] Davies G A, 1985, 152.

[8] O wybodaeth gan yr Athro John Hines, gyda diolch.

[9] Lewis E A, 1927, xviii-xx, xxxii; Gruffydd, 2000, 30–39.

[10] Eames, 1973, 26–27.

[11] Lewis E A, 1927, xxiii, xxviii.

[12] Symons, 1979, 28.

[13] Lewis E A, 1927, xxx–xxxi.

[14] Gruffydd, 1996, 55–6.

[15] Lewis E A, 1927, xxxvi-vii.

[16] Lloyd, L, 1994, 4–6; Lloyd, L, 1991, 11–12.

[17] Hollis, 1949, *passim*.

[18] Davies G A, 1985, 154-6; Eames, 1973, 28–30.

[19] Bowen, 1972, 66; Williams, 2004a, 938–39.

[20] Llyfrgell Genedlaethol Cymru, ewyllysiau ar-lein, SD/1596–41, 1616–116.

[21] Childs, 2000, 32.

[22] Davies G A, 1985 , 164–65; Williams, 2004b, 92–93; Davies J D, 2013, 33–34.

[23] Lloyd, 1991, 13–14.

[24] Eames, 1973, 31-6; Davies, 1985, 46.

[25] Davies J D, 1985, 46–47.

[26] Appleby, 2004, 970-71; Eames, 1973, 34–35.

[27] Eames, 1973, 19–21.

[28] Davies J D, 2013, 114.

[29] Davies J D, 2013, 33.

[30] Davies J D, 2013, 35.

[31] Jones, 1938, 179.

[32] Cafodd Cabot flwydd-dâl (pensiwn) gan Henry VII am ei wasanaethau 'in and aboute the fyndynge of the new founde landes', ac yn ystod y 10 mlynedd dilynol aeth sawl masnachwr o Fryste ar fordeithiau i ogledd America. Ar fordaith William Weston y darganfuwyd Newfoundland a'i physgodfeydd cyfoethog: Jones E T a Condon, 2016, 57.

[33] Mae'r dyddiad '8 Feb' ar gorff y llong, a'r flwyddyn 1562 sydd wedi'i harysgrifennu yn y geiriad, yn awgrymu iddi ddechrau cael ei defnyddio ar 8 Chwefror 1583 (bryd hynny, estynnai'r flwyddyn galendr tan 25 Mawrth): Williams D H, 1993, W196.

[34] Fe'i gelwir bellach (2018) yn Labyrinth Live Music and Sports Bar.

[35] Richards, A J, 1998, 13–14 (sy'n dyfynnu George Owen, 1603 – gweler Owen, 1892, 81). Sylw Owen oedd 'Tiling stones [were] to be found about Newport and Dinas, in Cemais in the sea cliffs, and there hence they are sent by water to Haverford, Pembroke and Tenby and to divers parts of Ireland.' Sylw arall ganddo yw i'r llechi fod 'in assorted sizes [and] sold by the thousand'. Ceir awgrym hefyd y câi ochr isaf y llechi hynny eu 'tanio' neu eu plastro.

[36] Smith P, 1988, 372–74 a Map 7.

[37] James, 1957, 31. Bellach, credir bod yr adeiladwaith a elwir yn lleol yn 'crypt' ym mhen uchaf y Stryd Fawr yn seler i dŷ masnachwr, a hwnnw'n dŷ sydd wedi'i hen ddymchwel. Mae fowt arall dros lawr isaf Rhif 13 Quay Street, sef yr eiddo a arferai fod yn syth o flaen ein hadeilad ni. Nododd James: 'nearly all the old houses along Dark Street on both sides stood upon vaults, as does Commerce House in Market Street'.

[38] George, 1964, 37. Y cei oedd prif ganolfan masnachu a thrafod yn Hwlffordd. Deuid yma â'r nwyddau a oedd i'w gwerthu neu eu masnachu'n lleol neu ar hyd y glannau i rannau eraill o Gymru, neu ymhellach i ffwrdd. Cofnodwyd bod y *Perrotte*, barc 50-tunnell Syr John Perrot o Gaeriw, yn masnachu â Newfoundland ym 1566, a bu'r llong 100-tunnell, y *Lion of Milford*, yn masnachu â Newfoundland a Ffrainc rhwng 1600 a 1603. Cludai'r llong 16-tunnell *Peeter* wenith a chaws i gyflenwi garsiynau Lloegr yn Iwerddon rhwng 1587 a 1603.

[39] Lewis, 1927, 79. Nodir yno i 19,000 o bysgod gael eu mewnforio o Newfoundland ym 1566 ac, ym 1601, i'r *Lyon of Milford* gludo olew morfilod, hefyd o Newfoundland (ibid, 190).

[40] James 1957, 112; yn James T A, 1990–91, 64, nodir mai ym 1370 y sonnir gyntaf am 'Schippistrete' (Ship Street).

[41] Owen, 1892, 140-142.

[42] Archifdy Sir Benfro cyf. D/EE/55/3: Map and Schedule of properties and rentals in Quay Street, Haverfordwest, 28 November 1844. Mae cynllun a rhestr y strydoedd o 1844 yn dangos bod sawl eiddo yn Quay Street yn dal i gael ei rentu fel hyn dros 250 o flynyddoedd yn ddiweddarach. Yn yr

43 Jones F, 1950, 103–04.

44 Charles, 1967, 195.

45 Owen, 1892, 56–57.

46 George, 1967, 20.

47 George, 1967, mae mapiau 3 a 4 yn cofnodi cyrchfannau a ffynonellau nwyddau a anfonwyd i Sir Benfro, neu oddi yno, rhwng 1565 a 1713.

48 George, 1967, 28.

49 George, 1967, 28.

50 I ddarllen trosolwg o'r fasnach forol i Hwlffordd a phorthladdoedd eraill yn ardal Aberdaugleddau, ac oddi yno, gweler Taylor, 2009.

51 Ceir gwerthusiad manylach o'r adeilad yn Nash, 2013.

52 Friel, 1995, 131–33.

53 Gweler Lewis E A, 1927.

54 Childs, 1993; i ddarllen arolwg diweddar sy'n canolbwyntio ar Loegr a Phenrhyn Iberia, gweler Childs, 2013.

55 Gutiérrez, 2003, 26–32.

56 Redknap, ar y gweill.


**Pennod 10**

1 Greenhill, 1980, 6, 14, 20.

2 Jenkins J, 2004, 95–96.

3 Armstrong a Williams, 2010, 40.

4 Farr, 1956, 129–32.

5 Fenton, 2011, 33–40.

6 Craig, 1980a, 14–16.

7 Morgan, 1979, 40.

8 Jenkins, D, 1991, 36–41

9 Jenkins, D, 2011, 117–19.

10 Neges bersonol gan y diweddar Mr Arthur Lovering.

11 Williams, 1989, 61–63.

12 Spong, 1982, 26–29.

13 Jenkins, D, 2000, 69.

14 Stammers, 1993, 102–03; Farr, 1954, 11–14.

15 Greenhill, 1988, 33.

16 Phillips, 1993, 158–59.

17 Craig, 1980b, 490, 499.

18 Bowen, F C, 1950, 605.

19 Gweler George, 1964; Jenkins, J C, 1982.

20 I ddarllen rhagor am hyn, gweler Green, 1995; Green, 1999.

21 Stammers, 2000, 55–57.

22 Davies, K, 2011.

23 Stammers, 2001, 7.

24 Michael, 2008, 81–85.

25 Stammers, 1993, 178–79.

26 Stammers, 1999, 1–2.

27 Trosiad o George Owen, The Description of Penbrokshire (fe'i hysgrifennwyd ym 1603 a'i gyhoeddi ym 1892).

28 Jenkins, J G, 1979; Smylie, 1998.

29 NPRN 273109.

30 NPRN 272606.

31 NPRN 273234.

32 NPRN 515489.

33 Smith, R C, 1978.

34 NPRN 506800.

35 Smylie a Cooper, 2011.

36 Greenhill a Mannering, 1997.

37 Lloyd, R J H, 1954, 94–107.

38 Lewis, S, 'Abbey-Aberfraw', tt. 1–12 [British History Online http://www.british-history.ac.uk/topographical-dict/wales/pp1–12].

39 Smylie, 1998.

40 NPRN 525182 a 5. Baner ac Amserau Cymru.

41 Herman Moll, A New description of England and Wales, with the adjacent islands (Llundain, 1724)

42 Lloyd, R J H, 1954, 1955.

43 NPRN 515205–6.

44 NPRN 272533.

45 Jenkins, J G, 1991.

46 McKee, 2001.

47 Smylie, 2005.

48 NPRN 240118.

49 Smylie, 2005.

50 McKee, 2001.

51 Trosiad o 'Consider slavery – what it is – how bitter the draught and how many millions are made to drink it', Ignatius Sancho, 1786, 70: Llythyr XXXVI at Mr Sterne, Gorffennaf 1776.

52 Clarkson, 1789, 31.

53 Richardson, 1991, vii.

54 Tibbles (gol.), 2005, 70.

55 Woodman, 2008, 187–9.

56 NPRN 271469.

57 NPRN 271484, 271817, 272721.

58 Cyfeirnod y ddogfen: Archifau Gwent, D/D Ed 378/1.

59 Jones, P, 2007, 157. Yn Iolo Morgannwg a Chaethwasiaeth (Jenkins, G H, 2008, 59–85), trafodir agwedd Iolo Morgannwg at gaethwasiaeth a chysylltiad Bryste – a'i dri brawd ei hun – â chaethwasiaeth.

60 Bill Turner, trwyddedai cyfredol y llongddrylliad dynodedig, a roes y dehongliad hwn o achos tebygol y llongddrylliad.

61 I ddarllen yr adroddiadau interim, gweler Wignall, 1979; Illsley, 1982; Nichols, 1984; Fenwick a Gale, 1999, 22–23; Konstam, 1989; Wessex Archaeology, 2006a.

62 Gwyn, 2015.

63 Jones, C, 1978; Roberts, O T P, 1979.

64 Jenkins, J G, 2006, 247.

65 Hughes ac Eames, 1975.

66 Illsley a Roberts, 1979, ffigur 5.

67 NPRN 272031.

68 Illsley a Roberts, 1979, ffigur 5.

69 Illsley a Roberts, 1979, 45–6.

70 Adeg llunio hyn o eiriau, arddangosir y cwch yng nghyd-destun y thema gyffredinol 'cludo llechi' yn sied yr injans yn Amgueddfa Lechi Cymru yn Llanberis. Ochr yn ochr ag ef ceir rhai enghreifftiau o'i lwyth o lechi.

71 Defnyddiid cychod ar y llyn hefyd gan chwareli Arglwydd Newborough yn Nant Peris; Gwyn, 2015, 243.

72 Ceir enghreifftiau ohonynt o Lake George (Efrog Newydd), gweler Wheeler, 1972, 82 a phlât 7; hyd 'bateaux plats' o New France, gan gynnwys pedwar ohonynt o Quebec, oedd 9.5–10.5m: Dagneau, 2004, 286–87.

73 Illsley a Roberts, 1980, 342–43; McElvogue, 2000, 5.

74 McElvogue, 1999. Adeg llunio'r llith hwn, mae cwch Llyn Peris wedi'i gyflwyno i Amgueddfa Cymru ac yn aros i gael ei adleoli.

75 Ond mae'n fwy na thebyg bod y rheiny'n gychod llawer mwy ac ynddynt 4–5+ o feiniau rhwyfo; gweler Knighton a Loades, 2000, 40–53.

76 Yn ôl Thomas Pennant (1781, 158) '[she] rowed stoutly' a hi, ymhlith pethau eraill oedd 'the best wrestler in the country'; Dafydd Roberts, in litt.

77 Jones, P E, 2011.

78 Howells, 1987.

79 Davies, P B S, 1997.

80 Llyfr poced bonheddwr o ffermwr a pherchennog cwar Barley Hay, 1857 (LlGC Llsgr 18119A); Llyfr cofnodion ynghylch cwarrau carreg galch Croft, Barn a Barley Hay, 1897–1914 (LlGC Llsgr 18120E).

81 Cyfriflyfr Henry Leach, Loveston, 1785-1800 (LlGC Llsgr 11192B).

82 Moore-Colyer, 1988.

83 Moore-Colyer, 1992–95.

84 Williams, R, 2004.

85 Moore-Colyer, 1992.

86 Moore-Colyer, 2005.

87 Moore-Colyer, 1988, 70–71, ffotograff 1.74; 1989–90, 26, ffigur 2, 27–28; 1992, 24, ffigur 6.

88 Anhysbys, 2003; Edwards, W., 1936, 66; Moore-Colyer, 1992, 25–27.

89 Idem.

90 Briggs, 1995–2015: cofnod ffotograffig o erydu'r glannau yn Llanrhystud (heb ei gyhoeddi); Briggs a Ferguson, 2014: cofnod ffotograffig o nodweddion a ddinoethwyd ar draeth Llanrhystud ac yng Nghraig-las, Llansannffraid, Ionawr-Mawrth 2014 (heb ei gyhoeddi).

91 http://www.llanon.org.uk/jimweb/churchhome.HTM

92 Briggs, 1995–2005.

93 Briggs a Ferguson, 2014.

94 CBHC AP: Rhif Catalog: C842381; Cyfeirnod Ffeil: 95/CS/0444.

95 Mae heriau erydu'r glannau wedi'u cydnabod ers tro byd (HCCP, 1911).

96 http://indesperateneedofsomeadventures. tumblr.com/post/89408327141/derelict-masonry-craiglas-lime-kilns

97 Moore-Colyer, 1992, 29, a 2005.

98 Hope, 2005, 16–17; NPRN 272913 a 271968.

99 NPRN 272633, 524898, 524911.

100 Jenkins, J G, 2006, 73.

101 NPRN 271538.

102 Coppack, 1973; NPRN 271609.

[103] *The Lighthouse Magazine* 1886, a ddyfynnwyd yn Jenkins, D, 1993, 80–81.

[104] Jenkins, J G a Jenkins, D, 1986.

[105] NPRN 271375 a 272248.

[106] Albion, 1938.

[107] NPRN 544225.

[108] NPRN 240071.

[109] Jones, I W, 2001.

[110] Lloyds of London, 1858.

[111] I ddarllen rhagor, gweler Greenlaw, 1999; Hughes, 2000; Rees, 2000.

[112] Gruffydd, 1985; Gruffydd, 2000.

[113] Wessex Archaeology, 2009.

[114] Hatcher, 1993, 476.

[115] Parham ac eraill, 1999; ibid. 2000.

[116] Toulmin-Smith, 3, 59–60

[117] Lewis, 1927.

[118] Bowen, 2001, Pennod 3; Morris, W H, 1970, 53–58

[119] James, T A, 151–66.

[120] Nicholson, 1991.

[121] Craig ac eraill, 2002.

[122] Jones W H, 1922, 70.

[123] Cyfeirnod Grid Cenedlaethol SS 501 991.

[124] Rees, 1954; Evans, 1979.

[125] Moran, diddyddiad, 7.

[126] Yna, câi'r dŵr ei bwmio allan yn y porthladd llwytho, proses sydd wedi creu problemau i'r amgylchedd am fod y dŵr balast hwnnw'n cynnwys ffawna a fflora o fannau eraill.

[127] Cookson, 2003.

[128] History of the Atlantic Cable and Undersea Communications, http://atlantic-cable.com// Cables/CableTimeLine/index1850.htm

[129] Middlemiss, 2000.

[130] Sterling a Shiers, 2000.

[131] Gweler hefyd Haigh, 1968.

[132] Arolwg Daearegol Prydain, 2007.

[133] Gosson, 2011.

[134] NPRN 274032.

[135] NPRN 274373.

[136] NPRN 274197.

## Pennod 11

[1] Corbin, 1994.

[2] Yates, 2006.

[3] Boorman, 1986.

[4] Black a Black, 1851.

[5] Hopson, 2009.

[6] Y Brodyr Eyre, 1880.

[7] Gladwell, 2012.

[8] Yates, 2006.

[9] Eastman a Thomas, 2010.

[10] Tynnir sylw at Lyfryddiaeth Prosiect y Porthladdoedd a'r Trefi Glan-môr a gyhoeddwyd gan Angela Hopson yn 2009.

[11] Tanner, 2008.

[12] Phillips-Birt, 1974

[13] NPRN 240328.

[14] Jones, R Chambers, 2004.

[15] Morgan, G W T, 1933; Royal Welsh Yacht Club, 1863.

[16] Crabtree, R, 1973

[17] NPRN 271515.

[18] NPRN 274007.

[19] Royal Anglesey Yacht Club, 1904

[20] NPRN 272332.

[21] Hughes a Williams, 1967, 22, 23.

[22] Armstrong a Williams, 2010, 40.

[23] Farr, 1956, 129–32.

[24] Hawkes, 1987, 115.

[25] Farr, 1956, 40–41.

[26] Elis-Willliams, 1984.

[27] Baughan, 1980, 23–25.

[28] Fenton, 1989, 35–37, 56–62.

[29] Cowsill, 2006.

[30] Scott, 2012, 41–58.

[31] Fox, S, 2003.

[32] Hughes, T, 1973.

[33] NPRN 271209.

[34] Lee, 1930, 123.

[35] Gibbs, C R V, 1952.

[36] Mackenzie-Kennedy, 1993.

[37] Bird, 2012.

[38] Hughes, T, 1994.

[39] Gwefan Clwb Hwylio Brenhinol Môn (http://royalangleseyyc.org.uk/ ; hefyd ceir cyfeiriadau at gynlluniau cynnar Peter Dickie mewn cylchgronau iotiau cyfoes: *Macaria*, Iot, iôl, 34tr, *Motorboat & Yachting*, 1922, Mehefin, 512; *Moonshine*, Iot, badlong, 58tr; *Yachting Monthly* 1927, Tachwedd, 57; ac ibid. 1928, Ionawr, 193; *Morna*, Iot, modur, 38tr, *Classic Boat*, 1991 Awst, 42.

## Pennod 12

[1] Phillips, B A, 2013, 19–20 a 33.

[2] Phillips, B A, 2013, 43–4.

[3] Phillips, B A, 2013, 19–20.

[4] 'Armoury at Fort Williamsburg including attached screen walls, A Grade II* Listed Building in Llandwrog, Gwynedd' yn http://www.britishlistedbuildings.co.uk/300020469-armoury-at-fort-williamsburg-including-attached-screen-walls-llandwrog#.WN0EPoWcEfA , cyrchwyd ar 30.03.2017.

[5] Haslam, Orbach a Voelcker, 2009, 431.

[6] Phillips, B A, 2013, 38–39.

[7] Saunders, Spurgeon, Thomas a Roberts, 2001, 39.

[8] ttp://www.britishlistedbuildings.co.uk/300005770-the-battery-trearddur#.WPNweYWcFfw a http://www.coflein.gov.uk/en/site/270515/details/def ended-building-holyhead , cyrchwyd ar 16.04.2017.

[9] Sutherland, 89–142.

[10] Phillips, B A, 2013, 39–40.

[11] Phillips, B A, 2013, 21.

[12] Phillips, B A, 2013, 40–42.

[13] Phillips, B A, 2013, 55.

[14] http://historypoints.org/index.php?page=holyhead-breakwater , cyrchwyd ar 21.04.2017.

[15] http://chapelbayfort.com/history/ , cyrchwyd ar 04.04.2017.

[16] http://www.cofiadurcahcymru.org.uk/reader/app/index.php?group=GAT , cyrchwyd ar 16.04.2017.

[17] Phillips, B A, 2013, 49.

[18] Phillips, B A, 2013, 24.

[19] Saunders, Spurgeon, Thomas a Roberts, 2001, 10.

[20] Saunders, Spurgeon, Thomas a Roberts, 2001.

[21] Saunders, Spurgeon, Thomas a Roberts, 2001, 40.

[22] Saunders, Spurgeon, Thomas a Roberts, 2001, 11.

[23] Saunders, Spurgeon, Thomas a Roberts, 2001.

[24] https://www.victorianforts.co.uk/pdf/datasheets/southhook.pdf, cyrchwyd ar 21.04.2017.

[25] Ibid.

[26] Phillips, B A, 2013, 25–26.

[27] https://www.victorianforts.co.uk/pdf/datasheets/nellspoint.pdf, cyrchwyd ar 16.04.2017.

[28] https://www.victorianforts.co.uk/ , cyrchwyd ar 16.04.2017.

[29] Trinder, 2005.

[30] 'Rodney's Pillar, Montgomeryshire and Admiral Rodney' yn http://www.thornber.net/england/htmlfiles/rodney.html , ac http://books.google.co.uk/books?id=PsINAAAAQAAJ&pg=PA296&dq=admiral+rodney&hl=en&sa=X&ei=z1_aUo7uNNTxhQfUn4DQAw&ved=0CEIQ6AEwAQ#v=onepage&q=admiral%20rodney&f=false , cyrchwyd ar 12.01.13.

[31] Hughes, S., 1990, 71.

[32] Knight, 2001, ar gael yn http://www.woodlandheritage.org/library/articles/item/194-nelson-and-the-forest-of-dean.html ac http://www.tandfonline.com/doi/abs/10.1080/00253359.2001.10656782 , cyrchwyd ar 13.01.13.

[33] Hughes, S., 1988, 240.

[34] Harris, 2003, 45.

[35] Knight R J B, *"The introduction of copper sheathing into the Royal Navy, 1779–1786"* yn http://www.rogerknight.org/pdf/The%20Introduction%20of%20Copper%20auheathing.pdf, cyrchwyd ar 28 Rhagfyr 2017.

[36] Harris, 2003, 47.

[37] Harris, 2003, XII.

[38] Harris, 2003, 168.

[39] Harris, 2003, 178.

[40] Warner, 1798, ar gael yn http://books.google.co.uk/books/about/Second_Walk_Through_Wales.html?id=qdovAAAAMAAJ&redir_esc=y, cyrchwyd ar 08.01.13.

[41] Hughes, 2000, 44.

[42] Hughes, 2000, 38.

[43] Harris, 2003, 50.

[44] Harris, 2003, 39.

[45] Brown, 1991, 55.

[46] Brown, 1991.

[47] Evans, C, 2010, 61.

[48] Evans, 1990, xi.

[49] Williams, C J, 1986, 29; Dawson, 2012, 43.

[50] Dawson, op.cit. 51.

[51] bid.

[52] Evans, C, 2010, 63.

53 Evans, C, 2010.

54 Grenter, 1992, 177–92.

55 Grenter, 1992.

56 Addis, 1957, 10.

57 Evans, C, 1990, xxi.

58 I ddarllen rhagor, gweler Phillips L, 1993; Phillips L, 2014.

59 Thomas, 2007.

60 Thorne a Howell, 1987, 390–97.

61 Rodger, 2004, 438.

62 Canon 'Rhif 8 hir' yn ôl y drefn yn Ffrainc yw hwn felly. Er i'r system fetrig ddechrau cael ei defnyddio yn Ffrainc, daliai'r ffowndri i ddefnyddio'r hen system Ffrengig o droedfeddi a modfeddi (yr oedd troedfedd Ffrainc 4/5 modfedd yn fwy na throedfedd Prydain). Mae'r pwysau ar y trynion (2315 'poid') ychydig yn llai na'r pwysau a roir gan Monge (1793–94) ar gyfer canonau wythbwyswr hir, sef 2382 'poid'.

63 Mae'n 2438mm o hyd; NMW I rhif derbyn 1996.117. Yr oedd *pouce* yn 25.07mm a *ligne* yn 2.25mm; cofnodwyd tablau'r dimensiynau gan G Monge, 1793–94. Rwy'n ddiolchgar i Robert Protheroe-Jones am y wybodaeth ac am gadarnhau tyllfedd y canon.

64 Mae *poid* neu bwys Ffrengig yn cyfateb i 489.3g; Blunt, 1832.

65 Hyd y canon hwnnw o ben i ben yw 2800mm.

66 Hopkins, 1972–74, 21.

67 Crëwyd ffowndri Le Creusot, yn debyg i ffowndri Moulins, i ddiwallu anghenion y Weriniaeth. Fe'i sefydlwyd ym 1791. Rwy'n hynod ddiolchgar i Matthew Williams o Gastell Caerdydd am wybodaeth am y canonau hynny.

68 Hopkins, 1972–74, 21.

69 Chartrand, 2003, 35.

70 Breen, Callaghan a Forsythe 2001, 74.

71 Hopkins, 1972–74, 21.

72 Hopkins, 1972–74, 4.

73 Seppings, 1818.

74 Masefield, 1953.

75 Windsor, 2008.

76 Carradice, 2009, 179. Sefydlwyd hefyd 'ffrigadau cerrig' fel y digwyddodd pan gyflwynodd un o deuluoedd mwyaf blaenllaw'r de ym maes perchnogaeth llongau, teulu Gibbs, hen westy ym Mhenarth i Gartrefi Cenedlaethol y Plant ar yr amod y'i defnyddid hi'n llong hyfforddi morwriaeth (collasai'r mudiad ei ysgol ddiwydiannol, yr *Havannah*, ychydig flynyddoedd ynghynt). Golygai cysylltiadau teulu Gibbs â chwmni llongau Reardon Smith ei bod hi'n hawdd dod o hyd i le ar fwrdd llong i lawer o'r bechgyn.

77 Carradice, 2009, 46–50.

78 I ddarllen rhagor, gweler Mayberry, diddyddiad.

79 Murphy, 1987, 32 a gweddill y llyfr i gael gwybod am ei fywyd hynod ddiddorol.

80 Holt, 2017, 106.

81 Armstrong a Young, 2010, 90–96.

82 Jones, I W, 2001.

83 Lledred 53° 05.483' Gogledd, Hydred 04° 41.975' Gorllewin, sy'n cynnwys olion y llong danfor a elwid yn HMS *H5*.

84 I ddarllen rhagor am hyn, gweler Smith, D J 1990; Jones, I, 2008; Sloan, 1991; Jones, R Chambers, 1995; ibid., 2008.

85 https://tighar.org/Projects/P38/welshlightning.htm

86 NPRN 273220.

87 NPRN 273719.

88 Fe'i hurddwyd yn farchog yn ddiweddarach am ei waith ar yr Arddangosfa Brydeinig a Stadiwm Wembley ym 1924.

89 e.e. Patent y DU, 1917, rhif 1779; Patent y DU, 1918, rhifau 117702, 118142, 118264, ac 120306; Patent y DU, 1919, rhif 104017.

90 Gallai'r *Lady Wolmer*, a ddadleolai 4,000 o dunelli, gludo 2,400 o dunelli o nwyddau. Fe'i cofrestrwyd ym Mryste ym 1942 a'i rheoli gan Walford Lines ar ran y Weinyddiaeth Drafnidiaeth.

91 Berry, J, 2016, *passim*.

92 Cadw, 2009.

**Pennod 13**

1 Gerallt Gymro, 1938, 93; gweler hefyd Thorpe, 1978, 150.

2 Gweler Redknap, 1997, v a *passim* i ddarllen adolygiad ac amryw o astudiaethau achos.

3 Hutchinson, 1994, 24.

4 Davies, H R, a Jenkins, R T, 1966.

5 Cyfrifon Sheriff Rholiau'r Siecr 1291/92. Ym 1289/90 talwyd 34 swllt am gwch a oedd newydd ei adeiladu yn ogystal ag am atgyweirio cychod eraill.

6 Rose, 2008, 3.

7 Richardson, 1995.

8 Fe'i gyrrwyd i'r lan ar 3 Mehefin a chollwyd 15 bywyd; Knight, 1853, 236.

9 Jones, 2013, 5–6.

10 Perrott, 2010, 10.

11 Gweler, er enghraifft, Davey, 1983; Bray ac eraill, 2004.

12 Tanner, 2008, 91–93, 106, 108.

13 NMW, rhif derbyn 35, bellach.

14 Collingwood a Wright, 1995, 101, rhif 2503.379.

15 Jones, T, 2014a.

16 Crumlin-Pedersen ac Olsen, 2002, 59, 339.

17 Nayling a Jones, 2014, 239–78.

18 Gynt, gelwid llawer ohono'n llestri o fath Mérida. Gweler Gutiérrez, 2000 ynghylch amrediad a Gutiérrez, 1995 ynghylch termau.

19 Tebyg i'r rhai y cafwyd hyd iddynt yn Plymouth ac Exeter: Redknap, 2017: http://archaeologydataservice.ac.uk/archiveDS/archiveDownload?t=arch-1563-2/dissemination/pdf/Newport_Ship_Specialist_Report_Pottery_and_Tile.pdf

20 Castle a Derham, 2005, 192, ffigur 4.10.

21 Darlith gan C Dobbs, *Reconstructing the Cook's Galley on the Mary Rose – From Seabed Rubble to Working Kitchen*, yn y 7fed Gynhadledd ar Archaeoleg Arbrofol, Caerdydd, Ionawr 2013.

22 O ran pysgod, gweler Russ, 2012; o ran olion planhigion, gweler Carruthers, 2013; o ran esgyrn anifeiliaid, gweler Coard, 2012.

23 Redknap, 2013.

24 Y term Lladin arferol am freichydd oedd *bracea* neu *bracera*. Cheir mo'r term *armilla* (rhwymyn braich) mewn rhestri o arfau canoloesol (C. Blair, *in litt.*).

25 J Brazier, *in litt.*

26 Gellir cymharu dimensiynau stribedi Casnewydd â'r rhai ar saled wyneb-agored o Milan sydd bellach yng nghasgliadau'r Arfdai Brenhinol ac a elwir yn 'Domenico Negroli sallet', rhif IV.424.

27 Luc, Pennod 4, 30. Un sy'n gyfochrog â'r un testun Textura ('*Iesus autem trans ie...*') ar stribedi o ddyrnfol o Castello di Soffumbergo, Faedis, Udine yn yr Eidal (Grönwald, 2010, Abb. 14).

28 Mae'r enghreifftiau'n cynnwys casged Talbot (tua 1400; BM M&LA, 1977, 5–2, 1; Cherry, 1980).

29 Er enghraifft, Smith, 1993, 1; Hildred, 2011. Cyfeiria'r term 'portpiece' at ynnau 'from 5 inch to 12 inches' na saethent ond cerrig.

30 NMW, rhif derbyn 87.42H.

31 *Tenby Observer*, 25 Gorffennaf 1940.

32 Anhysbys, 1864, 178.

33 TENBM: 1983: 0930. Sonnir am y gwn yn Leach, A L, 1948, a Smith, R D, 1993, 1 a throednodyn 4. Gwnaed gwaith cadwraeth arno yn 2014 gyda chymorth Grant Cadwraeth AIM a chefnogaeth y Pilgrim Trust.

34 Hildred, 2011, 195.

35 Mae'r llythrennau NH neu HN sydd wedi'u cerfio'n denau, a saeth lydan a nodwyd gan arsylwyr eraill, fel petaent wedi'u hendorri ar du mewn y bôn lle mae'r rhuddin wedi pydru'n ddim, ac felly'n ôl-ddyddio codi'r gwn o'r môr. Efallai i'r perchnogion ychwanegu'r marciau hynny ato cyn ei roi i Amgueddfa Dinbych-y-pysgod.

36 O ran pelenni Cattewater, gweler Redknap, 1984, ffigurau 27, 34, a 47, rhifau 136, 137. Mae'r meidryddion pren a ddefnyddid i gyplysu maint y pelenni â thyllfedd y gynnau ar y *Mary Rose* yn amrywio o 100mm, 118mm, 130mm, 148mm, 157.5mm, 186mm.

37 Horák a Bevins, 2011.

38 LlGC Penrice and Margam 5728.

39 LlGC Penrice and Margam 5728: fe'i trawsgrifiwyd gyda chaniatâd Llyfrgell Genedlaethol Cymru.

40 Flanagan, 1988b; Flanagan, 1988a, 41, rhif catalog 4.33; Crédit Communal, 1985, rhif catalog 1.12.

41 Honno hefyd oedd blwyddyn Cynllwyn Throckmorton, a ysbrydolwyd gan Sbaen, i ddymchwel Elizabeth I. Darganfod y cynllun hwnnw a arweiniodd at wahardd llysgennad olaf Sbaen o lys Elizabeth yn Ionawr 1584.

42 Yn ôl Robert Daniell, chwiliwr yn King's Lynn, allforiwyd mwy o wenith yn y 1560au a'r 1570au nag a gawsai ei drwyddedu, ac arfer masnachwyr

weithiau fyddai 'at theire retorne from beyond sea to geve thofficers spices, sugar, lynnen cloth and such store of households'.

43  Tanner, 2008, 55–62.

44  Holden, C ac L, 2009.

45  McKee, 1986.

46  *Aberystwyth Observer*, 1859.

47  I ddarllen yr adroddiadau interim, gweler Wignall, 1979; Illsley, 1982; Nichols, 1984; Fenwick a Gale, 1999, 22-3; Konstam, 1989; Wessex Archaeology, 2006a.

## Pennod 14

1  Cadw.llyw.cymru/historicenvironment/ protection/maritimewrecks; www.nauticalarchaeologysociety.org; cbhc.gov.uk; gellir cyrchu'r cofnodion arforol yn www.coflein.gov.uk.

2  Davidson, 2002.

3  http://lle.llyw.cymru/catalogue/item/Shoreline ManagementPlan2/?lang=cy

4  www.archaeoleg.org.uk/pdf/maritime2011.pdf ac www.archaeoleg.org.uk/pdf/refresh2016/maritimerefresh2016.pdf

5  Ymhlith y cylchgronau perthnasol ym maes archaeoleg y môr mae *The Mariner's Mirror* a gyhoeddir gan y Gymdeithas Ymchwil i Forwriaeth; *The International Journal of Nautical Archaeology* a gyhoeddir gan y Gymdeithas Archaeoleg Forwrol; ac, yn benodol i Gymru, *Cymru a'r Mor/Maritime Wales* a gyhoeddwyd gan Wasanaeth Archifau Gwynedd.

6  Nayling, 1997.

7  Nayling, 1998b.

8  Matheson, 1929.

9  Evans, E, 2007.

10  JNAPC, 1989 (http://www.jnapc.org.uk/Heritage%20at%20Sea.pdf)

11  RCHME, 1992; JNAPC, 1993.

12  Cant, 2013.

13  Bowens, 2009; Sefydliad yr Archaeolegwyr Maes, 2007.

14  Sefydliad yr Archaeolegwyr (y CIFA bellach), 2007, 14–15; Wessex Archaeology, 2003; Wessex Archaeology, 2006b.

15  Muckelroy, 1978, 253.

16  Fe'ch gwahoddwn i ddechrau arni drwy fynd i Coflein, cronfa ddata ar-lein Cofnod Henebion Cenedlaethol Cymru: http://www.coflein.gov.uk/.

17  *Proceedings of the Institution of Civil Engineers*, 1855: Obituaries. Ar gael ar-lein drwy Grace's Guide to British Industrial History, https://www.gracesguide.co.uk/William_Thompson_(1793–1854).

18  Pottinger, 1997, 106.

19  Y Gofrestr Genedlaethol o Longau Hanesyddol: www.nationalhistoricships.org.uk

20  Gibbs-Smith, 1970, 9.

21  NPRN 516077.

22  Sturtivant a Page, 1992, 296; Evans, 2005, 4–5; NPRN 515919.

23  Sturtivant a Page, 1992, 316–18; NPRN 516103.

24  NPRN 240760.

25  Jones, I, 2007a a 2007b.

26  NPRN 240076.

27  NPRN 240141.

28  NPRN 240170.

29  Smith, D., 1980, 32.

30  NPRN 515515.

31  English Heritage, 2013; Wessex Archaeology, 2003; Wessex Archaeology, 2010.

32  Bowens, 2009, 22–23.

33  Muckelroy, 1978, 162–68.

34  Bannerman a Jones, 2011; Bannerman, 2011.

35  Jenkins, Perry a Prior, 2007.

36  Hulme ac eraill, 2002.

37  Nayling a Jones, 2014, 239–278.

38  Ravn ac eraill, 2011, 232–249.

39  Jones, T, 2014b.

40  I ddarllen disgrifiadau llawnach, gweler Nayling, 1995; Nayling, 1998a; Redknap, 1998, 129–34.

41  Darparwyd cymorth gan amryw byd o gwmnïau a chafwyd grantiau at y gwaith cadwraeth gan Ymddiriedolaeth Elusennol Esmée Fairbairn ac Ymddiriedolaeth Elusennol Laing.

42  'Chwyldro Carbon Isel' – Datganiad Polisi Ynni Llywodraeth Cynulliad Cymru, 2010.

43  https://hendryreview.files.wordpress.com/2016/08/hendry-review-final-report-welsh-version.pdf.

44  Canllawiau Ystâd y Goron http://www.thecrownestate.co.uk/media/5876/km-expc-historic-environment-guidance-for-the-offshore-renewable-energy-sector.pdf ac http://www.thecrownestate.co.uk/media/148964/ei-protocol-for-archaeological-discoveries-offshore-renewables-projects.pdf.

45  Huddleston, 2010; Firth, 2013a.

46  Canllawiau Polisi Cynllunio Cenedlaethol y DU, 2016.

47  Datganiad Polisi Morol y DU, 2011.

48  Ystâd y Goron, 2015.

49  Firth, 2013b.

50  Canllawiau'r BMAPA; Wessex Archaeology, 2005.

51  Neges bersonol, Eileen Marcil, Canada.

52  Samuel, 2012.

53  Davidson, 2002.

54  Gellir cael gwybodaeth am brosiectau archaeolegol y morlin a'r môr, a phrosiect Arfordir, gan y rhain:
Y gogledd-ddwyrain: Ymddiriedolaeth Archaeolegol Clwyd Powys – www.cpat.org.uk
Y gogledd-orllewin: Ymddiriedolaeth Archaeolegol Gwynedd – www.heneb.co.uk
Y de-orllewin: Ymddiriedolaeth Archaeolegol Dyfed – www.dyfedarchaeology.org.uk
Y de-ddwyrain: Ymddiriedolaeth Archaeolegol Morgannwg-Gwent – www.ggat.org.uk

55  Y Gymdeithas Archaeoleg Forwrol: Cynllun 'mabwysiadu llong ddrylliedig' – www.nauticalarchaeologysociety.org.

56  www.nationaltrust.org.uk/regionwales/news/playing-our-part-at-the-welsh-coast

57  http://cyfoethnaturiolcymru.gov.uk/media/680132/rheoli-risg-llifogydd-ac-erydiad-arfordirol-yng-nghymru.pdf (2014–2016).

## Pennod 15

1  Pearce, 2010 *passim*.

2  Marsden, R G, 1897, cyf 2, xxi n.7 a xxxv.

3  Marsden, *op. cit.*, cyf 2 xxi n.7.

4  3 Ed. 1 c.4 Os na châi'r nwyddau eu hawlio cyn pen blwyddyn a diwrnod '...they shall remain to the king'.

5  Marsden, *op. cit.* xxxvi.

6  Williams, M V, 1997 *passim*.

7  Haggard, 1833–38, 3 HAGG, 257.

8  Haggard, *op. cit.*, 3 HAGG 294.

9  Mae copïau o'r Deddfau ar gael ar-lein drwy www.legislation.gov.uk.

10  Gellir cael gwybodaeth am ddrylliadau sydd wedi'u dynodi o dan Adran 1 y Ddeddf hon gan Wasanaeth Amgylchedd Hanesyddol Llywodraeth Cymru, Cadw – cadw.llyw.cymru – neu Gomisiwn Brenhinol Henebion Cymru (www.cbhc.gov.uk). Mae'r ardaloedd a ddiogelir i'w gweld ar Cof Cymru (cadw.gov.wales/historicenvironment/recordsv1/cof-cymru/?lang=cy).

11  Gellir cyflwyno ceisiadau am wybodaeth ac am drwydded i Is-Adran Ddrylliadau y Weinyddiaeth Amddiffyn yn FLEET-DCS 3rd SECTOR-HERITAGE, Navy Command HQ (MP1.3), Leach Building, Whale Island, Portsmouth, Hants PO2 8BY neu i Crashed Military Aircraft Defence Business Services JCCC, Room G35, Innsworth House, Imjin Barracks, Gloucester, GL3 1HW: dbs-jcccgroupmailbox@mod.uk

12  Y Derbynnydd Drylliadau, Spring Place, 105 Commercial Road, Southampton, SO15 1EG: row@mcga.gov.uk

13  https://www.gov.uk/government/publications/uk-marine-policy-statement

14  Gellir cael ffurflenni cais am drwyddedau, a gwybodaeth a chyngor ynghylch defnyddio LANDMAP i chwilio am dirweddau a morweddau hanesyddol a diwylliannol, drwy e-bostio ymholiadau@cyfoethnaturiolcymru.gov.uk
Mae Llywodraeth Cymru wedi datblygu porthol cynllunio morol sy'n fodd i gyrchu gwybodaeth am ddrylliadau hanesyddol dynodedig a rhanbarthau môr a ddynodwyd at ddibenion cadwraeth forol, ac i gael cyngor ynglŷn â'r goblygiadau o ran cynllunio a datblygu:
http://lle.gov.wales/apps/marineportal/?lang=cy#lat=52.5145&lon=-3.9111&z=8
Ceir cyngor ynghylch a oes angen trwyddedau o dan y Ddeddf ar gyfer prosiectau archaeolegol penodol yn Lloegr yn:
https://historicengland.org.uk/images-books/publications/marine-licensing-and-englands-historic-environment

15  www.unesco.org/new/en/culture/themes/underwater-cultural-heritage/2001-convention/

16  www.unlawoftheseatreaty.org/

17  Y Confensiwn Rhyngwladol ynghylch Achub, 1989. http://treaties.fco.gov.uk/docs/pdf/1996/TS0093.pdf Mae'r Confensiwn wedi'i ymgorffori yng nghyfraith y DU drwy Atodiad 11 Deddf Llongau Masnach 1995.

18  Ni all y Ddeddf weithredu yn nyfroedd tiriogaethol gwladwriaeth arall.

19  Mae Prosiect Archaeoleg y Môr 2003 (Prifysgol Wolverhampton, 2003), a gomisiynwyd gan English Heritage, yn berthnasol i gyfraith Lloegr yn benodol ond yn rhoi trosolwg o'r gyfundrefn gyfreithiol sydd i raddau helaeth hefyd ar waith yng Nghymru.

20  Deddf Diogelu Llongddrylliadau 1973.

21  Deddf yr Amgylchedd Hanesyddol (Cymru) 2016.

22  Deddf Llongau Masnach 1995.

23  Deddf Llongau Masnach a Diogelwch Morwrol 1997.

24  Pearce, 2010, 178–181.

25  Smith, A, 1776, Llyfr Pump, Pennod 11, Erthygl IV.

26  Platt, 2007, 15.

27  Platt, 2007, 18–19

28  Platt, 2007, 19 a 31

29  Platt, 2007, 25

30  Platt, 2007, 156

31  Cambrians, 1920, 341–43.

32  Wilkinson, 1988, 84.

33  Lucas, 1980, 12–22.

34  Parry, 1985, 84–92.

35  Hyd yn oed yma ceir ansicrwydd ynghylch gwirionedd y digwyddiadau a arweiniodd at yr euogfarn. Yn ôl rhai disgrifiadau gan y wasg leol, fe'u camliwiwyd: Place, 1990, 167–68.

36  Guttman, 1991.

37  Breverton, 2003.

38  Blundell, 1994, 2.

39  Redknap a Besly, 1997, 191–53.

40  LlGC Llsgrau 5728 Penrice and Margam; Redknap a Besly, 1997, 204–05.

41  Mae'n debyg i'r rhan fwyaf o'r arian ar y llong fod yn daliad am allforio grawn. Yn ôl Robert Daniell, chwiliwr yn King's Lynn, allforiwyd mwy o rawn ŷd dramor yn y 1560au a'r 1570au nag a gawsai ei drwyddedu, ac arfer masnachwyr weithiau fyddai 'at theire retorne from beyond sea to geve thofficers spices, sugar, lynnen cloth and such store of households' (Williams, 1951, 114).

42  *Cambrian*, 7 Mawrth 1807.

43  Bennet, 2016; Stephen Briggs, neges bersonol.

44  Dywedodd y *Morning Chronicle* yn ddiweddarach mai amrywiol ddyddiadau'r darnau arian oedd 1625, 1631 a 1639: *Morning Chronicle*, 17 Ionawr 1834.

45  O dan Ddug Beaufort, prif arglwydd uchelarglwyddiaeth Gŵyr: 1176 Talbot v Lewis 1 Jan 1834; 1384 Talbot v Lewis 1 January 1834. Rwy'n ddiolchgar i Mike Williams am y wybodaeth.

46  *Handbook for Travellers in South Wales*, 1870, 38–39.

47  Cliffe, 1847, 176–78.

48  Challis, 1992, 317–20. Rwy'n ddiolchgar i Edward Besly am yr awgrym.

## Pennod 16

1  https://amgueddfa.cymru/abertawe/

2  https://www.casgliadywerin.cymru/

3  http://www.cardiffmuseum.com/content.asp?nav=2&parent_directory_id=2&language=CYM&pagetype=&keyword=

4  http://www.swanseamuseum.co.uk/cy/ymweld-ag-amgueddfa-abertawe/canolfan-gasgliadau-amgueddfa-abertawe

5  Yn 2015–16 ymwelodd rhai miloedd o bobl â chanolfan newydd y llong, a chawsant deithiau tywys am ddim gan Gyfeillion Llong Casnewydd: http://www.newportship.org/

6  Bowens, 2009; Dean ac eraill, 1992.

7  Fenwick a Gale, 1998, 143–44; Horton, 1974, 37–39; Hutchinson, 2001, 16–17; Larn a Larn, 2000.

8  Bryan Thomas, neges bersonol, 2011.

9  Gwasanaeth Archifau Gwynedd, XQS1566/2, Casgliad Sesiynau Chwarter Sir Gaernarfon.

10  Gwasanaeth Archifau Gwynedd, XM1573/89, Casgliad People's Café.

11  www.centres.exeter.ac.uk/cmhs/ELMAP.

12  Troughton, 2009.

13  www.coflein.gov.uk .

14  Smith, K, Watts, C a Watts, M J, 1998.

15  Eames, 1976.

16  Ymhlith yr enghreifftiau o atgynyrchiadau mae *faering* Gokstad o oes y Llychlynwyr (McGrail, 1976; Seal, 2003). I ddarllen adolygiad o fodelau o gychod a llongau, gan gynnwys teganau, gweler Roach, 2008.

17  www.devonlive.com/bronze-age-boat-reconstruction-altering/story.../story.html Mae'r copi maint-llawn gan Brian Bumby ar gyfer Amgueddfa Genedlaethol y Môr, Falmouth yn 50 troedfedd o hyd. Mae Richard Darrah ac Ymddiriedolaeth Archaeolegol Caer-gaint hefyd wedi llunio model hanner-maint ar sail cwch Dover.

18  Lansiwyd yr atgynhyrchiad cyntaf o gog Bremen, yr *Hanse Kogge* o Kiel, ym 1989. Gwnaeth ail atgynhyrchiad ohono, yr *Ubena von Bremen*, ei fordaith gyntaf ym 1991. Adeiladwyd trydydd atgynhyrchiad, y *Roland von Bremen*, yn Bremen. Disgrifiwyd y *Kampen Kogge*, a adeiladwyd yn Kampen yn yr Iseldiroedd ar sail llongddrylliad y cafwyd hyd iddo ger Nijkerk, fel yr un mwyaf dilys o'r cogiau sydd bellach yn hwylio Môr y Gogledd; Hoheisel, 2009, 82.

19  Goodburn a Redknap, ar y gweill.

20  Redknap a Gifford, 1998, 137–42.

21  Wedi iddo ymddeol, ymgymerodd Dr Gifford ag amryw o brosiectau ymchwil a oedd o bwys i archaeoleg y môr, gan gynnwys llunio adluniad hanner-maint o'r *Ottar*, cwch hir Sacsonaidd o'r nawfed ganrif y cafwyd hyd i'w weddillion yn y corsydd yn Graveney yng Nghaint. Er mai'r farn oedd mai cwch rhwyfo oedd hwnnw, dangosodd Dr Gifford mewn treialon ar Southampton Water fod y cwch yn hwylio'n dda ac y gallai dacio i mewn i'r gwynt. Cryfhâi hynny ei gred i fasnachwyr Eingl-Sacsonaidd ddefnyddio llongau brodorol o'r math hwnnw wrth fasnachu yn hytrach na dibynnu ar longau a gawsai eu hadeiladu ar y Cyfandir.

# Byrfoddau ac acronymau

| | |
|---|---|
| BAR | British Archaeological Reports |
| CBA | Cyngor Archaeoleg Prydain |
| CHERISH | Hinsawdd, Trefadaeth ac Amgylcheddau Riffiau, Ynysoedd a Phentiroedd |
| CBHC | Comisiwn Brenhinol Henebion Cymru |
| CHC | Y Cofnod Henebion Cenedlaethol |
| GGAT | Ymddiriedolaeth Archaeolegol Morgannwg-Gwent |
| MLWS | Distyll cymedrig y gwanwyn (cyfartaledd uchder y distyll adeg y llanw mawr) |
| MHWS | Penllanw cymedrig y gwanwyn |
| NLW | Llyfrgell Genedlaethol Cymru |
| NPRN | Prif Rif Cofnodi Cenedlaethol, sy'n nodi safleoedd ar gronfa ddata ar-lein CBHC, *Coflein* |
| OD | Datwm Ordnans |
| OUP | Gwasg Prifysgol Rhydychen |
| PRO | Y Swyddfa Cofnodion Cyhoeddus: yr Archifau Gwladol (TNA) erbyn hyn |
| RCHME | Comisiwn Brenhinol Henebion Lloegr |
| RIB | Roman Inscriptions in Britain |
| TCD | Coleg y Drindod, Dulyn |
| TNA | Yr Archifau Gwladol |
| VCH | Victoria County History |
| UCL | Coleg y Brifysgol, Llundain |

# Llyfryddiaeth

## Y prif ffynonellau uniongyrchol

| | |
|---|---|
| *Beda* (Bede) | *Historia ecclesiastica*: D Farmer (gol.) ac L Sherley-Price (cyf) 1990, *Ecclesiastical History of the English People* (Penguin Books, Harmondsworth). |
| *Bruno, Y Tad Cristóvão* | *1626, Arte de Navegar e em Particular de Leste Oeste* (Llsgr dyddiedig 19 Mawrth 1628), *Biblioteca da Universidade de Coimbra, cod. N. 44, pennod VI.* |
| *Brut y Tywysogion* | Jones, T, 1952, *Brut y Tywysogyon: Peniarth MS. 20 Version* (Gwasg Prifysgol Cymru, Caerdydd). |
| *Cal. Anc. Cor.* | *Calendar of Ancient Correspondence concerning Wales* (gol. J G Edwards, Caerdydd, 1935). |
| *CCR* | *Calendar of Chancery Rolls, Various* (Llundain, 1912). |
| *Cal. Close Rolls* | *Calendar of Close Rolls 1272–1422* (Llundain, 1900–32). |
| *Cal. Inq. Misc.* | *Calendar of Inquisitions Miscellaneous 1216–1422* (Gwasg Ei Mawrhydi, Llundain, 1916–1968). |
| *CPR* | *Calendar of Patent Rolls 1232–1422* (Rolls Series, Llundain, 1906–11). |
| *Cronicol yr Eingl-Sacsoniaid* | Garmonsway, G N, 1986, *The Anglo-Saxon Chronicle* (Dent, Llundain a Melbourne). |
| *De Excidio Britanniae* | *De Excidio et Conquestu Britanniae.* |
| *Gerallt Gymro* | Jones, T (cyf), 1938 *Gerallt Gymro, Hanes y Daith trwy Gymru (a) Disgrifiad o Gymru* (Gwasg Prifysgol Cymru, Caerdydd) |
| *Matthew Paris* | *Matthaei Pariensis Monachi Sancti Albani Chronica Majora* (gol. R Luard, 2 gyfrol, Rolls Series, 1872–84). |
| *Llsgr NLW 11192B* | *Account Book of Henry Leach, Loveston, 1785–1800,* |
| *Llsgr NLW 18119A* | *A pocket book of a gentleman farmer and proprietor of Barley Hay quarry, 1857* |
| *Llsgr NLW 18120E* | *Ledger relating to the Croft, Barn and Barley Hay limestone quarries, 1897–1914.* |
| *Orkneyinga Saga* | Pálsson, H ac Edwards, P (cyf.), 1981, *Orkneyinga Saga: The History of the Earls of Orkney* (Penguin, Harmondsworth). |
| *Trevet, Nicholas* | *Annales Sex Regum Anglie, 1137–1307* (gol. T Hogg, Llundain). |
| *Vita Columbae* | Anderson, A O ac Anderson, M O, 1961, *Adomnán's Life of Columba* (Nelson, Llundain). |

## Y ffynonellau anuniongyrchol

*Aberystwyth Observer*, 5 Tachwedd 1859: Welsh Newspapers Online. Llyfrgell Genedlaethol Cymru.

Adams, J, 2013, *A Maritime Archaeology of Ships. Innovation and Social Change in Medieval and Early Modern Europe* (Oxbow Books, Rhydychen ac Oakville).

Adams, J a Black, J, 2004, 'From rescue to research: medieval ship finds in St Peter Port, Guernsey', *International Journal of Nautical Archaeology* 33, 230–52.

Adams, J a Rönnby, J, 2013, 'One of His Majesty's 'Beste Kraffwells': the wreck of an early carvel-built ship at Franska Sternarna, Sweden', *International Journal of Nautical Archaeology* 42, 103–117.

Addis, J P, 1957, *The Crawshay Dynasty* (Gwasg Prifysgol Cymru, Caerdydd).

Addison, K, Edge M J, a Watkins, R (goln), 1990. *The Quaternary of North Wales. Field Guide.* Quaternary Research Association: Coventry.

Albion, R G, 1938, *Square-Riggers on Schedule: The New York Sailing Packets to England, France and the Cotton Ports* (Gwasg Prifysgol Princeton, Princeton).

Aldhouse-Green, S, 2000, *Paviland Cave and the "Red Lady": a Definitive Report* (Western Academic and Specialist Press, Bryste).

Aldhouse-Green, S H R, Whittle, A, Allen, J R L, Caseldine, A E, Culver, S J, Day, M H, Lundquist, J, ac Upton, D, 1992, 'Prehistoric human footprints from the Severn Estuary at Uskmouth and Magor Pill, Gwent, Wales', *Archaeologia Cambrensis* 141, 14–55.

Allen, J R L, 1997, 'Subfossil mammalian track (Flandrian) in the Severn Estuary, S.W. Britain: mechanics of formation, preservation and distribution', *Philosophical Transactions of the Royal Society of London* B353, 481–518.

Allen, J R L, 2001, 'Late Quaternary stratigraphy in the Gwent Levels (southeast Wales): the subsurface evidence', *Proceedings of the Geologists' Association* 112, 289–315.

Allen, J R L, 2002, 'The context and meaning of the Roman Goldcliff Stone, Caldicot Level', *Archaeology in the Severn Estuary* 13, 147–154.

Allen, J R L, 2004, 'Medieval pottery from Magor Pill (Abergwaitha), Caldicot Level: comparative Roman to Early-modern trade around the Severn Estuary and beyond', *Archaeology in the Severn Estuary* 14, 87–110.

Allen, J R L, 2005, 'Roman and Medieval – Early Modern Building Stones in South East Wales: The Sudbrook Sandstone and Dolomitic Conglomerate (Triassic)'. *The Monmouthshire Antiquary* 21, 21–44.

Allen, J R L a Fulford, M G, 1987, 'Romano-British settlement and industry on the wetlands of the Severn Estuary', *Antiquaries Journal* 67, 237–89.

Allen, J R L a Fulford, M G, 2004, 'Early Roman mosaic materials in southern Britain, with particular reference to Silchester (Calleva Atrebatum): a regional geological perspective', *Britannia* 35, 9–38.

Allen, J R L, Fulford, M G a Todd, J A, 2007, 'Burnt Kimmeridgian shale at early Roman Silchester, south-east England, and the Roman Poole-Purbeck complex-agglomerated Geomaterials Industry', *Oxford Journal of Archaeology* 26, 167–191.

Allen, J R L a Haslett, S K, 2002, 'Buried salt-marsh edges and tide level cycles in the mid-holocene of the Caldicot Level (Gwent) South Wales, UK', *The Holocene* 12, 303–324.

Allen, J R L a Rae, J E, 1987, 'Late-Flandrian shoreline oscillations in the Severn Estuary: a geomorphological and stratigraphical reconnaissance', *Philosophical Transactions of the Royal Society* B315, 185–230.

Allen, J R L a Rippon, S, 1997, 'Iron Age to early Modern activity and palaeochannels at Magor Pill, Gwent: an exercise in lowland coastal-zone geoarchaeology.' *Antiquaries Journal* 77, 127–70.

Anderson, A O ac Anderson, M O, 1961, *Adomnán's Life of Columba* (Nelson, Llundain).

Anhysbys, 1607 (1913), *Lamentable newes out of Monmouthshire in Wales. Contayning the wonderful and most fearfull accidents of the great overflowing of waters.*, 1913 facsimile of 1607 edition (Pickering and Chatto, Llundain).

Anhysbys, 1864, 'Antiquities and Works of Art Exhibited. Proceedings at Meetings of the Archaeological Institute. April 1 1864', *Archaeological Journal* 21, 178.

Anhysbys, 2001, 'Richard Evans', llith coffa, *The Times*, 2 Hydref 2001.

Anhysbys, 2003 (heb ei gyhoeddi), An archaeological assessment of Aberstrincell Limekilns, Ceredigion, carried out by West Wales Archaeology, 06/2003. CHC Coflein rhif cat. C409613.

Appleby, J C, 2004, 'Griffith, Piers (1568–1628), Pirate', *Oxford Dictionary of National Biography* (Gwasg Prifysgol Rhydychen, Rhydychen), 970–1.

Appleyard, H, 1996–97, 'Ropner trunk-decked steamers', *Ships in Focus Record* 1, rhifau 2 a 3.

Armstrong, J a Williams, D, 2010, 'Early steamboat services and their impact in north Wales, 1817–1840s', *Cymru a'r Môr/Maritime Wales* 31, 37–51.

Armstrong, P ac Young, R, 2010, *Silent Warriors. Submarine Wrecks of the United Kingdom.* Volume Three (The History Press, Stroud).

Arnold, C J a Davies, J L, 2000, *Roman and Early Medieval Wales* (Sutton Publishing, Stroud).

Ashbee, J A, 2017, *Beaumaris Castle* (5ed argraffiad, Cadw, Caerdydd).

Bannerman, J, 1974, *Studies in the History of Dalriada* (Caeredin: Scottish Academic Press).

Bannerman, N V C, 2011, *Flood Folklore and Fishtraps. Interpreting localised relative sea level changes by means of geomorphological, historical and archaeological analysis of intertidal structures.* http://www.nbannerman.co.uk/Flood_Folklore_and_Fishweirs.pdf

Bannerman, N, a Jones, C, 1999, 'Fish-trap types: a component of the maritime cultural landscape', *International Journal of Nautical Archaeology* 28, 70–84

Barton, R N E a Roberts, A J, 2004, 'The Mesolithic period in England: current perspectives and new research', yn A Saville (gol.), *Mesolithic Scotland and its Neighbours. The Early Holocene Prehistory of Scotland, its British and Irish context, and some Northern European Perspectives,* (Society of Antiquaries of Scotland, Caeredin), 339–58.

Bash, L, 2012, 'Reflections on the graffiti of Haghia Sophia at Trebizond (Trabzon), Turkey', yn N Günsenin (gol.), *Between Continents. Proceedings of the Twelfth Symposium on Boat and Ship Archaeology, Istanbul 2009,* 165–9.

Bateson, D, 1973, 'Roman material from Ireland: a re-consideration', *Proceedings of the Royal Irish Academy* 73, 21–97.

Bateson, D, 1976, 'Further finds of Roman material from Ireland', *Proceedings of the Royal Irish Academy* 76, 171–9.

Baughan, P E, 1980, *A Regional History of the Railways of Great Britain, Vol 11, North and Mid Wales* (David & Charles, Newton Abbot).

Bell, M, 2007a, *Prehistoric Coastal Communities: The Mesolithic in Western Britain.* CBA Research Report 149, Caerefrog (Cyngor Archaeoleg Prydain, Caerefrog).

Bell, M, 2007b, 'Wetland-dryland relationships in the Severn Estuary and surroundings during the Mesolithic and Neolithic', yn J Sidell ac F Haughey (goln), *Neolithic Archaeology in the Intertidal Zone* (Oxbow, Rhydychen), 26–47.

Bell, M, 2013, *The Bronze Age in the Severn Estuary.* CBA Research Report 172 (Cyngor Archaeoleg Prydain, Caerefrog).

Bell, M, Caseldine, A a Neumann, H, 2000a, *Prehistoric Intertidal Archaeology in the Welsh Severn Estuary,* CBA Research Report 120 (Cyngor Archaeoleg Prydain, Caerefrog), 74–82.

Bell, M, gyda Brunning, R, Johnson, S, McGrail, S a Morgan, R, 2000b, 'Boat planks of c 1070 BC', yn M Bell, A Caseldine ac H Neumann (goln), *Prehistoric Intertidal Archaeology in the Welsh Severn Estuary,* CBA Research Report 120 (Cyngor Archaeoleg Prydain, Caerefrog), 74–82.

Belloc, H, 1958. *The Cruise of the 'Nona'* (Penguin Books, Harmondsworth).

Bennett, M R, Gonzalez, S, Huddart, D, Kirby, J a Toole, E, 2010, 'Probable Neolithic footprints preserved in inter-tidal peat at Kenfig, South Wales (UK)', *Proceedings of the Geologists' Association* 121, 66–76.

Bennet, T, 2016, *Dollar Wreck: One of the Treasure Ships of Wales* (cyhoeddiad ar-lein).

Benson, D G, Evans, J G, Williams, G H, Darvill, T a David, A, 1990, 'Excavations at Stackpole Warren, Dyfed', *Proceedings of the Prehistoric Society* 56, 179–245.

Berry, J A, 2016, Second World War anti-invasion defences in South and South West Wales: a comparative study area based approach. Traethawd Ymchwil PhD, Prifysgol Birmingham.

Bersu, G a Wilson, D M, 1966, *Three Viking Graves in the Isle of Man*, Society of Medieval Archaeology Monograph 1 (Llundain).

Besly, E, 2006, 'The Rogiet hoard and the coinage of Allectus', *British Numismatic Journal* 76, 45–146.

Bird, V, 2012, *Classic Classes: More than 140 of the most enduring Yachts, Keelboats and Dinghies* (Adlard Coles, Llundain).

Black, C a Black, A, 1851, *Black's Picturesque Tourist and Road and Railway Guide through England and Wales* (Ail Argraffiad, Adam and Charles Black, Caeredin).

Blundell, J, 1994, 'A Tudor wreck near Aberavon in Glamorgan', *Cardiff Naturalists' Society Newsletter* 22, 1–3.

Blunt, J, 1832, *The Master's and Shipmaster's Assistant* (E a G W Blunt, Efrog Newydd).

BMAPA: canllawiau – http://www.bmapa.org/documents/arch_guidance.pdf

Boon, G C, 1975, 'Segontium Fifty Years On: 1. A Roman stave of larch-wood and other unpublished finds mainly of organic materials together with a note on late barracks', *Archaeologia Cambrensis* 124, 60–1.

Boon, G C, 1977, 'A Greco-Roman Anchor-Stock from North Wales', *Antiquaries Journal* 57, 10–30.

Boon, G C, 1978, 'Excavations on the site of a Roman quay at Caerleon and its significance', yn G C Boon (gol.), *Monographs and Collections I. Roman Sites* (Cymdeithas Hynafiaethau Cymru, Caerdydd), 1–24.

Boon, G C, 1980, 'Caerleon and the Gwent Levels in early Historic times', yn F H Thompson (gol.), *Archaeology and Coastal Change* (Llundain, Society of Antiquaries Occasional Papers 1), 24–36.

Boon, G C, 1987, *The Legionary Fortress of Caerleon – ISCA* (Amgueddfa Lleng Rufeinig, Caerllion), 20–2.

Boorman, D, 1986, *The Brighton of Wales: Swansea as a Fashionable Seaside Resort c., 1780–1830* (Swansea Little Theatre Company, Abertawe).

Bowen, E G, 1969, *Saints, Seaways and Settlements in the Celtic Lands* (Gwasg Prifysgol Cymru, Caerdydd).

Bowen, E G, 1972, 'Seafaring along the Pembrokeshire coast in the days of the sailing ships', *The Pembrokeshire Historian* 4, 63–9.

Bowen, F C, 1950, 'Shipbuilders of other days, No. 42 – the Chepstow yards and a costly venture in Government shipbuilding', *Shipbuilding and Engineering Record*, 14 Rhagfyr 1950, 603–5.

Bowen, R, 2001, *The Burry Port and Gwendreath Valley Railway and its Antecedent Canals, Volume 1, The Canals* (The Oakwood Press, Brynbuga).

Bowens, A (gol.), 2009, *Underwater Archaeology: The NAS Guide to Principles and Practice* (Wiley-Blackwell Publishing, Chichester).

Bray, J, Clarke, S, Knight, J a Vince, A, 2004, 'A Breton jar from Chepstow – a first for the British Isles', *Archaeology in Wales* 44, 96.

Breen, C, Callaghan, C a Forsythe, W, 2001, 'Archaeological survey of the wreck', yn C Breen, *Integrated Marine Investigation on the Historic Shipwreck La Surveillante,* Centre for Maritime Archaeology Monograph Series 1 (Prifysgol Ulster, Coleraine), 65–83.

Breverton, T D, 2003, *The Book of Welsh Pirates and Buccaneers* (Glyndwr Publishing Wales Books).

Brewer, R J, 2004, 'The Romans in Gwent', yn M Aldhouse-Green ac R Howell (goln), *The Gwent County History. Volume 1: Gwent in Prehistory and Early History* (Gwasg Prifysgol Cymru, Caerdydd), 205–43.

British Geological Survey, 2007, *The Strategic Importance of the Marine Aggregate Industry to the UK* (Arolwg Daearegol Prydain, Nottingham).

Broderick, G, 2002, *Cronica Regum Mannie et Insularum: Chronicles of the Kings of Man and the Isles. BL Cotton Julius A vii* (Manx National Heritage, Douglas).

Bromwich, R, 1950, 'Cantre'r Gwaelod and Ker-Is', yn C Fox a B Dickins, *The Early Cultures of North-West Europe* (Caergrawnt, Gwasg Prifysgol Caergrawnt).

Bromwich, R ac Evans, D Simon (goln), 1992, *Culhwch ac Olwen* (Gwasg Prifysgol Cymru, Caerdydd).

Brooks, F W, 1933, *The English Naval Forces 1199–1272* (A Brown, Llundain).

Brown, R, 1991, *Society and Economy in Modern Britain, 1700–1850* (Routledge, Llundain).

Brown, R A, Colvin, H M. a Taylor, A J. (goln), 1963, *The History of the King's Works: The Middle Ages* (2 gyfrol, Gwasg Ei Mawrhydi, Llundain).

Bryant, E A a Haslett, S K, 2002, 'Was the AD 1607 flooding event in the Severn Estuary and Bristol Channel (UK) caused by a Tsunami?', *Archaeology in the Severn Estuary* 13, 163–7.

Buckels, M a Powls, V, 1994, 'A century of seafaring with Hugh Pugh and Son', *Cymru a'r Môr/Maritime Wales* 16, 20–30.

Burnham, B C a Davies, J L, 2010, *Roman Frontiers in Wales and the Marches* (Comisiwn Brenhinol Henebion Cymru, Aberystwyth).

Cadw, 2009, *Caring for Military Sites of the Twentieth Century* (Cadw, Caerdydd).

Cambrian Archaeological Society, 1920, *Swansea Meeting Report, Archaeologia Cambrensis* (6th Series) 20, 341–3.

Campbell, E, 2007, *Continental and Mediterranean Imports to Atlantic Britain and Ireland, AD 400–800*, CBA Research Report 157 (Cyngor Archaeoleg Prydain, Caerefrog).

Canllawiau 2016 y DU ynghylch Polisi Cynllunio Cenedlaethol – https://www.gov.uk/guidance/national-planning-policy-framework

Canllawiau Ystâd y Goron ynghylch ynni adnewyddadwy alltraeth.

Cant, S, 2013, *England's Shipwreck Heritage: from Logboats to U-boats* (English Heritage, Swindon).

Carr, A D, 1976, 'Rhys ap Roppert', *Trafodion Cymdeithas Hanes Sir Ddinbych* 25, 155–70.

Carr, A D, 1982 (argraffiad newydd, 2011), *Medieval Anglesey* (Cymdeithas Hynafiaethwyr Môn, Llangefni).

Carr, A D, 2000, 'Wales', yn M Jones (gol.), *The New Cambridge Medieval History*, Cyfrol 6, 1300–1415 (Gwasg Prifysgol Caergrawnt, Caergrawnt).

Carr, A D, 2004, 'Inside the tent looking out: the medieval Welsh world-view', yn R R Davies a G H Jenkins (goln), *From Medieval to Modern Wales* (Gwasg Prifysgol Cymru, Caerdydd), 30–44.

Carradice, P, 2009, *Nautical Training Ships. An Illustrated History* (Amberley, Stroud).

Carruthers, W, 2013, Newport Medieval Ship Waterlogged Plant Remains Specialist Report (http://archaeologydataservice.ac.uk/archiveDS/archiveDownload?t=arch-1563-1/dissemination/pdf/Newport_Medieval_Ship_Specialist_Report_Waterlogged_Plant_Remains.pdf).

Carus-Wilson, E M, 1967, *The Overseas Trade of Bristol in the Later Middle Ages* (P Merlin, Llundain).

Casey, P J, 1994, *Carausius and Allectus: the British Usurpers* (Batsford, Llundain).

Casgliad y Werin Cymru, Great Storm 1859: Rear Admiral Robert Fitzroy. http://www.casgliadywerin.cymru/items/44845

Castle, J a Derham, B, 2005, 'The contents of the Barber-Surgeon's cabin', yn J Gardiner (gol.), *Before the Mast. Life and Death aboard the Mary Rose* (Ymddiriedolaeth y Mary Rose, Portsmouth), 189–225.

Catling, C, 2016, 'Worlds Apart? The Romans in Ireland', *Current Archaeology* 317, 20–7.

Challis, C E, 1992, *A New History of the Royal Mint* (Gwasg Prifysgol Caergrawnt).

Champion, M, 2015, *Medieval Graffiti. The Lost Voices of England's Churches* (Ebury Press, Llundain).

Chappell, E L, 1939, *History of the Port of Cardiff* (ail argraffiad, Gwasg Merton Priory, Caerdydd).

Charles, B G, 1967, *Calendar of the Records of the Borough of Haverfordwest 1539–1660*. Board of Celtic Studies, University of Wales, History and Law Series, No. 24 (Gwasg Prifysgol Cymru, Caerdydd).

Charles, B G, 1992, *The Place-Names of Pembrokeshire* (Llyfrgell Genedlaethol Cymru, Aberystwyth).

Chartrand, R, 2003, *Napoleon's Guns 1792–1815, (2) Heavy and Siege Artillery*. New Vanguard 76 (Osprey, Rhydychen).

Cherry, J, 1980, 'A Late Medieval Leather Casket', *Department of Medieval & Later Antiquities. New Acquisitions No. 1 (1976–78) Part 1, Medieval*. British Museum Occasional Paper No. 10, 47–53.

Childs, W, 1993, 'Imports of Spanish Pottery to England in the Later Middle Ages', *Medieval Ceramics* 17, 35–8.

Childs, W, 2000, 'Irish Merchants and Seamen in Late Medieval England', *Irish Historical Studies* 32, 22–43.

Childs, W, 2013, *Trade and Shipping in the Medieval West. Portugal, Castile and England* (Fédération internationale d'études médiévales, Brepols, Turnhout).

Christensen, A E a Steusloff, W, 2012, *Das Ebersdorfer Schiffsmodell von 1400/The Ebersdorf Ship Model of 1400*. Schriften des Deutschen Schiffahrtsmuseums Band 70 (Oceanum Verlag / Deutsches Schiffahrtsmuseum, Bremerhaven).

Clark, G T (gol.), 1910, *Cartae et Alia Munimenta quae ad Dominium de Glamorgancia pertinent* (6 chyfrol, William Lewis, Caerdydd).

Clarkson, y Parch T, 1789, *An essay on the comparative efficiency of regulation or abolition as applied to the slave trade, shewing that the latter can only remove the evils to be found in that commerce* (James Philips, Llundain).

Cliffe, C F, 1847, *The Book of South Wales, the Bristol Channel, Monmouthshire, and the Wye: a companion and guide* (argraffiad 1af, Hamilton, Adams a'r Cwmni, Llundain).

Clwb Hwylio Brenhinol Cymru, 1863, *Laws and Regulation of the Royal Welsh Yacht Club* (Clwb Hwylio Brenhinol Cymru, Caernarfon).

Clwb Hwylio Brenhinol Môn, 1904, *Rules of the Royal Anglesey Yacht Club* (Nixon & Jarvis, Bangor).

Coard, R, 2012, Bone report with reference to butchery patterns (http://archaeologydataservice.ac.uk/archiveDS/archiveDownload?t=arch-1563-1/dissemination/pdf/Newport_Medieval_Ship_Specialist_Report_Faunal_Remains.pdf).

Collingwood, R G a Wright R P (goln S S Frere ac R S O Tomlin), 1995, *The Roman Inscriptions of Britain, Volume II: Instrumentum Domesticum*. Fascicule 8 (Alan Sutton, Stroud).

Collins, R a Breeze, D, 2014, '*Limitanei* and *Comitatenses*: military failure at the end of Roman Britain?', yn F K Haarer (gol.), *AD 410: the History and Archaeology of Late and Post-Roman Britain* (Y Gymdeithas er Hyrwyddo Astudiaethau Rhufeinig, Llundain), 61–72.

Cookson, G, 2003, *The Cable: The Wire that Changed the World* (Tempus Publishing Cyf, Stroud).

Cooney, G (gol.), 2003, 'Introduction: seeing land from the sea', *World Archaeology* 35.3, 323–8.

Coppack, T, 1973, *A Lifetime with Ships* (T Stephenson and Sons, Prescot).

Corbin, A, 1994, *The Lure of the Sea: The Discovery of the Seaside 1750–1840* (Polity Press, Caergrawnt).

Corcoran, J X W P, 1961, 'The Caergwrle Cup: a contribution to the study of the Bronze Age', *Bericht über den 5. Internationalen Kongress für Vor- und Frühgeschichte* (Hamburg) 24–30 August 1958 (Berlin) 200–3.

Cowsill, M, 2006, *Fishguard – Rosslare: the official anniversary book, 1906–2006* (Ferry Publications Cyf, Ramsey).

Cox, B (gol.), 1998, *Lifeboat Gallantry: RNLI Medals and how they were won 1824–1996* (Spink a'i Fab, Llundain).

Crabtree, R, 1973, *The Luxury Yacht from Steam to Diesel* (David and Charles, Newton Abbot).

Craig, R, 1980a, *The Ship: Steam Tramps and Cargo Liners* (Gwasg Ei Mawrhydi, Llundain).

Craig, R, 1980b, 'The Ports and Shipping, c. 1750–1914', yn G Williams (gol.), *Glamorgan County History, Vol.5, Industrial Glamorgan* (Glamorgan County History Trust Cyf., Caerdydd), 465–518.

Craig, R S, Protheroe-Jones, R a Symons, M V, 2002, *The Industrial and Maritime History of Llanelli and Burry Port 1750 to 2000* (Cyngor Sir Caerfyrddin, Caerfyrddin).

Crédit Communal, 1985, *Trésors de l'Armada*, Catalog yr Arddangosfa a drefnwyd gan Amgueddfa Ulster ym Mrwsel, 30.10.85–26.1.86 (Crédit Communal).

Crumlin-Pedersen, O ac Olsen, O (goln) 2002. *The Skuldelev Ships I. Topography, Archaeology, History, Conservation and Display.* Ships and Boats of the North 4.1 (Amgueddfa Longau Llychlyn ac Amgueddfa Genedlaethol Denmarc, Roskilde).

Cunliffe, B, 2001, *Facing the Ocean; the Atlantic and its People, 8000 BC–AD 1500* (Gwasg Prifysgol Rhydychen, Rhydychen).

Cunliffe, B a Koch, J T, 2010, *Celtic from the West. Alternative Perspectives from Archaeology, Genetics, Language and Literature* (Oxbow Books, Rhydychen).

Cüppers, H, 1990, *Die Römer in Rheinland-Pfalz* (Theiss, Stuttgart), 499–500.

Cyngor Cernyw, 2008, *England's Historic Seascapes: HSC Method Consolidation* (http://archaeologydataservice.ac.uk/archives/view/seascapes_eh_2008/index.cfm)

Dagneau, C, 2004, 'The 'Batteaux Plats' of New France', *International Journal of Nautical Archaeology* 33, 281–96.

Datganiad 2011 y DU ynghylch Polisi ynglŷn â'r Môr – https://www.gov.uk/government/publications/uk-marine-policy-statement

Davey, P, 1983, 'Later medieval imported pottery in the Irish Sea Province', yn P Davey ac R Hodges (goln), *Ceramics and Trade: the production and distribution of later medieval pottery in north-west Europe* (Prifysgol Sheffield, Sheffield), 209–19.

Davidson, A (gol.), 2002, *The Coastal Archaeology of Wales*, CBA Research Report 131 (Cyngor Archaeoleg Prydain, Caerefrog).

Davies, A Eleri (gol.), 1992, *Gwaith Deio ab Ieuan Du a Gwilym ab Ieuan Hen* (Gwasg Prifysgol Cymru, Caerdydd).

Davies, G A, 1985, 'Crosscurrents, Commercial, Cultural and Religious, in Hispano-Welsh relations, 1480–1630', *Trafodion Anrhydeddus Gymdeithas y Cymmrodorion* (1985), 147–85.

Davies, H G, 1965, *Hanes Bywyd John Glyn Davies* (Gwasg y Brython, Lerpwl).

Davies, H R a Jenkins, R T (goln), 1966, *A review of the records of the Conway and Menai ferries.* University of Wales, Board of Celtic Studies, History and Law Series 8 (Gwasg Prifysgol Cymru, Caerdydd).

Davies, J D, 1885, *A History of West Gower Glamorganshire*, Part 3 (H W Williams, Abertawe).

Davies, J D, 2005-6, 'The port of Llanelli in 1753: A new first-hand account', *The Llanelli Miscellany* 19, 3–6.

Davies, J D, 2013, *Britannia's Dragon: A Naval History of Wales* (The History Press, Stroud), 33–4.

Davies, J G, 1923, *Cerddi Huw Puw* (Cardiff Educational Publishing Co.).

Davies, J G, 1934, *Cerddi Robin Goch* (Gwasg Prifysgol Rhydychen, Llundain).

Davies, J G, 1935, *Cerddi Portinllaen* (Gwasg Prifysgol Rhydychen, Llundain).

Davies, J G, 1955, *Cerddi Edern a cherddi ereill* (Gwasg y Brython, Lerpwl).

Davies, K, 2011, 'Shipping in the Clwyd and Dee estuaries on Census night, 5 April 1891', *Cymru a'r Môr/Maritime Wales* 32, 61–88.

Davies, P B S, 1997, *Pembrokeshire Limekilns: limekilns and lime burning around the Pembrokeshire Coast* (Merrivale, Tyddewi).

Davies, R R, 1978, *Lordship and Society in the March of Wales, 1282–1400* (Clarendon Press, Rhydychen).

Davies, S, 1993, *The Four Branches of the Mabinogi* (Gwasg Gomer, Llandysul).

Davies, S, 2007, *The Mabinogion* (Gwasg Prifysgol Rhydychen, Rhydychen).

Davies, W, 1982, *Wales in the Early Middle Ages* (Gwasg Prifysgol Caerlŷr, Caerlŷr).

Davis, M, 2011, 'Powlen Caergwrle', yn M Redknap (gol.), *Darganfod y Gymru Gynnar* (Amgueddfa Cymru, Caerdydd), 58–9.

Davis, M a Townsend, A, 2009, 'Modelling the Caergwrle bowl: ancient, historic and modern methods', yn J Ambers, C Higgitt, L Harrison a D Saunders (goln), *Holding it all together; ancient and modern approaches to joining, repair and consolidation* (Archetype, Llundain), 177–83.

Dawson, F, 2012, *John Wilkinson: King of the Ironmasters* (The History Press, Stroud).

de Meer, S, 2004, *The nao of Mataró: a medieval ship model* (testun a ategai'r Arddangosfa Mediterraneum yn Amgueddfa Hanes Catalunya ac Amgueddfa Forwrol Barcelona, Mai 19 tan Fedi 27, 2004 www.iemed.org/dossiers-en/dossiers-iemed/accio.../mediterraneum-1/.../anau.pdf)

Dean, M, Ferrari, B, Oxley, I, Redknap, M a Watson, K, 1992, *Archaeology Underwater: The NAS Guide to Principles and Practice* (Archetype Publications Cyfyngedig, Llundain).

Deddf Diogelu Llongddrylliadau 1973. http://www.legislation.gov.uk

Deddf Llongau Masnach 1995. http://www.legislation.gov.uk

Deddf Llongau Masnach a Diogelwch Morwrol 1997. http://www.legislation.gov.uk

Deddf y Môr a Mynediad i'r Arfordir 2009. http://www.legislation.gov.uk

Deddf y Môr – Cynulliad Cenedlaethol Cymru www.cynulliad.cymru/research%20documents/the%20marine%20act%20-%20quick%20guide-25052011-216661/qg11-0012-cymraeg.pdf

Deddf yr Amgylchedd Hanesyddol (Cymru) 2016. http://www.legislation.gov.uk

Defoe, D, 1704, *The Storm or A Collection of the most Remarkable Casualties and Disasters which happened in the Late Dreadful Tempest both by Sea and Land* (George Sawbridge, J Nutt, Llundain).

Denford, G T a Farrell, A W, 1980, 'The Caergwrle Bowl – a possible prehistoric boat model', *International Journal of Nautical Archaeology* 9, 183–92.

Dickens, C, 1861, *The Uncommercial Traveller* (Chapman and Hall, Llundain).

Doherty, C, 1980, 'Exchange and trade in Early Medieval Ireland', *Journal of the Royal Society of Antiquaries of Ireland* 110, 67–89.

Doyle, I W, 2009, 'Mediterranean and Frankish imports in early medieval Ireland', *Journal of Irish Archaeology* 18, 17–62.

Dyer, C, 2003, *Making a Living in the Middle Ages. The People of Britain 850–1520* (Gwasg Prifysgol Yale, New Haven a Llundain).

Eames, A, 1973, *Ships and Seamen of Anglesey* (Cymdeithas Hynafiaethwyr Môn, Llangefni), 27–8.

Eames, A, 1976, 'Slates, emigrants, timber and guano', *Cymru a'r Môr/Maritime Wales* 1 (Gwasanaeth Archifau Gwynedd).

Eastman, M a Thomas, D, 2010, *Piers of Wales* (Amberley Publishing, Stroud).

Edwards, J G, 1935, *Calendar of Ancient Correspondence Concerning Wales.* Board of Celtic Studies, University of Wales History and Law Series, 2 (Gwasg Prifysgol Cymru, Caerdydd).

Edwards, N, 2007, *A Corpus of Early Medieval Inscribed Stones and Stone Sculpture in Wales, Volume II, South-West Wales* (Gwasg Prifysgol Cymru, Caerdydd)

Edwards, R J, 2006, 'Mid-to Late-Holocene relative sea-level change in southwest Britain and the influence of sediment compaction', *The Holocene* 16, 575–587.

Edwards, W, 1936, 'Llanrhystud', *Trafodion Cymdeithas Hynafiaethwyr Sir Aberteifi* 11, 63–7.

Eglinton, E, 1982, *The Last of the Sailing Coasters: Reminiscences and Observations of the Days in the Severn Trows, Coasting Ketches and Schooners* (Gwasg Ei Mawrhydi, Llundain).

Elis-Williams, M, 1984, *Packet to Ireland* (Gwasanaeth Archifau Gwynedd, Caernarfon).

Ellmers, D, 1969, 'Keltischer Schiffbau', *Jahrbuch des Römisch-Germanisch Zentralmuseums* 16, 73–122.

Englert, A, 2015, *Large Cargo Ships in Danish Waters 1000–1250. Evidence for specialised merchant seafaring prior to the Hanseatic Period.* Ships and Boats of the North 7 (Amgueddfa Longau Llychlyn, Roskilde).

English Heritage, 2013, Marine Geophysics Data Acquisition, Processing and Interpretation: Guidance Notes.

Evans, C, 1990, *The Letterbook of Richard Crawshay 1788–1797* (Cymdeithas Gofnodion De Cymru, Caerdydd).

Evans, C, 2010, *Slave Wales: The Welsh and Atlantic Slavery 1660–1850* (Gwasg Prifysgol Cymru, Caerdydd).

Evans, D F (gol.), 2007, *Gwaith Rhys Goch Eryri* (Canolfan Uwchefrydiau Cymreig a Cheltaidd Prifysgol Cymru, Aberystwyth).

Evans, D H, 1979, 'Gravel-tempered ware: a survey of published forms', *Medieval and Later Pottery in Wales* 2, 18–25.

Evans, E, 2001, *Romano-British South East Wales Settlement Survey*. Adroddiad GGAT Rhif 2001/23, Map o'r rhanbarth.

Evans, E, 2007, *Kenfig Sands, Porthcawl, Bridgend: site visit to two peat shelves.* Adroddiad GGAT Rhif 2007/013. Prosiect rhif GGAT 1.

Evans, J, 1812, *The Beauties of England and Wales Vol 17, Part 1 (North Wales)* (J Harris, Llundain).

Evans, J, 2005, *Final Flights: Aviation Accidents in West Wales from the Great War to the 1990s* (Paterchurch Publications Cyf, Doc Penfro).

Eyre Brothers, 1880, *Watering and Visiting Places of South and West of England (including South Wales)*: a comprehensive guide, Ail Argraffiad (Eyre Brothers, Llundain).


Fabriquant, C (gol.), 2009, *A Modest Proposal and Other Writings. Holyhead Journal, Jonathan Swift* (Penguin Books, Llundain ac Efrog Newydd).

Farr, G, 1954, *Chepstow Ships* (Cymdeithas Cas-gwent a Changen Casnewydd a Sir Fynwy o Gymdeithas Hanes Cas-gwent).

Farr, G, 1956, *West Country Passenger Steamers* (Richard Tilling, Llundain).

Fellows-Jensen, G, 1992, 'Scandinavian Place-Names of the Irish Sea Province', yn J Graham-Campbell (gol.), *Viking Treasure from the North West. The Cuerdale Hoard in its Context*, National Museums and Galleries on Merseyside Occasional Papers Liverpool Museum rhif 5, 31–42.

Fenton, R, 1989, *Cambrian Coasters* (World Ship Society, Kendal).

Fenton, R, 2011, *Coasters: an illustrated history* (Seaforth Publishing, Barnsley).

Fenwick, V a Gale, A, 1999, *Historic Shipwrecks Discovered, Protected and Investigated* (Tempus Publishing, Stroud).

Firth, A, 2013a, Historic Environment Guidance for Wave and Tidal Energy (Fjordr Cyf. ar gyfer English Heritage, Historic Scotland a Cadw).

Firth, A, 2013b, 'Marine Archaeology', yn R C Newell a T A Woodcock (goln) *Aggregate Dredging and the Marine Environment: an overview of recent research and current industry practice* (The Crown Estate), 44–66;
https://www.thecrownestate.co.uk/media/5711/aggregate-dredging-and-the-marine-environment.pdf.

Fitch, S a Gaffney, S, 2011, *West Coast Palaeolandscapes Survey 2011* (Prifysgol Birmingham):
http://www.dyfedarchaeology.org.uk/lostlandscapes/WCPStechnical.pdf

Fitzgerald, G, 1969, 'Pererindod i Ynys Enlli', Trivium 4, 17–20.

Fitzroy, R, 1859, *Barometer and Weather Guide* (Eyre and Spottiswoode, Llundain).

Fitzroy, R, 1863, *The Weather Book: A Manual of Practical Meteorology* (Llundain).

Flanagan, L, 1988, *Ireland's Armada Legacy* (Alan Sutton, Caerloyw).

Flanagan, L, 1998, Cofnod catalog 10.24 yn M J Rodríguez-Salgado ac eraill, *Armada 1588–1988* (Penguin Books, Llundain).

Fox, C, 1926, 'A 'dug-out' canoe from South Wales', *Antiquaries Journal* 6, 121–51.

Fox, C, 1932, *The Personality of Britain. Its Influence on Inhabitant and Invader in Prehistoric and Early Historic Times* (Amgueddfa Genedlaethol Cymru, Caerdydd).

Fox, S, 2003, *The Ocean Railway* (Harper Perennial, Llundain).

Fox, W, 1851, *A Brief History of the Wesleyan Missions on the Western Coast of Africa: Including Biographical Sketches of All the Missionaries Who Have Died in that Important Field of Labour. With Some Account of the European Settlements and of the Slave Trade* (Aylott and Jones, Llundain).

Friel, I, 1995, *The Good Ship. Ships, Shipbuilding and Technology in England 1200–1520* (Gwasg yr Amgueddfa Brydeinig, Llundain).

Fulford, M G, 1989, 'Byzantium and Britain: a Mediterranean perspective on Post-Roman Mediterranean Imports in Western Britain and Ireland', *Medieval Archaeology* 33, 1–6.

Fulford, M G, 2002, 'The Second Augustan Legion in the West of Britain', yn R J Brewer (gol.), *Birthday of the Eagle The Second Augustan Legion and the Roman Military Machine* (Amgueddfeydd ac Orielau Cenedlaethol Cymru, Caerdydd), 83–101.

Fulford M G, Allen J R L a Rippon S J, 1994, 'The settlement and drainage of the Wentlooge Level, Gwent: excavation and survey at Rumney Great Wharf 1992', *Britannia* 25, 175–211.


Gaffney, V, Fitch, S a Smith, D, 2009, *Europe's Lost World: The Rediscovery of Doggerland* CBA Research Report 160 (Cyngor Archaeoleg Prydain).

Garmonsway, G N, 1986, *The Anglo-Saxon Chronicle* (Dent, Llundain a Melbourne).

*Geiriadur Prifysgol Cymru*, 1950–2002 (Gwasg Prifysgol Cymru, Caerdydd, 4 cyfrol).

George, B J, 1964, 'Pembrokeshire sea-trading before 1900', *Field Studies Journal* 2 .1, 1–39.

George, T N, 1970, *South Wales* (NERC, British Geological Survey, Llundain).

Gerallt Gymro, *Hanes y Daith Trwy Gymru* cyf. Thomas Jones (Gwasg Prifysgol Cymru, Caerdydd, 1938).

Gibbs, C R Vernon, 1952, *Passenger Liners of the Western Ocean: a record of the North Atlantic steam and motor passenger vessels from 1838 to the present day* (Staples Press, Llundain).

Gibbs-Smith, C H, 1970, *Aviation: A Historical Survey from its origins to the end of the Second World War* (Yr Amgueddfa Wyddoniaeth, Llundain) (ail argraffiad, 1985).

Giblin, J, 1999, 'Lower Machen', *Archaeology in Wales* 39, 106.

Gladwell, A, 2012, *North Wales Pleasure Steamers* (Amberley Publishing, Stroud).

Glasgow, T Jr, 1972, ' The hulk', *Mariner's Mirror* 58.1, 103–4.

Goodburn, D, 1991, 'New light on early ship- and boatbuilding in the Llundain area', yn G L Good, R H Jones ac M W Ponsford (goln), *Waterfront Archaeology. Proceedings of the Fourth International Conference, Bristol, 1988*. CBA Research Report 74 (Cyngor Archaeoleg Prydain, Caerefrog), 105–15.

Goodburn, D, 2003, 'Rare fragments of a 13th century clinker galley found in London and use of the Irish wildwoods for shipbuilding', yn C Beltrame, *Boats, Ships and Shipyards. Proceedings of the Ninth International Symposium on Boat and Ship Archaeology, Venice 2000* (Oxbow Books, Rhydychen), 289–95.

Goodburn, D a Redknap, M, ar y gweill, 'Reconstructing Llangorse logboat 1', yn A Lane ac M Redknap, 'Llangorse crannog. The excavation of an early medieval royal site in the kingdom of Brycheiniog' (teitl gweithredol).

Gosson, P, 2011, *A Century of Sand Dredging in the Bristol Channel, Volumes 1 and 2* (Amberley Publishing, Stroud).

Grant, M (cyf.), 1996, *Tacitus. The Annals of Imperial Rome* (Penguin Cyf, Llundain).

Gray, J, 2003, 'The Cambrian Pottery before 1802', yn J Gray (gol.), *Welsh Ceramics in Context* (Sefydliad Brenhinol De Cymru, Abertawe), 19–38.

Gray, L a Lingwood, J, 1975, *The Doxford Turret Ships* (World Ship Society, Kendal).

Green, C, 1995, 'Trows and the Severn coastal trade', *Archaeology in the Severn Estuary* 6, 97–113.

Green, C, 1999, *Severn Traders: The West Country Trows and Trowmen* (Black Dwarf Publications, Lydney).

Greenhill, B, 1980, *The Ship: the life and death of the merchant sailing ship, 1815–1965* (Gwasg Ei Mawrhydi, Llundain).

Greenhill, B, 1988, *The Merchant Schooners* (4ydd arg., Conway Maritime Press, Llundain).

Greenhill, B, 2000, 'The mysterious hulc', *The Mariner's Mirror* 86, rhif 1, 3–18.

Greenhill, B a Mannering J, 1997, *The Chatham Directory of Inshore Craft: Traditional Working Vessels of the British Isles* (Chatham Publishing, Llundain).

Greenlaw, J, 1999, *The Swansea Copper Barques and Cape Horners* (Joanna Greenlaw, Abertawe).

Grenter, S, 1992, 'Bersham Ironworks Excavations: Interim Report', *Industrial Archaeology Review* 14.2, 177–92.

Griffiths, D, 2009, 'Sand-dunes and stray finds: evidence for pre-Viking trade?', yn J Graham-Campbell ac M Ryan (goln), *Anglo-Saxon/Irish Relations Before the Vikings*, Proceedings of the British Academy 157, 265–280.

Griffiths, R A, 1984, 'Medieval Severnside: the Welsh Connection', yn R R Davies, R A Griffiths, I Gwynedd Jones a K O Morgan (goln), *Welsh Society and Nationhood. Historical Essays presented to Glanmor Williams* (Gwasg Prifysgol Cymru, Caerdydd), 70–89.

Grönwald, H, 2010, 'Die unterlegene eiserne Faust. Statusrelevante Metallfunde von der mittelalterlichen Burg Cucagna', *Zeitschrift für Archäologie des Mittelalters* 38, 161–206.

Gruffydd, K L, 1985, 'Maritime Dee during the Later Middle Ages', *Cymru a'r Môr/Maritime Wales* 9, 7–31.

Gruffydd, K L, 1987, 'Sea power and the Anglo-Welsh Wars, 1210–1410', *Cymru a'r Môr/Maritime Wales* 11, 28–53.

Gruffydd, K L, 1996, 'The Export of Flintshire Coal before the Industrial Revolution', *Flintshire Historical Society Journal* 34, 53–88.

Gruffydd, K L, 1997-8, 'Royal impressment and maritime Wales during the Later Middle Ages', *Cymru a'r Môr/Maritime Wales* 19, 30–49.

Gruffydd, K L, 2000, 'Maritime Wales' Export Trade in the Later Middle Ages', *Cymru a'r Môr/Maritime Wales* 21, 23–44.

Gruffydd, K L, 2016, *Maritime Wales in the Middle Ages 1039–1542* (Bridge Books, Wrecsam).

Guest, P, 2005, 'The clipping of siliquae in Late Roman Britain', yn P S W Guest (gol.), *The Late Roman Gold and Silver Coins from the Hoxne Hoard* (Gwasg yr Amgueddfa Brydeinig, Llundain), 110–15.

Guest, P, Luke, M a Pudney, C, 2012, *Archaeological evaluation of the extramural monumental complex ('the Southern Canabae') at Caerleon, 2011* (Prifysgol Caerdydd, Caerdydd).

Gutiérrez, A, 1995, 'Questions of terminology in the study of Spanish medieval ceramics', yn C M Gerrard, A Gutiérrez ac A G Vince (goln), *Spanish Medieval Ceramics in Spain and the British Isles* (BAR, Rhydychen), 33–40.

Gutiérrez, A, 2000, *Mediterranean Pottery in Wessex Households (13th to 17th centuries)*, British Archaeological Reports British Series 306 (BAR, Rhydychen).

Gutiérrez, A, 2003, 'A shipwreck of Sevillian pottery from the Studland Bay wreck, Dorset, UK', *International Journal of Nautical Archaeology* 32, 24–41.

Guttman, R, 1991, *Henry Morgan. The Pirate who invaded Panama*, Military History (rhifyn mis Hydref).

Gwyn, D, 2015, *Llechi Cymru. Archaeoleg a Hanes* (CBHC, Aberystwyth).

Haggard, J, 1833–1838, *Reports of Cases Argued and Determined in the High Court of Admiralty* (Little, Brown a'r Cwmni, Boston).

Hague, D B, 1979, 'The lighthouses of Wales', *Archaeological Journal* 136, 281–300.

Hague, D B, 1994, *Lighthouses of Wales. Their Architecture and Archaeology* (golygwyd gan S Hughes) (CBHC, Aberystwyth).

Haigh, K R, 1968, *Cableships and Submarine Cables* (Adlard Coles Cyf., Llundain)

Hake, H M, 1921-2, 'Some contemporary records relating to Francis Place, engraver and draughtsman, with a catalogue of his engraved work', *The Walpole Society* 10, 39–69.

Hall, N, 1998, 'Building and firing a *Mary Rose* port piece', *Royal Armouries Yearbook* 3, 57–67.

Hallesy, H, 2017, *Swansea Commemorative Pottery* (Gwasg Gomer, Llandysul).

Hamblyn, R (gol.), 2003, *Daniel Defoe. The Storm.* (Allen Lane, Llundain).

Hammond, C (cyf.), 1996, *Julius Caesar, Seven Commentaries on the Gallic War with an Eighth Commentary by Aulus Hirtius* (Gwasg Prifysgol Rhydychen, Rhydychen).

*Handbook for Travellers in South Wales*, 1870 (John Murray, Llundain).

Haneca, K a Daly, A, 2014, 'Tree-rings, timbers and trees: a dendrochronological survey of the 14ᵗʰ-century cog Doel 1', *International Journal of Nautical Archaeology* 43, 87–102.

Harris, J, 2003 (ail argraffiad), *The Copper King: a Biography of Thomas Williams of Llanidan* (Landmark, Ashbourne).

Haslam, R, Orbach, J a Voelcker, A, 2009, *The Buildings of Wales: Gwynedd* (Gwasg Prifysgol Yale, New Haven a Llundain).

Haslett, S K a Bryant, E A, 2008, 'Historic tsunami in Britain since AD 1000: a review', *Natural Hazards and Earth System Sciences* 8, 587–601.

Hatcher, J, 1993, *The History of the British Coal Industry, Volume 1: Before 1700: Towards the Age of Coal* (Gwasg Prifysgol Rhydychen, Rhydychen).

Hawkes, G I, 1987, 'Shipping on the Dee: the rise and decline of the creeks of the port of Chester in the nineteenth century', *Cymru a'r Môr/Maritime Wales* 11, 12–33.

HCPP, 1911, *Royal Commission on Coast Erosion and Afforestation. Volume III. (Part I.) Third (and final) report of the Royal Commission appointed to inquire into and to report on certain questions affecting coast erosion, the reclamation of tidal lands, and afforestation in the United Kingdom.* Papur Seneddol Tŷ'r Cyffredin.

Helbaek, H, 1964, 'The Isca grain: a Roman plant introduction in Britain', *The New Phytologist* 63, Rhifyn 2, 158–64.

Hemer, K A, 2010, In the Realm of Saints. A Reconstruction of Life and Death in Early Medieval Wales and the Isle of Man. Traethawd ymchwil PhD heb ei gyhoeddi, Prifysgol Sheffield.

Hemer, K A, Evans, J A, Chenery, C A a Lamb, A L, 2013, ' Evidence of early medieval trade and migration between Wales and the Mediterranean Sea region', *Journal of Archaeological Science* 40 (5), 2352–59.

Hemer, K A, Evans, J A, Chenery, C A a Lamb, A L, 2014, 'No Man is an island: evidence of pre-Viking Age migration to the Isle of Man', *Journal of Archaeological Science* 52, 242–9.

Hencken, E R, 1991, *The Welsh Saints. A Study of Patterned Lives* (D S Brewer, Caergrawnt).

Henig, M, 1978, *A Corpus of Roman Engraved Gemstones from British Sites*, British Archaeological Reports British Series 8 (BAR, Rhydychen).

Henningsen, H, 1950, *Kirkeskibe og kirkeskibsfester*, Søhistoriske skrifter III (Høst og søn, Copenhagen).

Hildred, A (gol.), 2011, *Weapons of Warre. The Armaments of the Mary Rose. Archaeology of the Mary Rose*, Cyfrol 3 (Ymddiriedolaeth y Mary Rose, Portsmouth).

Hill, D, 1981, *An Atlas of Anglo-Saxon England* (Basil Blackwell, Rhydychen).

Hillam, J, 2000, 'Dendrochronological dating in Prehistoric Intertidal Archaeology in the Welsh Severn Estuary', yn M Bell, A Caseldine a H Neumann (goln), *Prehistoric Intertidal Archaeology in the Welsh Severn Estuary*, CBA Research Report 120 (Cyngor Archaeoleg Prydain, Caerefrog), 159–68.

History of the Atlantic Cable and Undersea Communications: from the first submarine cable of 1850 to the worldwide fiber optic network, http://atlantic-cable.com//

Hoheisel, W-D, 2009, 'The Hanseatic cog', yn J Bennett (gol.), *Sailing into the Past. Learning from Replica Ships* (Seaforth Publishing, Barnsley), 70–83.

Holdaway, M, 2003, 'Early Swansea printed earthenwares: Part 1', yn J Gray (gol.), *Welsh Ceramics in Context* (Sefydliad Brenhinol De Cymru, Abertawe), 53–74.

Holden, C ac L, 2009, *Life and Death on the Royal Charter* (Calgo Publications, Caer) .

Hollis, D (gol.), 1949, *Calendar of the Bristol Apprentice Book, 1532-65*, I (Cymdeithas Gofnodion Bryste, Bryste).

Holt, P, 2017, *The Resurgam Submarine – a Project for Annoying the Enemy* (Archaeopress Archaeology, Rhydychen).

Hope, B D, 2005, *A Commodious Yard: The Story of William Thomas & Sons, Shipbuilders of Amlwch* (Gwasg Carreg Gwalch, Llanrwst).

Hopewell, D a Beeson, A, 2016, 'A new Roman fortlet found on Anglesey', *Association for Roman Archaeology News* 35, 36.

Hopkins, W G, 1972-4, 'The Glamorganshire Canal, 1790-1974', *Trans Cardiff Naturalists Society* 97, 4–21.

Hopson, A, 2009, Ports and Resorts Project Bibliography (Adran Hanes a Hanes Cymru, Prifysgol Aberystwyth).

Horák, J a Bevins, R, 2011, Petrological work on the nature and possible provenance of lithic samples from the Newport Ship excavation, adroddiad arbenigol sydd heb ei gyhoeddi (http://archaeologydataservice.ac.uk/archiveDS/archiveDownload?t=arch-1563-1/dissemination/pdf/Newport_Medieval_Ship_Specialist_Report_Stone.pdf)

Horsburgh, K a Horritt, M S, 2006, 'The Bristol Channel Floods of 1607 – reconstruction and analysis', *Weather* 61 (10), 272–77.

Horton, E, 1974, *The Illustrated History of the Submarine* (Sidgwick & Jackson Cyfyngedig, Llundain).

Howells, B (gol.), 1987, *Pembrokeshire County History, Vol III, Early Modern Pembrokeshire 1536–1815* (Cymdeithas Hanes Sir Benfro, Hwlffordd).

http://indesperateneedofsomeadventures.tumblr.com/post/89408327141/derelict-masonry-craiglas-lime-kilns [ecoleg y safle]

http://www.llanon.org.uk/jimweb/churchhome.HTM [beddau teulu Morgan]

Hucks, J, 1795, *Pedestrian Tour Through North Wales in a Series of Letters* (with contributions from A R. Jones and W. Tydeman (Gwasg Prifysgol Cymru, ffacsimili o'r argraffiad 1af, Caerdydd, 1979).

Huddleston, J, 2010. *Understanding the Environmental Impacts of Offshore Windfarms* (Collaborative Offshore Wind Research into the Environment).

Hudson, R, 1977, 'Roman Coins from the Severn Estuary at Portskewett', *The Monmouthshire Antiquary* 3, 179–85.

Hughes, D Ll a Williams, D M,1967, *Holyhead: the story of a port* (Lloyd Hughes a Williams, Dinbych).

Hughes, E ac Eames, A, 1975, *Porthmadog Ships* (Gwasanaeth Archifau Gwynedd, Caernarfon).

Hughes, I T, 1994, 'A brief history of five Royal Navy Coastal Forces craft built at Bangor between 1940 and 1945', *Cymru a'r Môr/Maritime Wales* 16, 130–8.

Hughes, S, 1988 (4ydd arg.), *The Archaeology of an Early Railway System: The Brecon Forest Tramroads* (CBHC, Aberystwyth).

Hughes, S, 1990, *The Archaeology of the Montgomeryshire Canal* (CBHC, Aberystwyth).

Hughes, S, 2000, *Copperopolis: Landscapes of the Early Industrial Period in Swansea* (CBHC, Aberystwyth).

Hughes, T, 1973, *The Blue Riband of the Atlantic* (Stephens, Caergrawnt).

Hulme, M, Jenkins, G, Lu, X, Turnpenny, J R, Mitchell, T D, Jones, R G, Lowe, J, Murphy, J M, Hassell, D, Boorman, P, MacDonald, R. a Hill, S, 2002, *UKIP02 Climate Change Scenarios for the United Kingdom*, the UKIPC02 Scientific Report (Canolfan Tyndall ar gyfer Ymchwilio i Newidiadau yn yr Hinsawdd, Ysgol Gwyddorau'r Amgylchedd, Prifysgol East Anglia).

Hutchinson, G, 1984, 'A plank fragment from a boat find from the river Usk at Newport', *International Journal of Nautical Archaeology* 13, 27–32.

Hutchinson, G, 1994, *Medieval Ships and Shipping* (Gwasg Prifysgol Caerlŷr, Llundain).

Hutchinson, R, 2001, *Jane's Submarines: War Beneath the Waves from 1776 to the Present Day* (Harper Collins, Llundain).

Huws, D, 1991, *Llyfr Gwyn Rhydderch*, Cambridge Medieval Celtic Studies 21, 1–37.

Huws, D, 2002, *Medieval Welsh Manuscripts* (Gwasg Prifysgol Cymru, Caerdydd).

Huws, D, 2003, 'Llyfr Coch Hergest', yn I Daniel, M Haycock, D Johnson a J Rowland (goln), *Cyfoeth y Testun* (Gwasg Prifysgol Cymru, Caerdydd), 1–30.

Illsley, J, 1982, 'Admiral Lord John Edward Russell and the Building of St Paul's Cathedral', *Mariner's Mirror* 68. 3, 305–16.

Illsley, J S a Roberts, O T P, 1979, 'An 18th century boat in Lake Padarn, North Wales', *International Journal of Nautical Archaeology* 8, 45–67.

Illsley, J S a Roberts, O T P, 1980, 'Two further boat finds in the Snowdon lakes', *International Journal of Nautical Archaeology* 9, 342–8.

Ings, M a Murphy, F, 2011, *Tiroedd coll ein cyndadau: the lost lands of our ancestors* (Ymddiriedolaeth Archaeolegol Dyfed, Llandeilo).

Ireland, J de Courcy, 1989, 'A survey of early Irish maritime trade and ships', yn M McCaughan a J Appleby (goln), *The Irish Sea Aspects of Maritime History* (Sefydliad Astudiaethau Gwyddelig Prifysgol Queen's Belfast / Amgueddfa Gwerin a Thrafnidiaeth Ulster), 21–5.

Jacobi, R M, 1980 'The Early Holocene settlements of Wales', yn J A Taylor (gol.), *Culture and Environment in Prehistoric Wales*. British Archaeological Reports 76 (BAR, Rhydychen), 131–206.

Jacobi R M a Higham, T F G, 2008, 'The Red Lady ages gracefully: new ultrafiltration AMS determinations from Paviland', *Journal of Human Evolution* 55, 898–907.

James, G D, 1957, *The Town and County of Haverfordwest and its History* (J W Hammond, Hwlffordd).

James, T A, 1990–91, 'The Origins and Topography of Medieval Haverford', *Journal of the Pembrokeshire Historical Society* 4, 51–73.

James, T A, 1991, 'Where Sea Meets Land: The Changing Carmarthenshire Coastline', yn H James (gol.), *Sir Gâr: Studies in Carmarthenshire History*, 143–66.

James, T, 1999, 'The Origins and Topography of Medieval Haverford', yn D Miles (gol.), *A History of Haverfordwest* (Gwasg Gomer, Llandysul).

Jankulak, K, 2009, 'Adjacent saints' dedications and early Celtic history', yn S Boardman, J R Davies ac E Williamson (goln), *Saints' Cults in the Celtic World* (The Boydell Press, Woodbridge), 91–118.

Jankulak K a Wooding, J (gol.), 2010, 'The Life of St Elgar of Ynys Enlli', yn J M Wooding (gol.), Solitaries, Pastors and 20,000 Saints *Trivium* 39 (Llanbedr Pont Steffan), 15–47.

Jarrett, M, 1969, *The Roman Frontier in Wales* (argraffiad diwygiedig o gyfrol V E Nash-Williams, 1954; Gwasg Prifysgol Cymru, Caerdydd), 136–7.

Jenkins, D, 1986, *The Law of Hywel Dda: Law Texts from Mediaeval Wales translated and edited* (Gwasg Gomer, Llandysul).

Jenkins, D, 1991, *Owen & Watkin Williams of Caerdydd: The Golden Cross Line* (World Ship Society, Kendal).

Jenkins, D, 1993, *Shipping at Cardiff: Photographs from the Hansen Collection 1920–1975* (Amgueddfa Genedlaethol Cymru, Caerdydd).

Jenkins, D, 2000, 'Shipbuilding and shipowning in Montgomeryshire: the Evans family of Morben Isaf, Derwenlas', *Montgomeryshire Collections* 88, 63–88.

Jenkins, D, 2004, "Llongau y Chwarelwyr'? Investments by Caernarfonshire slate quarrymen in local shipping companies in the late nineteenth century', *Welsh History Review* 22.1 (Mehefin 2004), 80–102.

Jenkins, D, 2011, *From Ship's Cook to Baronet: Sir William Reardon Smith's Life in Shipping, 1856–1935* (Gwasg Prifysgol Cymru, Caerdydd).

Jenkins, G J, Perry, M C, a Prior M J, 2007, *The Climate of the United Kingdom and Recent Change* (Met Office, Exeter).

Jenkins, G H, 2008, 'Iolo Morganwg a Chaethwasiaeth', yn T Jones ac H Walters (goln), *Cawr i'w Genedl. Cyfrol i Gyfarch yr Athro Hywel Teifi Edwards* (Gwasg Gomer, Llandysul), 59–85.

Jenkins, J G, 1979, 'Herring Fishing in Wales', *Cymru a'r Môr/Maritime Wales* 4, 5–32.

Jenkins, J G, 1982, *Maritime Heritage: the ships and seamen of southern Ceredigion* (Gwasg Gomer, Llandysul).

Jenkins, J G, 1988, *The Coracle* (Golden Grove Editions, Caerfyrddin).

Jenkins, J G, 1991, *The Inshore Fishermen of Wales* (Gwasg Prifysgol Cymru, Caerdydd).

Jenkins, J G, 2006, *Welsh Ships and Sailing Men* (Gwasg Carreg Gwalch, Llanrwst).

Jenkins, J G a Jenkins, D, 1986, *Cardiff Shipowners* (Amgueddfa Genedlaethol Cymru, Caerdydd).

Jesch, J, 2001, *Ships and Men in the Late Viking Age. The Vocabulary of Runic Inscriptions and Skaldic Verse* (The Boydell Press, Woodbridge).

JNAPC, 1989, Heritage at Sea: Proposals for the better protection of archaeological sites underwater (http://www.jnapc.org.uk/Heritage%20at%20Sea.pdf)

JNAPC, 1993, *Still at Sea: A Review of Progress since the launch of the Joint Nautical Archaeology Policy Committee's document Heritage at Sea in May 1989* (Y Cyd-Bwyllgor Polisi ar Archaeoleg Forwrol)

Johnson, D S a Nurminen, J, 2007, *The History of Seafaring. Navigating the World's Oceans* (John Nurminen Foundation/Conway Maritime Press, Llundain).

Johnston, D (gol.), 1988, *Gwaith Iolo Goch* (Gwasg Gomer, Llandysul).

Johnstone, P, 1975, 'Les navigations prehistoriques et protohistoriques dans l'Europe du nord-ouest', *Le Petit Perroquet* 17, 55–67.

Joncheray J-P, 1975, *L'épave "C" de la Chrétienne* (Cahiers d'archéologie Subaquatique).

Jones, C, 2003, *Mi Wisga'i Gap Pig Gloyw: John Glyn Davies, 1870–1935, Shantis, Caneuon Plant a Cherddi Edern.* (Gwasg Pantycelyn, Caernarfon).

Jones, C, 1978, 'The Pwll Fanog Wreck – A slate cargo in the Menai Strait', *International Journal of Nautical Archaeology* 7.2, 152–9.

Jones, D H, 1987, 'Of Laurels and Wrecks, Oysters, Skiffs and Confirmees: nineteenth-century Port Eynon', *Gower* 38, 31–6.

Jones, E T a Condon, M T, 20 16, *Cabot and Bristol's Age of Discovery* (Prifysgol Bryste, Bryste).

Jones, F, 1950, 'Some records of a sixteenth-century Pembrokeshire estate', *Bwletin y Bwrdd Gwybodau Celtaidd* 13 (Gwasg Prifysgol Cymru, Caerdydd), 92–104.

Jones, G H, 1912, *Celtic Britain and the Pilgrim Movement* (Anrhydeddus Gymdeithas y Cymmrodorion, Llundain).

Jones, G T, 1996, *Enwau lleoedd Môn. The place-names of Anglesey* (Cyngor Sir Ynys Môn, Bangor).

Jones, I, 2007a, *Airfields and Landing Grounds of Wales: South* (Tempus Publishing Group Cyf, Stroud).

Jones, I, 2007b, *Airfields and Landing Grounds of Wales: West* (Tempus Publishing Group Cyf, Stroud).

Jones, I, 2008, *Airfields and Landing Grounds of Wales: North* (The History Press, Stroud).

Jones, I W, 2001, *Shipwrecks of North Wales* (Landmark Publishing Cyf, Ashbourne).

Jones, P, 2007, *Satan's Kingdom: Bristol and the Transatlantic Slave Trade* (Past & Present, Bryste).

Jones, P E, 2011, 'The limestone industry of Carew parish in the nineteenth century', *Journal of the Pembrokeshire Historical Society* 20, 9–20.

Jones, R Chambers, 1995 *Bless 'Em All, aspects of War in North West Wales 1939–45* (Bridge Books, Wrecsam).

Jones, R Chambers, 2004, *Sailing the Strait: Aspects of Port Dinorwic and the Menai Strait* (Bridge Books, Wrecsam).

Jones, R Chambers, 2008, *Anglesey and Gwynedd. The War Years* (Bridge Books, Wrecsam).

Jones, T, 1952, *Brut y Tywysogyon: Peniarth MS. 20 Version* (Gwasg Prifysgol Cymru, Caerdydd).

Jones, T, 2013, 'The Waterlogged Plant Remains', *S.O.S. Newsletter of the Friends of the Newport Ship* 21 (Medi 2013).

Jones, T, 2014a, *The Newport Medieval Ship: Timber Recording Manual*. Archif Llong Ganoloesol Casnewydd, Y Gwasanaeth Data Archaeolegol, Caerefrog.

Jones, T, 2014b, 'The Newport medieval ship: digital recording and modelling'. Archif Llong Ganoloesol Casnewydd, Y Gwasanaeth Data Archaeolegol, Caerefrog.

Jones T a Walters, H, 2008, *Cawr i'w Genedl: Cyfrol i Gyfarch yr Athro Hywel Teifi Edwards* (Gwasg Gomer, Llandysul)

Jones, W H, 1922, *History of the Port of Swansea* (W Spurrell a'i Fab, Caerfyrddin).

Jones, W H, 1995, *History of the Port of Swansea* (W Spurrrell, Caerfyrddin).

Kahanov, Y a Mor, H, 2014, 'The Dor 2001/1 Byzantine shipwreck, Israel: final report', *International Journal of Nautical Archaeology* 43, 41–65.

Kelly, F, 1989, *Guide to Early Irish Law* (Dublin Institute for Advanced Studies, Dulyn).

Knight, J K, 1962, 'The Goldcliff Stone – A Reconsideration', *The Monmouthshire Antiquary* 1(2), 17–9.

Knight, R, 2001, 'Nelson and the Forest of Dean', *The Mariner's Mirror* 87.1, 88–92.

Knight, y Parchedig Henry Hey, 1853, 'Account of Newton Nottage, Glamorgan, Chapter III', *Archaeologia Cambrensis* (cyfres newydd) 4, 229–262.

Knighton, C S a Loades, D M, 2000, *The Anthony Roll of Henry VIII's Navy*. Occasional Papers of the Navy Records Society cyf. 2 (Ashgate ar gyfer Cymdeithas Cofnodion y Llynges, Farnham).

Koch, J T a Cunliffe, B, 2013 *Celtic from the West 2. Rethinking the Bronze Age and the Arrival of Indo-European in Atlantic Europe* (Oxbow Books, Rhydychen).

Koch, J T a Cunliffe, B, 2016, *Celtic from the West 3. Atlantic Europe in the Metal Ages: questions of shared language* (Oxbow Books, Rhydychen).

Konstam, A, 1989, 'A gunner's rule from the 'Bronze Bell' wreck, Tal-y-bont, Gwynedd', *Journal of the Ordnance Society* 1, 23–6.

Lahn, W, 1992, *Die Kogge von Bremen Band I. Bauteile und Bauablauf. Schriften des Deutschen Schiffahrtsmuseums* 30 (Kabel, Hamburg).

Lambeck, K a Purcell A P, 2001, 'Sea-level change in the Irish Sea since the Last Glacial Maximum: constraints from isostatic modelling', *Journal of Quaternary Science* 16, 497–506.

Land-Use Consultants 2012, *A Pilot Seascape Character Assessment for Wales*, Cyfoeth Naturiol Cymru.

Land-Use Consultants 2015, *National Seascape Assessment for Wales*, Cyfoeth Naturiol Cymru, NRW Evidence Report Rhif 80. (http://naturalresources.wales/media/682028/mca-00-technical-report-summary-method-appendix.pdf )

Larn, B a Larn, R, 2000, *Shipwreck Index of the British Isles: West Coast and Wales* (Lloyds Register of Shipping, Llundain).

Leach, A L, 1948, 'A 16th century breech-loading gun', *The Gunner* (Hydref 1948).

Leach, G B, 1957, 'Excavations at Hen Blas, Coleshill Fawr, near Flint', *Journal of the Flintshire Historical Society*, 54–101.

Leach, N, 1999a, *For Those In Peril – the Lifeboat Service of the United Kingdom and Republic of Ireland, Station by Station* (Silver Link Publishing, Kettering).

Leach, N, (gol.), 1999b, *Lifeboats and Lifeboat Stations* (Lifeboat Enthusiasts' Society, Coventry).

Lee, C E, 1930, *The Blue Riband. The Romance of the Atlantic Ferry* (S Low, Marston a'r Cwmni Cyf, Llundain).

Lethbridge, T C, 1952, *Boats and Boatmen* (Thames and Hudson, Llundain).

Lewis, B J (gol.), 2005, *Gwaith Gruffudd ap Maredudd ap Dafydd, II. Cerddi Crefyddol* (Canolfan Uwchefrydiau Cymreig a Cheltaidd Prifysgol Cymru, Aberystwyth).

Lewis, E A, 1913, 'A contribution to the commercial history of mediaeval Wales', *Y Cymmrodor* 24, 86–188.

Lewis, E A (gol.), 1927, *The Welsh Port Books 1550-1603 with an Analysis of the Customs Revenue Accounts of Wales for the Same Period*. Cymmrodorion Record Society No XII (Anrhydeddus Gymdeithas y Cymmrodorion, Llundain).

Lewis, E A, 1937, *An Inventory of the early Chancery Proceedings concerning Wales*, Board of Celtic Studies, University of Wales History and Law Series, no. 3 (Gwasg Prifysgol Cymru, Caerdydd).

Lewis, J M, 1957, Cofnod yn D M Wilson a J G Hurst, 'Medieval Britain in 1956', *Medieval Archaeology* 1 (147–71), 170.

Lewis, M R T, 2007, 'A second flood mark at Redwick, Gwent?', *The Monmouthshire Antiquary* 22, 60–6.

Lewis, S, 1833, *Topographical Dictionary of Wales* (S Lewis a'r Cwmni, Llundain, y tudalennau heb eu rhifo).

Litwin, J, 1980, 'The copper wreck'. The wreck of a medieval ship raised by the Central Maritime Museum in Gdansk Poland', *International Journal of Nautical Archaeology* 9, 217–25.

Lloyd, G, 1964, 'Beacon watch towers on the north Wales coast', *Archaeologia Cambrensis* 113, 150–8.

Lloyd, G, 1967, 'Seventeenth century beacons in north Wales', *Archaeologia Cambrensis* 116, 195–7.

Lloyd, L, 1989, *The Port of Caernarfon 1793-1900* (Gwasg Pantycelyn, Caernarfon).

Lloyd, L, 1991, *Pwllheli: the Port and Mart of Llŷn* (Gwasg Pantycelyn, Caernarfon).

Lloyd, L, 1994, *Wherever Freights May Offer. The Maritime Community of Abermaw/Barmouth 1565 to 1920* (Gwasg Pantycelyn, Caernarfon).

Lloyd, R J H, 1954, 'Tenby Fishing Boats', *The Mariner's Mirror* 40.2, 94–107.

Lloyd, R J H, 1955, 'Aberystwyth Fishing Boats', *The Mariner's Mirror* 41.2, 149–61.

Lloyd, R J H, 1958, 'Tenby Fishing Boats', *The Mariner's Mirror* 94, 44–107.

Lloyd, S, 2017, *The Arthurian Place Names of Wales* (Gwasg Prifysgol Cymru, Caerdydd).

Lloyds of London, 1858, *Lloyds Register of British and Foreign Ships, 1858*.

Lord, P, 2000, *Diwylliant Gweledol Cymru: Delweddu'r Genedl* (Gwasg Prifysgol Cymru, Caerdydd).

Lucas, R T L, 1980, 'The Pirates of Porteynon', *Gower* 31, 12–22.

Lynch, F, Aldhouse-Green, S a Davies, J L, 2000, *Prehistoric Wales* (Sutton, Stroud).

Llywodraeth Cymru: Datganiad 2010 ynghylch Strategaeth Ynni Adnewyddadwy.

Maarleveld, Th J, 1995, 'Type or technique. Some thoughts on boat and ship finds as indicative of cultural traditions', *International Journal of Nautical Archaeology* 24.1, 3–7.

McElvogue, D M, 1999, 'The Forgotten Ways: evidence for water-borne transport in Nant Peris, Gwynedd', *Gwynedd Ddiwydiannol / Industrial Gwynedd* 4, 5–15.

McElvogue, D M, 2000, A study of the archaeological remains of vernacular boat finds from North Wales in the care of the University of Wales Bangor. Traethawd Ymchwil PhD, Ysgol Hanes a Hanes Cymru, Prifysgol Cymru, Bangor, ar gael ar-lein.

McGrail, S, 1976, *Building & Trials of the Replica of an Ancient Boat: the Gokstad faering*. Maritime Museum Monograph 11 (Greenwich).

McGrail, S, 1978, *Logboats of England & Wales*. British Archaeological Reports 51 (dwy gyfrol; BAR, Rhydychen).

McGrail, S, 1997, 'The boat fragments', yn N Nayling ac A Caseldine 1997, *Excavations at Caldicot, Gwent: Bronze Age Palaeochannels in The Lower Nedern Valley*, CBA Research Report 108 (Cyngor Archaeoleg Prydain, Caerefrog), 210–7.

McGrail, S, 2000, 'The boat planks', yn M Bell, A Caseldine ac H Neumann (goln), *Prehistoric Intertidal Archaeology in the Welsh Severn Estuary*, CBA Research Report 120 (Cyngor Archaeoleg Prydain, Caerefrog), 77.

McGrail, S, 2014, *Early Ships & Seafaring, Vol. 1. European Water Transport* (Pen & Sword, Barnsley), 96–135.

McKee, A, 1986, *The Golden Wreck: the tragedy of the "Royal Charter"* (Souvenir Press, Llundain).

McKee, E, 2001, *Working Boats of Britain: Their Shape and Purpose* (Conway Maritime Press).

McLachlan, S, 2010, *Medieval Handgonnes. The First Black Powder Infantry Weapons* (Osprey Publishing, Rhydychen).

Mac Cana, P, 2007, 'Ireland and Wales in the Middle Ages: an overview', yn K Jankulak a J M Wooding (goln), *Ireland and Wales in the Middle Ages* (Four Courts Press, Dulyn), 17–45.

Mackenzie-Kennedy, C, 1993, *The Atlantic Blue Riband: Evolution of the Express Liner* (William Sessions, Caerefrog).

Mango, M (gol.), 2009, *Byzantine Trade, 4th to 12th Centuries. The Archaeology of Local, Regional and International Exchange. Papers of the Thirty-eighth Spring Symposium of Byzantine Studies, St John's College, Oxford University, March 2004* (Ashgate, Farnham).

Manning, W H, 2001, *Roman Wales* (Gwasg Prifysgol Cymru, Caerdydd).

Marcus, G J, 1980, *Conquest of the Atlantic* (The Boydell Press, Woodbridge).

Marsden, P, 1994, *Ships of the Port of London: First to eleventh centuries AD* (English Heritage, Llundain).

Marsden, P, 1996, *Ships of the Port of London. Twelfth to seventeenth centuries AD* (English Heritage, Llundain).

Marsden, P, 1997, *Ships and Shipwrecks* (B T Batsford/English Heritage, Llundain).

Marsden, R G (gol.), 1897, *Select Pleas in the Court of Admiralty* (2 gyfrol, Seldon Society, Llundain).

Masefield, J, 1953, *The Conway* (Heineman, Llundain).

Matheson, C, 1929, *Wales and the Sea Fisheries* (Amgueddfa Genedlaethol Cymru a Bwrdd Gwasg Prifysgol Cymru, Caerdydd).

Matthews, T, 1910, *Welsh Records in Paris* (W Spurrell a'i Fab, Caerfyrddin).

Mattingly, H a Handford, S A (cyf.), 1971, *Tacitus. The Agricola and the Germania* (Penguin Books, Hardmondsworth).

Maund, K L (gol.), 1996, *Gruffudd ap Cynan: A Collaborative Biography - Studies in Celtic History* 16, (The Boydell Press, Woodbridge).

Mayberry, J, diddyddiad, *I Saw Three Ships. The Story of HMS Hamadryad, Caerdydd's Hospital Ship 1866–1905 and Gospel & Educational Ships HMS Thisbe and HMS Havannah* (St Michaels).

Michael, C, 2008, *The Wrecks of Liverpool Bay* Cyf. 2 (Liverpool Marine Press, Lerpwl).

Middlemiss, N L, 2000, *Cableships* (Shield Publications Cyf, North Shields).

Miles, T J, 1996, 'Flint: Excavations at the Castle and on the Town Defences 1971–1974', *Archaeologia Cambrensis* 145, 67–151.

Millett, M a McGrail, S, 1987, 'The archaeology of the Hasholme logboat', *Archaeological Journal* 144, 69–155.

Millward, E G, 2008, 'Beirdd y Môr yn Oes Victoria', yn T Jones ac H Walters (goln), *Cawr i'w Genedl. Cyfrol i Gyfarch yr Athro Hywel Teifi Edwards* (Gwasg Gomer, Llandysul), 147–173.

Mirisch, W, 2008, *I Thought We Were Making Movies, Not History* (Gwasg Prifysgol Wisconsin, Madison, Wisconsin).

Moll, H, 1724, *A New description of England and Wales, with the adjacent islands* (Llundain).

Monge, G, 1793–94, *Description de l'art de fabriquer les canons*, Paris (Musée de la Marine, Paris)

Moore, D (gol.), 1970, *The Irish Sea Province in Archaeology and History* (Cymdeithas Hynafiaethau Cymru, Caerdydd).

Moore-Colyer, R J, 1988, 'Of Lime and Men: aspects of the coastal trade in lime in south-west Wales in the eighteenth and nineteenth centuries', *Welsh History Review* 14, 54–77.

Moore-Colyer, R J, 1989-90, 'Coastal limekilns in south-west Wales', *Folklife* 28, 19–30.

Moore-Colyer, R J, 1992, 'Coastal limekilns in south-west Wales and their conservation', yn C S Briggs (gol.), *Welsh Industrial Heritage: a review*, CBA Research Report 79 (Cyngor Archaeoleg Prydain, Llundain), 23–9.

Moore-Colyer, R J, 2005, 'Conserving Simple Things', *Planet* 169, 15–20.

Moorman, T, 1952, 'Some newly discovered drawings by Francis Place', *The Burlington Magazine* 94 rhif 591, 159–61.

Moran, A, diddyddiad, 'The key of Mumbles: its trade, probable site and some recent discoveries.' Adroddiad heb ei gyhoeddi, Adran Eigioneg Coleg y Brifysgol, Abertawe.

Morgan, D, 1979, *Merchants of Grain* (Weidenfeld & Nicholson, Llundain).

Morgan, G W T, 1933, *The origins and records of the Royal Welsh Yacht Club 1847–1933* (Ward & Foxlow Cyf, Llundain).

Morgan, O, 1878, ' The ancient Danish vessel, found near the mouth of the River Usk', *Archaeological Journal* 35, 403–5.

Morgan, O, 1882a, *Ancient Danish vessel discovered at the mouth of the Usk* (Cymdeithas Hynafiaethwyr Sir Fynwy a Chaerllion, Casnewydd), 23–6.

Morgan, O, 1882b, 'Goldcliff and the Roman Inscribed Stone Found There', yn O Morgan, *Goldcliff and the Roman Inscribed Stone together with other papers* (Cymdeithas Hynafiaethwyr Sir Fynwy a Chaerllion, Caerllion), 1–17.

Morgan, T, 2009, 'Castell Aberlleiniog, Anglesey: excavations and observation 2004–2009', *Archaeology in Wales* 49, 25–32.

Morris, J, 1988, *Tenby Lifeboats* (Cangen Dinbych-y-pysgod o'r RNLI).

Morris, J, 1991a, *An Illustrated Guide to our Lifeboat Stations, part 5. Isles of Scilly to Aberdovey* (Lifeboat Enthusiasts Society, Coventry).

Morris, J, 1991b, *An Illustrated Guide to our Lifeboat Stations, part 6. Barmouth to Peel* (Lifeboat Enthusiasts Society, Coventry).

Morris, J E, 1901, *The Welsh Wars of Edward I. A Contribution to Mediaeval Military History, based on Original Documents* (Clarendon Press, Rhydychen).

Morris, W H, 1970, 'The Canals of the Gwendraeth Valley (Part 1)', *The Carmarthenshire Antiquary* 6, 53–8.

Muckelroy, K, 1978, *Maritime Archaeology* (Gwasg Prifysgol Caergrawnt, Caergrawnt).

Muckelroy, K, Haselgrove, C. a Nash, D, 1978, 'A pre-Roman coin from Canterbury and the ship represented on it', *Proceedings of the Prehistoric Society* 44, 439–44.

Murphy, W S, 1987, *The Life of the Reverend George Garrett Pasha, Father of the Submarine* (William Kimber a'r Cwmni, Llundain).

Museum of Leathercraft, The, 1959, *A Picture Book of Leather* (The Museum of Leathercraft, Llundain).

Naish, J, 1985, *Seamarks: their History and Development* (Stanford Maritime, Llundain).

Nash, G D, 2013, 'A Tudor Trader's House from Haverfordwest', *Journal of the Pembrokeshire Historical Society* 22, 6–19.

Nash-Williams, V E, 1939, 'A new Roman mining site at Lower Machen, Monmouthshire', *Archaeologia Cambrensis* 94, 108–10.

Nayling, N, 1995, 'The excavation, recovery and provisional analysis of a medieval wreck from Magor Pill, Gwent Levels', *Archaeology of the Severn Estuary* 6, 85–95.

Nayling, N, 1996, 'Dendrochronological analysis of oak timber from the Magor Pill Boat I, Gwent'. Adroddiad HARP, Llanbedr Pont Steffan.

Nayling, N, 1997, *Crymlyn Burrows Intertidal Wreck: Archaeological Evaluation.* Adroddiad 021/97 GGAT, Prosiect Cadw GGAT 56.

Nayling, N (gol.), 1998a, *The Magor Pill Medieval Wreck*. CBA Research Report 115 (Cyngor Archaeoleg Prydain, Caerefrog).

Nayling, N, 1998b, *Swansea Bay Intertidal Survey*. Adroddiad 059/98 GGAT, Prosiect Cadw GGAT 58.

Nayling, N a Caseldine, A E, 1997, *Excavations at Caldicot, Gwent: Bronze Age Palaeochannels in the Lower Nedern Valley*. CBA Research Report 108 (Cyngor Archaeoleg Prydain, Caerefrog).

Nayling N, 2002. Environmental Archaeology, yn A Davidson (gol.), *The Coastal Archaeology of Wales*. Caerefrog: CBA Research Report 131, (Cyngor Archaeoleg Prydain, Caerefrog) 25–32.

Nayling, N a Jones, T, 2014, 'The Newport Medieval Ship, Wales, United Kingdom', *International Journal of Nautical Archaeology* 43.2, 239–78.

Nayling, N a McGrail, S, 2004, *The Barland's Farm Romano-Celtic Boat*, CBA Research Report 138 (Cyngor Archaeoleg Prydain, Caerefrog).

Nichols, M, 1984, 'The Bronze Bell Wreck', *Popular Archaeology*, Ionawr 1984, 34–6.

Nicholson, J, 1991, 'The Two Harbours of Burry Port', yn H James (gol.), *Sir Gâr: Studies in Carmarthenshire History*, 121–42.

Ó Floinn, R, 2009, 'The Anglo-Saxon Connection: Irish Metalwork, AD 400-800', yn J Graham-Campbell ac M Ryan (goln), *Anglo-Saxon Relations Before the Vikings*, Proceedings of the British Academy 157 (Yr Academi Brydeinig, Llundain), 231–51.

Ó Gibne, C, 2012, *The Boyne Currach from beneath the shadows of Newgrange* (Open Air/Four Courts Press, Dulyn).

Olson, K K, 2008, '*Ar ffordd Pedr a Phawl*: Welsh pilgrimage and travel to Rome, c.1200–1530', *Welsh History Review* 24:2, 1–40.

O'Neill, T, 1987a, 'Trade and Shipping on the Irish Sea in the Later Middle Ages', yn M McCaughan a J Appleby (goln), *The Irish Sea Aspects of Maritime History* (Sefydliad Astudiaethau Gwyddelig Prifysgol Queen's Belfast/Amgueddfa Gwerin a Thrafnidiaeth Ulster), 27–32.

O'Neill, T, 1987b, *Merchants & Mariners in Medieval Ireland* (Irish Academic Press, Dulyn).

Owen, H (gol.), 1892-1936, *The Description of Penbrokeshire by George Owen of Henllys. Parts 1-4* (Cymmrodorion Record Series No 1, Llundain).

Owen, H W a Morgan, R, 2007, *Dictionary of Place-Names of Wales* (Gwasg Gomer, Llandysul).

Owen, J, 2011, 'The *Duke of Northumberland* steam lifeboat', *Cymru a'r Môr/Maritime Wales* 32, 89–95.

Owen-Jones, S, 1984, 'A French naval cannon', *Newsletter of the Welsh Industrial and Maritime Museum* 2 (Hydref 1984), 4–5.

Pálsson, H ac Edwards, P (cyf.), 1981, *Orkneyinga Saga: The History of the Earls of Orkney* (Penguin, Harmondsworth).

Parham D, McElvogue, D M a Satchel, J, 1999, 'Towy Estuary, finds of boats', *Archaeology in Wales* 39, 135–37.

Parham, D, McElvogue, D M a Nayling N, 2000, 'Towy Estuary, Ferry Farm Wood Boat', *Archaeology in Wales* 40, 137–38.

Parker, A J, 1992, *Ancient shipwrecks of the Mediterranean & the Roman Provinces*, British Archaeological Reports International Series 580 (BAR, Rhydychen).

Parry, G, 1985, 'Autobiography of a smuggler', Cylchgrawn Llyfrgell Genedlaethol Cymru 24, 184–92.

Pearce, C, 2010, *Cornish Wrecking 1700-1860. Reality and Popular Myth* (Boydell and Brewer Press, Woodbridge).

Pennant, T, 1781, *The Journey to Snowdonia* (Henry Hughes, Llundain).

Pennant, T, 1784. *A Tour in Wales* (2 gyfrol, ail argraffiad; Benjamin White, Llundain).

Pennant, T, 1796, *History of the Parishes of Whiteford, and Holywell* (B and J White, Llundain).

Perrott, M, 2010, 'Barrels', *S.O.S. Friends of the Newport Ship* 17 (hydref 2010), 10.

Petrikovits, H von, 1971, Fortifications in the north-western Roman Empire from the third to the fifth centuries AD.', *Journal of Roman Studies* 61, 178–218.

Pferdehirte, B, 1995, *Das Museum für Antike Schiffahrt. Ein Forschungsbereich des Römisch-Germanischen Zentralmuseums* I (Mainz).

Phillips, B A, 2013, *Pembrokeshire's Forts & Military Airfields 1535–2010* (Logaston, Little Logaston).

Phillips, L, 1993, 'Pembroke Dockyard', yn D W Howell (gol.), *Pembrokeshire County History, Vol. IV, Modern Pembrokeshire, 1815-1974* (Cymdeithas Hanes Sir Benfro, Hwlffordd), 152–73.

Phillips, L, 2014, *Pembroke Dockyard and the Old Navy* (The History Press, Stroud).

Phillips-Birt, D, 1974, *A History of Yachting* (Elm Tree Books, Llundain).

Pierce, G O, 1984, 'The evidence of place-names', Atodiad II i G Williams (gol.), *The Glamorgan County History* II (Gwasg Prifysgol Cymru, Caerdydd), 456–92.

Pitman, L, 2009. *Pigsties and Paradise. Lady Diarists and the Tour of Wales 1795–1860* (Gwasg Carreg Gwalch, Llanrwst).

Place, G, 1990, 'Wreckers. The Fate of the Charming Jenny', *The Mariner's Mirror* 76. 2, 167.

Planché, J R, 1875, 'On the municipal seals and armorial ensigns of the City of Bristol', *Journal of the British Archaeological Association* 31, 180–9.

Platt, R, 2007, *Smuggling in the British Isles. A History.* Tempus, Stroud.

Plomer, W (gol.), 1939, *Kilvert's Diary. Selections from the diary of the Rev. Francis Kilvert, Chosen, edited and introduced by William* Plomer Cyfrol II, Jonathan Cape, Llundain).

Pottinger, G, 1997. *Sir Henry Pottinger: First Governor of Hong Kong* (Sutton Publishing, Stroud).

Pratt, D, 1984, *Shipwreck at Clwydmouth, 1309*. Border Counties Archaeological Group Publication No. 3.

Prichard, Mrs 1925, 'The Druidical Society', *Anglesey Antiquarian Society and Field Club Transactions* 1925, 63–68.

Prifysgol Bangor, Dyddiaduron William Bulkeley, Yswain, Brynddu, Llanfechell, Môn. http://bulkeleydiaries.bangor.ac.uk/

Prifysgol Wolverhampton, Yr Ysgol Astudiaethau Cyfreithiol, 2003. *Marine Archaeology Legislation Project* (English Heritage).

Pulak, C, Ingram, R a Jones, M, 2015, 'Eight Byzantine shipwrecks from the Theodosian harbour excavations at Yenikapi in Istanbul, Turkey: an introduction', *International Journal of Nautical Archaeology* 44, 39–73.

Raftery, B, 1996, 'Drumanagh and Roman Ireland', *Archaeology Ireland* (Rhifyn y gwanwyn), 17–9.

Ravn, M, 2016, *Viking Age War Fleets. Shipbuilding, Resource Management and Maritime Warfare in 11th-century Denmark*, Maritime Culture of the North 4 (Amgueddfa Longau Llychlyn, Roskilde).

Ravn, M, Bischoff, V, Englert, A a Nielsen S, 2011, 'Recent advances in post-excavation documentation, reconstruction and experimental maritime archaeology', yn A Catsambis, B Ford a D L Hamilton (goln), *The Oxford Handbook of Maritime Archaeology* (Gwasg Prifysgol Rhydychen, Rhydychen a Texas).

RCAHMW, 1937, *An Inventory of the Ancient Monuments in Anglesey* (Gwasg Ei Mawrhydi, Llundain), 31–4.

RCHME, 1992, Testing the Water: *Report on the Task of Creating a National Archaeological Record – Maritime Sites* (Comisiwn Brenhinol Henebion Lloegr).

RCHME, 1970, *An Inventory of Historical Monuments in the County of Dorset II, South-East, Part 3* (Comisiwn Brenhinol Henebion Lloegr, Llundain).

Reddaway, T F a Ruddock, A A (goln), 1969, 'The accounts of John Balsall, purser of the Trinity of Bristol, 1480–1', *Camden Miscellany* 23, 1–27.

Redknap, M, 1984, *The Cattewater Wreck. The investigation of an armed vessel of the early sixteenth century*, National Maritime Museum, Greenwich Archaeological Series no. 8, British Archaeological Reports 131 (BAR, Rhydychen).

Redknap, M, 1992, 'The Smalls Reef Viking Wreck Site', *Archaeology in Wales* 32, 84–5.

Redknap, M (gol.), 1997, *Artefacts from Wrecks. Dated assemblages from the Late Middle Ages to the Industrial Revolution*, Oxbow Monograph 84 (Oxbow Books, Rhydychen).

Redknap, M, 1998, 'Reconstructing the Magor Pill boat', yn N Nayling, *The Magor Pill Medieval Wreck*, CBA Research Report 115 (Cyngor Archaeoleg Prydain, Caerefrog), 129–142.

Redknap, M, 2000, *Llychlynwyr yng Nghymru: Ymchwil Archaeolegol* (Amgueddfeydd ac Orielau Cenedlaethol Cymru, Caerdydd).

Redknap, M, 2007, 'Crossing boundaries – stylistic diversity and external contacts in early medieval Wales and the March: reflections on metalwork and sculpture', yn P Sims-Williams a G Aled Williams (goln), *Croesi Ffiniau: Trafodion y XIIfed Gyngres Astudiaethau Celtaidd Ryngwladol 24–30 Awst 2003, Prifysgol Cymru, Aberystwyth*, CMCS 53/54, 23–86.

Redknap, M, 2008, 'The Vikings in Wales', yn S Brink gydag N Price (goln), *The Viking World* (Routledge, Llundain ac Efrog Newydd), 401–10.

Redknap, M, 2009, 'Glitter in the Dragon's Lair: Irish and Anglo-Saxon Metalwork from pre-Viking Wales, c. 400–850', yn J Graham-Campbell ac M Ryan (goln), *Anglo-Saxon/Irish Relations before the Vikings, Proceedings of the British Academy* 157 (OUP, Rhydychen), 281–309.

Redknap, M, 2010a, 'Shipping in medieval society in Wales and beyond', *Archaeology in the Severn Estuary* 21, 9–28.

Redknap, M, 2010b, 'A medieval pilgrim badge from Swansea Bay', *Morgannwg* 54, 154–7.

Redknap, M, 2011, 'The Smalls sword guard', yn M Redknap (gol.), *Darganfod y Gymru Gynnar* (Llyfrau Amgueddfa Cymru, Caerdydd), 126–7.

Redknap, M, 2013, 'Selected artefacts found during the excavation of the Newport Ship', adroddiad archif sydd heb ei gyhoeddi. http://archaeologydataservice.ac.uk/archiveDS/archiveDownload?t=arch-1563-2/dissemination/pdf/Newport_Medieval_Ship_Specialist_Report_Selected_Artefacts.pdf

Redknap, M, 2017, 'The pottery and tile found during the excavation of the Newport medieval ship' (adroddiad archif Llong Casnewydd).

Redknap, M, yn y wasg, 'Wales, Britain and Byzantium: Connections & Collections', yn S Tougher (gol.), *The Emperor and the Byzantine World*, Proceedings of the 47th Spring Symposium of Byzantine Studies Cardiff, 25–27 April (Ashgate, Farnham).

Redknap, M a Besly, E, 1997, '*Wreck de mer* and dispersed wreck sites: the case of the Ann Francis (1583)', yn M Redknap (gol.), *Artefacts from Wrecks. Dated assemblages from the Late Middle Ages to the Industrial Revolution*, Oxbow Monograph 84 (Oxbow Books, Rhydychen), 191–207.

Redknap, M a Gifford, E, 1998, 'Building a full-size model' yn N Nayling, *The Magor Pill Medieval Wreck*. CBA Research Report 115 (Cyngor Archaeoleg Prydain, Caerefrog), 127–42.

Redknap, M a Goodburn, D, ar y gweill, 'The logboats', yn A Lane ac M Redknap, *The Llangorse Crannog. The excavation of an early medieval royal site in the kingdom of Brycheiniog*.

Redknap, M a Williams, D, 1999, 'A seal matrix from Aberavon Beach, Port Talbot (SS 738 897)', *Morgannwg* 43, 90–1.

Reed, S, Bidwell, P a John, A, 2011, 'Excavation at Bantham, South Devon, and Post-Roman Trade in South-West England', *Medieval Archaeology* 55, 82–138.

Rees, C, 2000, *Our family of Cape Horners Volume 1: The nineteenth century seafarers and their relations* (D W Jones, Port Talbot).

Rees, W, 1954, 'The Port Books for the port of Cardiff and its member ports, Swansea and Neath, for the years 1606-1610', *South Wales and Monmouthshire Record Society* 3, 69–91.

Rees, W (gol.), 1975, *Calendar of Ancient Petitions relating to Wales* (Gwasg Prifysgol Cymru, Caerdydd).

Reinders, R a Paul, K (goln), 1991, *Carvel Construction Technique*, Oxbow Monograph 12 (Oxbow Books, Rhydychen), 161–70.

Rendell, S a J, 1993, *Steep Holm: The Story of a Small Island* (Alan Sutton, Stroud).

Renn, D ac Avent, R, 2001, *Flint Castle [ac] Ewloe Castle* (Cadw, Caerdydd).

Research Laboratory for Archaeology and History of Art, Rhydychen, 1999, 'Pwll Fanog Slate Ship, NGR SH 535 707 Wales'. (Rhydychen).

Richards, A J, 1998, *The Slate Quarries of Pembrokeshire* (Gwasg Carreg Gwalch, Llanrwst).

Richards, M, 1962, 'Norse Place-Names in Wales', *Proceedings of the International Congress of Celtic Studies held in Dublin, 6-10 July, 1959* (Dulyn), 51–60. Ailargraffwyd yn B Ó Cuív, *The Impact of the Scandinavian Invasions on the Celtic-speaking Peoples c. 800–1100 AD* (Dulyn).

Richards, M a Stimson, A, 2005, 'Sandglasses', yn J Gardiner (gol.), *Before the Mast. Life and Death aboard the Mary Rose*. The Archaeology of the Mary Rose, Cyfrol 4 (Ymddiriedolaeth y Mary Rose, Portsmouth), 281–4.

Richards, R, 2005, *Caerdydd: A Maritime History* (Tempus, Stroud), 16–9.

Richardson, D (gol.), 1991, *Bristol, Africa and the 18th Century Slave Trade to America, Vol 3: The Years of Decline 1746-1769*, Cyhoeddiad 42 Cymdeithas Gofnodion Bryste.

Richardson, W A R, 1995, 'Northampton on the West Coast? Some fifteenth and sixteenth century sailing directions', *Archaeologia Cambrensis* 144, 204–23.

Rieth, E, 2012, '15th century EP1-Canche wreck (Pas-de-Calais, France): a fluvio-maritime coaster of cog tradition in the north of France?', yn N Günsenin (gol.), *Between Continents. Proceedings of the Twelfth Symposium on Boat and Ship Archaeology, Istanbul 2009*, 217–223.

Riley, H a Wilson-North, R, 2001, *The Field Archaeology of Exmoor* (English Heritage, Swindon).

Rippon, S, 1996, *Gwent Levels: The Evolution of a Wetland Landscape*, CBA Research Report 105 (Cyngor Archaeoleg Prydain, Caerefrog).

Rippon, S, 1997. *The Severn Estuary* (Gwasg Prifysgol Caerlŷr, Caerlŷr).

Roach, A, 2008, 'Model boats in the context of maritime history and archaeology', *International Journal of Nautical Archaeology* 37, 313–34.

Roberts, E, 2003, *Gwaith Maredudd ap Rhys a'i Gyfoedion* (Canolfan Uwchefrydiau Cymreig a Cheltaidd Prifysgol Cymru, Aberystwyth).

Roberts M J, 2006, Holocene sea-level change in North Wales: the evolution of the Menai Strait. Traethawd ymchwil PhD sydd heb ei gyhoeddi, Prifysgol Cymru, Bangor.

Roberts, M J, Scourse, J D, Bennell, J D, Huws, D G, Jago, C F a Long, B T, 2011, 'Late Devensian and Holocene relative sea-level change in North Wales, UK', *Journal of Quaternary Science* 26, 141–55.

Roberts, O T P, 1979, 'Pwll Fanog wreck, Menai Straits, North Wales. An interim report on the ship's remains revealed during the 1978 exploratory excavation of the slate cargo mound', *International Journal of Nautical Archaeology* 8.3, 249–54.

Roberts, O T P, 2004, 'An Assessment of Handling Characteristics', yn N Nayling ac S McGrail (goln), *The Barland's Farm Romano-Celtic Boat*, CBA Research Report 138 (Cyngor Archaeoleg Prydain, Caerefrog), 179–94.

Rodger, N A M, 2004, *The Command of the Ocean: a Naval History of Britain, 1649–1815* (Allen Lane, Llundain).

Rodriguez-Salgado ac eraill, 1988, *Armada 1588-1988* (Penguin Books ar y cyd â'r Amgueddfa Forwrol Genedlaethol, Llundain)

Roese, H E, 1995, 'Cardiff and its Port Facilities', *Morgannwg* 39, 50–71.

Roscoe, T, 1836, *Wanderings and Excursions in North Wales* (ailargraffiad, 2017, Relnk Books, Delhi).

Rose, S, 2008, 'The provision of the ships for Edward I's campaigns in Scotland 1300–1306: barges and merchantmen', *The Naval Miscellany* VII, Naval Record Society, 1–56.

Rosser, T N, 1994, 'A Cardiff Family and its maritime connections', *Glamorgan Family History Society Journal* 34, 12–3.

Rudolph, W, 1985, *Sailor Souvenirs. Stoneware, Faiences and Porcelain of Three Centuries* (Edition Leipzig, Zwickau).

Rule, M a Monaghan, J, 1900, *The Gallo-Roman Trading Vessel from Guernsey. The Excavation and recovery of a Third Century Shipwreck*. Monograff rhif 5 Amgueddfa Guernsey (Guernsey).

Russ, H, 2012, Newport Ship Fish Remains from the Newport Ship (http://archaeologydataservice.ac.uk/archiveDS/archiveDownload?t=arch-1563-1/dissemination/pdf/Newport_Medieval_Ship_Specialist_Report_Fish_Remains.pdf)

Samuel, J, 2012, *The 'City of Ottawa': The Story of a Sailing Ship* (Penlan Publishing, y Rhyl).

Sancho, I, 1774, *Letters of the late Ignatius Sancho, an African. In Two volumes to which is prefixed Memoirs of his Life* (Y Trydydd Argraffiad, y Gyfrol gyntaf, argraffwyd gan Pay Bryne, No 35, College Green, Dulyn).

Saunders, A, Spurgeon, C J, Thomas, H J a Roberts, D J, 2001, *Guns Across the Severn: the Victorian Fortifications of Glamorgan* (CBHC, Aberystwyth).

Savory, H N, 1980, 'The Neolithic in Wales', yn J A Taylor (gol.), *Culture and Environment in Prehistoric Wales. Selected Essays*. British Archaeological Reports British Series 76 (BAR, Rhydychen), 207–32.

Savours, A, 1998, Cofnod catalog 12.20 yn M J Rodríguez-Salgado ac eraill, *Armada 1588–1988* (Penguin Books, Llundain), 216.

Schulting, R J a Richards, M P, 2002, 'Finding the coastal Mesolithic in southwest Britain: AMS dates and stable isotope results on human remains from Caldey Island, south Wales', *Antiquity* 76, 1011–25.

Schweitzer, H, 2012, 'Drogheda boat: a story to tell', yn N Günsenin (gol.), *Between Continents. Proceedings of the Twelfth Symposium on Boat and Ship Archaeology, Istanbul 2009*, 225–31.

Scott, R J, 2012, *Irish Sea Schooner Twilight. The Last years of the Western Seas Traders* (Black Dwarf Publications, Lydney).

Seal, J, 2003, 'Building a copy of the Gokstad faering', *International Journal of Nautical Archaeology* 32, 238–45.

Sefydliad yr Archaeolegwyr Maes, 2007, *Standard and Guidance for Nautical Recording and Reconstruction* (IFA, Llundain).

Seppings, R, 1818, 'On the great strength given to Ships of War by the application of Diagonal Braces. Read November 17, 1817', *Philosophical Transactions of the Royal Society of Llundain*, 1818, 1–8.

Shennan, I a Horton, B, 2002, 'Holocene land- and sea-level changes in Great Britain', *Journal of Quaternary Science* 17, 119–54.

Sims-Williams, P, 2007a, 'The inscriptions', yn M Redknap a J M Lewis, *A Corpus of Early Medieval Inscribed Stones and Stone Sculpture Vol I. South-East Wales and the English Border* (Gwasg Prifysgol Cymru, Caerdydd), 69–75.

Sims-Williams, P, 2007b, 'The Celtic language of the inscriptions and their chronology', yn N Edwards, *A Corpus of Early Medieval Inscribed Stones and Stone Sculpture Vol II. South-West Wales* (Gwasg Prifysgol Cymru, Caerdydd), 107–10.

Sloan, I, 1991, *Wings of War Over Gwynedd – Aviation in Gwynedd during World War II* (Roy Sloan, Gwasg Carreg Gwalch).

Smith, A, 1776, *An Inquiry into the Nature and Causes of the Wealth of Nations*. (Strahan & Cadell, Llundain)

Smith, C, 1989, *Mumbles Lifeboat* (Sou'wester Books, Abertawe).

Smith, D J, 1981, *Action Stations 3: Military Airfields of Wales and the North-West* (Patrick Stephens Cyf, Caergrawnt).

Smith, D J, 1990, *Action Stations 3: Military airfields of Wales and the North-West* (Patrick Stephens Cyfyngedig, Sparkford, Gwlad yr haf)

Smith, J B, 1986, *Llywelyn ap Gruffudd. Tywysog Cymru* (Gwasg Prifysgol Cymru, Caerdydd).

Smith, L T (gol.), 1906, *The Itinerary in Wales of John Leland in or about the Years 1536–1539* (George Bell a'i Feibion, Llundain).

Smith, R D, 1993, 'Port pieces: the use of wrought iron guns in the sixteenth century', *Journal of the Ordnance Society* 5, 1–10.

Smith, S, 2004, 'Castell Aberllleiniog, Anglesey and Cronk Howe Mooar, Isle of Man: related monuments?', *Anglesey Antiquarian Society and Field Club Transactions* (2004), 31–45.

Smith, T G, 1979, 'A Customs History of the Port of Newport', *Gwent Local History* 46, 27–39.

Smith, B a George, T N, 1961, *North Wales* (Gwasg Ei Mawrhydi, Arolwg Daearegol Prydain, Llundain)

Smith, G H, Caseldine, A E, Griffiths, C J, Peck, I, Nayling, N a Jenkins, D, 2017, 'An Early Bronze Age burnt mound trough and boat fragment with accompanying palaeobotanical and pollen analysis at Nant Farm, Porth Neigwl, Llŷn Peninsula, Gwynedd', *Studia Celtica* 51, 1–63.

Smith, K, Watts, C, a Watts, M J, 1998, *Records of Merchant Shipping and Seamen* (Y Swyddfa Cofnodion Cyhoeddus, sef yr Archifau Gwladol erbyn hyn).

Smylie, M, 1998, *The Herring Fishers of Wales* (Gwasg Carreg Gwalch, Llanrwst).

Smylie, M, 2005, *Working the Welsh Coast* (The History Press, Stroud).

Smylie, M gyda Cooper, S, 2011, *Fishing Around the Bristol Channel* (The History Press, Stroud). 10.5

Soulsby, I, 1983, *The Towns of Medieval Wales* (Phillimore a'r Cwmni Cyf., Chichester).

Spathari, E, 1995, *Sailing through Time. The Ship in Greek Art* (Kapon Editions, Athens).

Spong, H, 1982, 'Ships of the Cardiff class', *Ships Monthly*, Tachwedd 1982, 26–8.

Stammers, M K (gol.), 1993, *Mersey Flats and Flatmen* (Terence Dalton Cyf. a'r Orielau ac Amgueddfeydd Cenedlaethol ar Lannau Mersi, Lavenham).

Stammers, M K, 1999, *Mud Flats: Archaeology in Intertidal and Inland Waters around the Mersey Estuary* (Lerpwl).

Stammers, M K, 2000, 'The Welsh Sloop', *Cymru a'r Môr/Maritime Wales* 21, 55–7.

Stammers, M K, 2001, 'The flight of the Raven', *Cymru a'r Môr/Maritime Wales* 22, 7–10.

Stephenson, D, 1984, *The Governance of Gwynedd* (Gwasg Prifysgol Cymru, Caerdydd).

Sterling, C H a Shiers, G, 2000, *History of Telecommunications Technology – An Annotated Bibliography* (Scarecrow Press, Washington DC).

Stuckey, P J, 2000, *The Sailing Pilots of the Bristol Channel* (David and Charles, Newton Abbot).

Sturtivant, R a Page, G, 1992, *Royal Naval Aircraft Serials and Units 1911-1919* (Air Britain Historians Cyf, Tonbridge).

Summerson, H, 2005, ' 'Most renowned of merchants': the life and occupations of Laurence of Ludlow (d. 1294)', *Midland History* 30, 20–36.

Sutherland, R J M, 1997, 'Shipbuilding and the long span roof', yn R J M Sutherland (gol.), *Structural Iron, 1750–1850: Studies in the History of Civil Engineering* 9 (Ashgate, Aldershot), 89–142.

Symons, M V, 1979, *Coal Mining in the Llanelli Area Volume I: 16th century to 1829* (Cyngor Bwrdeistref Llanelli, Llanelli).

Tanner, M, 2008, *Royal Yacht Mary. The Discovery of the First Royal Yacht* (Amgueddfeydd Cenedlaethol Lerpwl, Lerpwl).

Tasker, A, Wilkinson, I P, a Williams, M, 2017, 'Mosaics and macrofossils', yn M Williams, T Hill, I Boomer ac I P Wilkinson (goln), *The Archaeological and Forensic Applications of Microfossils: A Deeper Understanding of Human History*. The Micropalaeontological Society, Special Publications. Geological Society, Llundain, 221–43.

Taylor, A J, 1963, 'The King's Works in Wales 1277–1330', yn R A Brown, H M Colvin ac A J Taylor (goln), *The History of the King's Works Vol 1 The Middle Ages* (Gwasg Ei Mawrhydi, Llundain).

Taylor, A, 1987, *Rhuddlan Castle* (Cadw, Caerdydd).

Taylor, D, 2009, The Maritime Trade of the Smaller Bristol Channel Ports in the Sixteenth Century, Traethawd Ymchwil DPhil sydd heb ei gyhoeddi, Prifysgol Bryste.

Taylor, M V, 1922, 'Roman Flintshire', *Flintshire Historical Society 9*, 58–96.

Thier, K, 2006: 'Sea-lanes of communication: language as a tool for nautical archaeology', yn L Blue, F Hocker ac A Englert (goln), *Connected by the Sea: Proceedings of the Tenth International Symposium on Boat and Ship Archaeology* (Oxbow Books, Rhydychen), 211–16.

Thomas, D, 1949, *Hen Longau a Llongwyr Cymru / Old Ships and Sailors of Wales* (Prifysgol Cymru, Caerdydd).

Thomas, G (cyf.), 1985. *Dafydd ap Gwilym. Six Poems* (Gwasg Gregynog, Y Drenewydd).

Thomas, J E, 2007, *Britain's Last Invasion, Fishguard 1797* (Tempus, Stroud).

Thomas, R S, 1993: *Collected Poems 1945–1990* (J M Dent, Llundain).

Thorne, R a Howell, R, 1987, 'Pembrokeshire in Wartime.', yn B Howells (gol.), *Pembrokeshire County History, Vol III: Early Modern Pembrokeshire 1536–1815* (Cymdeithas Hanes Sir Benfro, Hwlffordd), 360–403.

Tibbles, A (gol.). 2005, *Transatlantic Slavery: Against Human Dignity* (Yr Amgueddfeydd Cenedlaethol, Lerpwl).

Tinniswood, J T, 1949, 'The English galleys, 1272–1377', *Mariner's Mirror 35*, 276–315.

Toulmin-Smith, L, (gol.), 1964 (adargraffiad o argraffiad 1907–10), *Leland's Itinerary in England and Wales*, 4 cyfrol (Centaur Press, Llundain).

Trinder, B, 2005, *Barges & Bargemen: A Social History of the Upper Severn Navigation 1660–1900* (Phillimore, Chichester).

Troughton, W, 2009, 'Ffynonellau Morwrol', yn Rh Llwyd a D H Owen (gol.), *Olrhain Hanes Bro a Theulu* (Gwasg Carreg Gwalch, Llanrwst).

Usher, G, 1977, 'Hazards of fourteenth-century seafaring: some evidence from Gwynedd', *Cymru a'r Môr/Maritime Wales 2*, 7–12.

Vale, José Picas do, 1998, Cofnod catalog yn A Estácio dos Reis, 1998, 'Astronomical navigation in the 16th and 17th centuries', yn *Nossa Senhora dos Mártires The Last Voyage, Catalogue to the Expo' 98 exhibition* (Verbo, Lisbon), 84–95.

Van de Noort, R, 2011, *North Sea Archaeologies. A Maritime Biography, 10,000 BC–AD 1500* (Gwasg Prifysgol Rhydychen, Rhydychen).

Van de Noort, R, Blue, L, Harding, A, Hurcombe, L, Hansen, T M, Wetherel, A, Wittamore, J a Wyke, A, 2014, '*Morgawr*: an experimental Bronze Age-type sewn-plank craft based on the Ferriby boats', *International Journal of Nautical Archaeology 43.2*, 292–313.

VCH Cheshire 1, B E Morris (gol.), 1987 *The Victoria History of the Counties of England – A History of Cheshire Vol. 1*. Sefydliad Ymchwil Hanesyddol UCL, 191–2.

Vermeersch, J, Lenaerts, T, Haneca, K, Deforce, K a Van Laecke, J, 2011, 'The medieval cogs from Doel, Antwerp, Belgium', *The Newsletter of the Nautical Archaeology Society*, gwanwyn 2011, 8–9.

Vermeersch, J, Haneca, K a Daly, A, 2015, 'Doel 2: a second 14th-century cog wrecked in den Deurganck, Doel, Belgium', *International Journal of Nautical Archaeology 44*, 327–48.

Vyner, B, 1993, 'The medieval pottery', yn Lewis, J M 'Excavations at Loughor Castle, West Glamorgan 1969–73', *Archaeologia Cambrensis 142*, 124–42.

Wainwright, G J, 1959, 'The excavation of a Mesolithic site at Freshwater West, Pembrokeshire', *Bwletin y Bwrdd Gwybodau Celtaidd*, 18 (2), 196–205.

Wakeman, T, 1855, 'Curious discoveries in Old Churches', *Archaeologia Cambrensis 1* (3edd Gyfres), 209–10.

Walcott, D, 1986, *Derek Walcott Collected Poems 1948–1984* (The Noonday Press, Efrog Newydd).

Walker, T A, 1888, *The Severn Tunnel. Its Construction and Difficulties 1872–1887* (Richard Bentley a'i Fab, Llundain).

Wallace, P F ac Ó Floinn, R, 2002, *Treasures of the National Museum of Ireland. Irish Antiquities* (Gill & Macmillan, Dulyn).

Ward, J, 1901, 'Cardiff Castle and its Roman Origins', *Archaeologia 57*, 335–52.

Warner, R, 1798, *A Second Walk through Wales* (Cruttwell, Llundain).

Warner, R, 1982, 'The Broighter hoard: a reappraisal, and the iconography of the collar', yn B G Scott (gol.), *Studies on Early Ireland: Essays in honour of M V Duignan* (Cymdeithas yr Archaeolegwyr Ifanc, Belfast), 29–38.

Waters, I, 1973–74, 'High tides and floods', yn I Waters (gol.), *Severn and Wye Review: A quarterly Journal for the Lower Wye Valley and Severnside 3*, gaeaf 1973 (Phillimore, Chichester), 56–60.

Webster, P, 2002, 'The late Roman fort at Cardiff', yn M Aldhouse-Green a P Webster (goln), *Artefacts and Archaeology. Aspects of the Celtic and Roman World* (Gwasg Prifysgol Cymru, Caerdydd), 62–75.

Webster, P V, 2017, 'If these pots could talk: Caerleon people and the trade in Roman pottery. The 24th Caerleon Annual Legionary Birthday Lecture', *The Monmouthshire Antiquary 33*, 7–36.

*Welsh Summer Circuit 1834*, Talbot v Lewis, 1 January 1834.

Wessex Archaeology, 2003, Wrecks on the Seabed: Assessment, Evaluation and Recording, Year I report ref 51553, Archaeology Data Service.

Wessex Archaeology, 2005, Protocol for reporting finds of archaeological interest (ar gyfer Cymdeithas Cynhyrchwyr Agregau Morol Prydain ac English Heritage gan Wessex Archaeology).

Wessex Archaeology, 2006a, Tal-y-Bont, Cardigan Bay, Designated Site Assessment: Full Report, report ref 53111.03t.

Wessex Archaeology, 2006b, Wrecks on the Seabed, Round 2: Assessment, Evaluation and Recording, Year 1 report, Archaeology Data Service.

Wessex Archaeology, 2009, The Maritime Archaeology of the Coal Trade, Report Ref: 53111.02s–3.

Wessex Archaeology, 2010, Wrecks off the Coast of Wales: Marine Geophysical Surveys and Interpretation, report ref: 53111.02s.

Wheeler, R C, 1972, 'The North American Fur Trade', yn G Bass (gol.), *A History of Seafaring based on Underwater Archaeology* (Thames and Hudson, Llundain), 282–86.

Wheeler, R E M, 1925, *Prehistoric and Roman Wales* (Clarendon Press, Rhydychen).

White, E, diddyddiad (tua 1607), *More Strange Newes: Of wonderfull accidents hapning by the late ouerflowings of waters, in Summerset-shire, Gloucestershire, Norfolke, and other places of England with a true relation of the townes names that are lost, and the number of persons* (Llundain).

Wignall, S, 1979, The Bronze Bell Wreck: Archaeological Survey of a late 17th century shipwreck lying in Cardigan Bay, adroddiad sydd heb ei gyhoeddi gan y Trwyddedai.

Wilkinson, P F, 1988, 'Port Eynon Salt House, Gower', *Archaeology in Wales 28*, 84.

Williams, C J, 1986, *Industry in Clwyd: An Illustrated History* (Archifdy Clwyd, Penarlâg).

Williams, D, 1989, *Seventy Years in Shipping* (Graig Shipping ccc, y Bont-faen).

Williams, D H, 1984, *The Welsh Cistercians* (Ynys Bŷr, Dinbych-y-pysgod).

Williams, D H, 1993, *Catalogue of Seals in the National Museum of Wales Vol. 1. Seal Dies, Welsh Seals, Papal Bullae* (Amgueddfa Genedlaethol Cymru, Caerdydd).

Williams, G A, 2004a, 'Barlow, William (d., 1568), Bishop of Chichester', *Oxford Dictionary of National Biography* (OUP, Rhydychen), 938–9.

Williams, G A, 2004b, 'Midleton [Myddelton], William (*c.*1550–1596?), Poet and Sailor', *Oxford Dictionary of National Biography* (OUP, Rhydychen), 92–93.

Williams, M V, 1997, *A Legal History of Shipwreck in England* 1997 Yearbook of the Centre de Droit Maritime et Océanique (Prifysgol Nantes).

Williams, N J, 1951, 'Francis Shaxton and the Elizabethan Port Books', *English Historical Review* 66, 387–95.

Williams, R, 2004 (ail argraffiad), *Limekilns and Limeburning* (Shire, Tring).

Williams, T P T a Hughes, L, 2008, 'Aber Lleiniog', *Anglesey Antiquarian Society and Field Club Transactions* (2008), 19–33.

Wilson, D M a Hurst, J G, 1957, 'Medieval Britain in 1956', *Medieval Archaeology* 1, 147–71.

Wilson, J C, 2014, *Late Iron Age and Roman Ireland.* Discovery Programme Report 8 (Wordwell, Dulyn).

Windsor, A, 2008, *HMS Conway 1859–1974* (Witherby Seamanship International Cyf, Livingston).

Wooding, J M, 2001, 'St Brendan's boat: dead hides and the living sea in Columban and related hagiography', yn J Carey, M Herbert a P. Ó Riain (goln), *Studies in Irish Hagiography: Saints and Scholars* (Four Courts Press, Dulyn), 77–92

Wooding, J M, 2007, 'Island and coastal churches in medieval Wales and Ireland', yn K Jankulak a J Wooding (goln), *Ireland and Wales in the Middle Ages* (Four Courts Press, Dulyn), 201–28.

Wooding, J M, 2017, 'The representation of early British monasticism and *peregrinatio* in *Vita Prima S. Samsonis*', yn L Olson (gol.), *St Samson of Dol and the Earliest History of Brittany, Cornwall and Wales* (Boydell, Woodbridge), 137–61.

Woodman, R, 1994, 'Navigation 1900–1960', yn R Gardiner (gol.), *The Golden Age of Shipping – the Classic Merchant Ship, 1900–1960* (Conway Maritime Press, Llundain), 175–180.

Woodman, R, 2008, *Neptune's Trident, Spice and Slaves: 1500–1807* (The History Press, Stroud).

Yates, N, 2006, *The Welsh Seaside Resort: Growth, Decline and Survival*, Trivium Publications Occasional Papers 1 (Prifysgol Llanbedr Pont Steffan), 2–10.

Ymddiriedolaeth Archaeolegol Dyfed 2011, *Tiroedd coll ein cyndadau. Archwilio tirweddau boddedig Cynhanesyddol Cymru a foddwyd* (Ymddiriedolaeth Archaeolegol Dyfed, Llandeilo).

Young, T a Thomas, G, 1998, 'The cargo: iron ore analysis', yn N Nayling (gol.) 1998, *Magor Pill Medieval Wreck.* CBA Research Report 115 (Cyngor Archaeoleg Prydain, Caerefrog), 105–11.

Young, P M, 1973, *Elgar, OM: a study of a musician* (White Lion Publishers, Llundain).

Ystâd y Goron: canllawiau ynghylch eitemau adnewyddadwy alltraeth: http://www.thecrownestate.co.uk/media/5876/km-expc-historic-environment-guidance-for-the-offshore-renewable-energy-sector.pdf ac http://www.thecrownestate.co.uk/media/148964/ei-protocol-for-archaeological discoveries-offshore-renewables-projects.pdf.

Ystâd y Goron, 2015, Marine Aggregates Capability and Portfolio.

Zienkiewicz, J D, 1983, 'Risca', *Archaeology in Wales* 23, 49.

Zienkiewicz, J D, 1986, *The Legionary Fortress Baths at Caerleon. I. The Buildings* (Cadw ac Amgueddfa Genedlaethol Cymru, Caerdydd).

# Nodiadau am y cyfranwyr

**Alan Aberg**, FSA: Cyn-ddarlithydd mewn Archaeoleg ym Mhrifysgol Leeds a chyn-Gyfarwyddwr Cofnod Archaeolegol Cenedlaethol Comisiwn Brenhinol Henebion Lloegr. Ers iddo ymddeol, bu'n Gadeirydd y Gymdeithas Archaeoleg Forwrol a'r Gymdeithas er Ymchwilio i Forwriaeth ac yn un o ymddiriedolwyr Amgueddfa Llongau Tanfor y Llynges Frenhinol, yr Amgueddfa Lyngesol Frenhinol ac Ymddiriedolaeth Arforol Hastings. Ar hyn o bryd, ef yw Cadeirydd Cymdeithas Hynafiaethwyr Sir Fynwy a Dirprwy Gadeirydd Cyfeillion Llong Casnewydd ac mae'n un o ymddiriedolwyr Ymddiriedolaeth Archaeolegol Morgannwg-Gwent.

**Yr Athro J R Allen**: Gwaddodegydd a geoarchaeolegydd wedi ymddeol. Mae'n ymddiddori ym morffoleg yr arfordir, yn stratigraffeg yr Holosen ac yng ngwaith pobl wrth iddynt ecsbloetio ac anheddu aberoedd a morfeydd ym Mhrydain. Mae ef wedi gweithio'n helaeth ym Môr Hafren, aber Afon Hafren a Morfa Romney, ac ar hyn o bryd mae'n Gymrawd Ymchwil ar Ymweliad ym Mhrifysgol Reading.

**Nigel V Campbell Bannerman**: Wedi iddo astudio geoarchaeoleg yn yr Ysgol Gwyddor Eigion ym Mhrifysgol Bangor mae'n ymddiddori'n arbennig yn esblygiad morliniau a newidiadau yn lefelau'r môr. Mae ef wedi cyhoeddi'n eang ynghylch maglau pysgod, coredau a'r dystiolaeth o weithio copr ar draethau Cymru yn yr Oes Efydd.

**Mark Beattie-Edwards**, FSA, yw Prif Weithredwr y Gymdeithas Archaeoleg Forwrol (yr NAS). Mae'n gwasanaethu ar sawl pwyllgor sy'n ymwneud ag archaeoleg danddwr, gan gynnwys Pwyllgor Llywio'r Gyngres Archaeoleg Danddwr (yr IKUWA), ac ef yw cynrychiolydd Ysgrifenyddiaeth yr NAS ar y Cyd-Bwyllgor Polisi ar Archaeoleg Forwrol (y JNAPC). Ef hefyd yw archaeolegydd ymgynghorol tîm trwyddedai drylliad gwarchodedig y *London*. Mae ef wedi gweithio ar lu o ddrylliadau hanesyddol-bwysig o amgylch Prydain, gan gynnwys Ynysoedd y Sianel, ac yng Nghyprus, ac ef yw trwyddedai llong danfor HMS/m *Holland No. 5* a drylliad Normans' Bay yn Sussex. Mae ef wedi ymchwilio i lu o'r safleoedd hynny ac wedi cyhoeddi papur ar ddrylliad Normans' Bay yn yr *International Journal of Nautical Archaeology*. Yn ddiweddar, fe'i hetholwyd yn Gymrawd o Gymdeithas yr Hynafiaethwyr.

**Martin Bell**, FSA, FBA: Athro mewn Gwyddor Archaeolegol yn Adran Archaeoleg Prifysgol Reading. Oddi ar 1983 mae'n ymgymryd â rhaglen helaeth o waith maes a gwaith cloddio yn aber Afon Hafren ac yn ymchwilio i hanes erydiad pridd, archaeoleg arbrofol, dadansoddi molwsgiaid a hanes yr ymylon gwlyptiroedd yn yr Oes Fesolithig. Pwnc ei brosiect ymchwil diweddaraf yw heriau dadansoddi a dyddio llwybrau cynhanesyddol.

**Edward Besly**, FSA: Bu'n nwmismatydd yn Adran Hanes ac Archaeoleg Amgueddfa Cymru ac mae'n Gymrawd Ymchwil ar hyn o bryd. Ymhlith ei ddiddordebau eang mae darnau arian a ddarganfuwyd o bob cyfnod ynghyd â hanes gwobrau sifil am achub bywydau.

**Dr C Stephen Briggs**, FSA, FGS, MCIfA: Fe'i hyfforddwyd yn gynhanesydd ac ar un adeg bu'n Bennaeth Archaeoleg yng Nghomisiwn Brenhinol Henebion Cymru. Erbyn hyn, mae'n ymchwilydd annibynnol. Yn y Comisiwn Brenhinol, fe ymgyrchodd dros gyflwyno tynnu awyrluniau, sicrhau adnoddau i ehangu'r arolygu ar archaeoleg ddiwydiannol, a sefydlu'r Gronfa Ddata Genedlaethol ynghylch Gerddi Hanesyddol. Ymhlith ei ddiddordebau'n ddiweddar mae archaeoleg glannau Ceredigion a'r fasnach goed â phorthladdoedd y Baltig.

**Niall Callan**: Archaeolegydd morol/tanddwr sy'n gweithio ar hyn o bryd i Atlantic Archaeology (gwasanaethau archaeolegol ac amgylcheddol) yn Iwerddon. Cynt, bu'n gweithio i Wessex Archaeology ac fe gyfrannodd i ymchwiliadau archaeolegol Prosiect Porthladd 'Gateway' Llundain a'r Prosiectau Archaeolegol Arforol, a noddwyd gan Cadw, ar Ddrylliadau Llongau Glo a Llechi Cymru.

**Serena Cant**: Swyddog yn Nhîm Prosiectau Historic England. Mae'n arbenigo ar archaeoleg y môr, a'i diddordeb penodol yw drylliadau llongau masnach y Rhyfel Byd Cyntaf. Ymhlith ei gweithiau cyhoeddedig mae *England's Shipwreck Heritage: from logboats to U-boats* a gyhoeddwyd gan English Heritage yn 2013.

**Evan Chapman**, FSA: Uwch-Guradur Archaeoleg yn Adran Hanes ac Archaeoleg Amgueddfa Cymru, Caerdydd. Ymhlith ei ddiddordebau ymchwil mae mân ddarganfyddiadau o'r Oes Rufeinig a thlysau ac offer milwrol yn arbennig.

**Ian Cundy**: Adeiladydd cychod ac archaeolegydd morol. Ef yw cyd-sylfaenydd a phennaeth Uned Deifio Archaeolegol Malvern. Mae'n Uwch-Diwtor gyda'r Gymdeithas Archaeoleg Forwrol ac ef yw eu cydlynydd yng Nghymru.

**J D Davies**: Is-Lywydd y Gymdeithas er Ymchwilio i Forwriaeth. Cyhoeddwyd ail argraffiad diwygiedig o'i astudiaeth *Pepys's Navy: ships, men and warfare 1649–89* (2008) yn 2016. Cyhoeddwyd ei gyfrol *Britannia's Dragon: a naval history of Wales* yn 2013, ac fe'i cynhwyswyd hi ar restr fer Gwobr Mountbatten am Lenyddiaeth am y Môr. Ef hefyd yw awdur y gyfres o lyfrau ffuglen lyngesol, *The Journals of Matthew Quinton*, sydd wedi'i gosod yn yr ail ganrif ar bymtheg.

**Dr Toby Driver**, FSA: Ef sy'n gyfrifol am raglen rhagchwilio-o'r-awyr Comisiwn Brenhinol Henebion Cymru. Mae'n un o arweinwyr y ddadl o blaid defnyddio archaeoleg o'r awyr a thechnegau synhwyro-o-bell eraill i ddod o hyd i safleoedd newydd yng Nghymru a thu hwnt. Ei ddiddordeb arbennig yw tirweddau cynhanesyddol diweddarach a'r rhai Rhufeinig. Mae'n un o ymchwilwyr arweiniol Prosiect CHERISH y Comisiwn Brenhinol – Newidiadau yn yr Hinsawdd a Threftadaeth yr Arfordir. Lansiwyd y prosiect yn 2017 ac fe'i noddir gan yr Undeb Ewropeaidd.

**Susan Fielding**: Uwch-Ymchwilydd Adeiladau Hanesyddol Comisiwn Brenhinol Henebion Cymru. Mae'n gyfrifol am wneud arolygon digidol, ymchwil a gwaith dehongli ar gyfer prosiectau thematig, safleoedd o bwys rhanbarthol neu genedlaethol, ac asedau sydd mewn perygl. Ar hyn o bryd, mae ei gwaith yn canolbwyntio ar fannau o addoliad ac ar adeiladau a godwyd yn yr ugeinfed ganrif. Mae hi hefyd yn ymwneud â datblygu a hyrwyddo technolegau digidol ym maes arolygu a chyflwyno safleoedd treftadaeth, a hi sy'n trefnu'r cynadleddau *Gorffennol Digidol* y mae'r Comisiwn Brenhinol yn eu cynnal yn flynyddol oddi ar 2008.

**Dr Simon Fitch**: Aelod cyfadrannol o Adran Gwyddorau Archaeolegol Prifysgol Bradford. Ar hyn o bryd mae ei ddiddordebau ymchwil yn canolbwyntio ar astudio tirweddau cynhanesyddol boddedig ac archaeoleg y môr ledled y byd ac ar effeithiau newidiadau yn yr amgylchedd a thirweddau ar boblogaethau dynol yn y cyfnod cynhanesyddol. Mae hynny'n cynnwys tirweddau alltraeth Cymru fel rhan o brosiect 'Palaeodirwedd Arfordir y Gorllewin' a'i ymchwil cyfredol fel rhan o brosiect 'Europe's Lost Frontiers' – a noddir gan yr ERC.

**Lynn C Francis**: Prif Archifydd Gwasanaeth Archifau Gwynedd, Cyngor Gwynedd. Graddiodd mewn hanes a hanes Cymru ym Mhrifysgol Caerdydd cyn ymuno â Chyngor Gwynedd ym 1995. Ar hyn o bryd mae'n gyd-olygydd *Cymru a'r Môr/Maritime Wales*, yn Ysgrifennydd Cymdeithas Hanes Sir Gaernarfon ac yn Drysorydd Cyngor Archifau a Chofnodion Cymru.

**Yr Athro Vince Gaffney**: Deiliad Cadair yr Hannercanmlwyddiant yn Archaeoleg y Dirwedd yn Adran Gwyddorau Archaeolegol Prifysgol Bradford. Ymhlith ei brosiectau ymchwil cyfredol mae'r un a ariannir gan yr ERC, 'Lost Frontiers: exploring climate change, settlement and the colonisation of the submerged landscapes of the North Sea basin using ancient DNA, seismic mapping and complex systems modelling'.

**Fiona Gale**, FSA: Tan yn ddiweddar, hi oedd Archaeolegydd Cyngor Sir Dinbych ac fe ymddiddorai'n arbennig mewn bryngaerau a'r dreftadaeth ddiwylliannol. Bu'n ymwneud llawer ag amryw o brosiectau a noddwyd gan y Loteri Genedlaethol, yn enwedig y prosiect 'Grug a Bryngaerau'. Mae'n un o Ymddiriedolwyr Cymdeithas Hynafiaethau Cymru a Chyngor Archaeoleg Prydain.

†Colin Green (194–2015): Hanesydd a ymddiddorai'n arbennig yng nghychod a llongau hwylio'r glannau. Taniwyd ei ddiddordeb yn hanes cludiant ar ddŵr wrth iddo weithio fel Rheolwr Gweithfeydd i Asiantaeth yr Amgylchedd yn ne-ddwyrain Cymru a bod yn gyfrifol am ddraenio dyfrffyrdd, atal llifogydd a diogelu tiroedd. Yn ei lyfr Severn Traders (1999) ceir clasur o ddisgrifiad o 'trow' Afon Hafren.

Deanna Groom: Uwch-Ymchwilydd (Arforol) Comisiwn Brenhinol Henebion Cymru. Mae'n gyfrifol am ddatblygu cofnod arforol Cofnod Henebion Cenedlaethol Cymru. Gynt, bu'n Rheolwr Prosiectau i Adran Arfordiroedd a'r Môr yn Wessex Archaeology lle bu'n goruchwylio, ar ran English Heritage, amrywiaeth o asesiadau o'r effeithiau ar yr amgylchedd ym maes rheoli datblygiadau alltraeth a phrosiectau ymchwil strategol. Cyn hynny, bu'n gyfrifol am ddatblygu cofnod arforol Comisiwn Brenhinol Henebion yr Alban (Historic Environment Scotland erbyn hyn) a'r Gofrestr Genedlaethol o Longau Hanesyddol – cofrestr a gedwir bellach gan adran y Llongau Hanesyddol Cenedlaethol yn yr Amgueddfa Forol Genedlaethol yn Greenwich.

Dr Peter Guest, FSA: Uwch-Ddarlithydd mewn Archaeoleg Rufeinig yn Ysgol Hanes, Archaeoleg a Chrefydd Prifysgol Caerdydd. Yn nwmismatydd ac yn archaeolegydd maes, mae ei ddiddordebau ymchwil yn canolbwyntio ar archaeoleg yr Ymerodraeth Rufeinig a Phrydain Rufeinig. Mae ef wedi cloddio'n helaeth yn Isca, sef Caerllion Rufeinig.

Dr David Gwyn, FSA: mae'n gweithio ym myd archaeoleg ers 20 mlynedd ac yn gyd-diwtor y cyrsiau Archaeoleg Ddiwydiannol Ymarferol blynyddol ar chwareli llechi a redir yn flynyddol gan Barc Cenedlaethol Eryri yn eu canolfan astudio, Plas Tan y Bwlch. Enillodd ei lyfr Llechi Cymru: archaeoleg a hanes (CBHC, 2015) gategori'r Llyfr Gorau yng Ngwobrau Archaeolegol Prydain 2016.

†Martyn Heighton (1947–2016) (CBHC, 2015): Am ran fawr o'i oes bu'n eiriol yn frwd o blaid gwarchod treftadaeth forol Prydain a gwledydd eraill. Bu'n un o ymddiriedolwyr Ymddiriedolaeth SS Great Britain am 12 mlynedd ac fe gefnogodd Ŵyl Ryngwladol gyntaf y Môr ym 1996 drwy gomisiynu a sicrhau'r cyllid ar gyfer adeiladu copi o'r carafel Matthew, llong a fu'n fodd i ail-greu taith John Cabot o Fryste i Newfoundland ym 1497. Fel Cyfarwyddwr prosiect y Mary Rose, helpodd i drefnu sefydlu amgueddfa'r llong honno yn iard longau hanesyddol Portsmouth. Yn ddiweddarach, bu'n Gyfarwyddwr National Historic Ships UK. Yno, lluniodd y canllaw diffiniol i gadwraeth llongau hanesyddol, Conserving Historic Vessels, a chynghori Cronfa'r Loteri'r Dreftadaeth ynghylch rhoi grantiau mawr ym maes treftadaeth arforol.

Peter Holt: Peiriannydd siartredig, syrfëwr ac archaeolegydd tanddwr sydd wedi gweithio mewn 23 o wledydd ar safleoedd drylliadau, gan gynnwys y Mary Rose a llong Vasco da Gama, yr Esmeralda. Ef yw cyfarwyddwr y cwmni meddalwedd archaeoleg arforol ac ymgynghori 3H Consulting Cyf. Ef hefyd yw rheolwr adeiladu llongau tanfor bach ac AUVs MSubs Cyf yn Plymouth a'i ddiddordeb arbennig yw archaeoleg a hanes llongau tanfor cynnar.

Dr Jana Horák: Pennaeth Mwynoleg a Phetroleg yn Adran Gwyddorau Naturiol Amgueddfa Cymru. Canolbwynt ei hymchwil yw astudiaethau tarddu, gan gynnwys esblygiad daearegol cynnar Cymru, ffynhonnell gwaddodion o'r Oes Gyn-Gambraidd Ddiweddar i'r Oes Gambraidd yng ngogledd-orllewin Cymru a chemeg yr elfennau hybrin yn aur Cymru. Mae hi hefyd wedi ymwneud ag olrhain tarddiad y cerrig a ddefnyddiwyd wrth godi cofadeiliau'r Oesoedd Canol cynnar ac yn yr amgylchedd adeiledig o'r Oesoedd Canol ymlaen.

Stephen Hughes, FSA, FRHistS: Ysgrifennydd y Pwyllgor Rhyngwladol er Sicrhau Cadwraeth y Dreftadaeth Ddiwydiannol (y TICCIH) ac Is-Lywydd ICOMOS-UK. Arferai fod yn Gyfarwyddwr Prosiectau Comisiwn Brenhinol Henebion Cymru. Ef yw awdur yr Astudiaethau Treftadaeth Byd ynghylch Camlesi a Phyllau Glo a llyfrau ar archaeoleg camlesi a rheilffyrdd cynnar yng Nghymru ac ar bensaernïaeth capeli. Mae ef hefyd wedi llunio cyfrol ar Abertawe fel canolfan ryngwladol smeltio copr ac

wedi golygu a chyd-lunio cyhoeddiadau ar oleudai, pyllau glo ac archaeoleg uwchdiroedd Cymru. Mae'n aelod o fwrdd golygyddol yr Industrial Archaeology Review ac ar fwrdd Addoldai Cymru.

Heather James, FSA: Cyfarwyddwr Cynorthwyol Ymddiriedolaeth Archaeolegol Dyfed o 1975 tan 2000. Ar ôl ymddeol, mae'n dal i ymchwilio i hanes a môr gorllewin Cymru yn y cyfnod Rhufeinig a'r Oesoedd Canol cynnar. Hi yw Golygydd The Carmarthenshire Antiquary ac Ysgrifennydd Cymdeithas Hynafiaethau Cymru.

Dr David Jenkins, FSA: Gynt, Prif Guradur Trafnidiaeth yn Adran Hanes ac Archaeoleg Amgueddfa Genedlaethol y Glannau yn Abertawe (ac ar hyn o bryd mae'n Gymrawd Ymchwil er Anrhydedd). Yn gyd-olygydd Cymru a'r Môr/Maritime Wales ac yn ddisgynnydd i genedlaethau o forwyr Ceredigion, mae ef wedi ysgrifennu'n eang ynghylch agweddau ar hanes y môr a chludiant yng Nghymru ac wedi darlithio a darlledu llawer amdanynt.

Dr D Cecil Jones: Gynt o Adran Astudiaethau Allanol Coleg Prifysgol Gogledd Cymru, Bangor. Bu'n addysgu hanes y môr, archaeoleg a bioleg y môr, yn enwedig ar hyd glannau'r gogledd, gan wneud cyfraniad o bwys i'r ymchwil iddynt. Erbyn hyn, mae'n aelod o staff Canolfan Eigioneg Gymhwysol Prifysgol Bangor.

Dr Toby Jones: Archaeolegydd morwriaeth a churadur Prosiect Llong Ganoloesol Casnewydd, sef rhan o Wasanaeth Amgueddfeydd a Threftadaeth Casnewydd. Mae ef wedi gweithio ar sawl prosiect archaeolegol arall ledled y byd, gan gynnwys Llongddrylliad Red River yn Oklahoma, llongddrylliad Aber Wrac'h I yn Llydaw a llongddrylliad Mica yng Ngwlff México. Mae ef hefyd wedi cymryd rhan mewn arolygon o longddrylliadau ar hyd glannau deheuol Ynys Cyprys a'r Algarve ym Mhortiwgal. Graddiodd ym Mhrifysgol Talaith Oregon (BA Hanes) a Phrifysgol A&M Texas (MA Anthropoleg – Archaeoleg Forwrol), a Phrifysgol Cymru y Drindod Dewi Sant (PhD mewn Archaeoleg). Prif feysydd ei ddiddordebau a'i arbenigedd yw dogfennu ffrwyth ôl-gloddio yn ddigidol, ymchwilio i ffurfiau cyrff llongau, a chadwraeth.

Daryl Leeworthy: Hanesydd ac awdur Fields of Play: the sporting heritage of Wales, a gyhoeddwyd gan Gomisiwn Brenhinol Henebion Cymru yn 2012. Ar hyn o bryd, mae'n Diwtor Cyswllt yn yr Adran Addysg Barhaus Oedolion Prifysgol Abertawe.

Dr Mark Lewis, FSA: Uwch-Guradur Archaeoleg Rufeinig yn Adran Hanes ac Archaeoleg Amgueddfa Lleng Rufeinig Cymru, Caerllion. Mae wrthi'n cwblhau ymchwil i fosaigau ac allorau o Gaerllion ac yn ymchwilio i Gaer-went Rufeinig. Ef yw Cadeirydd Pwyllgor Golygyddol The Monmouthshire Antiquary.

Yr Athro Seán McGrail, FSA: Bu'n Brif Archaeolegydd yr Amgueddfa Genedlaethol Forwrol yn Greenwich ac yna'n Athro yn Archaeoleg y Môr ym Mhrifysgol Rhydychen. Mae'n awdurdod cydnabyddedig ar gychod a llongau cynhanesyddol a chanoloesol gogledd-orllewin Ewrop.

Gerallt Nash, FSA: Graddiodd o Ysgol Pensaernïaeth Cymru a bu'n Uwch-Guradur Adeiladau Hanesyddol Amgueddfa Cymru. Bu'n gyfrifol am fwy nag 20 o brosiectau adeiladu ac adfer, gan gynnwys ailgodi, ailaddurno ac ailddodrefnu Eglwys Sant Teilo, a godwyd tua diwedd yr Oesoedd Canol, a Thŷ'r Masnachwr Tuduraidd o ddiwedd yr unfed ganrif ar bymtheg o Hwlffordd yn Sir Benfro.

Yr Athro Nigel Nayling, FSA: Deiliad y Gadair mewn Archaeoleg ym Mhrifysgol Cymru y Drindod Dewi Sant. Mae ei ddiddordebau ymchwil yn canolbwyntio ar archaeoleg forwrol a chymhwyso dendrocronoleg. Ymhlith ei brosiectau cyfredol mae'r rhwydwaith ForSEAdiscovery (adeiladu llongau yn Iberia) ac ymchwiliadau dendro-archaeolegol i amryw byd o longddrylliadau canoloesol ac ôl-ganoloesol. Yng Nghymru, mae ef wedi cloddio ac wedi cyhoeddi ffrwyth ei waith ar ddod o hyd i sawl llong archaeolegol o bwys, gan gynnwys safle'r cwch o'r Oes Efydd yng Nghil-y-coed, cwch Celtaidd-Rufeinig Barland's Farm, drylliad Abergwaitha a Llong Casnewydd.

Medwyn Parry: Arbenigwr ar awyrluniau yng Nghomisiwn Brenhinol Henebion Cymru. Mae ganddo wybodaeth fanwl o gasgliadau hanesyddol y Comisiwn Brenhinol – rhai sy'n rhychwantu dros gan mlynedd o awyrluniau o Gymru.

**Tom Pert**: Rheolwr Datblygu Ar-lein Comisiwn Brenhinol Henebion Cymru. Mae'n ymddiddori'n arbennig mewn treftadaeth ddiwylliannol, dehongli a diogelu hanes, ac ymgysylltu â'r gymuned. Ef hefyd yw Rheolwr Arloesi Casgliad y Werin Cymru.

**Lawrie Phillips**: Cyn-ddisgybl o Ysgol Ramadeg Penfro. Bu'n arbenigwr ar y cyfryngau gyda'r Llynges Frenhinol am 35 mlynedd ac fe deithiodd i bedwar ban y byd. Am na chlywodd sôn erioed am Iard Longau Penfro mewn gwersi hanes, ei ddisgrifiad o hanes yr iard longau, a gyhoeddwyd adeg y deucanmlwyddiant yn 2014, oedd ei ymdrech i gywiro'r diffyg hwnnw. Dosberthir copïau o'i gyfeirlyfr *The Royal Navy Day by Day* i holl longau a sefydliadau Ei Mawrhydi.

**†Dr Robert Prescott** (1938–2018): Pan oedd yn ddarlithydd ym Mhrifysgol St Andrews aeth ati, gyda Dr Colin Martin, i gyd-sylfaenu Sefydliad Astudiaethau Môr yr Alban. Ymhlith ei weithgareddau ymchwil yr oedd datblygu'r Gofrestr Genedlaethol o Longau Hanesyddol, dod o hyd i weddillion HMS *Beagle*, a gweithio ar y coed – o longau – a ailddefnyddiwyd yn ddistiau lloriau Siop y Saer Olwynion yn Iard Longau Hanesyddol Chatham. Helpodd i sefydlu Amgueddfa Bysgodfeydd yr Alban yn Anstruther yn Fife a gwnaeth waith cadwraeth ar ddriftiwr penwaig Fifie yr amgueddfa, y *Reaper*, i'w droi'n gwch gweithredol. Ei ddau brif ddiddordeb mawr arall oedd HMS *Unicorn*, ffrigad o ddosbarth Leda sydd wedi goroesi, a'i waith ar ran Cymdeithas Diogelu'r *Unicorn* yn Dundee i sicrhau cadwraeth tymor-hir y llong.

**David Pring**: Ar ôl iddo ymddeol o yrfa ym myd peirianneg a phensaernïaeth, mae ef wedi gweithio mewn amryw o swyddi curadu ac addysgu. Ef yw Cadeirydd Grŵp Deifwyr Ymddiriedolaeth Sunderland Doc Penfro ar hyn o bryd. Mae'n arbenigo ar archaeoleg y môr ac, yn arbennig, ar Gychod Hedfan Doc Penfro a drylliad Cwch Hedfan Sunderland *T9044*. Cafodd Wobr Arbennig am Ragoriaeth yn 2016 am ei gyfraniad i Gasgliad y Werin Cymru. Ef hefyd yw Prif Weithredwr themaritimearchive.com, ac mae'n ymddiddori'n arbennig yn hanes adeiladwyr llongau Glannau Môr Iwerydd yng Nghanada yn y bedwaredd ganrif ar bymtheg.

**Dr Mark Redknap**, FSA: Fe'i penodwyd yn un o Gomisiynwyr Comisiwn Brenhinol Henebion Cymru yn 2008 ac ef yw Pennaeth Casgliadau ac Ymchwil yn Adran Hanes ac Archaeoleg Amgueddfa Cymru. Mae ei waith maes, ei ymchwil a'i gyhoeddiadau'n ymdrin â llu o agweddau ar archaeoleg ar dir a môr a than y dŵr, ac wedi canolbwyntio'n ddiweddar ar ddiwylliant materol, cranogau a'r Llychlynwyr yn yr Oesoedd Canol cynnar a'r Oesoedd Canol. Ef sy'n darparu adroddiadau i grwneriaid yng Nghymru ar drysorau ôl-Rufeinig posibl. Ef a gyfarwyddodd y cloddio ar y drylliad o'r unfed ganrif ar bymtheg yn Cattewater ac mae ef wedi cyhoeddi deunydd o ddrylliad Abergwaitha, y *Mary Rose* (1545), *Ann Francis* (1583), a'r ddwy long *Albion* (1765) a *Hindostan* (1803) o eiddo Cwmni Dwyrain India.

**Dr Sian Rees**, CBE, FSA: Gynt, bu'n Uwch-Arolygydd Henebion Gogledd Cymru i Cadw, Llywodraeth Cymru, lle bu'n gyfrifol am reoli rôl Cadw ym myd archaeoleg y glannau a'r môr a threftadaeth y byd. Bellach, mae'n Gymrawd Ymchwil er Anrhydedd yn Amgueddfa Cymru, yn Gadeirydd Ymddiriedolaeth Archaeolegol Clwyd-Powys, yn gweithio ar brosiectau ôl-gloddio ac yn gwasanaethu ar gyrff elusennol eraill ym maes archaeoleg.

**Dr Mike Roberts**: Rheolwr Prosiectau Ymchwil a Datblygu yn Ysgol Gwyddor Eigion Prifysgol Bangor. Bu'n ymchwilio i esblygiad Afon Menai fel rhan o'i draethawd ymchwil PhD.

**Graham Scott**: Fe'i ganed yn Lerpwl i deulu ac iddo wreiddiau yng Nghymru. Mae'n Uwch-Arbenigwr Technegol Arforol ac yn Oruchwylydd Deifio yn Adran y Glannau a'r Môr yn Wessex Archaeology. Cafodd ei arolwg o'r SS *Mendi* – a gollwyd ym 1917 – ar gyfer Cofeb Ryfel Genedlaethol De Affrica ar Afon Somme ei roi ar y rhestr fer ar gyfer Gwobr Europa Nostra. Ymhlith ei brosiectau eraill yn ddiweddar mae arolygu drylliadau llongau-U o'r Rhyfel Byd Cyntaf yng Nghulfor Dover ac oddi ar lannau Sir Efrog, arolygon o ddwy long, *Iona II* ym Môr Hafren a'r *Lelia* ym Mae Lerpwl, a fu'n herio blocâd Cydffederasiynwyr America, adennill drylliadau bomwyr Junkers 88 a B 17, ymchwilio i longddryliadau Cwmni Dwyrain India yr Iseldiroedd yn Shetland ac arolygu dryliad llong fasnach a arferai gludo llechi ac y cafwyd hyd iddi'n ddiweddar iawn mewn cyflwr rhyfeddol o dda oddi ar arfordir de-ddwyrain Lloegr. Mae ef wedi

cyflawni amryw o ymchwiliadau archaeolegol oddi ar lannau Cymru ac fe luniodd asesiad-wrth-ddesg, gyda chyllid gan CADW, o archaeoleg arforol masnach lo Cymru yn ogystal â chyfrannu i astudiaeth debyg o'r diwydiant llechi yng Nghymru.

**Spencer Smith**: Swyddog Archaeoleg a Chofadeiliau Ymddiriedolaeth Amgueddfa Ironbridge Gorge. Gynt, bu am bum mlynedd yn Swyddog Prosiect yn Ymddiriedolaeth Archaeolegol Gwynedd ac am ddwy flynedd bu'n Ymchwilydd yng Nghomisiwn Brenhinol Henebion Cymru.

**†Dr Mike Stammers**, FSA (1943–2013): Bu'n Geidwad Amgueddfa'r Môr ar Lannau Mersi ac yn Olygydd *Cymru a'r Môr/Maritime Wales*. Yr oedd yn guradur nodedig a gwnaeth lawer i sefydlu bri rhyngwladol Amgueddfa'r Môr ar Lannau Mersi. Cyhoeddodd yn eang ym maes hanes ac archaeoleg y môr. Wedi iddo ymddeol, bu'n Geidwad er Anrhydedd ar Hanes y Môr yn Amgueddfeydd Cenedlaethol Lerpwl.

**Nikki Vousden**: Myfyrwraig ddoethurol yn Adran Archaeoleg Prifysgol Exeter sy'n ymchwilio i eglwysi canoloesol cynnar yn nhirweddau Cymru a de-orllewin Lloegr. Hoeliodd ei thraethawd MA sylw ar faglau pysgod rhynglanwol ar hyd glannau Cymru. Ymhlith ei swyddi blaenorol, bu'n Swyddog Arforol Cynorthwyol ac yn Gynorthwyydd Data yng Nghomisiwn Brenhinol Henebion Cymru ac yn Oruchwylydd Prosiectau Prifysgol Cymru y Drindod Dewi Sant yn Llanbedr Pont Steffan i Gam II Amddiffynfeydd y Borth rhag y Môr. Tra bu'n Rheolwr Cynorthwyol yng Ngwarchodfa Natur Genedlaethol Dyfi Ynys-las, yr oedd ei rôl yn cynnwys rheoli digwyddiadau gan ganolbwyntio ar archaeoleg arforol gyfoethog ac amrywiol aber Afon Dyfi a'r glannau cyfagos. Hi yw golygydd newyddlen Cyngor Archaeoleg Prydain Cymru.

**Dr Peter Wakelin**, FSA: Awdur a churadur. Lluniodd ei ddoethuriaeth ar fasnach Afon Hafren a bu'n gweithio fel Arolygydd i Cadw cyn ei benodi'n Ysgrifennydd Comisiwn Brenhinol Henebion Cymru ac yna'n Gyfarwyddwr Casgliadau yn Amgueddfa Cymru. Ymhlith ei gyhoeddiadau mae *Trysorau Cudd: darganfod treftadaeth Cymru* (2008, a gyd-olygodd gyda Ralph Griffiths), *Worktown: the drawings of Falcon Hildred* (2012), *Pontcysyllte Aqueduct and Canal World Heritage Site* (2015) a *Romancing Wales: Romanticism in the Welsh landscape since 1770* (2016).

**Mike Williams**: Cymrawd Ymchwil ar Ymweliad yn Ysgol y Gyfraith ym Mhrifysgol Plymouth, aelod o Ganolfan Ymchwil y Brifysgol i Gadwraeth a Pholisi Morol a chyn-Athro er Anrhydedd yn Sefydliad Archaeoleg UCL. Mae ef wedi cyhoeddi'n helaeth ynglŷn â'r gyfraith mewn perthynas â'r blaendraeth a gwely'r môr a threftadaeth ddiwylliannol danddwr. Ef yw Ysgrifennydd Mygedol y Gymdeithas Archaeoleg Forwrol ac mae'n aelod o Gyd-Bwyllgor Polisi Archaeoleg Forwrol a'r Rhwydwaith o Arbenigwyr ar gyfer Comisiwn Cenedlaethol UNESCO y Deyrnas Unedig.

**Yr Athro Jonathan Wooding**, FSA: Deiliad Cadair Syr Warwick Fairfax mewn Astudiaethau Celtaidd ym Mhrifysgol Sydney yn Awstralia. Mae ei ymchwil yn ymddiddori mewn naratifau go-iawn a rhai llenyddol am deithio yn y byd Celtaidd cynnar. Ymhlith ei gyhoeddiadau mae astudiaethau o longau a mordwyo yn yr Oesoedd Canol, yn ogystal ag astudiaethau o hanes mordeithiau'r saint.

# Diolchiadau

Hoffai'r golygyddion ddiolch o galon i'r canlynol am beri bod y llyfr hwn yn bosibl:

- Pob un o'r cyfranwyr a enwir ar dudalennau 5-8 am roi'n hael o'u hamser a'u harbenigedd i sicrhau cynhyrchu'r gyfrol.
- Darlunwyr archaeolegol y cynlluniau, y mapiau a'u lluniadau a baratowyd ar gyfer y llyfr: Tony Daly (Amgueddfa Cymru) am Ffigurau 1.13 (uchod), 4.3, 4.5, 5.10, 5.12, 6.5, 6.9, 6.10, 6.13, 7.2, 7.17, 7.18, 8.10, 8.20, 8.21, 10.32, 10.33, 13.6, 13.8, 13.9, 13.11, 13.14, 15.17 ; Jon Dollery (CBHC) am Ffigurau 2.20, 3.11, 5.2, 10.53, 12.5, 12.6, 15.7, 15.8 ; Toby Driver (CBHC) am yr awyrluniau; Jackie Chadwick am Ffigur 8.22; Chris Jones-Jenkins am yr adluniad archaeolegol o Gastell Biwmares, Ffigur 7.7; J Foster am Ffigurau 3.2, 3.3, 3.9; Anne Leaver am Ffigurau 13.10, 13.12, 13.13.
- Pawb o CBHC sydd wedi helpu a chefnogi paratoi'r llyfr hwn; David Browne, a anfonodd y gwahoddiadau cychwynnol allan; Deanna Groom am ddatblygu'r cysyniad cychwynnol i'w ffurf bresennol; Nicola Roberts am adolygu'r testun yn drylwyr wrth gywiro'r proflenni ac am gadw gafael ar holl ychwanegiadau a diwygiadau'r awduron; Helen Rowe am awgrymu ac am ddod o hyd i lawer o'r lluniau; Penny Icke am ddarparu deunydd o Gofnod Henebion Cenedlaethol Cymru; Jon Dollery a Charlen Green am wella'r mapiau a'r darluniau; David Thomas am reoli'r prosiect yn amyneddgar; Richard Suggett am awgrymiadau ynghylch gwella'r testun a gwirio'r ffeithiau; Christopher Catling am sicrhau grantiau, am gynnwys ychwanegol ac am y golygu datblygol, a Patricia Moore am olygu'r copi ac am lunio'r mynegai.
- O ran y Lolfa, hoffem ddiolch i Lefi Gruffudd am gytuno i fod yn bartner cyhoeddi i ni; i Carolyn Hodges am reolaeth olygyddol; i Richard Ceri Jones am y dylunio a'r cynllunio; ac i Meleri Wyn James am ei rheolaeth olygyddol dros yr argraffiad Cymraeg.
- Am wybodaeth a chyngor a roddwyd yn hael: Mark Beattie-Edwards (yr NAS); Jon Berry a Polly Groom (Cadw); Peter Borsay; †Mike Bowyer (trwyddedai'r Resurgam a'r 'Bronze Bell' ar un adeg), †Martin Dean (yr ADU); Becky Brumbill a Bethan Townson-Jones (gwasanaethau ffotograffig) a Mark Etheridge (curadur Diwydiant a Chludiant yn Amgueddfa Cymru); John Evans (Ymddiriedolaeth Sunderland Doc Penfro); Tony Firth (Fjordr); Richard Haines; Ivor Jones; Tom Lloyd (a dynnodd ein sylw at amrywiol weithiau ar bapur, a chaniatáu eu digido); Alison Kentuck (y Derbynnydd Drylliadau); Mark Lodwick (Cydlynydd Darganfyddiadau Cymru: PAS Cymru); Ross McNeil; Robin Maggs, Kevin Thomas a Jim Wild (Ffotograffiaeth, Amgueddfa Cymru); Robert Protheroe-Jones (Prif Guradur Diwydiant Amgueddfa Cymru); John Player a Peter a Susan Hughes; Andrew Renton (Ceidwad Celf Amgueddfa Cymru); Matt Rimmer; Felicity Taylor; Bill Turner (trwyddedai'r 'Bronze Bell'); Matthew Williams (Castell Caerdydd); Thelma Mort a Mark Lewis (Amgueddfa Dinbych-y-pysgod); Rob Davies a Nic Pitman (Llyfrgell Ganolog Caerdydd); Matthew Tanner.
- Adran Hanes ac Archaeoleg Amgueddfa Cymru; Cadw, Llywodraeth Cymru; Llyfrgell Genedlaethol Cymru; y Gymdeithas Archaeoleg Forwrol; Ymddiriedolaeth Sunderland Doc Penfro; PAS Cymru; Wessex Archaeology; ac Ymddiriedolaeth Archaeolegol Clwyd Powys; Ymddiriedolaeth Archaeolegol Dyfed; Ymddiriedolaeth Archaeolegol Gwynedd ac Ymddiriedolaeth Archaeolegol Morgannwg-Gwent.
- Diolch yn arbennig i Gomisiynwyr Comisiwn Brenhinol Henebion Cymru, i'r cyn-Ysgrifennydd Peter Wakelin ac i'r Ysgrifennydd presennol Christopher Catling, am eu hymrwymiad a'u cefnogaeth i'r cyhoeddiad hwn.

## Credydau am y lluniau

Hoffai'r golygyddion ddiolch i'r llu sefydliadau ac unigolion a ddarparodd luniau'n rhad ac am ddim.

Mae'r lluniau canlynol wedi'u hatgynhyrchu gyda chaniatâd Comisiwn Brenhinol Henebion Cymru ac mae hawlfraint y Goron arnynt: y clawr cefn a Ffigurau 0.1, 1.10, 1.11, 2.8, 2.10, 2.15, 2.19, 2.20, 2.21, 2.23, 3.11, 4.1, 5.2, 5.4, 5.7, 6.7,. 6.8, 6.12, 6.14, 7.1, 7.10, 7.13, 8.23, 10.17, 10.26, 10.27, 10.28, 10.29, 10.30, 10.34, 10.35, 10.38, 10.39, 10.40, 10.41, 10.42, 10.46, 10.47, 10.49, 10.50, 10.51, 10.53, 11.2, 11.3, 11.4, 11.7, 12.3, 12.4, 12.5, 12.6, 12.10, 12.14, 12.30, 12.33, 12.35, 12.36, 13.19, 13.20, 13.21, 13.22, 13.25, 14.7, 14.8, 14.15, 14.16, 14.19, 14.20, 14.21, 14.22, 14.23, 14.27, 15.4, 15.7, 15.8, 15.9, 15.18, 16.7.

Mae'r lluniau canlynol wedi'u hatgynhyrchu gyda chaniatâd Cadw, Llywodraeth Cymru ac mae hawlfraint y Goron arnynt: Ffigurau 7.5, 7.6, 7.7 (gyda Chris Jones-Jenkins), 7.8, 7.9, 7.11, 7.7/7.17, 9.1 (gyda W Jones), 12.37, 12.38, 12.39, 12.40.

Adran Gartograffeg Llywodraeth Cymru a grëodd Ffigurau 14.26 a 29 a 15.5.

Mae'r lluniau canlynol wedi'u creu gan Amgueddfa Cymru ac mae hawlfraint Amgueddfa Cymru arnynt: y tudalen deitl a Ffigurau 0.3, 1.2, 1.4, 1.5, 1.8, 1.13, 1.14, 1.16, 1.17, 1.19, 1.20, 1.21, 1.22, 1.23, 1.24, 1.27, 1.28, 2.1, 2.2, 2.4, 2.6, 2.7, 2.16, 2.18, 3.13 (uchod), 4.2, 4.3, 4.5 (gydag S McGrail), 4.6, 4.10, 4.11, 4.12, 4.13, 4.14, 4.15, 5.1, 5.8, 5.10, 5.11, 5.12, 5.13, 6.4, 6.5, 6.9, 6.10, 6.13, 6.15, 7.2, 7.3, 7.14 (gyda chaniatâd Sian Rees), 7.17, 7.18, 8.2, 8.6, 8.8, 8.9, 8.10, 8.14, 8.17, 8.18, 8.19, 8.20, 8.21, 8.22, 8.24, 9.4, 9.6, 9.7, 9.8, 9.9, 9.10, 10.1, 10.2, 10.3, 10.4, 10.5, 10.6, 10.7, 10.8, 10.11, 10.12, 10.22, 10.32, 10.33, 10.36, 10.45, 10.54, 10.55, 10.56, 10.57, 11.10, 11.11, 11.12, 12.15, 12.16, 12.20, 12.21, 12.22, 12.23, 12.24, 13.3, 13.5, 13.6, 13.8, 13.9, 13.11, 13.14, 13.16, 13.17, 13.18, 13.23, 14.9, 14.13, 14.25, 15.1, 15.15, 15.17, 15.20, 16.1.

Mae'r lluniau canlynol wedi'u hatgynhyrchu gyda chaniatâd Llyfrgell Genedlaethol Cymru: tudalen y cynnwys a Ffigurau 1.1, 1.3, 1.9, 1.29, 2.5 (isod), 2.14, 10.15, 10.16, 10.31, 10.37, 10.48, 11.1, 12.8, 12.19, 13.26, 14.10, 15.10, 15.14, 15.16, 15.19.

Yr ydym yn ddiolchgar i'r unigolion a'r sefydliadau hyn am eu caniatâd i atgynhyrchu eu lluniau:

3H Consulting Cyf (Ffigur 12.25), Amgueddfa a Gwasanaeth Treftadaeth Casnewydd (Ffigurau 4.9, 4.17, 4.19, 8.11, 13.1, 13.7), Amgueddfa ac Oriel Gelf Castell Cyfarthfa am 'Cyfarthfa Ironworks Interior at Night' gan Penry Williams (Ffigur 12.1), Yr Amgueddfa Forwrol Genedlaethol, Greenwich (Ffigurau 11.9, 13.1), Amgueddfa Genedlaethol Iwerddon (Ffigur 6.6), Amgueddfa Grosvenor, Caer (Ffigur 5.3), Amgueddfa Longau Llychlyn, Denmarc (Ffigur 6.1), Yr Amgueddfeydd Brenhinol, Greenwich (Ffigur 12.13), Archifau a Llyfrgell Gymraeg Prifysgol Bangor (Ffigur 2.13), Archifau Morgannwg (Ffigur 15.11), Brian Batters (Ffigur 15.12), Beken of Cowes (Ffigur 11.18), Martin Bell (Ffigurau 3.1, 3.2, 3.3, 3.4, 3.5, 3.9, 3.10, 4.7), Mike Bowyer (Ffigurau 10.25, 13.27), Ian Boyle (Ffigur 11.17), Eric Bradforth (Ffigur 7.15), Bridgeman Images, Casgliad Preifat (Ffigur 11.6), Bill Burns (Ffigurau 10.59, 10.60, 10.61), Bwrdd y Llyfrgell Brydeinig / Bridgeman Images (Ffigur 0.2), Casgliad Preifat (y tudalen deitl), Dick Chappell, casgliad preifat (Ffigur 1.6), H Clayton (Ffigur 12.7), Prosiect CHERISH (Ffigur 14.34; fe'i cynhyrchwyd gyda chyllid o'r UE drwy Raglen Gydweithredu Iwerddon Cymru, 2014–2020), Stephen Clarkson (Ffigur 11.16), Martin Crampin (Ffigur 8.7), P Crew (Ffigur 5.9), Cymdeithas Cynhyrchwyr Agregau Morol Prydain (Ffigurau 10.62, 14.28, 15.3), Paul R Davis (Ffigur 12.2), Deon a Chabidwl Eglwys Gadeiriol Tyddewi (Ffigur

8.3), Carolyn Eaton (Ffigur 16.8), 'Engineer', Yr, 6/1/1882 (Ffigur 12.26), Casgliad John Evans (Ffigur 12.29), Casgliad Francis Frith (Ffigur 8.1), Alison Fuller-Shapcote (Ffigur 16.4), Steve Garrington (Y clawr blaen), GeoArch (Ffigur 5.5), Deanna Groom (Ffigur 14.14), Gwasanaeth Amgueddfeydd Sir Gaerfyrddin (Ffigur 12.12), Gwasanaeth Archifau Gwynedd (Ffigurau 14.2, 2.5 (de), 16.6), Sean Harris ar y cyd â Cinetig a Chywaith Cymru (Ffigur 1.25), Hawlfraint y Goron: Y Weinyddiaeth Amddiffyn (Ffigurau 7.12, 12.18), Clive Hicks-Jenkins 2003, Casgliad y Tabernacl, MOMA Machynlleth (Ffigur 1.7), Stephen Hughes (Ffigur 12.9), Yr Imperial War Museum (Ffigur 12.32), D C Jones (Ffigurau 8.13, 8.15), David James (Ffigurau 11.3, 11.14), Ystâd David Jones (Ffigur 1.18), Phil Kingdom (Ffigur 2.22), Anne Leaver (Ffigurau 2.17, 13.10, 13.12, 13.13), Ivor Lewis (www.swanseadocks.co.uk) (Ffigur 2.9), Gerrit Lindeboom yn kamper-kogge.nl (Ffigurau 8.4, 16.9), Pete London (Ffigur 14.12), Llyfrgell Ceredigion (Ffigurau 10.9, 10.18), Llyfrgell Cyngres UDA (Ffigur 14.11), Llyfrgell DeGolyer y Southern Methodist University (Ffigur 11.15), Llyfrgell Hwlffordd (Ffigur 15.13), Llyfrgell Treftadaeth Cathays (Ffigur 12.34), Llyfrgelloedd Caerdydd (Ffigur 9.5, Llsgr Caerdydd 1.218, Theologica), Aiden McCabe (Ffigur 10.43), C E McGonagle a G R Organ (Ffigur 2.11), Media Wales Cyf (Ffigur 2.3), Rex Morton (Ffigur 14.24), National Historic Ships UK (Ffigur 2.12, ffotograff gan Katrin Glaesmann), Nigel Nayling (Ffigurau 4.18, 8.12), The Observer, 5 Medi 1971 (Ffigur 14.4), Yr Oriel Bortreadau Genedlaethol (Ffigur 12.17), Oriel Ynys Môn (Ffigurau 10.19, 10.20, 13.2, 13.4, 13.24), Prifysgol Bangor (Ffigurau 14.1, 14.18), Prifysgol Caerdydd (Ffigur 5.6), Mark Redknap (Ffigurau 1.12, 6.2, 6.3, 7.4), Mark Redknap; fe'i defnyddir gyda chaniatâd y Museo d'Història de Catalunya (Ffigur 8.5), Rijksmuseum, Amsterdam (Ffigur 11.5), Mike Roberts (Ffigurau 3.7, 3.8), Judith Samuel (Ffigurau 14.30, 14.31), Sefydliad Arnamagnæan Copenhagen (Ffigur 6.11, AM45 fol.58v), Sefydliad Virginia ar gyfer y Dyniaethau (Ffigur 10.21), Sightseeing Cruises (Ffigur 11.18), Statens Maritime och Transporthistorika Museer / Amgueddfeydd Cenedlaethol Sweden o Hanes y Môr a Chludiant (Ffigur 8.16, hawlfraint Erling Klintefors), Felicity Taylor (Ffigur 1.13 (gwaelod)), Thunderbird Releasing (Ffigur 1.26), TIGHAR (Ffigur 12.31, 15.6), Tim Bowen Antiques (Ffigur 10.10), Uned Ddeifio Archaeolegol Malvern (Ffigurau 1.15, 10.58, 14.5, 16.3, 16.5), Yr Uned Ddeifio Archaeolegol (Ffigurau 14.3, 15.2, 16.2), Wessex Archaeology (Ffigurau 10.23, 10.24, 10.44, 10.52, 12.27, 14.17), Ymddiriedolaeth Amgueddfa Ironbridge Gorge (Ffigur 10.13), Ymddiriedolaeth Archaeolegol Dyfed (Ffigurau 3.6, 14.33), Ymddiriedolaeth Archaeolegol Morgannwg-Gwent (Ffigurau 4.4, 4.8, 4.16, 14.6, 14.32), Ymddiriedolaeth Canolfan Glaniad y Ffrancod, Abergwaun (Ffigur 12.11), Yr Ymddiriedolaeth Genedlaethol (Ffigur 7.16), Ymddiriedolaeth Sunderland Doc Penfro, William Zarrett (Ffigurau 9.2 a 9.3).

Ffigur 3.12: Fe'i hatgynhyrchwyd drwy garedigrwydd British Crown and OceanWise Cyf, 2015. Cedwir pob hawl. Trwydded rhif EK001-20120402: hawlfraint a hawliau cronfa ddata'r Goron, 2015. Trwydded 100019741 yr Arolwg Ordnans.

Ffigur 14.26: Fe'i hatgynhyrchwyd o'r Atlas of UK Marine Renewable Energy Resources (2008). Trwydded 100021874 yr Arolwg Ordnans. Cartograffeg, Llywodraeth Cymru. ML/75/16.17. Ffynhonnell y data: ABPmer. Dyddiad ei chyrchu: 1/12/2015.

Ffigurau 14.29 a 15.5: Fe'i cynhwyswyd drwy garedigrwydd yr Arolwg Ordnans, Trwydded 100021874, Cartograffeg, Llywodraeth Cymru. ML/75/16.17.

# Cymru a'r Môr – Mynegai

Mae rhifau'r tudalennau mewn print italig yn dynodi lluniadau a deunydd yng nghapsiynau'r lluniau.